Heinrich von Sybel

Geschichte der Revolutionszeit

Neunter Band: 1789-1800

Heinrich von Sybel

Geschichte der Revolutionszeit
Neunter Band: 1789-1800

ISBN/EAN: 9783743334373

Hergestellt in Europa, USA, Kanada, Australien, Japan

Cover: Foto ©ninafisch / pixelio.de

Manufactured and distributed by brebook publishing software
(www.brebook.com)

Heinrich von Sybel

Geschichte der Revolutionszeit

Inhalt.

Neunzehntes Buch.
Krieg der zweiten Koalition.

Melas entscheidet den Sieg. — Kämpfe in Mittelitalien.
— Eifersucht zwischen den Verbündeten. — Suworow
will Genua nicht erobern. — Suworows hetzende Briefe
an Paul. — Karls Widerspruch gegen Thuguts Befehle.
— Korsakows Ankunft in der Schweiz. — Niederlage
der Oesterreicher im Hochgebirg. — Zerwürfnis zwischen
Karl und Korsakow. — Vollständiger Bruch. — Der
Erzherzog verläßt die Schweiz. — Thuguts stolze Depesche
nach Petersburg.

Landung der Verbündeten in Holland. — Gefechte bei Bergen und Alkmaar. — Der Erzherzog nimmt Mannheim.
— Suworows Haß gegen Oesterreich. — Suworows
Angriffsplan. — Gefahren der Operation. — Unheilvolle Zögerungen. — Die Gotthardstraße. — Einnahme
der Paßhöhe. — Marsch zum Luzerner See und über
den Roßstock. — Fehlerhafte Aufstellung Korsakows. —
Korsakows Niederlage, Hotzes Tod. — Suworows
schwierige Lage. — Marsch nach Glarus. — Marsch nach
Graubünden. — Verhandlung zwischen Karl und Suworow. — Feindliche Stimmung der russischen Generale
gegen Oesterreich. — Suworow weigert jede Aktion. —
Völliger Bruch zwischen Rußland und Oesterreich.

Neue französische Minister. — Geiselgesetz. — Zwangsanleihe. — Aufschwung der Jakobiner. — Bruch zwischen
Sieyès und den Jakobinern. — Fouché wird Polizeiminister. — Geldnot und Bürgerkrieg. — Maßregeln
gegen die Presse. — Fortdauernde Finanznot. — Jourdans Antrag. — Entlassung Bernadottes. — Jourdans
Antrag fällt. — Zustand des Landes. — Allgemeine
Not und Verarmung. — Erlöschen der politischen Gesinnung.

Achtzehntes Buch.

Zweite Koalition.

Erstes Kapitel.

Zug nach Aegypten.

General Bonaparte war nach rascher Fahrt am 9. Mai 1798 in Toulon angekommen, hatte dort in wenigen Tagen die letzten Anordnungen getroffen, wurde jedoch noch eine kurze Weile durch starken Gegenwind am Auslaufen abgehalten. Allmählich besserte sich das Wetter, und die Abfahrt wurde auf den 19. Mai festgesetzt. Tags vorher erreichte den General eine warnende Stimme; am 18. erhielt er die Meldung, einem französischen Kapitän habe ein spanischer Kauffahrer erzählt, daß er bei der Insel Minorca ein englisches Geschwader gesehen habe. Bonaparte befahl, weitere Erkundigungen einzuziehen, schenkte aber der allerdings sehr unbestimmten Aussage wenig Glauben und stach, wie beabsichtigt, am 19. bei günstigem Winde in See. Ohne irgend ein Hindernis vereinigte man sich mit der aus Genua heransegelnden Division des Generals Baraguay d'Hilliers, dann etwas weiter südlich mit der in Ajaccio eingeschifften Division Vaubois, endlich am 27. auf der Höhe der Meerenge von San Bonifacio mit der aus Civitavecchia kommenden Division Desaix.

Es war jetzt eine gewaltige Armada, welche meilenweit die Fläche des Mittelmeers bedeckte, 15 Linienschiffe, darunter der Orient von 120 Kanonen, wo Brueys die Admiralflagge aufgezogen und Bonaparte sein Hauptquartier eingerichtet hatte, 14 Fregatten, 72 kleinere Kriegsfahrzeuge, über 400 Transportschiffe, schwer beladen mit den Landtruppen und deren Kriegsmaterial. Man bewegte sich langsam vorwärts bei der großen Masse und der gewaltigen Ladung der Schiffe; auch wußte man, daß die französische Kriegsmarine trotz aller Tapferkeit der Mannschaft noch keineswegs die zerstörende Erschütterung der Revolution überwunden hatte. Die Begegnung mit einer feindlichen Kriegsflotte hätte eine entsetzliche Katastrophe in sichere Aussicht gestellt; auch war man, wie wir wissen, bei dem Unternehmen stets von der Voraussetzung ausgegangen, daß englische Streitkräfte im Mittelmeere nicht vorhanden waren. Unterwegs erlebte man fürs erste nichts, was diese Hoffnung hätte erschüttern können. Allerdings erzählte die Mannschaft eines englischen Handelsschiffes, das man an der Küste Sardiniens antraf, von einem Geschwader ihrer Nation; Bonaparte aber blieb dabei, daß es nichts auf sich hätte; es wird, schrieb er am 27. Mai dem Direktorium, auf höchstens fünf oder sechs Kriegsschiffe hinauslaufen. Am 4. Juni begegnete man darauf schwedischen Schiffen, die von London auf dem Wege nach Neapel waren; sie wußten nichts von englischen Flotten im Mittelmeere; nur in der Straße von Gibraltar hatten sie drei Kriegsschiffe ostwärts steuern sehen. So blieb man in dieser Hinsicht vollkommen ruhigen Mutes und richtete seinen Lauf im Gefühle größter Sicherheit westlich an Sizilien vorüber an die Insel Malta.

Aber jene entscheidende Voraussetzung, die Entfernung der Engländer, richtig während der Vorbereitung des Zuges, war nicht mehr vorhanden im Augenblicke seines Beginnes. Die englische Regierung fanden wir noch am 20. April äußerst bedenklich gegen jede Entsendung in das Mittelmeer, durch welche ihre Geschwader vor Cadix, Brest und Boulogne geschwächt und damit vielleicht eine Gefährdung der britischen Inseln selbst veranlaßt werden konnte. Unmittelbar nachher aber trat die Wendung ein. So oft auch der Moniteur von Aegypten geredet hatte, keine der europäischen Regierungen schenkte diesen Aussagen Glauben, vielleicht um so weniger, eben weil die Pariser Zeitungen sie verkündeten. In London ebenso wie in Wien und Petersburg hielt man es für wahrscheinlich, daß die Touloner Rüstung entweder auf Epirus und Albanien, oder auf das Königreich Neapel, insbesondere auf die Insel Sizilien gerichtet sei. Wir sahen hieraus bei Thugut den Entschluß zu dem Schutzbündnis mit Neapel vom 19. Mai erwachsen; auch der russische Kaiser Paul fühlte immer steigende Unruhe über die französischen Entwürfe, und so entschloß er sich am 22. April, dem englischen Gesandten seine Kronstädter Flotte anzubieten, die zur Deckung der englischen Küsten und zur Beobachtung Bataviens dienen sollte, wenn England seinerseits ein Geschwader in das Mittelmeer senden würde. In denselben Tagen erwogen die englischen Minister, daß die Touloner Flotte ebensowohl für die spanische Küste wie für Sizilien bestimmt sein könnte, um dort ihre Truppen zu dem vielbesprochenen Angriff auf Portugal auszuschiffen; ja selbst ein Versuch, die Straße von Gibraltar zu passieren und sich dann auf Irland zu werfen, erschien nicht unmöglich. Vor allem aber, es kam die Nachricht von Bernadottes Abreise aus Wien; die englischen Minister hielten den Wiederausbruch des Krieges zwischen Oesterreich und Frankreich für unvermeidlich und sahen darin ein Ereignis, welches jede andere Erwägung in den Schatten stellte [1]). So wurde am 29. April beschlossen, die seit zwei Jahren aus dem Mittelmeere verschwundene Flagge dort aufs neue und zwar mit vollem Nachdrucke zu entfalten.

Aehnliche Gedanken führten damals auch den Lord St. Vincent, der mit einer ansehnlichen Flotte die Spanier in Cadix blockierte, zu demselben Schlusse. Am 2. Mai gab er dem eben zu ihm gestoßenen Unteradmiral Nelson den Befehl, mit drei Linienschiffen und einigen Fregatten die Absicht der Touloner Flotte zu erkunden und über seine Ergebnisse schleunigsten Bericht zu erstatten. Nelson ging mit seinem ganzen Feuereifer an die Aufgabe; er war am 4. Mai in Gibraltar, segelte von dort nordostwärts und lag am 17. im Golf von Lyon, wenige Meilen von Toulon entfernt, keck auf der Lauer. Es waren ohne Zweifel seine Schiffe, über welche Bonaparte am 18. Kunde erhielt; es wäre un=

---

[1]) Ministerium an Sir Morton Eden, 28. April.

möglich gewesen, daß Nelson die auslaufende Armada nicht
gesehen hätte; da wurde er am 20. von einem plötzlichen
Unwetter gefaßt und unter schwerer Beschädigung seines
Flaggenschiffs weit hinweg bis an die Südspitze der Insel
Sardinien verschlagen, wo er dann in großer Zerknirschung
eine ganze Woche mit der Ausbesserung seines Schiffes verlieren mußte. So bald wie möglich eilte er wieder in die
Gewässer von Toulon zurück, fand hier aber das Nest leer
und vermochte über Bonapartes Bewegungen nichts zu er-
forschen. Er beschloß sich darauf, jener ursprünglichen Vermutung entsprechend, hinüber nach Neapel zu wenden und
dort die Spuren des Gegners aufzusuchen. So kam es, daß
die französische Flotte Malta erreichen konnte, ohne eine
Ahnung von der gegen sie heraufsteigenden Gefahr.

Wie wir wissen, war die Einnahme von Malta schon
längst von Bonaparte in das Auge gefaßt worden [1]). Die
Felseninsel, halbwegs zwischen Gibraltar und Alexandrien
wie zwischen Sizilien und Afrika gelegen und mit trefflichen
Häfen versehen, war für Handel und Herrschaft im Mittelmeere der wichtigste Punkt, und mehr als ein gieriger Ehrgeiz blickte nach dem Besitze desselben aus. Der Johanniter-
orden, der seit der Belehnung durch Kaiser Karl V. der
Souverän der Insel war, hatte durch die französische Revolution, die in ihrem ganzen Machtbereich die Güter des
Ordens in Beschlag nahm, die schwersten Verluste erlitten
und war in dieser Bedrängnis mit Eifer auf die Schutz-
verheißungen Katharinas II. eingegangen. Wir haben schon
früher erwähnt, daß diese unruhige Monarchin ihre Entwürfe nicht bloß auf die Eroberung Konstantinopels, sondern
auf die Beherrschung des ganzen Mittelmeeres erstreckte und
so, nach den Umständen, begehrliche Gedanken bald auf die
Jonischen, bald auf die Balearischen Inseln richtete. In demselben Sinne erschien ihr auch Malta wert und reizend, und
sie that das mögliche, durch Wohlthaten aller Art den sin-

---

[1]) Ueber das Folgende vgl. Reumont, Beiträge zur italienischen
Geschichte, IV, 1 ff.

kenden Orden zur engsten Anlehnung an Rußland zu bestimmen. Nach ihrem Tode setzte Kaiser Paul, so sehr er
sonst sich von seiner Mutter zu unterscheiden liebte, an diesem
Punkte ihre Bestrebungen fort (angeblich durch Vertots Geschichte der Johanniter für den Orden begeistert); im Januar 1797 schloß er mit dem Gesandten des Ordens einen
Vertrag, welcher diesem glänzende Einkünfte zusicherte und
dafür die Stiftung eines russischen Großpriorates ausbedang.
Der Kaiser selbst ließ sich mit seinen Söhnen in den Orden
aufnehmen und wurde dann von dem neuen Großmeister
Ferdinand von Hompesch förmlich zum Protektor des Ordens
ernannt. Ein weiterer Plan, jenes Großpriorat zu einer
russischen Zunge mit zweiundsiebzig Commenden zu erweitern,
fiel der französischen Regierung zu Ancona in die Hände
und trug nicht wenig dazu bei, deren gegen Malta gerichtetes
Unternehmen zur Reife zu bringen.

Der Ritterbund, gegen welchen demnach die Republik
zum vernichtenden Schlage ausholte, war damals in ähn-
lichem Zustande wie die kurz vorher getroffenen Adelsherr-
schaften von Venedig und Bern. Seitdem die Entwickelung
der europäischen Dinge ihn aus seiner großen Aufgabe, der
Bekämpfung der Türken, verdrängt hatte, war unthätiges
Wohlleben, Selbstsucht und Zuchtlosigkeit in sein Inneres
eingedrungen, und seit dem Beginne der französischen Revolution fehlte es unter seinen Rittern und Geistlichen nicht
an Anhängern der neuen Demokratie. Dabei waren die
Finanzen des Ordens in der traurigsten Verfassung, seine
militärischen Streitkräfte stark vermindert und wenig geübt
und in Herrn von Hompesch ein ebenso beschränkter als
schwachmütiger Mensch an seine Spitze getreten. Es war
also kein großes Heldenstück, mit der Macht der französischen
Republik eine solche Genossenschaft zu stürzen: immer aber
ließ auch hier, wie bei Venedig und Bern, Bonaparte der
offenen Gewalt erst die Arbeit der Wühlerei und des Verrates vorausgehen. Seit dem Herbste 1797 waren mehrere
seiner Agenten in Malta gewesen und hatten mit Rittern,
Klerikern und Bürgern Verständnisse angeknüpft. Ein Be-

richt des Bailli de Tigné an den Kaiser Paul läßt es dahin=
gestellt, ob Hompesch selbst ein Verräter oder nur dumm und
schwach war; mit völliger Bestimmtheit klagt er des Verrates
die Komture Ransijat, Direktor der Finanzen, Fay, Vorstand
der Befestigungen, Tousard, Chef der Artillerie [1]), sowie den
spanischen Gesandten Amati an. Der französische Konsul
Caruson leitete diese Umtriebe mit der größten Dreistigkeit:
der Großmeister erhielt mehrere Anzeigen darüber, mußte
oder wagte aber nicht dagegen einzuschreiten. Auch eine sehr
positive Warnung des Malteser Gesandten in Rastatt, welcher
nach Mitteilungen von Treilhards Sekretär den bevorstehenden
Angriff ankündigte, vermochte den Großmeister nicht aus
seiner stumpfen Trägheit emporzureißen. Im Februar 1798
erschien dann Admiral Brueys mit einigen Kriegsschiffen vor
Malta und rekognoszierte unter dem Vorwande, Wasser ein=
zunehmen, die ganze Küste; der Orden, obgleich durch diesen
Vorgang nicht wenig beunruhigt, unterließ bei seiner Geld=
not und Schlaffheit jede erhebliche Rüstung. So wurde man,
als am 9. Juni die große französische Flotte die Inseln auf
allen Seiten umringte, durch die hereinbrechende Feindselig=
keit vollkommen überrascht.

Bonaparte hatte zunächst einen seiner Adjutanten zum
Großmeister geschickt, um, wie früher Brueys, Erlaubnis zum
Wassereinnehmen für die Flotte zu begehren: für den Fall,
daß die Erlaubnis erteilt würde, hatten übrigens seine Offi=
ziere den Befehl, gleich nach der Landung sich so weit wie
möglich der Festungswerke durch Ueberfall zu bemeistern [2]).
Indessen lehnte Hompesch das Ansinnen ab, mit Beziehung
auf einen Artikel des Utrechter Friedens, welcher dem Orden
verbot, gleichzeitig mehr als vier fremde Kriegsschiffe in seine
Häfen aufzunehmen. Darauf erklärte Bonaparte, Hompesch

---

[1]) Bonaparte sagte von diesen Herren, daß sie ihm seit sechs
Monaten nützliche Notizen übersandt hätten. Correspondance
IV, 146.

[2]) Correspondance de Napoléon, IV, 126. Mémoires du duc
de Raguse, I, 356. Marmonts sonstige Angaben über Malta sind
höchst ungenau.

habe durch diese Verletzung seiner ersten Ordenspflicht, der Gastfreundschaft, seine Feindseligkeit gegen Frankreich verraten, und befahl die Anwendung der Gewalt. Die Landung vollzog sich nach dem genau vorausbestimmten Plane mit größter Schnelligkeit; die kleinen Nachbarinseln Gozzo und Comino wurden fast ohne Schwertstreich genommen und Malta selbst nach wenigen kurzen Gefechten bis unter die Mauern der Hauptstadt La Vallette besetzt. Immer wäre auch jetzt noch ein längerer Widerstand möglich gewesen, da der Ort durch die Natur seiner Lage eine der stärksten Festen der Welt ist; auf schroffen, vielfach zerspaltenen Kalkfelsen erheben sich kolossale Bastionen, die oft mit dreifachen Reihen übereinandergetürmter Batterien den Angreifer bedrohen. Auch waren damals die Festungswerke in gutem Stande und an Waffen und Munition kein Mangel. 330 Ritter waren anwesend, darunter 200 Franzosen; man hatte etwas über 2000 Mann Soldtruppen und 12000 Mann allerdings ungeübter Milizen. Aber woran es fehlte, war Entschlossenheit der Führung und Zuverlässigkeit der Kämpfer. Der Großmeister hatte den Kopf völlig verloren, jammerte und klagte und ließ sich willenlos von entgegengesetzten Ratschlägen hin und her stoßen. Sein nächster Vertrauter, der Sekretär Doublet, stand seit Monaten mit Bonaparte in Korrespondenz. Der Ordensschatzmeister, Ransijat, erklärte unumwunden, daß er gegen Türken, nicht aber gegen Franzosen zu kämpfen gelobt habe und sich also an der Verteidigung nicht beteiligen würde. Draußen that jeder Kommandeur, was ihm gut schien; der Chef der Artillerie, von Frankreich gewonnen, hinderte die Munitionsverteilung, und die Verwirrung und Hülflosigkeit stieg mit jeder Stunde. Dazwischen tobte das Volk durch die Straßen, begierig sich zu verteidigen, wild nach Waffen rufend und durch die französisch Gesinnten gegen die treugebliebenen Ritter als Verräter aufgehetzt. Bald kamen Nachrichten aus allen Stadtteilen und Bastionen, daß die wütenden Haufen solche Offiziere ermordet hatten; darüber brach Hompesch, jetzt für sein eigenes Leben zitternd, völlig zusammen und ließ sich den Befehl zur Unterhandlung entreißen. Vergebens forderte ihn der Bailli de Loras auf, sich mit den Rittern in die beiden Kavaliere von La Vallette zu werfen; dort könne man acht Tage aushalten, dann käme vielleicht Rettung durch die Engländer: thun wir es nicht, rief er, so giebt es keinen Abgrund, tief genug, um unsere Schande zu bedecken [1]). Hompesch konnte oder wollte sich nicht ermannen. Der spanische Gesandte Amati über- nahm die Vermittelung des Friedens, unterstützt von dem Sekretär Doublet; als Abgeordnete wurden, mit dem neapo- litanischen Gesandten Frisari, der eben erst verhaftete Ran- sijat und vier Notabeln der Malteser Bürgerschaft zu Bona- parte hinausgeschickt, ohne irgend eine bestimmte Weisung, was sie zu bewilligen oder abzulehnen hätten. Als die Ab- geordneten am 12. Juni bei Bonaparte eintraten, musterte er sie und sagte: Sie scheinen zu frieren, meine Herren, ein Glas Punsch wird Ihnen gut thun. Er setzte sich dann, um selbst den Ueberlieferungsvertrag abzufassen. Als er den ersten Artikel vorlas, welcher die Abtretung der Insel an die französische Republik aussprach, wagte Doublet eine Be- rufung an seine Großmut. „Was wird Europa denken? Was wird der Großmeister sagen?" Oh, rief Bonaparte, desto schlimmer für ihn; die Besiegten kommen schlecht weg, das ist mein Grundsatz [2]). Dann folgte eine lange Zornes- ergießung, wie gehässig der Orden sich stets gegen das freie Frankreich benommen, wie er Malta den Russen habe in die Hände spielen wollen, wie darauf das Direktorium nur mit der Besetzung der Insel habe antworten können. Ransijat bestätigte diese Anklagen und trat nur einmal für die Ordens- interessen auf; als es sich nämlich um die künftige Pension der einzelnen Ritter handelte, setzte er eine Erhöhung von 600 auf 700 Franken durch. In schneidendem Kontraste zu dieser ärmlichen Summe stand die Freigebigkeit, mit welcher Hompesch bedacht wurde; Frankreich würde ihm in Rastatt ein deutsches Fürstentum erwirken, ihm bis dahin eine jähr- liche Pension von 300 000 Franken zahlen und ihn ·für sein

---

[1]) Dessen Bericht an den Kaiser Paul (im Wiener Archiv).
[2]) Aus Doublets Memoiren bei Reumont a. a. O. S. 179.

Mobiliar mit 600 000 Franken entschädigen. Den Wunsch Frisaris, einen Vorbehalt der neapolitanischen Lehnshoheit über die Insel seiner Unterschrift hinzuzufügen, genehmigte Bonaparte ohne jedes Widerstreben; der Grund dieser Gefälligkeit wurde allerdings schon nach wenigen Tagen klar durch eine Weisung Bonapartes an Garat, dem Könige von Neapel die Anerkennung dieser Lehnshoheit zu verheißen, sobald er seinerseits für Neapel die Oberhoheit der Römischen Republik anerkenne. Dem ganzen Vertrage gab der General den Titel einer Konvention; denn, sagte er mit freundlichem Hohne, die Bezeichnung Kapitulation würde doch in den Ohren eines einst so kriegsberühmten Ordens übel klingen. Auf so schmähliche Weise ging die Herrschaft der Johanniter zu Grunde. Am 13. Juni wehte die dreifarbige Fahne auf allen Kastellen; Bonaparte kam selbst in die Stadt und empfing den demütigen Besuch des Herrn von Hompesch, dem er den Befehl zur sofortigen Abreise ankündigte. Hompesch empfing seine 600 000 Franken und dazu noch auf seine Bitte drei heilige Reliquien, leider, wie er kummervoll dem russischen Kaiser berichtete, ohne den dazu gehörigen reichen Schmuck. Bonaparte blieb darauf noch fünf Tage auf der Insel, ordnete ihre bürgerliche Verwaltung, zu deren Präsidenten Ransijat ernannt wurde, und ließ als Besatzung 3000 Mann unter General Vaubois zurück. Eine Anzahl französischer Ritter wurden als Freiwillige dem Heere einverleibt, die Mitglieder der anderen Zungen von der Insel fortgewiesen. Jeder fernere Verkehr eines Maltesers mit Rußland wurde bei Todesstrafe verboten. Am 18. Juni schickte der General eine Fregatte nach Toulon zurück, um dort den Minister Talleyrand an Bord zu nehmen; er selbst bestieg aufs neue den Orient und steuerte mit frischem Winde gegen Osten. Die Flotte, immer langsam voranarbeitend, richtete ihren Lauf auf die Insel Candia; hier empfing man durch ein begegnendes Handelsschiff die erste, immer noch unsichere Kunde von der Existenz eines englischen Geschwaders im Mittelmeer, welche dann am 25. durch eine französische Fregatte, die vor Neapel gekreuzt hatte, in bestimmter Weise bestätigt

wurde[1]). Man ging damals hart an der Südküste von Candia
vorüber und konnte immer noch hoffen, vielleicht auf längere
Zeit von dem Gegner unbehelligt zu bleiben. Als man die Insel
passiert hatte, verkündete darauf am 28. Juni eine Prokla=
mation Bonapartes dem Heere die bevorstehende Aufgabe, die
Besetzung Aegyptens. Ihr sollt, sagte er, eine Eroberung
von unberechenbaren Folgen für die Bildung und den Handel
der Welt unternehmen, ihr sollt England an der empfind=
lichsten Stelle treffen; wir werden ermüdende Märsche haben,
einige Schlachten liefern; alles wird uns gelingen, die Ge=
schicke sind für uns. Er ermahnte sie dann, die Vorurteile
der Eingeborenen zu schonen, ihrem Glauben an Muhammed
nicht zu widersprechen, ihren Imams und Muftis Achtung
zu bezeigen, wie sie in Italien höflich gegen die Bischöfe
gewesen. Jede Verletzung der Mannszucht, jede Plünderung
und Gewaltthat wurde mit den schärfsten Strafen bedroht.
Während die Truppen dieses Manifest lasen und sich mit
lockenden Bildern von dem märchenhaften Glanze und den
unermeßlichen Reichtümern des Morgenlandes erfüllten, eilte
die Fregatte Juno der Flotte voraus, nach Alexandrien, um
Erkundigungen einzuziehen und den dortigen französischen
Konsul zu Bonaparte zu bescheiden. Sie brachte am 30. Juni
die Nachricht, daß Nelson mit vierzehn Linienschiffen die Fran=
zosen hier aufgesucht und, da niemand von denselben gewußt,
vor zwei Tagen sich nach Nordosten entfernt habe. Man
ermißt leicht den Eindruck, welchen die überraschende Kunde
auf alle Teilnehmer der Expedition machen mußte. Vorbei
war es fürs erste mit der Sicherheit des Meeres, dieser
wesentlichsten Bedingung der ganzen Expedition. Bonaparte
trieb mit der höchsten Eile zur Ausschiffung der Truppen;
als die Flotte am 1. Juli vor Alexandrien ankam, neigte
sich der Tag zum Ende, und die See war äußerst stürmisch;
aber wegen der Nähe der Engländer wurde nicht der geringste

---

[1]) Napoleons Aussage bei Gourgaud II, 367. Nelson war
also im Irrtum, wenn er damals glaubte, Bonaparte habe schon in
Malta Nachrichten über die englische Flotte gehabt.

Aufschub verstattet und unter mehrfachem Verluste an Menschen= leben die Landung vollzogen. Sofort rückte dann Kleber am folgenden Morgen vorwärts zur Besetzung der Stadt; nach einem kurzen Widerstande wurde die Mauer erstiegen und unter einer großen Metzelei Alexandrien zur Unterwerfung gezwungen. Der Eingang in das gelobte Land war eröffnet; die Truppen hofften auf unerhörte Beute und Glorie; alles wäre trefflich gewesen, hätte nicht die Erscheinung der eng= lischen Flotte das Bild des Rückwegs mit schweren Sorgen umlagert.

Aus London hatte sofort nach jenem entscheidenden Beschlusse Lord St. Vincent am 19. Mai die Weisung empfangen, daß er eine neue Verstärkung von acht Linienschiffen und zwei Brandern erhalten, seinerseits aber ein Geschwader von zwölf Linienschiffen schleunigst in das Mittelmeer entsenden sollte. Ja der Chef der Admiralität, Lord Spencer, gab es seinem Ermessen anheim, diesem Zwecke jede andere Rücksicht unter= zuordnen und vielleicht unter gänzlichem Verzicht auf die Einschließung der Spanier seine ganze Flotte von Cadix hin= weg gegen Toulon zu führen. Andernfalls empfahl Spencer auf besondern Wunsch König Georgs Sir Horatio Nelson als den geeignetsten Befehlshaber der Entsendung. Hierfür entschied sich Lord St. Vincent und schickte seinem kühnen und geistreichen Unteradmiral elf seiner besten Linienschiffe mit der Weisung nach, alles aufzubieten, um die Touloner Expedition zu vereiteln oder zu vernichten. Diese mächtige Verstärkung stieß zu Nelsons Geschwader am 7. Juni in den toscanischen Gewässern; er eilte damit in glühendem Eifer nach Neapel, wo er bei der bekannten Gesinnung der Königin auf wirksame Förderung seiner Jagd rechnete. Hier aber mußte er bittere Erfahrungen über die Unstetigkeit und Schwäche dieses Hofes machen. Durch Garats Schwatzhaftigkeit hatte General Acton erfahren, daß Bonapartes Armada nicht gegen Sizilien, sondern gegen Aegypten bestimmt sei; dadurch für den Augenblick über das eigene Schicksal beruhigt, wollte man jetzt um alles die Franzosen nicht wieder erbittern und zeigte dem englischen Admiral in jeder Hinsicht eine fast beleidigende

Zurückhaltung. Eine Schiffernachricht über die Fahrt der feindlichen Flotte trieb Nelson dann nach Messina, um, wenn möglich, Malta zu Hülfe zu kommen; gleich nachher aber erfuhr er den Fall der Insel und Bonapartes Abfahrt von dort bei einem starken Westwinde: so riet er jetzt auf Aegypten als das Ziel der Franzosen. Ohne einen Augenblick zu verlieren, steuerte er südostwärts, hielt sich auf der Höhe von Kandia dicht an der afrikanischen Küste und ging auf diese Art raschen Laufes während der Nacht in kleiner Entfernung an der schwerfälligen französischen Flotte vorüber. So kam er drei Tage vor derselben nach Alexandrien, wo er natürlich alles in tiefstem Frieden fand und fast verzweifeln wollte über die unbegreiflichen Künste, mit welchen diese verfluchten Franzosen sich unsichtbar zu machen wußten. In seiner brennenden Hast wollte er nicht warten, sondern gab auf der Stelle den Befehl zur Weiterfahrt nach Syrien, nach Kleinasien; ich gehe bis zu den Antipoden, schrieb er, um diese Feinde des menschlichen Geschlechtes zu entdecken.

So hatte ein beispielloses Glück zweimal Bonapartes Zug vor den Augen des Gegners in Dunkel gehüllt. Er, welcher den Wert der Zeit ebensogut wie Nelson kannte, traf sogleich nach der Besetzung Alexandriens alle Anstalt, um so schnell wie möglich die Hauptstadt der mameluckischen Herrscher, Kairo, zu erreichen, und damit hoffentlich die Unterwerfung des ganzen Landes herbeizuführen. Am 2. Juli erließ er eine arabische Proklamation an das ägyptische Volk, worin er diesem die Tyrannei seiner bisherigen Herren, der Mamelucken, schilderte, ihm einige Sätze der französischen Menschenrechte verkündete und sich als einen Verehrer Gottes, des Propheten und des Alkoran, als den Zerstörer des Papsttums und der Malteserritter, als einen Freund des Padischah einführte. Es war immer dasselbe Verfahren, immer dieselbe Verbindung der Demagogie und der Waffengewalt, immer derselbe Versuch, die Eroberung durch Freiheitsphrasen einzuleiten und zu beschönigen. In Italien, Holland, der Schweiz, wo die Lehren der Revolution zahlreiche Anhänger gehabt, war es ihm gelungen; hier aber in der Welt des Islam, unter den ägyptischen

Fellahs, fehlte es schlechterdings an jeder Voraussetzung für den Erfolg solcher Künste. Nur kurz erinnern wir uns hier an die Hauptzüge, welche den damaligen Zustand Aegyptens charakterisieren. Die alten Eingeborenen, die Kopten, hatten seit Jahrhunderten eine erobernde Ueberflutung nach der andern erlebt; sie lagen in harter Unterthänigkeit, von allen ihren Gebietern mißhandelt und ausgesogen. Aber keiner von ihnen dachte deshalb an eine revolutionäre Erhebung; vielmehr war die Masse infolge des langen Druckes abgestumpft und apathisch; einzelne wurden stets von den Beys als Steuer= erheber verwandt, wo sie dann ihre übermütigen Bedrücker mit List und Grausamkeit ihrerseits auszuplündern wußten. Zwischen oder über ihnen dehnte sich eine zahlreiche arabische Bevölkerung im Lande aus, deren Gemeinden von ihren Scheichs mit großer Selbständigkeit verwaltet wurden; aller= dings war auch von ihnen niemand einen Augenblick vor dem Eingriffe brutaler Willkür des Landesherrn sicher, aber auch sie waren weit entfernt davon, auf die Lockung des Fremden zu hören, und sich mit dem Christen gegen den Muselmann zu verbinden. Vornehmer wieder als sie dünkten sich die Türken, die Stammesgenossen des großen Padischah in Konstanti= nopel; politischen Einfluß aber hatten sie so wenig wie ihr Pascha in Kairo, der eine kleine Schar von Janitscharen und Spahis befehligte und unter einigen leeren Ehrenbezeigungen einen kleinen Jahrestribut für den Sultan empfing, sonst aber in Wahrheit nicht die geringste Macht besaß. Die wirk= lichen Herren des Landes waren die Mamelucken, einst eine berittene Leibwache, welche sich die Sultane von Ejubs Stamm aus gekauften tscherkessischen Sklaven gebildet, welche dann in den Tagen Ludwigs des Heiligen selbst die Herrschaft an sich gerissen hatten; im sechzehnten Jahrhundert waren sie von den Osmanen unterworfen worden, bei dem Sinken aber der türkischen Macht wieder zu voller faktischer Selbständigkeit emporgekommen. Sie standen jetzt unter vierundzwanzig Beys, deren jeder einen Bezirk mit unbeschränkter Macht beherrschte und seine Gefährten mit den besten Gütern und Lebensgenüssen ausstattete. Noch immer ließen sie nur gekaufte Sklaven in

ihren Reihen zu[1]); der Bey und seine Gefolgsleute hielten in
ritterlicher Treue zusammen auf Leben und Tod, und wenn
einer derselben zur Würde eines Beys selbst emporstieg, be=
wahrte er dem früheren Herrn die alte Anhänglichkeit. So
genoß ein Bey, der einer großen Zahl seiner Getreuen das
fürstliche Amt verschafft hatte, eines hervorragenden Einflusses;
damals waren zwei dieser Häuptlinge in einer solchen Stellung,
Murad und Ibrahim, von denen jener als der kühnste Held,
dieser als der weiseste Staatsmann von den Mameluken ge=
priesen wurde. Sonst hatten sie weder politische noch mili=
tärische Organisation; ihre ganze Kriegskunst bestand in der
Verwegenheit des einzelnen Reiters; auf trefflichen Pferden,
mit Waffen aller Art gerüstet, mit kostbarem Schmucke be=
laden, stürmten sie in ungeordneten Schwärmen auf den Gegner
ein. Ihre Gesamtzahl mochte höchstens 8000 betragen. Gegen
sie führte jetzt Bonaparte 24000 Franzosen, damals die best=
geübten und bestgeleiteten Krieger der Erde, in das Feld.
Wie man sieht, war bei der Besiegung dieser Gegner wirk=
licher Ruhm nicht zu holen.

Allerdings fehlte es nicht an sonstigen erschwerenden Um=
ständen, deren Ueberwindung auch von der besten europäischen
Truppe Anstrengung und Entsagung forderte. Die glänzenden
Bilder von orientalischer Pracht und Herrlichkeit zerrannen den
Soldaten nur zu schnell. Kaum aus Alexandrien den 7. Juli
ausgerückt, hatte man einen mehrtägigen Marsch durch tiefe
Sandwüsten bei glühender Sonnenhitze zurückzulegen, ohne
Schatten, ohne Obdach, ohne Wasser. Als man dann end=
lich mit Jubel die Ufer des Nils und angebautes Land er=
reichte, war man schwer betroffen über die elende Armut der
Dörfer, den grauenvollen Schmutz der Hütten, die halb tierische
Stumpfheit der Bewohner. Man fand Getreide, aber keine
Mühlen und kein Mehl, und die Entbehrung des Brotes
ist bekanntlich für den französischen Soldaten die härteste.
Man lebte dann von Fleisch und Gemüse und erfrischte sich

---

[1]) Kinder pflegten sie infolge unnatürlicher Laster nicht zu
haben.

mit den reichlich umherwachsenden Melonen. Als Getränk
aber hatte man nichts als Nilwasser, keinen Wein, keinen
Branntwein, ein zweiter schlimmer Mangel, um so fühlbarer,
als jene Kost bei vielen gastrische Leiden verursachte. Dabei
wurden die Kolonnen auf allen Seiten von räuberischen Arabern
umschwärmt, die jeden Nachzügler, jede kleine Patrouille unter
den Augen der Bataillone mit raschem Ueberfall niedermachten
und dann ebenso rasch wieder verschwanden. So bemächtigte
sich allgemeine Niedergeschlagenheit, Verdruß und Heimweh
der Soldaten; sie fluchten über die Gelehrten, welche den Zug
mitmachten, und nach der Meinung der Truppe den General
durch lügenhafte Schilderungen des Landes dorthin verlockt
hatten. Der ersten Mamelucken war man am 10. Juli zugleich mit dem Nile ansichtig geworden, 700 Mann, die sich
nach einigem Plänkeln mit der Division Desaix rasch aus
dem Staube machten. Am 13. hatten die fünf Kanonenboote,
welche Bonaparte den Nil hinaufgehen ließ, ein heftiges Gefecht gegen feindliche Schebecken zu bestehen und gerieten bei
dem Ungestüm des Angriffes in ein hartes Gedränge, aus
welchem erst die Annäherung des Landheeres sie befreite und
den Gegner zu schleunigem Rückzug zwang. Murad Bey suchte
vergebens das Vorrücken der Franzosen zu hemmen; das
Fußvolk jeder Division marschierte in geschlossenem Viereck,
die Geschütze zwischen den Bataillonen, die Reiterei in der
Mitte; die Mamelucken umschwärmten sie auf allen Seiten,
fanden aber zum Anritt keine schwache Stelle und eilten
mit einem Verluste von 200 Mann nach einigen Stunden
von dannen. Der Marsch der Franzosen ging dann langsam
weiter den Strom hinauf; am 20. Juli bekamen sie in der
Ferne am westlichen Horizont die Pyramiden in Sicht, blieben
aber zwei Meilen entfernt davon am Strome und fanden
sich am 21. bei dem Dorfe Embabeh, fünf Stunden von Kairo
entfernt, der gesamten Macht der Mamelucken gegenüber, die
hier den letzten Versuch zur Verteidigung der Hauptstadt machen
wollten. Embabeh war in roher Weise verschanzt, so daß
zwar, nach Napoleons Ausdruck, nicht wohl ein Geschütz über
den Wall und Graben fahren, das Vorgehen der Infanterie

aber in keiner Weise dadurch erschwert werden konnte. Vierzig Kanonen ohne Lafetten ragten über der Erhöhung hervor; dahinter war ein großer Haufen bewaffneter Bauern und Bedienter sowie einige Janitscharen aufgestellt, ein schlecht= bewaffnetes und völlig ungeübtes Gesindel. Die Mamelucken selbst dehnten ihre Reiterhaufen am westlichen Ende des Lagers in der Ebene aus. Bonaparte ließ drei seiner Divisionen gegen den rechten Flügel des Feindes, eine jede wieder in ein einziges Viereck formiert, außer der Schußweite der feindlichen Kanonen vor= gehen; sofort stürzte sich Murad auf die Division Desaix, war aber nicht im stande, die feste Schlachtlinie derselben zu durchbrechen, und wurde sehr bald von den beiden anderen Divisionen in Flanke und Rücken mit einem heftigen Feuer überschüttet. Damit war alles vorüber; Murad sprengte mit der Hauptmasse seiner Leute stromaufwärts nach Süden; eine Schar aber von etwa 2000 Mamelucken suchte in verwirrter Flucht Rettung hinter den Erdwällen von Embabeh. Aber bereits hatte die Division Bon in einem kurzen Anlauf das Lager erstiegen und die Besatzung in völliger Auflösung auseinander= gestäubt; sie empfing jetzt die zurückflutenden Mamelucken mit mörderischen Salven, und was nicht den französischen Kugeln erlag, fand seinen Tod in den Wellen des Nils. Wie wenig von einem eigentlichen Kämpfen die Rede war, zeigt der beider= seitige Verlust, 50 Tote auf französischer, über 2000 auf ägyp= tischer Seite. Die unmittelbare Folge des Sieges war der Triumpheinzug der Franzosen in Kairo.

Der Offiziere und Soldaten wartete hier eine neue Ent= täuschung. Waren draußen die Dörfer elend gewesen, so hatte man immer noch von einer Hauptstadt mit mehr als 300 000 Be= wohnern ein Stück orientalischer Pracht und Schwelgerei er= wartet. Jetzt sahen sie in dem einen Quartiere der Mame= lucken eine Anzahl stattlicher Häuser; alles übrige aber war ein unabsehbarer Haufe niedriger und schmutziger Erdhütten, in enge Gassen zusammengeschoben, deren Ausgänge überall zur Abwehr diebischer Fellahs und Beduinen verrammelt waren. Brot und Wein gab es hier so wenig wie auf dem Marsche; von Anstalten zu irgend welchem Vergnügen und Wohlleben

war keine Rede. Trotz des Goldes, das die Soldaten bei
den erschlagenen Mamelucken gefunden, wurde die Stimmung
so düster und niedergeschlagen, daß mehrere sich im Nil er-
tränkten und alle Briefe in die Heimat mit den heftigsten
Klagen erfüllt waren. Es war für Bonaparte um so peinlicher, als Generale und Offiziere in lärmenden Aeußerungen
des Verdrusses der Mannschaft vorangingen und tagtäglich
trotz des Kriegsstandes den Feldherrn mit Entlassungsgesuchen
überhäuften. Dabei war er beladen mit den dringendsten und
mannigfaltigsten Geschäften, der raschen Einrichtung einer neuen
Landesverwaltung vermittelst der arabischen Scheichs, der Unter-
ordnung der koptischen Steuereinnehmer unter französische
Kommissare, der äußerst mühseligen Herbeischaffung von Geld,
Lebensmitteln und Heeresgerät, der Sicherung der stets von
den Beduinen gestörten Kommunikationen, der Bändigung der
keineswegs zuverlässigen Volksmassen von Kairo. Ihn vor
allen drückte das Ausbleiben aller Nachrichten; aus Paris
hatte er seit der Abreise nicht eine Silbe erfahren; Talleyrand
ließ nichts von sich vernehmen. so daß der General sich einstweilen mit dem Gedanken tröstete, jener sei unmittelbar nach
Konstantinopel gegangen; von Alexandrien erhielt er erst am
30. Juli einige Depeschen, und diese waren nicht geeignet,
ihm über die Sicherheit seiner Flotte genügende Beruhigung
zu geben. So vergingen Tage in rastloser Thätigkeit, als
Anfang August die Mamelucken, trotz der bisherigen Niederlagen, sich wieder in lästiger Weise bemerklich machten. Murad
hatte sich nach Oberägypten zurückgezogen, wohin ihm bald nachher General Desaix nachgeschickt wurde; Ibrahim dagegen
hatte seine Streitkräfte an dem Rande der Syrischen Wüste gesammelt und durch große Haufen arabischer Freibeuter vermehrt.
Dessen Zusammenrottung schien so ansehnlich und alarmierte
die Bevölkerung so tief in das Land hinein, daß Bonaparte
die Generale Regnier, Dupin und Murat gegen ihn aussandte
und am 7. August sich persönlich zu dieser Abteilung begab.
Ibrahims Reiter streiften bereits bis Elhanka, sieben Stunden
nördlich von Kairo; die Armee trieb sie dann ohne Halten
vor sich her, von Ort zu Ort, bis zu der letzten bewohnten Stadt

des ägyptischen Gebietes, Salheyeh, hinter welcher die Syrische
Wüste beginnt. Ibrahim, immer schärfer gedrängt, verschwand
mit seinen Scharen in der unabsehbaren Sandfläche; ein Versuch der französischen Reiterei gegen seinen Nachtrab wurde
von den Mamelucken blutig abgewiesen. Regnier blieb darauf
in Salheyeh zurück, um den wichtigen Grenzplatz zu befestigen;
am 13. August wandte sich Bonaparte zur Rückkehr nach Kairo;
da begegnete ihm unterwegs ein schon vor elf Tagen aus Alexandrien abgeschickter Adjutant des Generals Kleber und brachte
ihm die erschütternde Nachricht, daß seine Flotte am 1. August
von den Engländern vollständig vernichtet worden war. Das
stolze Gebäude aller bisherigen Hoffnungen und Entwürfe
war zertrümmert.

Nelson war nach seiner raschen Entfernung von der
ägyptischen Küste zunächst hinüber nach Syrien gesegelt, dann,
als auch dort niemand etwas von den Franzosen wußte, an
Caramanien vorüber nach Griechenland gefahren, überall vergebens nach Bonapartes Spuren forschend. Dann zwang
ihn Wassermangel, ein befreundetes Gestade zu suchen; er
wandte sich nach Syracus, fand hier anfangs große Schwierigkeiten bei den neapolitanischen Behörden, setzte aber endlich
die Erfrischung seiner Flotte durch[1]) und stach dann mit verdoppeltem Eifer am 23. Juli zur Erneuerung seiner Jagd
in See. Am 29. war er in den Gewässern von Morea, und
hier endlich erhielt er von begegnenden Schiffen die entscheidende
Kunde, daß der Feind bereits vor vier Wochen von Candia
südostwärts gefahren sei. Damit war denn alle Ungewißheit
beseitigt, die Franzosen waren also doch in Aegypten, wie
es Nelson längst vermutet hatte, und jetzt galt es, unter
allen Segeln auf Alexandrien zu eilen. Während der Fahrt
hatte Nelson seine Kapitäne mehrfach um sich versammelt,
entwickelte ihnen die leitenden Gedanken seiner Angriffspläne,
sprach alle denkbaren Möglichkeiten gründlich durch; es war

---

[1]) Daß hier Sir William und Lady Hamilton schwerlich mit-
gewirkt haben, erörtert Nicolas in den Noten zu Nelsons dispatches
and letters IV, 46.

keiner unter ihnen, der sich mit den Absichten und Auf=
fassungen ihres genialen Feldherrn nicht auf das genaueste
durchdrungen hätte. Nelsons ganzes Innere war in heftiger
Bewegung; das wichtige Kommando, das ihm mit Ueber=
gehung zweier älterer Offiziere durch königliches Vertrauen
übertragen worden, hatte Kampflust und Ruhmbegier vom
ersten Tage an auf den höchsten Grad gesteigert; in seiner
stets aufgeregten und zuweilen etwas bombastischen Art hatte
er in jeder Depesche seinen Vorgesetzten versichert, wie er
auf die Franzosen schlagen würde, sobald er sie fassen könnte;
er hatte der Lady Hamilton in Neapel sagen lassen, er hoffe
entweder mit Lorbeer oder mit Cypressen bekränzt ihr vor=
gestellt zu werden; und in dieser Stimmung sah er sich nun
wochenlang durch die Unfindbarkeit des Gegners geäfft und
mit dem bitteren Fluche der Lächerlichkeit bedroht! Und auch
jetzt noch, wie viel peinigende Ungewißheit! Bonaparte war
zweifellos in Aegypten; aber wie stand es mit der französi=
schen Flotte? War sie in sicherem Hafen? War sie vielleicht
weit entfernt auf der Rückkehr nach Toulon? Indessen die
Lösung stand bevor. Nachmittags den 1. August hatte Nelson
den Leuchtturm von Alexandrien in Sicht, und unmittelbar
nachher signalisierte sein vorderstes Schiff die Anwesenheit
der feindlichen Flotte, dreizehn Linienschiffe und fünf Fre=
gatten, auf der offenen Reede von Abukir, wenige Stunden
ostwärts von der Stadt. Ohne einen Augenblick zu zaudern,
gab Nelson den Befehl zum Angriff. An den vorausgehenden
Tagen hatte er in seiner Spannung wenig geschlafen und
gegessen; jetzt, den Gegner vor Augen, war er heiter und
ruhig, nahm in bester Stimmung sein Mittagsmahl, während=
dessen sein Schiff, der Vanguard, zum Kampfe bereit gestellt
wurde, und rief, als seine Offiziere sich von der Tafel hin=
weg auf ihre Posten begaben: morgen um diese Stunde habe
ich eine Pairie oder ein Grab in Westminster gewonnen.
Mit vollen Segeln ging es vorwärts auf den Feind.

Eine Kette besonderer Umstände hatte den Widersacher
dort vor Abukir seinem Griffe bloßgestellt.

Als Bonaparte sich in Alexandrien zum Marsche auf

Kairo anschickte, gab er am 3. Juli dem Admiral Brueys den Befehl, am folgenden Tage die Flotte in den alten Hafen von Alexandrien einlaufen zu lassen, wenn dort das Fahr= wasser tief genug wäre; andernfalls sollte er berichten, ob die Flotte auf der Reede von Abukir mit Sicherheit gegen überlegene feindliche Streitkräfte verteidigt werden könnte; wäre das eine wie das andere unmöglich, so sollte er zwei wenig tief gehende Linienschiffe, vier Fregatten und alle leichten Fahrzeuge in Alexandrien zurücklassen und die übrige Flotte nach Korfu hinüberführen. Brueys ließ demnach den Hafeneingang sondieren, erhielt aber Bericht, daß er bei weitem nicht tief genug sei, und brachte darauf die Flotte zunächst nach Abukir, wo er sie möglichst nahe dem Lande in lang gedehnter Linie Anker werfen ließ, am einen Ende durch eine Uferbatterie, am andern durch das Fort von Abu= kir geschützt. Indessen setzte man mit großem Eifer die Sondierungen des Hafens fort, da Brueys durchaus kein volles Vertrauen auf die Stellung von Abukir hatte und überhaupt mit sorgenvollem Herzen an die Möglichkeit eines Zusammenstoßes mit den Engländern dachte. Er wußte, wie eilig zusammengerafft die ganze Rüstung, wie unvoll= ständig die Bemannung seiner Schiffe, wie dürftig die Manövrierfähigkeit, wie locker die Disziplin seiner Seeleute war. Sein lebhafter Wunsch war es, wenn die Sondierungen kein günstiges Ergebnis lieferten, so bald wie möglich nach Korfu abzugehen. Aber auch hiergegen erhoben sich unüber= windliche Schwierigkeiten. Die Flotte hatte von Toulon für zwei Monate Lebensmittel mitgenommen; trotz einiger in Malta erhaltenen Ergänzung ging der Vorrat auf die Neige, und die letzten Reste desselben mußten sogar an das hungernde Landheer abgegeben werden. Bei der wüsten Barbarei aber, die in ganz Aegypten herrschte, kostete es un= endliche Mühe, große Massen von Lebensmitteln auf einen Punkt zu sammeln. Die nächste Umgebung von Alexandrien lieferte verzweifelt wenig, und sonst hatte Brueys fürs erste nur das Versprechen Bonapartes, so bald wie möglich Trans= porte aus dem Innern herüberzuschicken. Begreiflicherweise

war auf dem mühseligen Marsche, den Angriffen der Mame=
lucken gegenüber, keine Möglichkeit für solche Sendungen,
und erst am 24. Juli ging von Gizeh ein Convoi mit Ge=
treide den Nil hinunter nach Rosette ab. Brueys wartete
darauf mit peinlicher Spannung[1]), da seine Lage tagtäglich
widerwärtiger wurde. Auf der sandigen Reede gab es nur
eine Cisterne, so daß er nie so viel Wasser einnehmen konnte,
als er verbrauchte; die Wirbel und Untiefen der Nilmündung
hinderten oft tagelang den Seeverkehr mit Rosette; nicht
früher als am 26. Juli lieferte ihm das dortige Kommissariat
einen kleinen Vorrat von Lebensmitteln, der eben der völligen
Erschöpfung abhalf und für die Reise nach Korfu gar nicht
in Betracht kam. Unterdessen war man ohne alle Nachricht
von Bonaparte; düstere Gerüchte liefen um von einer Nieder=
lage, welche das Heer erlitten; man konnte nicht daran denken,
vor einer näheren Aufklärung die Flotte hinwegzuführen.
Und doch wurde diese Maßregel immer dringender, denn die
nähere Untersuchung zeigte, daß das Fort von Abukir höchst
ungenügend bewaffnet war und die Reede überhaupt in keiner
Hinsicht sicheren Schutz gewährte; aus Alexandrien aber erhielt
der unglückliche Admiral erst am 26. Juli die Nachricht, daß
seine Offiziere die Aufnahme des Hafens beendigt hätten und
ihm demnächst den Plan vorlegen würden. Am 28. kam
die erquickende Kunde von der Einnahme Kairos, aber die
Not an Geld, an Wasser, an Proviant war ebenso groß
wie vorher. So blieb die Flotte vor Abukir, wo sie am
1. August, abends 6 Uhr, von dem Angriffe der Engländer er=
eilt wurde.

Nelson, der, einen frischen Wind im Rücken, von Westen
herankam, eröffnete den Kampf mit einem die Franzosen
völlig überraschenden Manöver. Während Brueys, nahe dem
Lande aufgestellt, den Angriff auf seine Linie schlechterdings
nur von der Seeseite her erwartete, wagten es die Engländer,
mit einem Teile ihrer Streitkräfte in den engen Raum

---

[1]) Seine Briefe vom 26. und 27. Juli, Correspondance in-
édite de Napoléon Bonaparte, Egypte I, 403, 423.

zwischen der französischen Flotte und dem Ufer einzudringen,
ohne Rücksicht auf die Gefahr des Strandens und die Kugeln
der Uferbatterie, und so die Schiffe des linken feindlichen
Flügels unter doppeltes Feuer zu nehmen. Allerdings geriet
dabei ihr erstes führendes Schiff, der Culloden, auf den
Sand und blieb bis zum folgenden Morgen auf der Untiefe
fest; um so sicherer aber vermieden die folgenden, durch seinen
Unfall gewarnt, die mißliche Stelle, und bald war der linke
Flügel und die Mitte der französischen Schlachtordnung von
innen und außen durch den feindlichen Angriff umfaßt. Von
Anfang an war die Verwirrung groß auf den französischen
Schiffen. Da niemand auf einen Angriff von der Uferseite
gerechnet hatte, so mußten mitten im feindlichen Feuer die
dorthin gerichteten Schiffsbatterien erst schußfertig gemacht
werden. Sehr bald brach die Nacht herein; keines der Schiffe
wagte im Dunkel, ohne ausdrücklichen Befehl des Admirals
seine Stellung zu verlassen, und so kam es, daß der unter
dem Winde liegende rechte Flügel der Franzosen kaum Anteil
an dem Kampfe nahm, während die übrigen Schiffe stets
gleichzeitig von mehreren Gegnern bedrängt wurden. Schon
nach einer halben Stunde waren die beiden ersten Dreidecker
der Franzosen entmastet, eine Stunde später der vierte und
fünfte genommen; gegen 8 Uhr wurde Admiral Brueys,
bereits zweimal verletzt, durch eine Kanonenkugel getötet,
Contreadmiral Blanquet aber in das Gesicht geschossen und
bewußtlos niedergeworfen. Fast gleichzeitig wurde Nelson
durch einen Granatsplitter so unglücklich am Kopfe getroffen,
daß die Stirnhaut ihm losgeschält über die Augen herabhing
und ihn für den Moment des Gesichts beraubte. Aber
Schlag auf Schlag eilte jetzt sein Kapitän herab an sein
Schmerzenslager in die Kajüte, um ihm eine Siegespost nach
der andern zu bringen. Der französische Kapitän des
„Spartaner" überlieferte sein Schwert, das große Admiral=
schiff, der „Orient", war hoffnungslos von den Engländern
umringt, einige Minuten nach neun Uhr stand das riesige
Fahrzeug in lichten Flammen. Da war Nelson drunten
nicht mehr zu halten; trotz der Wunde stieg er auf das Ver=

deck hinauf, um selbst die Anordnungen für die möglichste Rettung der feindlichen Mannschaft zu treffen. Der Feuer= schein des „Orient" beleuchtete weithin das Meer und die kämpfenden Flotten; gegen zehn Uhr flog der Koloß in die Luft und bedeckte weithin die Wellen und die nächsten Schiffe mit seinen glühenden Trümmern. Der Eindruck war so ge= waltig, daß während mehrerer Minuten Freund und Feind zu feuern aufhörte und eine tiefe Stille über der Walstatt lagerte. Bald aber begann der Kampf aufs neue zu rasen; immer weiter die französische Schlachtlinie hinauf drang die vernichtende feindliche Umarmung vor; hier geriet ein Fahr= zeug in Brand, dort lief ein anderes auf die Sandbänke des Ufers oder überlieferte seine Flagge dem Sieger. Als der Morgen des 2. August heraufstieg, hatten Nelson und die Seinen ein Ergebnis erfochten, wie niemals ein früherer Seekampf ein ähnliches geliefert hatte, die vollständige Ver= nichtung des Gegners. Zwei Linienschiffe und zwei kleinere Fahrzeuge waren verbrannt, eine Fregatte versenkt, neun Linienschiffe und zwei Fregatten genommen; nur mit zwei Linienschiffen und zwei Fregatten des rechten Flügels ver= mochte Admiral Villeneuve zu entrinnen. Von 11000 Mann, welche die Flotte getragen, waren 5200 umgekommen, gegen= über einem englischen Verluste von 900 Toten und Ver= wundeten; über 3000, darunter viele Verwundete, waren gefangen, wurden aber von Nelson gegen Verpflegung der englischen Verwundeten freigelassen.

Um die ganze Wucht des zerschmetternden Schlages zu verstehen, muß man sich nochmals erinnern, was Bonaparte für Frankreich und die Flotte für Bonaparte bedeutete. Wie wir wissen, hatte der General die Absicht gehabt, Aegypten rasch zu besetzen, damit den zündenden Funken in die orien= talische Frage zu werfen, diese für die europäischen Zwecke der französischen Politik in irgend einer Weise gründlich aus= zunutzen und zu diesem Behufe so bald wie möglich, jeden= falls im Herbste, wieder in Paris zurück zu sein. Solange die Verbindung zur See zwischen Frankreich und Aegypten gesichert und geschützt war, hatte die Besatzung von Kairo

keinen gefährlicheren Posten als die von Mainz oder Rom.
Die Beherrschung des Mittelmeers durch eine französische
Kriegsflotte gab der französischen Diplomatie einen höchst
wirksamen Rückhalt für Konstantinopel, sei es zur Erzwingung
weitern Friedensstandes mit dem Sultan, sei es zur Niederwerfung der türkischen Herrschaft in Europa überhaupt. In
einer solchen Lage hätte Frankreich nicht ohne einige Aussicht
in Wien die Frage aufwerfen können, ob Kaiser Franz nicht
gegen die Erwerbung türkischer Provinzen die neuen Verhältnisse in Italien und der Schweiz anerkennen wollte. Das
alles war durch den einen Schlachttag von Grund aus zerstört. Der bis dahin stets unbesiegte General hatte eine
Niederlage erlitten, welche einen tiefen Schatten auf den
Glanz seines Namens warf. Das Heer von Aegypten war
plötzlich eine hoffnungslos blockierte Schar, ohne Verbindung
mit dem Mutterlande, abgeschnitten von Verstärkungen und
Nachrichten, geworden. Mit den Kaiserhöfen jetzt noch von
Teilung der Türkei zu reden, wäre eine Lächerlichkeit gewesen;
von dem Sultan war es fortan gewiß, daß er die heuchlerischen Reden über die Bestrafung allein der Mamelucken,
im Interesse der hohen Pforte selbst, mit Verachtung zurückweisen würde. So entwickelten sich die Gefahren auf allen
Seiten, während alle Hoffnungen zerrannen und alle Hülfsquellen versiegten. Für die französische Republik war nicht
mehr an eine bleibende Behauptung Aegyptens und noch
weniger an weitere Erfolge auf türkischem Boden zu denken.
Für Bonaparte aber — und dies war ohne Zweifel für ihn
die empfindlichste Folge — war auf unbestimmte Zeit hinaus
die Möglichkeit der Rückkehr nach Frankreich abgeschnitten.
Nicht bloß im physischen Sinne, obwohl es immer von nun
an ein halsbrechendes Wagnis war, der englischen Blockade
trotzend, die Heimfahrt über die feindlich gewordene See zu
versuchen. Aber wäre dies auch ebenso leicht gewesen, wie es
gefährlich war: noch entscheidender wurde es weiter, daß Bonaparte jetzt geschlagen war und bei seiner politischen Stellung
entweder gar nicht oder nur mit neuen Lorbeeren geschmückt
den französischen Boden wieder betreten konnte. Jetzt Aegypten

verlassen, hieße seine Soldaten in höchst gefährdeter Lage
preisgeben, nicht als Führer und Herrscher, sondern als
fahnenflüchtiger Offizier in Paris erscheinen, sein politisches
Dasein in die Hand der grollenden und eifersüchtigen Direktoren legen. Nelson hatte ihn festgeschmiedet an die Ufer
des Nils; eine den Weltteil umfassende Kombination war
plötzlich in ein wagehalsiges und jetzt mißlungenes Abenteuer
verwandelt.

Es war kein Wunder, daß auch ein Mann von Bonapartes Willensstärke durch eine so verhängnisschwere Katastrophe tief betroffen war [1]). Sie kam ihm überraschend in
jedem Sinne. Noch am 30. Juli hatte er an den Admiral
Brueys einen mit den holdesten Täuschungen gefüllten Brief
abgeschickt: er höre aus Alexandrien, daß er nach dem Ergebnis der Sondierungen die Flotte im dortigen Hafen vermuten
dürfe; er hoffe, daß der dorthin geschickte Getreideconvoi zur
Stunde glücklich angelangt sei; das ganze Verhalten der Engländer lasse annehmen, daß sie ihm an Zahl nicht gewachsen
seien und sich begnügen würden, Malta zu blockieren. Jedenfalls solle der Admiral möglichst bald entweder in den Hafen
von Alexandrien einlaufen oder gleich nach Empfang der
überschickten Lebensmittel sich nach Korfu verfügen: denn, bemerkte Bonaparte, bis unsere Angelegenheiten entschieden sind,
müßt ihr schlechterdings eine Stellung einnehmen, in der man
der Pforte imponieren kann. Alle diese schönen Bilder waren
jetzt mit einem Schlage zerflossen: „unglückseliger Brueys",
seufzte Bonaparte ein über das andere Mal, „was hast du
gemacht!" Wäre uns dieser Unfall erspart geblieben, sagte
er seinem Sekretär Bourrienne, so hätte ich nach den glänzenden Erfolgen des Heeres sehr bald nach Frankreich zurückkehren können; dort würde ich den Engländern am Kanal
solche Rüstungen gezeigt haben, daß sie alle ihre Flotten
wieder im Ozean angesammelt und das Mittelmeer geräumt
hätten; dann hätten wir Truppen und Kriegsmaterial aller

---

[1]) So versichert es Bourrienne, und nicht der mindeste Grund
liegt vor, daran zu zweifeln.

Art nach Aegypten geworfen und in allen orientalischen An=
gelegenheiten das entscheidende Wort gesprochen. Aber damit
war es vorbei auf immer. Jetzt galt es, abgeschnitten vom
Vaterlande, das eigene Dasein zu verteidigen, die tiefge=
beugten Genossen aufzurichten, die Größe des Verlustes mög=
lichst herabzumindern. Jetzt führte die Not auf die alten
Träume eines zweiten Alexanderzuges zurück. Wenn die
Engländer fortfahren, schrieb Bonaparte am 22. August an
Kleber, uns das Mittelmeer zu sperren, so werden sie uns
vielleicht dazu bringen, größere Thaten auszuführen, als es
ursprünglich in unserer Absicht lag. Den Offizieren seiner
Umgebung erklärte er, getrennt von der Heimat, müsse man
lernen, sich selbst zu genügen; Aegypten, einst ein mächtiges
und üppiges Königreich, biete auch heute noch unermeßliche
Hülfsmittel; es sei durch Wüsten und unzugängliche Meeres=
ufer auf allen Seiten gesichert, es biete die köstlichste Angriffs=
stellung gegen das englische Indien, den festesten Ausgangs=
punkt für die bei dem Zerfalle der Türkei sich darbietenden
Eroberungen. Nur darauf komme es an, die Soldaten vor
Entmutigung zu bewahren und das Haupt hoch zu tragen
trotz einzelner Widerwärtigkeiten. Wir sind vielleicht be=
stimmt, sagte er, den ganzen Orient umzuwälzen und unsere
Namen den glorreichsten Helden des Altertums und des
Mittelalters an die Seite zu setzen[1].

Einstweilen stellte die harte Wirklichkeit weniger strahlende,
aber um so dringlichere Aufgaben. Die ganze Fülle der
Thätigkeit und Schöpferkraft, mit der Bonaparte drei Welt=
teile zu bewegen gedacht, wurde jetzt vollauf in Anspruch
genommen, um sich und seinen Genossen das tägliche Brot
zu schaffen. Der Widerwille der muhammedanischen Bevölke=
rung blieb unbeugsam, wie oft auch Bonaparte sich öffentlich
einen Verehrer und Bekenner des Propheten nennen ließ.
Niemals waren die Straßen zwischen Oberägypten und Kairo,
zwischen Kairo und Alexandrien mit voller Sicherheit zu
passieren. Die entsetzlichsten Exekutionen, die Ausrottung

---

[1] Marmont I, 390.

ganzer Dorfschaften schüchterten für einige Tage ein: unmittelbar nachher begann die blutige Wegelagerei von neuem. Mit unendlicher Mühe erreichte man eine gewisse Ordnung im Steuerwesen und gewann die Mittel zu einer etwas besseren Verpflegung der Truppe: jedoch niemand hatte auch nur für vierundzwanzig Stunden ein Gefühl der Sicherheit oder gar des Behagens. Oft genug lag Bonaparte auf dem Boden ausgestreckt über seinen Landkarten und erging sich in Plänen, durch Syrien und Persien hindurch im nächsten Frühling sein Heer nach Indien gegen die englischen Niederlassungen zu führen; dann aber brach er wieder bei seinem Sekretär Bourrienne in den Ausruf aus: wenn es in Europa zu einem großen Kriege kommt, eile ich auf jede Gefahr nach Frankreich zurück. Wohl kam es zum Kriege, gerade infolge seiner orientalischen Thaten, allein noch auf lange hin gelangte kein Laut desselben zu dem Ohre Bonapartes. Mit seinen Genossen war er von der Heimat geschieden.

Zweites Kapitel.

Kaiser Paul von Rußland.

Die nächste Folge der ägyptischen Expedition war eine scharfe Wendung in der Politik des russischen Reichs. Wir müssen hier die neuen Verhältnisse, wie sie sich in Petersburg seit dem Tode Katharinas II. gestaltet hatten, und vor allem die Persönlichkeit des jetzigen Herrschers etwas näher in das Auge fassen[1].

Schon früher haben wir bemerkt, daß Paul I. keine leichte und frohe Jugend erlebt hat. Er war kein hervorragender und schöpferischer Geist, immerhin aber wohl begabt, empfänglich für mannigfaltige Interessen, mit rascher Auffassung und

---

[1] Außer den gedruckten Quellen benutze ich im folgenden die österreichischen Gesandtschaftsberichte, die über die Petersburger Personalien sehr ausführlich sind.

scharfer Beobachtung ausgestattet. Dabei ging sein Wille
von Natur durchaus auf das Gute und Große; er hatte
Menschenliebe und Patriotismus und den lebhaften Wunsch,
dereinst für das Glück seiner Unterthanen zu wirken. Bei
solchen Anlagen wäre es einer einsichtigen und wohlwollen-
den Behandlung nicht schwer geworden, ihn zu einem tüchtigen und glücklichen Manne zu erziehen. Aber das gerade
Gegenteil trat ein. Sei es, daß Ehrsucht und Sinnlichkeit
bei Katharina das mütterliche Gefühl zurückdrängten, sei es,
daß ihr Gewissen die Sorge nicht los wurde, der Sohn möge
ihr thun, wie sie dem Gemahle gethan: Katharina hatte niemals ein menschlich warmes Verhältnis zu dem heranwachsen-
den Großfürsten. Zuweilen zärtlich, dann wieder argwöhnisch,
immer herrisch stand sie ihm gegenüber. Niemals verstattete
sie ihm den geringsten Einblick in die Geschäfte, den kleinsten
Einfluß in politischen oder persönlichen Fragen. Als er ein
Mann geworden, hatte er vor allem den Trieb, gegen auswärtige Feinde sich Ruhm zu erwerben und sich dem Vaterland als künftiger Leiter zu bewähren: Katharina aber blieb
unerschütterlich bei ihrer Weigerung, und erst als 1788 ein
plötzlicher schwedischer Anfall Petersburg selbst bedrohte, er-
laubte sie ihm, in das Feld zu ziehen, und auch dann ohne
ein thätiges Kommando, als vornehmer Zuschauer im Hauptquartier eines völlig unfähigen Befehlshabers.

Nun war er weder apathisch noch fügsam, sondern im
Gegenteil höchst erregbar und aufbrausend, von heftigem, wenn
auch nicht von stetigem Willen. Nichts wäre wichtiger für
ihn gewesen als innere Zucht und Zügelung der leidenschaftlichen Affekte, und bei der ursprünglichen Gesundheit
seines Wesens hätte es dafür nichts bedurft als eine Umgebung, die ihm Liebe gezeigt und Achtung eingeflößt hätte.
Aber der bevormundende Druck, unter dem er Jahr für Jahr
dahin lebte, rief in ihm kein anderes Gefühl als verbitterten
Trotz hervor. Nicht die Leidenschaft zu bändigen, sondern
sie bis zur Stunde der Befreiung zu verstecken, war er bemüht. Je schwerer er die Unthätigkeit empfand, zu der ihn
die Mutter verdammte, desto schärfer stellte er die Frage nach

dem Werte der Menschen und des Systems, dem er den Platz
räumen mußte. Und wir wissen, wie viel Stoff Katharinas
Leben und Wirken für ein verwerfendes Urteil darbot. Paul
sah mit seinem eindringenden Blicke die Flecken ihres per=
sönlichen Wandels, den Wechsel der schamlosen Favoriten, die
Erfolge der hündischen Schmeichler, die Macht der käuflichen
Würdenträger. Er sah hinter dem Schimmer der glänzenden
Eroberungspolitik die Schäden im Innern, den Verfall des
Heeres, das Elend des Volkes. Immer tiefer setzte sich bei
ihm eine grimmige Verachtung fest, ein heftiger Beschluß,
wenn seine Zeit einmal komme, das Gegenteil von allem zu
thun, was seine Mutter gethan hatte.

Nachdem seine erste Gemahlin im Wochenbette gestorben
— ein dunkles Gerücht am Hofe sagte, sie sei umgekommen,
weil sie nach politischer Macht für Paul gestrebt hätte —
wurde er 1776 auf Betreiben des Prinzen Heinrich von
Preußen, der sich damals eines großen Einflusses bei Katharina
erfreute, in zweiter Ehe mit der Prinzessin Dorothea von
Württemberg=Montbeliard oder, wie sie seitdem hieß, Marie
Feodorowna vermählt[1]). Ein besseres Geschick hätte ihm
nicht widerfahren können. Marie war schön, stattlich und
anmuthig, lebhaften und ernsten Geistes, von einer trefflichen
Mutter auf das sorgfältigste erzogen, nicht ohne Ehrgeiz,
aber vor allen Dingen pflichttreu und dabei von warmem
Herzen und überströmender Herzensgüte. Paul war beim
ersten Anblicke von ihr gewonnen und lebte auf in ihrer
Nähe; sie vergalt es ihm durch volle beglückte Hingebung,
und lange Jahre hindurch konnte ihre Ehe eine musterwürdige
genannt werden. Obgleich Marie von Natur keine Richtung
auf männliche Thätigkeit hatte, nahm sie um des gelieb=
ten Mannes willen an allem teil, was ihn anging oder
interessierte; ihre Beobachtungen und Bestrebungen waren ge=
meinsam; sie wich nicht von seiner Seite, und dankbar er=

---

[1]) Vgl. die mémoires de la baronne d'Oberkirch, der Jugend=
freundin der Prinzessin, sowie Heinrichs Korrespondenz im Ber=
liner Archiv.

kannte er ihre Ueberlegenheit in manchem Talente und mehr noch in der Haltung und der Diskretion ihres Benehmens an. Selbst Katharina, welcher die Großfürstin eine unge= heuchelte Ehrfurcht entgegentrug, konnte nicht umhin, ihr die größte Achtung zu zollen. Doch blieben auch die Reibungen nicht aus, vornehmlich, als es sich um die Erziehung der fürstlichen Kinder, Alexander und Konstantin, handelte: die kaiserliche Großmutter wollte unaufhörlich darin bestimmen und eingreifen und fand dann nicht selten den hartnäckigsten, durch Gewissenspflicht gestärkten Widerstand der Eltern.

Dazu kam seit 1781 ein ausgesprochener politischer Gegen= satz. Die Großfürsten hatten es dem preußischen Hofe nicht vergessen, daß sie ihm ihr Eheglück verdankten; beide bewun= derten den großen König, ehrten die geistige Kraft des Prinzen Heinrich, setzten lebhafte Hoffnung auf die, wie sie meinten, nicht gebührend anerkannten Talente des Thronfolgers. Da war es ihnen denn höchst widerwärtig, daß damals Kaiser Joseph II. bei Katharina den preußischen Einfluß völlig aus dem Felde schlug, indem er ihr seine Mitwirkung bei der glühendsten Leidenschaft ihres Ehrgeizes, bei der Eroberung der Türkei in Aussicht stellte. Paul war um so mehr ent= rüstet darüber, als er den Plan selbst im wahren Interesse Rußlands für höchst verderblich hielt; das Reich sei groß genug, jede fernere Erweiterung würde es schwächen; was es bedürfe, sei innere Herstellung, Heilung des Wohlstandes, Entwickelung der Bildung. Er hatte weiter die Ueberzeugung, daß die Häupter der österreichischen Partei am Hofe, Potemkin, Besborodko, Markow, Woronzow, sämtlich durch die Wiener Regierung bezahlt seien: erhalte ich einmal die Macht, sagte er, so lasse ich sie sämtlich auspeitschen und verjagen[1]). Aber er mußte es dulden, Jahr auf Jahr; er sah endlich den Türkenkrieg beginnen und seinen Freund, den jungen Preußen= könig, deshalb in offener Kriegsbereitschaft gegen Rußland. Dann trat freilich Kaiser Leopold aus dem russischen Bunde zurück, und noch einmal stellte sich ein gutes Einvernehmen

---

[1]) Briefwechsel Josephs II. mit Leopold I., 119.

zwischen Berlin und Petersburg her: aber zwei Jahre weiter, und der Riß war tiefer als jemals in früherer Zeit, und „die intime Allianz" mit Oesterreich aufs neue gegründet. Paul machte aus seinen Gesinnungen kein Hehl, und Katharina, wie erwähnt, dachte daran, ihn von der Thronfolge zu Gunsten seines ältesten Sohnes Alexander auszuschließen. Da, völlig unvermutet, trat der Augenblick ein, welcher Katharinas Lebensfaden zerriß und den Großfürsten mit einem Schlage aus hülfloser Nichtigkeit zu der allmächtigen Beherrschung eines kolossalen Reiches emporhob.

Es zeigte sich auf der Stelle, daß eine so plötzliche Versetzung auf schwindelnde Höhe für Pauls lebhaften, dreißig Jahre lang gefesselten Geist verhängnisvoll war. So lange hatte er nicht die mindeste Bewegung wagen dürfen: jetzt wollte er ohne jede Hinderung schalten und walten. So lange hatte man ihm jede Einwendung gegen die schlimmsten Pläne verboten: jetzt wollte er gegen seine heilsamen Absichten auch nicht einen Laut des Widerspruchs dulden. So lange war er der Sklave, der völlig geknechtete Sklave gewesen: jetzt endlich war er der Herr, und die ganze Welt sollte es erfahren, daß er Herr sein wollte und Herr sein konnte. Sein leidenschaftliches Wesen, stets zurückgepreßt und niemals erzogen, strömte jetzt in der neuen Schrankenlosigkeit nach allen Seiten über. Der kleine Mann war von früh bis spät in ruheloser Geschäftigkeit, ungeduldig, das so lange Versäumte mit einem Schlage nachzuholen, Tag für Tag von neuen Eindrücken bestürmt und von einem jeden gleich heftig und hastig in Anspruch genommen. In jeder Stimmung ging er gleich bis an die äußerste Grenze, und während so keine Stunde der andern glich, blieb nur eines in ihm unveränderlich, das maßlos gesteigerte Selbstbewußtsein. Seine Friedenspolitik erläuterte er den Mächten höchst unumwunden mit der Notwendigkeit, zunächst in Rußlands Heer und Finanzen die Uebelstände zu beseitigen, welche Katharinas unordentliche und verschwenderische Verwaltung dort verursacht hätte, und je drastischer einer seiner Gesandten draußen den Kontrast zwischen der verderblichen Mutter und dem hoch-

herzigen Sohne in Farbe setzte, desto sicherer war er des
Allerhöchsten Beifalls. Pauls Gedanke war übrigens, nicht
bloß für Rußland, sondern für ganz Europa der Schöpfer
einer neuen Zeit gesegneten Friedens zu werden; die Ueber=
spannung seines Geistes zeigte sich in den Noten und In=
struktionen, die er zu diesem Behufe an seine Gesandten, an
die verbündeten Höfe, sowie zur Kenntnisnahme des fran=
zösischen Gesandten Caillard in Berlin erließ. Sie redeten
sämtlich, wenn nicht im Tone des Befehls, so doch der über=
legenen Belehrung; sie predigten Freund und Feind die christ=
liche Tugend der Menschenliebe und Uneigennützigkeit; sie gaben
an, welche Ansprüche der erhabene Schiedsrichter dem einen und
dem andern verstatten, welche dagegen er unter keiner Bedin=
gung dulden würde. Er fühlte nicht mehr, daß eine so hoch=
fahrende Sprache das gerade Gegenteil wirklicher Friedens=
politik war [1]).

Mit demselben hitzigen Eifer warf er sich gleichzeitig auf
die inneren Reformen. Alle die Jahre daher hatte er auf
die Menge der Mißbräuche geblickt und über den Mitteln
zur Besserung gebrütet; er war bereit in jeder Beziehung,
und nur eines hatte er gründlich vergessen, die Notwendigkeit
des Maßes und der Zeit in menschlichen Dingen. Die Ukase
folgten sich Tag für Tag wie die Wassertropfen im Platzregen.
Er befahl die Sammlung der bestehenden Gesetze und Ver=
ordnungen in drei Gesetzbüchern, für bürgerliches, Straf= und
Staatsrecht; er teilte Rußland in neue Verwaltungsbezirke mit
neuen Behörden; er sorgte in allen Zweigen des Dienstes
für rascheren Geschäftsgang; er stellte die alten Landrechte
in den baltischen Provinzen und die adligen Juristenschulen
in Rußland wieder her; er ordnete die Verhältnisse der Kirchen=
diener und ihrer Familien; er errichtete ein Generalauditorat,
städtische Behörden und eine Sanitätspolizei; er wandte den
Gestüten und den Theatern eine pflegende Aufmerksamkeit zu;
er verfügte die Anlage eines Kanals zwischen Dwina und
Dnjepr; er suchte den Ertrag der Bergwerke, die Blüte der

---

[1]) Vgl. Miliutin, Krieg von 1799, Band I, Kapitel 2—5.

Manufakturen, das Gedeihen des Ackerbaues zu steigern; er sorgte dazwischen mit vielfachen kleinen Polizeiverordnungen für das leibliche Wohl seiner Unterthanen; er regelte die Abgaben der Nomadenvölker und die Naturalzinsen der Bauern; er führte die Seidenzucht in den südlichen Provinzen ein und suchte neue Handelsverbindungen mit China; ja, was vielleicht wichtiger als alles andere, er ließ ein Hausgesetz für die kaiserliche Familie entwerfen und gab eine feste Thronfolgeordnung nach Erstgeburt im Mannsstamm, anstatt der wahnsinnigen Verfügung Peters I., welche jedem Kaiser das Recht zur Ernennung seines Nachfolgers verliehen und damit den Palastrevolutionen Thor und Thür eröffnet hatte. Das alles nun ergoß sich binnen der ersten vier Monate seiner Regierung über das erstaunte Land: niemand konnte an der Redlichkeit seines Strebens zweifeln; er selbst aber hätte sich erinnern dürfen, wie oft er früher über die prunkenden Gesetze seiner Mutter gezürnt und gespottet hatte, welche wirkungslos auf dem Papiere blieben. Allerdings, wo er konnte, half er auch in der Ausführung nach; als er eines Tages die Nichtbeachtung seines letzten Droschkenreglements in Petersburg bemerkte, ließ er sämtliche Kutscher an einem Tage auf dem Polizeigebäude versammeln und gründlich durchprügeln. Aber solche Mittel halfen nicht bei jenen großen Organisationen; Paul, dessen persönliche Interessen doch in anderer Richtung lagen, überließ jene, die erste Anordnung einmal getroffen, seiner Gemahlin, und bei aller sonstigen Trefflichkeit entbehrte diese der technischen Kenntnisse von den Dingen und des unerbittlichen Urteils über die Menschen, welche für den Lenker einer großen Verwaltung unerläßlich sind.

Die tägliche und fortgehende Thätigkeit des Kaisers selbst war nun vor allem durch die Hebung der Finanzen und des Heerwesens in Anspruch genommen. Auf beiden Gebieten war er unermüdlich, Gewissenhaftigkeit und Ordnung einzuschärfen und strenge Sparsamkeit in allen Verwaltungszweigen durchzuführen. Es gelang ihm in der That, der gewohnten Verschleuderung Einhalt zu thun und damit ohne Steuererhöhung den Staatshaushalt in ein gewisses Gleichgewicht zu bringen. Die Masse des Papiergeldes konnte vermindert, ein Teil der auswärtigen Schulden abbezahlt und daneben die Besoldung der Truppen verbessert werden. Was das Heerwesen betraf, so hatte Katharina seit lange die Verwaltung der einzelnen Truppenkörper den führenden Generalen beinahe ganz überlassen und dadurch einer Masse von Unordnung und Ungleichmäßigkeit freie Bahn eröffnet. Paul dagegen befahl nicht bloß den höheren Befehlshabern, sondern auch allen Regimentskommandanten, fortlaufende und periodische Berichte ihm persönlich einzusenden. Wie einst der preußische König Friedrich Wilhelm I. war er dann unabläsſig mit dem Studium und der Bescheidung dieser Meldungen beschäftigt, zog alle Teile der Einrichtungen und des Dienstes in seine unmittelbare, eingehende Thätigkeit und wachte mit höchster Strenge über der genauen Ausführung der hier erteilten Befehle. Sein Fleiß umfaßte dabei das Größte wie das Kleinste. Unaufhörlich besichtigte er einzelne Truppenteile, drillte und fuchtelte höchsteigenhändig die Rekruten und brachte die Offiziere durch die Menge der meist zweckmäßigen, oft auch pedantischen oder schonungslosen Anordnungen zur Verzweiflung. Binnen anderthalb Jahren setzte er die ganze Organisation des Heeres auf einen neuen Fuß; Uniformierung, Dienst- und Fechtreglement, Verpflegung und Kassenwesen, Gliederung der Heereskörper, alles wurde systematisch und durchgreifend umgestaltet und nach dem Urteil auch fremder Sachverständiger vielfach verbessert. Im Sommer 1798 hatte er es dahin gebracht, daß das Reich eine wohlgeordnete aktive Streitmacht von nahe 300000 und dahinter an Besatzungstruppen fast 100000 Mann besaß, während eine Flotte von 45 Linienschiffen im Baltischen, von 15 im Schwarzen Meere sich zwar nicht untadelig, aber doch streitfähig zeigte. Die Arbeitskraft und der Eifer, womit er diese Dinge angriff, schienen unverwüstlich; immer aber wurde die natürliche Hitze seines Wesens durch solche Ueberthätigkeit in stets fieberhafteren Schwung gesetzt.

Die Kaiserin Marie teilte damals wie früher alle Interessen, alle Mühen, alles Streben ihres Gemahls. Ohne

besondere Erwägung blieb er bei der zwanzigjährigen Gewohnheit, ihr alles vorzulegen, vor jeder Entscheidung ihren Rat
einzuholen, in den meisten Fällen ihre Gedanken sich anzu-
eignen. Er handelte eben nach den Gesichtspunkten, welche
sie gemeinsam in der Zeit der gezwungenen Unthätigkeit sich
gebildet hatten. Joseph II. schien richtig vorausgesagt zu
haben, wenn er 1782 niederschrieb, Marie Feodorowna werde
einst der wahre Beherrscher Rußlands werden. Ein einziges
Mal war das Verhältnis des hohen Paares durch eine ernstliche Störung bedroht gewesen, als Paul eine heftige Neigung
zu einer Hofdame der Kaiserin, Fräulein Nelidow, faßte.
Glücklicherweise aber hatte die junge Dame das Herz auf
dem rechten Flecke; sie wies alle Angriffe des kaiserlichen
Verehrers mit solcher Festigkeit und Gewandtheit ab, daß es
ihr gelang, den Ungetreuen wieder in die Arme der Gemahlin
zurückzuführen und zugleich die doppelte Achtung Pauls und
die vertrauteste Freundschaft der Kaiserin zu verdienen. Von
den Ministern war der alte Kanzler Ostermann beibehalten,
Markow gleich am ersten Tage fortgeschickt worden; Besborodko
blieb im Amte, verlor aber den entscheidenden Einfluß. Soweit ein solcher durch eine amtliche Stellung bei Pauls
Charakter erlangt werden konnte, übte ihn der Jugendfreund
und langjährige Adjutant des Kaisers, Fürst Alexander
Kurakin, jetzt zum Vizekanzler ernannt und damit zu vor-
wiegender Wirksamkeit in den auswärtigen Angelegenheiten
berufen, ein gewandter Hofmann von liebenswürdiger Haltung, in geistiger Beziehung aber ohne Kenntnisse und Talent.
Durch ihn erhielt sein Bruder Nikolaus das wichtige Amt des
Generalprokurators und mußte von diesem Punkte aus allmählich Stelle auf Stelle und Einnahme auf Einnahme zu
häufen, ohne daß während längerer Zeit der sonst in Geld-
sachen so reizbare Monarch davon irgend unliebsame Notiz
genommen hätte. Kurakin war ebenso wie die Kaiserin in
der Ueberlieferung preußischer Freundschaft herangekommen:
daß Paul nicht, wie seine Mutter beabsichtigt hatte, Oesterreich zuliebe das russische Blut gegen Frankreich verspritzen
dürfe, war ebenso die Meinung des Ministers und Mariens

wie des Kaisers selbst. Wie wenig Sympathie der letztere
für den Wiener Hof empfand, zeigte sich, als dieser Anfang
1797 bat, durch eine Truppenaufstellung in Polen den
preußischen König von feindseligen Schritten gegen Oesterreich
abzuhalten und in Berlin und Regensburg auf diplomatischem
Wege die Fortdauer seiner Freundschaft für Oesterreich zu
bekunden; Paul schrieb an den Rand der Depesche: ich lasse
mir nicht befehlen, was ich zu thun habe; ich werde handeln,
wie es meinen eigenen Interessen angemessen ist.

Wir haben nun beobachtet, wie bei Paul die Neigung
zu Preußen einen ersten Stoß durch die Mitteilung des ge=
heimen Vertrags vom August 1796 erlitt, wie er dann
mehrmals durch das revolutionäre Treiben der Franzosen
erbittert wurde, nach einer heftigen Aufwallung aber immer
wieder in sein Friedenssystem zurückfiel. Ueber diesen
Schwankungen verging das Jahr 1797. Im Frühling 1798
aber begann seine Stimmung sich von Grund aus zu ändern.
Den ersten Anstoß dazu gaben, soweit wir sehen, jene
gleichzeitig aus Wien und aus Berlin ihm zukommenden
Meldungen, daß die Franzosen die Befreiung Polens herbei=
zuführen gedächten. Das war eine ihn selbst und Rußland
unmittelbar betreffende Drohung; er empfand sie auf das
lebhafteste und war sogleich Feuer und Flamme gegen die
verruchten Jakobiner, deren Philosophie alle göttlichen und
menschlichen Gesetze umzustürzen suche. Zunächst verbot er
seinen Gesandten, irgend einem Franzosen einen Paß nach
Rußland zu geben, befahl allen Grenzbehörden, ohne beson=
dere kaiserliche Erlaubnis keinem Franzosen den Eintritt in
Rußland zu verstatten, und dehnte diese Maßregel bald nach=
her auf alle Fremden, mit einziger Ausnahme fürstlicher
und diplomatischer Personen, aus. Dann kamen die Nach=
richten über die französischen Flottenrüstungen in Toulon,
und ohne daß man gerade an Aegypten dachte, lebte in
Petersburg die Sorge, die Absicht Bonapartes könne auf
die Balkanhalbinsel, die Unterstützung Ali Paschas und Pas=
wan Oglus, die Umwälzung der europäischen Türkei gerichtet
sein. Paul hatte für sich selbst, wie wir sahen, den Erobe=

rungsplänen seiner Mutter gegen Konstantinopel entsagt:
immer aber lag auch in seinen Augen die Türkei so sehr
innerhalb des eigentlich russischen Machtbereiches, daß ihm
die Festsetzung eines fremden Einflusses in jenen Gegenden
als die Verletzung eines russischen Lebensinteresses erschien.
In großer Eile ordnete er Truppenaufstellungen an den
Küsten des Schwarzen Meeres an, ließ seine Linienschiffe
zwischen Sewastopol und Odessa kreuzen und versicherte den
Sultan seines kräftigsten Beistandes zu Land und zu Wasser.
Nun erfuhr er Bernadottes Wiener Skandalscene und be-
stärkte sich mehr und mehr in dem Gedanken, daß mit den
Franzosen ein wirklicher Friede nicht möglich wäre: so stellte
er einen Teil seiner baltischen Flotte den Engländern zur
Verfügung, um sie zur Entsendung eines Geschwaders in
das Mittelmeer in den Stand zu setzen. Es war offenbar
schon eine Maßregel entschiedener Feindseligkeit gegen Frankreich. Indessen sollten die russischen Schiffe zunächst nur bei
der Blockade der holländischen Küsten mitwirken, und somit
war fürs erste kein unmittelbares Zusammentreffen zwischen
Russen und Franzosen zu befahren. Auch dachte Paul in
der That noch nicht an eine förmliche Kriegserklärung gegen
die Republik, und die Kaiserin, obwohl damals keine Gegnerin
Oesterreichs mehr, war nach wie vor erfüllt von der Notwendigkeit und dem Segen des Friedensstandes für Rußland.
Um so eifriger ging dafür Paul auf Oesterreichs Antrag ein,
daß er zwischen den Entschädigungsansprüchen Wiens und
Berlins die Vermittelung übernehme, und da auch der preußische Hof gleich nachher in demselben Sinne sich nach Petersburg wandte, so beschloß Paul, hier in großer Feierlichkeit
aufzutreten und zum Zwecke dieser Unterhandlung in außerordentlicher Sendung einen der hervorragendsten Männer
seines Hofes und Heeres, den Fürsten Repnin, nach Berlin
zu schicken, damit er gemeinsam mit dem Gesandten, Grafen
Panin, mit dem österreichischen Vertreter, Prinzen Reuß, und
mit den preußischen Ministern die große Angelegenheit zu
gedeihlichem Abschlusse bringe. Schon im voraus hatte Panin
der preußischen Regierung zu erklären, daß des Kaisers Ab-

sicht dahin gehe, die beiden deutschen Höfe, England, Däne=
mark und Rußland in einen mächtigen Verteidigungsbund
zur Sicherheit und Unverletzlichkeit aller zu vereinigen. Er
meinte, daß über einen solchen Schritt niemand, ja nicht
einmal das französische Direktorium sich beschweren könnte,
da ja überall nicht ein Angriff, sondern lediglich die Abwehr
fremder Ungebühr der Zweck sein sollte. Dabei war nur
wunderlich, daß unter den angeführten Mächten sich auch eine,
England, befand, welche längst mit Frankreich in heftigem
Kampfe lag, so daß ein Schutzbündnis mit ihr an sich selbst
die Kriegserklärung gegen Frankreich enthalten hätte. Den
stets behutsamen preußischen Ministern schien also die ganze
Sache äußerst weitschichtig und unabsehbar in ihren Folgen;
unser Zweck, sagten sie, ist heute Abschluß des Reichsfriedens
und Abzug der Franzosen vom rechten Rheinufer, und dies
würde durch eine neue Koalition nur in immer weitere Ferne
hinausgerückt. Sie waren sehr entschlossen, die bevorstehenden
Konferenzen auf die eine deutsche Sache zu beschränken.

Um die Mitte des Mai 1798 langte denn Fürst Repnin
in der preußischen Hauptstadt an. Seine Instruktion befahl
ihm, das mögliche zur Ausgleichung der österreichischen und
preußischen Begehren zu thun; es würde den Kaiser freuen,
beide Regierungen so mächtig wie nur immer möglich zu
sehen. Uebrigens, fuhr Paul fort, mögen die beiden Monar=
chen durchaus nicht hoffen, daß ich sie etwa in ihren eigen=
nützigen Forderungen unterstützen werde; es ist vielmehr höchst
notwendig, daß einer gegen den andern mehr gerecht und
weniger eifersüchtig sei. Der letzte Krieg, bemerkte er, sei
nur durch die Zwietracht innerhalb der großen Koalition so
unglücklich verlaufen: wolle man die Pestseuche der Revolution,
welche alle Staaten bedrohe, in feste Schranken bannen, ·so
müsse gegen den einen großen Zweck jedes Privatinteresse
zurückgestellt werden. So weit hielt sich das Aktenstück un=
parteiisch genug zwischen Oesterreich und Preußen. Der
weitere Verlauf aber zeigte deutlich die Wandelung, die in
Pauls Gesinnung begonnen hatte. Höchst bestimmt sprach
er es aus, daß eine Bedrohung der Hansestädte oder Nord=

deutschlands durch die Franzosen oder eine Aufwiegelung der Polen oder ein neuer Angriff auf Oesterreich sofort für Rußland den Kriegsfall feststellen würde. Wenn Preußen, sagte er dann, unter diesen Umständen nicht schon im voraus die Mittel zur Abwendung solcher Gefahren ergriffe, so würde dasselbe den Argwohn erwecken, als denke es an der Beute teilzunehmen und im Einverständnis mit den Feinden des christlichen Namens und der gesetzlichen Gewalt zu handeln. „Möge es also", sagte er, „seinen Entschluß fassen. Wir sind bereit, bei etwaiger Feindseligkeit der Franzosen mit aller Macht an seine Seite zu treten. Sollte nach solchen aufrichtigen Erklärungen der Berliner Hof taub gegen dieselben bleiben, so müßten wir Verdacht schöpfen, daß er für den allgemeinen Feind Partei ergreifen will[1]." Repnin wurde also angewiesen, sich so rasch wie möglich über die wirklichen Absichten Preußens Gewißheit zu verschaffen, da der Kaiser auch die unangenehmste den falschen Hoffnungen vorziehe, die nur Zeitverlust und späteres Unheil herbeiführten.

Wie man sieht, war Paul bereits von der Vorstellung eines französischen Krieges vollständig erfüllt und demnach günstiger für das kampfbereite Oesterreich als für das neutrale Preußen gestimmt. Er sollte bald genug in diesen Gefühlen weiter gesteigert werden. Denn der preußische König verabscheute zwar das Treiben der Franzosen, verabscheute aber auch den Gedanken, über sein Land aufs neue die Leiden des Krieges zu verhängen. Und sein einflußreichster Minister, Graf Haugwitz, verkannte durchaus nicht die Gefahren der revolutionären Eroberung, betrachtete aber nach den Erlebnissen von 1793 und 1795 jede Stärkung Oesterreichs als eine kaum geringere Gefahr für Preußen. So stand in Berlin einstweilen die Absicht fest, zwar alles zu thun, um keinen Zwist mit Oesterreich zu haben, aber Frankreich gegenüber sich unverbrüchlich auf diplomatische Aktion zu beschränken und unter keinen Umständen aus der bisherigen Neutralität herauszutreten. Umgekehrt hatte in Wien Thugut den Ent=

[1] Im Auszug nach dem Texte bei Miliutin I., 51.

ſchluß durchgeſetzt, zwar im einzelnen ſich gefällig zu zeigen, ſchließlich aber auch die kleinſte Einräumung an die Bedingung zu knüpfen, daß Preußen thätig am Kriege teilnehme[1]).

Anfangs zwar ließen ſich die Berliner Konferenzen ganz freundlich an. Es zeigte ſich, daß beide deutſche Mächte bereit waren, in der Frage der künftigen Entſchädigungen höchſt verſöhnliche Mienen zu zeigen. In der erſten Sitzung, am 21. Mai, ſprach Reuß die Meinung ſeines Hofes in der Alternative aus: entweder Preußen verlangt für ſich und Oranien keine Entſchädigung im Reiche, dann verzichtet auch der Kaiſer — oder Preußen begehrt dergleichen, dann begehrt auch der Kaiſer. Die preußiſchen Miniſter waren bereits in der Lage, die erſte Seite der Alternative anzunehmen und den völligen Verzicht ihres Hofes auf neuen Landerwerb anzubieten. Nur einige ganz unbedeutende Wünſche, ſagten ſie, müßten ſie für dieſen Fall anmelden, das Privilegium de non appellando für Anſpach und Baireuth, ſowie den zeitigen Beſitzſtand Preußens in Franken unter Niederſchlagung der dagegen bei dem Reichshofrat angeſtrengten Prozeſſe[2]), und endlich die fünf trieriſchen Aemter wenn nicht für Oranien, ſo doch für das Geſamthaus Naſſau. Reuß erklärte hierauf am 23. Mai, daß das Privilegium de non appellando keine Schwierigkeit mache; zur Niederſchlagung der Prozeſſe habe der Kaiſer keine Rechtsbefugnis, werde aber ohne Zweifel alles ihm mögliche zur gütlichen Vereinigung der Sache thun; ſolle Naſſau die fünf Aemter bekommen, ſo würde es nur billig ſein, daß dann auch etwas für Modena geſchehe. Die Preußen erörterten die Verſchiedenheit der Fälle, und Reuß ging darauf zu weiterem, zu der Entſchädigung der übrigen linksrheiniſchen Stände über und entwickelte einen Plan, bei dem vornehmlich die drei geiſtlichen Kurfürſten, Pfalzbayern und Zweibrücken berückſichtigt

---

[1]) Eben an Grenville, 2. Juni.

[2]) Es handelte ſich um Stücke der Bistümer Eichſtätt, Bamberg, Würzburg, ſowie um Beſitzungen des deutſchen Ordens, welche Preußen als ungeſetzliche Veräußerungen der früheren Markgrafen wieder in Beſitz genommen hatte.

waren. Beiderseits nahm man die betreffenden Mitteilungen zum Berichte und verhieß, baldmöglichst Kunde über den Entschluß der Regierungen zu geben.

Es dauerte bis zum 9. Juni, ehe der nach Wien gesandte Kurier des Prinzen Reuß wieder in Berlin zurück war. Der Bescheid, den er brachte, war wieder ganz entgegenkommend über die bisher besprochenen Punkte: Bewilligung des Privilegs, beste Absichten in Bezug auf die Prozesse, Hoffnung auf preußische Gunst für Modena. Aber die ganze Verhandlung rückte er auf den entscheidenden Punkt und brachte damit die unheilbare Verschiedenheit der beiderseitigen Auffassung grell an das Licht. Ueber die kleinen Abweichungen in der Entschädigungssache, hieß es, werde man ohne Zweifel zur Verständigung gelangen. Allein dem Kaiser scheine zur Zeit das Wesentliche vor allem die Frage, wie man das Reich vor den Uebergriffen der Franzosen beschirme; darüber vor allem möge Preußen sich aussprechen. Es waren zuerst die Russen, welche den alten Minister Finckenstein von dieser Wendung in Kenntnis setzten. Der erste Schritt, erklärten sie, sei offenbar eine kräftige, von Preußen und Oesterreich gemeinsam ausgehende Erklärung an die französische Republik, daß sich dieselbe mit dem linken Rheinufer zu begnügen, jedem Anspruch auf rechtsrheinisches Land zu entsagen, ihre Truppen von dem rechten Ufer zurückzuziehen habe. Finckenstein nahm diese Eröffnung mit unverkennbarem Verdrusse auf. Schon längst, sagte er, haben unsere Rastatter Gesandten in diesem Sinne den Franzosen Vorstellungen gemacht und nicht ohne Erfolg, wie wir aus Paris vernehmen. Nun, meinte Repnin, haben die Worte einer Macht schon gewirkt, so wird ein gemeinsamer Erlaß doppelten Nachdruck haben. Jedenfalls, rief Finckenstein, müßte ein solcher in höchst gemäßigten Formen abgefaßt sein, um Frankreich nicht zu reizen: unser Zweck ist ja der Friede, nicht der Krieg. Repnin hatte aber noch eine weitere Frage. Wenn es zum Kriege zwischen Oesterreich und Frankreich käme, würde Preußen dann gewillt sein, bei Frankreich auf die Neutralität des Deutschen Reiches zu bringen, welche Oesterreich in diesem Falle beantragen

würde? Finckenstein erklärte wieder, daß den Rastatter Ge=
sandten bereits Anweisungen dieses Inhalts zugegangen
seien; der König würde ohne Zweifel einen solchen Antrag
mit seinen besten Wünschen begleiten. Das war recht gut
und schön, aber natürlich, es erledigte die Sache nicht. An
den guten Wünschen des Königs zweifelte niemand: die Frage
war die, ob er für den Frieden und die Neutralität Deutsch=
lands sich unter allen Umständen auf gute Wünsche beschränken
oder nötigenfalls zur Deckung desselben auch zum Schwerte
greifen würde.

Die gemeinsame Konferenz am 14. Juni rückte der offenen
Stellung dieser Frage wieder einen Schritt näher, indem
Reuß die Erklärung abgab, daß der Kaiser trotz aller Reichs=
gesetze die Niederschlagung der fränkischen Prozesse verfügen
werde, wenn Preußen bereit sei, thatkräftig für Deutschlands
Sicherheit einzutreten. Die preußischen Minister wanden sich
ungeduldig auf ihren Sitzen. Bisher, sagten sie, habe es
immer geheißen, zuerst solle die Entschädigung festgestellt,
dann das Verhalten gegen die Franzosen bestimmt werden;
jetzt fordere man plötzlich die Umkehrung dieses naturgemäßen
Verfahrens, für diesen Fall hätten sie keine Weisung, sie könn=
ten die Sache nur zum Berichte nehmen. Nachdem man dann
noch weiter über die fränkischen Prozesse geredet hatte, kam
auf einmal ein neuer Streitpunkt zum Vorschein. Die preu=
ßischen Minister fragten an, ob der verabredete beiderseitige
Verzicht auf Landgewinn dahin zu verstehen sei, daß Oesterreich
sich auch in Italien mit den Erwerbungen von Campo Formio
begnügen wolle. Es waren dieselben Tage, in welchen Cobenzl
zu Selz dem französischen Gesandten unermüdlich die Legationen
abzupressen suchte und Krieg und Frieden von dieser Ein=
räumung abhängig machte. Man kann sich denken, wie Reuß
auf die preußische Frage in die Höhe fuhr. Trotz einer begü=
tigenden Zwischenrede Repnins erklärte er auf das bestimmteste,
daß Oesterreich nimmermehr einwilligen werde, den Vertrag von
Campo Formio mit der Beratung des deutschen Friedens ver=
mischen zu lassen. Die Preußen zogen daraus auf der Stelle
den Schluß, daß Oesterreich nur in der Hoffnung italienischen

Erwerbs auf deutschen verzichte und somit die Erhaltung des vielgepriesenen Gleichgewichtes zwischen beiden Mächten für Preußen ein Trugbild sei, da sich dieses ja nur in Deutschland vergrößern könne. In lebhafter Erregung löste die Konferenz sich auf.

Nach dem Schlusse derselben blieb Repnin allein bei den preußischen Ministern zurück. Der erfahrene, in Krieg und Politik ergraute Herr sah wohl, wie es stand. Er hatte einen letzten Versuch der Vermittelung beschlossen, um, wenn möglich, die offene Absonderung Preußens zu verhüten. Möchte es kleinere und langsamere Schritte als die andern machen, wenn es nur auf demselben Wege bliebe. Ich halte, sagte er, es doch nicht für unmöglich, die Entschädigungsfrage mit der Frage der Sicherung gleichzeitig zu behandeln; ich habe deshalb eine vorläufige Uebereinkunft entworfen, die ich hiermit im tiefsten Vertrauen vorlege, einen Vermittelungsvorschlag, damit wir doch endlich vorwärts kommen. Es waren acht Punkte: Verzicht beider Großmächte auf Entschädigung in Deutschland, gerechte Entschädigung der übrigen verlierenden Fürsten sowie Oraniens und Modenas, Verwendung des Kaisers für Preußen in den fränkischen Händeln sowie Privilegium de non appellando; ferner in Betreff der Hauptfrage, jene gemeinsame Erklärung an die Franzosen, Neutralität des Kaisers als Reichshaupt bei einem österreichisch-französischen Kriege; falls Frankreich dies nicht anerkenne, Verwendung Preußens für Neutralität des Reiches, und endlich, wenn Frankreich auch dann hartnäckig bleibe, „werden beide Mächte in Erwägung treten, um alle Mittel zur Errettung Deutschlands vor gänzlichem Untergang zu ergreifen". Der Entwurf war nicht ungeschickt. In der Entschädigungsfrage teilte er Oesterreich die Ausstattung Modenas, Preußen die thatsächliche Sicherung seines fränkischen Besitzstandes zu. In Bezug auf Frankreich begnügte er sich mit der Verpflichtung Preußens, die Neutralität des Reiches bei Frankreich zu beantragen und im Weigerungsfalle über Rettungsmittel nachzudenken. Vorausgesetzt, daß Preußen über sein politisches System noch unentschlossen und von widerstreitenden Zweifeln bewegt wäre, ließ sich nichts

Besseres erfinnen, um ihm durch einen erften, an fich höchft
harmlofen Schritt zunächft die Richtung zu geben, die, einmal
eingeschlagen, dann durch das Gewicht innerer Folgerichtigkeit
notwendig hätte weiter führen müffen. In der That war
im erften Augenblicke bei den preußischen Miniftern der Ein=
druck der Art, wie ihn Repnin nur wünfchen mochte. Sie berich=
teten am 15. Juni dem Könige, daß, wenn die gemeinfame
Erklärung nur in höflichen Formen abgefaßt würde, im übri=
gen gegen Repnins Entwurf nichts Wefentliches zu erinnern
fei. Wie gerne hätte Repnin auf der Stelle abgeschloffen!
Aber nun war es der öfterreichifche Gefandte, welcher zurück=
zog. Diefes Mal hatte fein Bedenken nichts mit der Ent=
fchädigungsfrage zu thun. Denn hier ftand Repnins Entwurf
überall auf öfterreichifchem Boden. Er ließ italienifche An=
nexionen offen, verforgte Modena, verpflichtete den Kaiser nur
zu gutem Dienfte bei den fränkifchen Prozeffen. Die Schwierig=
keit lag für Reuß in der Hauptfache, gerade an dem Punkte,
der in Repnins Augen das befte Verdienft des Entwurfes
bildete. Repnin mutete Preußen nur eine Beratung der viel=
leicht gegen Frankreich nötigen Feindfeligkeit zu, in der An=
ficht, daß das Verfprechen einer folchen Erwägung von felbft
die Thaten nach fich ziehen werde: Reuß aber hatte die
Weifung, schlechterdings nichts zu bewilligen, wenn Preußen
fich nicht auf der Stelle rund und klar unter gewiffen Um=
ftänden zum Kriege gegen Frankreich verpflichte. Er erklärte,
ohne Anfrage in Wien nichts thun zu können.

Da erlebte denn Repnin, was wohlwollende Vermittler
fo oft erlebt haben. Er fand Zorn und Uebelwollen auf
beiden Seiten. Thugut hatte im Grunde nicht die mindefte
Sehnfucht nach einer thätigen Teilnahme Preußens am Kriege,
welche der verhaßten Macht dann auch Einfluß auf die der=
einftigen Friedensberatungen gegeben hätte. Sein Wunfch war
erfüllt, wenn Preußen unter Rußlands Einfluß in Wahrheit
neutral blieb[1]). Er fand alfo nicht den mindeften Grund zu
einem Verfuche, Preußen durch unmerkliche Anfangsfchritte all=

---

[1]) Oft ausgefprochen in feiner ruffifchen Korrefpondenz.

mählich auf die Kriegsbahn zu locken. Er erklärte Repnins
Entwurf für schlechthin unannehmbar, da er dem Kaiser
wichtige Einräumungen zumute, ohne jede Gegengabe außer
unbestimmten und inhaltsleeren Zusagen. Ja er beschwerte
sich, 7. Juli, in einer nach Petersburg gesandten Depesche
bitter über Repnin, welcher das unredliche preußische Wesen
mit offener Parteilichkeit unterstütze. Er erklärte, daß er von
der Berliner Unterhandlung gar nichts mehr erwarte, daß er
einfach den Schiedsspruch des Zaren anrufe und im voraus
die Annahme desselben erkläre.

Gleichzeitig führte die nähere Erwägung auch die preußische Regierung zu demselben Ergebnis, zu der Ablehnung
des Repninschen Entwurfes in seiner vorliegenden Gestalt.
Man bemerkte, der Thugutschen Auffassung gerade entgegen-
gesetzt, daß er in der Entschädigungsfrage überall die österreichische Seite halte, Modena einschwärze, über die italienischen
Wünsche Oesterreichs nichts sage, den weltlichen Reichsfürsten
keine Garantie biete. Man fand, daß er den Franzosen gegenüber die Absicht erkennen lasse, Preußen ganz allmählich zu
unwiderruflichen Schritten zu verführen und so das feste
System der bisherigen Neutralität zu brechen. „Was kann
es nützen," sagte Haugwitz, „daß wir bei den Franzosen die
Neutralität von ganz Deutschland fordern? Wenn sie ver-
neinen, haben wir keine Mittel, den deutschen Süden gegen
sie zu decken. Unsere Ehrlichkeit macht es uns zur Pflicht,
schon heute zu erklären, daß wir nur für die Neutralität und
Unverletzlichkeit Norddeutschlands, den früheren Verträgen gemäß, einstehen können". Als man dem Fürsten Repnin eine
Umarbeitung seines Entwurfes in diesem Sinne vorschlug,
mußte er sich überzeugen, daß die ganze Unterhandlung gescheitert sei.

Indessen hatten in Petersburg seine Berichte über die
Berliner Friedensliebe nur die Wirkung gehabt, seinen Monarchen gegen Preußen weiter zu verstimmen, ohne den Zorn
desselben gegen die Jakobiner zu mindern. Während des
Mai redete Paul tagtäglich vom Krieg, und Hof und Minister
wiederholten den von dem Herrscher angeschlagenen Ton. Es

sei hohe Zeit, hieß es, aus der Verteidigung in die Offensive
überzugehen; Frankreich gegenüber sei der Friede schlimmer
als der Krieg; es sei zu bedauern, daß man nicht voriges
Jahr Oesterreich die 60000 Mann Hülfstruppen gesandt habe.
Aber bei all diesen tapfern Worten kam Paul doch zu keinem
aktiven Entschlusse. Nicht bloß über Preußen hatte er Anlaß zu klagen; auch mit Oesterreichs Benehmen war er vielfach unzufrieden. Er hatte sich bereit erklärt, dem Kaiser
Franz ein Truppencorps zur Deckung des eigenen Landes
zu bewilligen, ja nach Umständen dasselbe auch gegen den
Feind marschieren zu lassen; nur müsse Oesterreich in diesem
Falle erst bei der englischen Regierung Subsidien für Rußland erwirken. Zu einem solchen Antrage in London war
aber Thugut nicht zu bringen, ja er versperrte sich hartnäckig
jede Möglichkeit dazu durch die Fortsetzung des leidigen Zankes
über den Anleihevertrag von 1797. Pitt war unerschütterlich
bei seinem Satze geblieben, daß er vor der Ratifikation desselben mit Oesterreich nicht unterhandle, und Thugut antwortete ebenso verbissen, daß er diesen wucherischen Vertrag
nimmermehr bestätigen würde. Da war denn Paul äußerst
ärgerlich über den „intimen Alliierten", der wegen einiger
tausend Gulden den heiligen Kampf gegen die Revolution
so widerwärtig erschwere. Anfang Juni kam darauf die Nachricht von Cobenzls Abgang nach Rastatt zu der vertrauten
Zusammenkunft mit Bonaparte, dann von seiner weiteren Reise
nach Selz zu der geheimen Unterhandlung mit François. Paul
wurde völlig gereizt und argwöhnisch. Bereitete sich hier ein
neues Leoben, ein zweites Campo Formio vor? Auch damals hatte Thugut fort und fort um russische Truppenhülfe
gedrängt, um dann plötzlich gegen ein fettes Beutestück sich
mit dem ruchlosen Feinde zu verständigen. Wer bürgte dafür,
daß hier nicht ein ähnlicher Umschlag das Ende sein würde?
Paul, wie wir sahen, schwärmte für einen reinen, auf allen
Seiten uneigennützigen Prinzipienkampf gegen die Revolution
und schäumte vor Wut bei dem Gedanken, daß vielleicht Thugut jetzt eben im Begriffe sei, für irgend eine italienische
Provinz seine Seele den höllischen Mächten zum zweiten Male

zu verkaufen. Ehe man darüber klar geworden, durfte von
der Absendung eines russischen Heeresteiles keine Rede sein.
Indessen meldete Cobenzl aus Selz die Mißerfolge, die wir
kennen, und Thugut beschloß Mitte Juni, zur Unterstützung
des Gesandten Grafen Dietrichstein einen Bruder der Kaiserin,
den in österreichischen Diensten stehenden Prinzen Ferdinand
von Württemberg, nach Petersburg zu schicken. Die Kaiserin
Marie war, wie gesagt, schon seit längerer Zeit den öster=
reichischen Interessen nicht mehr feindlich. Die Freunde ihrer
Jugend im preußischen Königshause waren tot oder von den
Geschäften entfernt; Kaiser Franz aber war der Gemahl ihrer
verstorbenen Schwester gewesen, und zwei ihrer Brüder waren
in die österreichische Armee getreten; und für ihre Angehörigen
hatte sie immer den stärksten Familiensinn bewahrt. So hatte
sie nichts mehr gegen enges Vernehmen mit Oesterreich ein=
zuwenden, sondern sträubte sich nur noch gegen Krieg und
Blutvergießen, und der Gedanke lag nahe, daß gerade hier=
gegen der Bruder der wirksamste Vertreter mutigerer Ent=
schlüsse sein und den Einfluß der Kaiserin für die Absendung
des russischen Hülfscorps in Bewegung setzen würde. Daß
dieser Einfluß selbst zur Zeit auf schwachen Füßen stand,
wußte man damals in Wien noch nicht. Der Prinz überbrachte
einen eigenhändigen Brief des Kaisers Franz an den russi=
schen Selbstherrscher und mit demselben den förmlichen An=
trag auf die Leistung der vertragsmäßigen Bundeshülfe von
16 000 Mann[1]), da man jeden Augenblick den Angriff der
Franzosen erwarten könne. Das Corps solle das österreichische
Heer in Deutschland verstärken, dessen Oberbefehl dem Erz=
herzog Karl zugedacht sei.

Der Prinz kam den 3. Juli in Petersburg an und ging
sogleich nach dem Lustschlosse Paulowsk hinüber, wo damals
Paul, von einem Ausfluge nach Moskau zurückgekehrt, Resi=
denz genommen hatte. Anfangs hatte der Prinz einen harten

---

[1]) Eigentlich 12 000 Mann Infanterie und 2000 Mann Rei=
terei. Man schlug vor, die letztere durch 4000 Mann Infanterie
zu ersetzen.

Stand. Der Kaiser war noch nicht von f
gegen Oesterreich zurückgekommen; die Kaise
Nelidow klagten, daß der Prinz das russi
Elend eines Krieges stürzen wolle. Ferdi
es handelt sich gar nicht darum, ob ihr Krie
ob ihr den Beginn desselben nach eurer oder b
Feindes wählen lassen wollt. Es kam darü
Erörterungen, daß der Prinz krank wurde, §
das Bett hüten mußte. Indessen gelang e
gewinnen, und am 11. sandte er dem Gr
die erste günstige Nachricht, daß er Hoffnung
corps von 16000 und außerdem die Aufstel
achtungsheeres von 80000 Mann an der p
zu erlangen. Indessen kam ein Brief des
Kaiser an, welcher diesem lebhaften Dank fi
gestellte Unterstützung gegen die Franzosen c
kriegerischen Eifer desselben frisch entzünde
hielt man die Nachricht von der Einnahn
Bonaparte, und Pauls Entrüstung über
that der Revolution, welche geradezu gegen
lingsplan der russischen Politik gerichtet w
auf. Aber war es nun fortdauerndes Mißtra
reich oder Vergnügen, den österreichischen Se
Weile in gespannter Ungewißheit schweben z
scheidende Wort kam nicht über seine Lipp
auch die Kaiserin das mögliche that, die Wü
zu fördern. Am 16. Juli neues Gespräch,
rungen Pauls, der Prinz beinahe hoffnun
ruft Paul dem Prinzen zu, er solle sich setz
stift nehmen, und diktiert ihm nun den C
von mehr als 60000 Mann, welches er geg
senden wolle, wenn Oesterreich es auf seine
oder England dafür die nötigen Geldmittel
Prinz jubelt dankbar auf: wartet, unterbri
wird es geschehen, wenn ich mich entschließe;
entschließe, kann ich heute noch nicht sagen,
nicht das entscheidende Wort aus Berlin be

Allein trotz dieser abkühlenden Wendung, mit der er sich das Bewußtsein seiner stets freien, stets entscheidenden Allmacht stärkte, war in seinem Innern der Schritt geschehen. Er ergoß sich in Verwünschungen gegen die Franzosen; er wetterte gegen die Unschlüssigkeit und Unzuverlässigkeit der Preußen: in seiner Weise steigerte er sich jetzt so reißend, daß Ferdinand bereits Mühe hatte, nicht ihn zu treiben, sondern ihn zurückzuhalten. Am 17. wollte er nicht bloß gegen Frankreich, sondern auch gegen Preußen Krieg beginnen; wir kommen zu keinem guten Ende, rief er, wenn wir nicht sofort den offenen Kampf gegen diese geheimen Genossen der Jakobiner aufnehmen. Hunderttausend Mann wollte er gegen sie marschieren lassen; den ganzen Feldzugsplan gegen Königsberg und Berlin entwickelte er in ausführlicher Erörterung; sein Manifest gegen die Franzosen sollte es der ganzen Welt erklären, daß es in dieser Sache nur Verbündete oder Feinde gebe. Der Prinz gab sich alle Mühe, diese Hitze zu mäßigen und dem Kaiser klar zu machen, daß es doch besser sei, während eines französischen Krieges Preußen zum neutralen Nachbarn als zum thätigen Feinde zu haben, daß Oesterreich jetzt schon Mühe haben werde, die Summen für die Ernährung der Russen aufzubringen, wie sollte es werden, wenn ein preußischer Krieg zu dem französischen hinzukäme? Da wurde er plötzlich durch die Erklärung des Kaisers erschreckt; nun, wenn in Oesterreich die Verpflegung meiner Soldaten unsicher ist, so lassen wir die ganze Sache auf sich beruhen, das Hülfscorps wird nicht marschieren. Der Prinz sah, daß bei dem unsteten Manne wieder alles auf dem Spiele stand, und beschloß, die schärfsten Mittel zu wagen. Er wisse wohl, rief er aus, daß alles Unheil nur durch die tiefe Verblendung der Souveräne veranlaßt werde; lange Zeit habe er von Paul Besseres gehofft und finde nun auch in ihm sich getäuscht; der Kaiser werfe Millionen an seine Günstlinge weg und wolle jetzt wegen einiger Brotrationen knickern; nimmermehr habe er von Paul geglaubt, daß auch er mit seinen Soldaten Handel treiben wolle, wie es einst der Landgraf von Hessen und die Kaiserin Katharina gethan. Bei diesen Worten wurde Paul mit einem

Male freundlich und ergriff beide Hände des Prinzen mit lebhaftem Drucke. Ihr beurteilt mich ganz richtig, sagte er; nun wohl, ihr sollt das Hülfscorps haben. Ferdinand verfolgte seinen Sieg: bekomme ich, fragte er, dies Versprechen schriftlich? Traut ihr mir nicht? rief Paul. Mit großen Herren, entgegnete der Prinz, ist es eine mißliche Sache um Verheißungen; sie sind stets zwei, einer der spricht, einer der schreibt; nur das geschriebene Wort ist sicher. Paul lachte laut auf und schrieb das Versprechen, allerdings ohne Unterschrift, auf einen Zettel, den er dem Prinzen reichte. Dieser dankte auf das wärmste und hatte gleich am folgenden Tage Ursache, sich seiner Festigkeit zu erfreuen. Denn Paul war wieder unruhig, schwankte, rief endlich, daß die Sendung seiner Truppen zu weit aussehend sei. Da holte Ferdinand seinen Zettel hervor, und Paul erklärte wiederum, es sei ganz recht so; was er versprochen, werde er halten. Nur, setzte er hinzu, noch fordere ich tiefes Geheimnis; nicht eine Silbe darf der Dietrichstein erfahren, sonst nehme ich alles zurück. Ferdinand gelobte, was der Kaiser forderte, und in der That, er hatte jetzt sein Ziel erreicht. Wenige Tage später übergab ihm Paul die Antwort auf den Brief des Kaisers Franz, in welcher er sich zu der Sendung des Hülfscorps verpflichtete. Seid Ihr jetzt zufrieden? fragte er, und als der Prinz von Versicherungen lebhafter Erkenntlichkeit überströmte, kniff ihn Paul behaglich in den Arm: so, sagte er, jetzt sehe ich das alte Gesicht wieder. Der Entschluß war gefaßt; der Kampf mit den Republikanern sollte beginnen, und nach allen Seiten ergingen die entsprechenden Befehle. Am 25. Juli wurde Admiral Uschakow angewiesen, die Flotte von Sewastopol vor die Meerenge von Konstantinopel zu führen und den Sultan zu benachrichtigen, daß er bereit sei, an jedem Kampfe der Türken gegen die Franzosen teilzunehmen. Zwei Tage nachher erhielt der alte General Rosenberg den Auftrag, 20 000 Mann bei Brzesc-Litewski zusammenzuziehen und zum Abmarsch nach Oesterreich bereit zu halten. Repnin wurde zu größerer Energie in seiner Unterhandlung ermahnt, da es dem Kaiser nicht auf den Vorteil Preußens, sondern Oesterreichs ankomme.

Etwas später wurde er befehligt, sich von Berlin nach Wien zu begeben, um mit der kaiserlichen Regierung den Operations= plan für den bevorstehenden Feldzug festzustellen.

So hatte Prinz Ferdinand in den großen politischen Fragen den wichtigsten Erfolg errungen; er hatte durchgesetzt, was seit sechs Jahren Oesterreich vergeblich angestrebt: endlich war die Heeresmacht des nordischen Weltreichs zum Kampf gegen die französischen Jakobiner in Bewegung gesetzt. Trotz dieses diplomatischen Triumphes verlebte er damals kummervolle Tage, im Anblick der inneren Zerwürfnisse, welche das Ver= hältnis seiner kaiserlichen Schwester zu ihrem Gemahl bedrohten. Unerfahren in Finanzverhältnissen hatte Marie mit lebhafter Wärme sich für die Gründung einer Zettelbank interessiert, an deren Spitze Fürst Nikolaus Kurakin stand und sowohl den Aktionären als dem Staate goldene Berge verhieß. Zu= erst gingen die Dinge vortrefflich, die Aktien stiegen im Kurse, die Banknoten hatten vollwertigen Umlauf, und die Kaiserin redete mit Stolz von „ihrer“ Bank, während draußen die Gründer das Gerücht verbreiteten, jeder Tadel gegen die Bank der Kaiserin werde mit Verbannung nach Sibirien bestraft werden. Der weitere Verlauf war dann der gewöhnliche: Kurakin und Genossen bereicherten sich gewaltig, bei der ersten ungünstigen Krisis aber brach das Geschäft zusammen, die Aktien wurden wertlos, die Noten verloren reißend im Agio, und ganz Petersburg erfüllte sich mit den bittersten Klagen, welche endlich auch zu dem Ohre des Kaisers drangen. Es war der letzte Tropfen in ein langsam gefülltes Gefäß. Je gewaltiger sich seit der Thronbesteigung sein Selbstgefühl entfaltet hatte, desto reizbarer war es auch geworden. Obwohl er selbst die Kaiserin zur Teilnahme an den wichtigsten Ge= schäften zugezogen hatte, wurde es ihm allmählich lästig, überall ihrem Einflusse und den Spuren ihres Wirkens zu begegnen und nicht selten bei einzelnen ihm mißfälligen Dingen als sichere Rechtfertigung die Angabe zu erhalten, daß die Kaiserin sie angeordnet hätte. So stieg in seinem Größenwahn der Argwohn auf, die Kaiserin suche auch ihn zu lenken und zu bevormunden, und damit war der Boden für die schlimmste

Giftpflanze völliger Entfremdung bereitet. Wie immer fand sich auch hier die Hand, um den üblen Samen auszustreuen und großzuziehen. Paul hatte einen Kammerdiener von tür= kischer Herkunft, Iwan Kutaisow, der durch Anstelligkeit und Schmiegsamkeit es verstanden hatte, sich dem hitzigen Herrn unentbehrlich zu machen. Solange das frühere Verhältnis zwischen Paul und der Kaiserin bestanden, war er freilich geblieben, was er lange gewesen, ein begünstigter, oft gescholtener, dann wieder verzogener Lakai. Als aber Unkraut zwischen dem kaiserlichen Paare aufwuchs, sah er seinen Weizen blühen und wußte mit großem Geschicke die Leidenschaft des Herrn zu reizen. Eines Abends fand ihn Paul tief bekümmert und fragte nach der Ursache. Soll ich nicht weinen, sagte Iwan, wenn mein Herr mich fortschicken will? Wer will dich fort= schicken? fragte Paul. Ihre Majestät die Kaiserin, antwortete der Schelm, haben es erklärt, und was Ihre Majestät befehlen, geschieht. Oho, rief Paul, wir werden sehen, wer in diesem Lande befiehlt. An dieses Gespräch knüpften sich weitere Mit= teilungen, über die Bank der Kaiserin, die Schwindeleien der Kurakin, die Unredlichkeit des kaiserlichen Kabinettssekretärs, eines Parteigängers der Fürsten. Paul sog immer tieferen Aerger, immer schärferen Grimm in sich; der Sekretär wurde fortgeschickt, und mehr als einmal die beiden Kurakin mit Ausbrüchen der Allerhöchsten Verstimmung heimgesucht. Gegen die Kaiserin beobachtete Paul noch eine Weile die achtungs= vollsten Formen; aber schon war in seiner Brust der nichts= nutzige Affekt herangewachsen, welcher ihr Verhältnis in der Wurzel treffen sollte. Während des letzten Moskauer Auf= enthalts, welchen der Kaiser bei dem freieren Zeremoniell der dortigen Geselligkeit äußerst reizend gefunden, hatte er eine junge vornehme Dame, Fräulein Lapuchin, kennen gelernt und eine heftige Leidenschaft zu ihr gefaßt. Zurückgekehrt, lag er der Kaiserin an, sie zu ihrer Hofdame zu machen; er versicherte hoch und teuer, daß keine Rede von einer Lieb= schaft, daß aber ihre Gesellschaft ihm höchst angenehm sei. Da die Kaiserin sehr bestimmt ablehnte und fest auf ihrer Weigerung beharrte, gab es die bösesten Scenen zwischen den

Ehegatten. Paul, welcher einen besonderen Rechtsgrund für seine Wünsche zu haben meinte[1]) und überhaupt schon in der geistigen Verfassung war, daß ihm nichts sündhafter erschien als ein Widerspruch gegen seine Wünsche, ließ sich bereitwillig durch den stets unterwürfigen Kutaisow in seinen Trieben zu der Lapuchin bestärken und sowohl die Kaiserin als deren Freundin Nelidow die Wandlung seiner Gefühle oft empfinden. Eines Tages klagte er den beiden Damen: wenn ihr wüßtet, wie ich mich langweile! Die Nelidow hatte die Unvorsichtigkeit, im altgewohnten Tone zu entgegnen: ja Sire, und wenn Sie wüßten, wie Sie uns langweilen! Da brach er los in zorniger Grobheit über eine solche Verletzung der Ehrfurcht gegen die kaiserliche Majestät, und die Nelidow wurde lange Wochen am Hofe nicht mehr sichtbar. So war es denn der armen Kaiserin ein letzter Trost, ihr Herz dem Bruder auszuschütten, und der Kaiser hatte seinerseits an Ferdinands Offenheit solches Wohlgefallen gefunden, daß auch er seinen häuslichen Aerger bei ihm vertraulich zur Sprache brachte. Der Prinz sollte helfen, raten, vermitteln. Aber allerdings, er mußte sich bald überzeugen, daß er hier eine schwierigere Aufgabe übernommen hatte als die Entzündung eines Krieges zwischen Rußland und Frankreich. Ein auf Kutaisow zielender Versuch, dem Kaiser Mißtrauen gegen seine nächste Umgebung als jakobinisch gesinnt zu erwecken, mißlang vollständig: Paul wies ihn heftig zurück; doch folgte gleich nachher eine begütigende Auseinandersetzung zwischen den Schwägern, welche für den Augenblick mit Umarmung und Versöhnung endigte. Ferdinand behauptete seine eigene Stellung, konnte aber der bedrängten Schwester nichts Besseres geben als Ermahnungen zur Geduld und zur Vorsicht. Er selbst hatte schwachen Glauben an eine Heilung des ehelichen Verhältnisses.

So lagen die Dinge in Petersburg, als Graf Cobenzl von Selz nach Wien zurückkam und Thugut, über Pauls

---

[1]) Nach der Geburt des Großfürsten Michael, Februar 1798, hatte die Kaiserin, die ein sehr leidenvolles Wochenbett durchmachen mußte, ihrem Gemahl erklärt, daß sie sich solchen Schmerzen und Gefahren nicht nochmals aussetzen dürfe.

gleichzeitige Entschließung noch ohne Nachricht, den Kaiser
Franz dahin bestimmte, ohne irgend einen Zeitverlust den
Grafen über Dresden und Berlin nach Petersburg zu schicken,
um endlich das so oft begehrte, so oft versprochene Hülfscorps
loszueisen. Indem Cobenzl seine bevorstehende Ankunft in
Petersburg meldete, schrieb er am 17. Juli dem Grafen Dietrichstein: „Kein Vertrag wird die Franzosen hindern, uns anzugreifen. Was sie jetzt noch aufhält, ist nur die Mannig-
faltigkeit der Gegenstände und die daraus erwachsende Zersplitterung der Kräfte, sowie die Unmöglichkeit, ihre Truppen
aus den besetzten Ländern zurückzuziehen, ohne daß der populäre Unwille sofort ihr ganzes Werk vernichtet. Sobald sie
können, sind wir ihrer Feindseligkeit sicher. Der Kaiser ist
bereit, das Aeußerste zu wagen. Wird er Hülfe bei seinen
Verbündeten finden?" Eine weitere Zuschrift schickte er gleichzeitig an seinen alten Freund, den Minister Besborodko, der
jetzt bei Kurakins Sinken wieder in den Vordergrund rückte
und mit Thugut und Cobenzl durch das Band des gemeinsamen
Preußenhasses innig verknüpft war. „Paul", sagte Cobenzl,
„wird der Schiedsrichter Europas. Ich komme mit den um-
fassendsten Vollmachten, um über alles ohne Aufenthalt abzuschließen, was Pauls Weisheit für erforderlich erachten wird."
Er schilderte dann die umhergreifende Reckheit der Franzosen,
die nur durch kriegerische Energie zu bändigen sei. Die Vorstellung einer neuen Koalition machte sie zittern; die Kunde
von Repnins Sendung nach Berlin habe sie zu der Selzer
Unterhandlung bestimmt, die Nachricht von Preußens wirklicher Gesinnung ihren Uebermut wieder gesteigert. Er sprach
die Meinung aus, daß in Berlin bei den guten Absichten des
Königs ein größerer Erfolg erreichbar gewesen wäre, hätte
Repnin die Bemühungen Oesterreichs besser unterstützt. Aber
gar zu übel sei dessen Vertragsentwurf gewesen, welcher Oesterreich den Verzicht auf alle deutsche Entschädigung auferlegte,
während der Kaiser die preußischen Uebergriffe in Franken
anerkennen sollte, für was? für gute Worte und thatenlose
Erwägungen. Unmöglich hätte Kaiser Franz dergleichen annehmen können.

Indessen trotz dieser scharfen Verurteilung des Repninschen Vermittelungsversuches hielt Thugut es doch für geraten, dem Botschafter einen ganz nach Repnins Gedanken bemessenen Vertragsentwurf für seine Berliner Unterhandlung mitzugeben, der sich von dem früheren allein dadurch unterschied, daß er die Entschädigung aller linksrheinischen Fürsten nur durch Geld und nicht durch Landerwerb zu leisten vorschlug, den Franzosen gegenüber sich aber in seinem vierten Artikel sehr ausdrücklich mit der Deckung Norddeutschlands durch Preußen begnügte. „Wir erwarten nichts mehr von Preußen," hieß es in seiner Instruktion, „doch ist es gut, dies noch nicht zu verkünden, sondern durch einen letzten Versuch Preußen vollends in das Unrecht zu setzen und die Russen doppelt zornig auf sie zu machen." Doch solle Cobenzl auf der andern Seite Preußen nicht zu feurig umwerben, um ihm nicht das Gefühl der Unentbehrlichkeit zu geben. Und endlich dürfe er nirgendswo merken lassen, daß Oesterreichs Entschließung unwiderruflich fest stehe, weil sonst Haugwitz sie zweifellos sogleich den Franzosen verraten würde. Eine äußerst verwickelte Aufgabe, sagte Thugut selbst sehr richtig. „Es wäre recht schön," bemerkte er dann, „wenn der König zum ernsten Kriege zu bringen wäre; hieran ist aber nicht zu denken und, statt damit die Zeit zu verderben, ist unser Absehen lediglich auf eine wirkliche und genaue Neutralität Preußens zu richten." Da eben hierauf auch die Meinung des Berliner Hofes ging, so hatte Cobenzls Verhandlung in Berlin einen sehr raschen und in den äußeren Formen freundlichen Verlauf. Er beantragte, am 7. August, den Erlaß einer gemeinsamen Erklärung gegen alle französischen Ansprüche auf das rechte Rheinufer, sodann für den Fall eines neuen Krieges zwischen Oesterreich und Frankreich gemeinsamen Antrag auf Neutralität des ganzen rechtsrheinischen Deutschland und, wenn Frankreich dieselbe weigere, bewaffnetes Eintreten Preußens zu ihrem Schutze. Die Antwort der preußischen Minister war, daß in einem solchen Falle Preußens Mittel nur die wirksame Beschützung des deutschen Nordens verstatteten, der König es aber auch für den Süden nicht an den nachdrücklichsten Vorstellungen

in Paris würde fehlen lassen. Dies war genau, was der
vierte Artikel von Thuguts Vertragsentwurf begehrte, und
noch dazu zeigten sich die preußischen Minister, zu Cobenzls
eigener Ueberraschung, gar nicht abgeneigt[1]), in der Entschädigungsfrage auf das System der Geldleistungen einzugehen.
Cobenzl aber, eingedenk seiner Pflicht, Preußen in Rußlands
Augen zu verdächtigen, hütete sich, diese Uebereinstimmung
zu konstatieren, vielmehr erklärte er im Gegenteile, da Preußen
unter keinen Umständen zu kriegerischer Thätigkeit fortschreiten
wolle, so sei der Zweck seiner Sendung verfehlt und könne
er nur noch um seine Abschiedsaudienz bitten.

Er eilte dann nach seinem wirklichen Bestimmungsort, nach
Petersburg, hinüber, immer mit dem uns sattsam bekannten
Auftrag, 16000 Russen für den französischen Krieg, 80000
für die Zügelung Preußens zu begehren. Es war wieder
dieselbe Verblendung des Hasses, welche Anfang 1796 zum
Schutze gegen eine eingebildete Feindseligkeit Preußens
40000 Mann in Böhmen festgehalten hatte, während durch
die Anwesenheit derselben in Italien Bonapartes Triumphe
im Keime erstickt worden wären. In der Hauptsache fand
nun, wie wir wissen, Cobenzl bei seiner Ankunft bereits die
durch Prinz Ferdinand erzielte günstige Entscheidung vor;
ja, er konnte am 31. August berichten, daß nicht bloß das
Hülfscorps von 16000 Mann nach Pauls Versicherung bereits im Marsche sei, sondern daß 60000 Mann, die ihm
auf dem Fuße folgen sollten, nur die englische Antwort auf
die Subsidienforderung des Kaisers erwarteten. Eine andere
Division, Gudowitsch, sei zur Unterstützung der Türken bestimmt, und Paul begehre dringend die Bereithaltung einiger
österreichischer Truppen zu gleichem Zweck in Ungarn. Ueberhaupt sei der Eifer des Kaisers in vollstem Flusse; er wünsche
von Grund seines Herzens, auf der Stelle loszuschlagen, und
spreche den lebhaftesten Abscheu gegen alle Franzosen und

---

[1]) Ich wähle absichtlich diesen unbestimmten Ausdruck, da
weiterhin Cobenzl stets behauptete, Preußen habe das System der
Geldzahlungen genehmigt, die preußischen Minister aber eine solche
Aeußerung immer ableugneten.

Franzosenfreunde, also auch gegen die Preußen aus. Auch Besborodko war ganz einverstanden mit Cobenzls Erörterung, daß die preußische Nichtswürdigkeit allein die Schuld an allem Unheil Deutschlands trage, und gestand jetzt, daß er stets gegen die Entsendung russischer Truppen zur Bekämpfung Frankreichs gewesen, daß ihn aber dabei nicht etwa Abneigung gegen Oesterreich, sondern umgekehrt der Wunsch geleitet habe, das österreichische Bündnis zu einem großen Kriege gegen Preußen zu benutzen und dieses auf seine alten Grenzen zurückzuführen: zur Zeit freilich, bemerkte er, hätten ihn die un= erhörten Uebergriffe der Franzosen von der Notwendigkeit eines neuen Systems überzeugt. Auch sonst verstand man sich treff= lich. Eine große Sorge erweckte in Wien der Gedanke an den vielleicht nahen Tod des alten Papstes und die Möglich= keit, daß die Franzosen in Rom eine ihrer Kreaturen durch eine Scheinwahl als Pontifex ausrufen lassen möchten: Paul billigte höchlich die Ansicht Thuguts, schon jetzt die Kardinäle auf das dringendste nach Wien oder nach Venedig einzuladen. Ebenso erklärte Besborodko ganz im österreichischen Sinne, daß Paul nicht an die Proklamation König Ludwigs XVIII. denke, da alles darauf ankomme, dem französischen Volk einzig die Unersättlichkeit der jetzigen Diktatoren als die Ursache des Krieges anschaulich zu machen. Das alles war also erwünscht im höchsten Grade. Den einzigen Mißton in diese Harmonie brachte die unverrückbare Erklärung des englischen Gesandten, Lord Whitworth, daß England nicht einmal eine russische Subsidie zahlen werde, solange Oesterreich nicht den Anleihe= vertrag von 1797 bestätige. Immer hoffte man auch bei diesem Punkte auf Pauls Energie, welche den Eigensinn des störrischen Bundesgenossen baldigst brechen und denselben über seine wahren Interessen aufklären würde.

Wie der Ausbruch des französischen Krieges hatte sich übrigens in diesen Wochen auch das Geschick der Kaiserin Marie entschieden. Iwan Kutaisow hatte den verdeckten An= griff des Prinzen Ferdinand mit Zinsen zurückbezahlt, indem er dem Kaiser die Vorstellung beibrachte, daß die Friedens= liebe der Kaiserin aus heimlicher Neigung zu den revolutionären

Bestrebungen entspringe. Eines Tages ließ sich Paul von Cobenzl über deffen französische Unterhandlungen erzählen und einige der republikanischen Persönlichkeiten schildern. Plötzlich unterbrach er den Botschafter mit der Frage: Glaubt Ihr, daß es auch hier Jakobiner giebt? — Sie niften sich freilich überall ein, antwortete Cobenzl, aber E. M. weise Vorkehrungen werden sie von Rußland gründlich fern halten; er dachte dabei an ein eben erlassenes Paßgesetz und das Verbot aller auswärtigen Schulen und Universitäten. Aber er meinte aus den Wolken zu fallen, als jetzt der Kaiser rauh herausfuhr, daß er feiner Gemahlin alle Teilnahme an den Geschäften entzogen, daß er ebenso die beiden Kurakin aus jedem Einflusse gesetzt habe: sie alle, rief er, waren Jakobiner, und deshalb haben sie mich bisher vom Kriege abgehalten. Cobenzl, so gut er den wirklichen Thatbestand kannte, äußerte natürlich kein Wort der Erwiderung. Einmal entschieden, wuchs die Aufregung des Kaisers hier wie in der hohen Politik mit jedem Tage. Eine Untersuchung über die Zettelbank wurde eröffnet und dem Generalprokurator, wie demütig er auch vor Kutaisow kroch, wie heiße Thränen er beim Kaiser weinte, in kurzer Frist feine sämtlichen Aemter genommen. Einer feiner Freunde nach dem anderen verlor feine Stellung, General Buxhövden, Fürst Nikolaus Gallizyn, Oberkammerherr Strogonow, und wie sie weiter hießen. Wieder einen Jakobiner abgethan, rief dann Paul in hellem Jubel — wieder jemand, seufzte die Kaiserin, der meinetwegen unglücklich wird. Der Vizekanzler Alexis Kurakin, der auf Schloß Gatschina eine Wohnung hatte, erhielt plötzlich den Befehl, dieselbe zu verlaffen, weil man sie sonst brauche; er bat darauf um feinen Abschied, bekam aber zuerst nur die barsche Antwort: warum willst du eine Stelle aufgeben, in der du doch nichts thust? Möge er Kanzler bleiben, sagte Paul nachher, er ist unter allen Umständen eine Null. Erst Ende September ließ er sich bestimmen, dem gequälten Manne die Entlaffung zu gewähren. Auch die Ungnade der Kaiserin wurde täglich schärfer bezeichnet. Paul machte ihr Vorwürfe über ihre alberne Eiferfucht und war stets von dem Gedanken erfüllt, daß sie ihn durch ihre

Kundschafter überwachen lasse. Als er eines Tages dem Hofmarschall Wielhorski unvermutet in einem Saale des Schlosses begegnete, wo derselbe die Räume zu einem Fest= essen erwog, schrie er ihn an, daß ein Hofmarschall nicht die Amtspflicht habe, Spion zu sein, und jagte ihn sofort aus dem Dienste. Ueber alle diese Abscheulichkeiten der Kaiserin wollte er dann den ältesten Sohn, Alexander, in das Ver= trauen ziehen; als dieser verlegen zurückhielt, zeigte Paul auch ihm höchst ungnädige Verstimmung, und wie das Glück der Ehe war auch das Gefühl des Vaters für den Sohn zerstört. Wo waren die Zeiten hin, in welchen Marie, zwanzig Jahre früher, der vertrauten Jugendfreundin den Gemahl geschildert hatte, den anbetungswürdigen Paul, den besten der Gatten, den geliebtesten der Männer?

Das wichtige Amt des Generalprokurators wurde Herrn von Lapuchin, dem Vater der von Paul begehrten Dame, zu Teil, und dadurch auch die Tochter nach Petersburg ge= zogen. In den Geschäften war Besborodko, der sich übrigens von jenen Hofintriguen stolz entfernt gehalten hatte, mächtiger als je und somit das System der österreichischen Allianz, wie es schien, auf das breiteste und sicherste gefestigt.

Drittes Kapitel.

Zögerungen und Hindernisse.

Thugut hatte in Petersburg mehr erreicht, als zunächst in seinen Wünschen gelegen war. Er hatte Rückhalt gegen= über Frankreichs Uebermut gesucht, und nach langem Zaudern und Hinschleppen war jetzt plötzlich Kaiser Paul der unge= duldigste Dränger zu raschem Angriffskrieg geworden. Dies aber war nun wieder Thuguts Meinung ganz und gar nicht. Er wollte, wie in früheren Jahren, nicht den Frieden um jeden Preis und hatte demnach bei den schrankenlosen Ueber= griffen Frankreichs militärisch und diplomatisch gerüstet. Aber

den Krieg zu wünschen, war er weit entfernt aus dem einfachen Grunde, weil er geringe Hoffnung auf gute Erfolge
hatte. Wir kennen seine Ansicht über die Erschöpfung des
Landes, die Bedrängnis der Finanzen, die Schlaffheit der
inneren Verwaltung. Er hatte geringes Vertrauen zu der
Fähigkeit und dem Diensteifer der Generale, die sich bei der
selten durchgreifenden Weise Franz' II. seit Jahren an Eigenwilligkeit und politische Umtriebe gewöhnt hatten. Dabei
hielt er, was die befreundeten Mächte anging, den Kaiser
Paul für äußerst unzuverlässig, die Engländer für unerträglich herrisch, die Preußen geradezu für Reichsverräter und
Franzosenfreunde. Seit langer Zeit war er mehr und mehr
in schwarzsichtige Stimmung versunken und ging an die großen
Entschlüsse ohne Freudigkeit des Herzens und ohne Schwung
der Seele, nur nach den Gründen des rechnenden Verstandes.
Die Menschen dünkten ihm schlecht, seine Landsleute unfähig,
die Nachbarn pflichtvergessen. Sein Sinnen ging auf in der
Wahl des kleineren Uebels; Uebel aber sah er überall und
belebende Hoffnung an keiner Stelle. Er hat, schrieb damals
der greise Berner Staatsmann Steiger, den Mut der Zähigkeit, aber nicht jenen des kräftigen Handelns.

Am liebsten wäre es ihm ohne Zweifel gewesen, wenn
noch in der letzten Stunde Frankreich ihm die vielersehnten
Legationen überlassen hätte. Wäre ihm weiterhin die Erhaltung der geistlichen Staaten in Deutschland gelungen, so
hätte er sonst die Republikaner in Europa wirtschaften lassen
nach ihrem Belieben. Aber auch wenn dies Programm mit
friedlichen Mitteln nicht zu verwirklichen, wenn er also zur
Wiederaufnahme des Kampfes genötigt war, selbst dann wollte
er nicht mit blindem Eifer wie Paul I. in die Kriegstrom-
pete stoßen. Er wünschte nicht wieder, wie einst der ersten
Koalition geschehen, ohne umfassenden Plan, ohne gesicherte
Mittel, ohne fest vereinbartes Ziel in den Streit zu gehen.
Er wollte nicht kämpfen, ehe England Subsidien gezahlt hätte;
denn, sagte er, sind wir des Geldes nicht vor der Kriegserklärung sicher, so benutzt nachher England unsere Bedürfnisse zur lästigsten Bevormundung unseres Handelns. Er

wünschte ferner so lange hinzuhalten, bis die Russen auf dem künftigen Kriegsschauplatze angelangt seien, da ihr Marsch dorthin voraussichtlich ein Vierteljahr dauern würde. Endlich aber war er von der Notwendigkeit durchdrungen, dem Feinde die Gehässigkeit des ersten Angriffs zuzuschieben, um dadurch teils die Stimmung des französischen Volkes, teils die Friedens= sehnsucht der deutschen Reichsstände nicht gegen Oesterreich, sondern gegen das Direktorium aufzureizen. So konnte, bei aller Erbitterung des Wiener Hofes gegen die Revolution, noch mancher Monat vergehen, ehe die Reihe dieser Be= dingungen erfüllt und damit für Thugut der angemessene Zeitpunkt des Ausbruchs gekommen war.

Dies alles war äußerst verständig, äußerst wohlerwogen, in jedem einzelnen Punkte unwiderleglich. Und doch wird man sagen müssen, es war der Ausdruck eines verdüsterten und dadurch schwerfällig gewordenen Geistes; es war die Frucht eines hochmütigen Mißtrauens gegen alle Welt, welches dem starken Manne die Frische des Entschlusses und damit die Möglichkeit des zutreffenden Blickes, des kecken Wagens und des fröhlichen Sieges raubte. Bei allem Zweifeln und Bedenken über die eigene Schwäche verlor Thugut das Gefühl für die stärkere Entblößung des Gegners.

Indem er durch sein Zögern auf der einen Seite die Bundesgenossen irre machte und auf der anderen den Fein= den die Zeit zur Verstärkung ihrer Streitmittel offen ließ, büßte er doppelt wieder ein, was er durch den Aufschub des Kampfes für seine Rüstungen etwa gewonnen hatte. Es war nicht Mangel an Sachkenntnis und Ueberblick, was hier seine Schritte hemmte; im Gegenteil, seine Briefe und Depeschen zeigen auf jeder Seite, wie wohl er über die Schwäche und Mißlichkeit der französischen Lage unterrichtet war: aber seine Seelenstimmung war derart, daß alle für rasches Vorgehen sprechenden Momente keinen Eindruck auf ihn machten und nur die schlimmen Möglichkeiten ihm unaufhörlich peinigend und hemmend vor Augen standen.

In der That ist menschlicherweise nicht abzusehen, wie weit im Spätsommer und Herbste 1798 ein kräftiger Angriff auf das vom Texel bis zum Volturno ausgedehnte und innerlich völlig morsche und zerrüttete Machtgebäude Frankreichs hätte führen können. Die Republik verfügte damals kaum über 150 000 Mann für den thätigen Feldbienst, wovon 10 000 Mann in Holland, ungefähr 40 000 Mann am Rheine, 25 000 Mann in der Schweiz, beinahe 70 000 Mann in Cisalpinien und der römischen Republik standen. Was man sonst noch an Truppenteilen besaß, war entweder zum Küstenschutze gegen die Engländer (30 000 Mann) oder zur Erhaltung des inneren Friedens (etwa 90 000 Mann) vollauf in Anspruch genommen. Dabei war in allen Armeen die Verpflegung unzulänglich und unregelmäßig, die Mannszucht der Truppe gelockert, die Offiziere und Generale selbstsüchtig und unbotmäßig. Die Regierung hatte in ihrer elenden Finanznot keine Mittel, den Haushalt der Divisionen auf geordneten Fuß zu bringen, damit den kolossalen Unterschleifen der Lieferanten den Boden zu entziehen und der schamlosen Ausplünderung der verbündeten Tochterrepubliken zu steuern. Nach sechsjährigem Kriegsstande sehnten sich die Soldaten nach Hause, und fort und fort lichtete starke Desertion ihre Reihen; von nationalen Freiwilligen, welche wie 1792 auf den Ruf des Vaterlandes die Waffen ergriffen hätten, war längst keine Rede mehr, und nur mit großem Bedenken trat das Direktorium dem Gedanken neuer Rekrutierungen näher, welche bei der allgemeinen Unzufriedenheit des Volkes sehr leicht zu gefährlichen Ausbrüchen führen konnten. Unter den Generalen gab es seit Hoches Tod und der Abfahrt des ägyptischen Heeres nicht einen, welcher ein unbedingtes Vertrauen als Feldherr hätte in Anspruch nehmen können. Moreaus Rückzug war 1796 aus allen Tönen gepriesen worden; immer aber konnte niemand bestreiten, daß es eben doch ein Rückzug und kein Sieg gewesen. Jourdans Ruhm von 1794 war durch sein gründliches Mißgeschick in den beiden folgenden Feldzügen stark verdunkelt. Brunes eben geerntete Berner Lorbeeren waren kümmerlich und stark beschmutzt. Von Masséna und Augereau, von Joubert, Bernadotte und St. Cyr wußte man, daß sie treffliche Divisionsgenerale waren; ob sie zu selbständiger Führung eines großen Heerbefehls taugten, sollte erst die Zukunft lehren, und bekanntlich ist außer Masséna bei den übrigen diese Bewährung ausgeblieben. Unter solchen Umständen wird niemand behaupten, daß damals die französische Republik in irgend welcher Beziehung ein überlegener Gegner für Oesterreich gewesen wäre, selbst wenn dieses, ohne russische oder preußische Hülfe, sich nur des Mitwirkens Englands und Neapels erfreut hätte.

Oder hätten etwa die Leistungen der Tochterrepubliken die französische Macht so bedeutend verstärkt, daß Thugut deshalb ernste Besorgnis hätte empfinden müssen? Aber das gerade Gegenteil war der Fall. Die Wirtschaft des Direktoriums hatte dort solche Zustände geschaffen, daß sich die neue Staatsordnung überall in völliger Auflösung befand und die Einwohner nur mit offener Gewalt in der französischen Abhängigkeit zurückgehalten werden konnten. Ueberall harrten die Bevölkerungen mit Sehnsucht des Befreiers, und ein österreichisches Heer, welches im August oder September den italienischen oder helvetischen Boden betreten hätte, wäre einer mächtigen Erhebung des unterdrückten Volkes sicher gewesen. Es verlohnt sich, einen Blick auf diese Verhältnisse zu werfen, da sie die Zerfahrenheit der damaligen französischen Politik auf das deutlichste veranschaulichen und allerorten auf die späteren Kämpfe einen erheblichen Einfluß geübt haben.

In Batavien herrschte seit dem Staatsstreich des 22. Januar die radikale Partei, geleitet von den Abgeordneten Vreede und Midderigh, ohne Widerspruch. Sie hatte eine provisorische Regierung gebildet, welche die Verwaltung nach den Grundsätzen des Amsterdamer Programms führte, die Orangisten mit allen polizeilichen Mitteln bedrängte und ein sehr kostspieliges Regiment handhabte. Der Rumpf des Konventes führte die gesetzgebende Gewalt fort und entwarf binnen einigen Monaten eine neue Landesverfassung, welche wie die helvetische und cisalpinische eine Abschrift der französischen war, die Provinzen in Departements verwandelte und sie der alten Selbständigkeit völlig entkleidete. Er verdiente sich damit den allerhöchsten Beifall des französischen Gesandten Delacroix, aber auch den gründlichen Haß des holländischen Volkes in seiner großen Mehrzahl. Indessen waren, als die Verfassung den Urversammlungen zur Genehmigung vorgelegt wurde, alle Vorkehrungen so vollständig und so deutlich getroffen, daß die Gegner sich nur in geringem Bruchteil an der Abstimmung zu beteiligen wagten; übrigens waren sie sicher, sobald es unter der Herrschaft der neuen Verfassung zu den Wahlen käme, Vreede mit seinem ganzen Anhange aus Volksvertretung und Regierung hinwegzufegen. Allein auch Vreede und den Seinigen war dies Verhältnis klar, und so ließen sie sich mit Vergnügen von Delacroix auf das in Frankreich am Schlusse des Konventes eingehaltene Verfahren hinweisen, nach welchem zwei Drittel der neuen Volksvertretung aus den Mitgliedern des Konventes genommen worden und dann ihrerseits das Direktorium gewählt hatten. Der holländische Konvent that wie sein großes Muster und nahm auf diese Art, ohne erst über die Richtigkeit seiner Auffassung das Volk zu befragen, höchst unbefangen Besitz von dem neuen gesetzgebenden Körper und der aus ihm hervorgehenden Regierung. Der Unwille über diese neue Vergewaltigung war allgemein im ganzen Lande; aber die Anwesenheit der französischen Besatzungen machte jede Regung hoffnungslos, und Vreedes Partei hätte ganz vergnüglich weiter geherrscht, wäre nicht ein Mann gewesen, den sie in schwer begreiflicher Verblendung von jedem Anteil an der Beute ausgeschlossen und damit auf das tiefste verletzt hatte, der General Daendels.

Dieser hatte, wie wir sahen, am 22. Januar die starke Hand zum Sturze der Gemäßigten geliehen und gemeinsam mit seinem nahen Freunde, dem französischen Befehlshaber Joubert, durch die bewaffnete Macht die Verhaftung der gegnerischen Führer bewirkt. Daß ihm jetzt kein leitender Einfluß in der neuen Regierung zu teil wurde, erfüllte ihn mit bitterem Grolle, welchen zu verbergen er in keiner Weise für nötig erachtete. Eines Tages war er bei Delacroix mit dessen

Gesandtschaftssekretär, Ducange, einem einflußreichen Genossen der herrschenden Partei, zusammen und ergoß sich in bitteren Klagen über das Elend des Landes und die Mißstimmung des Volkes. Dann sprach er mit heftigem Unwillen über die Eigenmächtigkeit, mit welcher der Konvent sich in die neuen Räte eingedrängt habe: diese Unthaten, rief er Ducange zu, sind euer Werk. Da fuhr Delacroix eifrig dazwischen; nein, erklärte er, nicht Ducange, sondern er, der Gesandte, sei es gewesen, welcher die heilsame Maßregel angeordnet habe — oder vielmehr, setzte er sich besinnend hinzu, es ist die Verfassung selbst, aus deren Sinn und Geist sie mit Notwendigkeit folgt. Man ging in offenem Hader auseinander, und das Direktorium beeilte sich, gegen den aufsässigen General eine Untersuchung zu eröffnen und einen Haftbefehl zu erlassen. Da aber meldeten seine Agenten, daß der General verschwunden sei, und bald genug erfuhr man, daß er sich nach Paris begeben habe, um persönlich, von Joubert gegen Delacroix unterstützt, seine Sache bei den dortigen Machthabern zu führen. Es traf sich günstig für ihn, daß die Pariser Direktoren kurz vorher ihren Staatsstreich vom Floreal gegen die französischen Radikalen gemacht hatten und demnach seinen Anklagen gegen deren batavische Gesinnungsgenossen ein geneigtes Gehör schenkten. Die Jakobiner in Holland trugen dieselbe Abneigung gegen jede Art von Subordination wie die Pariser Brüder und Freunde zur Schau; Daendels hatte wenig Mühe, die Direktoren zu überzeugen, daß diese Unbändigkeit auch für die französische Oberhoheit gefährlich sei: genug, er setzte seine Wünsche in vollem Umfange durch. Nachdem das Direktorium die Absetzung Ducanges und die Abberufung Delacroix' unterzeichnet hatte, eilte Daendels siegesbewußt in den Haag zurück, erhielt hier von Joubert eine französische Ehrenwache und schritt ohne Zaudern zum Sturze der Regierung, die ihn jetzt öffentlich als Deserteur verfolgte, aufs neue seine Verhaftung anordnete und den Truppen jede Befolgung seiner Befehle verbot. Er ließ sich das alles wenig anfechten. Der Anhänglichkeit der batavischen, des Schutzes der französischen

Bataillone sicher, verständigte er sich mit zwei Mitgliedern des Direktoriums und mit sämtlichen Ministern desselben. Am Abend des 11. Juni versammelte er diese, mehrere Führer der gemäßigten Partei, alle Offiziere der Garnison nebst den französischen Generalen in seiner Wohnung und stellte hier die Maßregeln des folgenden Tages fest. Der erste Schritt war, daß die fünf Minister sich am Morgen des 12. Juni als intermediäre Regierung konstituierten und als solche dem General Daendels den Oberbefehl über das ganze batavische Heer und Vollmacht zu allen erforderlichen Maßregeln ausstellten. Hierauf begab sich Daendels mit drei Kompanien in den Gasthof, wo die Direktoren gerade mit Delacroix, der noch keine Ahnung von seiner Rückberufung hatte, bei Tische saßen. Daendels, mit gezogenem Degen eintretend, kündigte den Regenten ihre Verhaftung an; da retteten sich Vreede und sein Kollege Wybo Finje durch einen raschen Sprung aus dem Fenster in den Garten, während der Direktor van Langen mit den ihn ergreifenden Soldaten raufte und Delacroix in größter Wut den General mit entsetzlicher Strafe bedrohte, bis Daendels ihn durch eine Wache in seine Wohnung zurückführen ließ. Gleichzeitig umringte eine andere Abteilung den gesetzgebenden Körper; der befehligende Offizier kündigte ihm seine Auflösung an, und als der Präsident dagegen kräftigen Einspruch erhob, wurden die Mitglieder desselben festgenommen und in dasselbe Gefängnis, in dem sie bis dahin die Opfer des 22. Januar eingesperrt hielten, abgeführt. Als diese Ereignisse zuerst in Haag und dann weiter im Lande bekannt wurden, war der Jubel gewaltig, und Daendels erlebte einen Augenblick unendlicher, einstimmiger Volksgunst. Aber allerdings, auch hier waren die Flitterwochen der ersten Freude von kurzem Bestande. Die neue Regierung bildete eine provisorische Kommission zur Gesetzgebung von 45 Mitgliedern, welche, dem revolutionären Herkommen entsprechend, wieder eine neue Verfassung ausarbeitete und dieselbe nach sechs Wochen den Urversammlungen des souveränen Volkes vorlegte. An eine Verwerfung war nicht zu denken, aber die Enttäuschung war darum nicht weniger bitter. Wohl durfte das Volk sich jetzt seine sämtlichen Vertreter frei ernennen, und die radikale Partei blieb gründlich geschlagen. Aber von einer Herstellung der provinzialen Selbständigkeit war auch hier keine Rede; es war in allen wesentlichen Stücken wieder eine Einheitsverfassung nach französischem Zuschnitt, und wer politische Rechte üben wollte, mußte wieder nach Pariser Vorbild Haß der Statthalterschaft und des Föderalismus beschwören. Dazu kam, daß das Ansehen der jetzigen Herrscher von Paris aus nicht eben wirksam unterstützt wurde; bald nachdem Daendels' Gegner Delacroix abgereist war, wurde auch der Freund desselben, Joubert, auf einen anderen Posten versetzt, und die nach Paris gesandten Botschafter, Schimmelpenninck und Admiral de Winter, als zu laue Freiheitsfreunde mit sichtlicher Kälte aufgenommen. So gewann die neue Regierung weder Ansehen noch Anhänglichkeit bei dem batavischen Volke; Radikale und Föderalisten arbeiteten zusammen; die Nationalgarde in Delft weigerte den Dienst; in Amsterdam kam es auf unbedeutenden Anlaß zu wilden Tumulten des Pöbels, wo die Bürgerwehr ebenfalls versagte und erst französische Reiterei die Ordnung herstellte. Handel, Schiffahrt, Fischerei lagen danieder; Armut und Entbehrung lasteten auf der Bevölkerung, und eine dumpfe Unzufriedenheit erfüllte das Land von einer Grenze zur anderen [1].

Ganz ähnliche und nur noch grellere Vorgänge, Verfassungssturz, französisches Eingreifen, Hader unter den französischen Behörden selbst, erlebten in derselben Zeit die italienischen Republiken. Ueberaus kläglich war der Zustand in Rom, wo nach allen Plünderungen, Kontributionen und Requisitionen das Land völlig ausgesogen war und die Regierung der hier mit dem Konsultitel geschmückten Fünfmänner sich völlig nichtig und verächtlich zeigte. Die wirkliche Gewalt war ganz offenkundig in der Hand der französischen Zivilkommissare Daunou und Florent, und, soweit der

---

[1] Hamburger politisches Journal, Mai bis August 1798. Moniteur 1798, No. 252, 267, 270, 273. Vreede, geschiedenis der diplomatie van de Bataafsche Republik 1, 346 ff.

militärische Einfluß reichte, des französischen Kommandieren=
den, Gouvion St. Cyr. Die Finanznot war entsetzlich; um
ihr zu steuern, gab man rasch entwertetes Papiergeld aus,
legte willkürliche Steuern auf die Reichen und verschleuderte
die Besitztümer der Kirchen zu stets wachsender Erbitterung
des Volkes. Es dauerte nicht lange, so kam St. Cyr, ein
höchst ehrenhafter und selbstbewußter Offizier, mit den Zivil=
kommissaren in offenen Zwiespalt. Die letzteren hatten von
den Konsuln die Notiz erhalten, daß der Fürst Doria eine
reich mit Edelsteinen besetzte Monstranz im Werte von einer
Million besitze, und darauf den Konsuln Vollmacht gegeben,
dieselbe als einen Gegenstand des öffentlichen Gottesdienstes
für den Staat in Beschlag zu nehmen. Dies geschah, trotz
aller Beweise des Fürsten, daß das kostbare Gerät Privat=
eigentum seiner Familie sei, und wenige Tage nachher er=
schienen die Frauen zweier Konsuln auf einem stark besuchten
Balle, geschmückt mit den Diamanten der Monstranz. Durch
dies öffentliche Aergernis erfuhr St. Cyr von dem Raube,
und fest entschlossen, ebenso strenge gegen die offizielle Plün=
derung wie gegen die militärische Zuchtlosigkeit zu verfahren,
befahl er dem Stadtkommandanten, das gestohlene Gut auf
der Stelle den Beamten wegzunehmen und dem Eigentümer
zurückzuliefern. Die Kommissare, beraten von jenem Ex=
pfarrer und Demagogen Baffal, erhoben drohenden Wider=
spruch gegen diese, formell ungesetzliche, Einmischung der
Militärbehörde, verboten dem Kommandanten den Befehl des
Generals zu vollziehen und sandten schleunigst einen an=
klagenden Bericht nach Paris. St. Cyr aber ließ sich nicht
beirren und setzte seinen Willen durch, empfing dann aber
wenige Wochen später seine höchst ungnädige Zurückberufung
nach Frankreich. Der arme Doria, eingeschüchtert durch
Drohungen aller Art, hatte unterdessen die Monstranz den
Konsuln als patriotisches Geschenk dargebracht, zum großen
Aerger der französischen Offiziere, welche gegen die Zivil=
regierung die unumwundenste Verachtung an den Tag legten.
Indessen erfuhr man in Paris den näheren Hergang, und die
Folge war, daß das Direktorium dem General ein ehren=

volles Kommando in dem Rheinheere gab, nach Rom aber neue Kommissare schickte, welche dann eine strenge Untersuchung über die Konsuln des souveränen römischen Volkes verhängten, sie schließlich absetzten und nicht glimpflicher mit einigen ihrer Minister aufräumten. Solche Vorgänge waren denn wenig geeignet, der republikanischen Selbstherrlichkeit Anhänger unter dem Volke trotz des Steuerdruckes und der Kirchenplünderung zuzuführen. Ende Juli brach das Mißvergnügen in offenen Aufstand aus, dieses Mal in den südlichen Departements des Staates, welche sich dann für mehrere Wochen mit Blut und Brand und Verwüstung erfüllten. Die empörten Bauern bemächtigten sich der Städte Ferentino, Frosinone, Alatri, Veroli; eine französisch-polnische Kolonne rückte gegen sie aus, nahm einen der Orte nach dem anderen mit stürmender Hand und metzelte nieder, wen sie bewaffnet antraf. Eine volle Beruhigung des Landes aber wurde nicht erreicht. Gleich nach der Unterwerfung Frosinones war vielmehr der Bezirk von Terracina in wilder Empörung und ein weiteres militärisches Strafgericht unvermeidlich. In Rom selbst war die Volksstimmung so bedrohlich, daß General Macdonald für den Fall von Unruhen die Bürgergarde zu voller Unthätigkeit anwies und allein der französischen Truppe die erforderlichen Maßregeln vorbehielt [1]).

Wenig erfreulicher als in Rom lagen die Dinge in Genua. Sotin, der bei der Kriegserklärung gegen Piemont nach der Ansicht des Direktoriums zu augenfällig hervorgetreten, war durch einen gewissen Belleville ersetzt worden, unter welchem jedoch die scheinbare Selbständigkeit des kleinen Freistaates nicht besser als unter seinem Vorgänger respektiert wurde. Auch hier waren die Volksmassen in schwach verhehltem Grimme gegen die neue Verfassung, die ihnen bisher nur erhöhte Steuern und Störung des Gottesdienstes gebracht hatte. Aber wie sehr sie auch die demokratische Repu-

---

[1]) St. Cyr mémoires I, 87 ff. Moniteur fructidor, passim. Polit. Journal, August, September.

blik verfluchten, deren Wohlthaten ihnen immer nur in Anwei=
sungen auf eine ferne Zukunft gezeigt wurden, so wollte der
Staat doch leben, und das Direktorium brachte notgedrungen
immer neue Geldforderungen an die Räte. Allmählich aber
wurden diese widerspenstig und klagten mit wachsender Bitter=
keit über die Unordnung und die Verschleuderung des Direk=
toriums. Im kleinen wiederholte sich vollständig, was wir in
Paris in den letzten Monaten vor dem 18. Fructidor beob=
achteten, und das endliche Ergebnis war denn auch ganz
dasselbe wie bei dem Pariser Muster, nur daß hier nicht ein
Feldherr des eigenen Heeres, sondern ein fremder Gesandter
den Anstoß zu dem Staatsstreiche gab. Belleville, der von
Anfang an bei dem Streite Partei für das Direktorium ge=
nommen, verfügte im August die Ausstoßung von fünfzehn
Mitgliedern aus den beiden Räten und stellte damit aller=
dings die Eintracht zwischen den höchsten Behörden her, be=
kundete aber nicht weniger deutlich sowohl die völlige Nichtig=
keit der Verfassung als die unverhüllte Fremdherrschaft über
den ganzen Staat.

Ebenso ärgerlich und länger andauernd waren die Er=
schütterungen, welchen damals die Cisalpina unterworfen
wurde.

Seit der Unterwerfung des Rates der Alten am
15. März hatte die jakobinische Partei im ganzen Staate die
Oberhand. Der Führer der cisalpinischen Truppen, General
Lahoz, bekannte sich zu ihrer ausgesprochensten Farbe, und
als vollends an Berthiers Stelle General Brune den Ober=
befehl der französischen Divisionen angetreten hatte, kannte
die radikale Bewegung weder Schranke noch Zügel mehr.
Ueberall bildeten sich politische Klubs, die in leidenschaftlichen
Verhandlungen auf die Herrschaft der städtischen Proletarier
hindrängten; in zahlreichen Winkelblättern erhob sich die
Presse zu wilden Angriffen auf jede ordnende Maßregel der
Behörden. Bald genug zeigten sich die Folgen; jede polizei=
liche Vorkehrung galt als Verbrechen gegen die Freiheit;
um so freier gestaltete sich die Thätigkeit der natürlichen
Feinde aller Polizei, der Diebe und Wegelagerer; aus Stadt

und Land häuften sich die Klagen über die grauenhafte Un=
sicherheit der Straßen. Die Regierung ihrerseits war, wie
ihre Kollegen in all den jungen Freistaaten, vornehmlich
durch die Not der Finanzen geängstigt. Bei der wachsenden
Auflösung und Anarchie kam die Steuererhebung nicht in
regelmäßigen Gang; das Wenige, was einlief, wurde zu
großem Teile durch die Forderungen der französischen Militär=
behörde vorweggenommen, welche es hier so wenig wie in
Batavien mit Rechnungen und Belegen genau nahm. Die
Lieferanten überließen den Generalen zuweilen 40 Prozent
von ihrem Gewinne, der also ohne Zweifel das Doppelte
oder Dreifache dieses Betrages ausmachte; alle diese Unter=
schleife fielen zur Last der französischen, und da diese nicht
zahlte, der cisalpinischen Staatskasse. So griff man hier,
wie 1789 in Frankreich, auf die Einziehung des Kirchen=
gutes als der einzig ergiebigen Hülfsquelle, und der jakobi=
nische Haß gegen alles kirchliche Wesen that das seinige,
um die fiskalischen Maßregeln zu schärfen. Alle Klöster,
Stifter, Kapitel und sonstige Korporationen wurden auf=
gehoben, ihr Vermögen in Beschlag gelegt und mit größter
Schnelligkeit versilbert. Damit nicht genug, es wurde auch
den Geistlichen das Tragen ihrer Amtskleidung auf den
Straßen verboten und zur Vertilgung, wie man sagte, des
Fanatismus die Fortschaffung aller Madonnen= und Heiligen=
bilder befohlen. Gerade diese letzte, an sich unbedeutendste
Maßregel verletzte die Gefühle des Volkes am tiefsten; in
Mailand lief plötzlich das Gerücht durch die Stadt, daß die
Statue des heiligen Ambrosius ihre steinerne Rechte drohend
zum Himmel emporgereckt hätte, und Tausende umlagerten
seitdem die Bildsäule, betend, weinend und wilde Drohungen
ausstoßend. In den Thälern des Veltlin rotteten sich die
Bauern bewaffnet zusammen, erklärten, jeden Bilderstürmer
mit ihren Aexten zusammenhauen zu wollen, und mußten end=
lich durch die bewaffnete Macht unter hitzigen Kämpfen zur
Ruhe gebracht werden.

So war Gärung, Zerrüttung, Verarmung in allen
Teilen des jungen Staatskörpers sichtbar. Wie sehr solche

Erscheinungen für die französische Regierung damals auch
alltägliche Dinge waren, so wurde das Direktorium in diesem Falle doch bedenklich, aus mehreren Gründen. Einmal
häuften sich die Klagen über die Mißbräuche in der Heeres-
verwaltung und die Entblößung der Truppe in der pein-
lichsten Weise, und um alles wünschte man eine Wiederholung
des römischen Soldatenaufstandes zu vermeiden. Dann wirkte
hier, wie in Batavien, der Umstand, daß seit Floreal die
äußerste jakobinische Linke in Paris nicht mehr die Regierungspartei war, und so sehr Laréveillère in der Sache die Be-
drängung der cisalpinischen Kirche billigte, so wenig angemessen erschien es, daß der französische Oberkommandant
Brune nicht bloß mit den diebischen Lieferanten, sondern
auch mit den Mailänder Klubisten und Anarchisten öffentlich
Brüderschaft machte. Denn diese italienischen Verehrer Babeufs
und Robespierres hatten allerdings Begeisterung für Frankreich gezeigt, solange es sich um den Sturz der österreichischen Herrschaft handelte: jetzt aber, wo sie nach der Ver-
kündung republikanischer Freiheit immer wieder einer Regierung gehorchen sollten, waren sie doppelt unbändig gegen die
einheimischen Behörden und dreifach abgeneigt gegen jede
französische Bevormundung. Seit dem Mai überzeugte sich
das Pariser Direktorium, daß die Macht dieser ursprünglich
französischen Partei in Italien mit der Sicherheit der französischen Oberhoheit unverträglich sei, und kam zu dem Beschlusse, mit rettendem Nachdrucke und im Notfalle mit offener
Gewalt einzuschreiten. Während bisher Brune allein den
französischen Staatswillen in Mailand vertreten und unter
anderem eines Tages zwei Mitglieder des cisalpinischen
Direktoriums und neun Mitglieder der beiden Räte kurzerhand abgesetzt hatte, sollte jetzt eine förmliche Gesandtschaft
dort eingerichtet werden und außerdem ein Zivilkommissar
mit umfassender Vollmacht die Regelung der Finanzgeschäfte
in die Hand nehmen, beide aber alles aufbieten, um in Cisalpinien selbst eine festere Ordnung der Dinge, so viel wie
möglich durch freie Entschließung der einheimischen Machthaber, herbeizuführen. Mit der finanziellen Aufgabe wurde

Faypoult betraut, der frühere Gesandte in Genua, der zuletzt in Rom etwas bedenkliche Proben seines ökonomischen Talentes abgelegt hatte; als Gesandter wurde ein gewisser Trouvé ernannt, ein Litterat wie Ginguené und Garat, der mehrere Jahre hindurch die Blätter des Moniteur mit poetischen Blüten geschmückt, dann auch gelegentlich beredte Leitartikel zu Gunsten der zeitweiligen Machthaber geliefert und so allmählich Eingang in die Sphären der hohen Politik gefunden hatte. Er war übrigens ein junger, kleiner, lebhafter Mann, dem niemand etwas Böses nachzusagen wußte.

Als er am 20. Mai bei dem cisalpinischen Direktorium seine Auffahrt hielt, erfreute er dasselbe nach dem damals offiziellen Brauche mit einer glänzend stilisierten Anrede, welche in den stärksten Tönen den Preis der cisalpinischen Unabhängigkeit, der französischen Großmut und der stets geraden und biederen republikanischen Diplomatie verkündete. Gleich nachher trat er dann mit Direktoren und Ministern zu vertraulicher Beratung zusammen und entwarf danach seine Reformvorschläge für die cisalpinische Verfassung. Da er sein Eingreifen so viel wie möglich verhüllen sollte, wurden einige, wie man hoffte, zuverlässige Abgeordnete hinzugezogen, welche Trouvés Werk als ihren eigenen Antrag in die Volksvertretung einführen würden; leider aber befand sich unter der Zahl derselben ein eifriger Radikaler, welcher ohne Zaudern den ganzen Plan in den Kammern öffentlich zur Sprache brachte. Das Aufsehen war gewaltig; die radikale Partei wütete, und auch bei den übrigen machte die französische Einmischung in die inneren Landesangelegenheiten so böses Blut, daß kein Deputierter es mehr wagen wollte, Trouvés Arbeit als eigenen Antrag einzubringen. Dazu kam, daß unterdessen auch Faypoult seiner Aufgabe näher getreten war und auf die ersten Schritte desselben General Brune sowie dessen Stab und Kommissariat in die höchste Entrüstung gerieten und das Treiben der Mailänder Jacobiner ganz offen unterstützten, während diese immer heftigere Verwahrungen gegen die französische Fremdherrschaft in die Oeffentlichkeit warfen. Auf Trouvés Beschwerden lud die

französische Regierung den General Brune nach Paris, um
ihm mündlich seine Pflichten einzuschärfen; General Lahoz,
der als cisalpinischer Botschafter die Sache der bisherigen
Verfassung dort vertreten sollte, erhielt dagegen den ge=
messenen Befehl, auf seinem Posten in Mailand zu bleiben.
Die Bewegung wuchs indessen im ganzen Lande; eine Flut
von Adressen strömte aus allen Städten bei dem gesetzgeben=
den Körper gegen die Reform zusammen, und dieser nötigte
im August sein Direktorium zu einer feierlichen Erklärung,
daß ihm von einer beabsichtigten Verfassungsänderung nichts
bekannt sei. Gleich nachher kam Brune aus Paris zurück
und stellte sich, widerwillig gehorchend, dem Gesandten Trouvé
zur Verfügung. Darauf versammelte dieser am Abend des
29. August etwa 110 Abgeordnete in seiner Wohnung, er=
klärte ihnen, daß der Zustand ihres Staates in jeder Hin=
sicht jämmerlich und unhaltbar sei, daß das französische
Direktorium die Geschicke desselben stets mit väterlichem
Blicke im Auge behalten habe, daß er also beauftragt sei,
ihnen eine durchgreifende Verbesserung der Verfassung, der
Gesetzgebung und Verwaltung sowie des regierenden Per=
sonals anzuraten. Er legte ihnen demnach eine neue Ver=
fassungsurkunde vor, welche die Zahl der Abgeordneten von
240 auf 120 herabsetzte, die Zahl der Verwaltungsbezirke
verminderte, die Rechte des Direktoriums erheblich steigerte.
Dann kamen Gesetze über Vereine, Presse und Justizpflege
und endlich die Liste der im Amte bleibenden Deputierten
und die Ernennung der künftigen Direktoren, drei der bis=
herigen und an Stelle der beiden anderen die Minister
Sopransi und Luosi. Die Abgeordneten erkannten so viele
werkthätige Beihülfe mit gebührendem Danke an, äußerten
aber einmütig, daß sie sich zu diesen Neuerungen nicht für
befugt erachteten und mithin den Gesandten bitten müßten,
seine Wohlthaten zu vervollständigen und die vorgeschlagenen
Einrichtungen aus eigener Machtvollkommenheit zu befehlen.
Es war Trouvé schwerlich ganz wohl dabei zu Mute, jedoch
ließen ihm seine Instruktionen keine Wahl. Am 30. August
umringte er den Sitzungssaal des gesetzgebenden Körpers mit

einer starken Abteilung französischer Truppen und sandte seine Schöpfungen den Volksvertretern mit der Aufforderung zu, dieselben unzögerlich als das künftige Staatsrecht der Cisalpina zu veröffentlichen. So geschah es ohne Widerspruch, und wieder einmal war der Revolution ein Tag beschieden, welcher das Vaterland gerettet hatte. Der Retter aber, Trouvé, wurde mit Undank belohnt. Brune fand bei seinem würdigen Freunde Barras wirksame Unterstützung, und Trouvé wurde nach Stuttgart versetzt.

Sofort warf denn Brune den Zwang hinter sich, unter dem er bisher die Schritte des Gesandten begleitet hatte. Es stand für dessen Werk noch die abschließende Zeremonie bevor, die Annahme der neuen Verfassung durch die Urversammlungen des cisalpinischen Volkes. Diese Zwischenzeit benutzte nun der General, als wenn keine französische Regierung in der Welt wäre, mit den Mailänder Patrioten wieder zusammenzutreten und eine Reihe wichtiger Verfassungsartikel im jakobinischen Sinne zu ändern. Als die Mailänder Direktoren sich darauf nicht einlassen wollten, verfügte er die Absetzung von dreien derselben und ließ sogar den kräftig widersprechenden Sopransi durch französische Soldaten in Verhaft nehmen. Darüber kam Trouvés Nachfolger in Mailand an; es war dies aber ein alter Jakobiner wie Brune selbst, Héberts und Carriers Busenfreund, Fouché von Nantes, und dieser war weit entfernt davon, Brunes löbliches Beginnen zu stören. So wurde den Urversammlungen nicht Trouvés, sondern Brunes Verfassung vorgelegt und unter dem gemeinsamen Drucke der französischen Militärmacht und der italienischen Radikalen unweigerlich angenommen.

Als diese Nachrichten nach Paris kamen, erschien doch selbst dem an regelloses Treiben sehr gewöhnten Direktorium die Unbotmäßigkeit des Generals zu schreiend, und die Weisung ging nach Mailand, den ganzen Vorgang zu vernichten und unweigerlich Trouvés Verfassung zur Geltung zu bringen. Brune wurde abgesetzt und der rechtschaffene Joubert ihm zum Nachfolger gegeben, und als Fouché geltend machte, daß

die Sache durch die Zustimmung der Urversammlungen endgültig festgestellt sei, wurde auch er zurückberufen und durch
seinen Nachfolger Rivaud endlich Trouvés Verfassungswerk
zu unbestrittener Wirksamkeit gebracht.

Für die Pariser Regierung ergab sich aus diesen Ereignissen die vollständige Verwandlung Cisalpiniens in eine
unterworfene Provinz, da nach allem Vorgekommenen die
italienischen Behörden, ähnlich wie jene Abgeordneten am
29. August, den französischen Gesandten jede Entscheidung
und jede Verantwortung zuschoben. Es ergab sich ferner eine
tiefe Entzündung des nationalen Hasses gegen das fremde
Joch, fast ohne Unterschied der Parteien. Die Anhänger des
Alten waren durch keinen Satz in Trouvés Reformen versöhnt, die eifrigen Demokraten durch die wiederholte Enttäuschung auf das schwerste beleidigt worden. Die kleine
Zahl aber der Mittelpartei, welche der Sache nach Trouvés
Vorschläge für zweckmäßig gehalten, wog nicht schwer im
Lande und zürnte selbst über die entwürdigende Brutalität
des Verfahrens. Bei dem ersten Mißgeschick der französischen Waffen war ein allgemeiner Abfall mit Sicherheit vorauszusehen.

Endlich noch heftiger und tragischer hatten sich in den
Sommermonaten 1798 die Verhältnisse der Schweiz entwickelt.

. • Seit dem Beitritt der Urkantone war die helvetische Verfassung im ganzen Lande durchgeführt worden. Direktorium
und Räte saßen noch immer in Aarau, so ungenügend die
äußeren Verhältnisse des kleinen Ortes für die Residenz der
höchsten Behörde auch waren. In den Kantonen begannen
die neuen Behörden ihre Thätigkeit, soweit die Eingriffe
und Forderungen der französischen Befehlshaber eine solche
sich entwickeln ließen. Im allgemeinen war das Verhältnis
zu Frankreich seit dem Eintritte Laharpes und Ochs' in die
Regierung etwas gebessert, da die Pariser Machthaber diesen
Männern ein großes Vertrauen schenkten. Die helvetische
Gesandtschaft in Paris bemühte sich jedoch vergebens, den
Abzug der französischen Truppen und die Anerkennung der

alten Neutralität der Schweiz zu erwirken. Talleyrand gab
ihr die runde Erklärung, daß zur Herstellung eines guten
Verhältnisses ein Schutz- und Trutzbündnis zwischen beiden
Republiken unerläßlich sei, und in Aarau fügte man sich
schließlich in das Unvermeidliche. Man erlangte dadurch
wenigstens das Aufhören der entsetzlichen Erpressungen, wenn
auch die französischen Truppen im Lande blieben und für
einen Kriegsfall die Streitkräfte der Schweiz unbedingt zur
Verfügung Frankreichs standen. In der inneren Verwaltung
war der entscheidende Einfluß sehr schnell an den geistreichen,
willensstarken und heftigen Laharpe gekommen, während Ochs
bei aller Eitelkeit und Vielrednerei sich als völlig leer und
nichtig erwies; man that, was man konnte, die Ordnung
herzustellen und die Kriegswunden zu heilen, und besonders
war der Vorsteher des Unterrichtswesens, Stapfer, unermüdlich, den so plötzlich zu politischer Macht berufenen Volksmassen Schulen und Bildungsmittel aller Art zuzuführen.
Leider zuckten fortdauernd die Nachwehen des Parteihaders
durch das Land. Im Großen Rate erging sich die radikale
Faktion in heftigen Anträgen, welche unaufhörlich die alten
Gegensätze aufstörten. Da sollten alle Feudalzinse und
Zehnten ohne Entschädigung der Berechtigten abgeschafft
werden, wodurch dem Staate selbst ein Wert von 90 Millionen verloren gegangen und eine entsprechende Vermehrung
sonstiger Steuern nötig geworden wäre; demnach siegte endlich die gemäßigte Ansicht auf Ablösung der Zinsen zu ihrem
fünfzehnfachen Betrage. Noch stärker wurde dann der Hader
durch die Forderung erregt, allen seit 1789 verfolgten Demokraten für ihre damaligen Leiden aus dem Privatvermögen
der früheren Herrscher eine Geldentschädigung zu bewilligen,
wobei die Antragsteller sogleich einen genauen Tarif der
Entschädigungssumme für jede Art von Ungemach, als Einsperrung, Entbehrungen, Sorgen, Angst der Frauen vor-
legten. Mit der heißesten Erbitterung wurde über die rechtliche
Möglichkeit einer solchen Maßregel gestritten, der Antrag
im Großen Rate durchgesetzt, dann aber im Senate unter
dem Beifall der großen Mehrheit im Volke verworfen.

Im allgemeinen trat, bei überall gleichem Haße gegen die Franzosen, eine sehr fühlbare Verschiedenheit zwischen den großen, früher aristokratisch regierten Landschaften im Westen und den kleinen Bauerngemeinden der Urkantone im Osten hervor. Jene hatten zwar durch den Angriff der Franzosen stärkere Einbußen gehabt als diese; sie besaßen aber auch ungleich bedeutendere Hülfsquellen, und als die erste materielle Not einmal überstanden war, trat bei den Volksmassen die Freude über den Sturz der alten Adelsmacht, den Wegfall der mannigfachen Unterthänigkeiten, die neu eroberte Gleichberechtigung in breitestem Umfange hervor, und nur eine geringe Minderheit hätte die Herstellung des alten Staatswesens gewünscht. In den Urkantonen dagegen sah man in den neuen Einrichtungen nichts als Verlust auf allen Seiten, ohne den geringsten Gewinn zur Schadloshaltung. Früher hatte in jedem kleinen Kanton die Landsgemeinde aller erwachsener Männer die Gesetze beschlossen und die Beamten ernannt: jetzt bestand die ganze Teilnahme des Volkes an der Gesetzgebung in der Wahl der Wahlmänner, welche dann ihrerseits die Abgeordneten nach Aarau sandten; und die Verwaltung wurde für die sämtlichen, jetzt zu einem Kanton verschmolzenen, Waldstädte von einem aus Aarau herübergeschickten Direktor und dessen Unterbeamten geführt. Der einzelne Bauer hatte also für alle Nöte und Entbehrungen der Kriegszeit nur das Gefühl, von Fremden regiert zu werden, ungefähr so wie er selbst früher die italienischen Vogteien regiert hatte. Dazu kam, das Verhältnis unheilbar vergiftend, die Störung der kirchlichen Dinge. Zwar hütete sich die helvetische Regierung, irgendwie an Dogma, Seelsorge, pfarramtliche und bischöfliche Rechte zu rühren, so daß von einer Bedrückung des religiösen Gewissens nicht die Rede sein konnte. Aber auch hier wurden die von dem Volke hochverehrten Klöster geschlossen und das Vermögen derselben eingezogen, und daneben grollte der Pfarrklerus gerade über das beste Wirken der Aarauer Regierung am grimmigsten, über Stapfers Streben zur Verbesserung des Schulwesens, wovon die Geistlichkeit Schwächung ihres bisher allmächtigen Einflusses auf die völlig ungebildeten Bauern besorgte. Mönche und Weltklerus wirkten also zusammen, das Mißvergnügen im Volke lebendig zu halten, so viel sie irgend vermochten.

Unter diesen Umständen führte ein Befehl der Aarauer Regierung, der an sich äußerst harmlos und ganz sicher ohne jeden Hintergedanken erlassen war, einen entsetzlichen Ausbruch herbei, eine Verfügung nämlich, daß in allen Gemeinden des Landes die Bürger bei Strafe des Verlustes ihrer politischen Rechte einen Eid leisten sollten, der Verfassung und den Gesetzen der helvetischen Republik gehorsam zu sein. Die Eidesformel als solche war unverfänglich im höchsten Grade, und in der Sache wurde dadurch nur versprochen, was sich ganz von selbst verstand. Eben deshalb hätte man die unnötige Vorschrift besser unterlassen und die gereizte Stimmung nicht aufs neue beleidigen sollen. Aber ganz unglaublich war doch, was jetzt von der anderen Seite geschah. In den Waldstädten ergriff der Klerus den Anlaß zu einer wilden religiösen Demagogie. Von den Kanzeln herunter wurde dem armen Volke gepredigt, daß die helvetische Verfassung ein Buch sei, welches der Teufel eigenhändig geschrieben habe, dessen Berührung die Hand eines Christen besudle, dessen Beschwörung die Seelen dem Satan unrettbar überliefere. Es war vergebens, daß der Bischof von Konstanz amtlich die Erlaubnis zur Leistung des Eides gab; Priester und Mönche setzten die Hetzerei unermüdlich fort, und vor allem in Unterwalden zerrissen die aufgewühlten Leidenschaften bald alle Bande. Wieder erschien der Kapuziner Paul Rieger, der schon im Frühling bei den Schwyzer Kämpfen sich hervorgethan; er ritt im Lande umher in der Kutte, aber mit Federhut und Säbel geschmückt; von seinem Hengste herab verhieß er den Leuten den Beistand der heiligen Jungfrau, kündigte Geld aus England und Hülfstruppen aus Oesterreich an und predigte, daß in diesem heiligen Kriege keine feindliche Kugel die Glaubenskämpfer verwunden, sondern daß die Landsleute Nidwaldens von Sieg zu Sieg schreiten und im Garten der Tuilerien ihre Kartoffeln kochen

würden. So griffen denn in jedem Dorfe die Männer zu
den Waffen, die Weiber schanzten, die Kinder schleppten
Lebensmittel herbei. Ueberall wurden die helvetischen Be=
hörden verjagt oder verhaftet und der Brünigpaß sowie die
Ufer des Alpnacher Sees mit Verhauen und Batterien ge=
spickt. Ein Versuch, den Frieden herzustellen, scheiterte in
Aarau an der zornigen Heftigkeit, mit der Laharpe unbedingte
Unterwerfung forderte. Durch die helvetische Regierung selbst
aufgerufen, setzte General Schauenburg seine Kolonnen gegen
die unglücklichen Leute von allen Seiten her in Bewegung.
Dreimal aber wies der fanatische Mut der Unterwaldener
alle Angriffe zurück, und die Franzosen erlitten einen Verlust,
der weit über 1000 Tote und Verwundete hinausging. Das
endliche Geschick war jedoch nicht zu wenden. Da alle Hülfe
ausblieb, wurden zuletzt die Verhaue am 9. September durch=
brochen, und als jetzt die französischen Kugeln trotz aller
Verheißungen des Kapuziners mörderisch in die Haufen ein=
schlugen und von den geistlichen Urhebern des Unheils keiner
mehr anzutreffen war: da brach mit einemmal die Sieges=
sicherheit des Volkes zusammen; alles löste sich auf in wilder
Flucht, und alle Kriegsgreuel wälzten sich in entfesselter
Furie über das blühende Thal von Stanz hinüber. Am
Abend war Nidwalden ein verheerter rauchender Kirchhof.
Durch die ganze Schweiz ging ein Wehruf des Mitleids
und der Unterstützung für die unseligen Opfer: die helveti=
schen Räte aber mußten feierlich erklären, daß sich Schauen=
burg und sein Heer um das Vaterland verdient gemacht habe.

Es ist einleuchtend, wie umfassende Aussichten ein solcher
Zustand jedem starken Widersacher Frankreichs eröffnete. Bei
dem ersten scharfen Streiche, welchen ein österreichischer Heer=
teil auf einen französischen geführt hätte, wäre in Helvetien
wie in Italien ein ansehnlicher Teil des Volkes mit fanati=
scher Begeisterung dem Sieger zugefallen. Ja, bei raschem
und richtigem Verfahren hätte Oesterreich damals die ganze
Schweiz in voller Einstimmigkeit um seine Banner scharen
können; das Programm wäre äußerst einfach gewesen: Ver=
treibung der Franzosen, Erhaltung der Demokratie, Her=

stellung der Kantonalsouveränität. Aber in dem mir vor=
liegenden Material finde ich keine Spur eines solchen Ge=
dankens. Wohl wurde zwischen Wien und London vielfach
über die Schweiz verhandelt. Mehrere der Schweizer Emi=
granten, an ihrer Spitze der alte Schultheiß Steiger, Herr
von Wyß und der geflüchtete Exabt von St. Gallen, Pankraz,
reisten von einem Hofe zum anderen, um Beistand für ihre
bedrängten Landsleute zu erwirken. Bei ihnen aber bedeutete
die Befreiung von der Fremdherrschaft ohne weiteres auch
die Herstellung des alten Rechtes, die Regierung des Krumm=
stabs und der gnädigen Herren: und sie ahnten nicht, wie
gründlich sie damit ihre Bestrebungen der Masse ihrer Lands=
leute verleideten. Außerdem aber ließ es die fortdauernde
Spannung zwischen Oesterreich und England zu keiner prak=
tischen Maßregel für Helvetien kommen. Lord Grenville
wollte den Schweizern Geld geben, wenn Thugut marschieren
lasse; dieser antwortete, der Kaiser, ehe er die Truppen in
Bewegung setze, bedürfe vorher der Bewilligung englischer
Subsidien; und darauf kam aus London die unwandelbare
Entgegnung, man sei gerne bereit, wenn nur Oesterreich den
Anleihevertrag von 1797 genehmige. So stand man wieder
auf dem alten Flecke, auf dem nicht weiter zu kommen war,
und die englischen Minister begannen allmählich an Thuguts
Kriegslust ganz und gar zu verzweifeln: alle seine Rüstungen,
meinten sie, seien lediglich ein letzter diplomatischer Versuch,
die Franzosen einzuschüchtern und stärkere Einräumungen her=
auszuschlagen.

Wie wir wissen, thaten sie seiner innersten Gesinnung
nicht ganz unrecht; dennoch aber entsprach ihre Auffassung
der Wirklichkeit der Dinge durchaus nicht. Denn in Paris
war kein Gedanke daran, die Bedingungen zu genehmigen,
unter welchen allein die Fortdauer des Friedens dem öster=
reichischen Minister möglich schien, und so hatte die Be=
willigung des russischen Hülfscorps immerhin so weit Wir=
kung in Wien, daß sie Schritte veranlaßte, welche noch nicht
der Krieg selbst waren, aber doch sehr dicht an denselben
heranführten. Im August meldete Neapel, daß seine Lage

unerträglich werde und der Ausbruch nicht länger zurückzu=
halten sei. Der französische Gesandte hatte drohende Be=
schwerde über die vertragswidrige Aufnahme Nelsons im
Hafen von Syrakus geführt; fortdauernd machte sich die
revolutionäre Propaganda des neuen römischen Freistaats
fühlbar, und obwohl eine wahrhaft barbarische Strenge und
Willkür der neapolitanischen Behörden nicht im stande war,
den Lenkern auf die Spur zu kommen, so hatte man doch,
wie die Folge zeigte, nur zu guten Grund für die Annahme
gefährlicher Umsturzpläne bei einem Teile des Adels, des
höheren Bürgertums und selbst inmitten einiger Heeresteile[1]).
Der König ließ also in Wien erklären, daß er die einzige
Rettung darin sehe, dem zur Zeit schwach gerüsteten Feinde
zuvorzukommen, und bat zu diesem Behufe den Kaiser Franz,
dem neapolitanischen Heere einen geeigneten Feldherrn in der
Person des Generals Mack zu bewilligen. Mit dieser Be=
urlaubung war Thugut, weniger im sachlichen als im persön=
lichen Interesse, von Herzen einverstanden; er hielt Mack seit
Jahren für einen Schwätzer und Ränkeschmied und freute
sich, ihn hoffentlich auf lange aus Wien los zu werden. In
der Hauptfrage gab er dem neapolitanischen Gesandten zur
Antwort, daß der Bundesvertrag vom 19. Mai den Kaiser
allerdings nur dann zum Beistand verpflichte, wenn Neapel
angegriffen werde, und nicht, wenn es selbst angreife; indessen
würdige man die gepreßte Lage des Königs, und der Kaiser
werde nicht anstehen, ihm die erforderliche Hülfe zu leisten,
ohne sich an den formellen Wortlaut des Bundesvertrages
mit ängstlicher Genauigkeit zu binden[2]). Offenbar war
also in diesem Augenblick die bisherige Bedenklichkeit des
Ministers, angesichts des Anmarsches der Russen, erheblich
zurückgedrängt.

Ganz ähnlich wie auf der italienischen entschloß er sich
auch auf der Schweizer Seite, einen Schritt vorwärts zu

---

[1]) Macks Berichte an Thugut, bei Vivenot, Rastatter Kongreß,
Einleitung, lassen darüber keinen Zweifel.

[2]) Meldung Sir Morton Edens an Grenville. 10. und 17. August.

thun. Schon seit Monaten hatte Steiger darauf gedrängt, wenn man nicht die Franzosen in Helvetien selbst aufsuchen wollte, wenigstens weitere Uebergriffe derselben zu verhindern und zu diesem Behuf das wichtige, vielfach von ihnen um- worbene Graubünden zu besetzen. Grund genug zu solchen Anträgen war vorhanden. Die helvetische Verfassungsurkunde selbst lud die Bündner Patrioten zum Beitritt ein; der französische Geschäftsträger in Chur, Guyot, bot alle Mittel der Schmeichelei und der Drohung zu gleichem Zwecke auf, und die bündnerische Landesregierung lag damals in der Hand einer zu Frankreich hinüberneigenden Partei. Aber als dieselbe einen Antrag in dieser Richtung an das Volk brachte, fielen ihr nur wenige Gemeinden bei; die große Mehrzahl zeigte eine so entschiedene Abneigung, daß darüber die Regierung stürzte und neue Bundeshäupter von rück- haltlos österreichischer Farbe an die Spitze des Landes kamen. Sie traten sogleich mit dem kaiserlichen Geschäfts- träger Cronthal in enges Einvernehmen und verlangten zu- nächst, daß die österreichische Division Auffenberg als fester Rückhalt dicht an der Grenze Stellung nahm. Als dagegen zwei Gemeinden der helvetischen Partei Unruhen begannen, schritten die Bundeshäupter ohne Zaudern mit gewaffneter Hand ein; die helvetischen Behörden suchten vergeblich ihre Freunde durch Manifeste und Kammerbeschlüsse zu ermutigen, und ebenso fruchtlos blieben Guyots Reden und Noten, worauf er endlich geradezu mit Gewalt drohte und unter Abbruch der diplomatischen Beziehungen das Land verließ. Darauf beeilten sich die Bundeshäupter, in offizieller Weise den Einmarsch Auffenbergs zum Schutze gegen französische oder helvetische Angriffe zu beantragen, und am 7. Oktober erteilte der Kaiser die entsprechenden Befehle. Thugut sagte dem englischen Gesandten in Wien, es werde das Signal zum Kriege sein; und in der That hatte General Schauen- burg aus Paris die Weisung, gleichzeitig mit den Oester- reichern die bündnerische Grenze zu überschreiten. Indessen, als sich Oesterreich nicht irre machen ließ und am 19. Oktober Auffenbergs Bataillone unter Führung bündnerischer Kom-

missare die Thäler besetzten, trug das Direktorium doch Bedenken, gerade diese Sache, wo ihm jeder Schein eines Rechts-
titels zur Einmischung mangelte, als Kriegsfall zu behandeln,
und Schauenburg, der bereits seine Truppen in Marsch gesetzt hatte, erhielt Gegenbefehl.

In Wien war man damit um so mehr zufrieden, als man
soeben eine äußerst massive Probe von der Denk- und Handlungsweise des „intimen Alliierten", des Kaisers Paul, hatte
durchmachen müssen, eine Probe, welche für ein gedeihliches
Zusammenwirken während eines großen und wechselvollen
Krieges sehr besondere Aussichten eröffnete. Ein Schatten,
ein Gerücht, ein subalternes Ungeschick hatte hingereicht, nicht
weniger als den Bestand des ganzen Bündnisses in Frage
zu stellen.

Dies war so gekommen. General Rosenberg hatte im
Laufe des August seine Regimenter marschbereit gestellt und
bereits am 9. seine ausführlichen Weisungen von Kaiser Paul
erhalten. In den Sätzen der letzteren zeigte sich allerdings
der lebhafte Eifer zum bevorstehenden Kriege; dem General
wurde die Erwartung ausgesprochen, daß er „mit Begeisterung" an jede ihm zufallende Aufgabe gehen würde. Daneben aber trat auch nach Pauls Weise eine argwöhnische
Empfindlichkeit in der Vorschrift hervor, bei gemeinsamen
Operationen nur den österreichischen Erzherzögen den Vor-
rang zu lassen, sonst aber ausnahmslos sich alle Rechte des
höheren Dienstalters zu bewahren, auch eifrig darauf zu sehen,
daß seine Truppen nicht stärker als die österreichischen ange-
strengt würden. Noch bedenklicher aber war ein weiterer
Satz, welcher die tiefe Verschiedenheit der hohen Verbündeten
in der allgemeinen Auffassung des Kriegszweckes bekundete.
Nachdem bemerkt war, daß Rosenberg alles vermeiden sollte,
was in befreundeten Ländern Abneigung gegen Rußland
hervorrufen könnte, fuhr Paul fort: „Geben Sie vielmehr in
geziemender Weise zu verstehen, daß wir unserem Verbündeten nicht deshalb zu Hülfe geeilt sind, um allenfalls herrsch-
süchtige Absichten zu befördern, sondern allein, um ihn in
der Bändigung eines alle Ordnung umstürzenden Volkes zu

unterstützen". Also wieder, wie im Juni bei Repnins In=
struktion, die Ankündigung des völlig uneigennützigen Prin=
zipienkrieges, die Verwerfung jedes Landerwerbes für den
österreichischen Genossen. Das alles war nun freilich nicht
ganz so schneidig gemeint wie gesagt: auch in Petersburg
wußte man von Thuguts italienischen Wünschen und war
nicht abgeneigt, ihm ein Stück der französischen Tochter=
republiken schließlich zuzubilligen, wie Paul denn auch bei
allen schönen Worten gewisse Belohnungen für sein eigenes
tugendhaftes Streben sehr bestimmt in das Auge gefaßt hatte.
Immer aber blieb es ein herrisches Verfahren, dieses Voraus=
verkünden allgemeiner Grundsätze für einen Koalitionskrieg,
bei welchem Oesterreich jedenfalls die schwerste Last zu tragen
hatte, ohne daß Paul es jemals nötig erachtet hätte, vorher
darüber mit seinem intimen Verbündeten in irgend ein Be=
nehmen zu treten.

Indessen setzte Anfang September Rosenberg seine
Truppen in Marsch nach der galizischen Grenze. Dort er=
schien bei ihm als österreichischer Kommissar General Vincent,
und als die beiden Offiziere die Verpflegung der Russen auf
österreichischem Gebiete in Beratung nahmen, zeigte sich, daß
Vincent nur die Portionen der österreichischen Truppe an=
zubieten hatte, bei dieser aber der Mann täglich ein Pfund
Brot weniger als der russische Soldat in der Heimat erhielt.
Rosenberg erklärte sofort, er könne den Marsch nicht fort=
setzen, ehe er über diese Differenz in Petersburg angefragt
hätte. Als sein Bericht in Pauls Hände kam, war dieser
schon gegen Oesterreich höchlich aufgeregt durch eine Aeuße=
rung des englischen Gesandten, daß sein Ministerium bei
Thuguts endlosen Bedenklichkeiten ernstlich an dessen Kriegs=
lust zweifle. Das Wort hatte in Pauls reizbarer Seele so=
fort gezündet: er sah bei Oesterreich bereits die schwärzeste
Treulosigkeit und somit alle denkbaren Gefahren für seine
Truppen voraus und schickte auf der Stelle an Rosenberg
einen Befehl, zwar in Galizien einzurücken, aber äußerst
langsam zu marschieren. Darüber kam denn der Bericht des
Generals über die Brotportionen, und nun war bei dem

Kaiser schlechterdings kein Halten mehr. Man betrügt mich, rief er, man läßt meine Soldaten hungern! Umgehend erließ er an Rosenberg den 23. September die Weisung, nicht etwa stehen zu bleiben, bis das dritte Pfund bewilligt sei, sondern das Corps aufzulösen, die Regimenter in die Garnisonen zurückzuschicken, die Beamten zu entlassen. Den heftigsten Sturm hatte dann der Prinz von Württemberg zu bestehen, welcher vergebens den guten Willen Oesterreichs beteuerte und die schärfsten Maßregeln gegen jeden etwa straffälligen Beamten verhieß. Du bist gut, sagte Paul, Franz ist gut, Cobenzl ist gut, aber ich bin doch betrogen und werde das nicht dulden. Württemberg eilte am 25. September atemlos zu dem österreichischen Gesandten, den er morgens drei Uhr aus dem Bett holte und zu schleunigem Vorgehen, wenn nicht alles scheitern sollte, aufforderte. Cobenzl erwog, wie viel auf dem Spiele stehe, und entschloß sich, auf eigene Gefahr von seiner Vollmacht für unvorhergesehene Fälle Gebrauch zu machen. Besborodko half auf das nachdrücklichste; er war der einzige Mensch in Petersburg, welcher bei den Zornausbrüchen des Kaisers zuweilen offenen Widerstand wagte; er schrieb ihm dieses Mal geradezu, daß man wegen eines kleinen Geldhandels nicht wortbrüchig gegen Oesterreich werden dürfe. Aber auch er bestürmte den Grafen Cobenzl, die Erfüllung des kaiserlichen Begehrens auf seine Verantwortung zu nehmen; als Cobenzl, in der Sache bereit, ihm die Unbilligkeit des ganzen Verfahrens noch einmal entwickeln wollte, rief er ungeduldig: Mein Gott, ihr habt ganz recht, aber ihr seht ja, mit welchem Hitzkopf ihr zu thun habt. Uebrigens erklärte er, daß er entschlossen sei, seine Entlassung zu nehmen, wenn an dieser Lumperei die große Sache zu Grunde ginge. So ausgerüstet, erreichte es der Prinz von Württemberg am 26. September, den Kaiser zu beschwichtigen; er übernahm es, selbst zum Corps hinüberzureisen, um an Ort und Stelle alles in Ordnung zu bringen. Sobald ich darüber Bericht habe, sagte Paul, werde ich Rosenberg den Weitermarsch befehlen. Der Prinz, der mit Grund jeden Tag für kostbar hielt, bat, daß Paul ihm für den Fall

der günstigen Erledigung den Marschbefehl gleich mitgebe;
da setzte es dann neue leidenschaftliche Ergießungen, und erst
nach einer großen Rührungs= und Versöhnungsscene erlangte
Ferdinand das gewünschte Schriftstück. Aber alles, rief Paul
ihm noch in der Thüre nach, alles muß genau so einge=
richtet werden, wie bei den Truppen in Rußland, sonst nehme
ich keinen Teil am Kriege.

Der Prinz kam darauf in Brzesc nach einigen Verhand=
lungen mit Rosenberg zu dem gewünschten Abschlusse. Aber
der erste Auflösungsbefehl hatte bereits solche Störungen
bewirkt, daß die ganze Mobilisierung beinahe von neuem be=
gonnen werden mußte, und so waren sechs unersetzliche Wochen
verloren, ehe das Corps Ende Oktober sich den Grenzen
Galiziens näherte. Der Eindruck in Wien war natürlich.
ein äußerst ungünstiger: welch eine Kriegführung sollte das
werden, wenn in jedem Augenblick irgend ein besinnungs=
loser Zornesausbruch die wichtigsten Operationen zerstören
konnte? Im übrigen finde ich nicht, daß die Verzögerung
des Marsches selbst den österreichischen Minister besonders
aufgeregt hätte. Wie jetzt die Dinge lagen, waren die Russen
im Laufe des Dezembers bei Wien zu erwarten und brauchten
dann noch mehrere Wochen, um in die Schweiz oder nach
Italien zu gelangen. Thugut war nun, wie wir wissen, auf
den Ausbruch des Krieges völlig gefaßt, hatte aber mit dem
Beginne desselben keine Eile, sondern wünschte die Gehässig=
keit des Bruches den Gegnern zuzuschieben. Auch der Erz=
herzog Karl begehrte noch Frist für die militärischen Rüstungen
und wollte von einem Winterfeldzuge nicht reden hören. Das
hiernach erwählte System einer hinschleppenden Politik wurde
also durch die Langsamkeit der Russen in keiner Weise gestört,
sondern nur bekräftigt und gerechtfertigt. Thugut meinte,
man solle nichts übereilen, erst nach Abschluß aller Vorbe=
reitungen schlagen, dann aber auf allen Seiten mit über=
wältigendem Angriff losbrechen.

Allerdings aber hatte dieses System auch seine Kehrseite.
Der Anmarsch der Russen blieb kein Geheimnis in Europa,
so wenig wie die eifrigen Waffnungen in Oesterreich. Beides

bestimmte auch das französische Direktorium zu den ent-
sprechenden Gegenmaßregeln, und es war vom ersten Tage
an zweifelhaft, welcher Partei der Aufschub die besten Früchte
tragen würde. Schon im Frühling 1798 hatte General
Jourdan dem Rate der Fünfhundert den Entwurf eines
Rekrutierungsgesetzes auf der Grundlage der allgemeinen
Wehrpflicht vorgelegt. Damals hatte man bei dem tiefen
Widerwillen des französischen Volkes und der friedfertigen
Haltung der Kontinentalmächte die Sache beruhen lassen.
Jetzt aber hatte man den Krieg mit der Türkei; man sah
die russische Pontusflotte in Bewegung, Neapel in höchster
Kampfbegier, Österreich in unablässiger Rüstung. Der Marsch
eines russischen Heerteils zur Vereinigung mit den Öster-
reichern zeigte deutlich, was man in naher Frist von Wien
zu erwarten hatte. Wollte man nicht wehrlos von dem
Sturme überrascht werden, so mußte man dem Heere durch
ein festes Aushebungssystem seine regelmäßige Ergänzung
sichern, und so brachte General Jourdan sein Konskriptions-
gesetz in etwas veränderter Fassung im August zum zweiten
Male an die Volksvertretung. Es bestimmte in erster Linie
für die kämpfende Feldarmee die Altersklassen vom 20. bis
zum 25. Lebensjahre, so daß zuerst mit den Jüngsten begonnen
und dann nach Bedürfnis die älteren Jahrgänge herangezogen wurden. Nachdem es angenommen war, begehrte und
erlangte das Direktorium die Vollmacht zu einer Aushebung
von 200 000 Mann, sowie den dazu erforderlichen Finanz-
kredit. Hier allerdings gab es nicht unerhebliche Schwierigkeiten. So überlegen seit dem Floreal die Haltung des
Direktoriums gegenüber der Volksvertretung auch war, so
wenig die Mehrheit beider Räte den Forderungen der Regierung einen festen Widerstand entgegenzusetzen wagte, so
grimmig kochte doch bei der jakobinischen Linken der Haß
wegen des letzten Staatsstreichs, und auch innerhalb der gemäßigten Parteien gab es nicht wenige Männer von Bedeutung, welche das jetzige System für zukunftslos hielten,
den augenblicklichen Trägern desselben nichts zutrauten und
bei einzelnen Gelegenheiten gerne und eifrig die jakobinischen

Beschwerden gegen das Direktorium unterstützten. Zu ihnen
gehörte der eifrige Verfechter des 18. Fructibor, Boulay von
der Meurthe, sowie ein jüngerer Bruder des Generals Bona=
parte, Lucian, welcher die Mißhandlung der Cisalpina leb=
haft rügte, als eine Versündigung sowohl gegen das Werk
seines Bruders als gegen die Rechte nationaler Freiheit.
Diese opponierenden Regungen, anfangs vereinzelt, waren
im Herbste stark genug, um verschiedene neue Steuern, welche
das Direktorium begehrte, z. B. die Wiedereinführung der
Salzsteuer, zu Falle zu bringen. Als jetzt für die neue,
offenbar bringende Rüstung 125 Millionen erforderlich wur=
den, mußte man keinen anderen Rat als den Verkauf eines
entsprechenden Teiles von dem kleinen Reste der National=
güter, wobei es die Kreditlosigkeit des Zustandes bezeichnete,
daß man die Güter für den achtfachen Betrag ihrer Jahres=
rente hinwegzugeben beschloß. Mit dem größten Eifer schritt
man dann in allen Teilen des Reiches zu der Aushebung
der Mannschaft. Die nächste Wirkung war allerdings eine
äußerst traurige. Ueberall zeigte das Volk ein lebhaftes
Widerstreben. Die Pflichtigen entflohen zu Hunderten in
die Wälder und Gebirge; oft genug sah man lange Züge
der Verfolgten und Eingefangenen von Gendarmen bewacht
in die Gefängnisse der Hauptorte abliefern, wo sie dann bis
zu ihrer Einkleidung aufbewahrt und nach einer flüchtigen
militärischen Dressur so schnell wie möglich zu den Feld=
armeen fortgeschafft wurden. In einzelnen Gegenden brachte
der Grimm des Volkes noch schlimmere Erscheinungen her=
vor. In der Vendée und der Bretagne war das Landvolk
in der bedenklichsten Gärung und konnte nur durch die Ent=
faltung einer stattlichen Militärmacht einstweilen in gewissen
Schranken gehalten werden. Für die belgischen Departe=
ments, wo die kirchenfeindliche Politik des Direktoriums
längst ein tiefes Mißvergnügen erzeugt hatte, gab die Re=
krutierung das Signal zu offenem Aufstande, welcher den
ganzen Oktober hindurch den Behörden zu schaffen machte
und dem Lande schwere Opfer kostete. Auch in der Schweiz,
welcher man die Anwerbung von 18 000 sogenannten Frei=

willigen auferlegt hatte, geriet alles Volk darüber in ent-
rüstete Bewegung. Die ausgehobene Mannschaft flüchtete
haufenweise; wer unter der Fahne blieb, wurde von dem
Volke verhöhnt und beschimpft, und nur ein geringfügiger
Teil der Rüstung kam wirklich zu stande. Eine halbwegs
kräftige Einwirkung des Auslandes hätte den republikanischen
Machthabern unabsehbare Gefahr auf allen Seiten bereitet.
Wieder verhandelten Oesterreich und England über die Frage,
und wieder trieben beide einander in dem traurigsten Zirkel
umher. Wenn England, sagte Thugut, die belgischen Empörer unterstützt, so wollen auch wir helfen. Wir können
erst dann etwas thun, antwortete Grenville, wenn Oesterreich offen Frankreich den Krieg erklärt. Ohne die Russen,
erwiderte Thugut, können wir den Krieg nicht erklären, und
wer steht uns bei Pauls Wankelmut für die Russen? So
geschah auf keiner Seite etwas, und die Franzosen hatten
volle Muße, die Aufstände blutig niederzuwerfen, die Bevölkerung gründlich einzuschüchtern, Woche auf Woche jungen
Nachschub an ihre Heere zu befördern. Thugut aber fand
sich durch dies alles in seiner Auffassung lediglich bestärkt.
Man müsse, meinte er, die Krisis in Frankreich reifen, das
Mißvergnügen sich immer weiter verbreiten lassen; nichts
würde verkehrter sein, als durch eine vorzeitige Kriegserklärung
dem Direktorium die Unterstützung des französischen National-
gefühles wieder zu verschaffen.

Unterdessen traten aber Ereignisse ein, welche die Spannung der Lage auf den höchsten Grad brachten und die Krisis
zur Entscheidung führten.

Viertes Kapitel.

Die Bundesverträge.

So wenig der österreichische Minister den offenen Kampf mit Frankreich beeilen mochte, so ungeduldig harrte die englische Regierung auf den endlichen Ausbruch des Kontinentalkriegs. Man hatte in Großbritannien schwere Tage innerer und auswärtiger Bedrängnis durchgemacht, und in dieser Spannung mit peinlicher Sorge nach günstigen Ereignissen auf dem Festlande ausgeschaut: man hatte dann große Erfolge im Innern und glänzende Siege auf dem Meere erlebt und wünschte jetzt doppelt lebhaft im Gefühle gesteigerter Kraft, das übrige Europa in den Streit gegen den gefährlichen Widersacher mit sich fortzureißen.

In England selbst stand alles für die Regierung so günstig wie möglich. Wenn 1792 ein großer Teil des englischen Volkes sich für die französischen Grundsätze begeistert und den Krieg gegen Frankreich als eine Maßregel mutwilliger Reaktion verflucht hatte, so war seit der unmittelbaren Bedrohung des Landes durch einen feindlichen Angriff und seit dem hochfahrenden Abbruch der Friedensverhandlung durch das französische Direktorium die Stimmung vollständig verwandelt. In den einst bewunderten Trägern politischer Freiheit sah man nichts mehr als die räuberischen Unterdrücker jeder nationalen Selbständigkeit; das britische Nationalgefühl wallte in zornigem Stolze auf, und alle Schichten des Volkes schlossen in einmütiger Hingebung um ihre starke Regierung zusammen. Die Reihen der Opposition lichteten sich im Parlament so gründlich, daß die alten Führer, Fox und seine Freunde, unlustig den Kampf aufgaben und gar nicht mehr in den Sitzungen des Unterhauses erschienen. Ein solcher Rücktritt wäre sonst ein politisches Ereignis gewesen; jetzt nahm im Lande kaum jemand Notiz davon, und die besitzenden Klassen bekundeten ihr Vertrauen zu der Regierung in der eindringlichsten Weise, indem sie außer den schweren Kriegssteuern und Anleihen freiwillig patriotische Gaben im Betrage von zwei Millionen Pfund Sterling oder 50 Millionen Franken aufbrachten — während, wie wir gesehen haben, eine Aufforderung zu gleichem Zwecke dem Pariser Direktorium nur wenig über den tausendsten Teil jener gewaltigen Summe lieferte.

Je erfreulicher auf solche Art in England Eintracht und Vaterlandsliebe die Gemüter erfüllten, desto trauriger und gefährlicher blieb die Lage der Dinge auf der irischen Schwesterinsel. Anfangs war bei den Vereinten Iren die Bestürzung groß über das Mißlingen der französischen Expedition nach Bantry Bai; bald aber faßten sie neuen Mut, und als im April 1797 eine Botschaft aus Paris herüber kam, daß eine weitere Rüstung für Irland im Gange sei (im Texel unter Hoche und de Winter), betrieben sie mit erfrischtem Eifer die Verstärkung ihres Bundes und die Anschaffung von Waffen. In Dublin traten Lord Fitzgerald, Arthur O'Connor, Emmett, Oliver Bond und Dr. Mac Nevin zu einem Direktorium als höchster Regierungsbehörde zusammen, und Mac Nevin ging im Mai selbst nach Paris, um dort die Einzelheiten des befreienden Unternehmens festzustellen. Er sollte ein Hülfscorps von mindestens 5000, höchstens 10000 Mann begehren, da für Irland die Kosten einer stärkeren Schar zu drückend sein würden; der wirkliche Grund dieser Ziffern war jedoch die Sorge, nach Verjagung der Engländer nicht unter französische Herrschaft zu geraten, sondern eine unabhängige Republik zu bilden. Dann strebte Mac Nevin entweder von der französischen oder von der spanischen Regierung — denn auch mit dieser hatte man sich in Verbindung gesetzt — ein Anlehen von einer halben Million Pfund zu erhalten, empfing aber aus zwingenden Gründen weder hier noch dort etwas anderes als schöne Worte. Auch von einer Beschränkung der französischen Streitkräfte wollten die Pariser Machthaber nichts wissen, da sie, wie sie sagten, nicht eine unzulängliche Abteilung einer verderblichen Gefahr preisgeben dürften. Aber nur um so sicherer gaben sie die Verheißung, daß in kurzer Frist ein völlig entscheidender Streich geführt werden würde.

So wartete man denn in Dublin des zugesagten Bei=standes und hatte nicht selten Mühe, die ungeduldigen Massen von einem vorzeitigen Losbruche abzuhalten. Wir wissen nun, wie sich die beabsichtigte Expedition teils durch die Ungunst des Wetters, teils durch die Zwistigkeiten zwischen den Holländern und Franzosen von Monat zu Monat hin=auszögerte und endlich durch die Schlacht bei den Kamper Dünen gründlich vereitelt wurde. Für die Pläne der Jren war es ein Unheil, wie es kein größeres geben konnte. Eine Verschwörung, deren Mitglieder nach Hunderttausenden zähl=ten, mußte entweder losschlagen oder sich durch völlige Un=thätigkeit dem Argwohn entziehen: hier aber trat in der Erwartung der batavischen Flotte das gerade Gegenteil ein; man rüstete, wie man konnte, und schob von Tag zu Tag den Ausbruch auf. Der Zustand des Landes wurde immer unerträglicher. Orangisten und Rebellen lagen fortdauernd im kleinen Krieg. Englische Grundbesitzer wurden erschossen, königlich gesinnte Pächter geplündert, loyale Ortschaften von katholischen Banden überfallen und ihrer Waffen beraubt. Umgekehrt schlugen die orangistischen Milizen jeden verdäch=tigen Vagabunden nieder, machten sich vielfacher Erpressungen schuldig und brachten durch willkürliche Anzeigen eine Menge ruhiger Menschen vor die Kriegsgerichte. Im Mai 1797 verfügte General Lake die allgemeine Entwaffnung des Volkes in fünf Grafschaften und sandte zur Durchführung der Maß=regel seine Truppen in kleinen Abteilungen auf die ver=dächtigen Dörfer. Diese lebten hier wie in Feindesland, verzehrten den Bauern ihre schmalen Vorräte und begingen zahllose Exzesse. Wer den Besitz von Waffen verleugnete, wurde gepeitscht und vielfacher Tortur unterworfen, Frauen und Mädchen auf das ärgste mißhandelt, Gärten und Aecker zwecklos verwüstet. Die Truppen verwilderten bei diesem Treiben vollständig, so daß der höchstkommandierende General Abercrombie in einem scharfen Tagesbefehl ihnen geradezu erklärte, in dieser Verfassung seien sie aller Welt furchtbar,

nur nicht dem Feinde. Die Parteiwut ging damals so hoch,
daß der Lordstatthalter sich wegen dieser Aeußerung genötigt
sah, zur Beschwichtigung der Offiziere und der Orangisten
den General von seiner Stellung zu entfernen, obwohl er
die Auffassung desselben durchaus teilte und gleich nachher
den General Lake anwies, zur Herstellung der Zucht die
Truppen wieder in größeren Abteilungen zusammenzunehmen.
Im Lande hatten jene Greuelscenen keine andere Folge als
Steigerung des Hasses und der Verzweiflung unter dem
Volke und den Eintritt enormer neuer Massen in den Bund
der Vereinigten Iren, welcher demnach Ende 1797 die Zahl
seiner Anhänger auf eine halbe Million berechnete[1]).

Vor allem bedeutsam für die Entwickelung desselben wurde
übrigens der Umstand, daß im Laufe dieses Jahres sich auch
der größte Teil der niederen katholischen Geistlichkeit ihm
anschloß. Ihre Bischöfe hatten fest und kräftig zur Regie=
rung gehalten und dem Pfarrklerus wiederholt die Pflicht
der Gesetzlichkeit, die Hoffnungslosigkeit der Empörung und
die Abscheulichkeit des französischen Bundes eingeschärft. Jetzt
aber floß das Maß der Entrüstung über. Die Mißhandlung
ihrer Gemeinden riß die Pfarrer, Kapläne und Mönche mit
sich fort; sie fragten, was die Franzosen ihnen Schlimmeres
bringen könnten, und ließen sich gerne durch die Führer des
Bundes überzeugen, daß Frankreich hier wie in Amerika nur
die Freiheit begründen wolle, nicht aber eigene Herrschaft
anstrebe[2]). Zu Hunderten traten sie dem Bunde bei und
lieferten ihm damit die wirksamsten Organe zur Lenkung der
Massen und zur Entflammung der Gemüter. Die revolutio=
näre Bewegung erhielt seitdem eine wesentlich veränderte
Farbe. Der Bund, wie wir sahen, war zuerst von den radi=
kalen Presbyterianern ausgegangen; diese wurden jetzt bei=
nahe bedeutungslos unter den dicken Haufen der katholischen
Bauern und dem allgegenwärtigen Einflusse der katholischen

---

[1]) Bekenntnis der gefangenen Bundeshäupter im ersten Bande
von Castlereaghs Korrespondenz.

[2]) Denkschrift Mac Nevins an das Direktorium, bei Castlereagh I,
S. 298.

Geistlichkeit. Nicht nur ein Kampf der Rassen oder der politischen Grundsätze, sondern der Religionskrieg war es fortan, dessen Schrecknisse das Land bedrohten.

Im Frühling 1798 glaubte das Dubliner Direktorium mit den Vorbereitungen fertig zu sein und stellte den 23. Mai als den Tag des allgemeinen Ausbruchs, in Dublin wie sonst im Lande, fest. Indessen war aber auch die Regierung nicht müßig geblieben; ansehnliche Verstärkungen waren aus England herübergeschickt worden, und im Innern wie im Auslande beobachteten zahlreiche Agenten alle Bewegungen der Aufständischen. So wurde ein Mitglied der leitenden Bundesbehörde, Arthur O'Connor, in Margate festgenommen, als er im Begriffe stand, verkleidet sich nach Frankreich zu weiterem Benehmen mit dem Direktorium einzuschiffen. Für den Augenblick konnte man ihm nichts beweisen, bald aber folgten weitere Entdeckungen. In Dublin selbst fand sich ein kleiner Gutsbesitzer, Thomas Reynolds, ein Genosse des Bundes und Mitglied der leitenden Provinzialbehörde für Leinster, welcher zwei Monate lang die Regierung mit täglichen genauen Notizen versah und sie dadurch in stand setzte, am 12. März die Bundeshäupter während einer Sitzung zu überraschen und sich ihrer Personen und Papiere zu bemächtigen. Nur Lord Edward Fitzgerald war nicht anwesend, wurde aber bald nachher in seinem Versteck, einem kleinen Dubliner Kramladen, aufgefunden. Er widersetzte sich den Polizeibeamten verzweifelten Mutes, brachte mehreren derselben schwere Dolchstiche bei, wurde aber endlich durch einen Schuß in die Schulter wehrlos gemacht. Er selbst und einer seiner Gegner erlagen nach wenigen Wochen den im Kampfe erhaltenen Wunden. Durch diese Erfolge der Polizei fand sich die Regierung zu den wirksamsten Maßregeln in stand gesetzt. Vor allem wurde die Hauptstadt durch nachdrückliche militärische Vorkehrungen gegen jeden revolutionären Handstreich sichergestellt; es wurden mehrere englische Milizbataillone nach Irland gezogen und die Küstenbewachung auf das sorgfältigste verschärft. Zugleich wurde für die ganze Insel die Entwaffnung des Volkes angeordnet und mit solcher Energie betrieben, daß nach sechs Wochen über 48 000 Flinten, mehr als 100 000 Piken und zwölf Kanonen in den Händen der Behörden waren. Die Iren aber blieben trotz alledem bei der Absicht loszuschlagen, jetzt durch die Verzweiflung getrieben, mit der jeder einzelne sich der Ahndung des Strafgesetzes bloßgestellt sah. An zahlreichen Punkten rotteten sich ihre Genossen zusammen, nicht selten unter der Anführung von Geistlichen; hier und da gelang es ihnen, durch Ueberraschung eine kleine Ortschaft zu nehmen, und eine vereinzelte englische Schar zusammenzuhauen oder zu eiligem Rückzug zu zwingen. Nach dem langen Drucke wurden solche Vorteile mit fanatischem Jubel und wilder Grausamkeit gefeiert. Protestanten, die zu den Orangelogen gehörten, wurden ohne Gnade niedergemacht; andre blieben verschont, wenn sie sich herbeiließen, katholisch zu werden. Ueber die Grafschaft Wexford, wo der Ausbruch am stärksten war, berichtete der irische Staatssekretär, Lord Castlereagh, nach London, daß dort das Volk vollständig von dem religiösen Wahnsinn ergriffen sei. „Die Priester führen die Haufen zur Schlacht, beim Anmarsch knieen sie nieder und beten und stürmen dann mit verzweifelter Entschlossenheit auf den Feind; es ist eine jakobinische Verschwörung mit klerikalem Werkzeug, da die hitzige Bigotterie der Päpstlichen den republikanischen Leitern besser dient als das kalte, rechnende Mißvergnügen der Presbyterianer." Indessen die führerlose und im voraus halb entwaffnete Empörung vermochte es nicht zu festem Bestand zu bringen. Zwar kam bei Wexford ein größerer Schwarm von 15 000 Mann zusammen, welche sich auf einer steilen Anhöhe, Vinegar Hill, festsetzten: als aber General Lake eine entsprechende Truppenmasse in der Gegend vereinigt hatte und seine Kolonnen von verschiedenen Seiten her gegen den Hügel heranführte, stob der Haufe nach kurzem Kampfe in wilder Flucht auseinander. Die irische Revolution war damit zu Boden geworfen; nach allen Seiten hin ergossen sich die siegreichen Scharen über das Land, um die versprengten Reste des Aufruhrs vollends zu erdrücken.

In diesem Augenblicke landete der neuernannte Vizekönig,

der bewährteste der damaligen englischen Generale, Lord Corn=
wallis, an der irischen Küste. Sein edles Herz erfüllte sich
schnell mit Schmerz und Widerwillen im Anblick der jammer=
vollen Zustände, die er auf der seiner Leitung anvertrauten
Insel vorfand. Denn hier handelte es sich nicht bloß um
die ordnungsmäßige Verfolgung und gesetzliche Bestrafung
eines vereitelten Hochverrats, hier erfüllte eine rachedürstende
Partei das Land mit zahllosen Blutscenen, bei welchen von
Recht und Rechtsformen keine Rede war, sondern alles, was
katholisch oder gälisch hieß, mit roher Willkür niedergetreten
wurde. Jede Maßregel, mit welcher der Lordstatthalter der
Barbarei zu steuern suchte, erregte einen Sturm der Ent=
rüstung im irischen Parlamente, bei den Dubliner Regie=
rungsbeamten, bei den bürgerlichen und den Kriegsgerichten.
An meiner eigenen Tafel, schrieb er am 24. Juli, dreht sich
das Gespräch unaufhaltsam um Köpfen, Hängen, Brennen,
und ist ein Priester hingerichtet worden, so lärmt ein wilder
Jubel durch die ganze Gesellschaft. Ohne den starken Rück=
halt des englischen Ministeriums wäre Lord Cornwallis gegen=
über den rasenden Leidenschaften völlig machtlos gewesen, und
auch mit dieser Unterstützung kam er nur sehr langsam dem
ersehnten Ziele näher. Fortdauernd war alles in Verwir=
rung und Gärung, als ein kriegerisches Nachspiel noch ein=
mal die über die Insurrektion errungenen Vorteile in Frage
stellte. Die französische Regierung hatte in Erwartung des
Aufstandes fort und fort in den ozeanischen Häfen gerüstet;
aber auch hier zeigte sich wieder die Unordnung und Schlaff=
heit ihrer Verwaltung: als die Iren ihre Schilderhebung
begannen, war drüben nichts fertig zur Unterstützung. Erst
am 22. August landete General Humbert mit 1100 Mann
und drei Fregatten in der Bai von Killala; einige hundert
Rebellen vereinigten sich mit ihm, und er marschierte keck in
das Innere vorwärts. Bei Castlebar stieß er mit General
Lake zusammen, der ungefähr 3000 Mann irischer Milizen
gegen ihn heranführte, sofort aber erlebte, wie richtig Aber=
crombie diese charakterisiert hatte. Bei den ersten Schüssen
lief der verwilderte Haufe nach allen Richtungen der Wind=

rose auseinander. Ehe jedoch der Funke dieses Erfolges weiter zünden konnte, erschien Lord Cornwallis selbst mit einer so bedeutenden Abteilung von Linientruppen im Felde und nahm seine Maßregeln mit so rascher Einsicht, daß nach einigen blutigen Gefechten General Humbert jeden Ausweg verlegt sah und bei Ballynamuck die Waffen streckte. Im Oktober machte dann das Direktorium noch einen zweiten Versuch mit etwas stärkeren Kräften; Admiral Bompart lief mit einem Linienschiffe, acht Fregatten und 3000 Mann Landungstruppen aus Brest aus, durchbrach glücklich die englische Blockade und erschien am 11. in der Bai von Killala. Aber schon am folgenden Tage kam ein englisches Geschwader unter Sir John Borlase Warren über ihn, und aus dem Kampfe entrannen nur zwei der französischen Fregatten; alles andere fiel in die Hand der Engländer. Von einer Gefahr für die britischen Inseln war jetzt keine Rede mehr; ungehindert konnten sich fortan die kriegerischen Mittel der mächtigen Nation in der Offensive gegen den gehaßten Erb= feind entfalten.

Nach allen Seiten hin schritt nun das Ministerium an das Werk. Kommodore Duckworth erhielt den Befehl, ein Geschwader mit ansehnlichen Landungstruppen gegen die Insel Minorca zu führen und diesen wichtigen Hafen den Spaniern zu entreißen, ein Unternehmen, welches im November mit vollständigem Gelingen in das Werk gesetzt wurde. An Nelson ging die Weisung ab, seinen glorreichen Sieg im weitesten Umfange auszubeuten, also die italienischen Küsten zu be= schützen und im Kriegsfall mit den österreichischen und neapoli= tanischen Heeren zusammenzuwirken, sodann jede Verbindung der Franzosen mit Malta und Aegypten abzuschneiden und schließlich bei dem Erscheinen der russischen und türkischen Geschwader im Mittelmeer diesen möglichst kräftige Unter= stützung zu leihen. Die russische Pontusflotte, sechs Linien= schiffe und sieben Fregatten mit 1500 Mann Landtruppen, war am 23. August aus Sewastopol ausgelaufen, und auf diese Kunde hatte Sultan Selim III. am 1. September den Hattischerif erlassen, welcher den Franzosen den heiligen Krieg

erklärte; bei der Nachricht von der Landung Bonapartes in
Aegypten, hieß es darin, habe der Sultan Thränen ver=
gossen und seitdem weder Ruhe noch Schlaf finden können.
Am 2. September wurde der französische Geschäftsträger
Ruffin in die sieben Türme abgeführt und am 3. die bei
Bujukdere anlangende russische Flotte von dem Jubelgeschrei
unermeßlicher Volksmassen auf dem europäischen und dem
asiatischen Ufer des Bosporus begrüßt. Der Befehlshaber
derselben, Admiral Uschakoff, hatte sich im Kriege von 1789
den Türken als furchtbarer Gegner bekannt gemacht: um so
größer war jetzt die Begeisterung, mit welcher er und die
Seinen als starke Bundesgenossen aufgenommen wurden. In
Erwartung eines förmlichen Bundesvertrags zwischen beiden
Regierungen wurde ein türkisches Geschwader dem russischen
beigegeben und unter Uschakoffs Oberbefehl gestellt, um zu=
nächst die Franzosen von den Jonischen Inseln zu vertreiben.
Es dauerte bis zum 1. Oktober, ehe der türkische Admiral
Kadir Bei segelfertig war (mit sechs Linienschiffen und acht
leichten Fahrzeugen). Dann ging es zunächst gegen die Insel
Cerigo, die, nur von einer französischen Kompanie besetzt,
fast ohne Widerstand genommen wurde, darauf gegen Zante,
Kephalonia, St. Maura, von welchen allein die letzte einige
Salven gegen die Wälle ihres Forts nötig machte, endlich
gegen die wichtigste und bestbefestigte der Inseln, gegen
Korfu, wo General Chabot mit 5000 Mann sich zu hart=
näckiger Gegenwehr bereitet hatte und dann auch die Ueber=
gabe länger als drei Monate verzögerte. Ueberall begrüßten
die Einwohner die Verbündeten mit Jubel als die ersehnten
Befreier; auf Korfu hatte Chabot sich genötigt gesehen, das
Volk zu entwaffnen, um eine gewaltsame Erhebung zu ver=
hindern.

Uebrigens traten bereits an diesem Punkte diplomatische
Häkeleien hervor, wie sie zu allen Zeiten bei Koalitions=
kriegen im Brauche gewesen sind. Aus Triest kam eine
Meldung nach Petersburg, daß sich Einwohner von Korfu
an die österreichischen Behörden gewandt und von diesen die
Ermächtigung empfangen hätten, die österreichische Fahne auf=

zustecken und sich damit unter kaiserlichen Schutz zu stellen.
Paul flammte sofort hoch auf, daß schon hier beim ersten
Beginne des Kriegs sein System allgemeiner Uneigennützig=
keit einen Riß erleiden sollte. Bei einem diplomatischen
Empfange schritt er am Grafen Cobenzl vorüber, ohne ihn
eines Blickes zu würdigen, und rief dem daneben stehenden
Lord Whitworth zu: Wißt Ihr es schon? unsere guten
Freunde, die Oesterreicher, strecken die Hand nach den Joni=
schen Inseln aus[1]). Paul hatte nicht übel Lust, sein Hülfs=
corps zum zweitenmal aufzulösen; jedenfalls erhielt der rus=
sische Gesandte in Wien Befehl, die gemessenste Verwahrung
einzulegen; Paul entwickelte, daß die Rücksicht auf die Pforte
die Ueberlieferung der Inseln an eine europäische Großmacht
verbiete; er sei einverstanden mit dem Vorschlag des Sultans,
dieselben zu einem aristokratischen Freistaat unter türkischem
Schutze zu machen[2]). Thugut war über diese Eröffnung um
so mehr befremdet, als Paul in denselben Tagen die in
Rußland lebenden Malteserritter veranlaßt hatte, nachdem
sie bereits im August dem Herrn von Hompesch als dem
Verräter Maltas den Gehorsam gekündigt hatten, den russi=
schen Kaiser zum Großmeister des Ordens zu wählen, eine
Maßregel, welche, ohne Mitwirkung der übrigen Ritter und
ohne päpstliche Genehmigung vorgenommen, so verfassungs=
widrig wie möglich war und auf jeden Fall mit dem Systeme
allgemeiner Uneigennützigkeit nicht besser harmonierte als
etwaige Wünsche Oesterreichs auf den Erwerb der Jonischen
Inseln. Allerdings erklärte Paul, er sei weit entfernt da=
von, Malta nach dessen Wiedereinnahme mit dem russischen
Reiche vereinigen zu wollen, es solle dann vielmehr der
Ordensstaat in seiner alten Verfassung sogleich wiederher=
gestellt werden. Da aber Cobenzl sehr bestimmt berichtete,
daß Paul das Großmeistertum für alle Zeiten mit der russi=
schen Krone zu vereinigen gedenke, so blieb trotz aller Worte
die Sache unverändert, und die Insel Malta sollte nach der

---

[1]) Cobenzls Bericht 6. November.
[2]) Paul an Rasumovsky 30. Oktober.

Vertreibung der Franzosen unter der Herrschaft, wenn nicht
des russischen Reiches, so doch des russischen Kaisers stehen.
Jedoch, was konnte Oesterreich thun? An Malta nahm es
ohnehin geringes Interesse, und so erwünscht ihm der Besitz
der Jonischen Inseln gewesen wäre, so fand man es doch
nicht geraten, aus diesem Grund Rußlands Freundschaft auf
das Spiel zu setzen. Man nahm um so lieber Akt von der
Zusicherung, durch welche Paul seinen Protest zu versüßen
suchte, von der Erklärung, er wolle den Vorteilen, welche
Kaiser Franz sich auf Rechnung der Franzosen oder ihrer
Tochterrepubliken erwerben könnte, durchaus nicht entgegen
sein, vielmehr beim allgemeinen Frieden Oesterreich in betreff
Italiens das freundlichste Entgegenkommen beweisen. Dies
war für Thugut unter allen Umständen das Wichtige, ja das
einzig Entscheidende, und so beschloß er, von Malta und
Korfu abzusehen, zumal ihm gleich nachher diese Inseln von
einer anderen Seite her Verdruß und Aerger in Fülle bereiteten.

Je zweifelhafter den englischen Ministern Thuguts Kampflust geworden war, desto eifriger waren sie bemüht, den einzigen Faden anzuspannen, an welchem noch eine Fortleitung
des Kriegsbrandes in das österreichische Lager erreichbar schien.
Seitdem im August der König von Neapel die Aussicht auf
österreichische Unterstützung auch für den Fall eines Angriffs-
kriegs gegen Rom und Frankreich erhalten hatte, that England das mögliche, um den König zu raschem Losschlagen zu
bestimmen. Nichts konnte in dieser Hinsicht kräftiger wirken
als wiederum Nelsons glorreicher Sieg von Abukir. Nachdem
man in Neapel lange Monate hindurch mit höchster Angst
auf die Touloner Flotte geblickt hatte, brach jetzt der Jubel
über deren Vernichtung mit grenzenloser Heftigkeit hervor.
Die Königin Karoline stürzte im Uebermaß des Glückes ohnmächtig zusammen; dann umarmte sie unter Strömen von
Freudenthränen ihren Gemahl und ihre Kinder, tanzte im
Zimmer umher und wurde nicht müde, aller Welt die Heils-
nachricht zu verkünden. Die Begeisterung ging weithin durch
das Land; Bauern und Lazzaroni priesen den britischen See-

helden als den Retter und Befreier von dem Joche der gottlosen
Jakobiner. Indessen waren die Minister durchaus nicht gleicher
Meinung über die weiteren Schritte. General Acton drängte
zum Krieg und wurde darin auf das lebhafteste von der
Königin unterstützt; dagegen stand der Marchese di Gallo
noch immer unter dem Drucke der Erinnerungen von Leoben
und Campo Formio und warnte auf das dringendste, sich
nicht mutwillig in eine tödliche Gefahr zu stürzen. Während
dieser Erwägungen erschien am 22. September Nelson selbst
mit einer ansehnlichen Abteilung seiner Flotte im Meerbusen
von Neapel, und nun gab es kein Halten mehr in der all=
gemeinen Glückseligkeit. Der König fuhr drei Stunden weit
in die See hinaus, um Nelson an Bord seines Admiralschiffs
zu umarmen; die Königin bot ihm in ihrem Palaste einen
jauchzenden Empfang; alle Straßen waren beflaggt und drei
Nächte hindurch glänzend beleuchtet; wo Nelson erschien, dräng=
ten sich die Volksmassen in seine Nähe, um „il nostro libe-
ratore“ mit ihren Hochrufen zu betäuben. Er war ungern
gekommen, weil er dem Kriegsmut der Neapolitaner wenig
zutraute und für die Ausbesserung seiner Schiffe die Reede
wenig geeignet hielt; es war ein Befehl des Lords St. Vincent, der ihn hergeführt hatte, in der Hoffnung, daß seine
Gegenwart den Hof zur endlichen Entscheidung fortreißen
würde[1]. Noch litt er an den Folgen der unendlichen Spannung
und Anstrengung, welche durch seine Stirnwunde nicht gebessert
worden waren; mehrere Tage hatte er in schwerem Fieber
danieder gelegen, und noch immer bewegte sich sein ganzes
Wesen in krankhafter Aufregung. Jetzt wohnte er bei dem
englischen Gesandten, Sir William Hamilton, dessen bildschöne,
verführerische und leidenschaftliche Gemahlin, Lady Emma,
ihm mit glühendem Enthusiasmus entgegenkam, ihm das Herz
umstrickte und die Sinne entzündete. So steigerte er sich in
einen Zustand wirbelnder Leidenschaftlichkeit hinein, der zwar
seinem kriegerischen Eifer und Talente keinen Abbruch that,

---

[1] Nelson an Lord Minto 29. August, an St. Vincent 20. Sep=
tember.

im übrigen aber seine große und reine Natur widerwärtig
verzerrte. In seinen Depeschen aus diesen Tagen redete er
in einem Zuge von der Elendigkeit Gallos, der keinen Gedanken habe als gestickte Röcke, Brillantdosen und Ringe,
von Gottes wunderbarer Hülfe, die allein ihm den Sieg über
die französischen Scheusale bereitet, von Lady Emma, die ihm
gegenüber sitze, so daß es kein Wunder sei, wenn er etwas
wirre Dinge schreibe. Indessen in der Hauptsache erreichte
er seinen Zweck. Seine seemännische Derbheit riß den König,
der selbst den Ehrgeiz hatte, etwas Seemann zu sein, mit sich
fort: sein offen zur Schau getragener Abscheu gegen Gallo
zerstörte den Einfluß dieses Ministers von Grund aus; Anfang Oktober war es fest beschlossene Sache, so bald wie möglich die römische Grenze zu überschreiten. Mit Ungeduld erwartete man die Ankunft des Generals Mack, der mit üblicher
Bedächtigkeit in Wien auch nach erteiltem Urlaub noch eine
Menge wichtiger Dinge zu betreiben hatte, wie die Erlangung
eines höheren österreichischen Ordens und die Ausstattung mit
einer österreichischen Domäne als Lohn für seine künftigen
Thaten in Neapel. Endlich am 9. Oktober langte er in Caserta an. Die Königin empfing ihn mit den Worten: seid
uns zu Lande, was Lord Nelson uns zur See gewesen ist.
Der erste Eindruck aber, welchen der gelehrte Offizier auf
Nelson machte, war kein günstiger. Mack, schrieb er, kann
sich nur mit fünf Kutschen bewegen; meine Ansicht über ihn
ist gebildet; Gott gebe, daß ich mich täusche. Bei einem
weiteren Gespräche mit dem General faßte er indessen etwas
bessere Hoffnung: er ist thätig, sagte er, hat ein kluges Auge,
und wird, denke ich, gut einschlagen. Bald nachher, am
14. Oktober, ging der Admiral nach Malta ab, um die Blockade
der Insel persönlich zu regeln; er hätte gewünscht, von
dort sich gegen die Jonischen Inseln zu wenden, um den
Russen daselbst zuvorzukommen; der König aber bat dringend
um seine Rückkehr nach Neapel zur Zeit des beginnenden
Krieges, die einstweilen auf Anfang November festgestellt war.
Unterdessen verhandelten die neapolitanischen Gesandten in
London und Petersburg die Bundesverträge mit diesen Mäch-

ten, wobei sich denn beide Höfe in militärischer Beziehung
höchst bereitwillig zeigten. England wollte die stete Anwesen=
heit einer den Franzosen überlegenen Flotte in den italieni=
schen Gewässern verbürgen, und Kaiser Paul war geneigt,
eine ansehnliche Heeresabteilung zur Unterstützung Neapels
nach Italien zu schicken. Bei diesen Verhandlungen kam
aber auch der Landgewinn zur Sprache, welchen Neapel aus
dem Kriege davonzutragen wünschte. Es waren zunächst die
Jonischen Inseln, welche Gallo schon in Udine vergeblich bei
Bonaparte begehrt hatte; der König bot jetzt den Engländern,
wenn sie ihn hierbei unterstützten, Malta an, über welches
er als Lehnsherr verfügen zu können meinte. Lord Grenville
aber lehnte beides ab und hielt es für viel einfacher, wenn
Malta als Lehen der sizilischen Krone wieder an diese zurück=
falle. An dem baldigen Abschluß der Verträge war übrigens
schon im Oktober kein Zweifel mehr.

Als Nelson zur verabredeten Zeit, am 5. November, nach
Neapel zurückkam, fand er indessen die Dinge noch weit von
der wirklichen Eröffnung der Feindseligkeiten entfernt. Denn
nachdem Mack den Oberbefehl thatsächlich übernommen, fühlte
er sich mit einemmal durch die Last seiner Verantwortlichkeit
auf das Schwerste beängstigt. Zwar hatte er anfangs dem
englischen Admiral die neapolitanischen Truppen als die schön=
sten in Europa gerühmt, dann aber, als die Königin zum
Aufbruch mahnte, einige Wochen Frist gefordert, um die
Grenzprovinzen militärisch zu studiren; von dieser Reise zurück=
gekehrt, war er von der unglücklichen Ueberzeugung erfüllt,
daß die Grenze gar nicht verteidigungsfähig sei, weil man
zu ihrer Deckung sich weithin zersplittern, sich also an jedem
Punkte der Gefahr eines übermächtigen Angriffs aussetzen
müsse; so schnell könne dann das Verderben hereinbrechen,
daß vielleicht keine Zeit zur Rettung der königlichen Familie
sein und jedenfalls die österreichische Hülfe viel zu spät kom=
men würde. Er schien es völlig vergessen zu haben, daß er
nicht die Grenze verteidigen, sondern jenseit derselben Rom
angreifen sollte, daß er 40 000 Mann der nach seiner Ansicht
schönsten Truppen Europas befehligte, der Feind aber ihm

im Kirchenstaat nicht die Hälfte dieser Anzahl entgegenstellen konnte. Begreiflich und verständig war höchstens sein Wunsch, nicht vor dem Eintreffen bestimmter Nachricht über die letzten Entschlüsse Oesterreichs den Feldzug zu beginnen, und diese lautete denn, als sie am 13. November endlich anlangte, allerdings wenig ermutigend.

Thugut hatte sich schon im Oktober über die neapolitanische Politik äußerst wegwerfend ausgesprochen. Er vernahm von ihrer Londoner Unterhandlung, daß Neapel dort jedem Separatfrieden ohne englische Genehmigung entsage. Wie! rief er aus, wir haben die gleiche Bestimmung in unserem neapolitanischen Bündnis, und wären somit auch für unsere Friedensverhandlungen an England gebunden! Wir wären gerne bereit, erläuterte er dann dem englischen Gesandten, eine solche Verpflichtung selbständig einzugehen, aber ihr begreift, daß der Kaiser sich dergleichen nicht hinter seinem Rücken durch irgend einen Kleinstaat auferlegen lassen kann. Nicht weniger verdrießlich war er über jene Verhandlungen betreffend die Jonischen Inseln und Malta. Er sah einen Mangel an Zartgefühl gegen Oesterreich in dem auf Korfu gerichteten Begehren; er rügte die Unvorsichtigkeit, mit der man sich in Bezug auf Malta über Kaiser Pauls bekannte Wünsche hinwegsetzte. Er hatte längst einen entschiedenen Haß gegen den Minister Acton, dessen ganze Nichtsnutzigkeit, sagte er, bei diesen Verhandlungen wieder an den Tag komme. Er hatte weder Neigung noch Achtung gegenüber der Königin Karoline, deren unstete Geschäftigkeit und Heftigkeit ihm oft unbequem geworden war. In dieser Stimmung erhielt er die Anzeige, daß Neapel den Angriff nicht länger verschieben könne und im November auf Rom zu marschieren gedenke. Wieder zürnte er gewaltig über die Ungebühr, daß dieser kleine Hof es sich herausnehmen wollte, auf eigene Faust den Weltkrieg zu entflammen, anstatt in schuldiger Unterwürfigkeit das leitende Befehlswort von Wien zu erwarten. Es sind immer diese Engländer, murrte er, welche uns durch Neapel in den Krieg hineinhetzen wollen, ehe wir mit ihnen die Geldfrage vertragsmäßig bereinigt haben, damit wir dann

in unserer Finanznot von ihrem Hochmute völlig abhängig
werden. Er war entschlossen, dies nimmermehr zuzulassen:
er erklärte dem neapolitanischen Gesandten höchst bestimmt,
daß Oesterreich seine Vertragspflicht genau erfüllen, dem Kö=
nige bei jedem feindlichen Angriffe beistehen, eine eigene Offen=
sive desselben aber nicht unterstützen werde.

Da war denn der Schrecken groß auf der neapolitanischen
und nicht geringer die Entrüstung auf der englischen Gesandt=
schaft. Als Sir Morton Eden den Minister höchst betroffen
an die Verheißungen des August erinnerte, sagte Thugut
ihm zunächst, daß niemand zum Unmöglichen verpflichtet sei;
Oesterreich könne in diesem Augenblick keinen Krieg beginnen,
aus dem einfachen Grunde, weil das Heer noch nicht schlag=
fertig sei; auch erkläre Erzherzog Karl einen Winterfeldzug,
der sich in dem milden Klima Neapels durchführen lasse, hier
im Norden für schlechthin mörderisch und unthunlich. Warum
also wolle sich Neapel mit solcher Hast in das gefährliche
Abenteuer stürzen, in einem Augenblick, wo Oesterreich ihm
bei dem besten Willen noch nicht beistehen könne, in einem
Zeitpunkt, der in jeder Hinsicht so verkehrt gewählt wie mög=
lich sei? Schon die Rücksicht auf die inneren Zustände Frank=
reichs müßte Neapel zurückhalten. Denn offenbar komme nicht
weniger als alles darauf an, die einheimische Gärung in der
Republik sich ungestört entwickeln zu lassen und nicht durch
eine Verletzung des Nationalstolzes das Volk wieder um das
Direktorium zu scharen. Weitere Erwägungen teilte er Co=
benzl[1]) mit: denkt euch den Lärmen in ganz Deutschland,
wenn ein so plötzlicher und vorzeitiger Losbruch in Italien
den Rastatter Kongreß zersprengte und uns mit der ganzen
Gehässigkeit eines mutwilligen Angriffs belastete; dazu sind
wir mit den englischen Hülfsgeldern noch nicht im reinen,
und Rosenbergs Russen haben kaum die galizische Grenze
überschritten: das alles ist dem Könige von Neapel in der
deutlichsten Weise eröffnet worden. Mit einem Worte, wenn
Neapel von Oesterreich Hülfe haben will, so muß es nicht

[1]) 11. November.

eigenmächtige Politik machen, sondern in den großen Fragen unbedingt den kaiserlichen Winken folgen.

Also Thugut dachte nicht zu schlagen, mochte einstweilen aus Neapel werden, was da wolle. Sir Morton Eden war außer sich, aber alle seine Mahnungen blieben vergeblich. Er wies darauf hin, daß ohne die Zusagen im August der König von Neapel niemals gewagt hätte, den republikanischen Drohungen gegenüber eine so stolze Haltung anzunehmen, daß mithin Oesterreich die Verantwortung für die Krisis trage, aus welcher jetzt der Krieg unvermeidlich hervorgehe. Thugut zuckte die Achseln und lehnte die unwiderlegliche Erörterung mit dem gelassenen Worte ab, daß die Umstände sich eben geändert hätten. In Neapel war die Enttäuschung um so bitterer, als gleichzeitig aus London die Nachricht kam, die englische Regierung habe keine Mittel, um dem Könige Subsidien zu zahlen. Man war eben im Begriffe gewesen, vorwärts zu gehen, der König und Mack mit 38 000 Mann gegen Rom, Nelson mit 4000 Mann an Bord zur Besetzung Livornos: da kamen die niederschlagenden Botschaften, und noch einmal beriet das königliche Paar mit dem englischen Freunde, ob man das Wagnis auf eigene Hand unternehmen sollte. Nelson sagte: der König hat nur eine Wahl, entweder im Vertrauen auf Gott und die gute Sache vorwärts zu gehen und im Notfall, das Schwert in der Hand, zu sterben, oder ruhig zu sitzen und aus seinem Lande hinausgestoßen zu werden. Ferdinand erklärte darauf, er wolle vorwärts gehen, Nelson möge mit Mack reden. Am folgenden Tage wiederholte die Königin den Ausdruck desselben Entschlusses; nur der Geldmangel machte ihr Sorge. Auch darüber suchte Nelson ihren Mut zu stärken. Ich habe es stets ausgesprochen, sagte er, daß Pitt im jetzigen Augenblick keine Geldforderung an das Parlament bringen wird; wenn man aber hier alle Kräfte zur Rettung aufbietet, so wird England nicht unthätig bleiben; John Bull hat noch nie einen bedrängten Freund im Stiche gelassen [1]). Die Königin war ganz seiner Meinung.

---

[1]) Nelson an Lord Spencer 14. und 15. November.

„Glauben Sie mir," sagte sie dem zweifelnden und zögernden
Mack, der immer noch auf besondere Weisungen aus Wien
warten wollte, „wir sind es, welche der Sache den Schwung
geben müssen; der Kaiser ist durch seine Verhältnisse zum
Deutschen Reiche gebunden; er muß die französische Kriegserklärung abwarten, und diese erfolgt natürlich nicht eher,
als bis das Direktorium seine Rüstungen vollendet und uns
verschluckt hat. Gehen wir zu Grunde, so erleichtern wir
den Mächten ihren Kampf, da die Franzosen immer einen
Teil ihrer Macht hier stehen lassen müssen; retten wir uns,
so ist es um so besser; jedenfalls wird der Ausbruch des unvermeidlichen Krieges beschleunigt, und jeder Tag Beschleunigung ist dem Feinde nachteilig. Schließlich können und
werden die großen Mächte uns nicht verlassen [1])." Denke man
sonst über die Königin Karoline, wie man wolle, aus diesen
Worten redete ein heldenmütiger Sinn. In klarer Hingebung
an eine große Sache war sie entschlossen, den zündenden Funken hinauszuwerfen, auf die Gefahr, zuerst das eigene Haus
im Brande zusammenbrechen zu sehen. Mack ließ sich bestimmen, den Abmarsch für den 20. November anzuordnen;
als er dann noch immer keine Mitteilung aus Wien empfangen, erwirkte er nochmals einen Aufschub bis zum 24.
Da kam endlich, am 22., die von ihm ersehnte Kunde. Es
waren Briefe des neapolitanischen Gesandtschaftssekretärs
Baptiste in Wien an Mack und Acton, mit der bringenden
Aufforderung loszuschlagen, denn bereits habe der Kampf
zwischen Oesterreichern und Franzosen begonnen. Wie Baptiste
zu dieser völlig grundlosen Anschauung kam, erfahren wir
aus seinem Briefe an Mack. Nachdem die Oesterreicher in
Graubünden eingerückt, hatte sich in Wien das Gerücht verbreitet, daß von der anderen Seite die Franzosen das Gleiche
gethan, so daß ein blutiger Zusammenstoß erfolgt sei. Eine
solche Nachricht fand für einen Augenblick in Wien um so
eher Glauben, als, wie wir uns erinnern, in Selz François
den Einmarsch der Oesterreicher in Graubünden sehr bestimmt

---

[1]) Macks Denkschrift bei Vivenot, Rastatter Kongreß S. LXXXVI.

als Kriegsfall bezeichnet hatte und General Schauenburg eine Zeitlang mit den entsprechenden Weisungen versehen worden war. So schickte Baptiste seine Meldung im besten Glauben nach Neapel [1]); Mack war damit über die Beurteilung seines Thuns in Wien beruhigt, und am 24. November überschritten vier Kolonnen des neapolitanischen Heeres die Grenze [2]). Anstatt einer Kriegserklärung erließ man nur eine Aufforderung an den französischen Befehlshaber, den Kirchenstaat zu räumen. Auf die erste Nachricht darüber antwortete das Direktorium am 6. Dezember mit einer Kriegserklärung nicht bloß gegen Neapel, sondern auch gegen den wehrlosen König von Sardinien, der in seiner Hauptstadt, von französischen Streitkräften umringt, nach wenigen Tagen den ihm auferlegten Friedensvertrag unterzeichnete, Piemont mit allen Festungen und Truppen der französischen Republik abtrat und mit seiner Familie nach Cagliari hinüber flüchtete.

Trotzdem standen für das neapolitanische Unternehmen die Aussichten nicht schlecht. Mit England kam der förmliche Bundesvertrag am 1. Dezember zum Abschluß. Alles kam darauf an, ob man durch eine kräftige Leitung die eigenen Truppen mit kriegerischem Geiste erfüllen und die Feinde nicht zur Besinnung kommen lassen würde. Mack führte 38 000 Mann in das Feld, während der jetzt in Rom befehligende General Championnet nur über 15 000 verfügte, die noch dazu wegen der inneren Gärung des Volkes in

---

[1]) Macks Denkschrift. Wenn Thugut am 25. Oktober wußte, daß die Franzosen nicht in Graubünden eingerückt waren, so folgt daraus nicht, wie Hüffer II, 151 andeutet, daß Baptiste ebensogut unterrichtet gewesen, oder daß die Königin, weil sie Briefe aus Wien vom 28. Oktober erhalten, darin gerade über Graubünden Belehrung empfangen hätte. — Durch Macks bestimmte Angaben zerfällt die oft wiederholte Geschichte von dem untergeschobenen Briefe des Kaisers, womit man den König Ferdinand zum Losbruch bestimmt, sowie die andere Lesart, nach welcher eine angebliche neapolitanische Camarilla in Wien hinter Thuguts Rücken den Marschbefehl an Mack beim Kaiser durchgesetzt hätte.

[2]) Die Spitzen des Vortrabs vielleicht schon am 23., welchen Tag die Franzosen als Datum der Invasion angeben.

allen Provinzen diesseit und jenseit des Apennin zerstreut waren, 3000 Mann unter Duhesme im Anconitanischen, ebenso viele unter Lemoine an dem oberen Tiber bei Terni, 9000 unter Macdonald in und bei Rom. Ein nachdrücklicher Stoß gegen Terni würde die beiden Flügel der Franzosen getrennt und zu schleunigem Rückzug genötigt haben. Statt dessen zerbröckelte Mack, wie 1794 in Flandern, seine Streitkräfte ganz nach dem Muster des Feindes; er schickte über 7000 am Ufer des Adriatischen Meeres gegen Duhesme aus, wollte den General Lemoine durch zwei kleine Kolonnen von je 2000 Mann bei Terni und Magliano beschäftigen, und führte mit dem Könige sein Hauptcorps von 27000 Mann über Frascati und Albano unmittelbar gegen Rom. Nach diesen Anordnungen blieb es den Franzosen möglich, sich in Terni zu behaupten, und Macdonald, der bei der Annäherung der feindlichen Uebermacht Rom verließ, konnte den Tiber aufwärts sich zurückziehen und mit Lemoine in Verbindung setzen. Immer war auch dann die Ueberzahl der Neapolitaner so beträchtlich, daß bei einer nur mittelmäßigen Tüchtigkeit der Truppe der Sieg ihnen unmöglich hätte entgehen können. Aber eben an dieser Hauptsache fehlte es gänzlich. Unter den neapolitanischen Soldaten war nur die Reiterei einigermaßen geschult und zuverlässig; die Infanterie bestand zum größten Teile aus rohen, eben erst versammelten Milizen, und was das Schlimmste war, fünf Sechstel ihrer Offiziere waren weichlich und feig, und mancher unter ihnen in verräterischem Einverständnis mit dem Feinde. Nachdem man am 29. November Rom erreicht hatte und der König von der frohlockenden Bevölkerung als Triumphator und Befreier begrüßt worden war, mißhandelte und plünderte seine zuchtlose Soldateska die römischen Bürger in so entsetzlicher Weise, daß die früheren Requisitionen und Diebstähle der Franzosen den armen Menschen als ein harmloses Kinderspiel erschienen. Während die Neapolitaner sich hier den unbewaffneten Einwohnern furchtbar machten, hatten sich bereits bei Terni 4000 Mann von 3000 Franzosen umringen und gefangen nehmen lassen und wichen die 7000 an der Abria bei den

erſten Flintenſchüſſen eiligſt über den Grenzfluß Tronto zurück,
um wenige Tage ſpäter bei einem neuen Angriff Duhesmes
vollſtändig auseinanderzulaufen. Nicht beſſer führten ſich
die Mannſchaften des Hauptcorps auf, welches am 4. Dezember gegen Macdonald auf Civita Caſtellana vorgeführt wurde.
An keiner Stelle kam es zu einem eigentlichen Kampfe; wo
die feindlichen Kugeln einſchlugen, brachten die Neapolitaner
ihr Leben durch ſchleunige Flucht in Sicherheit, und nach
wenigen Tagen hatte Mack kaum noch 20 000 Mann unter
den Fahnen verſammelt. Er wollte damit am 9. Dezember
noch einen Verſuch gegen Terni machen, als er erfuhr, daß
eine nach Calvi entſendete Abteilung von 2000 Mann wieder
faſt ohne Gegenwehr die Waffen geſtreckt hatte: da befahl er,
völlig niedergeſchmettert, den allgemeinen ſchleunigen Rückzug.
Es würde ſich der Mühe nicht verlohnen, die einzelnen Er-
ſcheinungen desſelben zu verfolgen: es war überall das gleiche
Schauſpiel, Ausreißen der Soldaten bei dem erſten Anblick
des Feindes, völlige Unfähigkeit und nicht ſelten offener Verrat der Offiziere. Der einzige General Damas, ein fran-
zöſiſcher Emigrant, der in der Nähe von Rom bei dem flüch-
tenden Abmarſch des Haupttheeres auf allen Seiten von den
Franzoſen umringt war, hielt den Mut ſeiner Truppe aufrecht,
ſchlug ſich durch nach Civitavecchia und dann nach Orbitello,
verteidigte ſich dort monatelang und brachte endlich den
Reſt ſeiner Abteilung zu Schiffe in Sicherheit. Mack ſammelte
unterdeſſen einen Teil ſeiner Bataillone in einem verſchanzten
Lager bei Capua, hinter dem hoch angeſchwollenen Volturno,
und eilte am 22. Dezember perſönlich nach Neapel, um ſich
von dem Könige weitere Verhaltungsbefehle zu erbitten. Dort
waren die Volksmaſſen in der wildeſten Bewegung; ganz ſo
wie wir in Bern beobachteten, hatten die Anhänger der Franzoſen den General und deſſen deutſche Offiziere des Verrats
bezichtigt, und der Zuſtand war ſo bedenklich geworden, daß
am Abend des 22. die königliche Familie, die engliſche und
die öſterreichiſche Geſandtſchaft und eine Menge anderer Emigranten an Bord von Nelſons Flaggenſchiff kamen, um ſich
nach Palermo hinüber zu retten. Als Mack wieder im Lager

anlangte, erlebte er Schlag auf Schlag die Wiederholung der kläglichen Fluchtscenen. Die mächtige Festung Gaeta, welche die Straße nach Capua von der Seeseite beherrschte, kapitulierte, als Oberst Rey an der Spitze von 500 Polen sie aufforderte, ohne Widerstand. Die Besatzung des Gebirgspasses von Popoli, welche den oberen Volturno deckte, zerstreute sich in alle Winde, als Championnets Vortrab sichtbar wurde. Der Fürst von Moliterno, welcher die eine Hälfte des Lagers von Capua befehligte, ließ den größten Teil seiner Schanzen unbesetzt, so daß der augenblickliche Verlust der Stellung fast nur durch Zufall verhindert wurde. Die neapolitanischen Offiziere, schrieb damals Nelson, haben nicht viel Ehre eingebüßt, denn sie besaßen nicht viel; aber was sie hatten, ist gründlich verloren. Dieses ganze Land, sagte er in einem anderen Briefe, ist erfüllt mit Memmen oder Verrätern. So eröffnete Mack eine Unterhandlung mit Championnet über einen Waffenstillstand, auf welche dieser eintrat, weil er bei der Schwäche seiner Armee durch zahlreiche Aufstände der Bauern und Lazzaroni ernstlich belästigt wurde. Am 11. Januar 1799 kam der Vertrag zum Abschluß: Capua wurde den Franzosen überliefert, die Neapolitaner sollten nach Aversa zurückgehen und eine Kriegskontribution von 11 Millionen Livres gezahlt werden. Auf dem Rückzug nach Aversa desertierte wieder die Hälfte der Truppen, und darunter der größte Teil der Offiziere und fast alle Unteroffiziere: von einer neapolitanischen Armee konnte keine Rede mehr sein. Indessen griff die Bewegung im Volke immer weiter um sich; die Bauern ließen den König und die Kirche hoch leben, fielen über schwächere französische Posten her und fluchten den deutschen Verrätern, so daß der unglückliche Mack, der seine Sache völlig verloren sah, am 16. Januar, um sein Leben zu retten, sich unter den Schutz des Feindes stellte und in Championnets Lager Zuflucht suchte. Dieser erklärte übrigens wegen der Angriffe der Bauern den Waffenstillstand für gebrochen und führte seine Truppen gerades Wegs auf Neapel. Auch hier hatten die Lazzaroni am 17. Januar sich erhoben, den Behörden den Gehorsam gekündigt und den Fürsten Moliterno, der ihnen Wundermärchen von seinen Heldenthaten bei Capua erzählt hatte, als ihren Anführer ausgerufen. Sie erschlugen einen jeden, der von Uebergabe redete, verfolgten die liberal Gesinnten und erfüllten die Stadt mit Gewaltthaten aller Art. So sahen die ruhigen Bürger, nicht anders als eine Woche früher General Mack, ihre einzige Rettung in der Ankunft des Feindes. Moliterno selbst sandte dringende Hülfsgesuche an Championnet und überlieferte den Franzosen am 22. Januar die Kastelle der Stadt. Dadurch aber wurde die Wut der Lazzaroni bis zur Raserei gesteigert; sie wiesen alle Aufforderungen zur Unterwerfung zurück, und ein grimmiger Straßenkampf entbrannte, bei dem die Franzosen den ersten schweren Verlust in dem ganzen Kriege erlitten, dafür aber die Aufständischen zu Tausenden niedermetzelten, bis endlich die Stille des Grabes die unglückliche Stadt bedeckte. Moliterno trat darauf an die Spitze einer provisorischen Regierung, welche nach Championnets Befehlen die königliche Herrschaft für abgeschafft erklärte und die Wiedergeburt Neapels unter dem Titel der Parthenopäischen Republik verkündete. Fürs erste bot das Land in allen seinen Teilen das Bild der vollständigen Zersetzung und Auflösung dar.

So lagen die beiden italienischen Königreiche, im Norden wie im Süden der Halbinsel, zerschmettert da; die französische Herrschaft schaltete und waltete unbeschränkt über das Land. Sie besaß jetzt sämtliche Festungen Piemonts und verfügte über die einzigen guten Truppen Italiens, über die sardinischen Regimenter. Sie füllte ihre leeren Kassen mit den Kriegsleistungen, welche Piemont und Neapel in ungeheurem Umfange auferlegt und schonungslos eingetrieben wurden. Nelson hatte in vollem Maße recht, wenn er damals schrieb: Hätten die Mächte vor drei Monaten losgeschlagen, so wäre jetzt kein Franzose mehr in Italien; wenn sie noch drei Monate warten, so ist es völlig ungewiß, ob man sie jemals aus dem schönen Lande vertreiben wird. Nieder, nieder mit den Franzosen, rief er, diese Worte müßten mit großen Buchstaben in dem Zimmer eines jeden europäischen Ministers angeschrieben sein. Ganz England teilte seine Stimmung, und das

Ministerium war entschlossen, alle Mittel aufzubieten. Je
weniger man damals der österreichischen Entschlußkraft zutraute,
desto lebhafter ging man daran, die Beziehungen zu Rußland
und Preußen zu pflegen. In Berlin waren seit Oktober die
Aussichten für die Koalition etwas günstiger geworden —
wir werden unten darauf zurückkommen — und Lord Gren=
ville beschloß, seinen Bruder Thomas in außerordentlicher
Botschaft, mit weitreichenden Vollmachten dorthin zu senden,
um bei dem zaudernden Könige den letzten Anstoß zum Bei=
tritt zu geben. In Petersburg stellte Lord Whitworth dem
Kaiser vor, wie es Rußlands Macht und Würde zukomme,
nicht bloß als helfender Rückhalt anderen Staaten eine Hand=
voll Truppen zu leihen, sondern als Hauptmacht die Führung
Europas in dem heiligen Kampfe gegen die Revolution zu
übernehmen. Solche Töne fanden bei Pauls entzündeter
Stimmung bereitwilliges Gehör; er war entrüstet über Oester=
reichs Unthätigkeit bei Neapels Gefahren und hoch erfreut
über die bessere Wendung in Preußen; er ist, meldete Ende
Dezember Cobenzl nach Wien, in vollem Schwunge; wer gegen
Frankreich Krieg führt, wird von ihm gepriesen, wer sich
zurückhält, unbedingt verurteilt. So brachte er trotz mancher
Warnungen seiner vorsichtigeren Minister am 29. Dezember
den Bundesvertrag mit England zum Abschluß. Es wurde
darin Preußens Mitwirkung bereits vorausgesetzt; Paul ver=
sprach Preußens Angriff auf die Franzosen durch ein Hülfs=
corps von 45 000 Mann zu unterstützen, wofür England
225 000 Pfund Sterling Ausrüstungsgelder und dann monat=
lich 75 000 Pfund Subsidien zu zahlen verhieß. Sollte Preu=
ßen wider Erwarten bei der Neutralität verharren, so wollten
die verbündeten Mächte in neue Abreden nach den eben fest=
gesetzten Grundsätzen eintreten und dann gemeinsam über die
Verwendung des russischen Heerteils bestimmen. An demselben
Tage [1]) wurde auch das Bündnis mit Neapel in feste Form
gebracht; Paul versprach ein Hülfscorps von etwa 11 000

---

[1]) Mitteilung des Professors Martens in Petersburg, bei
Hüffer II, 239.

Mann, das sich sofort nach Dalmatien in Marsch setzen und von dort auf neapolitanischen Schiffen nach Italien hinüber= gebracht werden sollte. Mit nicht geringerem Eifer drängte Paul sodann auch zu dem türkischen Bündnis. Auch hier mahnte Fürst Besborodko zu ruhigerem Vorgehen, erreichte aber keine andere Wirkung, als sich einen heftigen Zornes= ausbruch des ungestümen Herrschers zuzuziehen. Der Vertrag wurde am 3. Januar 1799 in Konstantinopel für acht Jahre unterzeichnet. Rußland versprach darin Unterstützung der Pforte durch eine Flotte von zwölf Linienschiffen und, wenn es erforderlich werde, durch ein Heer von 80000 Mann. Zwei Tage nachher trat sodann England dem russisch=türkischen Bündnis bei, verhieß den Türken jeden erforderlichen Beistand zur See und empfing dafür die Zusage, daß der Sultan 100000 Mann gegen die Franzosen in Bewegung setzen würde. Eine unmittelbare Folge davon war, daß die Pforte am 21. Januar auch mit dem Könige beider Sizilien einen Ver= trag abschloß, durch welchen sie demselben 10000 Albanesen zur Vertreibung der Franzosen aus Neapel in Aussicht stellte. Die zweite Koalition stand unter den Waffen; vom Weißen Meere bis zum Faro war unser Weltteil mit immer wach= senden Rüstungen erfüllt.

Aber allerdings, so lästig und bedenklich diese Gegner den französischen Interessen im Orient, in Italien und Holland, auf dem Meere und in den Kolonien werden konnten, so wenig war eine ernste Niederwerfung der republikanischen Größe ohne die thätige Mitwirkung wenigstens einer der deutschen Mächte zu denken, und eine solche schien während des Dezembers nicht bloß in Berlin, sondern auch in Wien noch völlig ungewiß zu sein. Während der Dauer des nea= politanischen Krieges blieb das Verhalten Oesterreichs immer gleich schroff und ablehnend. Der neue Oberbefehlshaber des italienischen Heeres, Prinz Friedrich von Oranien, hatte ge= messenen Befehl, in allen Maßregeln sich so zu verhalten, als wenn der neapolitanische Krieg überhaupt nicht existierte. Als die Franzosen aus der Lombardei einige Verstärkungen nach dem Süden schickten und dadurch ihren Heerbestand in Cis=

alpinien verringerten, tauchte wohl der Gedanke auf, daß
dieser Umstand zu rascher Benutzung einzuladen scheine; aber
sofort wurde wieder erwogen, daß der Winter eine schlechte
Jahreszeit zur Kriegführung wäre, und daß die Besetzung
Piemonts und seiner Festungen die Franzosen für ihre Zersplitterung reichlich entschädigte: und Oranien empfing die
Weisung, daß es überall bei den bisherigen Verfügungen
und Plänen sein Bewenden habe [1]).

Den militärischen Anordnungen entsprach das diplomatische
Verfahren. Der neapolitanische Geschäftsträger in Wien,
Giansante, erhielt auf die Anzeige der ersten Operationen von
Thugut eine ausweichende Antwort: man müsse erst wissen,
in welcher Weise das Einrücken in Rom erfolgt sei, und
welche Wirkung es auf das Pariser Direktorium hervorgebracht
habe. Bald genug aber schenkte man dem Geschäftsträger
reinen Wein ein. Er hatte eine Audienz bei der Kaiserin,
der Tochter Karolinens; er erfuhr, daß sie auf ausdrücklichen
Befehl ihres Gemahls über den Krieg nicht reden dürfe. Desto
deutlicher sprach der Kaiser selbst. Er könne, sagte dieser,
dem neapolitanischen Hofe nicht das Vertrauen schenken, daß
er unter keinen Umständen einen Sonderfrieden schließe und
Oesterreich im Stiche lasse. Der König möge sich an die-
jenigen halten, die ihn zu seinen Maßregeln verleitet hätten,
an die englischen Minister, die auf diese Art gehofft hätten,
Oesterreich in einen Krieg zu verwickeln, zu welchem demselben
die Geldmittel fehlten, so daß dann sie, die Engländer, die
unbedingte Leitung der Kriegsoperationen und der Friedensverhandlungen gewännen. Auf eine Andeutung des Geschäfts-
trägers, daß hiernach Oesterreich wohl im Begriffe stehe, mit
Frankreich zu einem schließlichen Einvernehmen zu gelangen,
erwiderte der Kaiser, daß er schlechterdings in keiner Unterhandlung mit den Franzosen begriffen sei, fügte aber hinzu,
daß unter allen Umständen ein guter Friede besser sei als
der ruhmreichste Krieg, und daß er sogleich mit den Franzosen

---

[1]) Vivenot, Thuguts vertrauliche Korrespondenz Band II,
Dezember und Januar.

abschließen würde, wenn sie ihm die gebührende Erweiterung seines italienischen Besitzes einräumten [1]). Es war noch immer wie zur Zeit der Selzer Konferenzen: die Hauptsache ist der Erwerb der Legationen, alles hängt davon ab.

Auf diesem Standpunkte freilich hatte man wenig Anlaß, sich des raschen Vorgehens der Neapolitaner zu erfreuen. Denn wenn sie siegten, so kamen ohne Zweifel die Legationen nicht an Oesterreich, sondern an ihren alten Besitzer zurück; erfochten dort aber die Franzosen neue Triumphe, so war die letzte Hoffnung verschwunden, daß sie dem Wiener Hofe die Legationen gutwillig überließen.

Der Eindruck, welchen die Worte des Kaisers machten, war um so größer, je entschiedener damals in der diplomatischen Welt ein Gerücht umherging, daß Frankreich nach Wien geheime Eröffnungen gemacht hätte und die beiden Mächte dicht an einem friedlichen Abschlusse ständen. Der Sekretär des Direktors Barras, Bottot, wurde sehr bestimmt als der Bevollmächtigte der französischen Regierung, und nicht minder bestimmt wurden Bergamo, Brescia, Crema als das Angebot derselben bezeichnet. Thugut war entrüstet, als er dies erfuhr. Er, der so hundert Male mit tugendhaftem Zorne solche Ausstreuungen gegen die preußische Politik gemacht hatte, sah sich jetzt von derselben Anklage der Franzosenfreundlichkeit ‚heimgesucht. Sofort gab er dem englischen wie dem russischen Gesandten sein Ehrenwort, als Minister und als Edelmann, daß das ganze Gerede nicht ein Körnchen Wahrheit enthalte. Weder von Bottot, noch von sonst einem französischen Anerbieten sei ihm das geringste bekannt. Einmal hätten die Franzosen Oesterreichs Gesinnungen zu sondieren gesucht (im September durch Vermittelung Manfredinis in Florenz), man habe sich mit einer kühlen Zurückweisung begnügt. Er wiederholte diese Versicherungen bei jedem Anlaß und ließ sie durch Cobenzl in der bündigsten Form vor allem an Kaiser Paul gelangen. Aber er brachte sehr geringe Wirkung hervor. Thugut, bemerkte sein langjähriger Freund und

---

[1]) Eden an Grenville 22. und 29. Dezember.

Mitarbeiter, Sir Morton Eden, hat sich so häufig in seinen
Versicherungen und Verwahrungen unzuverlässig gezeigt, daß
man heute nur geringes Vertrauen auf dieselben setzen kann.
Eden gab damals seinem Ministerium eine Schilderung des
österreichischen Staatsmannes, die auch unter der Voraus=
setzung zutreffend blieb, daß Thugut in jener Zeit gar keine
Beziehung zu den Pariser Machthabern unterhielt. „Er darf",
sagte der Gesandte, „keiner anderen Regierung trauen, weil
er weiß, daß er selbst jeden Anspruch auf Vertrauen verwirkt
hat. Er traut auch dem eigenen Staate nicht, weder seinen
Finanzen, noch seinen Generalen, weder dem Patriotismus
des Adels, noch dem öffentlichen Geiste im allgemeinen. So
ist seine Politik furchtsam, unentschlossen, hinzögernd; sie hat
das Bewußtsein der gefährlichen Krisis, aber nicht die Kühn=
heit, ihr offen zu begegnen; sie ist begierig, Gewinn zu machen,
sträubt sich aber, irgend etwas für dessen Erlangung zu wagen;
sie erwartet von der unsicheren Wirkung zufälliger Ereignisse,
was sie unter den jetzigen Umständen durch mutige Thätigkeit
herrschend ergreifen könnte; sie empfindet mit Scham die
Schwäche ihres Verhaltens und strebt dieselbe unter dem
Schleier geheimnisvoller Schlauheit zu verstecken. Dies alles
bringt mich zu der Ueberzeugung, daß, wenn von dem Feinde
eine Eröffnung käme, welche der Gier nach Vergrößerung
schmeichelte oder die pressenden Sorgen des Augenblicks weg=
schaffte, dieselbe hier eine bereitwillige Annahme finden würde."

Von der Herbigkeit dieses Urteils wird sich auch bei der
geneigtesten und mildesten Auffassung nicht viel abdingen
lassen. Allerdings von Hause aus war es höchst natürlich,
daß Thugut zu einem Offensivkrieg gegen Frankreich geringere
Eile hatte als England oder Rußland, daß ihm unter gewissen
Bedingungen ein leidlicher Friede erwünschter war als die
höchste Kampfesglorie. Der Standpunkt, den er nach den
Selzer Gesprächen einnahm, war mithin zwar verschieden von
dem englischen, in sich aber konsequent und völlig verständlich:
die Franzosen nicht anzugreifen, jedoch gewisse Punkte auf
jede Gefahr festzuhalten und zu verteidigen. Wie gesagt,
gegen diesen leitenden Gedanken ließ sich im Sommer 1798

nicht der geringste Einwand erheben [1]). Aber völlig anders
lagen die Dinge im Herbst. Schon im Oktober konnte für
einen denkenden Beobachter kein Zweifel mehr bestehen, daß
Frankreich weder in Italien die Legationen abtreten, noch auf
die deutschen Säkularisationen verzichten, daß mithin für
Oesterreich der von Thugut längst bezeichnete Kriegsfall ein=
treten würde, und eben nach dieser Auffassung hatte Thugut
selbst sowohl bei seinen neapolitanischen Verheißungen als
bei der Besetzung Graubündens gehandelt. Von nun an war
es die Pflicht des redlichen Mannes, Neapel nicht im Stiche
zu lassen, und ebenso lag es im österreichischen Interesse, den
unvermeidlich gewordenen Krieg so rasch wie möglich zu be=
ginnen. Daß es auch jetzt nicht geschah, rechtfertigt die ganze
Reihe der Klagen, welche Sir Morton gegen den ehemaligen
Freund erhob. Denn in der That, nicht einer der von Thugut
für sein Zaudern geltend gemachten Gründe hält die Prüfung
aus. Wir bemerkten schon früher, daß dieses Zögern den
Franzosen größeren Vorteil brachte als den Verbündeten; dies
wurde jetzt in der grellsten Weise durch die Aussaugung Neapels
und Piemonts veranschaulicht; es war kein Wunder, daß Eng=
land und Rußland darüber in die bitterste Stimmung gerieten,
welche dann wieder in sehr ungünstiger Weise auf den Fort=
gang der für Oesterreich so wichtigen Subsidienverhandlung
zurückwirkte. So sprach jeder Umstand für rasches Vorgehen
und gegen das bisherige Hinschleppen, und wenn man schließlich
als zwingenden Grund des Stillesitzens die Schwierigkeit eines
Winterfeldzuges hervorhob, so war ein solcher im vorigen
Jahrhundert allerdings weniger alltäglich als in unserem;
aber man hatte doch erst vor wenigen Jahren Pichegrus
Thaten in Holland und Bonapartes Siege bei Arcole und
Rivoli vor Augen gehabt, und was damals ausführbar ge=
wesen, konnte seitdem nicht unmöglich geworden sein. Aber

---

[1]) Wie sich versteht, vom Standpunkte seiner spezifisch öster=
reichischen Politik. Daß er gegen die deutschen Interessen gleich=
gültig war, die Rheinlande gegen Erlangung der Legationen opfern
wollte, im Reiche nur die elenden geistlichen Staaten zu erhalten
suchte, haben wir sattsam wahrgenommen.

trotz alledem hatte man in Wien noch nicht die Kraft ge=
funden, ſich mit einem mutigen Entſchluſſe aus der lähmenden
Bedenklichkeit emporzuraffen. Es war um ſo beklagenswerter,
als Thugut ſelbſt eben damals, als er durch ſeine Gleich=
gültigkeit gegen Neapels Leiden Rußland und England mit
zornigem Mißtrauen erfüllte, ſich durch die Entwickelung der
deutſchen Angelegenheit unabweislich zur letzten Entſcheidung
gedrängt ſah. Nach langwierigen Detailverhandlungen gelang=
ten in Raſtatt die Dinge an den Punkt, wo ſich Thugut ſeit
lange die Grenze der Nachgiebigkeit geſteckt hatte. Ein ſchnei=
benderer Beweis für den bisherigen Mangel an Vorausſicht
und Willenskraft ließ ſich nicht denken.

Fünftes Kapitel.

Ende des Raſtatter Kongreſſes.

Wie wir uns erinnern, hatten die Franzoſen in Raſtatt
gleich bei dem Beginne des Kongreſſes das Verfahren ein=
geſchlagen, zunächſt einige allgemeine Grundſätze aufzuſtellen,
um erſt nach deren Anerkennung zur Verhandlung der bei jedem
erforderlichen Einzelheiten zu ſchreiten. Hiernach war im
Frühling 1798 von der Deputation im allgemeinen genehmigt
worden erſtens die Abtretung des ganzen linken Rheinufers
an Frankreich, zweitens die Entſchädigung der dort ein=
büßenden Fürſten mit deutſchem Landerwerb, vornehmlich
durch Säkulariſation geiſtlichen Gutes. Man war dann im
Mai an die nähere Ausarbeitung des erſten Grundſatzes ge=
gangen, und wir ſahen, welche maßloſen Forderungen hier
die Franzoſen erhoben, die Ueberlaſſung aller Rheininſeln,
die Abtretung von Kaſtel und Kehl, ſowie eines Landſtriches
gegenüber Hüningen, die Schleifung von Ehrenbreitſtein und
die Uebernahme aller Schulden der abgetretenen Territorien
auf das Reich, wozu dann noch die Anwendung der fran=
zöſiſchen Emigrantengeſetze auf die geflüchteten Einwohner

des linken Rheinufers kam. Die Geschäftsformen der Reichs-
behörden machten es möglich, daß über diese Fragen von
Mai bis Dezember gestritten wurde. Jeder Wendung der
trübseligen Zänkerei zu folgen, hieße unsere Zeit ebenso verderben, wie damals die hohe Versammlung die ihrige ver-
that. Seit den Berliner und Selzer Konferenzen wußte im
Grunde jedermann, daß auf die Rastatter Verhandlungen
nicht viel mehr ankam. Preußen war zur Neutralität entschlossen und hatte für das Reich nur Worte, recht nachdrückliche, aber thatlose Worte. Für Oesterreich hing alles
davon ab, nicht ob das linke Rheinufer französisch wurde,
sondern ob Frankreich ihm eine große Erwerbung in Italien
zubilligte und dann etwa noch die geistlichen Kurfürsten nicht
völlig ausrottete. Da die Franzosen die italienische Abtretung
weigerten, so stimmte Oesterreich in Rastatt natürlich gegen
die französischen Begehren und setzte sich damit in die tapferste
reichspatriotische Haltung, unter häufigen Seitenhieben auf
die weniger kriegsmutigen Reichsstände: allerdings, wenn die
Mehrheit der Deputation trotzdem einen nachgiebigen Beschluß faßte, so ließ ihn sich die kaiserliche Plenipotenz still-
schweigend gefallen, da man immer noch die Möglichkeit hatte,
nach der Vollendung des ganzen Friedensvertrages von dem
kaiserlichen Veto Gebrauch zu machen. Es gelang nun, den
Franzosen, die jetzt, nach Treilhards Eintritt in das Direktorium, durch drei Gesandte, Bonnier, Debry und Roberjot,
vertreten waren, einige Zugeständnisse abzupressen, die Linie
des Thalwegs als Grenze, sowie den Verzicht auf Kehl und
Kastel, wogegen Deutschland die Abtragung der dortigen
Festungswerke verhieß. Dann verhandelte man über Ehrenbreitstein, welchen Platz die Franzosen, in offener Verletzung
aller bisherigen Verträge, mit gewaffneter Blockade bedrängten.
Die Gesandten erklärten auf jede Vorstellung darüber, daß
dies eine militärische Sache sei, für welche sie keine Vollmacht
hätten. Ueber die Schulden der abzutretenden Landschaften
kam man in der Hauptsache zur Verständigung, ebenso über
die von den Franzosen begehrte Abschaffung der Stromzölle;
jedoch blieben bei beiden Gegenständen einige Einzelheiten

streitig. Endlich standen sich die beiderseitigen Forderungen schroff gegenüber in der Frage über die Behandlung der linksrheinischen Emigranten. Am 3. Oktober faßten die Franzosen die noch vorhandenen Streitpunkte in einer drohenden Note zusammen und wiesen jedes fernere Zugeständnis in derber Form zurück. Zwar antwortete darauf die Deputation am 6. November etwas entschlossener und würdiger, als es sonst ihr Brauch war; aber die große Mehrzahl der Stände war doch für baldige Nachgiebigkeit, aus Kriegsfurcht, aus Mißtrauen gegen die Großmächte, aus Begier nach der hoffentlich reichen Entschädigung. Um diese eigennützige Leidenschaft der Stände vollends zu entflammen, kündigten die Franzosen schon jetzt die Absicht an, in kürzester Frist die Frage der Entschädigungen und der Säkularisationen zur Verhandlung zu bringen: dann am 6. Dezember wiederholten sie ihre Oktobernote als unabänderliches Ultimatum und erklärten den Bruch des Kongresses, wenn dieselbe nicht binnen sechs Tagen von der Deputation angenommen würde. Dies gab die Entscheidung. Nach einer äußerst stürmischen Verhandlung sprach am 10. Dezember die Deputation mit sieben gegen drei Stimmen die Annahme aus. Das erste Hauptthema, die Grenzregulierung, war damit erledigt: man konnte jetzt zu der zweiten Aufgabe, den Entschädigungen und Säkularisationen, schreiten.

Eben dies aber um jeden Preis zu verhindern, war Thugut entschlossen. Seit der kurzen Anwesenheit des Grafen Cobenzl in Berlin hatte er sich der Hoffnung überlassen, hierbei Preußens Mitwirkung zu gewinnen; er baute auf jene flüchtigen Aeußerungen des Grafen Haugwitz, daß Preußen das System der Geldentschädigungen mit Ausschluß territorialer Aenderungen annehme; unter dieser Voraussetzung war er bereit, mit Preußen für Frieden und Neutralität des Reiches auch im Falle eines Bruches zwischen Oesterreich und Frankreich zusammenzuhalten. Ende Oktober bekundete Preußen den Kaiserhöfen seine befreundete Gesinnung, indem es den Gesandten derselben umfassenden Bericht über seine Verhandlung mit Sieyès erstattete, der als Botschafter der

Republik seit dem Juni in Berlin weilte. Es ging daraus
hervor, daß Preußen unaufhörlich im deutschen Sinne für
die zu Rastatt schwebenden Fragen gewirkt und dadurch in
Paris den bittersten Verdruß hervorgerufen hatte. Dieses
hatte seinerseits das mögliche geleistet, durch hochfahrendes
und absprechendes Wesen, sowie durch mehrere auf Haugwitz'
Beseitigung hinstrebende Intrigen die politische Divergenz
zu offenem Gegensatz zu schärfen. Um so eifriger schritten
die kaiserlichen Gesandten zu einer weiteren Beratung, wie
fortan die Neutralität des Reiches durch gemeinsame Vorkehrung zu decken sei. Sehr leicht verständigte man sich über
die allgemeine Regel, daß Preußen den Norden, Oesterreich
den Süden zu schützen habe. Dann aber entstand die Frage,
ob bei einem französischen Angriff auf die eine Seite der
Vertreter der anderen thätigen Beistand leisten wolle, und
hier entschied der König, daß er für die Deckung des Nordens
mit der eigenen Kraft auszureichen hoffe, für die Unterstützung
des Südens aber schlechterdings keine Mittel habe. Die
Russen beklagten lebhaft einen solchen Entschluß, eben weil
er Preußen in die Koalition nicht einführte, sondern ihm
eine besondere Stellung neben derselben zuwies. Thugut
hätte umgekehrt nicht viel gegen denselben einzuwenden· gehabt, weil er Preußens Hülfe so wenig wie dessen Feindschaft
wünschte: desto schwerer fand er sich aber betroffen, als bei
den weiteren Berliner Gesprächen die Rede wieder auf die
Entschädigungen kam und Haugwitz das System bloßer
Geldzahlungen ohne Landerwerb mit höchster Entschiedenheit
zurückwies. Vergebens erinnerte man ihn an die Verhandlung mit Cobenzl: er blieb dabei, daß eine gesprächsweise
hingeworfene Aeußerung bedeutungslos sei und die preußische
Regierung niemals Geldzahlung statt Landentschädigung genehmigen würde. Diese Erklärung war für Thugut ent-
scheidend. Was half ihm nun die schönste Deckung der
Reichsneutralität, wenn dann im Innern Preußen fortfuhr,
an der Spitze sämtlicher Erbfürsten das dem Kaiser Allver-
haßteste, die große Säkularisation, zu begünstigen und damit
ganz von selbst wieder in französische Beziehungen zu ge-

raten? Schon am 26. November beauftragte er den Grafen
Cobenzl, Rußlands mächtigen Einfluß gegen das abscheuliche
System territorialer Entschädigungen in Bewegung zu bringen.
Am 13. Dezember ging eine entsprechende Weisung nach
Rastatt an Lehrbach ab, und zugleich wurde ihm „zu ge=
heimer Wissenschaft und stiller Richtschnur" im Vertrauen
eröffnet, daß die Umstände, welche bisher dem Kaiser die
Erlangung des Friedens oder der Neutralität für das Reich er=
wünscht gemacht, sich völlig verändert hätten und Sr. Majestät
an diesen Dingen gar nichts mehr gelegen sei. Lehrbach
empfing hiernach den charakteristischen Befehl, immerhin den
Schein eines händelsüchtigen Auftretens zu meiden, aber auch
„sich nicht mehr als durchaus nötig an den Laden zu legen",
um Frieden oder Neutralität des Reiches zu bewirken. Als
gleich nach dem Erlasse dieses Schreibens die Kunde von
dem Deputationsbeschlusse des 10. Dezember in Wien ein=
traf, erklärte auf Thuguts Antrag der Kaiser dem Reichs=
kanzleramte, da er nach diesen Vorgängen durch entscheidende
Schritte in das Mittel treten müsse, so begehre er Angabe
der Maßregeln, welche er als Reichsoberhaupt, ohne andere
Rücksicht als auf Pflicht und Würde, zu ergreifen habe, um
solchen Nachteil, soviel von ihm abhänge, fern zu halten. Es
ergaben sich hieraus zwei Verfügungen an die kaiserlichen
Gesandten in Rastatt, welche beide mit Sicherheit zum end=
lichen Bruche mit Frankreich hinführten, allerdings aber auch
noch eine weite Zeitfrist bis zur Erklärung desselben offen
ließen. Nach der einen sollte Lehrbach in· der Deputation
den Gedanken anregen, dem hungernden Kommandanten von
Ehrenbreitstein Vollmacht zum Bruch der Blockade zu geben;
nach der anderen würden Metternich und Lehrbach bei der
Deputation einen Beschluß zu erwirken suchen, daß die Ent=
schädigungsfrage als eine innere Angelegenheit des Deutschen
Reiches nicht vor dem Abzug der französischen Truppen vom
rechten Rheinufer verhandelt werden könnte. Sollte wider
Verhoffen die Deputation zu einem solchen Schritte nicht zu
bringen sein, so würden die beiden Gesandten ihrerseits in
dem angegebenen Sinne verfahren. Wie die Dinge lagen,

war hiermit thatsächlich die Auflösung des Kongresses gewiß; allerdings aber konnten bei dem üblichen Arbeitsgange der Deputation noch einige Monate bis zur formellen Entschei= dung verbracht werden und somit die kriegerischen Aktionen nach dem Wunsche des Erzherzogs Karl bis zum Frühling verschoben bleiben.

Es zeigte sich übrigens mit dem Jahreswechsel auf allen Seiten, daß das letzte Wort nicht lange mehr zurückzuhalten war. Unmittelbar nacheinander empfing Thugut eine fran= zösische Note an die Reichsdeputation vom 2. Januar 1799, welche das Einrücken russischer Truppen in die Reichslande als sofortigen Kriegsfall bezeichnete und durch die Deputation mit großer Beängstigung dem Regensburger Reichstag über= liefert wurde, sodann aber eine russische Eröffnung vom 31. Dezember 1798, durch welche Paul die Rückberufung seiner Truppen ankündigte, wenn Oesterreich nicht seinem un= erträglich gewordenen Zaudern entsage, dem nutzlosen Rastatter Kongresse ein Ende mache und offen in die kriegerische Thätig= keit eintrete. Nach den eben erzählten Berliner und Rastatter Vorgängen war Thuguts Antwort nach beiden Seiten hin im voraus gegeben. Von der französischen Note nahm er am 10. Januar Anlaß, nach Petersburg die Versicherung zu senden, daß Rosenbergs Marsch zur Innlinie dadurch nicht eine Stunde lang verzögert werden würde; es komme nur darauf an, in Regensburg jeden unliebsamen Beschluß zu verhüten, und leider sei es gewiß, daß Preußen, Zweibrücken, Hessen, ja vielleicht selbst Hannover dort im Sinne der Reichsneutralität und mithin gegen den Einmarsch der Russen stimmen würden; es sei also dringend wünschenswert, daß Paul seine Gesandten in Berlin, Dresden, London mit höch= stem Nachdrucke auftreten lasse, und vor allem wichtig würde eine weitere, hiermit beantragte Maßregel sein, die Sendung eines zweiten russischen Heeres von 60000 Mann nach Deutsch= land. Die bloße Ankündigung desselben würde alle Schlecht= gesinnten und Franzosenfreunde im Reiche mit Schrecken er= füllen. Offenbar war für den französischen Krieg nichts zweckmäßiger als dieser Vorschlag, offenbar aber auch nichts

verkehrter für die große Sache als die Motivierung desselben
durch die angebliche preußische Böswilligkeit. Solange Thugut
seinerseits auf die Reichsneutralität bedacht gewesen, hatte
er monatelang sittliche Entrüstung über Preußen zur Schau
getragen, weil es nur für Norddeutschland und nicht für das
ganze Reich den Schutz der Neutralität übernehmen wollte:
jetzt, als er auf dieselbe keinen Wert mehr legte, suchte er
Preußen anzuschwärzen, weil es vielleicht gegen den offenen
Bruch derselben — und dies war der Einmarsch der Russen
ohne Zweifel — in Regensburg stimmen würde. Er that
dies aber in demselben Augenblicke, in welchem Thomas
Grenville mit Preußen die Unterhandlung über dessen Teil=
nahme am Kriege beginnen sollte: aufs neue bekundete er
somit seinen Entschluß, nach besten Kräften Preußens Beitritt
zur Koalition zu erschweren und jede nähere Beziehung zwischen
Berlin und Petersburg zu hintertreiben.

Ganz in diesen Zusammenhang gehörten auch die wieder=
holten Anklagen gegen Zweibrücken. Es war sehr richtig,
daß Herzog Max Joseph viel eifriger zu Preußen als zu
Oesterreich hielt, aus dem einfachen Grunde, weil er der
nächste Erbe des Kurfürsten von Bayern war und sehr wohl
wußte, wie oft ihn Preußen gegen Oesterreichs bayerische
Annexionsversuche geschützt hatte. Auch in Campo Formio
hatte Oesterreich Bayern bis zum Inn sich von Frankreich
zusagen lassen, dann aber bei seiner Unterhandlung mit Preußen
wieder darauf verzichtet, falls der König sich gleich uneigen=
nützig in Bezug auf deutschen Landerwerb zeigen wolle. Bei
Kaiser Pauls bekannten Gesinnungen war es ohnehin gewiß,
daß man von ihm nicht nur keine Unterstützung, sondern
bestimmten Widerspruch bei jedem Versuche gegen Bayern zu
erwarten hatte. Jetzt aber war in Petersburg hinsichtlich
Bayerns eine unvermutete Wendung eingetreten. Am 18. De=
zember berichtete Cobenzl von einem heftigen Zorne Pauls
gegen Bayern. Der Kaiser war fort und fort begeistert für
sein Großmeistertum im Malteserorden; da kam ein Gerücht
nach Petersburg, daß das bayerische Malteserpriorat gegen
die Absetzung Hompeschs Protest erhoben habe, und Paul

befahl auf der Stelle, die ganze bayerische Gesandtschaft fort=
zujagen. Mit Mühe setzte Fürst Besborodko einen Aufschub
bis zu näherer Feststellung des Thatbestandes durch. Aber
schon in der folgenden Woche konnte Cobenzl weiter melden,
daß der Protest wirklich erfolgt sei und Paul darauf seinen
Gesandten aus München abberufen und eine entsprechende
Weisung an den bayerischen Gesandten in Petersburg erlassen
habe. Unter solchen Umständen konnte in Wien die Aussicht
erscheinen, vielleicht Rußlands Zustimmung für Erwerbungen
in Bayern doch zu erlangen. Nur war es dann doppelt
wünschenswert, daß in dem Rate der Koalition der ewige
Beschützer Bayerns, daß Preußen keine Stimme hatte, und
um so mehr fand sich Thugut in dem Streben bestärkt, Preußen
von der Teilnahme am Bunde fern zu halten. Zweibrücken,
Hessen=Kassel und andere Mitglieder der preußischen Partei,
meldete er am 10. Januar nach Petersburg, suchen eine Liga
deutscher Reichsstände zu bilden, um das Reich den Franzosen
zu überliefern und sich saftige Entschädigungsstücke zu sichern;
ohne eine höchst wirksame Dazwischenkunft Rußlands ist ein
innerer Krieg in Deutschland und die Beherrschung des Reiches
durch die Franzosen gewiß. Es war immer derselbe eigen=
sinnige Haß. Den Kaiser Paul gegen Preußen aufzureizen,
erschien Thugut als die nötigste Vorbereitung des französischen
Kriegs. Man mag ihm zugeben, daß Preußens Fernbleiben
möglicherweise eine angenehmere Verteilung der Siegesbeute
erleichterte; wäre man nur auch des Sieges ohne preußische
Bundeshülfe ebenso sicher gewesen!

Thugut erteilte sodann auf jene drängende Aufforderung
Pauls eine sehr gemessene Antwort, welche den russischen
Argwohn beschwichtigen mußte, ohne deshalb Oesterreichs
Vorgehen thatsächlich zu beschleunigen. Nachdem er die Aus=
streuungen über geheime Verständnisse zwischen Wien und
Paris noch einmal nachdrücklich zurückgewiesen, gab er dem
russischen Gesandten im Auftrage des Kaisers die offizielle
Erklärung: daß Se. Majestät fest entschlossen sei, die Waffen
zu ergreifen und die Feindseligkeiten zu eröffnen, sobald die
Jahreszeit dies gestatte und die Verbündeten über einen Ge=

samtplan ihrer Operationen sich näher verständigt hätten.
Thugut bat jedoch die russische Regierung, einstweilen diesen
fortan unabänderlichen Beschluß Oesterreichs geheim zu halten,
bis letzteres seinen Subsidienvertrag mit England zu gün=
stigem Abschlusse gebracht hätte. In Bezug auf den Rastatter
Kongreß ging am 24. Januar eine Weisung an Cobenzl ab,
das vollkommene Einverständnis des Kaisers mit Pauls Auf=
fassung zu erklären. Bereits sei die Sprengung des Kon=
gresses durch jenen Antrag auf Abzug der Franzosen vom
rechten Rheinufer eingeleitet, und wenn Kaiser Franz noch
keinen weiteren Schritt gethan, so sei dies nur aus der un=
erläßlichen Rücksicht auf jenes Treiben der preußischen Partei
geschehen. Indem Thugut hiermit endlich in unzweideutiger
Weise Stellung nahm, gelangte er sofort zu einem militärischen
Entschlusse, welcher ebenso bezeichnend für seine Beurteilung
des österreichischen Heerwesens als bedeutungsschwer für den
Verlauf des kommenden Krieges war. Man hatte in Wien
große Hoffnungen auf die Talente des Oberfeldherrn in Italien,
des Prinzen Friedrich von Oranien, gesetzt; eben jetzt aber
kam die Trauerkunde, daß der kräftige Mann durch plötzliche
Krankheit dahingerafft worden, und die Frage entstand, wer
zu seinem Nachfolger zu ernennen sei. Der Palatin von
Ungarn, Erzherzog Joseph, ein jüngerer Bruder des Kaisers,
war im Begriffe, nach Petersburg zu reisen, um sich nach
Pauls lebhaftem Wunsche mit dessen Tochter zu verloben,
und so erschien es als eine Freundlichkeit gegen den Zaren,
den künftigen Schwiegersohn desselben durch ein so wichtiges
Kommando auszuzeichnen. Leider verstand der junge Prinz
nicht das geringste vom Kriegsdienste, und demnach kam
wieder alles auf die Wahl des Offiziers an, welcher unter
Josephs Namen die wirkliche Führung empfangen sollte. Hier
hatte denn Thugut das Verdienst, mit Hintansetzung jeder
sonstigen Rücksicht seinen Blick auf den militärisch Tüchtigsten
zu lenken, auf einen Mann, welcher nicht dem österreichischen
Heere angehörte und damals von seinem eigenen Kriegsherrn
in Ungnade aus dem thätigen Dienste entfernt war, auf den
Türken= und Polensieger Feldmarschall Suworow. Ohne

Zweifel ließ sich manches gegen den Vorschlag einwenden: von allen Heeren kam für Thuguts Politik auf das italienische das meiste an; durfte man gerade hier den Oberbefehl einem Ausländer anvertrauen? und war der Schritt nicht doppelt gewagt bei dem persönlichen Charakter sowohl des Marschalls als seines kaiserlichen Herrn? Aber Thugut rechnete darauf, daß eine für den russischen Stolz so schmeichelhafte Auf= forderung den Kaiser Paul um so fester an das österreichische Bündnis anschließen würde, und vor allem, nach all der schlaffen Kriegführung der früheren Jahre, nach aller Zögerung und Kleinmütigkeit der letzten Zeit durstete er, einmal zum Kampfe entschlossen, nach raschen und kräftigen Schlägen, so daß er trotz jedes Bedenkens nach dem Manne griff, an dessen wilder Energie kein Zweifel war. Es kam dazu, daß nach dem Sturze Piemonts und Neapels die österreichische Armee in Venetien einer ansehnlichen Verstärkung bedurfte und Thugut auf den Gedanken gekommen war, ihr dieselbe in dem russischen Hülfscorps Rosenberg zu liefern und, wenn Paul es genehmigte, auch dem zweiten russischen, nach Neapel bestimmten Corps Hermann dieselbe Bestimmung zu geben. Allerdings wollte er auch in Deutschland die Russen nicht entbehren. Da sich aber die Unterhandlung mit Preußen aussichtslos hinschleppte, so blieb der dorthin bestimmte Heer= teil von 45000 Mann unter Fürst Gallizyn, später General Nummsen, verfügbar, und Thugut hatte alle Aussicht, den= selben für den deutschen Kriegsschauplatz zu erlangen. Alle diese Anträge wurden am 31. Januar 1799 an Cobenzl nach Petersburg abgesandt.

Der Botschafter atmete auf, als er sie empfing. Denn allerdings, es war die höchste Zeit, Pauls ungeduldiges Miß= trauen durch ein bestimmtes Wort zu beschwichtigen, wenn man nicht die Zertrümmerung des ganzen Bündnisses befahren wollte. Die Leidenschaften des Kaisers waren in lebhafterer Bewegung denn je. Nachdem Fräulein Lapuchin ihm einige Monate lang Widerstand geleistet, hatte sie endlich dem stür= mischen Bewerber ihre Gegenliebe gestanden, und seitdem lebte Paul in einem Zustande fortdauernder Exaltation. Als die Geliebte einmal erkrankte, wich er zwei Wochen lang weder bei Tag noch bei Nacht von ihrem Bette. Nachdem er erfahren, daß Dunkelrot ihre Lieblingsfarbe war, mußte die ganze Armee ihre alten ruhmreichen Fahnen mit neuen dunkelroten vertauschen; die Malteserritter erhielten dunkel= rote Schärpen, die berittenen Garden dunkelrote Uniformen, die Kammerdiener dunkelrote Livreen. Bei Hoffesten hatte die Dame den ersten Rang nach den Großfürstinnen; der Zeremonienmeister, der am Neujahrstage diesen Befehl nicht verstanden hatte, wurde öffentlich von dem Kaiser mißhandelt. Vater Lapuchin empfing ein polnisches Gut mit 7000 Bauern und 80000 Rubeln Einkünften und wurde bald nachher in den Fürstenstand erhoben. Die Kaiserin und Großfürst Alexander waren in öffentlich erklärter Ungnade, und wer für ihren Freund galt, wurde vom Hofe und aus der Haupt= stadt fortgewiesen. Auf die Behandlung der öffentlichen An= gelegenheiten wirkte dieses Treiben höchst ungünstig zurück. Nicht als ob die Lapuchin unmittelbar eingegriffen; sie hatte kein Interesse für die auswärtigen Fragen, und in den inneren Angelegenheiten ließ Iwan Kutaisow ihren Einfluß nicht auf= kommen, so daß sie denn bald genug mit ihm im bittersten Hader stand und dem großen Zaren der häusliche Krieg den Kopf noch viel heißer machte als der europäische. Paul er= fuhr, was jeder sittenlosen Ausschweifung als unerbittliche Strafe gesetzt ist: von dem einen Punkte aus wurde der ganze Mensch demoralisiert. Der Fleiß, womit er bisher sich wenigstens einigen Zweigen des Dienstes gewidmet hatte, verschwand; seine Liebe ließ ihm nur wenige Stunden für die Geschäfte frei, und seine Reizbarkeit und Hitze wurde durch den unaufhörlichen Wechsel von Sinnenrausch, Verdruß und Gewissensnot unendlich gesteigert. Gegen Oesterreich hatte er sich allmählich mit verbissenem Grimme erfüllt. Jede neue Hiobspost aus Neapel setzte ihn in stärkere Wallung; er war geradezu empört über die verräterische Teilnahmlosig= keit des Wiener Hofes. Dann vernahm er, daß seine Wahl zum Großmeister des Malteserordens in Wien für ungesetz= lich gehalten werde, was denn allerdings nicht zu leugnen

war, nur daß Thugut schlechterbings an keine thätliche Gegen=
maßregel gedacht hatte: aber schon, daß Oesterreich es an
entzücktem Beifall mangeln ließ, stachelte seine Erbitterung.
Cobenzl berichtete eines Tages, daß binnen drei Monaten
viermal von der Rückberufung des Hülfscorps die Rede ge=
wesen, nicht mehr als viermal. Auch darin zeigte sich Pauls
zornige Stimmung, daß er seinen Wiener Gesandten, Rasu=
mowsky, abzuberufen beschloß, weil er unter Thuguts Einfluß
die nötige Selbständigkeit vermissen lasse.

Unter solchen Umständen war denn freilich der kriegerische
Entschluß in Wien in hohem Grade bringlich gewesen, und
die langersehnten Erklärungen vom 24. und 31. Januar hatten
die erquicklichste Wirkung. Paul bewilligte auf der Stelle
die Verwendung Rosenbergs und Hermanns in Oberitalien,
sowie den Vormarsch Gallizyns nach Deutschland, auch für
den Fall, daß Preußen neutral bleibe, und fügte dem letz=
teren aus eigenem Antrieb Condés Emigrantencorps, 7000
Mann, hinzu. Noch mehr besserte sich seine Laune, als Cobenzl
Anzeige machen konnte, man denke in Wien eine General=
versammlung aller Malteserzungen zu veranstalten, welche
die in Petersburg gefaßten Beschlüsse in gesetzlicher Form zu
wiederholen hätte. So nahm er den Erzherzog Joseph mit
väterlichem Wohlwollen auf, und mit allseitigem Einverständ=
nis wurde die Verlobung feierlich begangen; auch Rasumowsky
wurde, zu großer Befriedigung des Wiener Hofes, wieder
zu Gnaden angenommen. Nicht weniger schmeichelte der
Gedanke, einen russischen General an der Spitze der Oester=
reicher in Italien zu sehen, dem Selbstgefühle des Kaisers;
nur daß man sich gerade Suworow ausbat, war ihm nicht
angenehm. Der alte Krieger hatte sich über die große Heeres=
reform, welcher Paul den frischen Eifer seiner ersten Regierungs=
jahre widmete, mit geringer Ehrfurcht ausgesprochen; er hatte
sich dann wiederholt über kleine Dienstvorschriften hinweg=
gesetzt und durch die Fassung einzelner Berichte das Miß=
fallen des Kaisers erregt. Paul ließ ihm darüber zuerst
gelinde Mahnungen und endlich einen plumpen Verweis zu=
kommen, welchem gleich nachher die Versetzung des Generals

in den Ruhestand folgte. Bei dem Beginn des französischen
Krieges, im Oktober 1798, berief Paul den alten Helden
nach Petersburg, um ihn zum Wiedereintritt zu bestimmen;
jetzt aber versagte Suworow seinerseits und bat um die
einzige Gnade, wieder in sein Dorf zurückgehen zu dürfen.
Paul konnte nicht umhin, zu gewähren, war aber äußerst
verdrießlich und wurde in seiner Stimmung nicht gebessert,
als Suworow, was er ihm abgeschlagen, der österreichischen
Aufforderung mit stolzer Freude bewilligte. Der Kaiser sagte
den Oesterreichern: „Ihr habt Suworow gefordert; ich habe
ihn euch sofort gegeben, wie er ist; steht ihr euch schlecht
dabei, so ist es nicht meine Schuld. Ich hätte euch auch
einen andern gegeben, wenn ihr ihn begehrt hättet. Ich hatte
über ihn zu klagen, indessen seit einem Jahre benimmt er
sich gut, und ich denke nicht mehr daran." Aber trotz dieses
gnädigen Vergebens und Vergessens schrieb er dennoch dem
General Hermann, er möge, falls Suworow den Oberbefehl
erhalte, wohl acht auf dessen Unternehmungen haben, die
leicht zum Schaden der Truppen ausfallen könnten, wenn
er sich von seinen vorgefaßten Ideen zu weit fortreißen
lasse. Obgleich er, bemerkte Paul, zu alt für einen Tele-
mach ist, so seien Sie doch sein Mentor, um seine Hitze und
Kühnheit zu mäßigen. Seinerseits sprach Suworow dem
Grafen Cobenzl sein dankbares Entzücken über das ihm be-
wiesene hohe Vertrauen aus, bemerkte aber gleich dabei, daß
er unumschränkte Vollmacht erwarte; ich greife, sagte er,
den Feind an, wo er es am wenigsten vermutet; das wäre
aber unmöglich, wenn ich an die Weisungen des Hofkriegsrates gebunden bliebe. Cobenzl, ohne Instruktionen über
die Frage, begnügte sich, in allgemeinen Wendungen dem
greisen Krieger die besten Aussichten zu eröffnen, und in
größter Eile reiste darauf der Feldmarschall Ende Februar
nach Wien ab.

So schien denn alles auf das erfreulichste zu stehn. Hermann, Condé und Gallizyn setzten ihre Heerteile in Bewegung
zur Reichsgrenze; der Petersburger Hof strahlte in dem Glanze
der Verlobungsfeste, und Paul überbot sich in Beteuerungen

des Eifers, mit dem er die Anstrengungen seines intimen
Alliierten zu unterstützen gedenke. Allerdings, inmitten dieser
schönen Dinge blieben auch die Mahnungen an die Unsicher=
heit des Bodens nicht aus, auf welchem damals die Hoffnungen
der großen Allianz emporwuchsen. Am 16. Februar 1799
starb in München der alte Kurfürst Karl Theodor, nachdem
er kurz vorher den Befehl gegeben, seinen Truppenstand auf
30000 Mann zu bringen und diese Streitkräfte mit den
Oesterreichern zu vereinigen. Es trat ein, was für Thugut
widerwärtig im höchsten Grade war, die Thronfolge Max
Josephs von Zweibrücken, des Prinzen, den man in Wien
für den erklärten Genossen nicht bloß Preußens, sondern auch
des französischen Direktoriums hielt, so daß man auf der
Stelle die Mittel erwog, wie man seine Feindseligkeit am
gründlichsten unschädlich machen könnte. Zu solchen Ent=
würfen paßte es übel genug, daß in denselben Tagen Fürst
Besborodko den Grafen Cobenzl mit großer Erregung über
ein Gerücht befragte, nach welchem Oesterreich den Preußen
die Niederlande überlassen und dafür sich selbst Bayern an=
eignen wollte: der russische Minister sprach mit großem Nach=
drucke die Hoffnung aus, daß dieses Gerede grundlos sein
möge, und war höchlich zufrieden, als Cobenzl mit Unwillen
den Widersinn einer solchen Erfindung hervorhob. In der
That bestand damals in Wien nicht ein förmlicher und fertiger
Plan für die Einverleibung Bayerns; aber erfreulich war es
auch dann nicht, den intimen Alliierten mit so unnötigem
Pochen gegen die Möglichkeit jedes derartigen Gedankens
sich erheben zu sehen. Ebensowenig angenehm erschien auf
einer andern Seite der Umstand, daß der neapolitanische
Gesandte, Serra Capriola, mit inständigem Bitten dem Kaiser
Paul anlag, das Hermannsche Corps nicht, wie er es Oester=
reich zugesagt, nach Oberitalien zu senden, sondern es bei
seiner ursprünglichen Bestimmung nach Neapel zu belassen,
und daß Paul, trotz der einleuchtenden Unzweckmäßigkeit der
Sache, dadurch in wochenlanges Schwanken geriet und nur
mit Mühe bei seinem letzten Worte festgehalten wurde. Je
entschiedener Thugut auf italienische Erwerbungen dachte, je

bringender er also auf diesem Kriegsschauplatz freie Hand zu
haben wünschte, desto verdrießlicher war die Wahrnehmung,
daß das Treiben eines kleinen Hofes wie Neapel bei Paul
geraume Zeit hindurch den verständigsten Wünschen Oesterreichs Schach zu bieten vermochte. Genug, so schön für
Oesterreich der gegenwärtige Augenblick in Petersburg war,
so wenig konnte man, im großen wie im kleinen, auf den
nächsten rechnen.

Eine äußerst bittere Enttäuschung erlebte gleichzeitig der
Wiener Hof von seiten des andern großen Kampfgenossen,
Englands. Wie wir wissen, war bis dahin die Erneuerung
des alten Bündnisses stets an dem unglückseligen Anleihevertrag von 1797 gescheitert, dessen Anerkennung von England
ebenso hartnäckig gefordert wie von Oesterreich verweigert
wurde. Nachdem Thugut hundert vergebliche Zänkereien darüber mit Sir Morton Eden gehabt, hatte er endlich Cobenzl
beauftragt, unter Besborodkos Vermittelung sein Heil bei
Lord Whitworth zu versuchen, und wirklich war dieser in
eine Unterhandlung eingetreten, welche in vermittelnden Formen
die Möglichkeit einer englischen Subsidie für Oesterreich eröffnete und in Wien bereits die Herzen mit lebhafter Hoffnung erfüllte. Allein als nun Lord Whitworth die von ihm
getroffene Abrede nach London berichtete, kam umgehend die
völlig ablehnende Erklärung seines Ministers; der Gesandte
empfing einen nachdrücklichen Tadel, daß er bei den ihm
wohlbekannten Gesinnungen seines Hofes sich so weit ein-
gelassen, und es blieb bei dem alten Satze, daß vor der Bestätigung des Anleihevertrags an kein Bündnis mit Oesterreich und an keine Subsidie für dasselbe zu denken sei. Ja,
um diesen Entschluß mit möglichster Schärfe auszudrücken,
sollte Lord Whitworth den Russen ankündigen, daß die für
Gallizyn verheißene Subsidie nur bei seinem Zusammenwirken mit Preußen eintreten, aber wegfallen würde, wenn
er zur Unterstützung Oesterreichs nach Süddeutschland mar-
schiere. Es war eine traurige Einleitung zu dem beginnenden Kriege. Daß man bei dem gemeinsamen Kampfe im
einzelnen Falle militärische Abreden zu möglichst kräftigem

Zusammenwirken nehmen würde, verstand sich freilich unter allen Umständen von selbst. Aber wie weit war man von einer vollen Einigkeit, von einer allseitigen Verständigung über Zweck und Mittel entfernt, der ersten Bedingung bei jeder Koalition für sicheres Gelingen! Vollends aber für den wichtigsten Nerv der Kriegführung, für die Finanzen, blieb Thugut schlechterdings auf die eigenen mageren Mittel beschränkt.

Und gerade während er allen diesen Verdruß zu bewältigen hatte, führte das Drängen des Gegners in reißender Schnelligkeit den offenen Bruch herbei. Auf die französische Note vom 2. Januar, welche das Einrücken der Russen in das Deutsche Reich als Kriegsfall bezeichnet hatte, war aus Wien keine Aeußerung erfolgt; vielmehr hatte Thugut wie die Deputation die Antwort dem Regensburger Reichstage anheimgestellt. Hier kam denn nach vielfacher Erwägung der Beschluß zu stande, daß dem Reichstage überall nichts von russischen Truppen im Reiche bekannt sei und mithin eine Antwort auf die Note erst dann erteilt werden könnte, wenn die erbetenen weiteren Instruktionen nach Regensburg gelangt wären. Auf französischer Seite war der Uebermut gestiegen durch die eben eintretende Kapitulation des ausgehungerten Ehrenbreitstein, und so erklärten am 31. Januar die Gesandten in Rastatt der Reichsdeputation, daß sie jede sonstige Unterhandlung bis zur Beantwortung ihrer letzten Note aussetzen müßten, und, was wichtiger war, sie eröffneten dem Grafen Lehrbach, daß die Republik der Anwesenheit der russischen Truppen auch in den österreichischen Erblanden nicht länger ruhig zusehen könne, sondern, falls der Rückmarsch des Rosenbergschen Corps nicht binnen vierzehn Tagen angeordnet sei, lediglich Oesterreich für den Wiederausbruch des Krieges verantwortlich mache.

Dagegen ließ sich völkerrechtlich wenig einwenden. Nachdem Kaiser Paul sich in erklärten Kriegsstand gegen die französische Republik versetzt hatte, war die Aufnahme seiner Regimenter als Bundesgenossen und Hülfstruppen in Oesterreich ein Akt, welcher der unzweideutigsten Erläuterungen bedurfte, um nicht als offene Feindseligkeit gegen Frankreich zu gelten. Formell war der erste Schritt zum Friedensbruch, wie im August durch Rußland, so jetzt durch Oesterreich gethan worden. Auf wessen Seite die wirkliche Verschuldung lag, darüber ist nach unserer ganzen bisherigen Darstellung jede Bemerkung überflüssig. Thugut würdigte das französische Ultimatum keiner Erwiderung; die in demselben gestellte Frist lief am 14. Februar ab, und wenige Tage später überschritten die französischen Divisionen bei Mannheim, Straßburg und Basel den Rhein. Zugleich eröffneten jedoch die Gesandten in Rastatt der Deputation, daß diese Maßregel von dem Direktorium nur notgedrungen, zur besseren Deckung gegen etwaige Feindseligkeiten der Oesterreicher, verfügt worden sei; Frankreich sei fortdauernd bereit, mit dem Deutschen Reiche in Freundschaft zu bleiben und die begonnene Friedensunterhandlung zu gedeihlichem Abschlusse zu führen. In demselben Sinne redete die französische Regierung auch in der Botschaft, durch welche sie am 12. März von den Räten die Kriegserklärung gegen den König von Ungarn und Böhmen, sowie gegen den Großherzog von Toscana begehrte und erlangte. Mit Deutschland, sagte sie, wünsche sie in Frieden zu bleiben; leider sei zu besorgen, daß es dem Ehrgeize Rußlands und der Hinterlist Englands zum Opfer fallen werde, nachdem der deutsche Kaiser sich zum Helfershelfer des russischen Zaren erniedrigt habe. Erzherzog Karl, welcher damals ungefähr 80 000 Mann am Ufer des Lech versammelt hatte, antwortete den Manifesten der französischen Generale am 3. März durch eine Erklärung, welche die Reihe der feindlichen Rechtswidrigkeiten, Gewaltthaten und Vertragsbrüche aufzählte und zur Beleuchtung jener Freundschaftsworte an das Deutsche Reich mit großem Nachdruck das herrische und beleidigende Verfahren der französischen Botschaft in Rastatt charakterisierte. Am 5. März ging seine Vorhut, am 9. sein Hauptheer über den Lech, um mit gewaffneter Hand den französischen Vorstoß zurückzuwerfen. Der Krieg der zweiten Koalition begann.

Aeußerlich betrachtet, war es eine höchst imposante Machtanhäufung, welche sich gegen die französische Republik und deren Vasallen in Bewegung setzte. Nebeneinander rückten Germanen, Slaven und Türken in das Feld; das katholische Oesterreich und das protestantische England, das griechische Rußland und die Kämpfer des Islam suchten denselben Feind zu treffen: während auf der anderen Seite das revolutionäre Frankreich sowohl die Holländer und Schweizer als die Italiener und Spanier um seine Fahnen geschart hatte und mit starker Hand zusammenhielt. Noch immer trug das französische Direktorium die stolze Losung der Freiheit und Gleichheit für alle, die Verbrüderung der Völker, die Ausrottung aller durch Königtum, Adel und Klerus erzeugten Uebelstände vor sich her. Dagegen wiesen seine Widersacher auf die Rechtsverletzungen und Plünderungen der angeblichen Freiheitsschwärmer und waren stolz in dem Bewußtsein, für den rechtmäßigen Besitzstand und die zertretene Unabhängigkeit der Nationen zu streiten. Vergleicht man diesen neuen Kampf mit dem ersten Revolutionskriege, so tritt bei beiden Parteien eine bemerkenswerte Wandlung hervor. Im Jahre 1792 eröffnete das französische Volk seinen Angriff in begeistertem Glauben an die von ihm verkündete Weltbefreiung, die von ihm bedrohten Regierungen dagegen dachten an keine politischen Grundsätze, sondern hatten nur die Benutzung des Anlasses zur Verstärkung ihrer äußeren Macht im Sinne. Gerade umgekehrt stand es zu großem Teile im Jahre 1799. Der Masse des französischen Volkes war das Wort Freiheit ein leerer, beinahe widerlicher Schall geworden, und auch seine Beherrscher benutzten es nur noch als hergebrachten Vorwand oder demagogisches Mittel zu weiterem Landerwerb. Dafür waren innerhalb der Koalition der russische Kaiser ganz ausschließlich und die englische Regierung in vorwiegendem Maße durchdrungen von dem Eifer für konservative Politik in des Wortes umfassendster Bedeutung. Ihr Bund sollte absehen von den niedrigen und selbstsüchtigen Machtinteressen und sich ausschließlich den Sturz der frevelhaften Umwälzung und Neuerung zum Ziele setzen. Der Papst und die italienischen Fürsten, die Schweizer

Patrizier und die holländischen Provinzialstände sollten her=
gestellt, die geistlichen Staaten Deutschlands und durch sie
das Heilige Römische Reich in dem alten Bestande erhalten
werden. Da man alle legitimen Rechte, der Großen wie
der Kleinen, zu beschützen dachte, sollte in notwendiger
Folgerung jeder Genosse des Bundes jeder eigennützigen Ab=
sicht entsagen.

Krieg dies nun ein streit= und lebensfähiges Programm?
Man wird es schwerlich behaupten können.

Ohne Zweifel wäre es vortrefflich gewesen, wenn man den
großen Zweck des Krieges, die Bändigung der erobernden
Revolution, vor dem kleinlichen Haber habgieriger Sonder=
interessen sicher gestellt hätte. Dazu aber war einmal der
absolute Verzicht auf jede Vergrößerung nicht nötig; er zeigte
sich auch von Anfang an nicht möglich, denn bereits hatte
man Oesterreich halbe Zusicherungen italienischen Erwerbes
gemacht und bot, wie wir sehen werden, Preußen für seinen
Beitritt lockenden Gewinn am Niederrheine an. Jedenfalls
aber hätte, wenn man volle Uneigennützigkeit begehrte, die=
selbe allseitig sein müssen. Allein England, wie wir wissen,
war sehr entschlossen, einige der eroberten Kolonien zu be=
halten, und Paul dachte wenigstens als Großmeister der Johan=
niter die Insel Malta für sich und seine Nachfolger zu be=
haupten. Die zu Campo Formio festgestellten Grenzen wollte
keine Partei mehr anerkennen; aber etwa auf den Besitzstand
von 1791 zurückzugehen, wie es das Prinzip des legitimen
Rechtes im Grunde erfordert hätte, dazu war am wenigsten
Kaiser Paul geneigt, der eben im Beginne des Krieges alle
polizeilichen und militärischen Maßregeln zur Erhaltung seiner
polnischen Herrschaft erheblich schärfte. Kurz, wie die Dinge
und die Menschen einmal beschaffen waren, mußten im
Falle des Sieges ganz unvermeidlich bedeutende Umgestal=
tungen der territorialen Besitzverhältnisse vorgenommen wer=
den, und so blieb als der wirkliche Kern der gepriesenen Un=
eigennützigkeit zuletzt nur die gebieterische Erklärung Pauls
zurück, daß die künftige Verteilung der Beute überall nach
seiner höchsten Entscheidung zu regeln sei, ein Verfahren,

welches geringe Hoffnung für die bleibende Eintracht unter
den Verbündeten gab.

Noch stärker ist ein weiteres Moment zu betonen. Es ist
eine alte Erfahrung, daß bei den Kämpfen menschlicher Leidenschaften notwendig eine Erhitzung die andere, daß jede
Ueberspannung des einen Prinzips die des entgegengesetzten
hervorruft. Diese traurige Thatsache erschien 1799 in vollem
Maße. Gegen das revolutionäre Zerrbild der Freiheit erhob
sich als konservatives Gegengift die blinde Bewahrung des
Alten, ohne irgend eine Frage nach seinem inneren Werte.
Für die Bedrängnis der Römer hatte man kein anderes Heil-
mittel als die Herstellung der Priesterherrschaft, welche das
Volk in Armut, Unwissenheit und Erschlaffung geworfen hatte.
In Deutschland, wo man murrend, aber unthätig die Abreißung
des Grenzlandes geschehen ließ, griff man zum Schwerte, um
die geistlichen Staaten zu erhalten, die mit wenigen Ausnahmen die faulen Flecken am Körper des Reiches und seit
Jahrhunderten für die Franzosen so freundliche, so bequeme
Nachbarn waren [1]. Wer ein Herz für das nationale Gedeihen
und Verständnis für dessen Bedingungen besaß, hätte gerade
umgekehrt verfahren müssen. Unverletzlichkeit der Grenze und
Reform im Inneren wäre die zutreffende Losung gewesen.
Mit der vollständigen Säkularisation hätte man die Mittel
gewonnen, alle Sonderinteressen auszugleichen und die Gesamtkraft des Reichs zum Grenzschutze zu sammeln; man hätte
damit der französischen Eroberung ihren verführerischen Vorwand entzogen, daß sie dem deutschen Volke für den Augenblick zwar einige Unbequemlichkeit, für die Zukunft aber den
wichtigsten inneren Fortschritt brächte. Allein wir haben gesehen, in wie gründlich anderer Richtung sich Thuguts Gedanken bewegten. Im eigenen Staate hatte er Sinn und
Interesse für innere Reformen, dagegen dachte er draußen
im Reiche nur an eine möglichst starke österreichische Klientel
und beschützte demnach die fürstlichen Prälaten, obgleich sie
für Deutschland der Schwindelhafer im Weizenfelde waren.

---

[1] Des voisins si doux, si commodes. Thiers.

So ist es unmöglich, hier bei dem Beginne des gewaltigen Krieges sich bedingungslos für das Streben der einen oder der anderen Partei zu begeistern. Mochte der Ausgang sein, wie er wollte, in keinem Falle hatte unser Vaterland einen Grund zu besonders freudigen Hoffnungen. Der Sieg der Franzosen bedrohte es mit dem Verluste der nationalen Unabhängigkeit, der Sieg der Koalition mit der Verewigung der feudalen und klerikalen Anarchie, welche man das Heilige Römische Reich nannte.

Während nun die ersten Gefechte bereits ihren Donner in Schwaben und den Bündner Thälern wiederhallen ließen, erlebte Thugut an zwei wichtigen Stellen noch eine diplomatische Wendung, die allen bisherigen Bestrebungen seiner Politik auf das genaueste entsprach. Er hatte sich beeilt, gleich nach Max Josephs Thronbesteigung neue und verstärkte Klagen über dessen niedrige Gesinnung in Petersburg zu erheben. Anfangs begnügte sich Besborodko mit der Verheißung, in München die kräftigsten Vorstellungen machen zu wollen; sollte übrigens, erklärte er, Oesterreich bei diesem Anlasse mit Preußen in Weiterungen geraten, so würde Rußland auch nach dieser Seite seiner Verpflichtungen eingedenk sein. Bald aber kam die Sache in einen kräftigeren Schwung. Der bayerische Kurfürst wagte es, an Pauls verletzlichste Stelle zu rühren, indem er in Bayern den Malteserorden aufhob und die Güter desselben einzog. Sofort gab Paul den Befehl, daß der bayerische Gesandte, der trotz der früheren Ausweisung sich noch in Petersburg aufhielt, binnen zwei Stunden abzureisen und daß das Condésche Corps sich eiligst zur Besetzung Bayerns in Marsch zu setzen habe. Er wollte ohne weiteres die Kriegserklärung gegen Bayern erlassen und forderte Cobenzl auf, seine Regierung zu demselben Schritte zu bestimmen. Darüber kam dann aus Wien der Vorschlag, zur Sicherung gegen die französischen Neigungen des Kurfürsten die bayerischen Lande in militärischen Gewahrsam zu nehmen und die bayerischen Truppen zu entwaffnen; um jeden Schein von eigennützigen Hintergedanken zu vermeiden, bat Thugut, daß Kaiser Paul diese heilsame Maßregel durch russische Truppen in Vollzug setzen

möge. Mit tausend Freuden gab Paul dazu seine Einwilli=
gung. In Wahrheit war der Lärm im höchsten Grade über=
trieben. Max Joseph war nicht weiter französisch gesinnt, als
ihm dies die Abwehr der vermuteten österreichischen Erobe=
rungspläne ratsam machte: wohl beteuerte er damals, in seiner
Angst vor Thuguts Feindseligkeit, dem französischen Gesandten
Alquier, daß er von Grund seines Herzens Franzose sei und
auf den Schutz der großen Republik rechne; in Wahrheit
aber hätte Thugut, wenn er auf bayerische Annexionen ver=
zichtete, nicht eines einzigen Soldaten zur Ueberwachung des
Kurfürsten bedurft.

Gleichzeitig kam dann auch die preußisch=englische Unter=
handlung zu einem vorläufigen Abschlusse [1]).

Der eifrigste Verfechter der Neutralität im preußischen
Ministerium, Graf Haugwitz, war seit dem 18. Fructidor in
seinen Ansichten schwankend geworden, und das revolutionäre
Umhergreifen des Direktoriums im Sommer und Herbste 1798
machte ihn täglich bedenklicher, ob mit solchen Nachbarn sein
geliebtes Friedenssystem sich würde behaupten lassen. Er wußte
nicht, welche Entwürfe über die Zukunft Deutschlands damals
zwischen Talleyrand und Sieyès verhandelt wurden, Preußen
müsse hinter die Elbe zurückgeworfen und dort mit polnischen
Landstrichen auf Kosten Rußlands entschädigt werden, damit
man dann die deutschen Kleinstaaten in einen Nord= und einen
Südbund unter Frankreichs herrschendem Schutze zusammen=
fassen könne. Immer lag ihm eine Pariser Notiz vor, daß
das Direktorium trotz aller Zusicherungen einen Einbruch in
Hannover vorbereite, und wer nicht geradezu den Willen hatte,
nichts zu sehen, konnte überhaupt über den gierigen Charakter
der französischen Politik nicht im Zweifel sein. In diesem
Sinne hatte er damals den Gesandten der Kaiserhöfe den
ganzen Verlauf seiner französischen Unterhandlungen offen
gelegt, und als ihm dann vollends die bevorstehende Ankunft
Thomas Grenvilles gemeldet wurde, als England wiederholt

---

[1]) Vergl. über das Folgende P. Bailleu in den Publikationen
der preußischen Staatsarchive Band VIII, S. XLV ff., 322, 545.

erkennen ließ, daß man nach erfolgter Befreiung Hollands
Preußen eine ansehnliche Erwerbung in jenen Gegenden zu-
billigen würde, hatte der Minister seinerseits kaum noch eine
Einwendung gegen den Beitritt Preußens zu der Koalition.
Wie es scheint, wäre das Ministerium Pitt bereit gewesen,
sogar die vereinigten Niederlande selbst dem preußischen Könige
zu überweisen; Rußland hätte dagegen keine Einwendung
gehabt, und auch Oesterreich, als es von dem Gedanken vernahm, begnügte sich mit der Aeußerung, daß es Preußen jede
Erwerbung auf Kosten Frankreichs und seiner Tochterrepubliken
gönne. Indessen bestimmte Zusicherungen in dieser Hinsicht
waren bisher in Berlin noch nicht ausgetauscht worden, und
Grenvilles Ankunft verzögerte sich durch die Strenge des
Winters, welche die Verbindung mit England beinahe vollständig unterbrach, um lange Wochen. Einstweilen versuchte
Haugwitz an der entscheidenden Stelle, beim Könige, seiner
neuen Tendenz Geltung zu verschaffen. Mehrmals haben wir
früher gesehen, wie von den Kaiserhöfen auf den jungen
Fürsten die besten Hoffnungen gesetzt und alle Schuld der
leidigen Neutralitätspolitik auf die schlimme Einwirkung des
Grafen Haugwitz geschoben wurde. Vielleicht war in den
ersten Monaten der neuen Regierung daran etwas Wahres
gewesen: jetzt aber, im Januar 1799, enthielt eine solche Ansicht das Gegenteil der wirklichen Sachlage. Allerdings war
der König, sowohl nach der geringen Beweglichkeit seines
Geistes als nach der Strenge seiner Gewissenhaftigkeit, noch
immer vielfach mißtrauisch gegen die eigene Einsicht und deshalb langsam in seinen Entschlüssen. Aber weder hatte bei
seinen Erwägungen Graf Haugwitz den vorwiegenden Einfluß,
noch folgte schließlich Friedrich Wilhelm einer anderen Ueberzeugung als der eigenen. Sein nächster Vertrauter, General
Köckritz, ein rechtschaffener und sonst beschränkter Mann, kannte
diese Art seines königlichen Herrn ganz genau und war gewandt genug, seine Stellung dadurch zu behaupten, daß er die
letzten Gedanken desselben erriet und seine Ratschläge danach
bemaß. Ganz entschieden für die Fortdauer der Neutralität
war, mit Ausnahme des dieses Mal einsichtigen und ent-

schlossenen Herzogs von Braunschweig [1]), eine Anzahl der älteren Generale, teils nach einer übertriebenen Schätzung der französischen Wehrkraft und der Gefahren eines Kampfes mit derselben, teils nach dem überlieferten, seit 1793 nur zu oft bestätigten Mißtrauen gegen Oesterreich. Nachdem wir Schlesien erobert haben, sagte eine im Januar 1799 aus diesen Kreisen hervorgegangene Denkschrift, muß das Haus Oesterreich uns als seinen natürlichen Feind ansehen; sollten wir, nachdem es uns durch seine letzten Unfälle weniger furchtbar geworden, selbst in das Feld rücken und es mit Aufopferung unserer eigenen Kräfte wieder emporzuheben suchen? Rußland, meinte der Verfasser, sei unzuverlässig; Englands merkantiles Uebergewicht sei jetzt schon drückend; Frankreich zu bändigen sei der Krieg überhaupt nicht das rechte Mittel, und Preußens eigenes Interesse erlaube nicht einmal, Frankreichs Untergang zu wünschen, da man dann jedes Rückhalts gegen Oesterreichs und Rußlands Uebermut entbehren müsse. Solche Stimmen schlugen in dem täglichen Verkehr des Königs mit seinen Offizieren häufiger an das Ohr desselben als Haugwitz' entgegenstehende Ansicht, und leicht versteht man es, daß in dem Staate Friedrichs des Großen bei der Kriegs- und Friedensfrage die Meinung der Armee, oder was sich für dieselbe ausgab, bei dem Monarchen am schwersten in das Gewicht fiel. Soweit die vorliegenden Aufzeichnungen erkennen lassen, war es am wenigsten die Eifersucht gegen Oesterreich, welche bei ihm Eindruck machte: im endlichen Ergebnis aber entschied er sich im Sinne der Generale gegen den Minister. Am 27. Januar eröffnete er dem General Köckritz seinen Willen. „Man will," sagte er, „ich soll an dem gegenwärtigen Kriege abermals Anteil nehmen. Ich muß gestehen, wenn ich einigermaßen in meinen Gesinnungen geschwankt habe, so ist solches aus modestie geschehen; es gründete sich auf die Einsichten, die Erfahrung und den guten Willen dieser Leute (die zum Kriege

---

[1]) Die entgegengesetzte Meinung Thomas Grenvilles, Depesche vom 17. April, zeigt sich nach den Akten des preußischen Staatsarchivs als ein Irrtum.

rieten). Aufrichtig gesprochen aber geschah dieses unwillkürlich und gegen mein inneres Gefühl. Erhalte ich meinem Lande den Frieden, so werde ich meine Staatskräfte sammeln und dadurch meinen Nachbarn Achtung einflößen, daß sie sich bedenken werden, mich nicht ungestraft zu beleidigen. Ich bin überzeugt, daß meine Nation diesen auswärtigen Krieg mit Widerwillen unternehmen würde. Wenn ich mich dazu ent= schlösse, so würde man solches als eine Wirkung der Furcht vor Rußland auslegen. Mein Wille ist also, daß die Unter= handlung mit Herrn Grenville zwar nicht gleich abgebrochen, aber doch durch diplomatische Kunstgriffe so lange als möglich hinausgezögert werde. Denn gewinnen wir nur Zeit, so werden die Franzosen Holland von selbst herausgeben, um sich nicht einen neuen Feind an Preußen, wie sie schon fürch= ten, auf den Hals zu ziehen [1]."

Damit also war für Grenvilles Unterhandlung, geraume Zeit vor ihrem Beginne, das Urteil gesprochen. Er kam den 17. Februar in Berlin an. Unter den üblichen Besuchen und Festlichkeiten stellte er mit seinem russischen Kollegen das nähere Verfahren fest. Man wollte Preußen zunächst zur Befreiung Hollands und der benachbarten Lande, zur Her= stellung Oraniens und zur Schaffung einer festen Grenze gegen Frankreich auffordern; dazu würde Rußland 45 000 Mann, England die nötigen Subsidien und Unterstützung durch seine Flotten liefern. Haugwitz, innerlich einverstanden, hatte die undankbare Aufgabe, die besten und überzeugendsten Gründe für die Ablehnung aufzusuchen. Für Preußen, sagte er, sei ein solcher Angriffskrieg in jeder Hinsicht unmöglich. Wohl sei man bereit, Norddeutschland durch feste Schranken gegen französische Einbrüche zu sichern; sobald hier die ge= ringste Verletzung erfolge, werde der König, der die Revo= lution von Grund seines Herzens verabscheue, zur Offensive übergehen; er wünsche für alle Fälle seine Mittel vorzubereiten und darüber sich mit England und Rußland zu verständigen.

---

[1] Aufzeichnung Haugwitz' vom 28. Januar, bei den Akten der Grenvilleschen Unterhandlung im Berliner Archiv.

Bis dahin aber könne man den Frieden nicht brechen. An diese Erörterung knüpfte sich eine vierstündige, lebhafte Verhandlung. Die Gesandten wiesen auf die zur Zeit in Holland und Belgien vorhandene Gärung hin; jetzt sei die Bevölkerung dort zum Aufstand bereit, in einigen Wochen vielleicht nicht mehr; an eine Feindseligkeit Oesterreichs gegen Preußen sei nicht mehr zu denken; wo liege denn nun die angebliche Unmöglichkeit? auf welche Ereignisse wolle Preußen noch warten? Haugwitz, auf allen Punkten gedrängt, ließ sich endlich zu dem, die Lage traurig bezeichnenden Worte fortreißen, daß große Siege der Verbündeten Preußen wahrscheinlich zum Kriege bestimmen würden; für jetzt aber blieb er bei der Neutralität und brachte höchstens das Anerbieten heraus, ein Verteidigungsbündnis abzuschließen, wie es Fürst Repnin im vorigen Sommer vorgeschlagen. Darauf mußte jedoch Panin erklären, daß er diesen Antrag höchstens zum Berichte nehmen könne, da seine jetzigen Weisungen durchaus auf einen Offensivbund gingen[1].

Kaiser Paul wütete, als er diese Mitteilung erhielt. Besborodko sagte am 20. März dem preußischen Gesandten, Rußland bleibe doppelt fest, wehe dem deutschen Staate, welcher den Absichten der Koalition das mindeste Hindernis entgegenstellte. Noch an demselben Abend kam eine neue Botschaft des Kaisers, der Gesandte möge einen Kurier nach Berlin schicken; Paul verlange umgehend das Ultimatum Friedrich Wilhelms. Paul war im besten Zuge, gegen Preußen wie gegen Bayern den Krieg zu erklären und ließ fürs erste den General Lascy mit 48000 Mann und 16 Kosakenregimentern Aufstellung an der preußisch-polnischen Grenze nehmen. Wir wissen, wie dadurch ein alter Wunsch Thuguts endlich erfüllt wurde; allerdings, gegen den weiteren Schritt, die wirkliche Kriegserklärung, mußte unter den jetzigen Umständen Cobenzl dringende Warnung einlegen. Daß aber die drohende Demonstration für Pauls ursprünglichen Zweck, die Gewinnung Preußens, völlig verkehrt war, bedarf keiner weiteren Ausführung.

---

[1] Cobenzl an Thugut, 25. März, aus Panins Bericht.

Unterdessen setzten in Berlin die Gesandten ihre hoffnungs=
losen Bemühungen fort. Nachdem sie am 18. März um
eine Besprechung mit den Ministern gebeten, schlug Haugwitz
dem Könige eine Erklärung vor, daß man in fünf Fällen
zur Offensive schreiten würde, bei einem Angriffe nämlich der
Franzosen auf Hannover, auf die Mündung der Elbe, auf
Hamburg, auf die fränkischen Markgrafiate, auf Sachsen. Der
König entschied, daß man die Konferenz freilich nicht ablehnen
könne; die fünf Fälle möge man aussprechen, da jeder der=
selben ohne Zweifel Preußen zum Kriege nötige; er gebe also
den Ministern Vollmacht, in das Gespräch über die dornige
Frage einzutreten, bei welcher, sagte er, der Grundsatz so
einfach, die Anwendung so heikel sei. Bei der Zusammenkunft
am 26. März erkundigten sich die Gesandten, welche Streit=
kräfte Preußen für die Sicherung Norddeutschlands aufzu=
stellen, welche es im Falle französischer Feindseligkeit in den
Kampf zu führen gedenke. Der König ließ am 30. antwor=
ten, daß er gegen eine Subsidie von 80 000 Pfund Sterling
35 000 Mann zur Verstärkung der Demarkationslinie nach=
rücken lassen wolle, und daß er, falls die Franzosen ihn zum
Kriege zwängen, das Heer auf 100 000 Mann bringen, dann
aber eine Subsidie von 200 000 Pfund verlangen müsse.
Darauf entgegnete Grenville, daß bei rascher Offensive Eng=
land zu reichen Zahlungen bereit sei; das bisherige preußische
System aber sei von dem englischen zu verschieden, als daß
er hierfür auf irgend eine Subsidie Hoffnung geben könnte.
So blieb man unter hundert freundlichen Worten immer bei
dem gleich negativen Ergebnis. Als etwas später Grenville
neue Versuche machte, stellte Haugwitz dem Könige nachdrück=
lich Preußens Interesse an Hollands Selbständigkeit vor;
früher oder später müsse Preußen seine Waffen nach dieser
Seite richten: sollen wir nun warten, fragte er, bis Frank=
reich sein gigantisches Werk zum Abschluß gebracht hat und
dann seine Vertreibung aus einem Lande, dessen Unabhängig=
keit für unsere Sicherheit schlechthin unentbehrlich ist, unsere
Kräfte übersteigt? Und wenn Oesterreich, fuhr er fort, nach
Befreiung Italiens und der Schweiz sich wieder mit Frank=

reich verständigt, wird dann nicht die immer noch furchtbare französische Macht ganz ausschließlich auf unseren Grenzen lasten? Der König verschloß sich völlig dem Gewichte dieser Erörterung. Er befahl dem Grafen, dem englischen Gesandten jede Hoffnung auf einen preußischen Angriffskrieg zu nehmen, damit er aufhöre, Preußen mit derartigen Vorschlägen zu behelligen. Die Minister machten darauf noch einen letzten Versuch. Was das Interesse an Holland bei dem Könige nicht vermocht hatte, konnte vielleicht die Bedrängnis einer preußischen Landschaft bewirken. Die linksrheinischen Bezirke, wie wir wissen, waren nur provisorisch im französischen Besitz: endgültig sollte erst durch den Reichsfrieden über ihr Schicksal bestimmt werden, und oft genug hatte seit 1795 Preußen über ihre Aussaugung und Bedrückung in Paris vergeblich Klage geführt. Da sich jetzt die Aussicht auf den Reichsfrieden in unabsehbare Ferne hinausschob, so ermannte sich der bisher höchst friedenseifrige Minister Alvensleben zu dem Antrag, von den Franzosen die Räumung dieser Provinzen zu fordern und im Notfall zu erzwingen. Aber auch dies war vergebens; aufs neue entschied der König für fortgesetzte Neutralität. Denn, so lautete sein bedächtiges Wort zu Alvensleben, dieses System ist das beste; aus der Neutralität kann man jederzeit zum Kriege vorgehen, aber nicht umgekehrt beliebig aus dem Kriege in die Neutralität zurückkehren. Als wenige Tage nachher das Ministerium den Antrag wiederholte, erfolgte in gesteigertem Tone nochmals ein Nein. Ich bleibe, schrieb der König, bei dem Beschlusse, den ich euch durch den Grafen Haugwitz habe eröffnen lassen; jeder Vorschlag, der mir entweder sogleich die Waffe in die Hand drückte oder mich für die Folge unwiderruflich verpflichtete, ist ohne weiteres abzuweisen [1]).

So blieb Preußen inmitten des zwei Weltteile umfassenden Brandes unthätig, nach dem persönlichen Willen des Königs, gegen den lebhaften Wunsch der Minister. Der Beschluß entsprang aus völlig reinen Beweggründen, aus an sich rich-

---

[1]) Akten über Grenvilles Unterhandlung, 15., 18., 21. Mai.

tigen Wahrnehmungen. Es war keine Rede von heimlichen
Durchstechereien mit Frankreich oder von einer Hoffnung,
während des Ringens der übrigen Mächte für sich im Trüben
zu fischen. Es war ganz wahr, daß ein großer Teil des
preußischen Heeres nur mit Widerwillen an eine Waffenge=
meinschaft mit Oesterreich dachte, daß die Mehrheit der nord=
deutschen Bevölkerung mit Angst und Kummer der Teilnahme
an neuen Kriegen widerstrebte. Und gewiß ist die Gesinnung
eines Königs zu loben, der nicht Waffenruhm für sich, son=
dern den Segen des Friedens für sein Volk ersehnt. Aber
auch das ist königlich, die Freude des Augenblicks für die
Sicherheit der Zukunft dahinzugeben und nach der Einsicht
des hohen Amtes das Opfer des täglichen Behagens für das
bleibende Wohl des Ganzen dem Bürger aufzuerlegen. Und
so ward hier die Entschließung des Königs im höchsten Grade
verhängnisvoll. Sie war schlimmer als der so viel bescholtene
Abschluß des Baseler Friedens. Denn jetzt waren die Gründe
für die Neutralität ungleich schwächer, und die Gründe gegen
dieselbe stärker und zwingender als 1795. Es war freilich
weder leicht noch angenehm, mit Genossen wie Paul und
Thugut zusammenzuwirken, aber von einer ausgesprochenen
Böswilligkeit der Kaiserhöfe, wie sie vor vier Jahren das
Bündnis zerrissen, war in diesem Augenblick keine Rede mehr.
Dagegen hatte über die Gefahr der revolutionären Welt=
eroberung Graf Haugwitz kein Wort zu viel gesagt; und nur
zu bald sollte dem preußischen Staate eine entsetzliche Er=
fahrung den vernichtenden Beweis seiner Sätze liefern. Ließ
man aber 1799 sich durch die Wahrnehmung abschrecken, daß
man mit den letzten Kriegszwecken Oesterreichs und Rußlands
nicht einverstanden sein konnte: nun, auf welchem Wege hatte
man bessere Aussicht, die Ereignisse nach dem eigenen Sinne
zu wenden, bei stumpfer Unthätigkeit neben den Triumphen
der anderen, oder bei entschlossener Teilnahme und kräftigem
Einfluß in dem Rate der Koalition? Kurz, von welcher Seite
man die Frage betrachte, das Ergebnis bleibt immer dasselbe;
bei einem Kampfe welterschütternder Kräfte, wie es der dama=
lige war, ist die Neutralität einem großen Staate nicht er=

laubt. Es ist zu viel gesagt, wenn man wohl behauptet hat,
daß Preußen schon durch sein damaliges Verfahren sich die
Katastrophe von Jena zugezogen hätte: es war ihm sechs
Jahre später noch einmal ein Augenblick vergönnt, in welchem
ein mutiges und einsichtiges Handeln die Rettung hätte
schaffen können. Sicher aber ist so viel, daß die Politik von
1799 genau aus derselben Sinnesweise wie jene von 1806
entsprang; es lag nicht an der eigenen Kraft und Weisheit,
sondern nur an der geringeren Stärke des Gegners, wenn nicht
schon damals das spätere Unheil über den Staat hereinbrach.
„Man hat hier“, schrieb Grenville am 17. April, „große Sorge
wegen Frankreichs Uebermacht. Aber es giebt keinen Mann
von leitender und herrschender Begabung, welcher den ganzen
Umfang der Gefahr und die entsprechenden Mittel des Wider=
standes klar legte; so lebt man von einem Tage zum anderen,
ohne Mut und Thätigkeit, in einem Zustande, der nur durch
die höchste Schwäche hervorgebracht werden konnte. Denn es
ist vollkommen deutlich, daß die jetzige Geringfügigkeit des
preußischen Einflusses bei Feind und Freund nicht von einer
Vereitelung großer und ehrgeiziger Pläne, sondern allein von
der gänzlichen Abwesenheit herrschenden Talents in den Re=
gierungskreisen herrührte. Es ist der Brauch, den hier ein=
flußreichen Männern schlimme Absichten und Grundsätze und
ein mit heuchlerischer Gewandtheit durchgeführtes System zuzu=
schreiben. Ich habe jedoch nicht den geringsten Zweifel, daß
die elende Politik, der ich hier begegne, nicht so sehr die
Folge von Bosheit als von Schwäche ist; die Ursache des
Verkommens ist Mangel an Fähigkeit und nicht ein tiefer
und verruchter Plan. Leider bleibt die Wirkung dieselbe. Es
ist die Meinung ungefähr aller Welt, daß Preußen schließlich
den Krieg nicht werde vermeiden können: trotzdem überläßt
man lieber dem Gegner die Wahl des Zeitpunkts für den
Beginn der Feindseligkeiten, als daß man nach eigenem Ent=
schlusse in den großen gemeinsamen Kampf einträte, welcher
heute so viele Aussichten glänzenden Gelingens darbietet.“
Es war nicht möglich, die wirkliche Lage der Dinge zutref=
fender zu beurteilen.

Thugut sah den Verlauf der Berliner Unterhandlung mit einer Art grimmiger Genugthuung sich vollziehen. Wie bemerkt, hatte er niemals Sehnsucht nach preußischer Bundesgenossenschaft gehabt; er traute dem Berliner Hofe unter allen Umständen französische Gesinnung zu und war zufrieden, wenn diese, wie er meinte, durch russische Drohung im Zaume gehalten wurde. So war ihm der neue Versuch auf Preußens Heranziehung an sich nicht angenehm und wurde ihm vollends widerwärtig, als sich ihm Aussicht eröffnete, im Falle der preußischen Neutralität Gallizyns und Condés Corps zu Oesterreichs Unterstützung in Marsch nach Bayern und Schwaben zu bringen. Höchst ungeduldig schickte er im Februar und März eine Depesche nach der andern an Cobenzl, um die Nutzlosigkeit der Berliner Verhandlung zu erörtern, Haugwitz' böswillige Gesinnung nachzuweisen, über Panins Leichtgläubigkeit, wenn nicht Mitschuld zu klagen. In Regensburg verhandelte damals der Reichstag noch immer über die französische Note gegen den Einmarsch der Russen in das Reich; je nach ihrem Interesse mahnten die geistlichen Stände zu nachdrücklicher Abweisung, die weltlichen Fürsten des Südwestens zu unbedingter Erfüllung des französischen Begehrens, Preußen aber stellte den völlig sachgemäßen Antrag, den Russen den Einmarsch zu versagen, wenn auch die Franzosen das rechte Rheinufer verließen, und so zu einer allseitigen Neutralität des Reiches zu gelangen. Ohne sich daran zu erinnern, wie nachdrücklich im vorigen Sommer die Kaiserhöfe Preußen zu einem solchen Systeme aufgefordert hatten, nahm Thugut auch hiervon Anlaß zu neuen Verdächtigungen der preußischen Politik. Seine eigene Auffassung sprach er am 27. Februar dem Grafen Cobenzl dahin aus: wenn Oesterreich auf das Corps Gallizyn nicht rechnen könne, sei die Neutralität des Deutschen Reiches vielleicht nützlich, weil sie dem Kaiser die Ansammlung aller Kräfte für die Schweiz ermögliche; dagegen sei nichts verderblicher als diese Neutralität, welche jede Einwirkung auf Belgien ausschließe, in dem Falle, daß Gallizyn zur Verfügung Oesterreichs in Süddeutschland gestellt würde. Da nun schon im März sich die Richteilnahme Preußens entschied und somit Gallizyn, oder jetzt Lummsen, für Schwaben verfügbar wurde — denn auch England ließ damals seinen Widerspruch gegen eine solche Berwendung des Corps fallen — so fand sich Thugut in eder Hinsicht beruhigt und hatte nichts dagegen, anstandshalber im Beginne des April zur Unterstützung Grenvilles uch einen österreichischen Unterhändler nach Berlin zu schicken, er natürlich so wenig wie jener die Entschließungen des Königs zu ändern in der Lage war.

Während sich auf diese Art die großen Entscheidungen ollzogen, saß in Rastatt noch immer die vornehme Gesell=chaft, welche bis dahin der Friedenskongreß des Heiligen Römischen Reiches gewesen war. Infolge der Kriegserklärung zar Graf Lehrbach als Zivilkommissar des Erzherzogs Karl .ach München abgegangen, ohne einen Nachfolger zu er=alten, und schon hiernach war an eine wirksame Thätigkeit er Deputation nicht mehr zu denken. Die süddeutschen Grenzstriche waren weit und breit mit französischen Truppen edeckt, welche zwar in tönenden Manifesten Bruderliebe und Freiheitsverheißung vor sich hertrugen, im übrigen aber lünderten und requirierten wie in Feindesland. Nichtsdesto=veniger nahm die Deputation von den französischen Gesandten ortdauernd die besten Zusicherungen in Empfang, daß die Republik das Deutsche Reich nicht als Gegner betrachte und ichts mehr als Frieden und Neutralität wünsche. Unver=johlen trat das Bestreben hervor, die Reichsstände von Oester=eich zu trennen und in das eigene Bündnis zu ziehen. Dies ling so weit, daß das Direktorium einen Aufruf an die deut=chen Fürsten erließ, in welchem es Oesterreich beschuldigte, durch neuterische Agenten in den deutschen Reichslanden die Bevöl=erung gegen die fürstliche Herrschaft aufzuwiegeln. Als diese Maßregel die gewünschte Wirkung nicht erzielte, griff man zu iner weiteren, welche an Gehässigkeit die erste noch weit Jinter sich zurückließ. Die französischen Gesandten brachten n Rastatt zuerst den geheimen Vertrag vom 1. Dezember 1798 iber die Räumung von Mainz, darauf den auf die bayerische Inwerbung Oesterreichs bezüglichen Artikel von Campo Formio,

endlich alle geheimen Artikel dieses Vertrages zum Vorschein [1]), um den Reichsständen anschaulich zu machen, wie
betrügerisch alle die schönen Reden Metternichs und Lehrbachs über die Reichsintegrität gewesen [2]). Sie bewiesen damit allerdings auch die immer weiter angewachsene Habgier
ihrer eigenen Regierung; doch traf natürlich die Wucht der
Enthüllung das Reichsoberhaupt schwerer als den Reichsfeind.
Indessen ihren Hauptzweck verfehlten die Franzosen auch hiermit; unter den Reichsständen war keiner, der bei aller inneren
Entrüstung den Mut gehabt hätte, sich offen gegen Oesterreich
zu erheben. Es geschah um so weniger, als in diesen Wochen
Erzherzog Karl entschiedene Vorteile über seine Gegner er-
focht — wir werden später auf diese Kriegsereignisse im Zusammenhang zurückkommen — und die französische Armee beinahe vollständig über den Rhein zurückwarf. So beschränkte sich
die Thätigkeit der Deputation auf ein harmloses Wortgefecht
mit der kaiserlichen Plenipotenz, ob es gesetzlich sei, daß die
letztere eine Eingabe der Deputation an den Reichstag hindere,
in welcher die Friedensliebe der Rastatter Versammlung ausgesprochen war. Während dieser Verhandlung kam denn
Thugut dem Grafen Metternich zu Hilfe, indem er am
30. März bei dem Kaiser die Abberufung desselben bewirkte
und zugleich die Nichtigkeit aller bisher in Rastatt getroffenen
Abreden aussprach. Nachdem Metternich am 8. April den
Franzosen, am 11. der Deputation hiervon Nachricht gegeben,
verließ er ohne weiteren Aufenthalt am 12. die Stadt, und
Oesterreich betrachtete seitdem den Kongreß als aufgelöst. Die
Mitglieder der Deputation, welche ihre Vollmacht nicht von
Franz II. allein, sondern gemeinschaftlich von Kaiser und
Reich erhalten hatten, waren anderer Meinung und beschlossen
versammelt zu bleiben, bis sie vom Regensburger Reichstag
die amtliche Anzeige über den Abbruch ihrer Friedensverhandlung erhalten hätten. Es war wie alles, was die unglückliche Versammlung that, der Form nach vollkommen kor-

---

[1]) Preußische Berichte vom 12. und 14. März.
[2]) Preußischer Bericht vom 4. April.

rest: leider sollte es thatsächlich ein furchtbares Ereignis zur Folge haben.

Bei dem lebhaften Interesse, welches für die Schluß=katastrophe des Rastatter Kongresses erst vor kurzem wieder neu angeregt worden ist, werde ich den sichergestellten That=bestand etwas ausführlicher erzählen, als es sonst die Ver=hältnisse meiner Darstellung mit sich brächten: wenn ich nicht ganz irre, wird über die Veranlassung und den Ver=lauf der unheilvollen Begebenheit kaum ein Zweifel zurück=bleiben [1]).

In den Augen Oesterreichs, wie eben gesagt, hatte der Kongreß kein amtliches Dasein mehr; man war also auch schlechterdings nicht geneigt, die in Rastatt versammelten Per=sonen noch als Gesandte und als berechtigt zu besonderem völkerrechtlichen Schutze anzuerkennen. Das Direktorium hatte seine Vertreter zu thunlichst langem Aufenthalte in Rastatt angewiesen, um auf die Reichsstände einzuwirken, revolutionäre Bewegungen anzuregen und gelegentlich brauchbare Notizen für die französischen Generale zu sammeln. Eben deshalb betrachtete sie Oesterreich nur noch als Spione und Revolu=tionsagenten und war entschlossen, ihrer Thätigkeit möglichst bald und gründlich ein Ziel zu setzen. Als demnach die sie=genden österreichischen Truppen sich in den vorderen Reichs=landen ausbreiteten, erfolgte überall die Ausweisung der französischen Residenten und Geschäftsführer an den kleinen deutschen Höfen; die Truppen hatten Befehl, ihre Personen mit Höflichkeit und Achtung zu behandeln, ihre Entfernung aber im Weigerungsfall mit militärischer Gewalt zu erzwin=gen. Nicht anders sollte dann auch mit den französischen Kongreßgesandten verfahren werden; nur veranlaßte hier die letzte Wendung der österreichischen Politik noch eine besondere,

---

[1]) Im allgemeinen verweise ich über die einzelnen Belege für das Folgende auf meine Kleinen Historischen Schriften III, 269 ff., wo ich die Ergebnisse meiner früheren Abhandlungen (Hist. Zeit=schrift Bd. 32 und 39 und Deutsche Rundschau Oktober 1876) zu=sammengefaßt habe.

völkerrechtlich bedenkliche Weisung an die handelnden Truppenführer. Nach dem neuesten Auftreten der Gesandten, nach der politischen Haltung Bayerns, nach Thuguts unauslöschlichem Argwohn gegen Preußen war man durchdrungen von der Ueberzeugung, daß die französischen Unterhändler in Rastatt den Mittelpunkt verräterischer Umtriebe und Abreden zwischen dem Direktorium, Preußen, Bayern und allen deutschen Demokraten gebildet hätten; man lebte des Glaubens, daß in dem Archive der Gesandtschaft sich die authentischen Beweise für alle jene Abscheulichkeiten vorfänden, und durfte sich vor allem bei dem jähzornigen russischen Selbstherrscher die gewaltigste Wirkung von der Vorlegung solcher Dokumente versprechen. Bei dem bereits lodernden Zorne Pauls gegen Bayern war ohne Zweifel das Schicksal des Kurfürsten besiegelt, wenn es gelang, jenem schwarz auf weiß die längst vermutete Verbindung desselben mit den verruchten Pariser Jakobinern aufzudecken. Es wurde demnach beschlossen, die französischen Gesandten auf der Rückreise anzuhalten und sich ihrer Akten und Korrespondenzen zu bemächtigen.

Demnach wurde der äußerste Flügel des österreichischen Heeres bis an die Murg vorgeschoben, und Oberst Barbaczy mit dem 11. (szeklerischen) Husarenregimente nahm Stellung in Gernsbach, von wo seine Reiter seit Mitte April die ganze Umgebung von Rastatt zu durchstreifen begannen. Am 17., soviel wir wissen, erhielt er vom Armeekommando eine erste Ordre über die beabsichtigte Maßregel; er sollte die Straße von Rastatt nach Selz genau beobachten lassen, alle französischen Kuriere festhalten und auch den, wie man annahm, sich zur Abreise anschickenden Gesandten unterwegs ihre Papiere abnehmen, sonst aber ihnen kein Leid zufügen[1]).

---

[1]) Wenn ich früher sagte, Vivenot hätte diese Ordre publiziert, Hüffer aber dagegen erklärt, Vivenot habe gerade diese Ordre nicht publiziert, so ist das ein Streit um Worte. Vivenot hat die Ordre nicht im Wortlaut, wohl aber ihren wesentlichen Inhalt veröffentlicht. Was bei ihm fehlt, habe ich aus dem Protokollbuche des Kriegsarchivs und aus Eybens Bericht ergänzt.

Infolgedessen schnitten die Husaren am 19. die für den Dienst der Gesandtschaft errichtete Rheinfähre zwischen Selz und Plittersdorf ab; ihre Patrouillen hielten mehrere deutsche Gesandten bei deren Spazierritten vor den Stadtthoren an und wiesen sie unter Nichtachtung ihres diplomatischen Charakters in die Stadt zurück. Als hierauf der Mainzer Direktorialgesandte Albini eine Beschwerde an Barbaczy richtete, meinte dieser die Ausführung seines Auftrags am besten zu sichern, wenn er die Franzosen über jede ihnen drohende Gefahr beruhige und ihnen dadurch zur Abreise Mut mache; er erklärte am 20. in seiner Antwort an Albini, daß er bisher keinen Befehl erhalten habe, die Person oder die Korrespondenz irgend eines Kongreßmitgliedes zu inkommodieren. Seine Vorgesetzten aber waren anderer Ansicht über die Zweckmäßigkeit dieses Verfahrens, und nach ihrem Befehl richtete Barbaczy am 22. ein zweites Schreiben an Albini, daß er für die Sicherheit des diplomatischen Corps in Rastatt nicht einstehen dürfe, da nach Metternichs Entfernung die Stadt nicht mehr als ein Ort betrachtet werde, welchen die Gegenwart eines Kongresses vor kriegerischen Ereignissen schützen könne. Das hatte sofort zur Folge, daß die Deputation in einer letzten Zusammenkunft am 23. April den Beschluß faßte, unter solchen Umständen könne hier die Friedensverhandlung nicht fortgesetzt werden. Das Land erfüllte sich täglich mehr mit kriegerischem Getümmel; vielfach kamen kleine Gefechte zwischen französischen und kaiserlichen Streifscharen vor, und nicht selten kämpften die Bauern der Gegend gemeinsam mit den Oesterreichern gegen die Republikaner. Mit jeder Stunde wurde die Lage der französischen Gesandten unheimlicher. Sie richteten also am 25. April eine Note an die Deputation, worin sie unter Protest gegen die bisher vorgekommenen Gewaltthätigkeiten die Absicht aussprachen, Rastatt binnen drei Tagen zu verlassen und sich nach Straßburg zu begeben, wo sie jeder Zeit zur Fortsetzung der Friedensunterhandlung bereit sein würden.

Im kaiserlichen Hauptquartier war man einstweilen hierüber nicht unterrichtet, wohl aber gleichzeitig auch dort

zu dem entsprechenden Entschlusse gekommen, daß die Anwesen=
heit der Franzosen in Rastatt nicht länger andauern dürfe.
Ebenfalls am 25. April erließ Erzherzog Karl einen Befehl
an den Obersten Barbaczy, Rastatt zu besetzen, die Franzosen
zur Abreise binnen 24 Stunden zu nötigen, übrigens mit aller
Vorsicht und Klugheit zu verfahren. Es war ein Schritt, den
bei der fortdauernden Absicht, sich der Gesandtschaftspapiere zu
bemeistern, nur eine gewisse Ungeduld eingegeben haben konnte;
wir werden später sehen, daß Karl eben damals die Aussicht
gewonnen hatte, sich auf ein anderes, entferntes Kriegstheater
zu begeben; unter diesen Umständen mochte es ihm wünschens=
wert erscheinen, mit der Rastatter Angelegenheit ohne län=
geren Aufenthalt fertig zu werden. Im übrigen ist es deut=
lich, und auch Thugut hat dies später betont, daß die Be=
setzung Rastatts zu der beabsichtigten Wegnahme des Archivs
übel genug paßte. Hätte man die Abreise der Gesandten
ruhig abgewartet und sie dann auf der Landstraße durch
eine Offizierpatrouille anhalten und ihre Papiere in Beschlag
legen lassen, so hätte man jede künftige Beschwerde sehr
einfach durch die Desavouierung eines übereifrigen Leutnants
erledigen können. Mit dem Befehle aber, Rastatt zu besetzen,
kam ein höherer Befehlshaber mit den französischen Gesandten
und dem gesamten Kongreßpersonal in amtliche Berührung;
Erörterungen und Erklärungen verschiedener Art waren un=
vermeidlich und die Verantwortlichkeit für alle Folgen der
Maßregel in erheblicher Weise gesteigert. Der Erzherzog
hielt denn auch für gut, seiner Ordre noch eine Weisung bei=
zulegen, nach welcher Barbaczy weitere Anfragen oder Be=
schwerden Albinis zu beantworten habe. Der Oberst sollte
erklären: „Ich habe den Auftrag, den Feind so weit zu ver=
folgen wie möglich. Da ich mich hierin nach meinen In=
struktionen benehmen muß, so kann um so weniger bei mir
etwas anderes in Anschlag kommen, als die von französischer
Seite eröffneten Feindseligkeiten in vollem Gange sind und
hierdurch der Zustand der Dinge zwischen Frankreich und
Deutschland wieder auf dem Fuße hergestellt ist, wie er vor
Anfang der Friedensunterhandlungen war." Der Erzherzog,

er gleich bei der ersten Ordre an Barbaczy jede persönliche Insultierung der Gesandten verboten hatte, trug bei dieser Weisung ohne Zweifel keine andere Meinung im Sinne als die bestimmte Behauptung, daß die Neutralität des Kongreßorts und damit der diplomatische Charakter der dort noch anwesenden Personen aufgehört habe. Hieraus schien sich denn auch die Berechtigung zum Festhalten des Gesandtschaftsarchivs zu ergeben, und so schrieb denn noch drei Tage später der Erzherzog an den dem Obersten vorgesetzten General Kospoth, Barbaczy habe sich in keine diplomatischen Schreibereien einzulassen, sondern sich lediglich auf die an die Hand gegebene Erklärung zu beschränken. „Der Herr Oberst", fuhr Karl fort, „kann auf die Fragen, welche allenfalls an denselben gestellt werden sollten, die Antwort geben, daß die Rückkehr der französischen Gesandten nach Frankreich ungehindert und sicher geschehen werde; nur könne man diesseits kein längeres Verweilen im Bezirke der diesseitigen Armee dulden. In Hinsicht der Korrespondenz der französischen Minister darf keineswegs eine beruhigende Zusicherung gegeben werden; vielmehr ist Bedacht darauf zu nehmen, sich der Paketen habhaft zu machen und dieselben, so wie gestern geschehen, hierhin einzuschicken." Die letzten Worte bezogen sich auf die Papiere eines französischen Gesandtschaftskuriers, welchen die Husaren am 25. festgenommen hatten.

Der Erzherzog ahnte nicht, als er am 28. April diesen Brief an Kospoth schrieb, welche verhängnisvolle Auslegung seine Ordre vom 25. und deren Erklärung, daß Barbaczy gegen die Franzosen lediglich nach Kriegsrecht zu verfahren habe, wenige Stunden später bei seinen Offizieren finden würde [1]).

Während dieser österreichischen Vorkehrungen war dann auch in Rastatt Besorgnis und Aufregung gewachsen. Als am 25. jener Kurier trotz seines Schildes und Passes in das

---

[1]) Daß es diese Ordre vom 25. April und nicht, wie ich früher vermutete, die frühere am 17. überbrachte war, deren Mißverständnis die Katastrophe veranlaßte, hat Hüffer richtig bemerkt.

Hauptquartier des Erzherzogs abgeführt wurde, war für die Gesandten die Nichtanerkennung ihrer völkerrechtlichen Unverletzlichkeit amtlich festgestellt. Eine neue durch die Deputation dagegen erhobene schriftliche Verwahrung wurde von Barbaczy nur mit der Erklärung beantwortet, daß er den Vorfall der höheren Militärbehörde angezeigt habe. Als die Diplomaten dann am 26. den preußischen Legationsrat Grafen Bernstorff und den badischen Minister Edelsheim zu ihm sandten und diese ihm bestimmte Fragen stellten, ob Sicherheit für die Korrespondenz und die Personen der französischen Gesandtschaft gewährt werde, erwiderte der Oberst mit sichtbar übler Laune, er könne und werde auf nichts antworten, sondern nur das Schreiben der deutschen Herren an seine Vorgesetzten einschicken [1]). Hierauf stellten die Franzosen ihre Abreise auf den 28. morgens fest; es wäre höchst wahrscheinlich ihr Heil gewesen, wenn sie diesem Vorsatze treu geblieben wären [2]). Aber als sie eben im Begriffe waren, ihre vollständig bepackten Wagen zu besteigen, machten ihnen, besorgt über ihre Sicherheit, ihre deutschen Kollegen so ernstliche Vorstellungen, doch wenigstens die österreichische Antwort auf den letzten Protest abzuwarten, daß jene die Abfahrt einstweilen hinausschoben. Aber die Antwort blieb aus, und Bonnier, ein Mann von verschlossenem, mürrischem und reizbarem Wesen, drängte, daß man sich aus niedriger Sorge nichts vergebe, sondern, wie man es in der letzten Note angekündigt, heute aufbreche. Der Mainzer Minister schickte darauf gegen 11 Uhr mit der wiederholten Frage, ob die französischen Minister ohne Hindernisse reisen könnten, eine badische Ordonnanz nach Gernsbach, die in zweistündigem Ritte den Ort erreichen und also die Erklärung der Militärbehörde bald nach 3 Uhr einliefern konnte. Aber Stunde auf Stunde verging; es begann zu dunkeln,

---

[1]) Authentischer Bericht, Beilage 4.
[2]) Sie wären, glaube ich, persönlich unversehrt geblieben. Angehalten und ihrer Papiere beraubt wären sie auch dann worden, denn Albini war im Irrtum, wenn er meinte (Hüffer II, 252, Note), die österreichischen Patrouillen seien aus der Gegend von Rastatt am 28. fortgezogen.

und die Ordonnanz kam nicht zurück. Was war der Grund des Aufenthalts?

Am Mittag jenes Tages saß Oberst Barbaczy im Pfarr=hause zu Gernsbach mit mehreren Gästen zu Tische, als ihm ein Schreiben eingehändigt wurde, nach dessen Lesung er in sicht=licher Aufregung sich erhob, wegen bringender Dienstgeschäfte aufbrach und beim Abschiede dem Pfarrer sagte, ein so unan=genehmer Auftrag, wie er ihn hier erhalten, sei ihm in seinem ganzen Leben nicht vorgekommen[1]. Unmittelbar nachher ritt er mit einigen Offizieren und einem Trupp Husaren von Gernsbach auf der Rastatter Straße ab, während in dem kleinen Orte auf der Stelle das Gerücht umherlief, es gälte den französischen Gesandten[2]. Barbaczy selbst blieb dann, halbwegs Rastatt, in dem Dorfe Rothenfels, wo er zuerst bei dem Pfarrer Quartier nahm, nachher aber in das Wirts=haus hinüberzog, weil er, wie er sagte, während der Nacht mehrere Stafetten erwarte und den Herrn Pfarrer damit nicht belästigen wolle[3]. Der Pfarrer fand ihn etwas später in der Wirtsstube unruhig auf und nieder gehend, rätselhafte Reden führend; er wollte den Pfarrer lange nicht fortlassen, weil noch wichtige Nachrichten kommen würden; endlich brach er in die Worte aus: „Barbaczy, was wird die Welt zu deinem alten Kopfe sagen[4]?" Indessen hatte Rittmeister Burkhard die unterwegs verstärkte Abteilung weiter nach Rastatt geführt, wo er gegen 7 Uhr anlangte, mit 50 Mann einrückte und durch diese alle Thore und Ausgänge mit der Weisung besetzen ließ, niemanden, der zu dem diplomatischen Corps gehöre, aus der Stadt zu lassen, was dann gleich nachher auf alle Einwohner ohne Unterschied ausgedehnt wurde. Den Franzosen aber überschickte er durch einen Trom=

---

[1] Aussage des Dekans Hitzig, eines der Gäste, bei Reichlin=Meldegg, Gesandtenmord S. 23.

[2] Aussage des anwesenden Schiffers Zabern bei Martens, nouv. causes célèbres II, 127.

[3] Zandt, Gesandtenmord S. 34. Aussage des Pfarrers.

[4] Nach Erkundigungen des in Rastatt anwesenden Häberlin, Staatsarchiv VII, 209, und Gronau, Dohms Leben S. 354.

peter einen Brief Barbaczys, worin denselben befohlen wurde, binnen 24 Stunden Rastatt zu verlassen. Sie entschlossen sich, vornehmlich auf Debrys Betreiben, der innerhalb der von ihnen selbst früher bestimmten Frist aufbrechen wollte, auf der Stelle abzureisen, und setzten sich mit acht Wagen in Bewegung. Am Thore aber wurde auch ihnen der Durch= laß verweigert; sie kehrten, nicht wenig befremdet, auf das Schloß zurück, bis nach einiger Zeit von dem Rittmeister die Erläuterung kam, es sei nur Folge eines Vergessens, daß ihre Ausnahme von der allgemeinen Sperrung der Wache nicht sogleich aufgegeben worden. Indes gab der Vorfall den Gesandten Anlaß, von dem Rittmeister eine Eskorte zu begehren. Nach langem Warten kam der Bescheid, er könne keine Eskorte geben, doch würden die Gesandten kein Hindernis auf ihrem Wege finden. Roberjot und die Frauen hätten jetzt gerne den Morgen erwartet; aber wieder drängte Debry wegen jenes Ehrenpunktes zu so= fortiger Abreise und wurde von Bonnier unterstützt, der sehr aufgeregt war und in Rastatt Gewalt befürchtete: so wurde trotz des Bittens der Frauen gegen 10 Uhr be= schlossen, auch ohne Eskorte in die dunkle und regnerische Nacht hinauszufahren[1]).

So passierte, eine Fackel voraus, der Zug die Vorstadt; die Landstraße ging dann zwischen dem Murgkanal und einem Gehölze weiter; da, zweihundert Schritte von den letzten Häusern entfernt, wurden die Wagen plötzlich von einer Ab= teilung Husaren angehalten und unter Schreien und Fluchen nach den Gesandten gerufen: bist du Minister Debry? bist du Bonnier? bist du Roberjot? und auf die bejahende Antwort einer nach dem anderen vor den Augen ihrer jammernden Angehörigen zusammengehauen. Bonnier und Roberjot wurde sofort der Garaus gemacht. Debry stellte sich tot nach den ersten Streichen und entkam dann in der Dunkelheit in das Gehölz, von wo es ihm gelang, unbehelligt nach Rastatt zurückzukehren, während die Husaren die nächsten

---

[1]) Vergl. Hüffer, R. C. II, 315.

Dörfer nach ihm absuchten und den Schulzen von Rheinau
beauftragten, nach ihm zu fahnden. Die übrigen Personen
wurden nicht beschädigt, im Gegenteil versicherten die Husaren,
es würde ihnen kein Leid geschehen. Immer wurden mehrere
ihrer Uhren und Börsen beraubt und auch die Wagen zum
Teile geplündert. Indessen war durch einige Flüchtlinge aus
dem hintersten Wagen die Schreckenskunde in die Stadt
gedrungen, und mit Entsetzen suchten die deutschen Diplomaten
den Rittmeister auf, um dessen Hilfe anzurufen. Es kostete
große Mühe, um nur zu ihm zu gelangen; dann sagte er,
es sei ein unglückliches Mißverständnis, bei Nacht könne
dergleichen leicht geschehen; die Minister hätten nicht bei
Nacht reisen sollen. Als der dänische Gesandte weiter in
ihn drang, rief er: wollen Sie mit mir eine Inquisition an=
stellen? Endlich ließ er sich das Zugeständnis entreißen,
daß der badische Major Harrant unter Begleitung einer
österreichischen Patrouille auf den Mordplatz zur Verhütung
ferneren Unheils hinausreiten dürfe. Er fand die Husaren
im Begriffe, die Wagen mit den noch darin befindlichen
Reisenden um die Stadt herum abzuführen; sie erklärten, als
er die Rückkehr derselben in die Stadt befahl, die Wagen
seien ihre Beute, und bequemten sich erst nach langem Sträuben,
seiner Forderung nachzukommen. In der Stadt angelangt,
verstatteten sie nur auf eine ausdrückliche Ordre des Ritt=
meisters, daß man die unglücklichen Frauen aus den Wagen
in die Wohnungen des preußischen und des hannöverischen
Gesandten brachte. Die Wagen selbst sollten nach Gernsbach
gefahren werden, jedoch wurde davon Abstand genommen, ein
badischer Oberbeamter zu einer genauen Visitation derselben
herbeigeholt und alle darin vorgefundenen Gesandtschafts=
papiere, von welchen übrigens ein Teil durch die Husaren
während der Plünderung der Wagen verschleudert worden
war, trotz des kräftigen Widerspruches des badischen Ministers
zurückbehalten und in das Hauptquartier des Erzherzogs ab=
geliefert. Unterdessen trieben sich die Husaren in der Stadt
umher, rühmten sich ihrer That und zeigten prahlend die er=
beuteten Goldstücke. Mit einem andern Trupp, eine Karre

mit Beutestücken im Gefolge[1]), kam Barbaczy früh morgens am 29. nach Gernsbach zurück; auch hier erzählten die Szekler höchst unbefangen von dem Gewinne, welchen die blutige Expedition ihnen abgeworfen hatte.

In Rastatt blieben die deutschen Diplomaten die Nacht hindurch zusammen und schickten in der ersten Morgenfrühe den preußischen Legationssekretär Jordan nach Gernsbach, um von Barbaczy Befehle für die ungestörte Ueberführung des geretteten Personals der französischen Gesandten und Gewähr für die Sicherheit der deutschen Minister zu erwirken. Mehrere der letzteren wandten sich zu gleichem Zwecke unmittelbar an den Rittmeister Burkhard, der sich nicht abgeneigt zeigte, aber sehr bestimmt die Begleitung der Franzosen durch deutsche Diplomaten verbat. Im Laufe der Unterredung entschlüpfte ihm die Aeußerung: „Es ist ein Unglück; aber wer kann dafür? auf Befehl ist es nicht geschehen; auch uns sind wohl Generale tot geschossen worden". Gegen 11 Uhr kam Jordan zurück. Er hatte Barbaczy nicht gesehen; man hatte ihm auf seine Erklärung, daß er im Namen des ganzen diplomatischen Corps in Rastatt komme, die Antwort gegeben: und wenn er von Gott dem Vater und dem Sohne käme, der Oberst könne ihn nicht sprechen. Indes drückte Barbaczy in einem durch Jordan mitgebrachten Schreiben seinen Schmerz über die nächtliche That einiger „raubsüchtiger Gemeinen" und die innige Wehmut über die Anwesenheit solcher Verbrecher in seinem Regimente aus und bewilligte das sichere Geleit für die Franzosen. Diese reisten dann so bald wie möglich ab; nur Jordan und Harrant durften sie bis an den Rhein begleiten und sich durch den Augenschein überzeugen, daß sie wohlbehalten in das Schiff und auf das jenseitige Ufer gelangten. Auch der Abreise der deutschen Gesandten wurde dann weiter kein Hindernis in den Weg gelegt. Die meisten derselben gingen nach Karlsruhe, wo gleich am 1. Mai Dohm unter Beihülfe seiner Kollegen in einem „authentischen Berichte" den genauen Thatbestand

---

[1]) Zaberns Aussage.

des unter ihren Augen verübten Verbrechens zu Papier brachte.

Das Aufsehen, welches ein so unerhörtes Attentat machte, war begreiflicherweise unermeßlich, am stärksten in Deutschland, wo alle Welt das Gefühl eines tiefen Schandflecks für die nationale Ehre hatte, in viel geringerem Maße dagegen in Frankreich, wo zwar die Regierung alle Künste aufbot, um zu Gunsten ihrer Kriegszwecke den Durst nach Rache zu entflammen, die Volksmasse aber in ihrer bitteren Abwendung von Direktoren und Jakobinern äußerst kühl und gleichgültig blieb und wohl die Meinung vernehmen ließ, die Anstiftung eines solchen Bubenstücks sei keinem Menschen in der Welt eher zuzutrauen als eben ihren Direktoren selbst. Erzherzog Karl erhielt am 1. Mai durch den Befehlshaber des Vortrabs, General Kospoth, die am 29. niedergeschriebenen Berichte Barbaczys und Burkhards, von welchen jener mit den inhaltsschweren Worten begann: Nun ist alles vollendet, dieser aber, offenbar durch die Rastatter Diplomaten an der Trefflichkeit seines Werkes irre geworden, von Gerüchten über herannahende französische Truppen redete, welche seine Mannschaft veranlaßt hätten, auf die französisch redenden Reisenden einzuhauen[1]). Karl, im höchsten Maße überrascht und erschüttert, verfügte darauf sofort die Verhaftung der beiden Offiziere und der bei der That beteiligten Mannschaften, sowie die Niedersetzung einer Untersuchungskommission unter General Sporck und sprach am 2. Mai in einem Schreiben an General Masséna seine tiefe Entrüstung über die Unthat und das Versprechen der vollständigsten Genugthuung aus, wenn die

---

[1]) Ich sehe keinen Grund, an diesen Angaben Lehrbachs in seinen Münchener Gesprächen zu zweifeln. Gegen Hüffer (II, 349) bemerke ich, daß nicht die Berichte der beiden Offiziere, sondern nur Kospoths ziemlich inhaltsleeres Begleitschreiben bei Vivenot, Rastatter Kongreß S. 117 gedruckt, und daß das letztere allerdings am 30., die ersteren aber, wie ich richtig angegeben habe, am 29. geschrieben sind. Hüffer hätte, um seinen Irrtum zu vermeiden, nur zu bedenken brauchen, daß Kospoth in Rottweil zehn deutsche Meilen von Barbaczy entfernt war.

begonnene Untersuchung irgend eine Verschuldung seiner Vor=
posten nachweisen sollte[1]). Mittlerweile war das erbeutete
Archiv nach Stockach gekommen, und die Durchsicht ergab
sehr bald, daß die ganze so blutig verlaufene Expedition
zwecklos gewesen; politisch erhebliche Entdeckungen oder solche
Angaben, die sich gegen die Widersacher Oesterreichs oder
zur Rechtfertigung des Ueberfalls verwerten ließen, fanden
sich nicht vor. Man beeilte sich, die Akten an die französi=
schen Behörden in Straßburg zurückzuschicken. Uebrigens
blieb General Sporck und seine Kommission nicht lange mit
der traurigen Sache befaßt. Als Thugut die Meldung des
Erzherzogs empfing, geriet er in großen Zorn. Das Er=
eignis, schrieb er an Colloredo den 5. Mai, ist verhängnis=
voll; es giebt allen Uebelgesinnten den besten Vorwand zu
den scheußlichsten Anklagen gegen uns; denn schließlich ist es
klar[2]), daß unsere Husaren die französischen Abgeordneten
niedergemacht haben, die das ganze Reich anerkannt, mit
denen man so lange Zeit verhandelt hat. Er sprach dann
sein Befremden über die militärische Besetzung Rastatts über=
haupt aus und schloß mit den Worten, es sei wichtig, daß
die Untersuchung mit Oeffentlichkeit und amtlicher Sicherheit[3])
in allen Formen geführt werde; demnach sei der Erzherzog
anzuweisen, daß er sich auf die Verhaftung aller Verdächtigen
beschränke, und im übrigen sei vielleicht Lehrbach mit der
Leitung der Sache zu beauftragen[4]). Hiernach erging an den
Erzherzog die Verfügung, daß eine bloß einseitige, von der
Militärbehörde geführte Untersuchung nicht genüge und des=
halb einzustellen sei. Die bereits erwachsenen Akten wurden
nach Wien geschickt.

---

[1]) Seine Schreiben an Masséna und nach Wien bei Reichlin=
Meldegg S. 51 und Martens S. 138.

[2]) Après tout, il paraît.

[3]) D'une manière authentique.

[4]) Das Schreiben hat Vivenot dreimal abdrucken lassen, im
43. Bande des Archivs für österreichische Geschichtsquellen, in dem
Buche zur Geschichte des Rastatter Kongresses, in Thuguts ver=
traulicher Korrespondenz.

Hier nahm man denn sich freilich Zeit, über die beste Art und Weise, in welcher die wichtige Sache zu betreiben sei, reiflich nachzudenken, und in der That, man hatte Grund dazu. Denn so gewiß es war, daß der Erzherzog den Mord nicht angeordnet, sondern im Gegenteil wiederholte Befehle zur Sicherung von Leib und Leben der Gesandten erlassen hatte: immer lag die amtliche Weisung vor, die Gesandten anzuhalten, um in den Besitz ihres Archivs, ihrer „Paketen" zu gelangen, und da diese Maßregel allen Gesetzen des Völkerrechts widersprach, so fiel auf ihre Urheber die volle Verantwortlichkeit für jedes, auch ohne ihren Willen bei der Ausführung erfolgte Unheil. Dazu kam dann das unglückliche Schreiben des Erzherzogs vom 25. April. Mit Recht sagte Lehrbach, als er es einige Tage später gelesen: Ich habe gleich gesehen, daß dieser Brief nicht ganz in Ordnung war; es ist erstaunlich, daß der Erzherzog nicht mehr Vorsicht gebraucht hat; so geht's, wenn die großen Herren Befehle unterschreiben, ohne sie zu lesen. Wir sahen, der Schreiber des Briefes hatte am 25. wie am 28. keinen anderen Gedanken als den einen, sein Recht zur Beschlagnahme des Gesandtschaftsarchivs durch Leugnung des noch fortdauernden diplomatischen Charakters der Gesandten festzustellen: der Wortlaut aber des Briefes stand so, daß der Empfänger immerhin die Erklärung seines Feldherrn aus demselben herauslesen mochte, jeden Franzosen, der ihm begegnete, und somit auch die Gesandten, als Feind zu behandeln. Ob nun Rittmeister Burkhard und seine Leute lediglich hiernach, in soldatischem Grimme gegen alle Jakobiner, über die Gesandten, wie Vivenot annimmt, hergefallen sind, oder ob ihnen und ihrem Obersten der Brief des Erzherzogs noch weiter in dem blutdürstigen Sinne durch irgend eine Mittelsperson mißdeutet worden ist, dies steht für jetzt noch dahin; es ist aber auch der einzige zur Zeit unklar gebliebene Punkt des düsteren Ereignisses. Für die letztere Annahme spricht Barbaczys Benehmen am Mittag des 28. in Gernsbach sowie am Abend in Rothenfels; es spricht ferner dafür der Verlauf der Katastrophe selbst, wo bei allem wilden Tumulte doch streng die Regel inne gehalten wird, nur die drei Gesandten, sonst aber keinen der anwesenden Franzosen umzubringen. Wer dann jene hetzende Mittelsperson gewesen, läßt sich mit sicheren Beweisen nicht ermitteln, ob Karls einflußreicher Sekretär Faßbender, welcher Thugut stets sehr ungünstig charakterisiert, und welcher zuerst das aus der Luft gegriffene Gerede aufgebracht hat, nicht österreichische Husaren, sondern französische Emigranten hätten den Mord vollbracht, oder ob Kospoths Generalstabschef, Oberst Meyer von Heldenfeld, der am 17. April jene erste auf die Gesandten bezügliche Ordre an Barbaczy überbracht und sich später oft berühmt hat, er habe die Leitung des ganzen Attentats gehabt: das alles ist nach den bis jetzt vorliegenden Materialien nicht zu entscheiden. Der Nachwelt mag es auch gleichgültig sein, ob dieser untergeordnete Uebelthäter Meyer oder Faßbender oder Burkhard geheißen: die geschichtlich interessante Frage, inwieweit die leitenden Organe der österreichischen Regierung die Katastrophe verschuldet haben, ist heute als gelöst zu betrachten. Sie haben den Mord nicht gewollt, aber ihr rechtswidriger Anschlag auf das Archiv der Gesandtschaft und eine undeutliche Fassung des entscheidenden Befehls haben ihn ermöglicht und veranlaßt. So war es kein Wunder, daß man in Wien, sobald diese Verhältnisse klar gestellt waren, es vorzog, alle üble Nachrede schweigend auf sich zu nehmen, anstatt den wirklichen Thatbestand in seinen bedenklichen Einzelheiten zu enthüllen.

Am 13. Mai begutachtete Thugut einen Antrag des Reichsvizekanzlers, französische Offiziere zu der einzusetzenden Kommission hinzuzuziehen, und bewirkte die Ablehnung desselben, da man nicht wissen könne, ob das Direktorium dazu nicht boshafte und insolente Leute abordnen würde; dagegen könne man die in Rastatt zur Zeit des Vorfalls anwesenden deutschen Gesandten einladen, der Untersuchung beizuwohnen oder doch die ihnen bekannten Umstände der Kommission schriftlich mitzuteilen. Indessen wurde in Wien der „authentische Bericht" und ein Zeitungsartikel eines damals in preußischen Diensten stehenden Schriftstellers Lange bekannt; jener enthielt zwar keine Silbe über die Urheberschaft des

Mordes, jedoch ergaben seine Thatsachen für jeden Leser die Ueberzeugung, daß Szekler Husaren auf Befehl ihrer Offiziere den Frevel vollführt hatten, und Lange nahm gar kein Blatt vor den Mund, sondern redete rund heraus von Befehlen der österreichischen Regierung. Darauf erließ Thugut am 15. Mai lebhafte Beschwerden nach Berlin und bemühte sich am 24. in einer Depesche an Cobenzl, die unliebsamen Schilderungen herabzumindern; es gebe viele Leute, sagte er, welche die Thäter für schwäbische Räuber oder für französische Emigranten hielten, die sich als Husaren verkleidet hätten. Dies wurde dann die offizielle Lesart, welche unter anderen auch Faßbender dem dänischen Kammerherrn von Eyben, allerdings in behutsamen Wendungen, vortrug, uneingedenk der Rapporte vom 29. April und der Briefe des Erzherzogs vom 2. Mai [1]). Um das gute Gewissen der österreichischen Regierung weiter zu bethätigen, beantragte Thugut am 28. Mai ein kaiserliches Hofdekret an den Regensburger Reichstag, welches am 6. Juni denn auch ausgefertigt wurde. Der Kaiser sprach darin seine innerste Entrüstung über das Attentat aus, zeigte sich schmerzlich berührt durch die bereits aufgetauchten verleumberischen Gerüchte und stellte den Antrag, die Reichsversammlung möge sowohl einige Abgeordnete aus ihrer Mitte ernennen, um der Untersuchung beizuwohnen, als auch mit edler und patriotischer Offenheit alles anraten, was in der wichtigen Frage irgend zweckdienlich erscheinen könnte. Hierauf beschloß der Reichstag am 14. und 15. Juni, zunächst die Beratung einen Monat auszusetzen und mittlerweile mit dem kaiserlichen Kommissar über den eigentlichen Sinn des Hofdekrets in Benehmen zu treten, zu welchem Behufe er seinerseits eine Reihe von Vorschlägen über die Führung des Prozesses machte, darunter auch wieder die von Thugut bereits verworfene Einladung französischer Offiziere. Indessen verstand es der kaiserliche

---

[1]) Später, in seiner Geschichte des Krieges von 1799, begnügte der Erzherzog sich mit der Erklärung, daß die Veranlassung zu dieser Katastrophe noch nicht bekannt sei.

Kommissar so gut, die Wünsche seiner Regierung dem
Reichstage annehmbar erscheinen zu lassen, daß nach Ab-
lauf von zwei Monaten die Verhandlung mit einem Be-
schlusse endigte, der Reichstag stelle die Behandlung der
Sache mit vollem Vertrauen allein der Weisheit Kaiserlicher
Majestät anheim.

In Wien dauerte dann die Untersuchung, wie man annehmen darf, ohne besondere Energie geführt, bis zum Mai
1801, also bis einige Wochen nach dem Abschluß des österreichischen und des Reichsfriedens mit Frankreich. Damals
wurden Barbaczy zum General, Burkhard zum Major befördert
und beide in Pensionsstand versetzt[1]). Die Akten der Untersuchungskommission, wenn es überhaupt solche gegeben hat,
sind verschwunden. Die einzige weitere Aeußerung aus den
österreichischen Regierungskreisen über das Attentat, welche
seitdem noch bekannt geworden[2]), stammt aus dem Jahre 1804,
ein vertrauliches Schreiben des Grafen Ludwig Cobenzl, damals Minister des Auswärtigen, an den Kabinettsminister
Grafen Colloredo. „Den mit der Bearbeitung des letzten
Krieges beauftragten Generalstabsoffizieren lägen Papiere vor,
welche sie in stand setzten, in allen Einzelheiten zu erkennen,
was zu dem traurigen Ereignis geführt habe; man gebe sogar
an, daß sich darunter ein Billet Thuguts befinde, welches
ihn in die Sache verwickele; dieser letzte Umstand scheine
allerdings, bemerkt Cobenzl, eine verleumberische Erfindung
des Uebelwollens; immer aber, schließt er, Papiere, welche
zeigen, was dieser unglückliche Handel ist, sollten nicht von
so vielen Menschen gesehen und mithin von den übrigen
Kriegsakten getrennt werden." Schwerlich wird jemand aus
diesen Worten folgern, daß Cobenzl überhaupt nicht an die
Existenz eines Thugutschen Briefes unter jenen Akten geglaubt
hat: was er als Verleumdung bezeichnet, ist der „letzte Umstand", nämlich daß das Schreiben seinen Verfasser als

---

[1]) Müller, Gesandtenmord S. 25, nach Vivenots Mitteilungen
aus den Akten.

[2]) Durch Vivenot, Rastatter Kongreß S. 371.

Mitschuldigen bei dem Morde erscheinen lasse. Mit voller
Deutlichkeit geht sodann aus Cobenzls Briefe hervor, daß
den österreichischen Ministern der Sachverhalt des Ereignisses
sehr wohl bekannt, und daß sie nach dieser Kenntnis die
weitere Verbreitung desselben zu hindern entschlossen waren.
Es wird somit durch Cobenzl urkundlich bestätigt, was sich
freilich schon an sich vermuten ließ, daß das rasche Einschlafen
der auf die erste Kunde angeordneten Untersuchung nicht die
Folge irgend welcher Nachlässigkeit, sondern ein planmäßiges,
wohlerwogenes Verfahren gewesen ist.

Nachdem wir uns hiermit den Verlauf des Ereignisses,
wie ihn die Wiener, Münchener und Rastatter Akten erken=
nen lassen, vergegenwärtigt haben, bedarf es einer umständ=
lichen Widerlegung der zahlreichen sonstigen, bisher aufgestellten
Vermutungen über die Urheber des Attentats nicht mehr.
Man weiß, wie weit und nach wie mannigfachen Richtungen der
Argwohn umhergegriffen, wie er abwechselnd Ludwig XVIII.,
namenlose französische Emigranten, die Königin von Neapel,
Thugut, Lehrbach, Pitt, Jean Debry, das französische
Direktorium angeklagt hat. Es genügt zur Würdigung dieser
sämtlichen Hypothesen schon die einfache Thatsache, daß sie
alle ohne den Schatten eines Beweises auftreten, alle aus
dem Kopfe erfunden sind nach dem Wunsche, eine scharfsinnige
Erklärung für ein bis dahin unerklärtes Ereignis zu liefern.
Daß es auch verstorbenen Personen gegenüber nicht bloß
unkritisch, sondern sittlich unerlaubt ist, ohne feste Beweis=
mittel die Anklage auf doppelt und dreifach qualifizierten
Mord zu erheben, wurde im Eifer der schöpferischen Phantasie
übersehen; auch zeigte jede nähere Prüfung die sachliche Un=
möglichkeit oder Unzulänglichkeit jener Vorschläge auf der
Stelle. Unter denselben gab es nur zwei, welche wenigstens
mit dem Scheine halber Indizien ausgerüstet hervortraten,
die gegen Lehrbach und die gegen Jean Debry gerichteten
Vermutungen. Lehrbach sollte in München seinem Sekretär
die vertrauliche Mitteilung gemacht haben, er habe die Husaren
angewiesen, die Franzosen etwas zu zausen, da hätten denn
die Tölpel leider scharf dreingehauen. Die von mir ver=

öffentlichten Münchener Protokolle haben die Grundlosigkeit
dieser Angabe und Lehrbachs Nichtbeteiligung an dem Atten=
tate schlagend dargethan. Was Jean Debry betrifft, so hat
nach Berichten eines preußischen Diplomaten Roux die Witwe
Roberjot jenen als den Mörder ihres unglücklichen Gatten
verwünscht und den Haß der Direktoren gegen die beiden
Opfer denunziert. Hat sie das letztere wirklich ausgesprochen,
so war sie eben im Irrtum; denn unter den drei Gesandten
war gerade Roberjot der Vertraute Merlins und Talleyrands,
so wie Bonnier der Freund Barras und Rewbells gewesen[1]).
Wenn sie aber Debry als den Veranlasser des ganzen Un=
heils anklagt, so scheint es doch auf der Hand zu liegen, was
sie dabei im Sinne hat: während sie selbst und ihr Gemahl
an dem verhängnisvollen Abende für Verzögerung der Abreise
gestimmt, war es ja Debry gewesen, welcher den schleunigen
Aufbruch angeraten und durchgesetzt und sie alle damit den
Mördern entgegengeführt hatte[2]). Helferts Buch über den
Gesandtenmord hat das unbestrittene Verdienst einer äußerst
fleißigen Materialiensammlung; aber völlig unhaltbar ist in
Bezug auf die Ausführung des mörderischen Ueberfalls sein
Versuch, den Mord einem halben Dutzend als Husaren ver=
kleideter Banditen und den wirklichen Husaren lediglich die
Wegführung der herrenlos gewordenen Wagen zuzuschreiben,
und wenn er weitläufig die Ansicht widerlegt, die Wegnahme
des Gesandtschaftsarchivs sei der amtliche Zweck des Atten=
tats gewesen, weil ja für Oesterreich gar kein vernünftiger
Grund einer solchen Absicht existiert habe, so kann eine solche
Darlegung gegenüber den Thatsachen und den von mir auf=
gefundenen Dokumenten nur einen beinahe komischen Eindruck
machen. So erkennt denn auch Hüffer an[3]), der Schluß,
man habe die Gesandten anhalten wollen, um sie ihrer Papiere
zu berauben, liege nicht allein nahe, sondern man müsse ihn

---

[1]) Vgl. oben S. 118 und Hüffer II, 338 ff.
[2]) Die neueste Vertretung der gegen Debry gerichteten Anklage
durch Böhtlingk, Leben Napoleons, hat Wegele, Hist. Zeitschrift,
Bd. 46, S. 193 ff., gründlichst widerlegt.
[3]) A. a. O. II, 351.

auch nach dem bisher Bekannten als berechtigt, wenigstens als zumeist berechtigt anerkennen. Indessen auch hier wie manches Mal sonst thut er das mögliche, um Zweifel gegen eine Verschuldung Oesterreichs aufzuspüren. An der am 17. April dem Obersten Barbaczy zugekommenen Ordre ist ihm befremdlich, daß er am 20. troh derselben Albini erklärte, er habe keine Ordre dieses Inhalts empfangen — als wenn Barbaczy sich verpflichtet erachtet haben müßte, den Rastatter Diplomaten reinen Wein über die gegen sie geschmiedeten Anschläge einzuschenken. Wenn dann der Erzherzog am 28. April verfügt: in Hinsicht der Korrespondenzen der französischen Minister darf keineswegs eine beruhigende Zu- sicherung gegeben werden, vielmehr ist aller Bedacht darauf zu nehmen, sich der Pakten habhaft zu machen — so meint Hüffer, es sei aus diesen Worten nicht zu entnehmen, ob Karl bei den „Paketen" an die Korrespondenz der französischen Minister oder an andere dem General Kospoth früher be- zeichnete Aktenstücke denke. Man erkennt die Folgerung, es stehe also doch nicht fest, daß der Erzherzog die Wegnahme des Gesandtschaftsarchivs und damit die Arretierung der Gesandten befohlen habe. Ich glaube nicht, daß irgend ein unbefangener Leser des obigen Satzes diese Interpretation sich aneignen wird, zumal ja die Absicht des Erzherzogs aus Vivenots Mitteilung der ersten hierher gehörigen Ordre und aus der Einsendung des festgehaltenen Archivs in das Haupt- quartier sattsam feststeht. Nicht besser begründet ist eine andere Bemerkung Hüffers, wenn dieselbe den Erzherzog überhaupt aus dem ganzen Handel entfernen soll, die Erinnerung, daß er am 14. April das Kommando wegen Krankheit nieder- gelegt und erst am 26. wieder übernommen habe. Wir werden die Natur dieses nicht gerade gesundheitsgefährlichen Krankheitsfalles später kennen lernen; hier reicht die Be- merkung hin, daß während jenes Zeitraums Kospoth am 23. über die Angelegenheit an Karl berichtet und dieser am 25. Befehle erläßt, daß der Erzherzog also auch während jenes Unwohlseins die Rastatter Frage nicht aus den Augen ver- loren hat.

Soweit ich sehe, wird es bei dem Ergebnis bleiben, daß die österreichischen Behörden die Gesandten haben anhalten lassen, um ihre Papiere wegzunehmen, und daß dann das Mißverstehen oder die Mißdeutung des letzten, unbedachtsam redigierten Befehls den niedern Offizieren den Anlaß gegeben hat, ihren Haß gegen die Jakobiner im Blute der Gesandten zu kühlen.

————

Neunzehntes Buch.

Krieg der zweiten Koalition.

———

Erstes Kapitel.

Stockach und Magnano.

Jn dem Augenblicke, in welchem das französische Direktorium seine Scharen den Rhein überschreiten und hiermit
die Kriegsfurie über Europa dahinbrausen ließ, schienen seine
militärischen Aussichten wenig glänzend zu stehen. Wir sahen [1]),
wie schwach bestellt es mit den französischen Rüstungen im
Herbste 1798 war; seitdem hatte man viele tapfere Worte
gemacht, eine Unzahl energischer Verfügungen erlassen und
allen Generalen die Weisung zu ungestümer Offensive gegeben:
in der That aber war blutwenig für die Verstärkung der Heere,
die Verpflegung der Truppen, die Wappnung der Festungen
geschehen; die Unordnung und der Geldmangel in allen Verwaltungszweigen hatte jede ausreichende Thätigkeit des Kriegs-
ministeriums verhindert. Dessen Akten bezeichneten in den
ersten Monaten des Jahres 1799 als Bestände des italienischen
Heeres 10 800 Mann in Piemont, 47 000 in der Lombardei
und Toscana, 25 500 in Neapel, 26 000 Mann italienischer
und polnischer Hülfstruppen, auf dem Marsche dorthin oder in
Garnison zu Genua 7000 Mann, im ganzen 117 000 Mann,
sodann in der Schweiz 33 000 Franzosen und in der Aushebung begriffen 18 000 Helvetier, ferner die Armee von Mainz
53 000 Mann, nebst 35 000 Mann im Marsche zu deren
Verstärkung begriffen, endlich in Batavien eine Besatzung von
15 000 Mann Franzosen und 12 000 Holländern. Die Meinung war, aus der Mainzer Armee, nach Ankunft jener

---

[1]) S. 64 d. B.

Verstärkungen, zwei Heere zu bilden, ein Donauheer unter
General Jourdan, 46 000 Mann, zur Eroberung von Schwaben
und Bayern, ein Beobachtungsheer von 42 000 Mann unter
General Bernadotte, zur Einnahme der deutschen Festungen am
Rheine und zur Deckung von Jourdans linker Flanke. Aber wie
viel von diesen schönen Zahlen stand lediglich auf dem Papier!
Als die entscheidende Stunde schlug und die ungestüme Offensive beginnen sollte, fand Jourdan 36 000 [1]) und Bernadotte
8000 Mann unter der Fahne vor, also genau die Hälfte der
oben bezeichneten Stärke; Masséna, welchem unter Jourdans
Oberleitung der Befehl in der Schweiz übertragen war, zählte
nicht ganz 30 000 Franzosen, ohne Lebensmittel, mit unvoll-
ständiger Bewaffnung und Bekleidung, und kaum 10 000 Helvetier, frisch ausgehobene und zu großem Teile widerwillige
Mannschaften. Besser stand es, was die Zahl betraf, in den
Truppenteilen des italienischen Heeres; dafür aber waren diese
durch alle Landschaften der langgestreckten Halbinsel von den
Alpen bis zur sizilianischen Meerenge zerstreut, so daß zunächst
kaum 50 000 Mann an der Etsch den Oesterreichern entgegentreten konnten. Wer sie befehligen sollte, war geraume Zeit
ein Gegenstand schweren Bedenkens in Paris gewesen. Der
bisherige Führer, General Joubert, hatte sich, wenn auch nicht
in so ärgerlicher Weise wie Brune, mit den Zivilkommissaren
des Direktoriums überworfen und sein Amt niedergelegt, indem er als den geeignetsten Nachfolger seinen augenblicklichen
Stellvertreter, den General Moreau, empfahl. Dieser aber
war wegen seiner politischen Gesinnung den Direktoren ver-
haßt, und so schickten sie endlich den bisherigen Kriegsminister,
General Scherer, der, wie wir wissen, 1795 in Italien mit
leidlichem Erfolge kommandiert hatte, aber hochbejahrt und
mittelmäßigen Geistes war. Der neue Minister, General
Milet-Mureau, fand sich dann schwer bedrängt durch die Klagen
der Generale über die Unzulänglichkeit ihrer Mittel: er versprach jedesmal, jedes Begehren zu erfüllen; das letzte Wort
aber war und blieb immer, daß ein Republikaner die Feinde

---

[1]) Jourdan, précis des opérations 91.

nicht zähle, daß der französische Soldat durch Tapferkeit und
Heldenmut jeder Uebermacht gewachsen, daß Nahrung, Klei=
dung und Kriegsbedarf in Feindesland zu finden sei. Bei der
Regierung entsprang, wie wir wissen, diese Unerschrockenheit
großenteils aus der verzweifelten Ueberzeugung, daß ihre
schlimme Lage im Frieden hoffnungsloser sei als selbst bei
einem ruhmlosen Kriege; immer aber sollte sich zeigen, daß
auch eine solche Angriffslust auf dem Schlachtfelde zuletzt
schwerer wog als die zahlreichen und langsamen Bataillone
ihrer Widersacher.

Denn hier, auf seiten der Koalition, war alles, was zu
dem materiellen Bestande einer mächtigen Rüstung gehörte, in
überlegener Masse vorhanden, und nur das eine war unvoll=
ständig vertreten, der unwiderstehlich fortreißende Antrieb.
Oesterreich hatte unter der einsichtigen Leitung des Erzherzogs
Karl gewaltig gerüstet: mit etwas über 90 000 Mann[1]) wollte
der Erzherzog selbst in Süddeutschland operieren und hatte
noch 26 000 Mann unter General Hotze in Vorarlberg und
Graubünden zu seiner Verfügung; in Tirol befehligte General
Bellegarde einen selbständigen Heerteil von 46 000 Mann;
nach Venetien waren 86 000 Mann einstweilen unter General
Kray bestimmt — der zum bleibenden Kommando ausersehene
General Melas, ein tüchtiger, aber hochbejahrter Offizier, fuhr
wegen seines Alters in kleinen Tagereisen bedächtig dem
Kriegsschauplatze zu. Neben diesen Streitkräften sollten dann
später noch 31 000 Russen unter Rosenberg und Rehbinder
auftreten und der kampfesdurstige Suworow die Führung
des Ganzen mit unbeschränkter Vollmacht übernehmen. So
hatte man auf allen Kriegsschauplätzen den Franzosen beinahe
die doppelte Zahl der Streiter entgegenzusetzen. Die Truppe
war wohlgeübt, die Reiterei vortrefflich; auch die Gesinnung
der Leute war nicht schlecht, wenngleich die tiefe Zerrüttung
und Entmutigung von 1797 sich nicht mit einem Schlage
binnen Jahresfrist hatte ausheilen lassen. Dazu kam die be=
gründete Hoffnung, bei jedem Schritte vorwärts in der Schweiz

---

[1]) Nach den Etats in den Feldakten. Wiener Kriegsarchiv.

und in Italien den populären Haß gegen die Franzosen in lichte Flammen aufschlagen zu sehen: ohne Frage sind stattliche Heerscharen äußerst selten unter so günstigen Aussichten einem schweren Streite entgegengegangen.

Aber es gab in Oesterreich zwei Menschen, welchen alle diese erquicklichen Momente keine Zuversicht einzuflößen vermochten, und gerade diese beiden befanden sich an verhängnisvoll entscheidender Stelle, der Minister Thugut und der Erzherzog Karl. Beide Männer waren sonst so verschieden wie möglich. Der Minister thatkräftig und ungeduldig, listig und rücksichtslos, aber erfüllt vom tiefsten Mißtrauen gegen seinen Staat, sein Heer, seine Bundesgenossen. Der Erzherzog pflichttreu und gewissenhaft, aber langsam und bedächtig, in der vorhandenen Gefahr von hoher Unerschrockenheit, jedoch von Natur geneigt, jede mißliche Möglichkeit für eine tödliche Gefahr zu halten, und demnach mißtrauisch, wie der Minister gegen ihn, so er gegen seine Offiziere und Soldaten. Als er Ende Januar zwölf Bataillone an den Tiroler Heerteil abgeben sollte, erklärte er sich zu schwach, nicht bloß zum Angriff auf Jourdans Divisionen, sondern sogar zur Gewähr einer zuverlässigen Verteidigung, zu schwach mit 80 000 gegen 36 000. Solche Aeußerungen steigerten dann natürlich wieder Thuguts schwarzsichtige Resignation, daß zuletzt aus der Sache nichts Gutes herauskommen werde, und lähmten auch bei ihm die vordringende Entschlußkraft, die unter den gegebenen Umständen sofort von Triumph zu Triumph geführt hätte. Wie oft hatte Thugut früher dem ungeduldigen Kaiser Paul für den richtigen Zeitpunkt den allseitigen, zermalmenden Angriffskrieg verheißen, jetzt aber schob sich auch bei ihm halb unbewußt der Gedanke der zuwartenden Abwehr jedem kriegerischen Entwurfe unter. Wir sind nicht vollständig über den Feldzugsplan unterrichtet, welcher dem Erzherzog mitgegeben wurde; die früheste der vorliegenden Weisungen nimmt auf die stattgehabten mündlichen Abreden Bezug und bezeichnet es auf Grund derselben im allgemeinen als die Aufgabe Karls, den möglichst großen Teil des deutschen Reichsbodens zu decken und dann bei erster Gelegenheit eine Unternehmung gegen die Schweiz sich zum Geschäft zu machen [1]). Daran reihte sich später der Befehl, in keinem Falle die Feindseligkeiten zu beginnen, sondern die Gehässigkeit des ersten Schusses den Franzosen zu überlassen. Noch stärker ausgeprägt zeigte sich die rückhaltende Bedenklichkeit an einer andern wichtigen Stelle. Bellegarde stand mit 46 000 Mann in Tirol unabhängig, wie bemerkt, von Karl, zur Deckung, sagte man, des Allerkost= barsten, nämlich der österreichischen Erblande; er durfte nach dieser Bestimmung fürs erste nicht gegen Helvetien vorgehen, damit Tirol gegen Cisalpinien gesichert bleibe, aber auch nicht gegen Cisalpinien, weil dann Tirol vielleicht einem helvetischen Angriff bloßgestellt würde. Der einzige, nicht österreichische Landstrich, den er in seine Verteidigungslinie noch hinein= ziehen sollte, war das Engadin. Der Kontrast zwischen den beiden Parteien konnte nicht größer sein, hier das elend be= waffnete Frankreich, welches alle seine Generale zu tollkühnem Vorgehen drängte, dort Oesterreich in schwerster Rüstung, nur mit dem Gedanken beschäftigt, wie es die Streiche des Gegners etwa parieren könnte.

Wir haben früher wahrgenommen, wie Thugut nach hun= dert Erwägungen den Zeitpunkt des Losbrechens hinausschob, wie Erzherzog Karl insbesondere einen Winterfeldzug für durchaus unthunlich erklärte. Dem entsprach es, daß die Generale an keiner Stelle auf den Beginn des Schlagens gefaßt waren, als die entscheidende Stunde eintrat. Wohl stand das ganze Heer seit geraumer Zeit auf dem Kriegsfuße: aber kampffertig war man dennoch nirgendwo. Eine starke Division des Erzherzogs befand sich noch in Böhmen; Hotze, in Vorarlberg dem Feinde am nächsten, hatte den Erzherzog

---

[1]) Der Kaiser an Karl 29. Januar 1799, in dem Wiener Kriegs= archiv. Dieses enthält für den Feldzug 1799 in größter Vollstän= digkeit die Korrespondenz der Generale und der niederen Offiziere, sowie jene des Hofkriegsrats. Dagegen fehlt dort die Korrespondenz Karls mit dem Kaiser und der Regierung fast ganz. Einen an= sehnlichen Teil derselben fand ich im Staatsarchiv: ob der Rest im kaiserlichen Kabinettsarchiv oder im Besitze des Erzherzogs Albrecht ist, vermochte ich nicht zu ermitteln.

dringend, aber erfolglos um Verstärkung gebeten; Bellegardes Truppen waren durch Tirol von Kufstein bis Trient verzettelt. Auch mit der Verpflegung, von jeher einer schwachen Seite der kaiserlichen Heerverwaltung, war man bei weitem nicht im reinen, vor allem was die im Tiroler und Graubündener Alpenlande aufgestellten Heeresteile betraf. So wurde man trotz des längst vollzogenen diplomatischen Bruches doch auf allen Punkten von dem feindlichen Angriffe überrascht.

Der erste Stoß traf, wie natürlich, Graubünden. In Italien dauerte es bei der Zersplitterung der französischen Streitkräfte noch eine Weile, ehe der charakterschwache General Scherer an den Feind gelangen konnte; auch lag hier die anzugreifende Grenze, die Etschlinie, so weit nach Osten vor, daß es in Paris ratsam erschien, zunächst die Heere im Norden der Alpen auf gleiche Höhe mit dem italienischen vordringen zu lassen. In Deutschland überschritt Jourdan, wie wir wissen, Anfang März erst den Rhein, während der Erzherzog sich hinter dem Lech befand, also ganz Schwaben noch die Widersacher voneinander trennte. Dagegen lag Hotzes Stellung in Vor=arlberg und Graubünden zehn Meilen weiter westwärts als die Lager des Erzherzogs, Bellegardes und Krays, und von jeher hatte die Vertreibung der Oesterreicher aus Graubünden der französischen Regierung am Herzen gelegen. Masséna hatte längst den Befehl, im Augenblicke der Kriegserklärung hier zum Werke zu schreiten, und demnach den größeren Teil seiner Brigaden in der Nähe dieser Grenze zusammengezogen. Umgekehrt war Hotze von dem stets vorsichtigen Erzherzog, der für den Fall des Vorrückens vor allem für die Deckung seiner eigenen Flanken besorgt war, angewiesen worden, mit seiner Hauptmasse sich möglichst in Karls Nähe, also nord=wärts zu halten, am liebsten bei Bregenz, schon die Stellung bei Feldkirch sei mißlicher. Hiernach hatte Hotze nicht daran denken können, noch weiter südlich als Feldkirch, nach Grau=bünden, erhebliche Streitkräfte zu entsenden; er ließ in einem verschanzten Lager bei Feldkirch fünf Bataillone; das obere Rheinthal blieb lediglich der Obhut des wackeren Generals Auffenberg ebenfalls mit fünf Bataillonen anvertraut. Dieser

hatte mit 800 Mann die kleine Bergfeſte Lucienſteig, an der
Grenze von Vorarlberg und Graubünden, beſetzt, zwei Bataillone auf verſchiedenen Beobachtungspoſten zerſtreut, zwei als
Reſerve bei Chur aufgeſtellt. Noch hatte er keine Ahnung,
daß der wirkliche Krieg begonnen habe, als er frühmorgens
am 6. März durch das Eintreten eines franzöſiſchen Parlamentärs überraſcht wurde, der ihm einen Brief Maſſénas mit
der Aufforderung überbrachte, bei Vermeidung von Feind-
ſeligkeiten Graubünden binnen zwei Stunden zu räumen.
Kaum hatte der entrüſtete General ſeine Weigerung ausge-
ſprochen, als das Schießen begann; Maſſéna hatte die Friſt-
erſtreckung buchſtäblich genommen und zwei Stunden, nicht
nach dem Empfang, ſondern nach der Abſendung des Briefs
das Feuer eröffnet. Er hatte ſeine Maßregeln mit der ihm
eigentümlichen Verbindung von Umſicht und Ungeſtüm getroffen.
Die Brigade Oudinot ging dicht bei Feldkirch über den Rhein
und ſperrte die Verbindung dieſes Platzes mit Auffenbergs
nächſtem Poſten bei Lucienſteig. Die Diviſion Ménard über-
ſchritt den Fluß in zwei Abteilungen nördlich und ſüdlich
von der Feſtung, griff ſie von allen Seiten an und nahm
ſie am Abend nach hartnäckigem Widerſtande mit ſtürmender
Hand. Damit war Auffenbergs Lage vollkommen hoffnungslos. Vom St. Gotthard her drang die Brigade Loiſon durch
das Vorderrheinthal in ſeinem Rücken gegen Chur vor; von
Hotze war er durch den Fall von Lucienſteig vollkommen ab-
geſchnitten; ein Verſuch desſelben, ihm von Feldkirch Hülfe
zu bringen, wurde durch Oudinot unter ſchwerem Verluſte
der Oeſterreicher abgewehrt. So blieb dem von allen Seiten
durch 16 000 Mann umſtellten Auffenberg nichts übrig, als
am 7. März mit dem ganzen Reſte ſeiner Truppe die Waffen
zu ſtrecken. Die beiden Tage koſteten den Oeſterreichern über
5000 Mann an Toten, Verwundeten und Gefangenen[1]).
Graubünden war in Feindeshand.

Maſſéna verſammelte darauf den größten Teil ſeiner

---

[1]) So geben ihre Liſten an. Im erſten Schrecken berichtete
Hotze an Bellegarde, ſein Corps ſei um ein Drittel geſchwächt.

Stärke, 17000 Mann, in der Umgegend von Feldkirch, um Hoße zu beobachten. Es kam hier nur einmal noch zu einem größeren Gefechte, als die Franzosen am 23. März einen Versuch zur Erstürmung der österreichischen Schanzen machten, aber durch die indes verstärkte Besaßung mit blutigen Köpfen abgewiesen wurden. Desto lebhafter drängten sich während der nächsten Wochen die Aktionen im Bündener Hochgebirge. Masséna hatte die seinen rechten Flügel bildende Division Lecourbe, 9000 Mann, zur Besetzung des Engadin bestimmt. Bei diesem Unternehmen sollte Lecourbe durch General Dessolles vom italienischen Heere mit 5000 Mann unterstüßt werden, der von Bormio über das Stilfser Joch und das Münsterthal in das Engadin von Süden her eindringen würde. Auf die Kunde von Auffenbergs Mißgeschick war ein großer Schrecken durch Tirol gegangen, und Bellegarde fing endlich an, seine weit zerstreuten Truppen zu sammeln. Er schickte den General Loudon zunächst mit 4000 Mann den Inn hinauf, welcher dann im Engadin bei Ponte Stellung nahm. Aber während ihn Lecourbe, über den Albula= und den Julierpaß eindringend, in der Fronte angriff, ging eine dritte Kolonne über den Scaletta und bedrohte die Oesterreicher im Rücken, worauf dann Loudon schleunigst zurückwich und erst hart an der Tiroler Grenze, in dem Felsenpasse von Martinsbruck, wieder festen Fuß faßte. Zwei vorgeschobene Bataillone waren damit ab= geschnitten, suchten sich südwärts durch das Veltlin zu retten, liefen hier aber dem heranrückenden Dessolles in die Hände und wurden gefangen. Vor Martinsbruck wurde dann vom 14. bis 17. März heftig gekämpft, ohne daß eine der beiden Parteien der andern etwas Erhebliches anzuhaben vermocht hätte. Unterdessen schickte Bellegarde einzelne zersplitterte Ab= teilungen, im ganzen 7000 Mann, zu Loudons Verstärkung, teils in das Engadin, teils in das Münsterthal: an die Mög= lichkeit aber, seine 40000 mit rascher Bewegung zusammen zu nehmen und die kecke französische Schar mit übermächtigem Angriff zu erdrücken, schien ihm gar kein Gedanke zu kommen. So konnte jetzt auch Dessolles das Stilfser Joch ganz un= gehindert passieren und Loudon gegenüber, der zu den Truppen im Münsterthal hinübergeeilt war, sich zum Angriff anschicken. Am 25. März ging ein Teil seiner Truppe durch das augenblicklich trockene Bett eines Gebirgswassers dem Feinde bei Taufers in den Rücken; sofort verbreitete sich unter den Oesterreichern ein panischer Schrecken, und die Niederlage wurde vollständig. An 1000 Mann blieben tot auf dem Platze, 4000 streckten die Waffen. An demselben Tage überwältigte Lecourbe, ebenfalls durch eine gewandte Umgehung, den Paß von Martinsbruck; auch hier lief die österreichische Reserve davon, als sich auf ihrer Rückzugslinie seine Schützenschwärme zeigten; das vordere Treffen, drei Bataillone, überlieferte sich der Gefangenschaft. Die Einbuße, welche Oesterreich durch diese Vorgänge erlitt, war höchst empfindlich. Hier das Innthal, dort das Etschthal lagen offen vor dem Feinde; die direkte Verbindung zwischen Nord= und Südtirol war zerrissen, das Vertrauen der Truppe zu sich selbst und zu ihren Führern war tief erschüttert. Und dies alles war herbeigeführt durch nicht mehr als 12 000 Franzosen, die aber die Schwäche ihrer Zahl durch tolle Dreistigkeit ersetzten, während Bellegarde mit der vierfachen Stärke in verwirrter Trägheit sich durch diese Handvoll Leute über 12 000 Mann an Toten und Gefangenen abnehmen ließ. Wäre es an jenem 25. März auf den beiden andern Kriegstheatern ebenso ergangen wie auf dem Tiroler, das Unheil für den Kaiserstaat wäre unabsehbar gewesen.

In Wien rief, wie man sich denken kann, die Kunde von diesen schmählichen Ereignissen die bitterste Stimmung hervor. Thugut, welcher nie zu den Bewunderern des Erzherzogs gehört hatte, richtete seinen eigenen und des Kaisers Unwillen in erster Linie gegen Karl, welcher Hotzes wiederholte Bitten um Verstärkung fortdauernd abgewiesen und dadurch Masséna die Wege zur Eroberung Graubündens und zur Bedrohung Tirols eröffnet hätte. Mit gutem Grunde hatte man dem Erzherzog noch am 23. Februar erörtert, daß er dem Feinde mindestens um 30 000 Mann überlegen sei (wie wir wissen, war seine Stärke in Wahrheit noch erheblich größer): unmöglich konnte bei richtigem Verfahren eine Entsendung von

20 000 Mann nach Vorarlberg, welche Massénas Erfolge unmöglich gemacht hätte, ihn Jourdan gegenüber in ernstliche
Ungelegenheit bringen. Redete er aber von der Notwendigkeit, seine linke Flanke gegen die Schweiz zu decken: welche
bessere Deckung konnte es für ihn geben, als eine Verstärkung
Hotzes, welche diesen in den Stand setzte, Masséna zu überwältigen? Was Karl mit Recht gegen solche Betrachtungen
einzuwenden und auch dem General Hotze in der That erklärt
hatte, war der Satz, daß die Hauptsache zur Zeit die gründliche
Besiegung Jourdans sei, daß er dafür seine Macht zusammenhalten müsse und, wenn er hier durchdringe, dann an kleinen
Erfolgen des Feindes in Graubünden wenig gelegen sei. Alles
kam also darauf an, ob er jetzt durch gewaltige Schläge gegen
die Donauarmee gutmachen würde, was in den Alpen verdorben war.

Er hatte gleich auf die erste Nachricht von Jourdans Rheinübergang seine Truppen am 4. März den Lech überschreiten
lassen, um zwischen Donau und Bodensee den Franzosen entgegenzurücken. Auch Jourdan, der sich Masséna anzunähern
wünschte, hatte dieselbe südliche Richtung eingeschlagen, so daß
ein baldiges Zusammentreffen unvermeidlich schien. Indessen,
besondere Eile schien man auf beiden Seiten nicht zu haben:
Karl, nach seiner Bedächtigkeit, legte fünfzehn Meilen in fünfzehn Tagen zurück; Jourdan, ohne Zweifel im Gefühl seiner
Schwäche, verwandte neunzehn Tage auf einen Marsch von
zweiundzwanzig Meilen. So dauerte es bis zum Abend des
19. März, ehe die feindlichen Heere an dem sumpfigen Ostrachbache, dort, wo heute der badische Seekreis, Württemberg
und Hohenzollern aneinandergrenzen, sich gegenüberstanden.
Jourdans Vortrab, unter Lefèvre, hatte die Uebergänge über
den Bach und die davorliegenden Höhen besetzt; weiter nördlich
bedrohte General St. Cyr mit nahezu 5000 Mann die rechte
Flanke des Angreifers. Die Division Souham, 7460 Mann,
befand sich eine starke Meile weiter rückwärts als Reserve in
Pfullendorf. Die Division Ferino war, augenblicklich außer
aller Verbindung mit Jourdan, gegen den Bodensee im Marsch
und über 4000 Mann in kleinen Beobachtungsposten auf

beiden Flügeln des Heeres verzettelt. Im besten Falle ver=
mochten die Franzosen in das Gefecht nicht ganz 22000 Mann
zu bringen. Gegen diese kleine und noch dazu weithin zer=
splitterte Macht führte nun der Erzherzog 73000 Mann heran.
Nachdem er am 20. März die vorgeschobenen Posten Lefèvres
über die Ostrach zurückgeworfen, sandte er gegen St. Cyr den
Fürsten von Fürstenberg mit 19000 Mann und warf sich mit
50000 Mann auf Lefèvres Stellung in den Dörfern Ostrach
und Zettkofen. Der Bach wurde schnell durchwatet, Ostrach
aber stundenlang von Lefèvre mit Heldenmut gegen die
Uebermacht behauptet, bis die Oesterreicher Zettkofen genom=
men hatten und von hier aus Lefèvre im Rücken bedrohten.
Jourdan befahl den Abmarsch, der in bester Ordnung, nirgend
von dem Gegner gestört, erfolgte. Jeder der beiden Teile
hatte etwa 2000 Mann Verlust.

Das französische Heer zog jetzt mit der bisherigen Lang=
samkeit den Weg zurück, den es gekommen, vereinigte sich mit
der Division Ferino und einer von Masséna detachierten Bri=
gade, und nahm dann, 38000 Mann stark, Stellung bei
Singen, Engen und Tuttlingen. Noch weniger geschwind
waren die Bewegungen des Erzherzogs, welcher den Feind
völlig aus den Augen verloren hatte, zwei Tage in Pfullendorf
in der Erwägung zubrachte, ob Jourdan nach dem Schwarz=
walde oder in die Schweiz abziehe, und am 24. März mit
der Armee die Stellung bei Stockach erreichte. Um sich über
die Pläne des Feindes eine Ansicht zu bilden, beschloß er,
am folgenden Tage eine große Rekognoszierung vorzunehmen.
Indessen war aber auch Jourdan durch das Nichterscheinen des
Gegners in Unsicherheit geraten, fand St. Cyrs Vermutung,
Karl habe sich plötzlich in die Schweiz gewandt und hier nur
eine kleinere Abteilung zurückgelassen, höchst wahrscheinlich
und beschloß demnach, sein Heil in einem raschen Angriff gegen
diese zu versuchen. Hieraus ergab sich denn am 25. März
eine höchst eigentümliche Schlacht. Karl hatte von seinen
70000 Mann zum Zwecke seiner Erkundung drei große
Abteilungen, jede ungefähr 13000 Mann, abgezweigt, die
rechte und die linke Kolonne in weitem Bogen nord= und

südwärts, nach Liptingen und Steißlingen entsandt und ging selbst mit der mittleren in erster Morgenfrühe vorwärts nach Eipeltingen; die übrigen 32 000 Mann blieben als Reserve vor dem Städtchen Stockach zurück. Seinerseits hatte Jourdan ebenfalls auf jeder der drei Straßen eine seiner Divisionen, im Süden Ferino mit 12 000, im Zentrum Souham mit 7000, im Norden Soult (an des verwundeten Lefèvre Stelle) mit 10 000 vorgehen lassen und dazu noch St. Cyr mit 9000 zu einer weit ausholenden Umgehung in den Rücken des Feindes nach Meßkirch abgeschickt. Die drei österreichischen Kolonnen wurden auf diese Art sämtlich von einem hitzigen Angriff überrascht und sämtlich trotz ihrer Uebermacht geworfen: die südliche ging fechtend in guter Ordnung zurück; die mittlere retirierte in solcher Eile, daß sie keinen großen Verlust erlitt; die nördliche aber unter General Merveldt, die eine Streifpartie St. Cyrs in ihrem Rücken bemerkte, verlor die Fassung ganz und gar und flüchtete in greulicher Verwirrung gegen Stockach zurück. So war die Hälfte des österreichischen Heeres auf allen Punkten geschlagen, und dieses Mal mochte der Erzherzog dem Himmel danken, daß er nicht ohne doppelte Uebermacht in das Feld gezogen war. Auf allen drei Seiten warf er seine Reserven dem siegreich vorstürmenden Feinde entgegen und brachte damit im Süden wie im Zentrum das Gefecht in nächster Nähe vor Stockach zum Stehen. Größere Mühe kostete es auf dem nördlichen Flügel, wo mit Merveldts Leuten gar nichts mehr anzufangen war und bald auch die unterstützende Truppe des Generals Wallis in bedenkliches Schwanken geriet. In dieser Bedrängnis setzte sich der Erzherzog persönlich an die Spitze der letzten noch unberührten Mannschaft, sechs Grenadierbataillone und zwölf Schwadronen Küraffiere, vereinte diese mit Wallis' acht Bataillonen und drängte so mit übermächtigem Vorgehen die dünnen Haufen Soults von Busch zu Busch, von Höhe zu Höhe bis nach Liptingen zurück. Dieses Mal brachte die Not die kräftige Seite seines Wesens zu reiner Entfaltung; inmitten des Kampfgetümmels erhielt er die Nachricht, daß St. Cyr Meßkirch besetzt habe und somit auf der Rückzugslinie der Desterreicher

stehe; möge er stehen, rief Karl, wenn ich hier durchdringe,
so ist er abgeschnitten und verloren — und unaufhaltsam
ging es vorwärts dem Ausgange des Walbes zu, auf Lip=
tingen. Hier aber brach die Nacht herein und machte dem
Kampf ein Ende. Der Verlust auf beiden Seiten war ziemlich
gleich, je 4000 Mann, der Ausgang aber entschieden günstig
für Oesterreich. Der überraschende Anprall des Feindes hatte
anfangs die Truppen erschüttert; wäre der nutzlos fortgeschickte
St. Cyr zur Stelle gewesen, so hätte das Unheil groß werden
können; da er aber fehlte, so hatte das französische Ungestüm
schließlich doch nicht durchgegriffen. Das Gewicht der öster=
reichischen Ueberzahl kam jetzt zur vollen Geltung und hätte
den Franzosen bei ihrer Stellung am Ende des Kampfes
geradezu verderblich werden können, da Ferino und Souham
am Abend von Soult ebenso weit entfernt waren wie dieser
von St. Cyr. Bei einer lebhaften und kräftigen Verfolgung
hätte man Aussicht gehabt, das feindliche Heer zu zersprengen
und vielleicht einzelne seiner Abteilungen vollständig gefangen
zu nehmen. Aber der Erzherzog verhielt sich auch dieses Mal
ganz so wie drei Jahre früher bei Würzburg. Er ließ sich
an dem Bewußtsein, gesiegt zu haben, begnügen, sei es nach
der Stimmung der eigenen Seele, sei es im Hinblick auf die
übel zugerichtete Verfassung seiner zuerst geschlagenen Heeres=
hälfte. Eine eigentliche Verfolgung fand gar nicht statt; Karl
überließ den nur von Reiterabteilungen beobachteten Feind
seinem Schicksal. Zum Glück entwickelte sich von innen heraus
auch dieses ganz ähnlich wie nach der Würzburger Schlacht.
Jourdan war auf das tiefste erbittert und ergrimmt gegen
das Direktorium, daß es ihn mit so unzulänglichen Mitteln
in den Kampf hinausgestoßen hatte; er gehörte, wie Berna=
botte, zur jakobinischen Linken, mit welcher das Direktorium,
wie wir wissen, seit einem Jahre in immer wachsender Span=
nung stand, und hatte nach der Art des damaligen Partei=
habers nicht den mindesten Zweifel, das Direktorium habe
mit verräterischer Planmäßigkeit verfahren, um die ihm als
Jakobiner verhaßten Generale durch Niederlagen vor dem
Feinde zu Grunde zu richten. Gleich am Tage nach der Schlacht

schickte er also einen Bericht an die Regierung, mit der Bitte, selbst nach Paris kommen zu dürfen, um mündlich mit den Direktoren über die Lage seines Heeres zu verhandeln. Seine Aufregung war so groß, daß er die Antwort auf dies Schreiben nicht abwartete, sondern wenige Tage später den Oberbefehl dem Chef seines Generalstabs, General Ernouf, übertrug und auf eigene Hand nach Paris abreiste. Ernouf war seiner Aufgabe in keiner Hinsicht gewachsen; es kam dazu, daß die Truppen, durch die Fruchtlosigkeit der bisherigen glänzenden Anstrengungen demoralisiert, sich immer unzuverlässiger zeigten; so ging das Heer in täglich schlechterem Zustande zuerst an die Schwarzwaldpässe, dann nach kurzem Aufenthalte über den Rhein zurück. General Bernadotte folgte dem Beispiele seines Kollegen. Er hob die Berennung von Philippsburg auf, ließ eine kleine Besatzung in Mannheim und ging dann ebenfalls auf das linke Rheinufer hinüber. Wie Jourdan, gab er sein Kommando auf und reiste nach Paris. Das Direktorium entsetzte beide ihrer Aemter; wir werden später sehen, welche politischen Folgen dieser Bruch zwischen der Regierung und den Generalen nach sich zog.

Unterdessen ließ der Erzherzog die Division Sztaray den Schwarzwald passieren und sich im Rheinthal ausbreiten; zu ihr gehörten die Szekler, denen wir bei dem Rastatter Gesandtenmord begegnet sind; eine andere Division dehnte sich beobachtend längs der Schweizergrenze aus; die übrige Armee lagerte in der Umgegend von Stockach. Der erste Teil der Aufgabe, welche dem Erzherzog bei Beginn des Feldzugs von seiner Regierung gestellt worden, war vollständig, wenn auch nicht glänzend gelöst. Das Deutsche Reich bis zum Rheine war vom Feinde befreit. Auch aus Tirol beeilte sich jetzt Masséna seine vorgeschobenen Posten nach Graubünden zurückzuziehen; denn nicht bloß diese, sondern sein ganzes kleines Heer war nach Jourdans Rückzug in dringender Gefahr, durch Bellegarde und Hotze in der Front, durch Erzherzog Karl im Rücken angegriffen und so zwischen einer mehr als dreifachen Uebermacht erdrückt zu werden.

Dazu kam, daß gleichzeitig auch in Italien das Glück

den kaiserlichen Waffen hold gewesen war. Der dortige einst-
weilige Führer, General Kray, besaß zwar nicht die Geistes-
kraft eines großen Feldherrn, aber er war doch ein mutiger
Soldat, der mit seiner Person zu zahlen bereit war und mit
Lust den Gefahren des Kampfes entgegenging. Leider war
auch hier der strategische Aufmarsch der Truppen um die Mitte
des März noch weit im Rückstande; als der Krieg in der
Schweiz losbrach, erließ Kray zwar die drängendsten Befehle;
es fehlten ihm aber, als der Kampf an der Etsch begann,
immer noch zwei Divisionen, so daß er nach Abgabe der im
Venetianischen nötigen Besatzungen nur mit 58000 Mann
dem Feinde entgegentreten konnte. Die Weisungen, die ihm
General Chasteler am 21. März überbrachte, lauteten, offenbar
unter dem Eindrucke von Auffenbergs Niederlage, dahin, Peschiera zu belagern, Mantua zu beobachten und dann sowohl
im Thal des Oglio als der Adda bis nach Edolo und Chia-
venna aufwärts zu dringen, um dadurch Tirol auch ohne einen
Gebirgskrieg zu befreien; finde man den Feind irgendwo versammelt, so solle man ihm eine Schlacht liefern [1]). Wie man
sieht, ging dieser Feldzugsplan nicht über defensive Gesichtspunkte hinaus. Ganz im entgegengesetzten Sinne hatte das
französische Direktorium den General Scherer beauftragt, mit
seinen 47000 Mann entschlossen die Etsch zu überschreiten
und den Feind aus Venetien hinauszuschlagen. Zur Unterstützung dieses Wirkens wurde die Division Dessolles aus dem
Veltlin an die obere Etsch gesandt, dafür aber, als wäre die
Aufgabe für so viele republikanische Helden zu leicht, die
Division Gauthier nach Toscana abkommandiert, um dort an
der Stelle der großherzoglichen eine republikanische Regierung
einzurichten. Am 25. März überschritt darauf Scherer nicht
eben leichten Herzens den Mincio, um gegen die österreichischen
Stellungen an der Etsch heranzurücken. Auf diese Nachricht
nahm Kray sich vor, am 27. seinerseits dem Feinde zuvor-

---

[1]) Oesterr. milit. Zeitschrift 1812, Heft 3, S. 23. Jomini
XI. 157. Es ist wunderlich, daß bei Miliutin, angeblich nach Jomini, sich dieser Satz in den entgegengesetzten verwandelt hat:
„wo man den Feind zerstreut finde" u. s. w.

zukommen, war aber nach österreichischer Weise langsamer als dieser und wurde bereits am 26. durch den französischen Angriff getroffen. Das Zentrum der Oesterreicher stand auf dem rechten Etschufer in den Dörfern dicht vor Verona; 8000 Mann unter General Elsnitz waren einige Meilen west= wärts die Etsch hinauf nach Pastrengo entsandt, um hier den Austritt der Brennerstraße aus dem Gebirge zu sperren; mit 22 000 Mann war Kray selbst die Etsch hinab nach Bevil= aqua marschiert um von dort den gegen Verona hervorbrin= genden Franzosen in die Flanke zu fallen. Umgekehrt rückte Scherer mit 22 000 Mann gegen Pastrengo und General Montrichard nur mit 9000 gegen Bevilaqua vor, während General Moreau, der mit großer Selbstverleugnung ein Kom= mando unter Scherer übernommen hatte, mit ungefähr gleichen Kräften das Zentrum der Gegner beschäftigte. So war das Ergebnis leicht vorauszusehen. Im Zentrum wogte der Kampf ohne eigentliche Entscheidung, allerdings mit überwiegendem Verluste der Oesterreicher, hin und her; auf den Flügeln aber wurde durch die feindliche Uebermacht Elsnitz auf der einen und Montrichard auf der anderen Seite in der schlimmsten Weise zugerichtet. Im ganzen verloren die Oesterreicher 7000, die Franzosen 4000 Mann, jede Partei hatte dazu an ihrer schwachen Stelle ein Dutzend Geschütze eingebüßt. Den tak= tischen Erfolgen des Tages entsprach die Stimmung der Führer; beide schienen durch den erlittenen Schlag wie betäubt und schwankend zu sein. Scherer meinte, seine Hauptmacht stromabwärts auf der am 26. schwach gewesenen Stelle ver= sammeln zu müssen und brachte eine ganze Woche damit zu, hinter seinem Zentrum her die Truppen seines rechten Flügels auf den linken und umgekehrt zu versetzen. Kray, anstatt dieses Gewirre zu einem tödlichen Hauptstreiche zu benutzen, begnügte sich, einen kecken Vorstoß, den General Serrurier bei Past= rengo über die Etsch hinüber versuchte, blutig abzuweisen, die Division Zoph an sich zu ziehen und dann seinerseits die Brigade St. Julien die Etsch überschreiten und gegen Peschiera vorgehn zu lassen. Hierdurch wurden Scherers Sorgen wieder auf die entgegengesetzte Seite geworfen; er fürchtete jetzt, der Feind möchte ihn dort im Norden überflügeln, dadurch von dem Mincio abdrängen und in die Sümpfe der Niederungen am Po hineintreiben; er beschloß also, wieder seinen linken Flügel (General Moreau) auf 20 000 Mann zu verstärken und durch ihn den Feind aus der Nähe von Peschiera zu verjagen. Im Zentrum sollte Delmas mit 6000 Mann das Dorf Magnano, auf der Rechten Victor mit 14 000 die Ortschaften Raldone und Pozzo besetzen und von dort auf Verona vorgehen. Gleichzeitig hatte sich endlich auch Kray zu einem neuen allgemeinen Angriff entschlossen, Hohenzollern mit 17 000 Mann gegen die feindliche Linie, Kaim mit 6500 gegen Magnano, Mercantin mit 7000 gegen Pozzo in Bewegung gesetzt, dann aber eine Reserve von 13 000 Mann unter Fröhlich dicht vor Verona aufgestellt und den General Schustek mit einer kleinen Kolonne von 2000 Mann weiter stromabwärts über die Etsch gehen lassen, um den Rücken des Feindes zu beunruhigen. So kam es am 5. April zu der Schlacht bei Magnano. Während des ganzen Vormittags stand der Kampf mit zäher Heftigkeit auf allen Punkten; allmählich gewannen die Franzosen mehr und mehr Boden; am schlimmsten erging es dem armen Mercantin, der, wie wir sahen, durch Victor mit doppelter Uebermacht bedrängt, bald nach Mittag ganz und gar überwältigt und selbst tödlich verwundet wurde. Indessen gelang es Kray, durch eiliges Heranbringen frischer Truppen die geschlagene Abteilung wieder zu ordnen und dann mit umfassendem Eingreifen Fröhlichs und Schusteks den Feind in völliger Auflösung vom Schlachtfelde zu treiben. Delmas und Moreau, selbst zur Anspannung aller Kräfte genötigt, waren nicht im stande, dem besiegten Genossen Beistand zu gewähren, wurden vielmehr durch Victors Niederlage mit einem feindlichen Angriff in Flanken und Rücken bedroht und somit selbst zum Rückzuge genötigt. So endigte der hart umstrittene Tag, welcher jedem der beiden Gegner an 4000 Mann kostete, mit einem entschiedenen Siege der Oesterreicher. Scherer, alle Offensivpläne verfluchend, führte sein stark demoralisiertes Heer über den Mincio zurück, wagte sich bald auch dort nicht mehr zu halten und gab am 12. April den Befehl zu weiterem Aus

weichen gegen den Oglio. Kray hatte wie der Erzherzog nach
Stockach den Abzug des Feindes unbehelligt gelassen; der
wackere Haudegen, dem es durchaus an Ueberblick und Urteil
fehlte [1]), mochte Gott danken, daß er bis dahin so gut davon-
gekommen war; zudem erwartete er jetzt auch täglich das
Erscheinen des Oberbefehlshabers, des Generals Melas, und
wollte diesem nicht vorgreifen. Dieser langte denn auch am
9. April in Verona an; es dauerte aber immer noch mehrere
Tage, bis er sich zu weiterem Vordringen entschloß und am
14. April seine Truppen den Mincio passieren ließ. An demselben Tage traf übrigens auch Suworow in Verona ein und
ergriff ohne Aufenthalt die Leitung der Dinge.

Alle diese Nachrichten strömten nun im Laufe des März
und Anfang April in Wien zusammen. Man hätte Grund
gehabt, zufrieden zu sein. Die feindliche Donauarmee war
nach zwei Gefechten weggeschmolzen wie Märzenschnee; in
Italien lag die lombardische Ebene dem Vormarsche des siegreichen Heeres geöffnet; Tirol wurde infolgedessen vom
Feinde schleunigst geräumt. Das alles hatte man vollbracht,
ehe die eben herankommenden russischen Genossen noch erschienen
waren: was ließ sich weiter also unter deren energischer Mitwirkung, unter Suworows ungestümer Führung erwarten!
Trotz alledem war aus Thuguts verdüstertem Gemüte der
bittere Eindruck der Tiroler Niederlagen nicht verschwunden,
deren letzte, wie wir wissen, gleichzeitig mit Stockach und
den ersten Veroneser Kämpfen erlitten wurde. Thugut war
entrüstet über Bellegardes Benehmen; aber auch das herbe
Urteil über den Erzherzog Karl, dem er sowohl als der Kaiser
die wesentliche Schuld an den Unfällen in Graubünden bei-
maßen, blieb ungemildert. Der Erzherzog, sagte Thugut dem
englischen Gesandten, hätte nicht so weit vorwärts gehen, er
hätte in der vorteilhaften Stellung von Ulm bleiben und sich
in Verbindung mit Vorarlberg halten sollen [2]). Es kam aber
noch weiteres hinzu. Wir kennen Thuguts unbezwingliches

---

[1]) Die Belege hierfür weiter unten im achten Buche.
[2]) Eden an Grenville am 27. März, 10. April.

Mißtrauen gegen Preußen und Bayern, und eben jetzt er=
schienen die ersten Meldungen über das Fehlschlagen der eng=
lischen Bundesverhandlung in Berlin; es kam die Kunde, daß
Preußen auf alle Fälle rüsten, zur Zeit aber neutral bleiben
wolle. Nun war schließlich bei Thugut alles abscheulich, was
Preußen that: von Preußens Beitritt zur Koalition hätte er
die schlimmsten Umtriebe in deren Innerem befürchtet; jetzt,
wo es draußen blieb, meinte er vorahnend, es bereits im
Trüben fischen und in Deutschland um sich greifen zu sehen.
So war es ihm eine tiefe Erquickung, daß jetzt doch endlich
das einzige Mittel, welches er dagegen für wirksam hielt, eine
scharfe russische Beaufsichtigung der Berliner Nichtsnutzigkeit,
ihm zur Verfügung stand. Kaiser Paul ließ eben das Corps
des Generals Lacy an die preußische Grenze rücken und das
Corps Nummsen zur Unterstützung Karls und zur Seque=
stration Bayerns in das Deutsche Reich marschieren. Das war
doch ein fester Schutz und Schirm für die gute Sache; gegen=
über diesen achtzigtausend Russen, dachte Thugut, würden
Preußen und Bayern sich zweimal besinnen, ihre verbrecherischen
Umtriebe in das Werk zu setzen. Unglücklicherweise aber
sollte auch diese Freude ihm nicht rein erhalten bleiben.

Wir haben schon früher wahrgenommen, wie wenig befrie=
digend die Stellung Oesterreichs zu England in diesen ver=
hängnisschweren Zeiten war. Immer handelte es sich um
jene elende Anleihe von 1797, welche der österreichische Ge=
sandte zur Tilgung früherer Schulden in London verabredet
hatte, und welche dann Thugut nicht bestätigen wollte. Immer=
fort erklärte Thugut, daß er sich nimmermehr auf so wucherische
Bedingungen einlassen werde, und immerfort wiederholte Pitt,
daß von Wucher keine Rede und ohne Uebernahme der An=
leihe keine Erneuerung des Bündnisses denkbar sei. Je gering=
fügiger an sich die Sache war, um so gereizter klagte jeder
Teil über den Eigensinn des anderen, und als der beiden
gemeinsame Krieg begann, war jeder auf das gründlichste
von der schlechten Gesinnung des anderen überzeugt. Bei dieser
Stimmung der Gemüter wurde jede Angelegenheit eine neue
Quelle gegenseitigen Argwohns. Thugut hielt dafür, daß Eng=

land die Geldnot Oesterreichs zu herrischer Bevormundung
der kaiserlichen Politik benutzen wolle. England war mit mehr
Grund der Meinung, Oesterreichs Einmischung in die Berliner
Unterhandlung habe durch die Schroffheit ihrer Formen nur
geschadet und, was schlimmer wäre, auch nur schaden sollen.
Einen frischen Zunder des Unfriedens lieferten sodann die
Schweizer Angelegenheiten. Jedermann wußte, daß auf dem
Boden der alten Eidgenossenschaft grimmige Gärung gegen
die Franzosen in tausend Herzen kochte, und daß bei dem
ersten Einrücken der Verbündeten ein gewaltiger Aufstand gegen
die Einrichtungen von 1798 dort wahrscheinlich war. Thugut
behandelte jedoch diese Dinge äußerst kühl und geringschätzig
und setzte sich dadurch bei den englischen Ministern in den
Verdacht, daß es ihm nicht auf Befreiung, sondern auf Ein=
verleibung der Schweiz ankomme. Um so wärmer interessierte
sich England für die Bestrebungen der schweizerischen Aus=
gewanderten und bevollmächtigte Ende März den Obersten
Crawfurd sowie die Herren von Steiger und Roverea, die
Geldmittel zur Bildung einer Schweizer Legion zur Verfügung
zu stellen, welche dann gemeinsam mit den Oesterreichern auf
die Franzosen in Helvetien schlagen sollte. Aber in der An=
sicht, mit einer solchen Verstärkung dem Wiener Hofe etwas
Erfreuliches darzubieten, fand man sich getäuscht. Thugut
sagte, es wäre besser gewesen, das Geld zur Entflammung
einer Volksbewegung unter den Schweizer Bauern zu benutzen,
anstatt es für kümmerliche militärische Organisationen zu ver=
geuden. Indessen ließ sich Pitt dadurch in seiner Fürsorge
für die Schweiz nicht irre machen, da er ein für allemal die
Wiedereinnahme des Landes für den entscheidendsten Punkt
der ganzen Kriegführung hielt. Vielleicht überschätzte auch er,
mit den meisten Strategen seiner Zeit, die beherrschende Macht
der dortigen Alpenpositionen: aber mochte das Land gebirgig
oder eben beschaffen sein, es lag einmal vor der französischen
Grenze zwischen Deutschland und Italien, und im Besitze
desselben hinderte Masséna das unmittelbare Zusammenwirken
Karls und Suworows und bedrohte das italienische Heer in
der rechten, das deutsche in der linken Flanke. Nur zu bald

sollte durch die bitterste Erfahrung diese Bedeutung der Schweiz dem Wiener Hofe fühlbar und dadurch Pitts Auffassung mit trauriger Eindringlichkeit bestätigt werden. Genug, als Ende März die Hoffnungslosigkeit der Berliner Unterhandlung klar wurde, stellte Lord Grenville bei Kaiser Paul den Antrag, das von England zu bezahlende Corps Nummsen, angeblich 45 000 Mann, welches im Falle des preußischen Beitritts gemeinsam mit preußischen Truppen am Niederrheine hatte operieren sollen, jetzt in der Schweiz zu verwenden [1]). Kaiser Paul genehmigte das mit Freuden. Lord Grenville meldete es nach Wien mit der Bemerkung, der Kaiser werde daraus ersehen, daß England, trotzdem noch kein Bündnis zu stande gekommen, doch alles thue, was die gemeinsame Sache fördern könne. Aber wie weit war Thugut entfernt, eine solche Gesinnung in dem vorliegenden Falle anzuerkennen! Vielmehr schlug in Wien diese Nachricht ein wie ein zerschmetternder Blitzstrahl. Man sah darin nicht eine Stärkung, sondern eine tödliche Gefahr.

Wie? dieses russische Corps, anstatt Bayern in Beschlag zu legen, alle deutschen Reichsstände einzuschüchtern, Preußen von Süden her im Schach zu halten, sollte jetzt in den Dienst der eigensüchtigen Schweizer Auswanderer gestellt werden? Die entscheidenden Lebensfragen Oesterreichs sollten vernachlässigt bleiben, damit England seinen herrschsüchtigen Starrsinn befriedigen könne? Thugut war auf der Stelle entschlossen, daß die Deckung Oesterreichs gegen die deutschen Neider dringlicher sei als jede andere Maßregel. Wenn die Russen nicht in Deutschland Stellung nehmen, sagte er, so müsse der Erzherzog dort seine ganze Macht zusammenhalten und deshalb die früher beabsichtigte große Unternehmung gegen die Schweiz erst nach der Ankunft der Russen beginnen. Denn vorher würde der Kampf gegen Masséna einen so großen Teil seines Heeres in Anspruch nehmen, daß der Rest nicht stark genug bliebe, um für sich allein die Franzosen an

---

[1]) Grenville an Eden 29. März. Ebenso berichtet Cobenzl aus Petersburg 29. April über dort erfolgte Einbringung des englischen Antrags.

der Rheinlinie und die inneren Widersacher in dem Reichs=
gebiete unschädlich zu machen. Hier aber, in der Nieder=
haltung Preußens und Bayerns, fand er die erste Forderung
der österreichischen Politik, in etwaigen Schweizer Kriegs=
erfolgen aber nur einen untergeordneten Vorteil, dessen Er=
strebung auf Kosten der Hauptsache von Oesterreich nicht ver=
langt werden könne. Schlimm genug, daß der Erzherzog bei
seinen ersten Operationen zu Gunsten der deutschen Reichs=
lande das getreue Tirol bloßgestellt habe: in demselben Ver=
hältnis würde es verderblich sein, wenn er jetzt für die Be=
freiung der Schweiz den österreichischen Einfluß in Deutsch=
land zu Grunde richten ließe. In Gemäßheit solcher Er=
wägungen wurde denn dem Erzherzog befohlen und wieder=
holt eingeschärft, zur Zeit von jedem ernstlichen Angriffe auf
die Schweiz abzusehen und höchstens durch Scheinbewegungen
gegen die Schweizer Grenze die Lage Hotzes und Bellegardes
zu erleichtern. Das Wesentliche sei jetzt die Wiedereinnahme
Graubündens und dazu noch die Eroberung der kleinen Kantone
mit ihren nach Italien führenden Alpenstraßen. Wer vorher
von der Einnahme der ganzen Schweiz rede, jage windigen
Chimären nach.

Es war ein Entschluß, der alle bisher errungenen Vor=
teile vernichtete und damit für ein volles Jahrzehnt das
Unheil Oesterreichs entschied. Zum drittenmal, wie 1794 in
Belgien, wie 1796 beim Beginn des italienischen Feldzugs,
zerstörte Thugut auch hier durch sein maßloses Mißtrauen
gegen Preußen die besten Aussichten der österreichischen Krieg=
führung. Daß sein alter Grimm ihm jetzt wie früher höchst
übertriebene Besorgnisse entzündete, brauchen wir erst nicht
zu bemerken: er konnte einmal nicht anders; er sah die
Berliner Politik unter allen Umständen durch schwarze Gläser.
Der Haß gegen Preußen war für all sein Thun und Denken
der bestimmende Gesichtspunkt. An dieser Stelle aber wird
auch, wer seine Leidenschaft begreiflich findet, ihn nicht zu
rechtfertigen vermögen. Mochte der Zweck vortrefflich oder
verkehrt sein, in jedem Falle war das Mittel elend. Wenn
gleich nach dem Abzuge Ernoufs auf das linke Rheinufer der

Erzherzog bei Schaffhausen den Strom überschritt und gleichzeitig Hotze und Bellegarde kräftig vorwärts drängten, so
war Masséna von einer mehr als dreifachen Uebermacht umschlossen und, soweit menschliche Einsicht reicht, rettungslos
zu Grunde gerichtet[1]). Und nun lege man sich die Frage
vor, ob Oesterreich, von solcher Siegesglorie umstrahlt, eine
Abnahme seines deutschen Einflusses, ob es eine thätige
Feindseligkeit des Berliner Hofes zu besorgen gehabt hätte?
Gerade umgekehrt aber lag es auf der Hand, wie das gewählte Verfahren seine politische Stellung nach allen Richtungen schwächte, wie es die Verbündeten mit Argwohn und
Verdruß erfüllen und einem wirklich feindlichen Preußen die
schönste Gelegenheit eröffnen mußte.

Erzherzog Karl hatte etwa eine Woche lang nach der
Stockacher Schlacht des Glaubens gelebt, daß Jourdan noch
ein drittes Zusammentreffen beabsichtige, und deshalb seine
Hauptmacht nicht nach Süden zu richten gewagt. Wohl aber
war und blieb er durchdrungen von der Ueberzeugung, daß
der den Krieg entscheidende Schlag so schnell wie möglich
gegen Masséna geführt werden müsse, und auf das eifrigste
sandte er seine Briefe an Hotze und Bellegarde, um ein über-
wältigendes Zusammenwirken einzuleiten. Da trafen ihn
denn die Wiener Befehle mit erschütternder Wucht, um so
mehr, je weniger man ihm verhehlte, daß vor allem ihm die
Schuld an den bisherigen Unfällen in Graubünden beigemessen
würde. Er schrieb an Hotze, daß der gemeinsame Angriff
aus Gründen, die nicht bekannt werden dürften, zu verschieben
sei; er selbst aber wurde krank durch Aerger und Schmerz
und zeigte am 14. April dem Kaiser an, daß er wegen der
Zerrüttung seiner Gesundheit einstweilen den Oberbefehl dem
Grafen Wallis übertragen habe. Die Armee bezog indessen
enge Kantonierungen in der Umgegend von Stockach und
stand hier unbeweglich, ohne einen Schritt zu thun, den ganzen
April hindurch. Die Thätigkeit des Hauptquartiers beschränkte

---

[1]) So lautet übereinstimmend das Urteil des Erzherzogs und
Massénas.

sich in dieser Zeit auf diplomatisch-polizeiliche Maßregeln zur Förderung des österreichischen Einflusses im Reich, Ausweisung der französischen Geschäftsträger und Ueberwachung sonstiger verdächtiger Gesandten an den süddeutschen Höfen, Verhandlungen über die Stellung von Reichskontingenten oder Lieferung von Rekruten zum kaiserlichen Dienst. Daneben gingen Maßregeln zur besseren Verpflegung der Armee, wobei der Hoffkriegsrat alle Mühe aufbot, den Wünschen des Erzherzogs entgegenzukommen, wie denn diese so vielfach übel beleumdete Behörde in der Zeit, die uns beschäftigt, keinen Vorwurf weniger verdient als den, in die Operationen der Feldherren selbständig und hindernd eingegriffen zu haben. Der Hofkriegsrat war damals nur mit den Verwaltungssachen der Armee befaßt; wo Eingriffe in die Heeresleitung vorkamen, entsprangen sie stets aus begründeten oder eingebildeten Rücksichten der großen Politik. Wenn Beweggründe dieser Art geltend wurden, war Thugut allerdings nicht zu erschüttern. Auch die Erkrankung des Erzherzogs störte ihn nicht im mindesten; er freute sich, den hohen Herrn, der eigene Gedanken haben wollte, los zu werden, und bestimmte den Kaiser schon am 19. April, noch ehe Karls amtliche Anzeige eingelaufen war, ihm einen Nachfolger zu geben. Wie früher erwähnt, sollte der künftige Schwiegersohn des russischen Kaisers, Erzherzog-Palatin Joseph, unter Suworows Leitung den Oberbefehl über das italienische Heer übernehmen, und soeben erst, am 13. April, war die betreffende kaiserliche Verfügung ausgefertigt worden. Jetzt, auf die erste Kunde von Karls Gesundheitszustande, erschien der Befehl, daß Joseph nicht nach Italien, sondern in Begleitung des Generals Lauer zum deutschen Heere abgehen sollte. Hier wäre denn allerdings weniger Eigenwilligkeit, dafür aber auch keine Fähigkeit zu erwarten gewesen. Denn Joseph verstand nicht das geringste von militärischen Dingen, und Lauer hatte, wie wir uns erinnern, die Pläne entworfen, die zu der schlimmsten aller Niederlagen von 1796, zur Schlacht von Bassano, führten. Dieses Mal freilich sollte er ja nicht Schlachten anordnen, sondern Schlachten verhüten.

Zugleich war Thugut unablässig bemüht, auf diplomatischem Wege die Bestimmung des russischen Corps Nummsen in die Schweiz wieder rückgängig zu machen. Wiederholt trug er dem englischen Gesandten Sir Morton Eden seine Bedenken vor. Die Schweiz sei so ausgesogen, daß sie unmöglich so viele Truppen ernähren könne; die russischen Soldaten würden bei ihren fremden und barbarischen Sitten sich dort mit den Einwohnern viel weniger leicht als die österreichischen verständigen können; es sei viel zweckmäßiger, Nummsen an den Mittelrhein zu senden, wo er durch die Belagerung von Mainz der guten Sache einen äußerst trefflichen Dienst leisten und bei den unterdrückten Einwohnern des Niederrheins, Belgiens und Hollands die Lust zur bewaffneten Erhebung wecken könne. Gelegentlich warf er auch wohl die Frage hin, welchen Endzweck man eigentlich beim Kriege zu erreichen suche? Es blieb aber alles wirkungslos. Sir Morton antwortete auf den letzten Punkt, die Koalition möge den Franzosen verkünden, daß man zufrieden sein werde, wenn sie sich mit den früheren Grenzen begnügen und Europa nicht weiter beunruhigen wollten. Das hätte, ganz mit Kaiser Paul übereinstimmend, Herstellung des Zustandes in Westeuropa von 1792 bedeutet. Damit war natürlich dem österreichischen Minister, der Venetien zu behalten und sich in Italien auszudehnen wünschte, nicht gedient, und er brach mit der Wendung ab, daß man vor allem die Ansichten Rußlands erkunden müsse. Sir Morton erhielt darauf von London die gemessene Weisung, auf derartige Fragen überhaupt nicht nach seinem eigenen Ermessen zu antworten, sondern dieselben lediglich zum Bericht an seine Regierung zu nehmen. Was das Corps Nummsen betraf, so blieben die Engländer fest auf ihrem Sinne. Schwaben und der Mittelrhein seien ebenso erschöpft wie die Schweiz; gegen österreichische Eroberungsgelüste seien trotz aller uneigennützigen Proklamationen die Schweizer mißtrauischer als gegen russische; für große Belagerungen hätten die Russen weder schweres Geschütz noch großes Geschick; so sei es in jeder Hinsicht besser, die Unbequemlichkeiten eines nochmaligen

Wechſels zu vermeiden und Nummiſen in die Schweiz zu senden, von wo aus nach Beſiegung Maſsénas der Weg in die royaliſtiſch geſinnten und durch keine Feſtungen geſchützten Landſchaften Burgunds offen liege. Ueberhaupt aber wurde der Geſandte getadelt, daß er ſich ſo weit mit Thugut ein=gelaſſen habe. Es ſei alles zu vermeiden, was bei Thugut die Meinung hervorrufen könne, daß auch ohne den Abſchluß eines förmlichen Bündniſſes England thatſächlich als Ver=bündeter Oeſterreichs ſich benehmen wolle. Vielmehr habe er jeden Anlaß zu der Einſchärfung zu ergreifen, daß Eng=land unabweislich auf der Beſtätigung des Anleihevertrages beſtehe und vor derſelben nur auf ſeine eigenen und nicht auf Oeſterreichs Intereſſen Rückſicht nehmen werde.

Bei anderen Sterblichen würden derartige Erörterungen der Kampfgenoſſen vielleicht die Stimmung hervorgerufen haben, daß man nur auf die eigene Kraft rechnen und folg=lich mit verdoppelter Raſchheit handeln müſſe. Bei Thugut war die Wirkung die entgegengeſetzte. Nun wohl, meinte er, wenn ſie auf unſere Wünſche nicht hören, dürfen uns auch die ihrigen gleichgültig ſein. Wenn die Ruſſen ſchlechter=dings in die Schweiz ziehen ſollen, ſo wollen wir dort kein öſterreichiſches Blut vergießen.

Die Armee des Erzherzogs blieb regungslos, Geweh am Fuß, in den Kantonierungen bei Stockach.

Zweites Kapitel.

Caſſano und Zürich.

Anders verliefen die Tage des April auf dem italieniſchen Kriegsſchauplatz.

Kaum war Suworow dort in den Oberbefehl eingetreten, ſo trieb er ſeine Streitkräfte mit gleichem Ungeſtüm wie einſt gegen Türken und Polen in den Kampf, den raſtloſen, vor der Vernichtung des Gegners nimmer ruhenden Kampf. Im

September 1798 hatte er, vom Dienste entfernt, auf seinem
Dorfe Kantschansk einige leitende Gedanken über Politik und
Kriegführung auf das Papier geworfen. Da hieß es, Oester=
reich und Rußland würden gegen die Franzosen kämpfen,
nach folgenden Grundsätzen: nicht anders als in der Offensive;
schnelle Märsche, blanke Waffe; keine Methodik, sicherer Blick;
volle Gewalt dem Obergeneral; den Feind im Felde auf=
suchen, keine Zeit mit Belagerungen verlieren, niemals die
Kräfte zur Deckung verschiedener Punkte zersplittern. Es
waren dieselben Gesichtspunkte, welche Bonaparte soeben bei
dem französischen Heere eingebürgert hatte, dieselben, welche
die moderne Epoche der Kriegskunst bezeichnen und sich in
dem einfachen Satze zusammenfassen, nicht in der Besetzung
irgend eines Erdfleckens, sondern in der Ueberwältigung des
feindlichen Heeres die Lösung der Aufgabe zu sehen. Mit
dem Ungestüm, das aus diesen Anschauungen folgte, hatte
der alte Haudegen bisher Türken und Polen niedergeworfen.
Alles kam darauf an, ob er jetzt, bei ungleich verwickelteren
Aufgaben, ein seiner Willenskraft entsprechendes Talent der
Konzeption und Organisation bewähren würde.

Sein Gegner, welcher die größere Hälfte seiner Streit=
kräfte in Neapel, Toscana, den piemontesischen Plätzen zer=
streut hatte, war bei Scherers Unsicherheit durch die Stöße
von Bevilaqua und Magnano bereits aus dem Gleichgewichte
gekommen [1]) und geriet bei jedem neuen Verluste und bei
jedem Schritte rückwärts in immer stärkeres Schwanken.
Scherer zählte, nachdem General Montrichard zur Nieder=
haltung des gärenden Volkes auf das südliche Ufer des Po
entsandt worden, nur noch 28 000 Mann, während das öster=
reichische Hauptheer sich wieder auf 48 000 Mann verstärkt
hatte, aus Tirol heranziehend General Bukassewitsch mit 7000
die linke Flanke des Feindes bedrohte und soeben 12 000
Russen des Corps Rosenberg in Verona ankamen. Suworow
verlor keinen Augenblick, diese Uebermacht in nachdrücklichste

---

[1]) Suworow begrüßte Kray mit den Worten: Sie haben mir
die Bahn zum Siege eröffnet.

Wirksamkeit zu setzen. Ungefähr 15 000 Oesterreicher blieben zur Blockade von Peschiera und Mantua zurück; mit 5000 wurde Hohenzollern an den Po entsandt, um den Strom hinauf gegen Cremona zu marschieren. Die Hauptmasse der Verbündeten wandte sich nordwestlich gegen das Gebirg, um hier mit leichterer Mühe die Nebenflüsse des Po zu überschreiten, die weiter südwärts stehenden Abteilungen des Feindes damit zu überflügeln und beiläufig auch nach dem besonderen Wunsche Thuguts die Grenzen Tirols durch ihre leibhaftige Gegenwart zu decken. So eilte man in gewaltigen, allerdings nicht immer wohlgeordneten Märschen voran; Suworow drängte jede Truppe, der er gerade begegnete, vor allen aber seine Russen, zu rücksichtsloser Eile, machte sich jedoch wenig Sorge um genaue Regulierung der Marschrichtungen, Sicherung der Lebensmittel, Erhaltung fester Mannszucht. So kamen, je nachdem die einzelnen Abteilungen Wege und Wetter antrafen, die Kolonnen bald weit auseinander, bald kreuzten und erschwerten sie sich den Marsch, so daß z. B. Rosenberg, der anfangs den linken Flügel bildete, allmählich ohne besondere Vorschrift bis auf die äußerste Rechte geriet. Die österreichischen Offiziere schüttelten über diese tumultuarische und strapazierende Unordnung die Köpfe; ihre Soldaten ärgerten sich, daß Suworow ihnen durch russische Offiziere Unterricht im Bajonnettfechten geben ließ, wobei sie wenig Neues lernten; Suworow aber brummte über die Umständlichkeit und Bequemlichkeit seiner österreichischen Freunde, die sich im Felde vor nassen Füßen zu fürchten schienen [1]). Indessen, bei all diesen Divergenzen und kleinen Reibungen kam man doch unaufhaltsam vorwärts. Die Franzosen wichen, wo die Gegner erschienen, ließen zahlreiche Geschütze im Schlamme stecken und gaben die Linie des Oglio ohne Widerstand preis. Große befestigte Städte wie Brescia und Bergamo, wo sie kleine Garnisonen zurückgelassen, wurden mit

---

[1]) Ein oft citierter Brief dieses Inhalts an den alten Melas ist nach der bestimmten Erklärung der Oesterr. mil. Zeitschrift 1836, II, 214 zwar geschrieben, aber nicht abgesandt worden.

stürmender Hand genommen, und erst hinter der Abba entschloß sich Scherer zum Kampfe, um wenigstens die cisalpinische
Hauptstadt, Mailand, nicht ohne Schwertstreich ihrem Schicksal zu überlassen. Er stellte seine Truppen den Fluß entlang auf, in dessen ganzer Ausdehnung vom Comer See bis
zum Po, einer Strecke von mehr als vierzehn Meilen, nördlich, dem See zunächst, bei Lecco und Verderio Serrurier mit
8000, im Zentrum bei Cassano Grenier mit 8000, im Süden
bis zum Po Victor und Laboissière mit 12000 Mann. Von
der ersten Stunde an war die Gefahr augenscheinlich, daß
der lange dünne Gürtel an irgend einem Punkte von dem
Feinde durchbrochen und darauf die zerrissenen Heeresteile
einzeln zermalmt werden würden. Suworow war sogleich zu
einem solchen Angriff entschlossen; bei Cassano sollte Melas
mit zwei österreichischen Divisionen und etwas weiter nördlich bei Vaprio zuerst General Ott und dann ihm folgend
Zoph und Bukassewitsch den Fluß am 26. April mit gesammelter Macht überschreiten. Da aber kam hart am Comer
See die detachierte Abteilung des Fürsten Bagration bei Lecco
in ein hitziges Handgemenge mit einigen Bataillonen Serruriers, was sich trotz der Schwäche der Franzosen so bedrohlich für die Russen stellte, daß Rosenberg dem bedrängten
Fürsten zu Hülfe eilte und Suworow die Brigade Bukassewitsch
ebenfalls nachrücken ließ[1]). Rosenberg schlug indessen die
Franzosen aus Lecco hinaus und Bukassewitsch blieb demnach
auf halbem Wege bei Brivio stehen: immer aber wurde Suworow durch die völlig unnütze Rauferei veranlaßt, seinen
Hauptstoß auf den folgenden Tag, den 27. April, zu verschieben. Es war eine an sich geringfügige Verzögerung, die
aber durch ein besonderes Zusammentreffen größere Folgen
hatte, als irgend wer hätte voraussehen können.

Wir wissen, wie wenig sich Scherer seiner schweren Auf-
gabe gewachsen fühlte. Nach dem ersten Mißgeschicke bei
Magnano hatte er es dann freilich nicht so arg gemacht wie
Jourdan nach dem Fehlschlagen von Stockach; er war kein

---

[1]) Die Franzosen 5000, Bagration 3000, Rosenberg 8000 Mann.

politischer Widersacher seiner Regierung wie dieser und lief
also nicht ohne Urlaub aus dem Kommando hinweg. Wohl
aber schrieb auch er nach Paris, um seine Entlassung zu erbitten, und eben am 26. April kam die zustimmende Antwort
des Direktoriums, welches jetzt den General Moreau mit der
wenig hoffnungsreichen Last des Oberbefehls belud. Moreau,
seit zwei Jahren auf alle Weise von der Regierung mißhandelt und jeder Hoffnung beraubt, unter den gegebenen
Verhältnissen Erfolge zu erringen, zauderte dennoch in seiner
Pflichttreue keinen Augenblick. Ohne eine Minute zu verlieren, griff er mit Einsicht und Nachdruck ein und fand
sich zunächst durch die geistige Erfrischung seiner Soldaten belohnt, welche den verachteten Scherer mit Jubel scheiden sahen
und sich von Moreaus bewährter Führung glänzende Erfolge
versprachen. Alles kam darauf an, die töricht auseinander-
gezogenen Streitkräfte rechtzeitig an dem entscheidenden Punkte
zu vereinigen. Moreau sandte also Eilboten an die rückwärts
liegenden Garnisonen, was sie irgend entbehren könnten,
schleunigst zum Heere zu schicken; er befahl Victor, seine Bataillone stromaufwärts der Stellung Greniers bei Cassano
und Vaprio anzunähern; er entbot Serrurier, stromabwärts
von Brivio her dasselbe Marschziel zu nehmen. Er hatte
ganz richtig gesehen, daß der Gegner sein Augenmerk auf
Cassano und Vaprio richtete, und seine Anordnungen waren
also vollkommen zutreffend. Nur die ihm angeborene Be-
hutsamkeit spielte ihm hier einen verhängnisvollen Streich.
Gegenüber Brivio stand, wie wir wissen, Vukassewitsch mit
7000 Mann. Als dieser am Morgen des 27. April ebenfalls
einige Anstalten zum Uebergange machte, schickte Moreau die
Division Serrurier auf der Stelle nach Brivio zurück; kaum
aber war sie aufgebrochen, so entwickelte sich der erste Angriff
Suworows, und Moreau, um auf alle Fälle gefaßt zu sein,
schickte dem unglücklichen Serrurier den Befehl zu, bis auf
weiteres stehen zu bleiben, wo er stehe, so daß dieser also
weder bei Brivio noch bei Vaprio zum Schlagen kam und
Moreau nur mit der Division Grenier und den nächsten, atemlos heraneilenden Abteilungen Victors, im ganzen kaum 11 000

Mann, den Stoß der feindlichen Hauptmacht, beinahe 25000 Mann, auszuhalten hatte. Die Entscheidung war unter diesen Verhältnissen nicht zweifelhaft. Jedoch thaten die französischen Truppen in feuriger Hingebung ihre Schuldigkeit und hielten das ungleiche Ringen lange Stunden hindurch aufrecht, bis endlich bei Vaprio Denisows Kosakenregimenter durchbrachen und sich über Flanke und Rücken des Gegners ergossen, gleichzeitig aber Melas Cassano erstürmte und die Umzingelung von Süden her zu vollenden drohte. Da erst, gegen Abend, befahl Moreau den Rückzug, der dann in weitem südlichen Bogen, da die Straße nach Mailand bereits verlegt war, ohne wesentliche Verfolgung von statten ging.

Unterdessen blieb Serrurier, auf weitere Befehle wartend, unbeweglich eine Meile weit vom Schlachtfelde, bei Verderio. Er hörte den Donner des Kampfes; aber eigenmächtig wagte er nicht, sich zu rühren, und die Kosaken ließen keine Meldung durchkommen. So stand er mit etwas über 3000 Mann (was bei Lecco am 26. gefochten hatte, war nach Como ausgewichen), bis am 28. April Pukassewitsch die Abda überschritten hatte, auf dem Marsche nach Monza an ihm zuerst vorüberzog, dann aber ihn entdeckte und, links einschwenkend, ihn von Süden angriff. Serruriers Lage war völlig hoffnungslos; jedoch setzte er sich anfangs tapfer zur Wehre, bis endlich auch Rosenberg herankam und der französische Führer, überallher durch fünffache Uebermacht bedrängt, die Waffen streckte. Die beiden Tage kosteten den Franzosen 2000 Tote und 5000 Gefangene; dazu kam der zerschmetternde moralische Eindruck, daß auch Moreau gegen die nordischen Gegner nichts vermöge. Kaum noch 30000 Mann stark, flüchteten die französischen Kolonnen über den Tessin nach Piemont zurück; Oberitalien war für die Verbündeten gewonnen.

Dies zeigte sich am glänzendsten in der Haltung des italienischen Volkes selbst. Wo die Vortruppen der Verbündeten erschienen, wurden sie mit brausendem Jubel begrüßt, während die weichenden Franzosen unter den Flüchen und Verwünschungen der Einwohner abzogen. Bald ging man von Worten zu Thaten über. Schon Ende März hatten die

Bauern der Polesina zu den Waffen gegriffen; Mitte April folgten die Alpenthäler von Brescia und Bergamo dem Beispiel; nach dem Tage von Cassano pflanzte sich die Bewegung durch die Lombardei, Modena und Toscana fort. Ueberall verschwanden die republikanischen Behörden; die Demokraten mußten flüchten oder wurden erschlagen; jeder kleinere Trupp französischer Soldaten fand sich auf jedem Schritte bedroht. Dahin hatte es der habgierige Despotismus des Direktoriums binnen zwei Jahren gebracht. Suworow that mit Eifer und Geschick das mögliche, um diese Stimmungen zu erhalten und auszubeuten. Seinen Truppen legte er die strengste Mannszucht auf, so daß die Italiener von der Gutmütigkeit der nordischen Barbaren ebenso entzückt wie über die Rohheit der französischen Demokraten entrüstet waren. Vor allem wandte sich Suworow an die stärkste Leidenschaft der niederen Klassen, an die kirchliche Gesinnung. Ueberall verkündete er die Herstellung der Altäre und den Schutz der Priester. Bei seinem Triumpheinzuge in Mailand küßte er dem ihn empfangenden Erzbischofe die Hand; mit großem Gepränge eilte er dann zum Dankgottesdienste in den Dom, schlug dort den ihm bereiteten Ehrensitz aus und kniete wie der geringste Gläubige vor den Stufen des Altars nieder. So wurde er von einer unermeßlichen Volksgunst getragen. Die begeisterten Massen drängten sich, den Befreier zu sehen, ihm entgegen zu jauchzen und zu danken. Großer Gott, rief er wohl, ich ersticke in dem Weihrauch; wir müssen weiter an die Arbeit. Nach drei Tagen, welche durch Anordnungen aller Art über Verpflegung des Heeres und Verwaltung des Landes reichlich ausgefüllt wurden, befahl er den Vormarsch gegen Piemont.

In der That, so viel Großes auch erreicht war, so stand man doch immer erst im Beginn des Gelingens. Noch war man weit von der Grenze Frankreichs entfernt; noch stand in der nördlichen Flanke des Heeres General Masséna unbesiegt in der Schweiz, und aus dem Süden mußte man täglich die Kunde von dem Heranziehen der Franzosen unter Macdonald aus Neapel, Rom und Toscana erwarten, da

eren Stellung durch den Verlust der Lombardei schlechthin
nhaltbar wurde.

Alles kam für Suworow darauf an, die Vereinigung der=
elben mit Moreau sowie andererseits dessen Verstärkung
urch Entsendungen Massénas zu verhindern. Er entwickelte
ienach dem Kaiser Franz in einem ausführlichen Berichte
ine Ansichten über den weiteren Kriegsplan. Nachdem er
5000 Mann vor der Citadelle von Mailand, vor Mantua
nd Peschiera sowie in den rückwärts liegenden Garnisonen
elassen, zählte seine Hauptarmee in der Umgegend von Mai=
nd noch 36000 Mann; ihre linke Flanke wurde durch die
rigade Hohenzollern, 4500 Mann, bei Cremona, ihre rechte
urch Bukassewitsch, 7000 Mann, bei Buffalora, gedeckt. Außer=
m standen, wie der letztere vom Tiroler Heere entsandt,
berst Prinz Rohan mit 2000 und Oberst Strauch mit
000 Mann am Comer See. Diese beiden sollten sich von
ort an den Langen See wenden und darauf die Gotthard=
raße zu besetzen suchen; möglich wurde dies allerdings erst,
enn Bellegarde und Hotze Graubünden wieder eingenommen
itten, und hierzu forderte dann Suworow den Kaiser auf
is allerdringendste auf. Sodann war seine Absicht, sein
auptheer den Tessin und den Po überschreiten zu lassen,
Modena und Piemont zu besetzen, sich damit zwischen Moreau
nd Macdonald einzuschieben und die letzteren vereinzelt zu
hlagen. Sobald dies geschehen, würde Bellegarde den Rest
iner Truppen, 18000 Mann[1]), ebenfalls aus Graubünden
ach Bellinzona führen und über Gotthard und Furca in
as Oberwallis eindringen; zugleich sollte eine Kolonne des
alienischen Heeres über den Simplon nach Unterwallis ab=
icken; beide vereinigt würden dann über Freiburg nach Bern
arschieren und hiermit Masséna den Rückzug verlegen, wäh=
end Erzherzog Karl ihn in der Fronte, Hotze aber von der
Seite faßte. Dann sei die Vernichtung auch dieses französi=

---

[1]) Von seinen ursprünglichen 45000 hatte er etwa 13000 in
en unglücklichen Kämpfen des März und April eingebüßt und
benfoviel unter Bukassewitsch, Strauch und Rohan nach Italien
efandt.

schen Heeres entschieden und den Siegern die Bahn zum
widerstandslosen Eindringen in die Franche-Comté eröffnet.

Das alles war kühn und groß gedacht; es war auch
weder abenteuerlich noch tollkühn, allerdings unter der einen
Voraussetzung, daß Bellegarde vom italienischen Heere so ansehnliche Verstärkung erhielt, um eine Weile für sich allein
mit Masséna kämpfen zu können, falls etwa Karl und Hotze
nicht genau und rechtzeitig eingriffen. Suworow fühlte sich
denn auch seiner Sache vollkommen sicher und begann seine
Operationen an demselben Tage, dem 1. Mai, an welchem sein
Bericht nach Wien abging.

Westwärts über den Tessin nach Piemont ließ er nur die
Brigade Bukassewitsch vorgehen. Er wußte, daß ein ansehnlicher Teil des französischen Heeres auf das rechte Ufer des
Po nach Valenza und Alessandria zurückgewichen war; der
österreichische General lief also während seines weiter im
Norden sich vollziehenden Marsches wenig Gefahr, stärkeren
feindlichen Abteilungen zu begegnen. Bukassewitsch sollte allerorten, wohin er käme, die französischen Posten und Behörden aufheben, das Volk zur Erhebung gegen seine Bedrücker
ermuntern und so viel wie möglich die Ausgänge der aus
der Schweiz herabkommenden Alpenthäler absperren. Er voll-
führte diesen Auftrag mit Rührigkeit und Geschick, besetzte
Novara, dehnte seine Streifparteien weit über das Land aus
und nahm rasch nacheinander dem Gegner die befestigten
Punkte Arona am Langen See und Jvrea im Thale der
Dora Baltea weg. Einer seiner Offiziere brachte einige tausend
Mann piemontesischer Milizen zusammen und knüpfte geheime
Verständnisse mit Einwohnern der Hauptstadt Turin an.
Damit aber nicht zufrieden, that Suworow einen weiteren
Schritt von tief eingreifender politischer Bedeutung, welcher
zwar den allgemeinen Tendenzen des Kaisers Paul vollkommen
entsprach, den Anschauungen aber des Wiener Hofes ebenso
entschieden zuwiderlief, und den er, damals nichts anderes als
österreichischer General, ohne vorausgegangene Zustimmung
des Kaisers Franz nimmermehr sich herausnehmen durfte.
Er erließ einen Aufruf an die piemontesischen Truppen, worin

er ihnen erklärte, daß die Heere der beiden Kaiser jetzt in Piemont einrückten, um den guten König von Sardinien wieder in seine Herrschaft einzusetzen, und sie demnach zur Vereinigung mit ihren Befreiern unter der Zusage aufforderte, daß sie keinem anderen Herrn als ihrem Könige den Eid der Treue leisten sollten. Wenn dieser Aufruf Erfolg hatte, so konnten die verbündeten Streitkräfte eine Verstärkung von etwa 10000 Mann sehr brauchbarer Hülfstruppen erhalten. Andererseits aber lag in dem Manifeste die feierliche Erklärung, daß bei dem künftigen Frieden die Kaiserhöfe dem Könige ein ganzes früheres Gebiet zurückerstatten würden, und in= dem Suworow eine solche Verheißung auf eigene Hand ohne Vollmacht der österreichischen Regierung aussprach, wies er dem Kaiser Franz ungefähr dieselbe Stellung zu wie einst 1796 Bonaparte dem französischen Direktorium.

Indessen führte Melas die Divisionen Ott, Fröhlich und Zoph mit Bagrations Russen bei Piacenza und Mezzana= Corti über den Po; Ott wandte sich in das Thal der Trebbia, um bei einer etwaigen Annäherung Macdonalds den ersten Alarm zu geben; Fröhlich und Zoph zogen den Po hinauf, gegen Voghera und Tortona. Gleichzeitig marschierte Rosen= berg, nachdem er bei Pavia den Tessin überschritten, am linken Ufer des Po stromaufwärts nach Dorno, so daß die Hauptarmee am 7. Mai auf engem Raume zu beiden Seiten des Flusses versammelt und die Vereinigung Moreaus mit Macdonald zu hindern vollkommen in der Lage war. Moreau, der anfangs die Division Grenier nach Turin geführt und nur die Division Victor nach Alessandria gesandt hatte, hielt es bei diesen Bewegungen des Gegners doch für angemessen, ebenfalls hier im Süden seine Kräfte zu vereinigen, und brachte deshalb auch Grenier hinüber nach Valenza, so daß er jetzt etwa 20000 Mann der feindlichen Hauptarmee gegen= über hatte. Am 9. Mai erlebte er hier den Kummer, daß die Oesterreicher durch Ueberfall das wichtige Tortona weg= nahmen und nur die Citadelle in der Hand der Franzosen blieb; Suworow befahl darauf dem General Rosenberg, eben= falls den Po zu passieren und sich bei Tortona mit den Oester=

reichern zu vereinen. Zwar holte sich Rosenberg bei einer ersten Versuche des Uebergangs am 12. Mai eine blutig Schlappe bei Bassignana, kam aber doch am 14. an einer anderen Punkte hinüber; zugleich führte auch General Kair die Bataillone, welche das am 9. Mai gefallene Pizzighetton berannt hatten, dem Oberfeldherrn zu, und am 15. Mai be setzte Bagration die Stadt Novi, wodurch er dem Feinde di unmittelbare Verbindungsstraße zwischen Alessandria und Genua abschnitt. Ein Versuch Moreaus, sich diese mit Waffen gewalt wieder zu eröffnen, wurde am 16. Mai durch Bag ration und Lusignan in einem scharfen Treffen bei Mareng abgewiesen. Moreau, dem hierdurch die Ueberlegenheit de Gegners an dieser Stelle empfindlich fühlbar geworden, un der um keinen Preis sich von Genua völlig abdrängen lasse wollte, beschloß den weiteren Rückzug. Er sandte Victor mi dessen Fußvolk auf schwerem Gebirgsweg über den Apenni an die ligurische Küste nach Savona und wich mit den übri gen Heeresteilen, kaum noch 8000 Mann, westwärts nac Asti, indem er in Alessandria eine Besatzung von 3000 Man zurückließ. Seine Lage wurde täglich schwieriger; weit und breit im Lande schlug das Feuer des royalistischen Aufstande in die Höhe, und selbst die wichtige Bergfeste Ceva wurd in seinem Rücken durch den piemontesischen Befehlshaber de Bauern überliefert und dann von einem kecken österreichischer Streifcorps besetzt. Moreau hatte keine Mittel mehr, de auf allen Seiten wachsenden Gefahren zu begegnen. Di letzte, die einzige Hoffnung stand auf der rechtzeitigen An kunft der Armee von Neapel, und wer konnte dafür einstehen daß man diese noch erleben würde? Denn so zerrüttet wa alles im französischen Lager, so gewaltig die feindliche Ueber macht, daß bei einer lebhaften Verfolgung, wie sie sonst in Suworows Art lag, höchst wahrscheinlich die Trümmer des geschlagenen Heeres gründlich vernichtet oder in alle Winde zersprengt worden wären.

Dieses Mal aber wurde Suworow auf unvermutete Art abgelenkt. Während ihm bisher die von Neapel her drohende Gefahr als die bringendste erschienen war, kamen ihm jetzt

Nachrichten völlig entgegengesetzter Art zu. Auf der einen
Seite erhielt er Meldung, daß Macdonald kaum 10 000 Mann
heranführe und sich noch in Rom aufhalte; dann war also
für die nächste Zeit im Süden nicht viel Ernstliches zu be=
sorgen. Dagegen liefen beunruhigende Berichte über seine
nördliche Flanke ein. Höchst bestimmt wurde gemeldet, daß
Masséna den Befehl habe, die Division Lecourbe aus Grau=
bünden nach Italien abrücken zu lassen, daß er außerdem weitere
15 000 Mann Verstärkung nach Piemont schicken würde, end=
lich, daß aus Frankreich General Augereau mit ansehnlicher
Mannschaft ebendahin bestimmt sei. Dies alles warf Su=
worows ganze Aufmerksamkeit vollständig herum. Er gab
diese Nachrichten sofort an Erzherzog Karl und Bellegarde
weiter, mit der bringenden Aufforderung, ihrerseits Masséna
ernstlich zu beschäftigen und Truppen durch Graubünden nach
Italien zu senden; und wenigstens so viel wurde dadurch
erreicht, daß Bellegarde die Obersten Strauch und Rohan
noch mit 3000 Mann verstärkte. Dann aber erwog Suwo=
row, daß jeder französische Zuzug nach Piemont immer zuletzt
Turin passieren müsse, und beschloß, sich durch einen raschen
Angriff dieser Hauptstadt zu bemächtigen. Er ließ also aus=
reichende Abteilungen zur Einschließung von Alessandria und
der Citadelle von Tortona zurück, sandte Ott als Beobachtungs=
posten gegen Macdonald weiter vorwärts nach Reggio und
brach dann mit 28 000 Mann in eiligem Zuge gegen Turin
auf. Der Kommandant Fiorella versuchte Widerstand; da
erhob sich aber die Bevölkerung und öffnete am 26. Mai den
Verbündeten die Thore, worauf dann die Franzosen mit
knapper Not in die Citadelle entrannen und hier auf der
Stelle eng eingeschlossen wurden. Gleich nachher kam die
erfreuliche Kunde, daß auch Ferrara und die Citadelle von
Mailand kapituliert hatten und somit die dortigen Belagerungs=
truppen für den Felddienst verfügbar geworden, sodann, daß
im 14. und 15. Mai Hotze und Bellegarde endlich mit
kräftigem Angriff die schwachen französischen Abteilungen in
Graubünden zersprengt und ihnen einen Verlust von 3000
Mann zugefügt hatten. Das ganze Rheinthal war dadurch

den Republikanern wieder entriffen und hie
bindung zwischen den deutschen und den it
hergestellt. Von einer Gefahr von Norden
worow keine Rede weiter; statt deffen konnt
ganzes Corps in Italien verwandt werden.

Das alles war schön und gut. Leider
worow mitten in dem frischen Jubel über
Moreaus Rückzug Depeschen aus Wien, b
waren, seine Stimmung gründlich abzukü
die Antworten auf seinen Feldzugsplan r
piemontesische Proklamation vom 7. Mai.
erfüllt von süßem Lob und Preis und De
aber enthielt er das gerade Gegenteil von
Feldherr wünschte. Suworow, wie wir
Meinung, man vervollständige jeden einze
sichersten durch unabläffige Verfolgung des
des; der Kaiser aber ermahnte ihn, nicht
gehen, als bis jede besetzte Stelle gründlich
worow dachte, daß die Festungen von selt
sobald die dort ersehnten Ersatzheere geschla
seien; der Kaiser wies ihn an, seine Kräft
von Mantua zusammenzuhalten und nicht
zu gehen, als bis durch den Fall von Ma
heit seiner Truppen verfügbar geworden sei
großen Plan zur Erdrückung Maffénas betr
selbe in allen seinen Teilen rundweg abg
mehr, schrieb der Kaiser am 13. Mai, bi
italienischen Heeres in die Schweiz abrü
man in die Franche-Comté gelange, würde
als heute Zeit und Umstände lehren; auf
könne Erzherzog Karl eine ernstliche Unterne
Schweiz vor Rummfens Ankunft beginne
fernung aus Deutschland die größten Gef
reich herbeiführen würde. Endlich wurde S
an die Sardinier auf das bestimmteste g
Zurücknahme befohlen. Solange der Krie
stetem Kriegsrecht das besetzte Land durch den

herrn, hier also im Namen des Kaisers, zu verwalten. Von der Herstellung der königlichen Regierung dürfe für jetzt keine Rede sein; man würde dadurch den in Cagliari völlig wehrlosen König der offenen Feindseligkeit der französischen Flotte aussetzen; demnach habe Suworow in militärischer Beziehung sich auf die Anwerbung piemontesischer Freiwilligen für den kaiserlichen Dienst zu beschränken, im übrigen aber die politische Verwaltung dem österreichischen Zivilkommissar Grafen Concini zu überlassen. Suworow, der seinen Oberbefehl sehr ausdrücklich nur als österreichischer Feldmarschall führte, konnte diesen bestimmten Weisungen den Gehorsam nicht offen weigern, aber in seinem Inneren war seitdem das Verhältnis zu dem Wiener Hofe von Grund aus verdorben. Seine ganze Stellung mußte allerdings eine falsche und schielende werden, sobald die politischen Tendenzen der beiden Kaiser, welchen er diente, auseinanderwichen. Offenbar war es nun, wenn ein solcher Fall eintrat, seine einfache Soldatenpflicht, die Frage klar zu stellen und entweder die Beseitigung der Differenz herbeizuführen oder sein österreichisches Amt niederzulegen. Aber in seinem Charakter mischte sich mit der kriegerischen Derbheit und Kühnheit eine nervöse, höchst verletzliche Reizbarkeit, die ihn bei jeder Kränkung über jede Rücksicht hinwegdrängte, und eine unergründliche List, die ihm stets die schneidigsten Mittel zur Vergeltung lieferte. So behielt er jetzt, von Zorn und Verachtung gegen die Wiener erfüllt, das Kommando, vollzog öffentlich die Befehle des Kaisers, aber that im stillen alles Ersinnliche, ihre Wirkung zu hintertreiben, und hielt es fortan für erlaubt und gut, seine Berichte nach Petersburg mit den bittersten Ausfällen gegen seine Wiener Vorgesetzten zu würzen. Um so eifriger vertiefte er sich in dieses unheilvolle Treiben, als er bald auch in der Behandlung der speziell militärischen Geschäfte sehr deutliche Spuren von Mißtrauen und Eifersucht bei den Oesterreichern wahrzunehmen glaubte. Dem alten Melas, der unter ihm die österreichischen Heeresteile befehligte, wurde die alleinige Leitung des Verpflegungswesens derselben übertragen, und ebenso wurde der General angewiesen, zwar an Suworow

über alle Kriegsvorfälle zu berichten, zugleich aber auch un=
mittelbare Meldungen nach Wien zu erstatten. Auch hier ist
übrigens mit größter Sicherheit zu sagen, daß es nicht der
völlig machtlose Hoffkriegsrat, sondern daß es der leitende Mi=
nister war, welcher diese zersetzenden Anordnungen veranlaßte.

In der That entsprangen die strategischen Belehrungen,
welche unter des Kaisers Namen Thugut am 13. Mai an
Suworow absandte, ganz und gar aus derselben Gesinnung,
nach welcher er die deutschen Heere auf die Besetzung Grau=
bündens beschränken wollte und die Eroberung der Schweiz
für eitle Chimäre erklärte, während gerade umgekehrt das
einzige Mittel für die Sicherung Graubündens die Verjagung
der Franzosen aus der Schweiz gewesen wäre. Er vergaß
die einfache Thatsache, daß im Kriege wie überall nicht bloß
die Masse, sondern auch die Schnelligkeit ein wesentlicher
Faktor der Kraft ist, und daß man für sich selbst an Stärke
gewinnt, wenn man den Feind an der Sammlung seiner
Kräfte hindert. Dazu kam seine allgemeine Unlust und Ver=
trauenslosigkeit bei diesem ganzen Kriege und seine in jeder
Hinsicht sorgenvolle Beurteilung des russischen Bundesgenossen.
Die steten Erklärungen eines uneigennützigen Kriegs, in wel=
chen Paul einherprunkte, während er selbst nach Corfu und
Malta griff, fand Thugut empörend für Oesterreich, welchem
Rußland hundertmal eine gerechte Entschädigung versprochen,
welchem es in dem großen Vertrage vom Januar 1795 eine
der eigenen gleichwertige Erwerbung zugesagt hatte. So war
er jetzt im höchsten Maße durch Suworows eigenmächtiges
Auftreten in Piemont gereizt; er hatte nicht das mindeste
Mitleiden für den 1796 so schmählich abgefallenen König,
und wenn er nicht gerade ganz Piemont zu behalten dachte,
so wünschte er doch wenigstens das 1748 abgerissene Nova=
rese zu Oesterreich zurückzubringen und wollte sich keinenfalls
durch eine voreilige Herstellung Karl Emanuels die Hände
binden lassen, mochte Kaiser Paul damit zufrieden sein oder
nicht. In diesen Gesinnungen stand er ebenso unwiderruflich
fest wie in seiner Abneigung gegen den Erzherzog Karl und
dessen schweizerische Angriffspläne. So berechtigt nach den

früheren Verträgen seine politischen Anforderungen an Ruß=
land waren: daß seine Befehle auf allen Punkten den Fort=
gang der militärischen Erfolge störten, wird niemand leugnen
können, und hiermit ist, da im Kriege ohne den Sieg auf
dem Schlachtfelde auch der politische Triumph undenkbar bleibt,
nicht bloß über den Strategen, sondern auch über den Staats=
mann Thugut das Urteil gesprochen.

Was es für Oesterreich bedeutete, mit Suworow den Kaiser
Paul zu verstimmen, sollte Thugut bald genug empfinden.
Zunächst aber erfuhr er auf einer andern Seite, daß die volle
Durchführung seines Systems gegen die Natur der Dinge
und mithin unmöglich war. Anfangs hatte der Erzherzog
Joseph mit voller Unterwürfigkeit erklärt, er sei zu jeder
Stellung bereit, welche der Kaiser ihm anweise, also auch
zum Kommando des Rheinheeres. Bald aber zeigte er Wider=
streben, und Thugut vernahm am 25. April von General
Lauer, sowie von dem russischen Gesandten, Joseph fürchte,
als Nachfolger seines Bruders von dem Heere übel aufge=
nommen zu werden; er hörte dann weiter, daß der Kaiser
über Josephs Bestimmung noch nicht fest entschlossen sei,
sondern erst einen weitern Brief seines Bruders Karl ab=
warten wolle. Der Minister war schwer bekümmert; er schrieb
seinem Freunde Colloredo, daß hier im geheimen sich eine
Intrigue abspiele, die zu kennen man ihn nicht würdigen
wolle. Erzherzog Karl war, wie es scheint, besser unterrichtet;
am 26. April schrieb er die offizielle Meldung, daß er her=
gestellt sei und die Führung des Heeres wieder übernommen
habe. Und in demselben Sinne ließ auch der Kaiser am 28.
dem Minister durch Colloredo melden, nach der Stimmung
des Erzherzogs Joseph erscheine ihm bei der Frage, ob Karl
im Heerbefehl zu belassen oder abzuberufen sei, die Abberufung
schließlich doch als das größere Uebel; er denke ihm also zu
schreiben, daß er bleiben möge, wenn sein Gewissen ihm dies
verstatte, zugleich aber ihn darauf hinzuweisen, daß bei dem
geringsten Fehler seine Absetzung fest beschlossen sei. Der
Kaiser, meldete Colloredo weiter, sei betrübt, hier gegen Thu=
guts Ansicht zu verfahren; er schmeichle sich aber, der Mini=

ster werde ihm einen neuen Beweis seiner Anhänglichkeit da=
durch geben, daß er selbst ihm den Brief an seinen Bruder
aufsetze. Wohl oder übel, Thugut mußte sich fügen; immer=
hin nahm er sich vor, wenigstens dem persönlichen Verkehr
zwischen den fürstlichen Brüdern, welcher dieses Mal hinter
seinem Rücken wirksam gewesen, eine Ende zu machen. So
schrieb denn nach seinem Entwurfe der Kaiser am 5. Mai
dem Erzherzog, er freue sich über Karls Herstellung und be=
lasse ihn demnach im Oberbefehl, obwohl es ihm nach seiner
brüderlichen Freundschaft lieber gewesen wäre, wenn Karl
durch längere Pflege seine Gesundheit dauernd befestigt hätte.
Von einer Unternehmung in die Schweiz, fuhr das Schreiben
fort, dürfe schlechterdings keine Rede sein; nur Hotze sei zur
Wiedereroberung Graubündens und je nach den Umständen
von dort zur Besetzung der fünf kleinen Kantone zu detachieren.
Es sei ihm empfindlich, sagte Franz sodann, von der Armee so
wenig zu erfahren; nun führe der Generalstab ein Journal;
es sei ihm also fortan täglich Abschrift davon einzusenden:
„über alle Kriegsbegebenheiten", schloß der Brief, „wünsche
ich von Ew. Liebden offizielle Berichte; unsere eigenhändige
Korrespondenz hat sich auf Gesundheitsumstände und andere
dergleichen brüderliche Verhältnisse zu beschränken."

Die Entziehung allerhöchsten Vertrauens und die Stellung
unter tägliche Aufsicht konnte nicht schärfer ausgedrückt wer=
den. Immer aber blieb die Hauptsache bestehen: der Erzherzog
hatte den Heeresbefehl gegen den Minister behauptet, und es
war viel darauf zu wetten, daß er bald genug auch sein
System der Kriegführung gegen Thugut durchsetzen würde.
Leider aber war nicht mehr ungeschehen zu machen, was durch
die bisherige Zauberei zu Oesterreichs Ungunsten eingetreten
war. Der Augenblick, in welchem wenige Märsche des Erz=
herzogs genügt hätten, um Masséna zu umzingeln und die
ganze Schweiz zu befreien, war unwiederbringlich verloren.
Das französische Direktorium hatte nach Jourdans und Ber=
nadottes Heimreise die erste verständige Maßregel seit der
Kriegserklärung ergriffen: es hatte den Oberbefehl über alle
Streitkräfte von Düsseldorf bis Basel, von Basel bis zum Gott=

hard in Eine und zwar in die tüchtigste, in Massénas Hand
gelegt. Dieser aber hatte keinen Tag verloren, um alle Kräfte
auf dem zugleich wichtigsten und bedrohtesten Punkte zu vereinen.
Er ließ nur wenige Brigaden am Niederrhein und im Elsaß,
um alles andere an sich heran in die Schweiz zu ziehen. So
stand er Anfang Mai den Oesterreichern dort mit mehr als
70 000 Mann, also, da dem Erzherzog nimmermehr eine
gleich starke Entblößung des deutschen Rheinthals verstattet
worden wäre, fast mit gleichen Kräften gegenüber. Was vor
vier Wochen das sichere Ergebnis einer strategischen Bewegung
gewesen, war jetzt allerdings noch nicht unmöglich, aber nur um
den Preis einer schweren und blutigen Anstrengung zu erringen.

Indessen begann Suworow, wie wir gesehen haben, immer
dringender die Deckung seiner rechten Flanke, also die Wieder=
einnahme Graubündens, zu beantragen und Verstärkung durch
Truppenteile des Tiroler Heeres zu fordern. Hotze brannte
längst vor Begierde, die Scharten des März wieder auszu=
wetzen; der Erzherzog war einverstanden von ganzem Herzen.
So erhielt denn endlich auch der ewig unentschlossene Belle=
garde gemessenen Befehl aus Wien, mit allem Nachdruck vor=
zugehen, und sofort zeigte sich, was man vermochte, wenn man
ernstlich wollte. Luziensteig wurde mit plötzlichem Anfall er=
stürmt, die im Rheinthal aufgestellten Abteilungen des Feindes
einzeln geschlagen, zum Teil gefangen genommen, sonst nach
verschiedenen Seiten auseinandergejagt. Im Engadin leistete
der furchtlose Lecourbe der Uebermacht einen zähen Wider=
stand, mußte aber endlich auch sich zum Rückzuge entschließen;
er wich zunächst über den Albula nach Graubünden, dann,
von Hotzes siegreichen Truppen bedroht, über den Bernhardin
hinüber nach Bellinzona. Lange war aber auch hier seines
Bleibens nicht; von Süden her kamen Rohan und Strauch
gegen ihn heran, während Bellegarde durch das Thal des
Vorderrheins ihm den letzten Ausweg, die Gotthardstraße,
zu verlegen im Begriffe stand. So entschloß er sich rasch,
stieg seinerseits den Gotthard hinan, bei jedem Schritte dem
Verfolger die Zähne weisend, endlich aber doch gezwungen,
die Paßhöhe den Oesterreichern zu überlassen und gegen den

Vierwaldstätter See hinabzuziehen. Wenige Tage später aber
kehrte er noch einmal um und trieb mit scharfen Schlägen die
Oesterreicher wieder den Berg bis zur Teufelsbrücke hinauf;
da traf ihn am 3. Juni ein Befehl Massénas, die Stellung
zu räumen und sich dem Hauptheer anzunähern. Masséna
bedurfte seiner ganzen Kraft: denn nun war trotz alles mi=
nisteriellen Abmahnens auch der Erzherzog in Bewegung ge=
kommen und die kaiserlichen Massen von allen Seiten her in
die Schweiz eingebrochen.

Es war auch hier wieder das russische Drängen, was dem
Erzherzog die Arme frei machte. Paul hatte seinen General=
adjutanten Tolstoi als militärischen Bevollmächtigten in das
Hauptquartier geschickt; dieser war in den letzten Tagen des
April in Stockach angekommen, hatte sogleich das Vertrauen
des Erzherzogs gewonnen und ihn mit größtem Nachdrucke
in dem Entschlusse bestärkt, möglichst ausgiebigen Gebrauch
von der kaiserlichen Erlaubnis zu machen, nach welcher er
Hotzes Bewegungen durch militärische Demonstrationen unter=
stützen durfte. Mittlerweile empfing Tolstoi die Kunde, daß
Masséna angewiesen sei, 15000 Mann zu Moreaus Unter=
stützung nach Italien zu senden, und in der That war am
6. Mai ein solcher Befehl aus Paris nach Zürich abgegangen,
und Masséna hatte sich widerwillig genug bequemt, einstweilen
wenigstens 6000 Mann unter General Xaintrailles zu diesem
Behufe in Unterwallis aufzustellen. Daß nun die Vollziehung
des Pariser Befehls um jeden Preis verhindert werden müsse,
und daß sie nur durch einen Angriff auf Masséna mit aller
Macht verhindert werden könne, mußte auch Thuguts starrem
Sinne einleuchten, und so ließ er dem Unvermeidlichen seinen
Lauf. Hotze erhielt dann vom Erzherzog den Befehl, mit
20000 Mann von Feldkirch auf St. Gallen vorzugehen und
4000 Mann unter Gavasini von Luziensteig am Wallenstädter
See entlang nach Wesen zu entsenden. Karl selbst ließ den
General Sztarray mit 28000 Mann zur Deckung Schwabens
gegen den Elsaß zurück und überschritt am 21. und 23. Mai
den Rhein bei Dießenhofen und Stein mit 40000 Mann.
Er hätte erheblich stärker auftreten können, da bei der dama=

ligen Lage Eztarray auch mit 10 000 Mann ausgereicht hätte; auch Bellegarde mit seinen 18 000 wäre in der Schweiz ungleich nützlicher gewesen als in Italien, wo Suworow sein Eintreffen dringend begehrte. Immer aber schien nach langem Stillstande jetzt auch für Helvetien die Stunde der großen Entscheidungen gekommen.

Masséna war seit Wochen auf diesen Augenblick gefaßt. Von Osten und Norden her bedroht, hatte er sich eine zentrale Stellung bei Zürich ausersehen, wo er alle Mittel für die Verteidigung anzusammeln gedachte. Die Stadt Zürich, am Nordende des Sees gelegen, wird von der Limmat durchflossen, welche die Gewässer des Sees nordwärts zur Aar und zum Rheine führt. Zur Rechten des kleinen Flusses erstreckt sich ein ziemlich steil abfallender Höhenzug parallel mit dem See, vor dessen östlichem Fuße wieder ein schmales und reißendes Bergwasser, die Glatt, eine feindliche Annäherung erschwert. Auf diesem Bergrücken, in weitem Bogen um die Stadt, hatte Masséna eine lange Kette von Feldbefestigungen angelegt, ausgedehnt genug, um dem bedeutendsten Teile des Heeres Raum zu gedeckter und kampfbereiter Aufstellung zu geben. Seine Meinung war, wenn der große Einbruch erfolge, auf allen Punkten fechtend und den Gegner schädigend, falls die Uebermacht zwinge, langsam zurückzugehen und dann die Oesterreicher an seinen Schanzen sich die Köpfe zerschellen zu lassen. Uebermächtig waren die Oesterreicher immer noch, da Masséna den Lauf des Rheines bei Waldshut und Basel nicht ungedeckt lassen konnte, Xaintrailles im Wallis durch einen großen Bauernaufstand festgehalten war, Lecourbe die Waldkantone besetzt hielt, Chabran an der Linth den Obersten Gavasini beobachtete: zog man dies alles von der Gesamtstärke des französischen Heeres ab, so blieben für die Bekämpfung Karls und Hotzes etwa 40 000 Mann, während der Erzherzog eine um die Hälfte stärkere Zahl heranführte. Für diesen kam zunächst alles auf die Vereinigung mit Hotze an; beide Führer dehnten also, um möglichst bald Fühlung miteinander zu gewinnen, ihre Vortruppen, der eine westlich, der andere östlich, weithin aus.

Auf beiden Seiten aber blieben diese Bewegungen, obwohl sie sich im Angesichte des Feindes vollziehen mußten, in dem gewohnten bedächtigen Zeitmaße der damaligen österreichischen Kriegführung. Masséna war nicht gemeint, solchen Operationen unthätig zuzusehen; am 25. Mai fielen seine Kolonnen unter Ney, Soult, Oudinot über die weit getrennten feindlichen Vortruppen in Andelfingen, Körbas, Frauenfeld, warfen sie allerorten und brachten ihnen harte Verluste bei. Allein der Vorstoß war vielleicht einen Tag zu spät erfolgt; die von ihm noch nicht berührten Hauptmassen des Gegners waren sich bereits zu nahe gekommen, und Masséna, wohl erkennend, daß er ihre Vereinigung nicht mehr hindern konnte, gab seinen Divisionen den Befehl zum Rückzug hinter die Glatt. Er geschah in größter Ordnung unter steten Ausfallgefechten kleineren und größeren Umfangs, welche den Erzherzog zu immer langsamerer Vorsicht bestimmten. Am letzten Tage des Mai war die französische Armee in ihrem verschanzten Lager vor Zürich versammelt. Der Erzherzog ließ noch durch General Jellachich das östliche Ufer des Sees vom Feinde säubern; als dieser, am 2. Juni von seinem Zuge zurückkehrend, sich im Süden an Hotzes Stellung vor der Glatt angeschlossen hatte, gab der Erzherzog den Befehl zu einem allgemeinen Angriff auf den Morgen des 4. Juni. Die Aufgabe war trotz der Ueberzahl der Mannschaft nicht leicht. Die Abhänge waren teils mit Weinbergen, teils mit dichtem Wald bedeckt, die schmalen Pfade überall durch Verhaue unzugänglich gemacht; rang sich die stürmende Kolonne unter mörderischem Schützenfeuer durch diese Hindernisse hindurch, so geriet sie auf dem Rande der offenen Hochebene in den nahen Schußbereich der französischen Schanzbatterien. So arbeiteten die Oesterreicher den Tag hindurch mit zähem Mute sich ab, überall unerschrocken vordringend, die ersten Verhaue stürmend, die Vortruppen des Feindes werfend, bis dann unter Verlusten und Anstrengung aller Art ihre Kraft erlahmte und Massénas Reserven sie wieder zum Rückgang nötigten. Als der Abend dem Kampf ein Ende machte, lagen beide Teile in völliger Erschöpfung auf ihren Waffen. Die

Oesterreicher hatten nach der Natur der Stellung den größeren Verlust, 3000 gegen 1200 Mann, erlitten, dafür aber erheblich an Terrain gewonnen, und der Erzherzog war fest entschlossen, nachdem die Truppen den 5. Juni geruht, am folgenden Tage durchzubringen, es koste, was es wolle. Masséna dagegen hatte das Vertrauen auf seine Stellung verloren; er sah die Möglichkeit des feindlichen Obsiegens und dann ein unermeßliches Unheil, wenn das Heer in der Verwirrung der Niederlage über den Fluß und durch die Stadt hindurch sich retten sollte. Er beschloß also den Abmarsch, räumte das verschanzte Lager in der Nacht vom 5. auf den 6. und führte seine Divisionen im Laufe des 6. und 7. einige Meilen westwärts, wo er mit seinem Zentrum auf dem Abhange des Uetlibergs eine neue, ähnlich befestigte Stellung nahm, seinen rechten Flügel den Albis entlang ausdehnte und dadurch in Verbindung mit Lecourbe trat, welcher, mit seinem Hauptquartiere in Luzern, den Kanton Unterwalden besetzt hielt; der linke Flügel der Armee deckte den unteren Lauf der Limmat, der Aar und das linke Ufer des Rheins von der Mündung der Aar bis Basel. Die Oesterreicher waren, froh des unblutigen Sieges, am Morgen des 6. Juni in das verlassene Lager des Feindes eingerückt und waren dann dem abziehenden Nachtrab in die Stadt gefolgt, wo sie 150 helvetische Kanonen erbeuteten. So wenig wie bei Stockach ließ der Erzherzog hinter Zürich eine kräftige Verfolgung eintreten; seine Hauptmasse lagerte zwischen den von Masséna aufgeworfenen Schanzen; seine Posten standen, den französischen gegenüber, den Züricher See, die Limmat und die Aar entlang bis zum Rheine. Jellachich besetzte mit neun Bataillonen ohne Widerstand die Kantone Glarus, Schwyz und Uri, und die Verbindung mit dem italienischen Heere war von jeder Seite gesichert.

Die Ergebnisse dieser Tage waren nicht gering. Ein starkes Drittel der Schweiz war den Franzosen entrissen und trotz einzelner Unfälle das Uebergewicht der verbündeten Waffen auch im Norden der Alpen behauptet. Die helvetische Bevölkerung verhielt sich bei diesen Kämpfen nicht anders

als die cisalpinische. Schon bei den ersten Vorbereitungen
Karls und Hotzes erhoben sich die Bauern in Graubünden,
den kleinen Kantonen und Oberwallis; jedoch erstickten da=
mals bei der Langsamkeit des österreichischen Vorgehens Soult
und Taintrailles den Aufstand mit Feuer und Schwert. Wo=
hin dann aber die Befreier gelangten, strömte ihnen die Be=
völkerung mit lebhaftem Jubel zu, und Tausende erboten
sich, zu ihrer Unterstützung die Waffen zu ergreifen. Leider
beharrte auch hier Thugut bei seiner Weigerung, eine ein=
heimische Regierung sich bilden zu lassen, und kühlte dadurch
die Begeisterung der Bauern nicht wenig ab, so daß zuletzt
die patriotische Rüstung auf drei kleine Bataillone in eng=
lischem Solde zusammenschrumpfte. Empfindlicher traf die
Franzosen der Rückschlag dieser Erregung auf der helvetischen
Seite. Die mühsam zusammengebrachten helvetischen Batail=
lone lichteten sich durch Massendesertion, die Landmilizen lösten
sich völlig auf, das helvetische Direktorium hielt sich in seiner
bisherigen Residenz, Luzern, nicht mehr sicher und flüchtete,
unter französischer Eskorte, verfolgt von dem Hohne der Volks=
massen, nach Bern. Noch ein energischer Stoß, und die
revolutionäre Schöpfung von 1798 wäre zusammengebrochen
von Grund aus: dann hätte die französische Ostgrenze in
kläglicher Entblößung den Siegern offen gelegen.

Um so sicherer wäre dies Ergebnis gewesen, als zur Zeit
die französische Sache in Italien immer wachsende Nieder=
lagen erlitt.

Drittes Kapitel.

Neapel.

So eifrig im Beginne des Jahres die Pariser Demo=
kraten die Gründung einer neuen Republik am Fuße des
Vesuv bejubelt hatten, so schnell zeigte sich die verhängnis=
volle Thorheit des mit allen gegebenen Thatsachen im

Widerstreite stehenden Unternehmens. Das Wort der Königin Karoline beim Beginne ihres Krieges: gehen wir auch zu Grunde, so erleichtern wir immer den Mächten ihren Kampf — hatte sich, wir sahen in welchem Umfange, bewahrheitet. Championnet hatte ungefähr 28 000 Mann gegen Neapel geführt: hätten statt dessen im März diese Kräfte bei den ersten Schlägen an der Etsch mitwirken können, höchst wahrscheinlich wäre Kray bei Pastrengo und Magnano erlegen und damit der ganze Feldzug für Frankreich günstig gewandt worden. Statt dessen fehlte dieser Heerteil an der entscheidenden Stelle, ohne daß er im stande gewesen wäre, an dem Orte seiner Verwendung auch nur das geringste bleibende Ergebnis herbeizuführen.

Denn wie kläglich war es um die junge Parthenopeische Republik gleich vom ersten Tage ihrer Entstehung an beschaffen [1]). Als die Franzosen unter Brand und Gemetzel

---

[1]) Unter den liberalen Schriftstellern, welche die inneren Zustände Neapels in dieser Zeit darstellen, giebt meines Wissens nur Cuocos Geschichte der Revolution von Neapel originale Kunde. Die Späteren, Botta, Colletta, Orlow, Jomini, schreiben ihn aus und liefern wenig zuverlässige oder schreiend falsche Zusätze. Von selbständigem Werte ist auf dieser Seite nur das neuerlich erschienene Buch Palumbos, Carteggio di Maria Carolina con Lady Emma Hamilton. Die dort mitgeteilten Briefe sind von großem Interesse; die Schlüsse, die der Verf. aus denselben zieht, sind aber an den wichtigsten Punkten vollkommen grundlos, da Palumbo die Daten der Briefe nicht zu lesen scheint. Von der bourbonistischen Litteratur, die in Deutschland gar nicht beachtet worden ist, sind mir die Schriften von Arditi und Lancellotti unerreichbar geblieben; Cacciatoris Buch ist eine wertlose Kompilation; um so lehrreicher ist Sacchinellis Biographie des Kardinals Russo, die ruhige, tagebuchartige Darstellung eines Augenzeugen, dessen Angaben durchgängig durch die englischen und russischen Berichte und Briefe bestätigt werden. Das Archiv zu Neapel besitzt eine Menge hierher gehöriger Aktenstücke; die Verwaltung erklärte aber, keine Zeit zu haben, sie herauszusuchen. Eine Abschrift der Depeschen Sir W. Hamiltons nehmen zu lassen, habe ich in London nicht erreichen können; die einzige Erfahrung dieser Art, die ich in den letzten zehn Jahren bei einem europäischen Archive gemacht habe.

die Hauptstadt unterworfen hatten, stand an hundert Punkten
im Lande die von König Ferdinand aufgerufene Volks-
bewaffnung noch im Felde und erschlug jeden Franzosen und
Franzosenfreund, der ihr in die Hände fiel. Republikanisch
gesinnt war höchstens ein Zehntel der Bevölkerung, einige
Edelleute, einige Priester, eine Anzahl wohlhabender Bürger,
Aerzte und Gelehrter; sie alle ohne praktische Anschauung
eines liberalen Staatswesens, aber begeistert durch französische Theorien oder erbittert durch die politischen Verfolgungen der letzten Jahre. Die große Masse dagegen der
Einwohner wußte von diesen Dingen nichts. Bei allem
Seufzen über die stets anwachsende Steuerlast und die nicht
selten willkürliche Justizpflege hatten sie gar keine Vorstellung
von der Möglichkeit eines anderen Zustandes. Der König
war gerade bei den niederen Volksklassen höchst beliebt; die
Staatsverwaltung that allerdings sehr wenig für materielle
oder geistige Entwickelung, ließ dafür aber auch die Unterthanen in der gewohnten Lebensweise gewähren; die Bauern
wählten sich ihre Gemeindevorstände selbst und waren zufrieden, wenn sie neben der Arbeit der Feldbestellung das
Jahr hindurch den Prunk und Jubel ihrer Kirchenfeste genossen. Der weltliche und regulare Klerus, vom Volke hoch-
verehrt, hatte die letzten Jahre kein eifrigeres Bestreben gehabt als die Predigt des Franzosenhasses, des Abscheues
gegen die gottlosen Bedränger des Königs und des Papstes.
Jetzt hatte man nun diese verruchten Republikaner als
strenge Herren im Lande. Nach ihrem mit Blut über-
strömten Einzuge erfuhr man in einem Atem am 24. Januar die Ausrufung der Parthenopeischen Republik und die
Auflage einer Kriegskontribution von 27 Millionen Franken.
Championnet mußte seine seit fünf Monaten des Soldes
entbehrenden Scharen bezahlen, kleiden, ernähren; dabei war
er so wenig wie irgend ein französischer Feldherr der Zeit
im stande, die Habsucht seiner Offiziere und Kommissare und
die rohe Zuchtlosigkeit seiner Soldateska zu zügeln: so wiederholten sich hier alle die gemeinen Frevel, durch welche in
Süddeutschland, der Schweiz und der Lombardei der fran-

zösische Name ein Gegenstand allgemeiner Verfluchung ge=
worden war [1]).

Der General selbst war ehrgeizig und wohlgesinnt und
deshalb des Wunsches voll, seine republikanische Schöpfung
zu befestigen und von dort die revolutionäre Bewegung
und die französische Eroberung weiter nach Sizilien hin=
überzuleiten. Er suchte also in Neapel Ordnung zu schaffen,
so viel wie möglich. Er verkündete, daß Frankreich das
souveräne Volk von Neapel nicht als ein unterworfenes,
sondern als ein befreundetes betrachte, welches schöne Wort
freilich neben all jenen Schatzungen und Plünderungen
nur geringen Eindruck machen konnte; er berief fünfund=
zwanzig Männer, darunter namhafte und ehrenwerte Pa=
trioten, zwischen welchen nur ein Franzose, der freilich sehr
übel beleumdete Bassal, Platz nahm, zur Entwerfung der
neuen Verfassung und stattete sie bis zu deren Verkündi=
gung mit der einstweiligen Regierungsgewalt aus. Den
bisherigen Beamten im ganzen Lande wurde verkündet, daß
sie bis auf weiteres fort zu amtieren hätten; gleich nachher
lieferte Bassal eine neue Einteilung des Landes in elf De=
partements mit neuen demokratischen Behörden, und leider
war dieselbe mit so gründlicher Unkenntnis der Geographie
gemacht, daß sie die Namen von Städten und Bergen ver=
wechselte und sich nach wenigen Wochen als völlig unaus=
führbar zeigte. Die alten Beamten, durch die neue Ein=
richtung suspendiert, wurden darauf zum zweitenmal an=
gewiesen, bis auf weiteres ihre Thätigkeit wieder aufzu=
nehmen. War nun schon hierdurch ihr Ansehen tief er=
schüttert, so erachtete es die provisorische Regierung für
nötig, sie als ehemalige königliche Diener streng beaufsichtigen
zu lassen, und sandte zu diesem Behufe in alle Provinzen
außerordentliche Kommissare, welche den weiteren Auftrag
hatten, demokratische Gesinnung im Volke zu verbreiten,

---

[1]) Vgl. unter einer Reihe von Zeugnissen den Bericht von
Championnets Kriegskommissar Jullien, bei St. Albin, Champion=
net 347.

und welche für diesen Zweck kein dringenderes Mittel wußten, als den Bauern die Lehre zu predigen, daß sie das souveräne Volk und die Beamten ihre gehorsamen Diener seien. Dies zündete begreiflicherweise an vielen Orten, wo dann jede bürgerliche Ordnung sich allmählich auflöste. Die Bauern ergriffen Besitz von den königlichen Jagden, verweigerten ihren Grundherren jede Leistung und betrachteten ihre Zinsgüter um so mehr als freies Eigentum, als bald nachher die Regierung alle Fideikommisse aufhob und ein Gesetz über die Abschaffung aller Feudalrechte in Verhandlung nahm. Für die Befestigung aber des republikanischen Staates war durch die Entfesselung der Anarchie sehr wenig gewonnen. Je ungebundener sich die Einzelnen fühlten, desto leichter schlug bei dem ersten widrigen Erlebnis auch die Stimmung um, und an solchen Verdrießlichkeiten fehlte es keinen Tag. Wie die Departements sollten auch die Munizipalitäten nach französischem Muster neu gebildet werden. In der Hauptstadt hatte Championnet die Mitglieder derselben kurzerhand selbst eingesetzt; in den Provinzen sollten sie erwählt werden, aber nicht wie unter dem Königtum durch die Bürger, sondern durch Wahlmänner, deren Bezeichnung sich die Regierung vorbehielt. Als darüber allgemeiner Unwille entstand, welchen die demokratischen Kommissare als verdächtiges Zeichen royalistischer Umtriebe charakterisierten, meinte man in Neapel zu strenger Vorsicht verpflichtet zu sein und beauftragte ohne weiteres die Kommissare selbst mit der Ernennung der Gemeinderäte. Die Bauern wüteten über diese republikanische Freiheit.

Ohne Zweifel wäre unter den gegebenen Verhältnissen nichts wichtiger und dringender gewesen als militärische Rüstung. Zwar schien im Augenblicke König Ferdinand wenig gefährlich; er hatte nur wenige Truppen nach Sizilien hinüber gerettet, und der größte Teil seiner Kriegsflotte war bei der Annäherung der Franzosen im Hafen von Neapel selbst, damit sie den Feinden nicht in die Hände fiele, durch einen Untergebenen Nelsons in ängstlicher Hast verbrannt worden [1]). Immer aber wurde in Sizilien mit großem Eifer gerüstet; die englische Flotte beherrschte das Tyrrhenische, die russisch-türkische das Adriatische Meer, und daß Oesterreich mit der französischen Republik auf höchst gespanntem Fuße stand, war auch in Neapel damals kein Geheimnis. Alles wäre also darauf angekommen, Championnets 28 000 Mann durch einheimische Kräfte zu verstärken, ganz so, wie es 1796 Bonaparte mit gutem Erfolge in der Lombardei trotz alles antifranzösischen Sinnes beim Volke gethan hatte. Material dazu gab es in Masse. Die Mannschaft vieler königlicher Regimenter war auseinandergelaufen, einzelne Teile derselben noch in größeren oder kleineren Trupps versammelt; jeder Gerichtshof verfügte über eine bewaffnete Polizeiwache; jeder Baron hatte nach Landesbrauch eine Schar bewaffneter Dienstleute; eine ansehnliche und gut disziplinierte Gendarmerie sorgte für die Sicherheit der Straßen. Nahm man dies alles zusammen, so konnte man die Streitmacht Championnets ungefähr verdoppeln, und die Kraft der militärischen Disziplin würde bei geschickter Organisation und Verwendung der Truppen wohl ausgereicht haben, sie von Abfall und Verrat abzuhalten. Aber nach den Proben des grimmigen Fanatismus, welche die Massen des niederen Volkes dem französischen General bei seinem Vormarsch in den Abruzzen und den Straßen Neapels geliefert hatten, war Championnet von unbesiegbarem Mißtrauen erfüllt. Statt einer umfassenden einheimischen Rüstung verfügte er die Errichtung einer Nationalgarde in sehr beschränktem Umfange und im übrigen eine allgemeine Entwaffnung des Volkes, sowie die Entlassung und Auflösung aller vorher genannten bewaffneten Scharen, so daß mit einem Schlage viele Tausende rüstiger und streitgewohnter Männer dienstlos und nahrungs-

---

[1]) Nelson wollte den Mann vor ein Kriegsgericht stellen, weil er die für gewisse Fälle befohlene Maßregel ohne irgend eine der angegebenen Voraussetzungen ausgeführt hatte, ließ aber endlich bei der sonstigen Redlichkeit und Tüchtigkeit des Offiziers die Sache beruhen. Nicolas, Dispatches of Lord Nelson III, 231, 271.

los wurden und in verzweifelter Stimmung jeder Schild=
erhebung gegen die gottverfluchten Unterdrücker zur Ver=
fügung standen.

Andere Nöte kamen dem General gleich in den ersten
Tagen von der französischen Seite selbst. Bei dem Ein=
bruche in das Königreich hatte das Direktorium ihm zur
Verwaltung des eroberten Landes eine Zivilkommission bei=
gegeben, an deren Spitze der uns von Genua und Rom
her bekannte Faypoult stand. Kaum hatte nun Championnet
das Volk von Neapel als freie Brüder und Verbündete be=
grüßt, so veröffentlichte Faypoult eine Reihe von Beschlüssen,
worin er für die künftige Verfassung der Parthenopea die
Bestätigung durch das Direktorium vorbehielt, jede Zahlung
auf die Kriegskontribution, die an die Kriegskasse und nicht
an die Zivilkommission geleistet wäre, für nichtig und nicht
geschehen erklärte, alle königlichen Güter, Paläste und Mo=
bilien, alles Eigentum der öffentlichen Banken, alle Be=
sitzungen der nach Sizilien Ausgewanderten konfiszierte und
zwar nicht für die Parthenopea, sondern für Frankreich. Die
Entrüstung über dieses räuberische Verfahren tobte durch
Stadt und Land; die Lazzaroni, welche Championnet soeben
erst durch das berühmte Wunder der Flüssigmachung des
Blutes des hl. Januarius ¹) einigermaßen beschwichtigt hatte,
begannen wieder drohende Zusammenrottungen; überall ver=
nahm man den wilden Ruf: Tod den französischen Ver=
rätern.

Der General, über die plumpe Habgier des Direktoriums
selbst empört und sorgenvoll über die Folgen derselben, ent=
schloß sich kurz. Er verkündete öffentlich die Nichtigkeit des
Beschlusses, und als die Kommission hiergegen zürnenden
Protest erhob, verfügte er am 7. Februar ihre militärische
Ausweisung aus dem neapolitanischen Gebiete. In der
Hauptstadt erhob sich darauf unermeßlicher Jubel; Cham=
pionnets Lob war auf aller Lippen, und als sich in den

---

¹) Das Wunder erfolgte, als der General dem Geistlichen hundert
Louis für die Armen seiner Gemeinde eingehändigt hatte.

alten Taufregistern einer Pfarrei der Name Ciampione vorfand [1]), wurde der General als neuentdeckter Landesgenosse
mit doppelter Begeisterung gepriesen. Aber für die Provinzen kam sein energischer Schritt zu spät. Fast genau
zu derselben Zeit, in welcher er durch sein Auftreten gegen
Faypoult die Liebe der Hauptstadt gewann, vierzehn Tage
nach der Ausrufung der Republik, hatte bereits in der
Provinz die bewaffnete Gegenrevolution unter dem Banner
des heiligen Glaubens begonnen.

In Palermo hatte der königliche Hof während mehrerer
Wochen ein kummer- und sorgenvolles Dasein geführt.
Man hatte die Unzuverlässigkeit der Truppen kennen gelernt; man wußte von Championnets Angriffsplänen und
Einverständnissen mit sizilianischen Mißvergnügten; der stets
aufgeregte Lord Nelson, der seit seiner Verbindung mit
Emma Hamilton den Kampf für Thron und Altar in Neapel
mit einer der alten Kreuzfahrer würdigen Begeisterung betrieb, ruhte nicht eher, als bis er eine englische Besatzung
für den dem Festlande nächsten Hafen, Messina, herbei-
geschafft hatte. Bald aber erfuhr man andererseits, wie
drüben der Volkshaß gegen die Franzosen und deren Anhänger von Tag zu Tag wachse, wie in den Abruzzen der
im Dezember entflammte Widerstand niemals aufgehört
habe [2]), wie die verkehrten Maßregeln der republikanischen
Regierung jeden Tag dem Königtum wachsende Massen
schlagfertiger Anhänger bereit stellten. Dem Hofe war damals nach Sizilien Kardinal Ruffo gefolgt, ein Prälat von
stattlichem Aeußeren, rührigem Geiste und schnellem Entschlusse; ein Mann, der als päpstlicher Schatzmeister sich
mit Verwaltung, Finanzen und Kriegswesen befaßt hatte,
dann gegen eine stattliche Dotation in den neapolitanischen
Staatsdienst zurückgetreten und mehrere Jahre hindurch
Intendant seines Heimatlandes, Kalabrien, gewesen war,

---

[1]) Der General war in Wirklichkeit zu Valence, Departement
der Drome, geboren.

[2]) Cuoco p. 154 der französ. Uebersetzung.

wo seine Brüder reiche Lehngüter und großen Einfluß be=
saßen. Auch dorthin waren die demokratischen Agenten ge=
drungen: einige Städte hatten Freiheitsbäume gepflanzt,
einige Bezirke die provisorische Regierung anerkannt; die
Südspitze der Halbinsel aber war durch einen kräftigen
Beamten dem Könige erhalten worden, und auch sonst ver=
nahm man das Beste über die loyale Gesinnung bei der
großen Masse der ländlichen Bevölkerung. Diese populäre
Stimmung zu kräftigen und zu verwerten, warf König Fer=
dinand seine Blicke auf den Kardinal Ruffo. Am 25. Ja=
nuar gab er ihm Vollmacht, als Generalvikar des Königs
reichs und alter ego des Monarchen hinüberzugehen und
nach freiem Ermessen alle Maßregeln zur Niederwerfung
der Republik zu ergreifen; eine halbe Million Dukaten und
ein Teil der Besatzung von Messina waren ihm für den
Anfang zur Verfügung gestellt. Den lebenslustigen und
mutigen Prälaten reizte das Abenteuer, und obwohl er bei
seiner Landung in Kalabrien am 8. Februar weder das Geld
noch die Truppen vorfand, warf er sich, im Vertrauen auf
seine Landsleute, entschlossen in den Kampf. Der Erfolg
war glänzend. Wohin seine Ausschreiben gelangten, erhoben
sich die Bauernschaften und strömten zu den von ihm be=
zeichneten Sammelplätzen; zum größeren Teile heißblütige
und kampflustige, in Wahrheit begeisterte und rechtschaffene
Leute, leider aber auch, wie der loyale Biograph des Prä=
laten selbst bemerkt, ein Schwarm nichtsnutzigen, auf Raub
oder Privatrache bedachten Gesindels. Der Kardinal that,
was er konnte, um Ordnung und Disziplin zu halten; er
vereinigte in einer Abteilung alles, was an entlassenen Sol=
daten, Förstern und Gendarmen sich ihm anschloß, zu einer
Art von Linientruppe, um damit den übrigen Haufen seines
Landsturms einigen Rückhalt und Zügel zu geben. Als
ihm dann die Städte Monteleone und Catanzaro bereit=
willig die Thore öffneten, hatte er eine feste Position ge=
wonnen, von welcher aus er beinahe ganz Kalabrien binnen
wenigen Wochen der königlichen Herrschaft wieder unterwarf.

In denselben Tagen ging in noch auffallenderer Weise

Apulien der Demokratie verloren. Einige korsische Aus=
gewanderte befanden sich gerade in Tarent, als dort auf
Befehl der provisorischen Regierung aus Neapel der Ein=
zug der Franzosen und die Errichtung der Republik ver=
kündet wurden. Damit wurde den Korsen die Luft un=
heimlich, und sie brachen am 8. Februar zu Fuße mit kleinem
Gepäcke nach Brindisi auf, um von dort auf die See der
Verfolgung der französischen Polizei zu entrinnen. Abends
in einem kleinen Dorfe angelangt, kamen sie auf den Ein=
fall, daß, um besseres Quartier zu erlangen, einer von
ihnen sich für den Kronprinzen ausgeben sollte, der, aus
Palermo herübergekommen, den Zustand des Landes zu er=
kunden suche. Kaum hatten sie das der alten Wirtin an=
vertraut, so drängte es diese, das wichtige Geheimnis weiter
zu erzählen; die Kunde flog durch die ganze Gegend; am
folgenden Tage eilten Tausende von Menschen den Strolchen
nach, die noch vor der ersten Morgenfrühe das Weite ge=
sucht hatten, holten sie ein, küßten dem falschen Prinzen
die Kleider und die Füße und schworen mit hundert Eiden,
für ihn zu siegen und zu sterben. Die Korsen wagten jetzt
nicht mehr zu widersprechen, sondern führten die mit jedem
Schritte wachsende Menschenmasse nach Brindisi hinüber,
wo denn der Prinz erklärte, daß er, durch einen Befehl
seines hohen Vaters nach Sizilien zurückberufen, sich ein=
schiffen müsse, aber zwei seiner Begleiter, die Generale, wie
er sie titulierte, Boccheciampe und de Cesare, als Führer
aller königlichen Getreuen zurücklasse. Die Folge war eine
so rasche Verbreitung des Aufstands, daß de Cesare die
Orte Martina und Acquaviva einnehmen und die ganze
Terra di Bari unterwerfen konnte, während sein Genosse
die Provinz Lecce beinahe vollständig zur königlichen Sache
hinüberbrachte.

Diese Nachrichten langten in Neapel an, als die Par=
thenopea noch nicht ihren ersten Lebensmonat vollendet hatte.
Und auch sonst war das Land unsicher an allen Orten.
Im Norden der Hauptstadt, in der Terra di Lavoro, führte
Michel Pezza (genannt Fra Diavolo, weil er schlau wie

ein Mönch und stark wie Satan wäre), seinen kleinen Krieg
gegen Kuriere, Reisende und Militärtransporte. Im Bezirke von Sora verbreitete grauenvollen Schrecken ein Müller
Mammone, der später sich rühmte, 400 Menschen mit eigener
Hand erschlagen zu haben, und seine Gefangenen mit entsetzlichen Martern zu Tode quälte. Weiter in den Abruzzen
kämpfte ein früherer Kleriker Pronio gegen die französischen
Besatzungen von Aquila und Civitella und machte seinen
Namen weithin durch das Gebirge furchtbar. Im Süden
Neapels hielt ein ehemaliger Polizeisoldat Sciarpa, welchen
die Republik brotlos gemacht hatte, die Umgegend von Salerno in Atem; dann, in Capaccio, steckte der Bischof Torrusio die königliche Fahne auf und brachte alle Nachbar-
bezirke unter die Waffen, so daß jede unmittelbare Verbindung der Hauptstadt mit Kalabrien gesperrt war. So ungern Championnet seine schwachen Kräfte weiter zersplitterte,
so war doch der Drang der Lage unverkennbar, und der
General beschloß, sowohl nach Kalabrien als nach Apulien
militärische Streitkräfte zu entsenden. Die größere politische
Bedeutung hatte ohne Zweifel der kalabrische Aufstand, bei
der unmittelbaren Nähe Siziliens und der Anwesenheit des
königlichen Statthalters; aber Apulien war die Kornkammer
des Reiches und die unentbehrliche Quelle für die Ernährung
der Hauptstadt: so ging dorthin die stärkere Expedition von
6000 Mann unter den Generalen Duhesme und Bourcier,
nebst einer kleinen Schar neapolitanischer Freiwilliger unter
dem Grafen Hektor Caraffa, einem schönen, tapferen und
fanatischen Patrioten, während General Olivier bestimmt
wurde, eine Abteilung von 1200 Mann einheimischer Truppen
unter einem gewissen Schipani, der ein geräuschvoller Volks-
redner und ein beherzter Mann, aber als Soldat völlig unerfahren war, nach Kalabrien zu führen, sich mit den dortigen Patrioten zu vereinigen und den Kardinal in das
Meer zu werfen. Championnet gab ihnen die Weisung mit,
jeden mit den Waffen in der Hand gefangenen Rebellen
kriegsrechtlich erschießen zu lassen, ein Befehl, der keine andere Wirkung hatte, als die Wut und Grausamkeit der

Gegner grenzenlos zu steigern. Am 21. Februar setzten sich die beiden Kolonnen in Bewegung.

Aber es war Championnet nicht bestimmt, ihre Thaten selbst noch weiter zu lenken. Er hatte eben jetzt die früher erzählten Verfügungen über die Departemental- und Muni= zipalverwaltung getroffen, einige Franzosen zu Ministern der jungen Parthenopea ernannt und mit großer Anstren= gung Maßregeln zur Schöpfung einer neuen Kriegsmarine getroffen; er wandte zur Zeit seine Aufmerksamkeit auch auf friedlichere Gebiete, befahl die Gründung einer nationalen Akademie und eines nationalen Museums, welches aller= dings seine besten Antiken nach Paris abgeben und sich mit Gipsabgüssen derselben begnügen sollte, ließ die Ausgra= bungen von Pompeji rüstig aufnehmen und beschloß die Er= richtung eines Grabdenkmals für den Dichter Virgil: da, inmitten dieser schönen Entwürfe, traf ihn am 27. Februar der Rückschlag seines höchst gerechten, aber ebenso ungesetz= lichen Auftretens gegen Faypoult und Genossen; er erhielt den Befehl des Direktoriums, angesichts dieses nach Paris abzugehen und das Kommando seinem ältesten Divisions= general, Macdonald, zu übertragen. Er gehorchte auf der Stelle und verließ, um jede Aufregung zu verhüten, die Stadt zu Fuße wie zu einem Spaziergang. Dann wurde er, in Mailand angekommen, verhaftet und einer kriegs= rechtlichen Untersuchung seiner Widersetzlichkeit aufbewahrt.

General Macdonald begann seine Thätigkeit mit einem Manifeste vom 4. März, welches in allen Sätzen mit Blut geschrieben war, alle Kommunalbeamten und alle Geistlichen des Landes für die Erhaltung der Ruhe in ihren Bezirken persönlich verantwortlich machte, jeden Versuch zur Rebellion mit Todesstrafe und Güterkonfiskation bedrohte, über jede Verbreitung falscher Nachrichten die gleiche Strafe verhängte und allen Angebern reichliche Belohnung zusagte. General Duhesme verfuhr bei seinem Vorrücken in dem gleichen Sinne; er marschierte in drei Kolonnen, jede hatte ein Kriegsgericht in ihrem Gefolge, und eine Menge Menschen wurden ergriffen und hingerichtet. Langsamen Zuges er=

reichte man Apulien und wandte sich, in Foggia von den dort zahlreichen Republikanern freudig begrüßt, gegen San Severo, wo die Königlichen mit einem Schwarm von 12 000 Köpfen feste Stellung genommen hatten, aber durch die Ueberlegenheit der französischen Disziplin nach blutigem Kampfe mit einem Verluste von 3000 Mann geschlagen und zerstreut wurden. Hierauf unterwarf sich der größte Teil der Landschaft den Siegern, und die Herrschaft der Republik schien um so mehr gesichert, als die rohe Zuchtlosigkeit der königlichen Banden vielen Städten die Unruhe des Bürgerkriegs gründlich verleidet hatte. Allein der Erfolg war von kurzem Bestande. Macdonald sah sich veranlaßt, Duhesme abzuberufen und, wie es scheint, durch die von Kalabrien her drohende Gefahr getrieben, auch die Truppen desselben näher an die Hauptstadt heran zurückzunehmen, worauf dann die Royalisten sofort wieder in ganz Apulien die Oberhand gewannen und die Zufuhr nach Neapel aufs neue abschnitten. Um nicht zu verhungern, ließ Macdonald in den letzten Wochen des März den General Bourcier zum zweitenmal vorgehen; da wurde zunächst Andria und am 2. April der befestigte Hafenplatz Trani nach verzweifeltem Widerstande genommen und die Verteidiger zu Tausenden hingeschlachtet. Der apulische Aufstand schien erstickt; Boccheciampe war gefallen, de Cesare rettete sich hinüber in das Lager des Kardinals Ruffo.

Um so schlimmer stand es um die demokratische Sache in Kalabrien. General Olivier, ein naher Freund und Vertrauter Macdonalds, blieb bei diesem in Neapel zurück, und Schipani, jetzt sich allein überlassen, nahm in selbstgefälliger Thorheit so verkehrte Maßregeln, daß er, bereits von Sciarpas geringfügigen Streitkräften gänzlich geschlagen, mit Schimpf und Schande nach Neapel zurückkam. So konnte Kardinal Ruffo fast ungestört seine Streitkräfte verstärken und seine Herrschaft ausdehnen. An 40 000 bewaffnete Bauern waren ihm zugelaufen, so daß ihm bei aller Rührigkeit die Not der Ernährung, Bewaffnung und Ordnung solcher Massen oft genug über den Kopf wuchs.

Er hatte drei Bataillone regulären Fußvolks, etwa 1800 Mann, organisiert und den ganzen übrigen Schwarm ober= flächlich in kleine Kompanien abgeteilt, bei denen jedoch steter Wechsel war, da die Bauern nach Hause gingen, wenn das Heer sich weiter von ihren Dörfern entfernte, dagegen aber stets neue Ankömmlinge aus den zuletzt berührten Ortschaften einströmten. Aus diesem Zustande ergaben sich wunderliche Konsequenzen. Am 21. März erreichte der Vor= trab des Heeres das kleine, aber stark befestigte Cotrone, wo eine Anzahl französischer Offiziere und Soldaten die Einwohner zum Kampfe für die Republik bestimmten. Sie wurden jedoch bei einem tecken Ausfall gründlich geschlagen, bei der Verfolgung die Stadt von den Royalisten am 22. mit stürmender Hand genommen und zwei Tage lang auf das greulichste ausgeplündert. Als der Kardinal am 25. in dem Orte anlangte, fand er ein einziges unbeschädigtes Haus, im übrigen eine jammervolle Verwüstung und außer seinen Linientruppen eine menschenleere Einöde. Die Ein= wohner waren teils erschlagen, teils geflüchtet, die siegenden Bauern aber hatten keinen anderen Gedanken gehabt, als ihre reiche Beute in Sicherheit zu bringen, und sich in ihre Dörfer zerstreut. Für den Augenblick existierte die Glaubens= armee nicht mehr. Ruffo sandte aufs neue seine Manifeste und Aufgebote durch das Land und erließ zugleich eine dringende Bitte an Admiral Uschakow nach Corfu, ihm ge= mäß den Verheißungen Kaiser Pauls einige russische Regi= menter zu Hülfe zu schicken. Allmählich brachte er dann seine sogenannten Linientruppen auf eine Stärke von 7000 Mann; nach einigen Wochen hatten sich auch wieder 10 000 Mann irregulärer Bauernhaufen gesammelt, und Mitte April setzte er sich aus Carigliano in Bewegung gegen die Provinz Basilicata. Aufs neue wiederholten sich die Vorgänge von Kalabrien; überall schloß sich die Bevölkerung dem königs= lichen Banner an; die demokratischen Einrichtungen wurden ohne Schwertstreich beseitigt; Anfang Mai konnte der Kar= dinal in aller Ruhe sein Hauptquartier in Matera, dem wichtigsten Orte der Provinz, aufschlagen, die Verwaltung des Landes auf dem alten Fuße ordnen, seinen Freiwilligen weitere militärische Schulung geben. Einstweilen wagte er es noch nicht, die ungeübte Begeisterung seiner Scharen einem Zusammenstoße mit französischen Bataillonen auszusetzen, wie dringend ihn auch Torrusio und Sciarpa aufforderten, sich wieder an die Westküste zu wenden und dort gerades= wegs auf Neapel zu marschieren. Indessen war die Zeit nahe, wo auch die letzten Hindernisse fielen.

Damals nämlich waren in Oberitalien die Treffen von Pastrengo und Magnano geschlagen, und gleich nach dem letzteren hatte General Scherer an Macdonald geschrieben, daß er dessen Abberufung aus Neapel beim Direktorium beantragt habe und ihn demnach auffordere, alle Vor= bereitungen zum Rückmarsch ungesäumt zu treffen. Mac= donald verlor begreiflicherweise keinen Augenblick, und in der That folgte die entsprechende Weisung des Direktoriums der Ankündigung Scherers in möglichst kurzer Frist. Mac= donald sollte Besatzungen in St. Elmo, dem die Hauptstadt beherrschenden Kastelle, und in den Festungen Capua und Gaeta lassen, im Gebiete der römischen Republik ebenfalls alles an sich ziehen, was nicht zur Behauptung von Rom, Civitavecchia und Ancona unerläßlich sei, und dann so schnell wie möglich nach Oberitalien eilen, um dort den Feldzug zu Gunsten Frankreichs zu entscheiden.

Diese Vorschriften zeigen deutlich, daß das Direktorium sich große Dinge von Macdonalds Vereinigung mit Moreau versprach und im glücklichen Falle das gesamte italienische Festland unter seiner Oberhoheit zu halten entschlossen war. Um sich hierin völlig freie Hand zu sichern, lehnte das Direktorium damals die von Neapel dringend beantragte förmliche Anerkennung der Parthenopea als souveränen Staates unter allerlei Vorwänden ab und sandte dafür einen neuen Zivilkommissar, Abrial, einen redlichen und einsichtigen Mann, um dem Vasallenstaate durch rasche Voll= endung der Verfassungsarbeiten endlich eine feste Grundlage zu geben.

So ging denn während des April in Neapel die dop=

pelte Thätigkeit nebeneinander her, die verdeckte Macdo=
nalds, der unter dem Vorgeben wirksamer Konzentration
und abhärtender Uebungsmärsche seine Bataillone und Vor=
räte allmählich aus Apulien und der Hauptstadt in ein
Lager bei Caserta zusammenzog und im stillen alle Vor=
kehrungen zum endlichen Aufbruche traf, und das öffentliche
Wirken Abrials, der sich mit dem bedeutendsten und edelsten
Führer der einheimischen Patrioten, Mario Pagano, ver=
band, einem ebenso geistreichen wie charaktervollen Manne,
der sehr viel über Freiheit, Menschenrecht und Menschen=
würde, leider aber sehr wenig über die Schöpfung einer
auch zu harten Kämpfen befähigten Staatsmacht nachgedacht
hatte, der die totgeborene Verfassung von 1793 auch da=
mals noch für ein demokratisches Muster erklärte und das=
selbe nur nach der Seite einer volleren Entwickelung popu=
lärer Freiheit für verbesserungsfähig hielt.   Das Ergebnis
war, daß Abrial sich einige ideale Zusätze Paganos gefallen
ließ, in der Hauptsache aber die damalige französische Ver=
fassung kopierte, wie dies französischer Brauch seit dem Be=
ginne der Direktorialregierung war.   Wichtiger jedoch als
diese politisch=doktrinären Studien war es, daß Abrial mit
ehrlicher Sorgfalt zu den Aemtern der neuen Direktoren
und Minister fähige und rechtschaffene Männer berief, und
zwar, wie sich jetzt von selbst verstand, ausschließlich Nea=
politaner ohne französische Beimischung.

Während dieser inneren Umformung erfuhr die Repu=
blik eine neue, höchst empfindliche Bedrängnis. Fortdauernd
war Lord Nelson in Palermo anwesend, stets mit Lady
Hamilton in vertrautem Verkehr, von dem zwischen Angst
und Hoffnung schwebenden Könige bei allen großen und
kleinen Fragen zu Rate gezogen. Seine Seele hatte keine
glühendere Leidenschaft als Niederwerfung der Franzosen
und ihrer Freunde; als damals eine Anzahl französischer
Invaliden, von Aegypten kommend, an der sizilianischen
Küste strandete, der fanatische Pöbel sie niederzumachen be=
gann und nur ein kleiner Rest durch neapolitanische See=
offiziere gerettet wurde, da lobte Nelson die Mörder und

schalt die Retter klägliche Thoren. Vor allem aber wütete er gegen die neapolitanischen Jakobiner, die Verräter an dem guten König, wie er sagte, und der liebenswürdigen Königin. Indessen war geraume Zeit seine eigene Macht zersplittert, da ein Teil der Flotte durch die Blockade der ägyptischen Küste, ein anderer durch jene der Insel Malta in Anspruch genommen war. Als jedoch im Laufe des März der royalistische Aufstand in Kalabrien immer weiter um sich griff, als dazu eine Zusage des Kaisers Paul kam, 12 000 Russen nach Neapel zu senden, ertrug er die Unthätigkeit nicht länger, sondern rief einige Fahrzeuge von den Blockadegeschwadern ab und schickte am 30. März den besten seiner Kapitäne, Troubridge, mit vier Linienschiffen und einer Anzahl leichter Fahrzeuge englischer und sizilianischer Flagge hinüber in den Busen von Neapel, um zunächst die Inseln Procida, Ischia und Capri zu besetzen, dort die Jakobiner auszurotten und der Hauptstadt alle Zufuhr vom Meer abzuschneiden. Die Republik hatte sich allmählich eine kleine Anzahl von Kanonenbooten gerüstet und mit deren Führung den greisen Admiral Caracciolo, einen tüchtigen und mutigen Seemann, beauftragt, welcher im Dezember mit dem Könige nach Palermo geflohen, dann aber zur Vermeidung der Konfiskation seiner Güter zurückgekommen und schließlich, halb gezwungen, halb willig, in den Dienst der neuen Regierung getreten war. Caracciolo versuchte einigen Widerstand, war aber dem feindlichen Geschwader bei weitem nicht gewachsen, so daß bis zum 18. April sämtliche Inseln des Golfes in englischem Besitze waren. Von dort aus versäumte Troubridge keine Stunde, um sich mit den royalistischen Bandenführern der benachbarten Provinzen in Verbindung zu setzen, mit Fra Diavolo und Mammone im Norden, mit Sciarpa und Bischof Torrusio im Süden. Einige Wochen früher hatten Nelson und Hamilton in Palermo es durchgesetzt, daß man alle in Sizilien gefangenen Verbrecher auf die Küste von Kalabrien hinüberwarf, mit der Aussicht auf Straflosigkeit und Beute, wenn sie den verfluchten Jakobinern tapfer den Garaus

machten. Diese Banditen trieben dann in Kalabrien solchen
Unfug, daß Kardinal Ruffo sie in einem großen Treibjagen
wieder einfangen ließ, ein Bataillon von 1000 Mann aus
ihnen formierte und mit richtigem Griffe einem der Ver-
wegensten und Entschlossensten der Gesellschaft das militärische Kommando über seine Genossen übertrug, der zwar
in ruhigen Tagen Mord und Diebstahl nicht immer zu
hindern vermochte, aber wenigstens die zum Kampfe erforderliche Disziplin mit eiserner Strenge aufrecht hielt.
Als der Kardinal von Troubridges Ankunft in Procida
erfuhr, beeilte er sich, die Bande dem Bischof Torrusio zu-
zuschicken, nebst einem Briefe an Troubridge, nachdem die
Engländer diese Subjekte losgelassen, möchten sie ihnen jetzt
auch Offiziere, Geschütze und Artilleristen liefern. Troubridge
entsprach diesem Ansinnen auf der Stelle und stärkte dadurch Torrusios und Sciarpas Streitmittel in solchem Grade,
daß bis Salerno hin alles demokratische Wesen ausgerottet
wurde. Daß dabei der Dolch ebenso viel Arbeit that wie
das Schwert, daß Plünderung und Privatrache ihr blutiges
Unwesen trieben, war dem Engländer gleichgültig. Er selbst
begann auf den Inseln nach Nelsons Weisungen eine wütende
Verfolgung solcher Einwohner, die irgend ein Amt unter
der Republik angenommen, beim Pflanzen des Freiheits-
baumes geholfen oder sonst feindselige Gesinnung gegen das
Königtum an den Tag gelegt hatten. Nelson schickte zu
diesem Behufe einen besonderen Richter, Namens Speciale,
hinüber, mit welchem Troubridge jedoch anfangs wenig zufrieden war. Er ist ein kläglicher Schlucker, schrieb er am
13. April, außer sich vor Furcht, klagt, daß über siebenzig
Familien beteiligt seien, begehrt einen Bischof, welcher die
verurteilten Priester vor ihrer Bestrafung erst degradiere;
ich habe ihm gesagt, er solle sie vor allem hängen, dann
wollte ich die Degradation schon besorgen. Unter diesem
soldatischen Einflusse kam dann Speciale bald in rascheren
Zug; Troubridge fand freilich die Art des Prozeßverfahrens
verwunderlich, da bei mancher Sitzung die Angeklagten gar
nicht anwesend seien; auch vertraute ihm Speciale, daß

einzelne Urteile nicht ganz regelrecht ausfallen würden. Ich bemerke, meldete Troubridge seinem Admiral am 18. April, daß man uns die Gehässigkeit der Hinrichtungen zuschieben möchte; dieser Falle gehe ich möglichst aus dem Wege, thue aber das mögliche, um ihn kräftig vorwärts zu treiben. Nelson belobte jegliches und feuerte Troubridge ebenso nachdrücklich wie dieser den elenden Speciale zum Hängen an. Der Parteihaß hatte bei diesen englischen Kriegsmännern jedes Gefühl für Menschlichkeit und Barmherzigkeit ertötet.

Und dies alles geschah, während König Ferdinand am 31. März ein Manifest für seinen Bevollmächtigten bei der russischen Flotte, den Ritter Micheroux, ausstellte, womit dieser in Apulien jedem Republikaner bei freiwilliger Unterwerfung volle Straflosigkeit zusagte, während Kardinal Ruffo am 17. April die gleiche Verheißung allen Einwohnern des Königreichs verkündete und wieder der König am 29. dem englischen Admiral eine Proklamation einhändigte, welche eine allgemeine Amnestie mit sehr wenigen Ausnahmen zusicherte und selbst für diese die Begnadigung in Aussicht stellte, wenn der betreffende Befehlshaber sie beantrage![1]

In dieser Zeit hatte General Macdonald seine Vorbereitungen vollendet, und nachdem er der zusammenbrechenden Parthenopea einen letzten Dienst durch Abwehr eines englischen Landungsversuches in dichter Nähe der Hauptstadt, bei Castellamare, geleistet hatte, begann er am 5. Mai, nach Zurücklassung der drei Besatzungen noch etwa 19 000 Mann stark, seinen Marsch nach dem großen Kriegsschauplatz. Als Lord Nelson diese Kunde erhielt, jubelte er, nun ständen dort die Jakobiner allein und wackelten in ihren Schuhen; hoffentlich werde der König sie bald an ihren Leibern ebenso bestrafen, wie bisher ihre französischen Freunde sie an ihren Geldbeuteln gestraft hätten. Ganz

---

[1] Die Manifeste vom 31. März und 17. April hat Sacchinelli abgedruckt. Die Verfügung vom 29. April wird erwähnt von Nelson, Dispatches III, 341, und in der königlichen Instruktion vom 10. Juni, abgedruckt in G. Rose, diaries I, 234.

anders aber war zu aller Welt Erstaunen die Stimmung in
Neapel selbst. Wie bedenklich auch in der bedrängten Lage
des Staates die Einbuße von 20 000 Verteidigern sein
mochte, vor allem hatte man dort das Gefühl, von einer
erdrückenden fremden Vormundschaft befreit zu sein, welche
durch ihren brutalen Hochmut und ihre räuberischen Erpressungen den Zorn des Volkes gegen die Republik her-
aufbeschworen und zugleich in ihrem bösen Gewissen jede
nationale Rüstung erschwert und verkümmert hatte. Nach
allem, was geschehen war, rechnete niemand auf Erbarmen
bei einem Siege der Königlichen; ein weiterer Widerstand
konnte also für die einzelnen Personen nichts verschlimmern,
wohl aber bei günstigem Erfolge eine Wendung des Ge-
schickes, wenn Macdonald die Russen besiegte, und im entgegengesetzten Falle wenigstens einen ehrenvollen Untergang
herbeiführen. Der neue gesetzgebende Körper war einmütig
in dieser Gesinnung; der ehemalige Leibarzt der Königin,
Domenico Cirillo, sprach sie bei dem Eintritt in die Versammlung mit den kurzen Worten aus: Ich weiß, daß ich
ein gefährliches Amt übernehme, aber ich stelle gerne dem
Vaterlande mein Leben zur Verfügung. Alle diese Männer
trugen die Last des verhängnisvollen Irrtums, eine Demokratie gründen zu wollen, wo der Demos zur Herrschaft
weder fähig noch geeignet war: aber zu ihrem Ruhme muß
es gesagt werden, daß sie mit uneigennütziger Begeisterung
bereit waren, für diesen Irrtum Leib und Leben dahin zu
geben. Ihr Kriegsminister Manthoné, ein Mann von her-
kulischer Stärke, Thätigkeit und Unerschrockenheit, griff die
Rüstungen mit Eifer an, organisierte die Nationalgarde
der Hauptstadt, unter Androhung der härtesten Strafen
für jeden im Dienst Säumigen, und brachte an verabschiedeten Soldaten, Polizeiwächtern und Baronalreisigen mehrere
Tausende zusammen. Nach allen Seiten hin ergingen seine
Befehle und Aufrufe, und die Königlichen, die nach Macdonalds Entfernung auf die völlige Wehrlosigkeit der Republik gerechnet hatten, waren erstaunt, auf jedem Punkte eine
gesteigerte Kampflust und Festigkeit anzutreffen.

Auf der anderen Seite hatte Kardinal Ruffo nicht ge=
rade Eile, die Gefahr eines entscheidenden Schlages in
größerem Stile auf sich zu nehmen. In den südlichen
Provinzen hatte ihm die loyale Begeisterung des Volkes
fast jeden ernsteren Kampf außer der Erstürmung Cotrones
erspart; um so mehr Mühe machte ihm aber fortdauernd
die Lockerheit und Unbändigkeit seiner bewaffneten Volks=
haufen. Ein Teil der Kalabresen hielt treu bei ihm aus
und ließ sich allmählich in leidlich geordnete Jägerkompanien
organisieren; in den übrigen Schwärmen aber sah er täg=
lich neue Gesichter, und vergeblich waren seine Anstrengungen,
Predigten und Manifeste, diese Banden von Unordnungen
aller Art, von Plünderung und Ermordung wirklicher oder
angeblicher Jakobiner abzuhalten. Es war vergebens, daß
er stets wiederholte Bitten um weitere Linientruppen nach
Palermo sandte: man hatte auch dort keinen Ueberfluß,
und trotz Ruffos Erfolgen war am Hofe ein starkes Miß=
trauen gegen ihn herangewachsen. In Monteleone hatte
der Kardinal die Post von Neapel aufgefangen und aus
den Briefen ersehen, daß alle Beschlüsse der Minister und
nicht minder seine eigene Korrespondenz mit dem Hofe so=
fort in Neapel bekannt geworden waren; seitdem hatte er
sich trotz mehrfacher Mahnungen stets auf sehr allgemeine
und inhaltlose Berichte beschränkt und dadurch ein hohes
Befremden seiner Souveräne erregt. Schlimmer noch war
es, daß ein ähnlicher Fang etwas später ihm Briefe aus
Neapel überlieferte, nach deren Lesung er sich verpflichtet
hielt, dem Könige persönlich eine Warnung vor dem all=
mächtigen Minister Acton zu übersenden. Dies Schreiben
kam schnell genug in Actons Hände und hatte keine andere
Folge als bitteren Haß des Ministers gegen den Kardinal,
der jetzt umgekehrt von Acton als unzuverlässig, als ein
Mitglied des der Krone feindlichen Adels verdächtigt wurde.
Nelson stimmte hier von Herzen ein. Ruffo hatte bemerkt,
daß die Anwesenheit der englischen Schiffe ihm nicht den
Mangel an Landsoldaten ersetzen könne. Nelson fand darin
eine Beleidigung des englischen Namens; der Kardinal,

ſchrieb er, iſt ein aufgedunſener Pfaffe, auf deſſen Worte
nichts zu geben iſt; jetzt hat er Angſt vor einem Angriffe
von tauſend Mann und ſetzt darüber alle Achtung vor Eng=
lands mächtigem Beiſtand aus den Augen. Das Ergebnis
war zunächſt, daß Ruſſo keine Verſtärkung erhielt.

Indeſſen kamen an den Kardinal nach Matera die gün=
ſtigſten Nachrichten aus Apulien und der Terra di Bari
von dem Abzug der Franzoſen und der Bereitwilligkeit des
Volks, ſich für ihn zu erheben, ſobald er erſcheine; und
in den erſten Tagen des Mai brach er auf gegen die ein=
zige demokratiſch geſinnte Stadt der Landſchaft, das hoch=
gelegene und ſtarkbefeſtigte Altamura. Der Parlamentär,
durch den er die Aufforderung zur Uebergabe hineinſandte,
wurde feſtgehalten und erſchoſſen; einen Tag lang dauerte
dann ein lebhafter Geſchützkampf; da war den Verteidigern
die Munition ausgegangen, und in der Nacht entfloh die
Beſatzung und mit ihr ein großer Teil der Einwohner.
Als die Truppen Ruſſos am folgenden Tage einrückten,
fanden ſie die Leiche des Parlamentärs und mehrerer eben=
falls ermordeter Royaliſten des Ortes, und ein ſolcher Aus=
bruch der Entrüſtung erfolgte, daß der Kardinal die Stadt
mit allem, was darinnen war, der Furie ſeiner Soldaten
preisgeben mußte. Hier erfuhr er gleich darauf Macdonalds
Abmarſch nach dem Norden und beſchloß jetzt, ohne weitere
Zögerung ſeine Scharen unmittelbar gegen die Hauptſtadt
zu führen. Er meldete es dem Könige, bat ihn, zur Unter=
ſtützung ſeines Angriffs die engliſche Flotte in den Buſen
von Neapel zu ſchicken und, wenn möglich, durch ſeine per=
ſönliche Anweſenheit den Mut ſeiner treuen Anhänger zu
ſteigern. Ein ſehr erwünſchter Zuzug kam übrigens dem
Kardinal in dieſen Tagen von einer anderen Seite, indem
bald nach der Einnahme von Corfu ein Teil der ruſſiſch=
türkiſchen Flotte in den neapolitaniſchen Gewäſſern erſchien.
Zunächſt im Meerbuſen von Tarent ſteckten, wo ſie in
Sicht kam, die Küſtenſtädte die königlichen Farben auf;
dann ging eine Abteilung derſelben an dem apuliſchen Ge=
ſtade nordwärts bis Manfredonia und wurde überall von

dem Jubel der Bevölkerung bewillkommnet. Dort erwirkte
denn Ritter Micheroux bei dem russischen Befehlshaber Sorokin den Beschluß, einen kleinen Truppenteil zu landen
und zur Bekämpfung der Republikaner mitwirken zu lassen.
Sorokin ging darauf ein und stellte 560 Mann [1]) unter
Kapitän Belle dem Kardinal zur Verfügung. Etwas später
kamen dazu noch 84 Türken unter Achmet Bei, obgleich
der Kardinal einiges Bedenken über diese ungläubige Verstärkung seines Glaubensheeres hatte; indessen Ketzer und
Schismatiker leisteten bereits willkommene Hülfe, und Achmet
versicherte in großer Freundlichkeit: wir trinken Wein und
verteidigen die Christen. Im übrigen dankte der Kardinal
dem Himmel für die neuen Gefährten, nicht bloß als Kampf-
mittel gegen die Feinde, sondern vielleicht noch mehr als
Rückhalt gegen die Zuchtlosigkeit der eigenen Leute. Am
5. Juni vereinigten sich die sämtlichen Scharen auf der
Höhe des Gebirges bei Ariano; dann ging am 8. der Marsch
thalabwärts gegen Westen; am 9. erreichte man Avellino,
wo der Kardinal mit der Nachricht, daß zwar nicht der
König selbst, wohl aber der Kronprinz mit der englischen
Flotte nach Neapel kommen würde, zugleich die königliche
Weisung empfing, vor dessen Eintreffen keinen unmittel-
baren Angriff auf die Stadt zu machen. Am 11. nahm
Ruffo sein Hauptquartier, nur noch wenige Meilen von
Neapel entfernt, in Nola [2]). Zugleich gingen Sciarpa und
Torrusio im Süden wieder bis Salerno vor, während im
Norden der früher demokratisch gesinnte, jetzt aber zu Ruffo
übergetretene Fürst von Rocca Romana der Hauptstadt die
Verbindung mit Gaeta und Capua abschnitt.

In Neapel war mit jedem Schritte, welchen der roya-
listische Angriff näher that, der Zustand trostloser geworden.
Manthoné konnte sich nicht verbergen, daß seine zum großen
Teile widerwilligen Bürgerwehren nicht binnen wenigen
Tagen zu festen Kriegsleuten heranzubilden waren, und in

---

[1]) Belles Bericht bei Miliutin II, 327.
[2]) Miliutin II, 167, 312.

allen Quartieren gärte es bei den Lazzaroni, die ihren
Grimm gegen die Jakobiner kaum noch verbargen. Desto
hitziger wurde dann in gleichem Verhältnis die Aufregung
der radikalen Demokraten, welche in ihren Klubs donnernde
Erklärungen nach dem Muster von 1793 erließen, Sturm=
petitionen gegen laue Minister an die Volksvertretung brachten
und Verhaftung und Vertilgung aller Despotenknechte und
Verdächtigen begehrten. Als dann vollends einige roya=
listische Verschwörungen entdeckt wurden, erfolgten zahlreiche
Hinrichtungen, und kaum ein Tag verging, wo nicht ein
royalistischer Verräter mit Grund oder Ungrund erschossen
wurde. Unter so düsteren Verhältnissen sah Manthoné die
Entscheidung herannahen. Er hatte 2000 Kalabresen in der
Stadt, mutige und entschlossene Männer, die nach ihrer
republikanischen Gesinnung Haus und Hof bei dem siegen=
den Anrücken des Kardinals verlassen und keinen anderen
Gedanken als Rache an ihren Bedrängern hatten. Dazu
kamen etwa 4000 entlassene Soldaten und streitlustige Frei=
willige; damit war aber die Zahl der brauchbaren Kämpfer
erschöpft, da die Masse der Bürgergarden durchaus keine
Lust hatte, für eine ihnen widerwärtige Sache ihre Glieder
zerschießen zu lassen. Indessen Manthoné nahm zusammen,
was er eben hatte, und bildete aus diesen Elementen drei
Heerhaufen, deren einer unter General Federici die Straße
nach Nola gegen Ruffo decken, ein anderer unter Schipani
gegen Salerno vordringen und dort Torrusios Streitkräfte
zerstreuen, der dritte unter dem Schweizer Obersten Wirtz
dicht vor der Stadt an den Ufern des Sebeto sich ver=
schanzen und als allgemeine Reserve dienen sollte[1]). In
der ersten Woche des Mai waren diese Rüstungen vollendet,
und die Regierung veranstaltete zur Entflammung der Ge=
müter einen feierlichen Ausmarsch der beiden ersten Scharen;

---

[1]) Hier, wie bei den weitern Kriegsereignissen, folge ich dem
Augenzeugen Sacchinelli. Wie verwirrt und unbrauchbar die Be=
richte Collettas, Bottas und des ihnen folgenden Jomini an dieser
Stelle sind, hat bereits Miliutin, II, 593 ff. nachgewiesen.

die Truppen nahmen eine große Paradeaufstellung, auf
einem hohen Scheiterhaufen wurden Bildnisse des Königs
und Abzeichen des Königtums verbrannt, eine begeisterte
Rede zum Preise der Freiheit gehalten und einige gefesselte
Royalisten mit republikanischer Großmut begnadigt; darauf
defilierten die Truppen unter Fahnenschwenken, Musik und
Jubelruf aus den Thoren hinaus. Leider kamen sie nicht
weit. In der Terra di Lavoro hatten sich bei Annäherung
des Kardinals ebenso wie in den Südprovinzen die Bauern
erhoben; Federicis Kolonne hatte kaum einige Meilen zu-
rückgelegt, als sie aus Büschen und Kornfeldern von rechts
und links her Feuer erhielt und in einem Augenblick der
ganze Haufe unter Zurücklassung der Geschütze und des
Fuhrwerks auseinanderstob. Die alten Soldaten des Trupps
liefen zu dem Feinde über, nur mit einem Dutzend Getreuer
kam Federici nach Neapel zurück. Darauf wagte auch
Schipani keinen weiteren Vormarsch, sondern machte Halt
bei Torre del Greco, wo er sich durch einige Feldschanzen
seine Stellung zu stärken suchte. Für keinen ruhig Ueber-
legenden war noch ein Zweifel an der völligen Hoffnungslosigkeit möglich; die Fortsetzung des Widerstandes konnte
das Verderben und Blutvergießen nur vermehren. Zu
ihrem Unheil aber hatten die Republikaner damals die Nachricht von dem Erscheinen einer großen französisch-spanischen
Flotte im Mittelmeer erhalten und rechneten sicher auf deren
Beistand: so wiesen sie die Aufforderung des Kardinals,
die Franzosen in St. Elmo aufzugeben, wie Macdonald
Neapel aufgegeben hatte, und gegen eine allgemeine Amnestie die Waffen niederzulegen, mit stolzem Trotze zurück.
   Nach dem in Avellino erhaltenen königlichen Befehle
sollte vor Nelsons Ankunft der Kardinal gegen die Hauptstadt nicht unmittelbar einen offenen Angriff unternehmen.
Daß ihm eine solche Weisung, welche die Ernte der von
ihm mühsam gesäten Früchte einem andern vorbehielt, nicht
gerade erfreulich sein mochte, wird man vermuten dürfen;
jedenfalls wollte er die Ereignisse nicht in Nola erwarten
und hatte auch an der Küste außer der Hauptstadt selbst

an Schipanis Heerhaufen einen einladenden Gegenstand des Kampfes. Wenn er von Nola sich gegen die Südseite der Hauptstadt wandte, so stand er zwischen dieser und Schipanis Lager und konnte den letzteren mithin im Rücken fassen, während ihn Torrusio in der Fronte bedrängte. Demnach ließ er eine kleine Abteilung unter Oberst Schiava am 12. Juni gegen Portici vorausgehen, welcher Ort von Schipanis Nachtrab besetzt war, und folgte mit dem Haupt= heere am 13. Als er im Laufe des Vormittags die Küste erreichte, waren jedoch Schipanis Leute bereits aus Portici in der Richtung auf Neapel unter stetem Gefechte mit Schiavas Jägern zurückgegangen; der Kardinal ließ seine Kolonne einen Augenblick Halt machen und Frühstück nehmen. Von der Höhe von St. Elmo aus hatte man unterdessen seine Annäherung bemerkt, die Stadt alarmiert und den Heerhaufen des Generals Wirtz schleunigst in das verschanzte Lager am Sebeto einrücken lassen. Gleichzeitig sammelten sich bei Ruffos Truppen bewaffnete Bauern der Umgegend und schilderten den kalabresischen Jägern, welche Ruffos Vortrab bildeten, wie schwer Schiavas Abteilung an der Magdalenenbrücke von den Jakobinern bedrängt würde, und plötzlich ging der Ruf durch die Scharen, daß man den Waffenbrüdern helfen müsse. Eine Kompanie nach der anderen warf das Frühstück weg, bis die ganze Masse in aufgelöster Ordnung hastigen Laufes dem Gefechte zudrängte. Der eilig herzugerufene Kardinal sprengte ihnen nach, sah aber, daß hier kein Halten sei, und ließ jetzt auch seine Linientruppen, Türken und Russen voran, zur Unterstützung der Jäger folgen. Es gab einen Augenblick bedenklicher Stockung, als sie das nächste Dorf passiert hatten und, in das Freie tretend, von Caracciolos Kanonenbooten und den Batterien des Kastells Vigliana mit einem dichten Kugel= regen überschüttet wurden. Aber der unbändige Eifer der Kalabresen half auch hier; drei ihrer Kompanien schlichen sich trotz des Feuers der Kanonenboote vom Seeufer her an die Mauer des Forts heran, wo auf dieser Seite kein Mensch an Gefahr dachte, kletterten einer auf die Schulter

des andern, erklommen die Mauer und fielen wie ein Hagel=
wetter über die Verteidiger her, welche völlig erschreckt durch
alle Thore die Flucht ergriffen [1]). Das plötzliche Erscheinen
der königlichen Fahne auf dem Turme des Kastells ver=
breitete den Schrecken weithin unter den Republikanern.
In tumultuarischer Eile verließen sie das Lager jenseits
des Sebeto, räumten den dort angelegten Brückenkopf und
brachten damit auch das Hauptlager des Generals Wirtz auf
der städtischen Seite des Flusses in heillose Verwirrung.
Der General sprengte vor, um die Flüchtigen anzuhalten,
wurde aber in den ersten Augenblicken durch einen feind=
lichen Offizier vom Pferde geschossen; bereits erschienen die
Russen auf der Mitte der Brücke und richteten durch ihr
Kartätschenfeuer eine entsetzliche Verheerung unter dem wirren
Menschenklumpen an; da war alles vorüber und das repu=
blikanische Heer zersprengt.   Die meisten suchten Zuflucht
in verschiedenen städtischen Quartieren; ein Teil warf sich
in die Kastelle Uovo und Nuovo, wohin sich jetzt auch die
Abgeordneten und Minister, die Beamten und Klubisten des
demokratischen Staatswesens retteten.   Die Sieger bivoua=
kierten, das Gewehr im Arme, am Ufer des Sebeto; mitten
in der Nacht wurde ihr Tagewerk gekrönt durch einen kecken
Handstreich, welchen eine kalabresische Jägerkompanie ge=
meinschaftlich mit der türkischen Abteilung ohne Befehl gegen
das Kastell del Carmine ausführte.   Während die Jäger
auf allen Seiten durch ihre Schüsse die Verteidiger alar=
mierten, erkletterten plötzlich die Türken, den Säbel in der

---

[1]) Daß Bottas und Collettas Schilderung, nach der die Ver=
teidiger sich mit den Angreifern in die Luft gesprengt hätten, eine
Fabel ist, bestätigt der russische Bericht des Kapitäns Belle, der an
den Verteidigern nichts als ihre ausgezeichnete Feigheit hervorzu=
heben weiß. Was die Angreifer betrifft, so sagt Belle mit ganz
unbestimmtem Ausdruck: das Fort wurde genommen; es ist grund=
los, wenn Miliutin daraufhin den Russen diese Trophäe aneignet.
Die Veranlassung zu dem demokratischen Mythus hat ohne Zweifel
der Umstand gegeben, daß das Fort in der folgenden Nacht,
wahrscheinlich durch die Unvorsichtigkeit seiner neuen Besatzung,
in die Luft flog.

Faust, die Mauer und machten die ganze Besatzung nieder. Der Zugang in die Stadt war jetzt der Glaubensarmee breit geöffnet.

Dennoch fühlte sich der Kardinal noch keineswegs am Ziele. Im Laufe der Nacht war ihm eine aufgefangene Depesche Manthonés an Schipani überbracht worden, welche diesem zum 14. Juni einen energischen Angriff auf die Royalisten von Süden her anbefahl, während er selbst mit allen noch vorhandenen Streitkräften den Kardinal in der Front beschäftigen und zugleich die französischen Besatzungen von St. Elmo und Capua durch gleichzeitige Ausfälle mit= wirken würden. Bei der geringen Festigkeit der royalistischen Haufen konnte ein Unfall an irgend einer dieser Stellen gefährliche Folgen haben; Ruffo sandte also die Nachricht schleunigst weiter zu Rocca Romana, der vor Capua stand, und ließ ihn durch zahlreiche Bauernhaufen verstärken; er schickte neue Befehle, um Torrusio zum Angriffe auf Schi= pani zu spornen, und ließ den Brigadier de Sectis mit etwa 1500 Mann zu Schiava stoßen, um von Portici her auf Schipani loszugehen; er selbst blieb mit der Hauptmacht an der Magdalenenbrücke, um auf jeder Seite zum Ein= greifen bereit zu sein. In der That ging Schipani in der Morgenfrühe zum Angriff zunächst gegen Portici vor, drängte Schiavas Vorposten bis zu dem königlichen Lust= schloß Favorite zurück, wurde hier aber von de Sectis zu gleicher Zeit in Front und Flanke mit scharfem Schützen= feuer und durch 150 Russen mit einem ungestümen Bajo= nettangriff begrüßt. Da erging es Schipani wie drei Tage früher seinem Genossen Federici. Zuerst die Soldaten der früheren Linienarmee warfen die Gewehre fort und traten zu den alten Fahnen über; die Bürgergarden von Neapel überlieferten sich freiwillig der Kriegsgefangenschaft, und nur die kalabresische Legion leistete einen bald überwältigten Widerstand, aus dem nicht viele entrannen, und wo Schipani selbst gefangen wurde. Das letzte Heer der Republikaner war aufgelöst.

Weder von den Franzosen noch von Manthoné wurde

an diesem Tage etwas vernommen. Desto wilder ging es
in den Quartieren der Hauptstadt zu. Noch am 13. Juni
hatten die Republikaner die niederen Volksklassen durch ein
militärisches Schreckensregiment in dumpfer Unterwerfung
gehalten. Als dann aber am Abend die bisherigen Machthaber mit allen ihren Behörden in die Kastelle geflüchtet,
als die demokratischen Scharen bis auf wenige Trümmer
vernichtet waren: da brach am Morgen des 14. die lange
verhaltene Wut der Lazzaroni in rasender Wildheit hervor,
und ein entsetzliches Rachegericht für den 22. Januar wurde
vollzogen. Zu dem städtischen Pöbel gesellten sich Schwärme
bewaffneter Bauern aus der Umgegend und loses Gesindel
von Ruffos Landsturm, und eine tobende Jagd auf die
Jakobiner begann. Wer kurzgeschnittenes Haar trug (ein
Abzeichen der Klubisten) war dem Tode verfallen; seine
Wohnung wurde geplündert, sein Haus zerstört. Angesehene
Damen von demokratischer Gesinnung wurden gepeitscht
und völlig nackt an den Pranger gestellt. Die grausamsten
Todesarten wurden ersonnen, Schuldige und Unschuldige
gemartert und zerfleischt, weder Alter noch Geschlecht verschont. Kardinal Ruffo hielt mit seinen regulären Truppen
draußen vor der Stadt, wagte keinen Schritt zu thun, ehe
der Kampf mit Schipani entschieden war, und hatte noch
dazu den königlichen Befehl, der ihm den Eintritt in die
Stadt vor Nelsons Ankunft verbot. Ja noch mehr, eben
jetzt empfing er ein königliches Handschreiben mit der Weisung, wegen der Annäherung der großen feindlichen Flotte
solle er, wenn er noch nicht völlig Meister von Neapel sei,
das Heer in irgend eine sichere Stellung des Binnenlandes
zurückführen. Das Schreiben war gerade einen Monat alt
geworden, ehe der Bote zu dem Kardinal gelangte; Ruffo
zog also den einfachen Schluß, daß die Kunde über die
gefürchtete Flotte nur ein falscher Alarm gewesen, und wenn
er überhaupt jemals gezweifelt hatte, so entschied ihn jetzt
der Anblick der bluttriefenden Anarchie in der unseligen
Stadt. Er meldete dem Könige die Lage der Dinge, die
Notwendigkeit, die Stadt zu besetzen, seinen Entschluß, alles

Ersinnliche zur Herstellung der Ordnung zu thun, so schwach für diesen Zweck auch seine Mittel seien, so sehr ein großer Teil seiner Leute auch mit dem mordlustigen Pöbel sympathisiere.

Nach Schipanis Niederlage ließ er dann am 15. Juni seine Kolonnen in allen Stadtteilen vorgehen. An verschiedenen Stellen hatten sich die Demokraten durch Barrikaden und Schanzen gedeckt und widerstanden mit dem Mute der Verzweiflung noch zwei Tage hindurch. Die Batterien der Kastelle unterstützten sie durch unausgesetztes Geschützfeuer, gegen welches erst am 16. die königliche Artillerie entsprechende Gegenwirkung erzielte. Dabei ließen sich die Lazzaroni durch das Schießen nicht im geringsten von der Fortsetzung ihrer Metzelei abhalten, sondern jagten durch die Straßen nach ihren Opfern, als wenn die Kartätschen Regentropfen wären. Der Kardinal sandte Befehl auf Befehl in die Stadt, man solle die Jakobiner ihm zur Bestrafung überliefern; da schleppte man einmal einige der Unglücklichen hinaus, deren Unschuld durch die ersten Fragen festgestellt wurde; der Kardinal befahl ihre Freilassung, sie eilten dankend nach Hause, aber kaum zwanzig Schritte entfernt, noch unter Ruffos Augen, wurden sie von den fanatischen Bauern niedergeschossen. Der Kardinal war außer sich, hatte aber keine materiellen Mittel gegen den Frevel, solange seine zuverlässigen Mannschaften noch im Kampfe gegen die Kastelle standen; er that denn, was er konnte, setzte einen Staatsgerichtshof zu geordneter Verfolgung der Rebellen ein, um dadurch die wütenden Volkshaufen von der gräßlichen Selbsthülfe abzuhalten, und ließ zugleich ein Edikt anschlagen, welches weiteren Uebelthätern die Todesstrafe androhte. Zugleich bildete er ein neues Ministerium und ernannte den Herzog von Salandra zum Generalissimus der Armee, welche sich jetzt täglich durch den Zulauf vieler früherer Soldaten verstärkte. Am 16. wurden die Gegner fast aus allen Quartieren vertrieben und auf die beiden Kastelle beschränkt. Auch die Mauern des Castel Nuovo waren damals schon so stark beschädigt, daß der Komman-

dant Massa die weiße Fahne aufzog und eine Unterhand=
lung eröffnete. Indessen brach die Nacht herein, ehe man
zum Abschluß gelangte, und die Republikaner benutzten das
Dunkel, um trotz des Stillstandes einen Ausfall zu machen,
eine der sie bedrängenden Batterien zu nehmen und die
dort befindlichen Geschütze zu vernageln. Aber am 17. Juni
nahm das erneuerte Gefecht für sie auf allen Punkten eine
so ungünstige Wendung, daß um Mittag auf dem Kastelle
die weiße Fahne wieder erschien und jetzt in aller Form
eine Waffenruhe verabredet wurde, um über die Ergebung
zu verhandeln. Der Kardinal war sehr bereit, auf billige
Bedingungen einzutreten. Er hatte in jeder Hinsicht un=
beschränkte Vollmacht; er kannte die Gesinnung seines Königs
und wußte, daß dieser ihm jede Abkürzung des Blutver=
gießens danken würde. Er selbst hatte keinen heißeren
Wunsch, als sich die Hände zur Unterdrückung der anarchi=
schen Gewaltthaten freizumachen. Dazu kam das Drängen
des Ritters Micheroux, dessen nächster Verwandter mit mehreren
anderen vornehmen Royalisten im Castel Nuovo als Geisel
gefangen saß und bei einem Mißlingen der Verhandlung
mit dem Tode bedroht war[1]. Endlich aber, die große
französische Flotte war zwar noch nicht erschienen, jedoch
keineswegs ein bloßes Hirngespinst. Sie war, 19 Linien=
schiffe stark, unter der Führung des Admirals Bruix in der
That aus Brest ausgelaufen, hatte das englische Kanal=
geschwader vermieden, bei dickem Nebel Anfang Mai die
Straße von Gibraltar passiert und sich dann mit der spa=
nischen Flotte von Cartagena vereinigt. Auf diese Kunde
hatte Nelson auf der Stelle seinen Freund Troubridge von
Procida abberufen und nur eine englische Fregatte unter
Kapitän Foote in den neapolitanischen Gewässern zurück=
gelassen. Und gerade Foote stimmte ebenso eifrig wie
Micheroux für den möglichst raschen Abschluß der Kapitu=

---

[1] Die Angabe, daß sich auch ein Bruder des Kardinals unter
den Geiseln befunden, ist nach Sacchinelli irrig. Die Verwandten
des Kardinals waren verhaftet worden, aber noch vor der Ein=
nahme der Stadt entkommen.

lation, da niemand wissen könne, ob die feindlichen Linien=
schiffe nicht am nächsten Tage in Sicht kämen. Auf der
anderen Seite zeigten sich die französischen Kommandanten
von St. Elmo und Capua höchst gleichgültig gegen das
Schicksal der neapolitanischen Demokraten; sie wären zu
sofortiger Uebergabe ihrer Festungen bereit gewesen, wenn
Ruffo ihnen einige Millionen Franken gezahlt hätte. Dies
mußte aber aus dem durchschlagenden Grunde abgelehnt
werden, daß Ruffo so vieles Geld selbst nicht besaß. So
kam man wieder auf Massas Bedingungen zurück und ge=
langte am 19. Juni zum Abschluß. Der Vertrag bestimmte
die Uebergabe der beiden Kaftelle (dell' Uovo und Nuovo)
mit Geschützen und Inventar, sobald Transportschiffe an=
gelangt seien, um die dort befindlichen Individuen beider
Geschlechter nach Toulon hinüberzubringen; Personen und
Eigentum der letzteren sollten nicht verletzt werden; auch
wenn sie es vorzögen, in Neapel zu bleiben, würden sie in
keiner Weise belästigt sein; dieselben Bestimmungen sollten
Platz greifen für alle in den früheren Kämpfen gemachten
Gefangenen; die in den Kaftellen festgehaltenen Geiseln
würden freigelassen, mit Ausnahme von vier Personen, die
in St. Elmo bleiben, bis jene Auswanderer in Toulon an=
gelangt seien; der Vertrag trete erst in Kraft durch die
Bestätigung des Kommandanten von St. Elmo. So wurde
am 19. unterzeichnet durch die Kommandanten der beiden
Kaftelle, Massa und Aurora, seitens der Republikaner, durch
Kardinal Ruffo und Ritter Micheroux, Kapitän Foote,
Kapitän Belle und Achmet Bei namens ihrer betreffen=
den Souveräne. Am 21. übersandte General Mejean aus
St. Elmo seine Bestätigung der Kapitulation. Damit war
der Vertrag perfekt geworden und der grauenvolle Bürger=
krieg beendet.

Während hierauf der Kardinal alle Kräfte anstrengte,
um in der Stadt wieder Ruhe und Frieden herzustellen,
und dabei vornehmlich von den russischen Truppen trefflich
unterstützt wurde, schritt man ungesäumt zur Vollziehung
der Kapitulation. Die Kaftelle wurden am 23. Juni den

Offizieren der Verbündeten zur Aufnahme des Inventars über die Waffen und Vorräte geöffnet; ein kleiner Teil der Besatzung wurde auf den gerade vorhandenen Fahrzeugen bereits eingeschifft [1]: für den folgenden Tag erwartete man von Procida weitere Transportschiffe.

Aber eine andere verhängnisvolle Wendung stand bevor. Um ihre Entwickelung zu erkennen, müssen wir einen Blick rückwärts auf die Zustände des Hofes in Palermo werfen.

Wie günstig auch in der letzten Zeit die Berichte vom Festlande gelautet, so war man in Palermo doch keinen Augenblick von schweren Sorgen frei gewesen. Wir erwähnten bereits Actons Mißstimmung gegen Ruffo sowie Nelsons abschätziges Urteil über denselben; nicht einmal der Antrag des Kardinals, daß der König mit der englischen Flotte nach Neapel kommen möge, vermochte das Urteil der beiden Männer zu mildern. Den Admiral hätte der Gedanke immerhin gereizt, den König gleichsam mit eigener Hand auf den Thron zurückzuführen: aber es geht nicht an, schrieb er an Troubridge; denn wenn bei unserem Erscheinen, wie zu erwarten, die Lazzaroni sich für ihn erhöben, so wäre es unerläßlich, daß er selbst sich an ihre Spitze stellte, und dazu wird er sich nimmermehr entschließen. In der That war in dem schwachen Fürsten keine heldenmäßige Ader. Vielmehr sah er dem letzten Kampfe um die Hauptstadt mit einer bangen Mischung streitender Gefühle entgegen; er fürchtete ein übereiltes Losbrechen seiner Anhänger, eine Masse entsetzlicher Grausamkeiten auf beiden Seiten, vielleicht ein nochmaliges Unterliegen seiner Partei, ja die Möglichkeit einer völligen Zerstörung der herrlichen Stadt. Dazu kam die aufregende Kunde von dem Erscheinen der französischen Flotte im Mittelmeer, woraufhin Nelson trotz alles Eifers für Ferdinands Herstellung am

---

[1] Preußische Konsularberichte an den Minister Haugwitz. Ich erwähne den Umstand, weil Nelson später großes Gewicht auf die Behauptung gelegt hat, daß bei seiner Ankunft die Ausführung des Vertrags noch nicht begonnen hätte.

20. Mai in See ging, um die Schlacht mit dem Haupt=
feinde zu suchen. Gleich nachher erfuhr man aber, daß
Bruix sich zunächst nach Toulon und Genua gewandt habe,
und bereits am 29. kam Nelson wieder zurück nach Palermo.
Darauf gelangte dann der König zum Entschlusse. In
einem langen Schreiben vom 10. Juni entwickelte er dem
Admiral seine Sorgen, meldete, daß er seinen Kronprinzen
mit so vielen Truppen, wie sich auf Sizilien irgend ent=
behren ließen, nach Neapel zu senden wünsche, und beschwor
ihn, dies Unternehmen durch seine Flottenmacht und seine
persönliche Mitwirkung zu unterstützen. Denn nur auf diese
Weise könne das Auftreten des Prinzen so gewichtig werden,
daß durch rasche Einschüchterung der Rebellen das unsägliche
Unheil eines längeren Bürgerkrieges abgewandt würde.
Nelson möge mit seiner kriegerischen Erfahrung nicht bloß
dem Kronprinzen ratend zur Seite stehen, sondern überall
an erster Stelle handeln und das entscheidende Wort sprechen.
Zugleich sandte ihm der König Abschrift der Instruktionen,
die er den Offizieren der Expedition mitgebe und gleich=
lautend den Befehlshabern auf dem Festlande übermittele.
Hiernach sollten die Royalisten der Hauptstadt erst nach der
Ankunft der englischen Flotte losschlagen; Kardinal Ruffo,
von Nelsons Abfahrt benachrichtigt, würde gleichfalls dort
erscheinen, und er allein mit seinen Truppen die Stadt be=
setzen. Alle militärischen und politischen Maßregeln sollten
zwischen dem Kronprinzen und Nelson verabredet werden,
so jedoch, daß Nelsons Meinung stets die entscheidende sei.
Die Aufforderung zur Unterwerfung sei stets in dem Sinne
der königlichen Verkündigung vom 29. April zu formulieren;
es könne also bei der Unterhandlung mit den Franzosen in
St. Elmo, Capua und Gaeta auch den Rebellen und selbst
ihren Führern freier Abzug bewilligt werden, wenn die Be=
schleunigung des Abschlusses davon abhinge. Zu demselben
Zwecke sei dem Kronprinzen jeder Kostenaufwand gestattet.
Alle Akte der Milde und Gnade gegen die bekannten Schul=
digen würden dem Könige vorbehalten, mit Ausnahme
derjenigen, welche bereits in der Kapitulation festgestellt

seien [1]). Mit einem Worte, die höchste Friedenssehnsucht er=
füllte den schwer heimgesuchten Monarchen. Die Aussichten
waren endlich günstig: nun sollte kein Augenblick versäumt,
kein Mittel unbenutzt gelassen werden. Machtentwickelung,
Ueberredung, Bestechung, Amnestie, alles wurde zugelassen,
wo es dem ersehnten Zwecke, der raschen Vollendung des
Werkes, dienen mochte. Im voraus genehmigte der König
jede Kapitulation auch auf die mildesten Bedingungen.

Die Königin Karoline hielt eine solche Politik nicht für
richtig. Nach den Verschwörungen von 1794 und 1798,
den steten hochverräterischen Verbindungen der demokratischen
Neapolitaner mit dem auswärtigen Feinde, nach den bei=
spiellosen Vorgängen des letzten Januar erachtete sie ein
strenges Einschreiten wenigstens gegen die Häupter und die
hervorragenden Teilnehmer der Rebellion für geboten, wenn
man nicht bei der ersten Gelegenheit eine Wiederholung des
Unheils erfahren wollte. Vollends Nelson meinte nur eine
Pflicht gegen Gott und die Menschheit zu erfüllen, wenn er
das giftige jakobinische Ungeziefer zertrete, wo er es finde.
Indessen der Entschluß des Königs war gefaßt, und am
13. Juni stiegen der Kronprinz, der Minister Acton und
die beiden Hamiltons an Bord des englischen Admiralschiffs.
Noch einmal aber erlebte man eine Unterbrechung. Am
folgenden Tage ereilte sie eine Meldung des höchstkomman=
bierenden Admirals Keith über drohende Bewegungen der
französischen Flotte, und Nelson kehrte zurück, um seine
hohen Gäste wieder auszuschiffen und seine Flotte den Fran=
zosen entgegen zu führen. Aber bereits am 20. empfing er
Gegenbefehl von Lord Keith, der anderweitige Verstärkung
erhalten hatte, erschien am 21. wieder vor Palermo, lud
schleunigst die Hamiltons auf sein Schiff und fuhr von
bannen, ohne auf die Truppen oder den Kronprinzen und

---

[1]) Diaries and correspondence of George Rose, I, 231.
Rose hat das wichtige Dokument ohne Zweifel von Lady Hamilton
erhalten. Es ist geradezu vernichtend für Nelsons Behauptung,
daß Ruffo bei dem Abschluß der Kapitulation seine Vollmacht
überschritten habe.

den Minister zu warten. Man erkennt, daß ihm alles daran lag, bei seinen Maßregeln in Neapel völlig freie Hand zu haben.

Am 23. Juni, auf hoher See, ungefähr halben Weges nach Neapel, erhielt er [1]) eine Kunde, daß vor Neapel Waffenstillstand sei und eine Unterhandlung schwebe über Eröffnung der Kastelle, wenn binnen drei Wochen kein Entsatz erscheine, und in diesem Falle über freien Abzug der Rebellen. Da brauste er heftig auf gegen eine solche Infamie und sandte auf der Stelle einen Schnellsegler nach Palermo mit Briefen der Hamiltons an die Königin, in welchen diese um rasche Meinungsäußerung über ein so schnödes Beginnen ersucht wurde. Nach der ihm zugekommenen Nachricht hatte Nelson also damals die Ansicht, die Unterhandlung dauere noch fort, und ein Vertrag sei bis jetzt nicht abgeschlossen. In diesem Sinne schrieb er eine Reihe von „Observationen" nieder, worin er ausführte, daß durch die Ankunft seiner Flotte die Lage völlig zu Ungunsten der Rebellen verwandelt werde, daß ihnen jede Möglichkeit des Widerstandes und jede Aussicht auf Entsatz verschwinde, daß ihnen mithin der freie Abzug so wenig wie der dreiwöchentliche Aufschub zu bewilligen, sondern unbedingte Unterwerfung zu fordern sei. In seiner Auffassung wurde er bestärkt, als er am 24. Juni schon aus der Ferne sowohl auf Footes Schiffen wie auf den Kastellen die Stillstandsflagge wehen sah; er gab sofort das Signal, sie einzuziehen und ließ seine Flotte in drohender Schlachtordnung vor der Stadt ankern. Kaum aber war es geschehen, so erschien Kapitän Foote auf dem Admiralschiff, um sich bei dem ankommenden Führer zu melden und über die neuesten Ereignisse Bericht zu erstatten. Hier erfuhr denn Nelson, daß es sich nicht mehr um einen Stillstand mit schwebender Verhandlung, sondern um einen geschlossenen, in jeder Hinsicht rechtsbeständigen Vertrag handle. Der Unterschied war ihm

---

[1]) Wahrscheinlich durch ein sizilianisches Kanonenboot, welches der Flotte dort begegnete. Logbuch des Admiralschiffs, abgedruckt bei Nicolas III, 508.

aber entweder nicht deutlich oder machte doch nicht den ge=
ringsten Eindruck auf ihn. Er blieb freundlich gegen Foote,
aber fest in der Verurteilung des Vertrages. Ich stelle,
sagte er dem Kapitän, Euern Eifer und guten Willen nicht
in Abrede; aber Ihr habt Euch durch den nichtsnußigen
Kerl, den Kardinal, der hier eine seinem König feindliche
Partei zu bilden sucht, berücken lassen. Er begehrte von
Foote den Wortlaut des Vertrages, und dieser konnte ihm
sogleich die Abschrift eines ersten Entwurfs der Kapitulation
einhändigen, der bereits wörtlich die sämtlichen Artikel ent=
hielt, aber nur von den verbündeten Befehlshabern ge=
zeichnet war und mithin nicht die Form einer definitiven
Ausfertigung an sich trug [1]). Nelson packte das Aktenstück
mit seinen „Observationen“ zusammen und schickte alles
nach Palermo, mit bitteren Beschwerden über die Leicht=
fertigkeit und Böswilligkeit des Kardinals. Er ließ diesem
sodann durch Hamilton melden, daß er die ihm durch Foote
mitgeteilte Kapitulation durchaus mißbillige und ihm die
Kapitäne Ball und Troubridge sende, um ihm seine Ab=
sichten näher darzulegen. Die beiden Kapitäne brachten
außerdem dem Kardinal zwei Proklamationen Nelsons mit,
die eine an die Franzosen in St. Elmo, binnen zwei Stun=
den auf freien Abzug sich zu ergeben; die andere an die
Demokraten, auf der Stelle sich bedingungslos der Gnade
des Königs zu unterwerfen, mit der Aufforderung, die
Uebersendung der beiden Schriftstücke an die Adressaten zu
besorgen. Es entspann sich über dies alles eine immer
höfliche, aber sehr warme Verhandlung zwischen Ruffo und
den beiden Offizieren. Der Kardinal protestierte entschieden
gegen jede Verletzung des nach königlicher Vollmacht ge=
schlossenen, überall rechtsverbindlichen Vertrags, lehnte nicht
minder entschieden die Uebersendung der Proklamationen
ab, und als endlich Troubridge ihm geradezu die Frage
stellte, ob er Nelsons Angriff auf die Kastelle unterstützen

---

[1]) Abgedruckt bei Palumbo S. 76 ff. Vgl. damit die beiden
Texte bei Nicolas, Dispatches III, 486 ff. ·

wolle, erklärte er ebenso unumwunden: nicht mit einem Manne, nicht mit einem Geschütze werde er ihm helfen.

Der Kardinal mochte sich noch immer nicht zu der Vorstellung entschließen, daß hier etwas anderes als ein Mißverständnis vorliege; vielleicht ein leichter Aerger Nelsons, daß man nicht, der königlichen Weisung entsprechend, die Einnahme der Stadt bis auf seine Ankunft verschoben habe. Um solche Verstimmungen zu beseitigen, fuhr Ruffo am 25. Juni selbst zum Admiral hinaus, wurde mit hohen Ehren empfangen, mußte sich aber bald überzeugen, daß es hier viel schlimmer stehe, als er gedacht. Auf seine Erläuterungen, daß die Lage der Dinge die Entscheidung rascher, als irgend jemand vermutet, ihm aufgedrängt habe, ging Nelson weder billigend noch bestreitend mit einer Silbe ein. Dafür las er dem Kardinal seine Observationen vor und steifte sich auf die neue, durch seine Flotte geschaffene Lage. Auf Ruffo konnte er natürlich damit keinen Eindruck machen, da die Ankunft der Flotte wohl vor dem Abschluß des Vertrags Bedeutung gehabt hätte, nimmermehr aber denselben nachträglich entkräften konnte. Da kam Hamilton dem Admiral mit dem Satze zu Hülfe, daß ein König mit rebellischen Unterthanen überhaupt keine Verträge schließe oder schließen könne, worauf Ruffo trocken entgegnete: es mag gut sein, nicht zu schließen, hat man aber einmal geschlossen, so ist es Pflicht, sein Wort zu halten. Als Nelson sich darauf Hamiltons Auffassung aneignete, brach Ruffo das Gespräch mit der Erklärung ab, daß er vor jeder definitiven Entschließung die Vertreter der verbündeten Mächte hören müsse [1]). Als er in die Stadt zurückkam, fand er dort die Straßen in drohender Bewegung. In offener Uebertretung seines Erlasses vom 15. Juni waren die unter englischem Einflusse stehenden Banden, die Gesellen Mammones und Fra Diavolos, die nie unter Ruffo gedient,

---

[1]) Die beiden Berichte über das Gespräch, Nelsons in einem Briefe an Lord Keith, und Ruffos bei Sacchinelli, ergänzen sich, ohne sich zu widersprechen.

wohl aber von Troubridge Geld und guten Rat empfangen
hatten, in allen Quartieren aufs neue mit Verhaftungen
und Plünderungen beschäftigt, rissen das Edikt des Kar=
dinals in Stücke und lärmten gegen diesen selbst als einen
heuchlerischen Jakobiner. Dessen Glück war die feste An=
hänglichkeit seiner Kalabresen, die auf den ersten Wink über
das Gesindel herfielen, einige Schreier auf dem Flecke nieder=
schossen und in kurzer Zeit die Ordnung wiederherstellten.
Ebenso entschieden war die Ansicht Micherouxs, Belles und
Achmets, welche noch an demselben Tage eine gemeinsame
Verwahrung an Nelson abgehen ließen und ihn vor Gott
und den Menschen für die Verletzung der Kapitulation, als
ein abscheuliches Vergehen gegen das Völkerrecht, verant=
wortlich machten[1]). Daraufhin sandte Ruffo dem Admiral
die schriftliche Erklärung: wenn Nelson die Ausführung
des Vertrags ferner zu hindern suche, so würde er, der Kar=
dinal, den Feind in die Lage vor der Unterhandlung zu=
rückversetzen, das königliche Heer aus der Stadt hinweg in
seine früheren Positionen führen und dem Admiral die
Ueberwältigung der Rebellen überlassen.

Eine solche Festigkeit hatten die Engländer nicht er=
wartet. Sie war ihnen sehr unangenehm, da die See=
soldaten der Flotte für sich allein zur Besiegung des Feindes
nicht ausreichten; auch hatte man noch keine Antwort aus
Palermo und entschloß sich also, bis dahin zu temporisieren
und das Ziel auf krummen Wegen zu erreichen. Am
26. Juni erhielt Ruffo zu froher Ueberraschung ein Schreiben
Hamiltons[2]) mit der Anzeige, daß Nelson verspreche, nichts
gegen den Vertrag zu unternehmen. Gleich nachher wieder=
holte ein Brief des Admirals[3]) dieselbe Verheißung, unter
keinen Umständen den Vertrag des Kardinals brechen zu
wollen; im Gegenteil wünsche er kräftiges Zusammenwirken

---

[1]) In wörtlichem Abdruck bei Sacchinelli.
[2]) Abgedruckt bei Sacchinelli.
[3]) Undatiert, von Nicolas falsch zum 28. gesetzt. Nelson nimmt
in den ersten Zeilen Bezug auf Hamiltons Schreiben „von diesem
Morgen".

ür die Berennung des letzten Punktes, des von den Fran=
zosen besetzten Forts St. Elmo. Der Kardinal atmete auf,
als er diese Zeilen empfing und dazu noch mündlich durch
Ball und Troubridge die bestimmte Bekräftigung des In=
halts, zuerst mündlich, dann auch schriftlich, letzteres aller=
dings unter Verweigerung der Namensunterschrift, erhielt [1].
Englische und neapolitanische Truppen nahmen jetzt von
den beiden Kastellen Uovo und Nuovo definitiven Besitz;
die seit dem 24. unterbrochene Einschiffung der Besatzung
und der sonst dorthin geflüchteten Republikaner begann aufs
neue, soweit eben Transportschiffe vorhanden waren; in
den nächsten Tagen, meinten die Emigranten, würden sie
absegeln. Am 27. Juni schrieb Hamilton noch einmal an
den Kardinal: sie alle hätten nur die Absicht, für den König
zu arbeiten; je nach den Charakteren gäbe es wohl ver=
schiedene Ausdrucksweisen; jetzt aber, Gott sei Dank, stehe
alles gut, und Nelson freue sich seines Entschlusses, den
trefflichen Kardinal auf alle Weise zu unterstützen. So
war Friede und Eintracht auf allen Seiten hergestellt. Auf
wie lange?

Am Morgen des 28. Juni empfingen die Hamiltons die
ungeduldig ersehnte Antwort aus Palermo auf die Briefe
des 23., auf jene erste Meldung einer noch schwebenden
Verhandlung über den freien Abzug der Rebellen. Wie
aus dem Datum, geht auch aus dem Inhalt des Schreibens
der Königin bestimmt hervor, daß ihr bis dahin sonst keine
Kunde über den Abschluß oder die einzelnen Bestimmungen
des Vertrages zugekommen war. Der Kardinal, sagte sie,
habe über die Ereignisse bis zum 21., und nur in sehr
oberflächlicher Weise, berichtet. Sie erwägt die nach ihrer
Meinung also noch offene Frage, ob es ratsam sei, über=

---

[1] Faksimile des Attestes bei Sacchinelli. Uebrigens sahen die
schlauen englischen Offiziere sich im Wortlaute ihrer Erklärung
vor. Sie bescheinigten Nelsons Bereitwilligkeit, die Einschiffung
der Rebellen zu gestatten; diese allerdings wünschte der Admiral,
wie wir gleich sehen werden; weislich aber vermieden sie, von der
Abfahrt der Jakobiner zu reden.

haupt einen Vertrag zu schließen oder in denselben die Be=
willigung des freien Abzugs aufzunehmen. Sie verneint
sie, herb und heftig. Sie hat den ungeheuren Verrat des
letzten Kriegs erlebt, die schmähliche Auflösung des Heeres,
die kampflose Ueberlieferung Gaetas und Capuas, die Unter=
stützung der Franzosen gegen die Lazzaroni durch die Demo=
kraten von St. Elmo; jetzt stellt sie die weitere Thatsache
fest, daß trotz des wiederholten Generalpardons die Demo=
kraten fortgekämpft, daß sie noch am 16. inmitten der
Friedensunterhandlung durch nächtlichen Ueberfall den Still=
stand gebrochen: es ist unmöglich, ruft sie aus, daß ich von
Herzen mit dieser rebellischen Canaille unterhandeln könnte.
So erklärt sie, daß man die Empörer zur unbedingten Unter=
werfung zwingen und dann rasches, strenges Strafgericht
folgen müsse, der Tod für die Häupter und die Führer,
die Verbannung für deren thätige Helfer, auch wenn es
tausend wären, sodann die Beseitigung der hauptstädtischen
Korporationen, welche der rechte Sitz der Empörung ge=
wesen, und die Aufhebung der abligen Gerichtsbarkeit, um
aus der Sklaverei ein Volk zu erretten, welches den König
wieder auf seinen Thron gesetzt hat, nachdem ein treuloser
Adel ihn hatte stürzen wollen. Sonst würde der König
nicht sechs Monate sicher regieren können; was wir bedürfen,
schließt sie, ist Festigkeit und Kraft, Energie und Strenge.
Sagt Nelson, er möge Neapel behandeln, als wäre es eine
rebellische Stadt in Irland.

Nelson war erquickt, als er die Worte las. Hiermit
meinte er sicher zu sein, daß er nicht verleugnet werden
würde, wenn er nach seinem Sinne verfuhr. Und er hatte
jetzt auch die äußeren Mittel, so zu verfahren. Solange
die Demokraten in ihren Kastellen saßen, hätte er ihnen
ohne Ruffos Hülfe nichts anhaben können; deshalb hatte er
dem Kardinal sein Wort auf Beobachtung des Vertrages
gegeben, damit derselbe fortfahre, die Feinde auf die Schiffe
zu bringen. So war es geschehen, und nun lagen diese
Fahrzeuge unter den Kanonen seiner Flotte, und hier auf
der See war er allein der Herr. Gleich am 28., trotz der

rechtsbeständigen Kapitulation, trotz des gestern wiederholten
Versprechens, ließ er die großen Hochverräter gefesselt in
den Kielraum seiner Linienschiffe packen, den übrigen die
Abfahrt weigern und Häscher auf das Land hinausgehen,
um den ihm vor allen verhaßten Admiral Caracciolo zu
verhaften. Am Morgen des 29. Juni wurde dieser ge=
bunden und mißhandelt auf Nelsons Flaggenschiff gebracht,
ohne Zögern ein Kriegsgericht niedergesetzt und dessen Spruch,
der allerdings von Rechts wegen auf Tod lauten mußte,
ohne Rücksicht auf das Königswort vom 10. Juni, daß die
Uebelthäter der königlichen Gnade aufzubewahren seien, an
demselben Nachmittag auf Nelsons Befehl vollstreckt. Bei=
nahe Tag für Tag gingen jetzt leichte Schiffe nach Palermo,
um über die einzelnen Vorfälle zu berichten und zugleich
den König aufzufordern, so schnell wie möglich selbst in
seiner Residenz zu erscheinen. Zu diesem Zwecke segelte
insbesondere Kapitän Foote nach Sizilien hinüber, um seine
Fregatte dem Könige zur Ueberfahrt zur Verfügung zu
stellen.

In Palermo waren indes die am 24. Juni gleich nach
Nelsons Ankunft durch diesen gegen Ruffo erhobenen Be=
schwerden, sowie Kapitän Footes Abschrift des Vertrags=
entwurfes angelangt. Die Entrüstung der Königin flammte
aufs neue hoch auf; sie bedeckte das Papier mit zornigen
Randbemerkungen. Wenn nicht durch ein Wunder des
Himmels, schrieb sie, noch ein Ereignis eintritt, welches den
Vertrag zerreißt, so erachte ich mich entehrt; kommt diese
ruchlose Kapitulation wirklich zu stande, so ist mir das
ein größerer Schmerz und ein härterer Schlag als der
Verlust des Reiches. Noch also hielt sie an einer schwachen
Hoffnung, daß der Kardinal durch Nelson an dem defini=
tiven Abschluß verhindert worden sei, und in demselben
Sinne schrieb der König den 27. Juni an Ruffo, daß
Nelsons Observationen klug und christlich seien und er, der
König, es für unmöglich halte, daß Ruffo nicht sogleich
diese Ansicht zu der seinigen gemacht hätte. Einen Schritt
weiter aber ging in seinem Hasse gegen Ruffo der Minister

Acton. Er wußte es dem Könige anschaulich zu machen, wie zweckmäßig es sein würde, wenn jetzt, wo Nelsons Gegenwart den Kardinal in Neapel abkömmlich mache, dieser selbst nach Palermo beschieden werde, um eingehend über das Vergangene zu berichten und über das künftig Erforderliche zu beraten. Der König fand dabei kein Bedenken; Acton aber gab dann seinerseits der Einladung ungefähr die Form eines Haftbefehls, indem er an drei Generale in Neapel die Weisung sandte, mit aller Vorsicht den Kardinal auf ein von Nelson zu bezeichnendes Kriegsschiff und damit sicher nach Palermo zu schaffen [1]). Gemäß der am Hofe herrschenden Auffassung, daß die ganze Revolution ein Werk des mißvergnügten Adels gewesen, war er jetzt geradezu der Ansicht, der Kardinal gehe mit dem Plane um, im besten Falle das hergestellte Königtum unter die beschränkende Aufsicht abliger Stände zu stellen, ja vielleicht sogar nach Beseitigung der Jakobiner seinen eigenen Bruder, Franz Ruffo, auf den Thron von Neapel zu setzen [2]). Indessen bei dieser Frage, wo es nicht mehr auf Vernichtung der Franzosen und ihrer Spießgesellen ankam, waren die Engländer umsichtiger als der grollende Minister. Nelson und Hamilton erkannten wohl, welch einen unermeßlichen Skandal die Verhaftung des Kardinals bewirken würde; sie waren zufrieden, trotz Ruffos Widerspruch die Kapitulation vernichtet zu haben, und begnügten sich, dessen Bruder gleichsam als Geisel nach Palermo hinüberzuschicken.

Am 2. Juli erhielten die Souveräne die Nachricht von der Zerreißung des Vertrags, der Verhaftung der Demokraten, der Hinrichtung Caracciolos. Nun erst war man in Palermo vollständig über die Sachlage unterrichtet. Dem Könige machte denn doch der Bruch der Kapitulation nicht

---

[1]) Die Randnoten der Königin bei Palumbo S. 76 ff., die Briefe des Königs und Actons bei Rose l. c.

[2]) Das letztere berichtet Sacchinelli; von Angaben über die bedenklichen Umtriebe des Kardinals und des festländischen Adels sind auch die russischen Gesandtschaftsberichte aus Palermo erfüllt. (Weitläufige Auszüge daraus bei Miliutin.)

geringe Bedenken, und indem er jetzt Nelsons Einladung
nach Neapel zu folgen beschloß, bestimmte er, zu großem
Kummer der Königin, daß dieselbe in Sizilien zurückbleiben
sollte, weil ihr Erscheinen den festlichen Jubel des Em=
pfanges stören könnte; nur Acton und einige andere Würden=
träger sollten die Fahrt mitmachen. Wie sehr auch Fer=
dinand den Inhalt der Kapitulation mißbilligt hatte, immer
wollte er, ehe über das Schicksal der gefangenen Insurgenten
entschieden würde, den Kardinal selbst darüber erst noch
hören [1]). Ich will wünschen, schrieb die Königin den
2. Juli an Lady Hamilton, daß es zu einer Verständigung
mit dem Kardinal kommen möge; aber ich sehe Stürme
voraus, und dann werde ich sehr zu beklagen sein. Acton
war ohne Zweifel derselben Meinung; der König wurde
also auf der Fahrt dahin bearbeitet, daß er die Stadt Neapel
nicht selbst betrat, sondern auf Nelsons Flaggenschiff und
somit von jedem anderweitigen Einfluß abgeschnitten blieb.
Jedoch ließ Ferdinand auf der Stelle den Kardinal an Bord
berufen und nahm dessen Vortrag über die Rechtsbeständig=
keit der Kapitulation entgegen; er sprach darauf seine Mei=
nung aus, daß ein gegebenes Wort gehalten werden müsse,
forderte dann aber auch die Gründe der Engländer zu ver=
nehmen. Hamilton erklärte wieder, daß ein König mit
seinen Unterthanen keine Verträge schließe; ein solcher Ver=
trag sei nichtig in sich. Nelson aber kehrte seinen ganzen
Ingrimm gegen Franzosen und französisch gesinnte Jakobiner
hervor: diese Frevler seien unverbesserlich und müßten von
Grund aus vertilgt werden, wenn ihre höllische Bosheit
nicht bei erster Gelegenheit noch schlimmeres Unheil veran=
lassen und ihre unverdiente Straflosigkeit die Zahl ihrer
Anhänger vermehren sollte. Dieser leidenschaftlichen Energie

---

[1]) Cuoco berichtet, auch die Königin habe gesagt, man hätte
die Kapitulation nicht abschließen, nach erfolgtem Abschlusse aber
sie halten sollen. In seinem, des Todfeindes, Munde klingt ein
solches Zeugnis glaublich genug; leider gewinnt es keineswegs an
Wahrscheinlichkeit durch den Brief der Königin an Lady Hamilton
vom 2. Juli.

gegenüber wagte der schwache Monarch keinen Widerstand weiter, nahm den Treubruch als geschehene Thatsache hin und ließ nach Nelsons Sinne den Folgen desselben ihren Lauf.

In diesen Tagen kapitulierte das Fort St. Elmo, bald nachher auch die Festungen Capua und Gaeta, so daß das ganze Reich wieder unter die königliche Herrschaft zurückgekehrt war. Gleichzeitig erschienen dann vom Admiralschiffe aus die Verfügungen über die neue Einrichtung des wiedergewonnenen Staates und die Verfolgung der revolutionären Hochverräter. Der Kardinal verlor den Titel eines Generalvikars und alter ego und wurde, nach Auflösung des von ihm gebildeten Ministeriums, zum Vorsitzenden einer neuen höchsten Verwaltungsbehörde ernannt, die jedoch in allen Stücken dem einstweilen in Palermo bleibenden Ministerium unterstellt wurde. Ganz nach den Wünschen der Königin wurden die bisherigen Gemeinderäte der Hauptstadt und die Gerichte der Barone abgeschafft und durch königliche Beamte ersetzt. Der von Ruffo ernannte Staatsgerichtshof hatte wie der Kardinal sich dahin erklärt, daß die Kapitulation eine gerichtliche Verfolgung politischer Vergehungen ausschließe, wenn diese nicht zugleich zum Vorwande gemeiner Verbrechen gedient hätten: er wurde ohne Zaudern aufgelöst und an seiner Statt eine neue Staatsjunta gebildet, unter deren Mitgliedern Troubridges eifriger Schüler Speciale eine abscheuliche Rolle spielen sollte. Es ist hier nicht die Stelle, in die Einzelheiten dieser traurigen Prozesse einzugehen; es mag genügen, in kurzen Zahlen die Summe anzugeben. Allmählich stieg die Masse der Verhafteten und Angeklagten bis auf 8000. Davon erlitten 99 den Tod, zu lebenslänglichem Gefängnis wurden 22, zu kürzeren Freiheitsstrafen 322, zur Deportation 288, zur Verbannung 67 verurteilt; die übrigen wurden gegen Ende des Jahres in Freiheit gesetzt.

So furchtbar hoch die Zahl dieser Opfer ist, so scheint es doch einleuchtend, daß nicht hierin die schlimmste Seite der tragischen Katastrophe besteht, und am wenigsten sind

Engländer oder Franzosen nach den Mordscenen in Irland, den Hekatomben des Revolutionsgerichts, den Massenhinrichtungen in Aegypten berechtigt, deshalb auf die neapolitanische Regierung einen Stein zu werfen. Der eigentlich dunkle Punkt in den neapolitanischen Vorgängen ist und bleibt der schnöde Bruch der feierlich abgeschlossenen Kapitulation, und diese Schuld trifft, wie jetzt urkundlich feststeht, ganz und ausschließlich den englischen Admiral und nicht die neapolitanischen Herrscher. Je weniger glänzend das Bild der letzteren sonst erscheint, je stärker uns die stumpfe Beschränktheit Ferdinands und die wilde Leidenschaft Karolinens abstößt, um so mehr fordert es die Gerechtigkeit, sie nicht wegen eines Vergehens zu verurteilen, welches Nelson längst vollzogen hatte, als sie die erste Kunde davon erreichte. Auf der Königin bleibt der Vorwurf lasten, den einmal geschehenen Rechtsbruch mit Freude begrüßt zu haben; der König erscheint kläglich in der Schwäche, mit der er den unter seiner Vollmacht geschlossenen Vertrag dem gefürchteten Seehelden gegenüber nicht zu verteidigen wagt. Aber die wirklichen Uebelthäter, die thätigen Schöpfer des Frevels, waren nicht die beleidigten Souveräne der Rebellen und nicht die siegenden Landsleute der Opfer: es waren Nelson und die Hamiltons, die sich hier in Einem Akte gleich sehr der Rechtlosigkeit, der Hinterlist und der Grausamkeit schuldig machten. Im englischen Parlamente sprach Fox ohnmächtige Worte des Tadels: was die Minister betraf, so begnügte sich Lord Spencer mit der kühlen Bemerkung, Nelson habe sicher aus edlen und reinen Beweggründen gehandelt; Lord Grenville aber sagte epigrammatisch, Ruffo habe den Vertrag zu gutem Zwecke geschlossen, Nelson ihn zu besserem gebrochen. Das englische Volk fuhr fort, seinem gefeierten Helden zuzujubeln; einzig unter allen drückte ihm der alte König Georg seine unverbrüchliche Ungnade aus.

So war, kaum sieben Wochen nach Macdonalds Abzug, die republikanische Schöpfung der Franzosen in Neapel zusammengebrochen, zum Unheil aller, die sich an ihrer Grünbung, zum Unsegen der anderen, die sich an ihrer Ueber= wältigung beteiligt hatten. Folgen wir jetzt Macdonalds Schritten gegen Norden; sehen wir, welche Geschicke ihn dort gleichzeitig mit dem Untergang der Parthenopea erwarteten.

Viertes Kapitel.

Schlacht an der Trebbia.

Es war kein leichtes Unternehmen, mit welchem General Macdonald der französischen Sache in Italien Rettung und Herstellung bringen sollte. Jeden Tag hatte er sich den Weg durch die ihn umschwärmenden oder sich ihm vorlegenden In= surgentenhaufen zu bahnen. Wohin er kam, traf er das Volk in feindlicher Bewegung; überall mußten seine Truppen den Angriff bewaffneter Banden abwehren, hier und da mit stürmender Hand den Durchmarsch durch aufständische Ort= schaften erzwingen; nur mit unendlicher Mühsal ließ sich in den ausgesogenen Landschaften die Nahrung für Menschen und Pferde beschaffen. So war es in Neapel, so auch in dem Gebiete der Römischen Republik, wo General Garnier seine kleinen Garnisonen kaum zu sammeln vermochte. Mac= donald vereinigte davon einige tausend Mann mit seinem Heere und ließ 5000 als Besatzung von Ancona, Rom und Civitavecchia zurück. Nicht anders lagen die Dinge in Tos= cana, trotz der rastlosen Thätigkeit, womit die Generale Gau= thier und Montrichard der drohenden Gärung der Volksmassen entgegentraten; als Macdonald am 25. Mai Florenz erreichte, stand Lucca in offener Empörung, und der französische Feld= herr wagte es nicht, Zeit und Kraft mit der Niederwerfung derselben zu verlieren. Nachdem er die beiden eben genannten Divisionen an sich gezogen, hatte seine Armee die Stärke von 29 000 Mann erreicht. Außerdem hatte Moreau ihm auf der genuesischen Riviera die Division Victor, 6700 Mann, bis Sestri entgegengeschickt, von wo sie durch das Thal des

Taro hindurch Macdonalds Operationen gegen die Linie des
Po unterstützen sollte. Dieser schob seinerseits die polnische
Division Dombrowski bis Spezzia vor und traf mit seiner
Hauptstärke am 29. Mai in der Gegend von Lucca ein. Die
Verbindung der beiden französischen Heere war damit herge=
stellt: nachdem Suworow, wie früher erzählt worden, sich nach
Turin gewandt hatte, stand kein Mann feindlicher Truppen
mehr zwischen Moreaus und Macdonalds Scharen, die zu=
sammen etwa 55 000 Mann zählen mochten. Ohne Zweifel
war ihnen bei dieser Stärke die Möglichkeit zu einem wuch=
tigen, vielleicht entscheidenden Vorstoß gegeben: da die Ent=
fernung zwischen Lucca und Genua ungefähr zwanzig Meilen
beträgt, konnten sie binnen wenigen Tagen auf demselben
Schlachtfelde zusammenwirken und dem Feinde in drohender
Ueberlegenheit gegenüber stehen.

Denn obwohl die Verbündeten auf dem italienischen Kriegs=
schauplatz im ganzen beinahe die doppelte Zahl von Kom=
battanten besaßen, so war gerade damals infolge der letzten
Wiener Verfügungen ihre Macht vom Gardasee bis zu den
Apenninen in eine Menge kleiner Posten zerstreut, so daß
ein rascher feindlicher Angriff mit vereinter Kraft die größten
Aussichten gehabt hätte. Suworow stand mit 21 000 Mann
bei Turin und hatte weitere 16 000 Mann in mehreren kleinen
Abteilungen, teils zur Blockade der Citadellen von Alessandria
und Tortona, teils zur Beobachtung Moreaus bei Acqui,
Ceva und Coni, aufgestellt. Dies war die eine Masse. Dreißig
Meilen weit von ihm nach Osten entfernt hielt Kray mit
20 000 Mann das von Wien so stark begehrte Mantua ein=
geschlossen und war im Begriffe, die ernste Belagerung zu
beginnen; südlich von dessen Stellung bewachte Ott mit 7400
Mann bei Reggio die Pässe des toscanischen Apennin, und zehn
Meilen ostwärts von diesem stand Klenau mit 4500 bei Fer=
rara. Endlich befand sich eine dritte Hauptmasse von 26 000
Mann, wieder mehr zwanzig Meilen nordwärts sowohl von
Turin als von Mantua entfernt, am Rande der Alpen, Graf
Bellegarde mit 10 000 Mann bei Bellinzona, jedoch bereits
zum Abmarsche nach Italien angewiesen, und General Haddik

mit 16 000 in drei Abteilungen auf dem Gotthard, dem Simplon und im Aostathale. Wie man sieht, konnten bei den angegebenen Entfernungen die Franzosen 50 000 Mann in derselben Zeit auf dem entscheidenden Punkte versammeln, wie die Verbündeten 30 000. Die Ungunst dieses Verhältnisses wurde aber für Suworow weiter noch durch die Unsicherheit gesteigert, in welcher er sich über die Richtung des feindlichen Vorgehens befand. Den Franzosen boten sich im allgemeinen drei Möglichkeiten. Moreau konnte sich in der Riviera auf die Besatzung von Genua beschränken, alle sonst verfügbaren Truppen zu Macdonald nach Spezzia hinüberführen und sich dann nach Ueberschreitung der Apenninen mit überlegener Masse auf General Kray werfen, Mantua entsetzen und in Suworows Rücken die gefährlichste Stellung gewinnen. Oder umgekehrt, Moreau entbot Macdonalds ganzes Heer zu sich auf die genuesische Küste, um von dort, wie drei Jahre früher Bonaparte, in Piemont einzubrechen und den tödlichen Stoß unmittelbar gegen Suworow selbst zu richten. In einem wie im andern Falle vollzog man die Vereinigung der beiden Heeresteile im Süden des Apennin, gedeckt durch das Gebirge, unterstützt durch die eben anwesende französische Flotte unter Admiral Bruix, und suchte dann erst mit gesammelter Macht den Kampf auf. Endlich aber war denkbar ein völlig entgegengesetztes Verfahren, Ueberschreitung des Apennin durch Macdonald im Osten, durch Moreau im Westen, darauf Vereinigung ihrer Massen im Angesicht des Feindes an einem mittleren Punkte, etwa Piacenza oder Tortona, wo es denn wahrscheinlich war, daß der herangeeilte Gegner sich zwischen ihnen befand, vielleicht zwischen zwei Feuer geriet, vielleicht aber auch einen nach dem andern vor ihrer Vereinigung besiegte. Es war für Suworow unmöglich, für alle drei Fälle sich mit gleicher Sicherheit zu decken: seine Lage war also für den Augenblick äußerst peinlich und gespannt. Alles kam darauf an, ob er die Absichten des Gegners zutreffend beurteilte, ob er den richtigen Blick jetzt selbst bewährte, den er so oft seinen Untergeneralen neben kühnem Mute als das Haupterfordernis des tüchtigen Feldherrn bezeichnet hatte.

Noch in den ersten Tagen des Juni ging nun seine An=
sicht entschieden dahin, daß Moreau einen Teil seiner Truppen
zu Wasser nach Sestri und Spezzia hinüberbringen und sich
dort mit Macdonald vereinigen wolle. Von der Stärke des
letzteren hatte er keine Vorstellung; er hielt es für höchst
unwahrscheinlich, daß die Franzosen Neapel ganz aufgegeben
hätten, sprach von jeher über Macdonalds Truppen mit der
äußersten Geringschätzung und meinte, es würden von dort
vielleicht 4000, höchstens 10 000 Mann „herauskriechen"[1]).
So begnügte er sich fürs erste, dem General Ott in Reggio
die Weisung zu geben, von dort nach Pontremoli und Sar=
zana vorzugehen und dadurch die Vereinigung der beiden fran=
zösischen Heerteile zu hindern. Bald nachher schrieb er noch
eigenhändig dem General, Ott werde am besten thun, den
beiden französischen Feldherren auf den Leib zu gehen und sie
ins Meer zu werfen[2]). Natürlich wäre Ott, wenn er nach
diesem Befehle gehandelt hätte, mit seinen 8000 Mann dem
einzigen Macdonald gegenüber in das sichere Verderben ge=
rannt. Indessen änderte Suworow diese Auffassung bald ge=
nug. Am 7. Juni berichtete er dem Kaiser Paul, daß Mac=
donald zu Schiffe nach Genua befehligt sei und die ganze
französische Macht dann ihren Angriff direkt auf Turin richten
würde. Er blieb also mit seinem Hauptcorps fest in dieser
Stadt und sandte mehrere kleine Abteilungen zur Beobachtung
der westlichen Apenninenpässe aus. Kaum aber war dies ge=
schehen, so schlug seine Meinung nochmals um. Zwar hielt
er noch wie früher an der Ueberzeugung, daß der Hauptstoß
von Genua her erfolgen würde, aber als das Ziel desselben
betrachtete er jetzt nicht mehr Turin, sondern das weiter ost=
wärts gelegene Alessandria oder Tortona. Dort war nun
am 8. Juni Graf Bellegarde angelangt; Suworow aber hatte
neue Meldungen über die Stärke des Feindes erhalten und
beschloß am 9., alle irgend verfügbaren Kräfte so schnell wie

---

[1]) Seine Aufzeichnungen darüber in der Oesterr. milit. Zeit=
schrift 1818, I, 170.
[2]) Oesterr. mil. Zeitschr. 1812. Zweite Auflage II, 333. Alles
Folgende nach den von Miliutin veröffentlichten Depeschen.

möglich bei Alessandria zu versammeln, von Turin in Eil=
märschen selbst dorthin abzugehen und zur weiteren Belagerung
der Turiner Citadelle nur den General Kaim mit 8000 Mann
zurückzulassen. Jetzt wurde auch General Ott aus Reggio
nach Tortona berufen; ja der Feldmarschall sandte sogar an
General Kray die Aufforderung, nur einige Reiterabteilungen
vor Mantua zurückzulassen und mit seiner ganzen Macht über
Cremona und Pavia ebenfalls nach Alessandria zu eilen. Mit
Hülfe Gottes, sagte er, hoffe ich den Feind zu schlagen; es
wird mir angenehm sein, Ihnen, mein tapferer Freund, die
Hälfte des Sieges verdanken zu können. Es war ein Ent=
schluß, ganz ähnlich jenem des Generals Bonaparte bei Castig=
lione, die Aufopferung jeder Nebenrücksicht zu Gunsten der
einen, alles entscheidenden Hauptsache. Aber Kray war weit
entfernt davon, auf eine solche Gesinnung einzugehen. Vor
allem, durch unmittelbare Wiener Befehle war er auf das
Strengste an Mantua gebunden. Dann aber hatte er auch
seit mehreren Tagen Nachricht über das Erscheinen der Fran=
zosen in den östlichen Thälern des Apennin; er hatte die leb=
hafte Sorge, daß ihr Angriff ihm selbst gelten würde, und
deshalb den Grafen Hohenzollern mit 5000 Mann zu näherer
Erkundung über den Po nach Modena geschickt. Ein Ab=
marsch nach Alessandria wäre ihm unter diesen Umständen
verrückt erschienen: er begnügte sich, dem Feldmarschall eine
kleine Verstärkung von zwei Reiterregimentern zu verheißen.
Darauf ergriff dieser am 13. Juni eine letzte, man kann sagen,
äußerste Maßregel. Er erließ an General Haddik den Befehl,
die bisher mit blutigem Nachdruck fortgesetzten Kämpfe um
den St. Gotthard abzubrechen, einen eben begonnenen Angriff
auf das Oberwallis aufzugeben und, nachdem er den General
Hotze zur Besetzung des St. Gotthard aufgefordert, seine
Brigaden ohne Zaudern in Doppelmärschen nach Alessandria
zu führen. Es war stets dasselbe, an sich vortreffliche Mo=
tiv, welches ihn bei dieser Weisung bestimmte, Sammlung
aller Kraft auf den entscheidenden Punkt. Aber man kann
auch das Gute durch Uebertreibung verderben, und an dieser
Stelle sollte seine rücksichtslose Art, wie wir bald sehen werden,

weithin wirkendes Unheil stiften. Zudem hatten sich damals
die Ereignisse schon so weit entwickelt, daß Haddik jedenfalls
zu dem großen Schlage zu spät eingetroffen wäre. Seine
Thätigkeit in der Schweiz wurde also ohne jeden Nutzen für
Italien unterbrochen.

Und nun stellte sich heraus, daß Suworow in der ersten
Voraussetzung, welche allen seinen Anordnungen zu Grunde
lag, vollständig fehlgegangen war. Moreaus Plan war keineswegs, Macdonald nach Genua herüberzuziehen und dann mit
vereinter Kraft auf Alessandria oder gar auf Turin zu fallen.
Allerdings, er hatte das mögliche gethan, um bei dem Gegner
diese Vorstellung zu erwecken. Er hatte weit im Lande umher das Gerücht verbreitet, daß ansehnliche Verstärkungen
aus Frankreich in Genua angekommen seien; er hatte Depeschen
mit der Meldung, daß ein französisches Corps in Brian-
çon sich zum Uebergang über die Alpen anschicke, den feindlichen Posten in die Hände gespielt: durch dies alles war
Suworow gründlichst in seiner Ansicht befestigt worden. In
Wahrheit aber hatte sich Moreau für den dritten der oben
bezeichneten Wege entschieden, die Vereinigung mit Macdonald
erst im Norden des Apennin zu suchen, auf dem Schlachtfelde also, wo dann hoffentlich der Gegner, gleichzeitig in
Front und Rücken angegriffen, der völligen Vernichtung nicht
entgehen würde. In diesem Sinne hatte Macdonald die Weisung erhalten, nachdem seine Truppen einige Ruhetage nach
dem harten Marsche von Neapel her genossen, am 9. Juni
seine Bewegungen zu beginnen und geraden Weges über den
Apennin hinüber nach Bologna, Modena und Reggio zu ziehen.
Indem er hierdurch den Verbündeten großen Alarm über
einen Angriff auf Kray vor Mantua gäbe, sollte er plötzlich
nach Westen einschwenken und möglichst rasch über Piacenza
und Voghera auf Tortona vorgehen. Nach genauer Berechnung der Entfernungen würde dann Moreau am 17. Juni
den Apennin bei Gavi überschreiten, um gleichzeitig mit Macdonald bei Tortona einzutreffen und dadurch in dieser Stellung die mächtige Entscheidung herbeizuführen.

Es war noch einmal ein Plan, der, ganz im Gegensatze

zu Bonapartes Art und nach dem Muster des Carnotschen Verfahrens von 1794 und 1796, eine strategische Umfassung und Umzingelung des Gegners beabsichtigte. Indem man ein höchst ungewisses Zusammenwirken der getrennten Heerteile erstrebte, setzte man sich der sicheren Gefahr aus, von dem gesammelten Gegner einzeln geschlagen zu werden.

Macdonald säumte nicht, nach dieser Abrede zu verfahren. Am 10. Juni war das Gebirg überschritten; in vier Kolonnen ergossen sich seine Streiter durch die Thäler des Panaro, der Secchia und des Taro in die breite Ebene des Pothales und verbreiteten den Schrecken weit in die Lombardei hinein. Graf Hohenzollern, der mit seiner kleinen Schar bis Modena vorgegangen war, wurde dort durch eine feindliche Division am 12. überfallen und die Hälfte seiner Mannschaft zu Grunde gerichtet; nur durch Klenaus rechtzeitiges Eingreifen vor völliger Umzingelung bewahrt, rettete er sich mit dem Reste seiner Leute über den Po zu Kray zurück. Es war hitzig gefochten worden; Macdonald selbst wurde im letzten Augenblick des Kampfes durch zwei Säbelhiebe hart verwundet. Die Sieger aber sahen die ihnen von Moreau angewiesene Straße von Tortona jetzt völlig frei, da auch General Ott, wie wir erwähnten, von Suworow aus Reggio nach Alessandria berufen worden und auf diesem Marsche bereits in Voghera angekommen war. Ohne irgend ein Hindernis zogen also die Franzosen auf der alten Römerstraße vorwärts, erreichten Parma und waren am 15. Juni nur noch wenige Meilen von Piacenza entfernt. Diese Nachrichten schlugen dann mit überraschender Gewalt in das russische Hauptquartier. Noch am 12. war Suworow so sicher in seiner bisherigen Auffassung, daß er einen Teil der in Alessandria versammelten Truppen unter Rosenberg behufs leichterer Verpflegung einige Meilen westwärts, also von dem bevorstehenden Kampfe hinweg, nach Asti verlegte. Da kam am 13. abends die Kunde von Hohenzollerns Niederlage, von Macdonalds reißendem Vormarsch, und mit einem Schlage lag die Verkehrtheit aller bisherigen Anschauungen, lag das dicht herandrohende Unheil in blendender Helligkeit vor dem Auge des russischen

Feldherrn. Hier aber zeigte der unbeugsame Greis, was
er vermochte. Die Gefahr, die er durch die Täuschung seines
Urteils sich hatte nahe kommen lassen, verdoppelte die Stahl=
kraft seines Willens. Nicht einen Augenblick war er zweifel=
haft über seinen Entschluß. Kein Gedanke an Rückzug kam
in seine Seele. Es galt Kühnheit und Schnelligkeit, um so
bald wie möglich Macdonalds Vordringen zu hemmen und
ihn so weit wie möglich ostwärts von Tortona zu schlagen.
Denn je näher man ihn an diesen Platz herankommen ließ,
desto leichter wurde es für Moreau, die Verbündeten noch
während des Kampfes im Rücken zu fassen. Der einzige
glückliche Umstand in dieser Lage war es, daß Suworow wenig=
stens den ursprünglichen Gedanken einer Bedrohung Turins
durch Moreau am 9. Juni aufgegeben und nicht dort, son=
dern in Alessandria, zehn Meilen näher der wirklich bedrohten
Stelle, seine Streitkräfte zusammengezogen hatte. Gleich am
Abend des 13. gingen also die Eilboten an alle Heerteile,
sich ungesäumt nach Osten in Marsch zu setzen, eine kleine
Schar blieb vor der Citadelle von Alessandria stehen; mit
14000 Mann richtete sich Bellegarde zwischen diesem Orte
und Novi ein, um den Rücken des Heeres gegen das zu er=
wartende Vorbrechen Moreaus zu decken. General Ott hatte
nicht erst auf den Befehl des Feldmarschalls gewartet, sondern
war auf die erste Kunde von Hohenzollerns Mißgeschick nach
eigenem Entschlusse umgekehrt und nach Piacenza zurückgeeilt,
wo er die Citadelle bestens verwahrte und am 15. zur ersten
Hemmung des feindlichen Anpralls hinter dem Flüßchen Nura
Stellung nahm. Mit 24000 Mann rückte Suworow selbst
am 15. von Alessandria zu Otts Unterstützung aus. Obgleich
auch für ihn der Ausgang jetzt an einem Haare hing, zeigte
er doch seinen Truppen die größte Siegessicherheit. Er blieb
bei seiner Meinung, daß Macdonalds Heerhaufen zum größten
Teile aus frisch ausgehobener Mannschaft und unzuverlässigem
Gesindel bestände; er feuerte also in einem Tagesbefehle vom
14. Juni seine Divisionen an[1]), mit höchstem Ungestüm über

---

[1]) Fuchs, Korrespondenz Suworows I, S. 150, 157.

ben Gegner herzufallen, ohne vieles Schießen das kalte Eisen zu gebrauchen, nicht inne zu halten, bis alles niedergeworfen sei. Zugleich aber erschien die Weisung, beim Angriff unaufhörlich zu schreien: Pardon, die Waffen weg, ergebt euch; besonders den Russen wurde dies Verfahren eingeschärft; die Meinung war offenbar, große Massenübertritte damit zu erzielen. Es war noch einmal eine starke Verhüllung der wirklichen Dinge; das einzige, was jetzt helfen konnte, war in den ersten Worten des Befehls gesagt, Ansturm ohne Besinnen noch Aufenthalt bis zum vollständigen Siege. Suworow wußte es wohl; in brennender Ungeduld wartete er den 15. hindurch auf die Fertigstellung einer Brücke über die Bormida, die sich bis zum späten Abend verzögerte. Dann ließ er die Truppen die ganze Nacht hindurch marschieren, am Morgen drei Stunden rasten, dann wieder marschieren, bis am Abend des 16. der Vortrab Strabella, das Hauptcorps Casteggio, sechs Meilen von Alessandria, vier von Piacenza entfernt, erreicht hatte.

Bereits aber war General Ott bei Piacenza mit Macdonald in heftigem Kampf. Am 16. Juni mit Uebermacht in der Front angegriffen und zugleich mit einer Umgehung in seiner rechten Flanke bedroht, ließ er einige Kompanien in der Citadelle von Piacenza als Besatzung zurück und wich darauf unter stetem Gefechte, aber in fester Haltung zuerst über die Trebbia, dann über den Tidone bis nach Castel S. Giovanni. In der Nacht sandte er dringende Botschaft um Hilfe hinüber zu Suworow, nach Casteggio. Dieser erließ noch in der Nacht einen neuen Befehl an die Truppen, daß die feindliche Armee gefangen zu nehmen sei, und verfügte überall den Aufbruch mit der ersten Morgenfrühe. In der That handelte es sich jetzt um jede Stunde, denn zugleich war Meldung gekommen, daß im Rücken des Heeres Moreau den Apennin bei Gavi übersteige, daß rechts im Gebirge bei Bobbio sich feindliche Truppen zeigten: die kleinste Zögerung konnte vollständige Umzingelung bringen. So ging es vorwärts in atemloser Hast, um Macdonald noch vor der Ankunft seiner Helfer zu treffen. Und dringend nötig war die Eile. Schon um 8 Uhr

morgens drängte Macdonald mit 19000 Mann, die er einstweilen zur Stelle hatte, Otts kleine Schar; sie wehrte sich
mit verzweifeltem Mute stundenlang; sie wich und setzte sich
zu neuem Widerstand; endlich aber, von allen Seiten bestürmt,
brach sie zusammen und warf sich in aufgelösten Rückzug.
Da, im letzten Augenblicke, erschien von Strabella her General Melas mit etwa 1500 Mann, österreichischen Dragonern
und Infanterie: er entschloß sich rasch, auf jede Gefahr die
Stellung zu behaupten, sammelte Otts flüchtige Abteilungen
und warf sich zu neuem Kampfe den nachdrängenden Franzosen
entschlossen hinter dem Dorfe Sarmato in den Weg. Das
Terrain begünstigte seine Verteidigung; jedes Feld war nach
lombardischer Weise mit Steinwällen oder hohem Buschwerk
umgeben, die einzige Straße mit tiefen Wassergräben eingefaßt;
an keiner Stelle konnten die Franzosen ihre Uebermacht zu
voller Entfaltung bringen. Immer aber hatte Melas einen
harten Stand, drei französische Divisionen vor seiner Front,
Dombrowskis Polen drohend in seiner rechten Flanke; mit
unendlicher Mühe und schwerem Verlust hielt er das ver-
zweifelte Ringen stundenlang aufrecht. Indessen war Suworow
persönlich mit dem Großfürsten Konstantin aus Casteggio
dem russischen Vortrab unter dem Fürsten Bagration nach-
gesprengt, um die Truppen zu immer größerer Eile anzuspornen;
trotz der glühenden Sommerhitze setzten sich die Grenadiere
und Jäger in Trab; die Bataillone lösten sich allmählich auf;
wer laufen konnte, lief vorwärts, wer erschöpft war, blieb
liegen; Suworow, bis auf das Hemd entkleidet, den Kant-
schu in der Hand auf einem Kosakenpferde reitend, rief
unaufhörlich sein Vorwärts, Vorwärts. Endlich ließ er dem
General Rosenberg die fernere Leitung des Fußvolks und
jagte mit vier Kosakenregimentern, denen noch ein Regiment
österreichischer Dragoner folgte, dem Schlachtfelde zu, wo er
gegen drei Uhr nachmittags eintraf, gerade als die Franzosen
mit einem scharfen Vorstoß auf der Chaussee durchbrachen und
Dombrowski die Oesterreicher in der Seite heftig anfiel.
Es war die Hülfe in der höchsten Not. Auf der Stelle
warf Suworow die Hälfte seiner Kosaken auf die Polen, die

Dragoner auf die feindliche Reiterei, die übrigen Kosaken auf die rechte Flanke der Franzosen. Da wurden die Polen in wenigen Augenblicken niedergeritten und auseinandergetrieben und bald das Gefecht auf allen Punkten zum Stehen gebracht. Damit war dem Tage die entscheidende Wendung gegeben. Denn nun langten, wirr genug durcheinander gemengt, aber in schnell wachsender Anzahl, Rosenbergs Abteilungen an, sechs russische Bataillone, einige österreichische Grenadiere, Kanonen von verschiedenen Regimentern, so daß bald nach 4 Uhr Suworow etwas über 15000 Mann auf dem Kampfplatze hatte. Vergebens bat Bagration den alten Feldherrn um einige Augenblicke Rast für die ermüdete Truppe; er habe kaum noch vierzig rüstige Soldaten in den meisten seiner Kompanien. Macdonald hat nicht zwanzig, rief der unermüdliche Führer; greife an mit Gott, hurra! Die Truppen entsprachen seinem Sinne; mühsam wieder einigermaßen geordnet, ging die ganze Linie unter Trommelschlag und Geschrei zum unaufhaltsamen Bajonettsturm vor. Zuerst der linke, dann der rechte französische Flügel wurde überwältigt und beide mit einem Verluste von 1000 Toten und 1200 Gefangenen über den Tidone zurückgetrieben. Noch schlimmer aber für Macdonald als die materielle war die moralische Einbuße. Auf beiden Seiten hatte wenig mehr als die Hälfte der Streitkräfte gefochten; noch also war an einem schließlichen Erfolge keineswegs zu verzweifeln. Aber daß nach allen früheren Unfällen gleich der erste Schritt zur neuen Offensive mißlungen war, lastete doch mit schwerem Drucke auf der Stimmung der Truppen, und Macdonald war schon durch seine Verwundung abgehalten, in Suworows Weise durch ein persönliches Eingreifen den Mut wieder aufzurichten.

In der Nacht gingen die Franzosen hinter die Trebbia zurück, um dort am 18. Juni die Ankunft ihrer beiden noch zurückstehenden Divisionen abzuwarten und dann am 19. ihren Angriff auf die Verbündeten zu erneuern. Suworow aber, der schon am Abend des 17. seine sämtlichen Divisionen, etwas über 28000 Mann[1]), am Tidone versammelt hatte, gedachte nicht so lange zu warten. Noch in der Nacht ließ er für den unglücklichen Fall eine Brücke über den Po als neue Rückzugsstraße werfen und ging am 18. morgens, wegen der Müdigkeit der Truppen erst um 10 Uhr, gegen die Trebbia vor. Das Terrain war überall durchschnitten wie am Tidone; der Fluß, ein Wildwasser, wie so viele italienische Ströme, breit und tosend im Frühling, äußerst wasserarm im Sommer, sickerte in dem steinigen, 1000 Schritt breiten Flußbett, überall durchwatbar, in kümmerlichem Rinnsal zu der Einmündung in den Po. Bei der Annäherung des feindlichen Heeres nahmen die Franzosen so schnell wie möglich auf allen Punkten Stellung vor dem Flusse. Der Kampf begann auf ihrem südlichen linken Flügel, durch dessen Ueberwältigung Suworow dem Gegner seine Rückzugsstraße abzuschneiden hoffte, und setzte sich allmählich auf der ganzen Linie fort. Anfangs machten die Russen im Süden erhebliche Fortschritte, dann aber langten die beiden sehnlich erwarteten Divisionen bei dem Feinde an und stellten für eine Weile das Gleichgewicht wieder her; der Streit spann sich darauf zäh und blutig stundenlang hin und her, bis endlich gegen Abend Suworows Ungestüm im Süden, und Melas' Ueberzahl am Ufer des Po durchgriff und die Franzosen zum Rückzug auf das rechte Ufer der Trebbia nötigte.

So war man auch nach diesem zweiten Schlachttage nicht viel weiter als zuvor. Wieder hatten die Verbündeten etwas Boden gewonnen, wieder die Franzosen sich zum Weichen bequemen müssen; aber Macdonald war noch ungebeugt, um 4000 Mann stärker als sein Gegner und zur Wiederholung des Angriffs am 19. Juni entschlossen. Auf der anderen Seite erhielt Suworow Nachricht, daß Moreau mit einem starken Corps gegen Novi und Tortona heranziehe: wer konnte wissen, wie lange Bellegarde ihn aufhalten möchte? Aber Suworow blieb fest in seinem Vorsatze, vor allen Dingen erst mit Mac-

---

[1]) Miliutin II. 520, 521 d. d. Ueb., wozu freilich S. 218 übel stimmt. Vgl. Oesterr. mil. Zeitschrift a. a. O. S. 349.

donald fertig zu werden, und gab noch in der Nacht allen Kolonnen den Befehl zu fortgesetztem Vordrängen. Wieder fielen dann am 19. die ersten Schüsse auf dem äußersten südlichen Flügel, wo Bagration die polnische Division aufs neue und dieses Mal bis zur Vernichtung schlug und ihre Trümmer weit in das Feld hinaus verfolgte. Als er von dem ungestümen Nachsetzen zurückkehrte, fand er, daß sein Nachbar in der Schlachtlinie, Schweikowski, unterdes auf allen Seiten auf das heftigste bedrängt war; jetzt fiel er seinerseits den Angreifern in die Flanke, und mit schweren Verlusten wurden hier die Franzosen über die Trebbia zurückgeworfen. Suworow, der, wie gesagt, auf diese Seite der Schlacht das größte Gewicht legte, hatte dem General Melas, dem Führer seines linken Flügels, den Befehl gesandt, seine Reserve unter Fürst Liechtenstein, Dragoner und Grenadiere, zu Bagration hinüberzuschicken. Melas trennte sich mit schwerem Herzen von diesen Truppen, die ungefähr die Hälfte seines Heerteils ausmachten, fügte sich indessen der Weisung und entließ den Fürsten. Dieser hatte sich aber kaum einige tausend Schritte von seinem Lager entfernt, als im Zentrum der Schlachtordnung ein übermächtiger französischer Ansturm der Division Montrichard auf die russischen Truppen des Generals Förster erfolgte. Liechtenstein, eben im Begriffe, den Punkt zu passieren, besann sich keinen Augenblick, unterbrach seinen Marsch und stürzte sich hier auf den Feind, der nach kurzem und scharfem Gefechte geworfen und über die Trebbia zurückgewiesen wurde. In derselben Zeit hatte Macdonald einen andern Angriff auf die geschwächte Stellung des Generals Melas gerichtet und hier solche Erfolge gewonnen, daß Melas einen Adjutanten an Suworow mit der Frage schickte, wohin er seinen Rückzug richten solle, darauf jedoch von dem Alten nur die kurze und barsche Antwort erhielt: nach Piacenza (dem französischen Hauptquartier). Zum Glücke bemerkte Liechtenstein, eben mit Montrichard fertig geworden, das rückwärts weichende Getümmel in Melas' Linien, warf schleunigst, ohne Rücksicht auf Suworows ursprüngliche Ordre, seine siegreichen Scharen herum und rettete wie vorher Förster so jetzt

Melas durch einen mächtigen Einbruch in Flanke und Rücken
des Gegners. Auch hier mußten am Abend die Franzoſen,
unter Zurücklaſſung vieler Toten und Gefangenen, über die
Trebbia zurück. Jedes der beiden Heere lagerte, wie tags
zuvor, dicht am Rande des Fluſſes, die Vorpoſten mitten im
Flußbett, zwanzig Schritte weit von denen des Feindes ent=
fernt.

Wie lagen die Dinge? wer hatte durch das dreitägige
Schlachten ſich die Zukunft geſichert? Im verbündeten Haupt=
quartier waren nicht wenige unter den Führern zweifelhaft
und beklommen. Man wußte, daß Moreaus leichte Truppen
bereits bis Caſteggio ſtreiften: es war kein Wunder, denn
Bellegarde, hier ebenſo ungeſchickt wie früher in Tirol operierend,
war dem franzöſiſchen Feldherrn anfangs ausgewichen und
wurde dann am 20. Juni mit großem Verluſt über die
Bormida zurückgeſchlagen. So war das Hauptheer in ſeinem
Rücken beunruhigt, hatte in den drei Tagen über 5000 Mann
verloren und ſah vor ſich den Feind in ungeänderter Stellung.
Mancher vorſichtige Gedanke flog damals um die für den
etwaigen Rückzug erbaute Brücke über den Po. Aber Su=
worow ſah nicht hinter ſich, ſondern unerſchüttert vorwärts.
Nun wohl, ſagte er, wir werden morgen Macdonald eine
vierte Lektion geben, und erteilte morgens 5 Uhr am 20.
den Truppen die Weiſung zur Kampfbereitſchaft. Sie war
nicht mehr nötig. Das franzöſiſche Heer, wenngleich nicht
in die Flucht geſchlagen, war im Kerne gebrochen, dezimiert,
vollſtändig erſchöpft. Noch in der Nacht befahl Macdonald
den Rückzug, ſo ſchnell, daß nicht einmal die zahlreichen Ver=
wundeten mitgenommen wurden, deren allein in den Spitälern
von Piacenza beinahe 8000 lagen. Die Diviſionen nahmen
dieſelben Straßen, die ſie gekommen, über den Apennin zu=
rück, von Klenaus und Hohenzollerns leichten Truppen viel=
fach beunruhigt, an der Nura noch einmal von den Ruſſen
Roſenbergs ſchwer geſchädigt. Sie hatten von ihren 34000
Mann 5000 tot auf der Walſtatt gelaſſen, 12000 waren
verwundet oder gefangen in der Hand des Feindes, die noch
übrige kleinere Hälfte des Heeres war in jeder Hinſicht zer=

rüttet, schmolz auf jedem Schritte weiter zusammen und eilte,
ohne Hoffnung, sich in Toscana länger zu behaupten, nach
der Riviera hinüber, wohin auch Moreau auf die Kunde von
diesen Niederlagen auf der Stelle zurückgegangen war. Die
Hoffnungen, mit welchen Frankreich dem Heranziehen Mac=
donalds entgegengesehen hatte, waren vollständig zertrüm=
mert.

Das wesentliche Verdienst dieses neuen großen Gelingens
gebührte ohne Zweifel dem russischen Feldmarschall. So
wenig er anfangs die Absicht des Gegners zu erraten ver=
mocht hatte, so glänzend hatte er alles wieder gut gemacht
durch den reißend schnellen Marsch an den Tidone, mit dem
er zwischen die beiden feindlichen Führer einen Raum von
acht Meilen legte, und durch die Entschlossenheit, in der er,
unbekümmert um jede Nebensorge, den einmal gefaßten Gegner
bis zur völligen Erdrückung festhielt. Seine geistige Kraft
und Bildung war nicht die eines Feldherrn ersten Ranges,
aber er besaß in vollem Maße, was den echten Soldaten
macht, den glühenden Trieb des Drauf und Durch. So hatte
er auf Hannibals altem Schlachtfelde einen Sieg erfochten,
dessen unmittelbare Wirkungen die Folgen der punischen
Schlachten fast eben so weit übertrafen, wie die Genialität
des Karthagers dem Feldherrnblicke des Russen überlegen war;
so verdiente er es, daß er bei seiner Rückkehr nach Piemont
durch die wichtigste Kunde überrascht wurde: an demselben
Tage, dem 20. Juni, an welchem Macdonald die Trebbia
verließ, hatte die Citadelle von Turin, seit den Kämpfen des
Prinzen Eugen als einer der festesten Plätze Europas ge=
priesen, nach zwölftägiger Berennung kapituliert. Auf welche
Punkte Italiens der Blick sich wenden mochte, überall fand
er Triumphe und Trophäen, vollendete Siege oder fort=
schreitende Erfolge der Koalition. Neapel war vollständig
für die Revolution verloren; im Kirchenstaate bedeckte die
Volkserhebung weit und breit das Land, und nur mit müh=
seligem Ringen behaupteten die Franzosen noch für eine
Weile Civitavecchia, Rom und Ancona. Toscana und Lucca
waren ganz und gar von den verbündeten Streitkräften be=

setzt. In Oberitalien, nördlich vom Apennin, waren außer dem entlegenen Coni nur noch Mantua und die Citadellen von Alessandria und Tortona in französischen Händen, sämtlich aber eng umschlossen, kräftig berannt und ohne alle Hoffnung auf Entsatz. Die große französische Flotte endlich, deren Erscheinen im Mai den Verbündeten so schwere Unruhe gemacht, war ohne irgend welche Thaten gleich nach dem Eintreffen englischer Verstärkungen wieder aus dem Mittelmeer verschwunden und in den Atlantischen Ozean zurückgesegelt. Zum zweiten Male lagen die Dinge so, daß Suworow nur die Hand auszustrecken brauchte, um die zerrütteten Reste des französischen Heeres von der genuesischen Riviera hinwegzufegen, ja vielleicht bis auf den letzten Mann zu vernichten oder gefangen zu nehmen.

Allein es sollte anders kommen. Es ging nach dem Tag an der Trebbia genau so wie nach jenem an der Abda. Es ging, wie es bei Koalitionskriegen der Brauch ist. Politische Gegenströmungen und nationale Empfindlichkeit vergifteten die schönsten Siegesfrüchte.

Als Suworow triumphierend von der Trebbia nach Alessandria zurückkam, empfing ihn ein Brief des Kaisers Franz, geschrieben am 21. Juni, noch in der sorgenvollen Aufregung über Macdonalds herandrohenden Angriff, und mithin erfüllt von Bemerkungen über die bedenkliche Lage der eigenen Streitkräfte, die nach der Meinung des Kaisers eine Folge der Nichtachtung seiner früheren Befehle sei; immerhin, sagte Franz, vertraue er auch jetzt auf die Weisheit und besonders auf das oft erprobte Kriegsglück Suworows. In diesen Worten lag kein Tadel der letzten und keine Störung der jetzt beabsichtigten Operationen; aber der Alte, der längst, wie wir wissen, über die Wiener Anordnungen ärgerlich war, die meisten österreichischen Offiziere geringschätzte und seinerseits sich von ihnen mißachtet hielt, war jetzt im vollen Selbstgefühl der letzten Erfolge und also dreifach entrüstet über den hofmeisternden Ton des kaiserlichen Schreibens, über die nicht allzu verbindliche Andeutung, daß man mehr von seinem Glücke als von seinem Verstande erwarte. Schon mehr als einmal hatte er in Petersburg über das ewige Dreinreden des Hoskriegsrates Klage geführt, dann aber erlebt, daß die österreichische Regierung ihrerseits über seinen Mangel an Subordination bei Paul Beschwerde erhoben hatte; sodann hatte es ihn grimmig gewurmt, daß er auf kaiserlichen Befehl seine Anordnungen über die Verwaltung Piemonts hatte zurücknehmen müssen, und die sardinischen Agenten in seinem Hauptquartier versäumten keinen Tag, diese Kränkung in sein Gedächtnis zurückzurufen. So hatte sich bei dem stets eigenwilligen und reizbaren Greise eine Masse verhaltenen Grolles angesammelt, welche nur eines geringen Anstoßes bedurfte, um sich in einer verheerenden Explosion zu entladen. Nachdem er am 29. Juni in einem gemessenen Schreiben an Franz sein bisheriges Verhalten zu rechtfertigen gesucht, bat er am 6. Juli seinen Souverän, wenn er nicht von der Oberaufsicht des Hofkriegsrates befreit werden könnte, um seine Abberufung. Die Folgen blieben nicht aus. Franz erwiderte am 10. Juli mit einer warmen Anerkennung des Sieges an der Trebbia, fügte aber sehr trocken den wiederholten Befehl hinzu, daß vor der Einnahme von Mantua, Alessandria und Tortona an keine weitere Offensivoperation zu denken sei, und sprach schließlich die bestimmte Erwartung aus, daß Suworow fortan pünktlich jedem erhaltenen Befehle nachleben werde. Kaiser Paul aber ergrimmte über die neue Mißhandlung seines lorbeerreichen Feldmarschalls. Schon längst durch die stets fortgesetzten Beschwerden Suworows erbittert, sah er endlich in diesem Verhalten Oesterreichs eine persönliche Beleidigung für sich selbst und befahl nicht bloß seinem Gesandten in Wien, dafür eine förmliche Genugthuung zu verlangen, sondern nahm sich vor, von nun an jeden Schritt des undankbaren Bundesgenossen einer scharfen Prüfung zu unterstellen und an keinem Punkte demselben die geringste Ausschreitung weiter zu gestatten. Eine solche Gesinnung bedeutete, wie keines Beweises bedarf, thatsächlich das Ende aller wirklichen Bundesfreundschaft. So hatte Suworows eigensinnige Hitze der Koalition einen schlimmen Dienst geleistet, ja, die völlige Sprengung derselben eingeleitet.

Unter anderen Umständen hätte sein Poltern vielleicht momentanen Verdruß, aber keinen nachhaltigen Schaden angerichtet: leider jedoch lagen dieses Mal die Verhältnisse so, daß ein kleiner Funke einen großen Brand entzünden konnte. Denn schon längst war von einem wirklichen Einverständnis zwischen den drei Mächten keine Rede mehr. Es handelte sich nicht bloß um vorübergehende Reibungen des einzelnen Tages, etwa um die Mißbilligung, welche die Unthätigkeit der österreichischen Kriegführung bei den Alliierten erfuhr, oder um Thuguts Aerger über Pauls brutale Launen und Englands finanzielle Knauserei. Vielmehr bestand die eigentliche, bleibende, verderbliche Gefahr in der mit jedem Siege deutlicher hervortretenden Meinungsverschiedenheit über die letzten Zwecke des Kriegs. Im Gefühl derselben hatte man jede förmliche Verhandlung darüber vermieden; so lagen die Beziehungen in völliger Unklarheit, und bei jedem Fortschritte der Heere stießen die einander entgegenstehenden Strebungen hart zusammen. Kaiser Paul, wie wir wissen, hatte mit großem Geräusche die völlige Uneigennützigkeit der Mächte, die Wiederaufrichtung der gestürzten Throne, den reinen Prinzipienkampf gegen die Revolution verkündet. Dies paßte denn übel genug zu den geheimen Verträgen von 1795, zu den stets bei Oesterreich wiederholten Zusagen einer breiten und stattlichen Entschädigung, und Thugut war wahrlich der letzte, um auf die Erfüllung dieses kaiserlichen Wortes freiwillig zu verzichten. Viele moderne Geschichtschreiber haben nicht ohne Grund die Verkehrtheit dieser österreichischen Eroberungspolitik getadelt, und wir wollen mit ihnen nicht rechten: einleuchtend ist aber, daß gerade Kaiser Paul am wenigsten befugt war, dieses historische Urteil vorwegzunehmen und durch Störung der österreichischen Annexionen seine klare Bundespflicht zu brechen. So konnte er denn auch niemals umhin, bei jeder Verhandlung mit Cobenzl die Berechtigung der österreichischen Ansprüche im allgemeinen anzuerkennen: leider aber, sobald es irgendwo zu praktischen Maßregeln für die Erfüllung dieses Wortes kommen sollte, nahmen die Schwierigkeiten kein Ende. Wir bemerkten, wie

über die Behandlung Piemonts der erste wirkliche Hader
zwischen Thugut und Suworow ausbrach, und Paul war
nicht gesonnen, den von ihm persönlich geschätzten König von
Sardinien den österreichischen Eroberungsgelüsten ohne weiteres
preiszugeben. Wohl ließ er damals dem Grafen Cobenzl
sagen, daß Suworow jedem Wiener Befehle Gehorsam leisten
müsse, sprach aber zugleich die Hoffnung aus, der Kaiser
werde mit dem armen Karl Emanuel milde verfahren, und
erließ gleich nach der Einnahme Turins an Suworow die
Weisung, den König zur feierlichen Rückkehr nach Piemont
und Wiederaufnahme seiner Regierung einzuladen. Auf der
Stelle aber setzte Thugut diesem Schritte einen nachdrücklichen
Protest entgegen, und Suworow mußte auf Befehl des einen
Kaisers die nach dem Willen des andern erlassene Einladung
zurücknehmen. Man ermißt, mit welcher Erregung der Zar
diesen ihn selbst bloßstellenden Einspruch aufnahm. Noch
stand es nicht so, daß Thugut zur Einverleibung, Paul dagegen zur Erhaltung von ganz Piemont fest entschlossen war:
für die Verbitterung des Verhältnisses aber reichte es völlig
aus, daß Thugut jede Vorkehrung traf, um sich die Möglichkeit des größten Gewinnes offen zu halten, Paul dagegen
jede Maßregel ergriff, um Sardinien mit möglichst geringem
Verluste davonkommen zu lassen. Es bedurfte nichts mehr,
um die Gemüter mit jeder Woche sich immer stärker zu ent-
fremden.

Noch übler aber war ein anderes. Wir wissen, daß
Thugut bisher stets nur in zweiter Linie an piemontesische
Eroberungen gedacht hatte: sein wesentliches Streben war
vielmehr seit Jahren auf die Erwerbung der ehemals päpstlichen Legationen und dann nach Umständen auf die Erlangung
bayerischer Landschaften gerichtet. Und auch in diesen innersten Wünschen fand er sich durch Pauls Verfahren schwer
gekreuzt. Es war begreiflich, daß die kleinen Fürsten Italiens
eine solche Vergrößerung des mächtigen Oesterreich mit scheuer
Eifersucht herankommen sahen; aber es war bitter, daß der
intime Alliierte sich bereitwillig zum Vertreter dieser Abneigung machte. Der Hof von Neapel hatte es nicht ver-

geffen, daß er im vorigen November die verheißene Hülfe von Oesterreich nicht erhalten hatte, und vernahm es jetzt mit zürnender Sorge, daß das ihm zugesagte russische Corps durch Oesterreich in Oberitalien festgehalten wurde. Wenn nun Oesterreich die Legationen erhielt, wenn es dazu seine Sekundogenituren in Toscana und Modena wiederherstellte, so schien Neapels Selbständigkeit ein leerer Schatten und der König ein völlig abhängiger Vasall des Wiener Hofes zu werden. Der russische Geschäftsträger in Palermo wurde also mit Bitten bestürmt, Paul möge um keinen Preis die Besetzung der Legationen durch österreichische Truppen zulassen, sondern möglichst bald durch seine unüberwindlichen Regimenter diese Lande vor Oesterreichs Habgier sichern. In demselben Sinne arbeiteten die neapolitanischen Gesandten in London und Petersburg und erhielten gütige Worte, daß ihr trefflicher König sich auf den Schutz der großen Höfe verlassen dürfe. Noch kläglicher, aber ebenso feindselig gegen Oesterreich, erhob das zur Zeit unter österreichischem Schutze in Venedig hausende heilige Kollegium der Kardinäle seine Stimme (Papst Pius war bei dem Abzug der Franzosen aus Toscana von diesen mitgeschleppt worden und saß auf französischem Boden in enger Haft zu Valence). Die hohen Kirchenfürsten wollten so wenig wie Neapel von österreichischer Herrschaft in den Legationen wissen, erklärten den Vertrag von Tolentino für erzwungen und nichtig und flehten den Zaren an, auch für den römischen Stuhl der Hersteller und Retter zu werden. Ja selbst aus der Umgebung des Großherzogs von Toscana, des Bruders des Kaisers Franz, schlugen einzelne Stimmen an das Ohr des russischen Monarchen, welche es unbillig und unheilkündend fanden, daß Oesterreich allerorten, wohin seine Truppen kamen, nicht die alten Regierungen wieder einsetzte, sondern das Land zunächst in eigenen militärischen Gewahrsam nähme. Dem Kaiser Paul gefiel die hier sich ihm entgegendrängende Rolle des hohen Protektors wohl. Wäre er noch in der Stimmung der ersten Siegeswochen vom April gewesen, so hätte er vielleicht die kleinen Sollizitanten ernst zur Ruhe und auf die Berechtigung der österreichischen Ansprüche verwiesen. Jetzt aber, wo Suworow sich zum eifrigen Vertreter der Kleinstaaten machte und den Kaiser unaufhörlich mit seinen Anklagen gegen Oesterreich bestürmte, jetzt leuchtete es dem Zaren völlig ein, daß er berufen sei, der Wiener Eigensucht einen wirksamen Zügel anzulegen. Ein Personenwechsel im russischen Ministerium kam dazu, um Oesterreichs Lage zu verschlimmern. Nachdem im Frühling Fürst Besborodko, Oesterreichs treuer Freund, am Schlagfluß gestorben, war jetzt der Vertrauensmann des Kaisers der kräftige und leidenschaftliche Graf Rostopschin, welcher damals für Suworows Heldenthaten mit vollem Nationalstolz schwärmte und deshalb Pauls Aerger über Oesterreichs Undankbarkeit teilte und steigerte. Der Vizekanzler, Graf Kotschubey, war milder gestimmt, hatte aber niemals Vortrag beim Kaiser und konnte also wenig für Oesterreich wirken. Thugut empfand es in den deutschen wie in den italienischen Angelegenheiten. Daß der Herzog von Württemberg damals unter dem Eindruck der Siege Suworows jeder Rücksicht auf Frankreich absagte und seine Truppen dem Kaiser Paul für die Zwecke der Koalition zur Verfügung stellte, dagegen hatte Thugut nicht viel zu erinnern. Aber erheblicher war es, daß auch der Kurfürst von Bayern die Ungnade Pauls durch Herstellung der bayerischen Malteser-Ballei zu sühnen wußte und dann sofort in Petersburg zu Gnaden aufgenommen wurde, Truppenstellung gegen Frankreich versprach und einen sichernden Bundesvertrag erhielt. Dies war das gerade Gegenteil der einstigen russischen Verheißung in Wien, Bayern zu entwaffnen und in militärisches Sequester zu nehmen; es schnitt die Aussicht auf die Erwerbung der Innlinie gründlich ab; es war an sich eine grobe Rücksichtslosigkeit gegen den Verbündeten, einen so wichtigen Schritt ohne jede Befragung desselben zu vollziehen.

Nun war Thuguts Stolz reichlich ebenso stark wie der Größenschwindel Pauls. Lange Zeit hindurch hatte er, um die russische Kriegshülfe zu sichern, Pauls herrische Unstetigkeit sich gefallen lassen: allmählich aber fing das Blut ihm an zu kochen, und je weniger seinen Wünschen entgegenommend Rußland sich zeigte, desto geringer wurde seine Neigung, seinerseits zartere Rücksicht auf Pauls Stimmungen zu nehmen, wie flehentlich auch der stets biegsame Gesandte Cobenzl ihn ersuchte, den Launen des ungestümen Selbstherrschers einigermaßen zu schmeicheln. Es war vor allem ein Gegenstand, der in stets neuen Abwandlungen dem armen Botschafter die Tage sauer machte, Pauls ganz besondere Liebhaberei, das unselige Malteser Großmeistertum. Da erfuhr Paul, daß der frühere Großmeister Hompesch, der in Triest seinen Wohnsitz genommen, sich dort nach wie vor als Haupt des Ordens geriere, ohne daß die österreichische Regierung dagegen einschreite. Sofort erging eine Weisung an General Rimski-Korsakow, der jetzt an Rummsens Stelle das nach der Schweiz abrückende russische Corps befehligte, einen Vormarsch zu unterbrechen und, wo er eben stehe, Halt zu machen, bis Oesterreich dem Treiben des Hompesch ein Ziel gesetzt habe. Um dies Unheil zu vermeiden, nahm Cobenzl es auf sich, die von Paul geforderten Schritte auf eigene Hand zuzusagen, und Thugut ließ es dabei bewenden, so widerwärtig ihm die Sache auch erschien. Wir sind, schrieb er damals, russische Kerkermeister in Triest geworden, wie bisher der Großherzog von Toscana französischer Gefangenwärter des Papstes war. Auch teilte er so wenig wie die englische Regierung die Ansicht Cobenzls über die Harmlosigkeit der maltesischen Grille des Zaren; er meinte, daß der Besitz der Insel und die Verzweigungen des Ordens ein sehr bedenklicher Hebel des russischen Einflusses in Deutschland und Italien werden könnten. Indes war zur Zeit daran nichts weiter zu ändern; es war schon übel genug, daß der nichtsnutzige Haber Korsakows Vorrücken nach der Schweiz um mehr als eine Woche verzögert hatte. Um so bessere Wirkung für das Bundesverhältnis versprach man sich von einer Deputation der böhmischen Malteser, die nach Petersburg zur Huldigung gehen sollte. Leider aber bemerkte Paul, daß er in ihrem Beglaubigungsschreiben nur als Protektor und Chef und nicht als Großmeister des Ordens bezeichnet war, und ein heftiger Ausbruch allerhöchsten Un-

willens erfolgte. Darauf erklärte Cobenzl
eine ungeschickte, aber völlig gutgemeinte
verbefferte die Urkunde in der gewünsch
war vierundzwanzig Stunden lang große Fi
Eintracht an der Tagesordnung, bis wied
Suworows anlangte und Cobenzl sich auf
Kaifer nicht beachtet und demnach von all
gemieden fand, während die Vertreter Preuß
Neapels und Sardiniens die Huld des
Zügen genoffen. Thugut ballte im stille
nahm sich vor, bei der erften Veranlaffung
geltung zu üben. Zunächft aber vermied er
fetzung, vor allem über den Umfang des v
Landgewinns, ein Verfahren, welches zwa
blick den offenen Bruch hinausschob, jet
weife das Mißtrauen der Verbündeten gege
Seiten umherspähende Unerfättlichkeit nur

Ein freundlicheres Angeficht als den De
Kaifer Paul in diefen Sommermonaten b
gierung, deren Geldhülfe ihm schwer entbe
Schiffe das geliebte Malta ihm überliefe
lifche Anträge konnten damals stets bei
Aufnahme rechnen. Nach Englands Wun
Corps Korfakow nach der Schweiz, anft
gewiefen; auf Englands Betreiben fetzte
Verhandlung über Preußens Eintritt in d
beides, wie wir wiffen, zu Oefterreichs großen
Mai hatte dann England seinen kriegerifd
hafte Bewegung durch den Vorschlag gebr
famen Kräften eine große Landung an
Küfte zu machen. Vielleicht ließe fich Pre
das Unternehmen von Often her durch ein L
ftützen; aber auch ohne das würde man A
schwachen französischen Befatzungen zu sch
vifche Flotte zu nehmen, den Prinzen von
einzufetzen und von dort aus das unzufrie
Belgien zu bewaffneter Erhebung gegen die

schaft zu bringen, was dann vielleicht in unberechenbarer
Weise auf die inneren Verhältnisse Frankreichs zurückwirken
könnte. Dem Kaiser leuchtete ein so großartiger Plan in
hohem Maße ein, und mit Freuden erklärte er sich bereit,
Schiffe und Soldaten dafür zu stellen, wenn England die
nötigen Geldmittel liefere. In diesem Sinne kam den
22. Juni ein förmlicher Vertrag zu stande; russischerseits wurde
General Hermann zum Führer der Expedition bestimmt
und die Rüstung in tiefem Geheimnis auf das umfassendste
in Angriff genommen. Zwar schlug die Hoffnung auf sonstige
Bundeshülfe fehl: Preußen zeigte sich einen Augenblick nicht
abgeneigt, sank aber bald in die alte Neutralitätssucht zurück; Schweden stellte übermäßige Geldforderungen, und
Dänemark lehnte mit solchem Nachdruck ab, daß Paul offene
Feindschaft witterte und an einen stürmenden Angriff auf
Kopenhagen dachte. Indessen erschien es doch angemessener,
sich die Aufgabe durch solche Abenteuer nicht zu erschweren,
sondern die dazu erforderlichen Mittel bei dem Ausbleiben
fremder Hülfe zur Verstärkung der gegen Holland bestimmten
Streitkräfte zu verwenden, der Russen auf 17 000, der Engländer auf 25 000 Mann, eine Macht, deren Bedeutung
unter den gegebenen Verhältnissen in der That zu weitgreifenden Hoffnungen berechtigte.

Höchst bezeichnend für die kühle Temperatur innerhalb
des großen Bündnisses war es bei diesem Entwurfe, daß
England und Rußland am ersten Tage sich dahin verständigten,
gegenüber dem Wiener Hofe einstweilen strenges Geheimnis
über das Unternehmen zu bewahren, da sonst, wie man
meinte, Thuguts Rechthaberei vielfache Schwierigkeiten hervorrufen würde. So machte man dem Wiener Hofe zwei
Monate lang nicht mit einer Silbe Mitteilung über den
Landungsplan. Natürlich konnte dies nicht hindern, daß
Thugut aus sonstigen Quellen hinreichend genaue Notizen
über das geheime Vorhaben der beiden Mächte empfing und
dadurch auf der Stelle in doppelt heiße Eifersucht versetzt
wurde. Schon daß jene hinter seinem Rücken operierten,
und vollends, daß sie aufs neue die Bundesfreundschaft

Preußens suchten, machte ihm schlaflose Nächte; nichts schien
ihm näher zu liegen als im Fall des Gelingens die Wieder-
belebung jenes alten englischen Planes, das befreite Belgien
dem verhaßten preußischen Hofe zu überweisen. Auch diese
Sorgen führten ihn stets wieder auf seinen hauptsächlichen
Verdruß bei diesem ganzen Kriege zurück: daß er das stattliche Heer des Erzherzogs aus dem Deutschen Reiche, wo
es Preußen und Bayern in Schach halten konnte, zu den
nach seiner Meinung völlig nutzlosen Schweizer Kämpfen
hatte abgeben müssen. Der Grimm darüber war ihm gesteigert worden, als dann auch Korsakows Corps auf Englands Betreiben in die Schweiz bestimmt wurde; er sagte
sich zunächst, es sollte, wenn schlechterdings Russen in der
Schweiz auftreten müßten, dann auch vor ihrer Mitwirkung
kein Tropfen österreichischen Blutes für die Befreiung der
Schweiz vergossen werden. Nach der Schlacht von Zürich
fand er hierin, was ihm sonst selten zu teil wurde, die
Zustimmung des Erzherzogs Karl, der ebenso bestimmt, wie
er im April zum Angriffe auf Masséna gedrängt, sich jetzt
nach seinem halben Siege nicht stark genug fand, die Franzosen aus ihrer neuen Stellung auf dem Albis hinauszuschlagen [1]), und demnach wie Thugut zunächst die Ankunft
Korsakows zu völlig sicherem Spiele abwarten wollte. In
dieser Haltung wurde er vollends entschieden, als Mitte
Juni, wir wir sahen, Suworow das Haddiksche Corps nach
Italien abrief, dadurch dem Erzherzog die Mitwirkung von
11 000 Mann entzog und die Stellung des St. Gotthard-
passes, nach Karls Auffassung den Schlüssel des ganzen
Kriegsschauplatzes, preisgab. Es entspann sich darüber ein
sehr peinlicher Briefwechsel zwischen den beiden Feldherren,
dessen Stacheln bei jedem derselben zurückblieben, auch als
Suworow nach dem Siege an der Trebbia einen Teil der

---

[1]) Im ganzen hatte er damals keine größeren Streitkräfte
als Masséna; jedoch haben die Sachverständigen stets bemerkt, daß
dieser seine Divisionen viel mehr als der Erzherzog zersplittert
hatte und der letztere die Hauptposition auf dem Albis fast mit
doppelter Stärke, 46 000 gegen 25 000 M., hätte angreifen können.

Haddikschen Truppen die frühere Aufstellung wieder beziehen ließ[1]). Denn fortdauernd war es Suworows Wunsch, diese Streitkräfte für sich verfügbar zu haben und deshalb dem Erzherzog die Besetzung des Hochgebirgs zuzuschieben. Umgekehrt aber meldete ihm Karl am 5. Juli, die Franzosen bedrohten Schwaben mit starken Massen vom Elsaß her; er werde also bedeutende Entsendungen dorthin machen müssen und deshalb alle seine Heeresteile aus den kleinen Kantonen an die Limmat zur Deckung seiner Hauptpositionen heranziehen. Um so weniger war bei ihm von einer scharfen Offensive gegen Masséna die Rede, mochte Suworow wüten, so viel er wollte, daß man den Franzosen zur Erholung und Sammlung so lange und ungestörte Muße ließ. Thugut war völlig zufrieden, daß man die Kräfte des österreichischen Heeres nicht in Schweizer Raufereien vergeudete, sondern für deutsche Zwecke aufsparte.

In diesem Zusammenhange war der Minister schon Ende Mai auf den Gedanken gekommen, man sollte, nachdem Korsakow einmal in die Schweiz gewiesen war, dann überhaupt so viele Russen wie möglich dorthin absenden, damit infolgedessen der Erzherzog möglichst viele Oesterreicher wieder nach Deutschland zurückführen könnte. So sandte er damals den Antrag nach Petersburg, es möchte das dritte russische Corps, einst unter Hermann, jetzt unter General Rehbinder, welches ursprünglich zur Befreiung Neapels bestimmt gewesen, nebst Condés Emigranten ebenso wie Korsakow in die Schweiz geschickt werden: dann könne der Erzherzog von Schwaben aus mit seiner Hauptmasse Hüningen und Belfort einnehmen und eine kleinere Abteilung zur Verstärkung Suworows nach Italien senden. Paul, dem nichts mehr am Herzen lag als ein unmittelbarer Angriff auf französisches Gebiet, fand den Plan nach seinem Sinne, zumal er soeben seine Verträge mit Bayern und Württemberg geschlossen

---

[1]) Miliutin III, 558, 584 der d. Uebers. erörtert die verwirrten und sich widersprechenden Berichte Suworows über Haddiks Corps. Sicher ist, daß sich im August nur Oberst Strauch mit 4500 M. auf schweizerischem Boden befand.

hatte und mit diesen Verstärkungen also eine stattliche, nur von ihm abhängige Armada in der Schweiz aufzustellen hoffen konnte. Aber so glatte Erfolge waren diesem Koalitionskriege einmal nicht bestimmt. Kaum hatte man in Wien Pauls Einwilligung erhalten, so wurde man dort durch das Erscheinen der großen französischen Flotte im Mittelmeer erschreckt und erließ deshalb eine schleunige Bitte nach Petersburg, Rehbinder zur Sicherung Italiens doch lieber nach dem ursprünglichen Plane zu Suworow stoßen zu lassen. Paul meinte zwar, man sei zu Wien in den gefaßten Beschlüssen nicht allzu fest, ließ jedoch sich noch einmal zur Genehmigung herbei. Unterdessen aber war Bruix mit seiner Flotte wieder unsichtbar geworden, und Thugut beeilte sich, nach Verschwinden dieser Gefahr zum zweiten Male Rehbinders Entsendung in die Schweiz zu begehren. Dies war jedoch für Pauls Geduld zu viel. Nein, rief er, jetzt bleibt es bei dem erteilten Befehle; Rehbinder geht nach Italien, zunächst zu Suworow, später nach Neapel und Malta. Damit schien denn die Bildung einer bedeutenden russischen Armee in der Schweiz endgültig aufgegeben und also Erzherzog Karl für unbestimmte Zeit auf dem in Wien so unliebsamen Kriegstheater festgebannt zu sein.

Indessen nicht eben lange sollte es auch bei dieser Kombination in Petersburg sein Bewenden haben. In Pauls erregbarem Geiste jagten sich nach dem Treiben augenblicklicher Eindrücke die Entwürfe wie Wolkenschatten vor wechselndem Winde. Kaum hatte er dem Wiener Minister das Einfache abgeschlagen, so brachte er ihm auf eine Londoner Anregung das Doppelte selbst entgegen.

Mehrfach haben wir bereits das Interesse bemerkt, welches Regierung und Volk von England an der Befreiung der Schweiz von französischem Joche nahmen. Es war natürliches Mitgefühl an den Leiden des tüchtigen Volkes; es war auch die Hoffnung neuer Anknüpfung von dorther mit den Royalisten Burgunds und der Freigrafschaft. Nun sah man mit Kummer, wie kühl sich Oesterreich der Schweiz gegenüber verhielt, ja die Bewaffnung der Schweizer Patrioten

eher hinderte als förderte; es erhielt sich der Verdacht, daß
Oesterreich die Schweiz, ganz so wie Piemont, nicht befreien,
sondern annektieren wolle. Dies alles, meinte man, würde
anders werden, wenn dort der ungestüme und thatendurstige
Suworow befehligte; auch würde dort von eigennützigen Absichten Rußlands keine Rede sein, während in Italien die
russische Armee durch die Einnahme wichtiger Hafenplätze
sehr wirksam den schönen Plan ihres Kaisers, die Besetzung
Maltas, zu großem Verdrusse Englands, fördern könnte.
Aus allen diesen Gründen machte Lord Grenville im Laufe
des Juni dem russischen Kaiser einen weiteren Vorschlag,
welcher eine Umwandlung des ganzen bisherigen Verfahrens
in sich schloß. In Italien, meinte Grenville, sei nach
Suworows Triumphen eine Verringerung der alliierten Streitmacht unbedenklich; man möge also die dort stehenden russischen Heerteile (Derfelden und Rehbinder) ebenso wie
Korsakow und Condé in die Schweiz senden und dort eine
ausschließlich russische Armee von etwa 60000 Mann bilden,
welche unter Suworows gewaltigem Oberbefehl für sich allein
stark genug sein würde, die Franzosen aus der Schweiz zu
verjagen und dann den royalistischen Aufstand in der Franche-
Comté zu entflammen, gedeckt in ihrer rechten Flanke durch
den früher von Thugut vorgeschlagenen Marsch des Erzherzogs durch Schwaben auf Belfort, in ihrer linken durch eine
Offensive des Generals Melas aus Italien gegen Savoyen.
Paul empfing diesen Antrag mitten in seinem Aerger über
die ewigen Reibungen zwischen Suworow und Thugut, seinem
Verdrusse über Karls fortgesetztes Nichtsthun, seinem Zorne
über Oesterreichs nachlässiges Benehmen in der Malteser
Sache. Da zeigte ihm denn die englische Eröffnung die
Möglichkeit einer glänzenden Siegesreihe allein mit russischen
Kräften, die Erlösung Suworows aus all jenen unerträg-
lichen Zerrereien und Zaudereien, und mit lebhafter Begeisterung sprach er seine Zustimmung zu dem neuen Systeme
aus. Anfangs meinte er zwar, das Rehbindersche Corps
zur Unterstützung Neapels und zur Besetzung Maltas in
Italien zurückzulassen; indessen war für Neapel schlechterdings

keine Feindesgefahr mehr zu entdecken, und in Malta hielt
sich die französische Besatzung unerschütterlich, und so gab er
am 22. Juli dem Feldmarschall Suworow Vollmacht, auch
über dieses Corps ohne weitere Rücksicht auf Neapel unbedingt zu verfügen. Wunderlicherweise war man nur darüber noch zweifelhaft, was Oesterreich zu dem neuen Entwurfe sagen, ob es einer so starken Verminderung seines
italienischen Heeres zustimmen würde. So zögerte man die
Mitteilung darüber hin, bis in der zweiten Hälfte des Juli
die nahe bevorstehende Ankunft Korsakows in der Schweiz
eine definitive Entschließung unaufschiebbar machte und demnach Sir Morton Eden und Graf Rasumowski Weisung erhielten, den Wiener Hof von sämtlichen Plänen und Wünschen der Verbündeten in Kenntnis zu setzen und Oesterreichs
Einwilligung und Mitwirkung dafür zu begehren.

Die beiden Gesandten, welche wie ihre Minister einen
harten Stand befürchtet hatten, fanden sich freudig überrascht,
als Thugut sogleich das bereitwilligste Entgegenkommen zeigte.
In der That aber hätte sich für diesen nichts Angenehmeres
ereignen können. Nachdem kurz zuvor Kaiser Paul ihm die
Sendung des einen russischen Corps in die Schweiz mit
grober Derbheit abgeschlagen hatte, wurde ihm jetzt aus freien
Stücken das Abrücken des andern dorthin entgegengetragen.
Nachdem er vor einem Vierteljahre mit tiefem Widerwillen
auf Rußlands und Englands Drängen den Einmarsch Karls
in die Schweiz zugelassen, wurde jetzt von denselben Alliierten
die Rückkehr des Erzherzogs nach Deutschland selbst in Vorschlag gebracht. Nach jeder Seite war für ihn dieser Antrag das erquicklichste Vorkommnis seit dem Beginne des ganzen Kriegs. Er stellte das Heer des Erzherzogs frei, um in
Deutschland die kaiserlichen Banner wieder breit und weit
zu entfalten, auf Bayern und Preußen zu drücken, eine
starke Hand nach Belgien auszustrecken. Er entfernte zugleich
die Russen aus Italien, wo man sie gegen die Franzosen nicht
mehr zu bedürfen meinte und dann Suworows Eigenwilligkeit und Pauls Einmischung in die österreichische Annexions-
politik nicht mehr zu fürchten brauchte. Man hatte es in

Piemont erlebt, daß Rußland trotz aller Bundesverträge dem Wiener Hofe keinen weiteren Landerwerb in Italien gönnen wollte, während Thugut die bestimmte Absicht hatte, sich dort so weit wie irgend möglich auszudehnen, und mithin dringend wünschte, bei der Verwirklichung dieser Pläne durch die Anwesenheit der Russen nicht gestört zu sein. Mit kaum verhehlter Genugthuung sagte er also dem Grafen Rasumowski, Kaiser Franz würde die Entfernung der unüberwindlichen russischen Truppen und ihres ruhmreichen Führers tief bedauern, aber ohne Zweifel sich beeilen, den wohlbegründeten Wünschen seines hohen Verbündeten vollständig Rechnung zu tragen. Er bethätigte diese Gesinnung sofort in seiner amtlichen Antwort vom 31. Juli, worin er die Ansammlung aller russischen Truppen in der Schweiz unbedingt genehmigte und sofort ein näheres Bild des hierauf zu begründenden Feldzugsplanes entwickelte. Gleich nach dem baldigst zu erwartenden Falle von Mantua würde Suworow mit seinen Truppen aus Italien in die Schweiz hinüberziehen und durch diese sowie durch des Corps Korsakow die dortigen österreichischen Abteilungen successiv ablösen lassen. Sobald dies geschehen, würde der Erzherzog ein Corps von etwa 25000 Mann als Mittelglied am Oberrhein aufstellen, mit seiner Hauptmacht aber von ungefähr 65000 Mann den Strom hinabgehen, bei Mannheim denselben überschreiten, Mainz einschließen und seinen rechten Flügel bis an die ehemals belgische Grenze vorschieben, um dort in Berührung mit der englisch-russischen Expedition gegen Holland alle wohlgesinnten Belgier zu den Waffen und zu der Fahne ihres rechtmäßigen Souveräns zu rufen: denn, bemerkte Thugut, wir begehren zwar Belgien nicht für uns zurück; aber seit dem letzten Friedensbruche der Franzosen sind alle unsere Rechte wieder aufgelebt, so daß wir keine Verfügung eines dritten über diese Lande, die ohne unsere ausdrückliche Genehmigung versucht würde, zulassen könnten. Während dieser Bewegungen des Erzherzogs würden dann die vorher erwähnten Operationen Suworows gegen die Franche-Comté und des Generals Melas gegen Savoyen vorzubereiten, aber in keinem

Falle zu übereilen sein. Es komme darauf an, sagte der Minister, den Feind gleichzeitig auf allen Seiten und dadurch mit überwältigender Wucht anzufallen: es empfehle sich hiernach, die große Invasion bis zum Frühling 1800 zu verschieben. Die Armee des Erzherzogs habe bis jetzt einen Abgang von beinahe 80 000 Mann gehabt[1]); es sei unumgänglich, ihr einige Ruhe zu gönnen und ihr Zeit zu lassen, die Ordnung und Haltung, die im Kriege unter allen Umständen zu Grunde gehen, wiederherzustellen. Sollte jedoch Suworow schon früher irgend ein besonderes Unternehmen in der Schweiz einleiten, so würde der Erzherzog dasselbe durch Demonstrationen aller Art nach Kräften unterstützen.

Sowohl der Gesandte Rasumowski als der Kaiser Paul waren entzückt, als sie diese österreichischen Eröffnungen erhielten. Rasumowski erinnerte allerdings, daß der früher verheißene Angriff auf Belfort nicht mehr darin vorkäme, ließ sich aber leicht durch Thugut und dessen militärisch-technische Gegengründe überzeugen. Im übrigen fand Rasumowski den Plan formidabel; Paul nannte ihn bewundernswert und gab nur seinem Gesandten energische Weisung, jedem etwaigen Wankelmut des Wiener Hofes mit vollem Nachdruck entgegenzutreten. Weniger unbedingt war der Beifall, welchen der englische Hof dem Wiener Entwurfe schenkte. Was ihm daran bedenklich schien, war die beabsichtigte Entsendung des Erzherzogs nach Mainz und dem Niederrhein anstatt des früher vorgeschlagenen Unternehmens gegen Hüningen und Belfort. Denn auf der einen Seite fürchtete Lord Grenville politische Weiterungen, wenn der Erzherzog den Verbündeten in der Besetzung Belgiens zuvorkäme, und auf der andern schien es ihm mißlich für das Schicksal der

---

[1]) In Wahrheit bei der Hauptarmee von Anfang März bis Ende August 3127 Tote, 10 948 Verwundete, 24 776 Gefangene oder Vermißte, zusammen 38 851 Mann. Das Tiroler Corps, später zum größten Teile in Italien verwandt, hatte in derselben Zeit 1317 Tote, 2866 Verwundete, 15 006 Gefangene oder Vermißte, zusammen 19 189 Mann Abgang. Im ganzen 58 040 Abgang.

Russen in der Schweiz, wenn ihnen durch die neue Bestim=
mung des Erzherzogs jede unmittelbare Unterstützung durch
die österreichischen Streitkräfte entzogen würde. Wunderlicher=
weise äußerte, soweit die vorliegenden Urkunden zeigen,
keiner der hohen Kritiker irgend ein Bedenken über einen
wahrhaftig nicht unwesentlichen Punkt, nämlich über Thuguts
gelassene Erklärung, daß der Angriff auf das französische
Gebiet erst im kommenden Frühling erfolgen dürfe. Die
Gründe, welche er dafür anführte, waren doch fadenscheinig
über alles billige Maß. Mochte die Armee des Erzherzogs
80 000 oder 40 000 Mann Verlust seit dem Beginne des
Kriegs gehabt haben, Thugut selbst rühmte, daß sie zur Zeit
90 000 Mann zähle, und die Etats zeigten auf eine Effektiv=
stärke von 127 000 einen ausrückenden Stand von 34 000
Mann in Deutschland, 67 000 in der Schweiz, im ganzen
von etwas über 100 000 Mann[1]). Wenn Thugut dann ferner
eine Zeit des Ausruhens zur Herstellung von Haltung und
Ordnung forderte, so lag die Frage auf der Hand, welche
Sorge seit der Züricher Schlacht, also seit beinahe zwei
Monaten, die Armee sonst gehabt habe, als der Ruhe zu pflegen,
und in der That, Graf Tolstoi und wer außer ihm sie in
diesen Tagen sah, bezeugten einstimmig, daß es niemals besser
gerüstete und streitfähigere Scharen gegeben habe. Warum
also mußte damals, Anfang August, wegen des Zustandes
dieser Armee der Einbruch in das französische Gebiet um acht
Monate, also thatsächlich in das völlig Unbestimmte, hinaus=
geschoben werden?

Militärische Betrachtungen konnten unmöglich die wirkliche
Quelle eines solchen Beschlusses sein. Es war, nach den
Zeitverhältnissen in veränderter Form, die traurige Wieder=
holung der Ereignisse von 1794 und 1795. Im Aerger
und Eifersucht gegen die Verbündeten verlor auch dieses Mal

---

[1]) Ich kann diese Zahlen nur als runden Durchschnitt geben,
da die speziellen Angaben in den Akten des Hofkriegsrats, in der
Korrespondenz des Erzherzogs, in dem gedruckten Werke desselben
und in den Berichten des Grafen Dietrichstein aus dem Haupt=
quartier überall voneinander abweichen.

Thugut die Hauptsache, die Ueberwältigung des Feindes, vollständig aus den Augen. So erwünscht in der Sache ihm der neueste englische Vorschlag war, so bitter empfand er in seiner hochfahrenden Weise die Thatsache, daß nicht er, sondern England mit leitendem Ansehen über die allgemeinen Operationen den Ausschlag gegeben. Seit Monaten Tag für Tag durch Pauls gebieterischen Ton gereizt, freute er sich, daß die österreichischen Heere jetzt ohne Mischung mit russischen Truppen und Führern handeln würden; daraus folgte ihm aber vor allem, daß Suworow auf seinem neuen schweizerischen Kriegstheater allein mit russischen Kräften sein Heil versuchen sollte, und dann schien es ihm freilich klar genug, daß der Herbst vergehen würde, ehe er ohne den Beistand österreichischer Truppen die Franzosen aus der Schweiz hinausgeschlagen hätte. Daß bei diesem Zeitverlust den französischen Heeren neue Kräfte wachsen, daß wieder, wie in dem nutzlos verzettelten Winter von 1793 auf 94, eine unerwartete Erhebung der französischen Nation erfolgen könnte: an eine solche Möglichkeit scheint dem geistreichen und starken Manne gar kein Gedanke gekommen zu sein.

Soll man eine solche Nichtbeachtung des ersten und letzten Bedürfnisses einfach als psychologisches Rätsel, als leidenschaftliche Verblendung auf sich beruhen lassen? Oder soll man annehmen, daß er damals die französische Macht bereits für völlig pulverisiert und zu jeder Herstellung unfähig erachtet habe? Schmeichelhaft für den österreichischen Staatsmann wäre weder die eine noch die andere Auffassung. Noch eine dritte Vermutung bleibt möglich. Allerdings hat der Gang der Ereignisse, so viel wir wissen, ihn abgehalten, irgend einen Schritt zu friedlicher Annäherung an Frankreich zu thun[1]): immer aber wäre denkbar, daß er das Direktorium durch die erlittenen Niederlagen für so weit gedemütigt und eingeschüchtert gehalten hätte, um binnen kurzer Frist die

---

[1]) Die Wiener Akten geben für die damalige Vermutung Pauls, daß Thugut durch spanische Vermittelung eine heimliche Anknüpfung mit Paris gesucht habe, keine Bestätigung.

Erlangung der einst in Selz verschmähten Friedensbedin=
gungen, d. h. die französische Zustimmung zu den italienischen
Wünschen Oesterreichs, zu hoffen. Dann hätte ihm aller=
dings die Fortdauer der preußischen Neutralität nur er=
wünscht sein können, da Preußen durch dieselbe bei allen
Parteien gleich mißliebig wurde und bei keiner auf wirksame
Unterstützung für seine deutschen Ansprüche rechnen konnte.
Dann hätte auch der Aufschub der großen Invasion nach
Frankreich guten Sinn gehabt, da dieselbe möglicherweise
ein verstärktes Aufflammen des patriotischen und kriegerischen
Sinnes bei der französischen Nation und somit eine Erschwe=
rung des erhofften Friedensschlusses herbeiführen mochte. Daß
aber für ihn selbst bei der Frage über Krieg und Frieden
die Erwerbung italienischer Landschaften das ausschließlich
entscheidende Moment bildete, dies hat sich uns bei der Rastatter
und Selzer Unterhandlung urkundlich klargestellt.

Wie dem auch sein möge, er beeilte sich, sobald er den
beiden Gesandten den formidablen und admirablen Plan mit=
geteilt hatte, die entsprechenden Benachrichtigungen und Be=
fehle an den Erzherzog und bald nachher auch an Suworow
abgehen zu lassen. Wie wenig dabei die militärische Erwägung
maßgebend gewesen, wie sehr ihm eine abweichende Auffas=
sung des Erzherzogs wahrscheinlich war, zeigte sich auch in
dem Umstande, daß er es dieses Mal nicht bei einer schrift=
lichen Instruktion bewenden ließ, sondern zur Ueberbringung
derselben einen seiner vertrautesten Verehrer, den jungen
Grafen Dietrichstein, auserjah, welcher den Erzherzog mit
allen mündlichen Erläuterungen versehen, ihn an dem strengen
Sinne der Befehle festhalten und erst nach dem Beginne der
Ausführung zurückkehren sollte. Das kaiserliche Handschreiben,
vom 31. Juli, welches Dietrichstein mitgegeben wurde, be=
merkte, daß nach den neuesten englisch=russischen Bestimmungen
über den Krieg auf dem Festlande folgende Aenderungen des
bisherigen Planes getroffen würden. Nach Uebereinkunft
zwischen London und Petersburg sei die sich annähernde
Armee Korsakows bestimmt worden, die österreichischen Trup=
pen in der Schweiz abzulösen und dort die von diesen be=

gonnenen Operationen fortzusetzen. England denke dieselbe
mit Schweizern zu verstärken, Kaiser Paul wolle das Corps
Derfelden dazustoßen lassen. Da die Ernährung solcher Trup=
penmassen in den ausgesogenen Landschaften der Schweiz und
Schwabens unmöglich sei, auch der Kaiser die Reichslande
völlig vom Feinde zu befreien und den englisch=russischen
Angriff auf Holland zu unterstützen wünsche, so solle Karl
ein Corps von 25000 Oesterreichern und sämtlichen Reichs=
truppen südlich vom Neckar aufstellen, mit 60000 Mann
aber von Mannheim stromabwärts auf dem linken Rheinufer
operieren. Der Kaiser sei überzeugt, daß Karl diese Befehle
gern ausführen werde; sollte der Erzherzog aber wider Ver=
muten nicht glauben, dies auf sich nehmen zu können, so würde
dies zwar die feste Bestimmung des Hauptplanes nicht ändern,
und der Erzherzog hätte dennoch die geeigneten Vorkehrungen
zur Ausführung alsogleich zu treffen, dem Kaiser aber ebenso
schleunig die für seine Person gefundenen Anstände einzu=
berichten.

Die Meinung dieses Schreibens ging, wie es Thugut am
22. August dem Grafen Cobenzl meldete und der Kaiser selbst
dem Erzherzog in einem späteren Briefe vom 11. September
ganz ausdrücklich wiederholte, dahin, daß Karls Truppen in
der Schweiz durch Korsakows Armee abgelöst werden sollten,
sobald die letztere durch die Schweizer im englischen Solde
und durch Derfeldens Russen vervollständigt sei, also genau
auf die Vollziehung der zwischen den drei Höfen geschlossenen
Uebereinkunft. Leider aber war dieser Sinn nicht auf eine,
jede andere Auffassung ausschließende Weise in dem Wort=
laute des Briefes wiedergegeben. Es war möglich, aus den
Zeilen desselben auch einen völlig verschiedenen Befehl heraus=
zulesen, den nämlich, daß die Oesterreicher ihre Stellung in
der Schweiz sofort der Armee Korsakows (welche künftig
durch Derfelden und die Schweizer zu verstärken sei) über=
lassen sollten. Der Unterschied der beiden Auffassungen ist
augenfällig, und die Zweideutigkeit der Redaktion, welche den=
selben unentschieden ließ, sollte geradezu verhängnisvolle Fol=
gen haben. Graf Dietrichstein, welcher, wie es scheint, dar=

über von Thugut keine weitere Aufklärung, wohl aber die allgemeine Vorschrift erhielt, mit großem Nachdruck auf die möglichste Beschleunigung der Ablösung und damit auf thunlichst baldigen Abmarsch der Oesterreicher in das Reich zu wirken, Dietrichstein verließ Wien in der festen Meinung, daß der kaiserliche Wille auf sofortige Uebernahme aller österreichischen Positionen durch Korsakow und folglich auf die Entfernung des ganzen österreichischen Heeres aus der Schweiz vor Suworows Ankunft gehe: eine Auffassung, welche den neuen Abreden der drei Höfe schnurstracks zuwiderlief und nichts Geringeres als die unbedingte Preisgebung der Schweiz und Korsakows an Massénas erdrückende Uebermacht zur Folge haben mußte.

Und damit ja nichts fehle, um das Unheil vollständig zu machen, geschah in denselben Tagen auf der russischen Seite genau dasselbe, was wir eben auf der österreichischen beobachtet haben. An den Feldmarschall Suworow erging am 1. August ein kaiserliches Schreiben, welches ihm eine vorläufige Kunde von dem neuen Operationsplane gab und dazu bemerkte, Suworow habe hiernach mit Kaiser Franz zwar im Briefwechsel zu bleiben und sich über die beiderseitigen Bewegungen auf dem laufenden zu halten, für sich selbst aber stets und ausschließlich nach eigenem Ermessen zu verfahren. Ebenso empfing Korsakow die Weisung, sogleich nach seinem Einmarsch in die Schweiz mit Suworow in Verbindung zu treten und nur von diesem, nicht aber vom Erzherzog Befehle anzunehmen. Dies war in vollem Maße das Gegenstück zu Dietrichsteins Aufträgen an Karl, das Aufheben jeder Gemeinschaft in der kriegerischen Thätigkeit. Es war von Pauls Seite wesentlich gemeint für die Bewegungen nach der neuen Aufstellung der Heere, nach der Vereinigung der Russen in der Schweiz, nach ihrer damit erzielten Abtrennung von den Oesterreichern. Aber der Wortlaut der Erlasse muß so gestanden haben, daß die beiden russischen Generale sich sofort berechtigt und verpflichtet fanden, auf keinen ihnen mißliebigen Befehl des Kaisers Franz oder des Erzherzogs weiter Rücksicht zu nehmen. Wir werden sehen,

wie gerade hierdurch die verderblichen Folgen der Sendung
Dietrichsteins zur vollen Entwickelung gelangten: beide Teile
hatten gewetteifert, das Holz zu dem Scheiterhaufen zu tragen,
in dessen Brand die Koalition zu Grunde gehen sollte.

Diese tragischen Mißverständnisse erhoben sich nun zwischen
den Verbündeten in einem Augenblicke, in welchem eine
neue innere Konvulsion ganz Frankreich in Zuckungen ver=
setzte und einen jeden, der sehen wollte, erkennen ließ, daß
bei allem Verfalle der Direktorialregierung die kriegerische
Kraft des französischen Volkes noch nicht erloschen war.

———

Fünftes Kapitel.

Der dreißigste Prairial.

Der innere Zustand der französischen Republik hatte seit
dem Staatsstreiche des 22. Floreal beinahe ein Jahr hin=
durch sich wenig verändert. Wie wir bemerkt haben, befand
sich das Direktorium in derselben Lage wie der Konvent in
seiner letzten Lebenszeit: keine Partei im Lande liebte oder
ehrte diese Regierung; aber Rewbell und Genossen besaßen
einmal die Macht, und in der allgemeinen Erschlaffung fand
kein Mensch sich berufen, durch kräftigen Widerstand die
Gefahr der Verbannung nach Sinamari auf sich zu nehmen.
So lebte das Direktorium weiter von Tag zu Tag, ge=
fürchtet, solange seine Heere jenseit der Grenzen siegreich
blieben, gehaßt, weil es die Wünsche aller Parteien gekreuzt
hatte, mißachtet, weil es weder Fähigkeit noch Eifer zur
Befriedigung der elementarsten Bedürfnisse des Landes
zeigte. Wir sahen [1]), wie in der Volksvertretung hie und
da oppositionelle Regungen verschiedener Art sich fühlbar
machten; jedoch ging das Jahr 1798 zu Ende, ohne daß
dieselben feste Gestalt gewonnen oder einen offenen Angriff

———

[1]) Oben, S. 90, 91.

gegen das Uebergewicht des Direktoriums gewagt hätten. Kein geistiger Antrieb belebte mehr die große Republik; immer mehr ging die Staatsmaschine nach dem Gesetz der Trägheit ihren schlaffen Gang weiter.

Allerdings, mit jedem Tage wurden die Schritte kleiner, matter, mühsamer. Noch das geringste Uebel war es, daß die Royalisten, seit dem 18. Fructidor von der offenen Bühne politischen Handelns verdrängt, wieder im Süden und Westen des Reiches zu den alten Waffen der Chouannerie griffen, die Straßen und den Postenlauf unsicher machten, die Staatskassen plünderten, die Käufer der Nationalgüter ermordeten. Es war ein Armutszeugnis für die Regierung, daß sie solche Ausschreitungen nicht zu hindern vermochte, aber es gab schlimmere, das Gesamtleben des Reiches bedrohende Krankheitssymptome. Das Direktorium war nicht im stande, die Organe der Landesverwaltung in fester Wirksamkeit zu erhalten; es war noch viel weniger in der Lage, die Ordnung im Staatshaushalte herzustellen. Wir kennen die regellose Art, womit die Direktoren selbst die zentrale Leitung der Geschäfte betrieben; im Lande war dann die Verwaltung der Departements und der Gemeinden in die Hand gewählter Kollegien gelegt, die zwar zur Befolgung der ministeriellen Anordnungen verpflichtet und ein jedes von einem Regierungskommissar beaufsichtigt waren, aber entfernt nicht einer geregelten Disziplin unterstanden, wie sie für die Bedürfnisse eines großen Staats und vollends nach den Umwälzungen der Schreckenszeit unerläßlich gewesen wäre. Dazu kam, daß eine Menge dieser Aemter nach dem 18. Fructidor wieder in den Besitz unwissender und roher Jakobiner gekommen war. Manche derselben hatte die Regierung nach ihrer letzten politischen Wendung freilich wieder entfernt, hatte es aber doch nicht gewagt, dem gebildeten Bürgertum vollständige Wahlfreiheit zu lassen und der jakobinischen Genossenschaft entschieden den Rücken zu kehren. So hat denn wohl zu keiner Zeit das französische Beamtentum auf so niedriger Stufe gestanden und so Geringes geleistet wie in dieser Zeit.

François von Neuschateau, damals Mini[
war in Verzweiflung. Er war ein wohl
früher ein Litterat von flüssiger Feder, der j
große Rundschreiben an die Departements
Bücher voll von patriotischen und immer 1
nungen zu Ehrgeiz, Pflichttreue und Thä
er schon vor einem Jahre über den trostl(
Kanäle und Stromufer Bericht erfordert; a
partements haben ihn bisher nur zehn er
ein mehreremal wiederholtes Gesetz die
Wegegeldes auf den Landstraßen angeordn
hat seit Juli 1798 sieben Rundschreiben b
aber von fünfzehn Departements fehlt noch in
jede Silbe einer Antwort, und erst in eine:
der Hauptstadt, ist die Einrichtung wirklic
anderes Rundschreiben wiederholt die Klager
orten bemerkbare Nachlässigkeit und Träghe
bei der Rekrutierung; die Auswahl der
völliger Willkür vorgenommen, dafür aber n
Vorkehrung gegen das Ausreißen der Ein
Dann beschwert sich der Minister, daß in
Finanzjahres sechs Departements ihre Re
verflossene Jahr noch gar nicht abgelegt, t
zahl der übrigen aber nur unvollständige u:
brauchbare Etats eingesandt haben. Es
Wunder; denn es war ein sehr beliebter
Lokalverwaltungen, möglichst ansehnliche €
ihrem Bezirke erhobenen Staatseinnahmen
munalbedürfnisse zu verwenden, worauf dan
die Steuerbehörden des Staates kein Beder
Staatskasse durch beliebige Teile der Kor:
nach Kräften schadlos zu halten. Und was
licher war: die erste Grundlage aller Steu
Steuerrollen, deren Anfertigung eben jenen
legien oblag, waren in vielen Departements
1797 noch nicht fertig, fehlten in der Metz
für 1798 und waren für 1799 noch nirgen

o daß beinahe die Hälfte der veranschlagten Staatsein=
nahmen geradezu in das Bodenlose gestellt war. Die Un=
erträglichkeit eines solchen Zustandes hatte denn das Jahr
zuvor zu dem Vorschlag einer Generalagentur der direkten
Steuern geführt; die Fünfhundert hatten die Einrichtung
genehmigt, schließlich aber der Rat der Alten dieselbe ver=
worfen. Man hatte dann den Regierungskommissaren bei
den Munizipalitäten die Sorge für die Steuerrollen als
Nebenamt übertragen, dafür mehr als 4 Millionen als
Remuneration bezahlt und endlich nur jenen so ganz kläg=
lichen Erfolg erzielt[1]).

So stand es demnach mit der Landesverwaltung unter
dem Direktorium, und leicht wird man jetzt die Rückwirkung
dieser Verhältnisse auf die Finanzlage des Staates ermessen.
Bei dem größten Wohlstande des Volkes wäre unter einer
Verwaltung solcher Art ein geordneter Staatshaushalt un=
denkbar geworden: wie viel ärger mußte hier die Verwirrung
um sich greifen, wo durch zehnjährige Revolutionsstürme
der nationale Reichtum erschöpft und die öffentliche Moral
erschlafft war. Seit dem 18. Fructidor galt offiziell das
Defizit für abgeschafft und der Staatsbedarf, 600 bis
616 Millionen im ordentlichen Budget, durch die verfügten
Steuern für gedeckt. Davon waren 240 auf die Grund=
und Personalsteuer gerechnet, von denen, teils wegen der
Verarmung der Grundbesitzer, teils wegen der oben ange=
gebenen Mängel der Erhebung, nur ein geringer Betrag
langsam und mühselig aufgebracht wurde. Die Douanen
lieferten bei der Stockung des inneren und der Vernichtung
des auswärtigen Handels ungefähr nichts, Enregistrement
und Stempel blieben bei dem Daniederliegen aller Geschäfte
weit hinter dem Anschlag zurück, genug, am Ende des
Finanzjahres, September 1798, hatte man an baren Werten
nicht 600, sondern 385 Millionen eingenommen. Der offene
Bankerott wäre die Folge gewesen, wenn nicht die Kriegs=
beute in Rom und Neapel, die Kontribution in Cisalpinien,

[1]) Gaudins Bericht, Moniteur 15. November.

die Erpressungen in der Schweiz einige hundert Millionen
dem Schatze zugeführt hätten. Auch dann verbrauchte man
noch weitere 80 Millionen aus den rückständigen Einnahmen
des Vorjahres 1797, ohne Rücksicht darauf, daß der Staat
aus dieser Zeit 114 Millionen schuldig geblieben war, und
schleppte nach alledem noch einen unbezahlten Ausgaben-
rückstand von 59 Millionen in das kommende Finanzjahr
hinüber.

Bei einem solchen Stande der Einnahmen war es gewiß,
daß der Staat niemals für die fälligen Ausgaben bereite
Gelder besaß. Man half sich, wie man konnte: statt des
baren Geldes gab man Schuldscheine. Die Inhaber der
Staatspapiere, der Renten des großen Buchs, empfingen
ihre Zinsen in Scheinen, die bei der Steuerzahlung zum
Nennwert angenommen wurden. Die Truppen, denen man
keinen Sold zu zahlen vermochte, lebten wie in Feindesland
von Naturalrequisitionen, für deren Wert sie Quittungen
zu gleichem Gebrauche ausstellten. Die Lieferanten empfingen statt barer Zahlung Anweisungen auf die Holzschläge
in den nationalen Forsten oder auf den Ertrag bestimmter
Domänenverkäufe. Anderen Kontrahenten gab man soge-
nannte Delegationen, das heißt Anweisungen auf das Steuer-
einkommen einzelner Kassen, und so gering war das Vertrauen auf die Rechtschaffenheit der Regierung, daß sie zur
Unterbringung dieser Scheine den Empfängern gestatten
mußte, eigene Agenten bei den bezeichneten Kassen zu halten,
welche sofort die Hand auf die eingehenden Steuern legten.
Es versteht sich, daß bei solchen Verhältnissen die Lieferanten
die doppelten und dreifachen Preise des wirklichen Wertes
für ihre Leistungen ansetzten und oft genug sich das Holz
aus den Forsten holten, dann jedoch ohne irgend eine
Leistung verschwanden. Die regelmäßige Folge aber dieser
Papieremissionen war es, daß die Empfänger, um möglichst
bald zu barem Gelde zu kommen, ihre Scheine an der Börse
mit einem Verluste von 40 bis 50 Prozent diskontierten
und damit den Staatskredit auf das ärgste bloßstellten.
Am Ende des Jahres ergab sich dann mit unausbleiblicher

Gewißheit, daß mehr als die Hälfte der eingekommenen
Steuern in solchen Zetteln, also in toten, längst vorweg
verbrauchten Werten, entrichtet worden war.

Was bedarf es weiter, um die Bodenlosigkeit dieser
Finanzwirtschaft klarzustellen? Von Monat zu Monat ver=
sank man tiefer in den Sumpf, dessen trübes Gewässer in
kurzer Frist über Lippen und Haupt zusammenzuschlagen
drohte. Für das neue Finanzjahr (bis 23. September 1799)
war ein Budget entworfen und nach allen Regeln der Kunst
ins Gleichgewicht gesetzt; man hatte eine Anzahl neuer
Steuern oder Steuererhöhungen beantragt; jedermann wußte,
daß diese Zahlen beschriebene Papierfetzen und nichts an=
deres waren, und so kam es binnen wenigen Monaten vor,
daß man ohne Bedenken einzelne jener Steuern verdoppelte,
verfünffachte, ja auf den zehn= und zwanzigfachen Betrag
heraufsetzte, wenn die Räte es gelegentlich für politisch er=
achteten, im Augenblick großen Eifer für die Erhöhung der
Finanzkraft des Staates zu zeigen. Sonst hatte es keinen
Zweck, da es sich ja von selbst verstand, daß der zwanzig=
fache Betrag ausbleiben würde, wo der einfache unerreich=
bar war.

Allerdings, auch umgekehrte Fälle kamen vor, Konjunk=
turen, wo die Räte oder einzelne Parteien derselben es für
klug hielten, die bereits vorhandene·Stärke der Republik
zu rühmen, das Defizit ganz zu leugnen oder doch auf
einen höchst geringfügigen Betrag hinunterzurechnen und
deshalb dem hungernden Direktorium jede neue Steuer zu
versagen. So geschah es, als Ende Januar 1799 die Re=
gierung sich einmal in besonders pressender Klemme befand
und sich deshalb entschloß, auf einen früher abgelehnten
Antrag, die Einführung einer Salzsteuer, zurückzukommen.
Um die Bedeutung des Schrittes zu würdigen, muß man
sich erinnern, mit welcher Wut im Jahre 1789 das Volk
gegen die Gabelle losgebrochen war, mit welcher Ueber=
zeugung damals, halb nach physiokratischer, halb nach demo=
kratischer Doktrin, die Nationalversammlung den Staats=
haushalt beinahe vollständig auf die direkten Abgaben und

vornehmlich auf die Grundsteuer gestellt hatte, wie mithin
selbst nach dem 18. Fructidor der aufgetauchte Vorschlag
einer Salzsteuer unausgeführt blieb und ein darauf ge-
richteter Antrag im Herbste 1798 zurückgewiesen wurde.
Jetzt aber, wie gesagt, war die Not gerade besonders
pressend; die neuen, im letzten Sommer beschlossenen Steuern
brachten nichts ein, und einige Kapitalisten boten der Regierung ein stattliches Darlehen, wenn dasselbe auf eine
weitere, sicher einträgliche Abgabe wie die Salzsteuer rabi-
ziert werden könnte. Als demnach der Abgeordnete Malès,
ein Mann von gemäßigtem Sinne und tüchtigen finanziellen
Kenntnissen, dem Rate der Fünfhundert den Vorschlag unter-
breitete, eine Salzsteuer von fünf Centimen auf das Pfund
zu legen und dieselbe bei der Gewinnung des Salzes, mithin ohne Belästigung des Handels wie einst bei der Gabelle,
zu erheben, war die Aufregung in der Versammlung groß.
Der Zorn der Demokraten brach heftig hervor. Es wäre
eine höchst unpolitische Steuer, rief Bezin; wir wollen
keine Gabelle; fehlt es dem Staate an Hülfsmitteln, so
mögen die Reichen zahlen. Bertrand (aus Calvados) berief sich auf Rousseaus Wort, daß bei dieser Steuer derjenige
das meiste zahle, welcher das wenigste habe; er entwickelte,
daß der Arme ebensoviel, ja noch mehr Salz verbrauche
als der Reiche, der daneben andere Gewürze verwende, daß
mithin das gerade Gegenteil einer gerechten Verteilung des
Steuerlast hier eintrete. Gegenüber der reaktionären Finanz-
kunst, welche in schreiendem Kontraste zu den Grundsätzen
der demokratischen Gleichheit den Reichen auf Kosten der
Armen begünstigen wolle, beeilte er sich, auf die ungeheuren
Hülfsquellen hinzuweisen, welche die energische Fortsetzung
der revolutionären Finanzpolitik darbiete, Rücknahme der
Güter der sogenannten Engagisten (einer gewissen Art von
Erbpächtern öffentlicher Domänen; er wußte oder bedachte
nicht, daß diese Leute fast alle emigriert und ihre Güter
schon deshalb längst konfisziert und verkauft waren), sodann
die endliche strenge Durchführung der sogenannten Vorerb-
folge der Nation, das heißt die Einziehung der voraussicht-

lichen Erbportionen der Ausgewanderten, endlich die Vernichtung aller Privatverträge, die ohne amtliche Eintragung,
mithin ohne Erlegung der für diese vorgeschriebenen Ge-
bühren verabredet worden. Es war den Rednern der gemäßigten Partei nicht schwer, die Gehässigkeit und Nutzlosigkeit dieser Vorschläge darzuthun: je mehr Güter in Beschlag gelegt und auf den Markt gebracht wurden, desto
tiefer sank der Kaufpreis, desto mehr stieg die allgemeine
Entwertung des Ackers, desto ärger wurde durch die stete
Erneuerung des Raubes die allgemeine Kreditlosigkeit. Was
auf der anderen Seite die Salzsteuer betraf, so betonte
Béranger die Geringfügigkeit des Betrages, 66 Centimen
im Jahre, der auf den Einzelnen falle, in unendlich kleinen
Teilchen zur Entrichtung komme, im Haushalt auch des
ärmsten Bürgers kaum bemerkt werde. Er entwickelte den
allgemeinen Grundsatz, daß das Gedeihen der Nation auf
einem Ueberschusse der Gütererzeugung über den Güter-
verbrauch beruhe, das Steuersystem also das beste sei, welches
die Erzeugung am wenigsten störe, zur Zeit aber in Frankreich das erdrückende Uebergewicht der direkten Steuer die
erste Quelle aller Erzeugung, den Ackerbau, vollständig
zerrütte. Hier müsse Abhülfe geschafft werden, was nur
durch eine einträgliche Konsumtionssteuer möglich sei. Werde
durch dieselbe, was er bestreite, dem Arbeiter das Leben
wirklich verteuert, so werde sofort eine Erhöhung des
Arbeitslohnes und somit eine Abwälzung der Last auf die
Wohlhabenden stattfinden.

Beweis gegen Beweis gehalten, schlug ohne irgend einen
Zweifel der Antrag Malès' das demokratische System aus
dem Felde. In diesem Augenblicke aber kam die Partei-
politik den unterliegenden Jakobinern zu Hülfe. Der Antrag Malès' bot der tiefen Verlegenheit des Direktoriums
eine breite Stütze; es gab aber, wie wir wissen, innerhalb
der gemäßigten Partei selbst eine Gruppe, von kleinerem
Umfang bei den Fünfhundert, von größerem bei den Alten,
welche die zeitigen Träger der Regierung verachtete und
deshalb jetzt zu dem Entschlusse kam, ihr auch dieses Mal

die neue Hülfsquelle zu versagen. Als ihr Redner erschien
am 2. Februar Lucien Bonaparte. Zunächst tummelte auch
er wieder das demokratische Paradepferd, die ungerechte
Belastung der Armen; dann aber bestritt er in festgeschlossener
Erörterung, wenn nicht die Existenz, so doch die Erheblich-
keit des Defizits und demnach die Notwendigkeit irgend
einer neuen Steuer. Dieselbe Finanzkommission, als deren
Organ jetzt Malès die Salzsteuer begehrte, hatte vor einiger
Zeit aus anderen politischen Gründen die Unerschöpflichkeit
des nationalen Reichtums gepriesen und eine zu diesem
Zweck gemodelte Zahlengruppierung geliefert. Diese Angaben griff Bonaparte jetzt heraus und bewirkte damit einen
großen Eindruck auf die Versammlung. Indessen warf sich
ihm der hervorragendste Finanzmann des Hauses, Creuzé-
Latouche, dieses Mal mit schlagenden Gegengründen in den
Weg. Wenn sich Bonaparte, rief er, auf den früheren
Kommissionsbericht beruft, so hatte man damals auf Erträge der bestehenden Steuern gerechnet, die seitdem um
30 Millionen hinter dem Anschlag zurückgeblieben sind;
wenn er den Grundsatz der Gleichheit gegen die indirekte
Steuer in das Feld führt, so muß sich die Gleichheit in
der Gesamtheit der Abgaben bekunden, von denen die eine
den Armen, die andere den Reichen stärker belastet; wenn
er jede Steuer auf unentbehrliche Lebensbedürfnisse verab-
scheut, so müßte er die Thür- und Fenstersteuer, die Grenz-
zölle und vor allem die Grundsteuer abschaffen. Da nun
das Direktorium in diesem Augenblicke amtlich anzeigte,
daß das abgelaufene Quartal einen Ausfall in den Einnahmen von beinahe 44 und jede Dekade des eben begonnenen einen solchen von 4 Millionen ergeben habe, so
erfolgte endlich nach langen Erörterungen und tumultuarischen
Ausbrüchen am 6. Februar die Annahme des Antrags
Malès' mit 206 gegen 160 Stimmen. Aber die Freude des
Direktoriums über diesen Erfolg sollte nicht lange dauern.
Im Rate der Alten war die konstitutionelle Opposition,
wie Lucien Bonapartes Freunde seitdem sich nannten, stärker
als bei den Fünfhundert; fünf Tage lang wurde bei ihnen

über die Resolution gestritten und endlich am 23. Februar mit 104 gegen 84 Stimmen die Ablehnung beschlossen. Die Hoffnung der Direktoren auf das schöne Anlehen ging in Rauch auf.

Die Krisis der inneren und der äußeren Politik traf in diesem Augenblicke zusammen. Es waren die Tage, in welchen die dem Wiener Hofe gesetzte Frist ohne befriedigende Erklärungen Thuguts ablief: man hatte sich zu entschließen, ob man aus der Drohung Ernst machen und den Krieg beginnen, oder ob man zu versöhnlicher Haltung einlenken und durch kleine Gewährungen an Pitt und Thugut einen immer höchst vorteilhaften Frieden erlangen wollte. Im Inneren standen die Wahlen des neuen Drittels bevor; aus den letzten Verhandlungen hatte sich eine fest verbündete und ihrer Gelegenheit wartende Opposition herausgebildet; die Finanznot der Regierung war ärger als jemals. Man hätte ihr abhelfen können, wenn man sich ehrlich mit den Mächten versöhnt, das Heer auf den Friedensfuß gesetzt und durch diese entscheidende Ersparnis sich den Weg zu einem geordneten Staatshaushalte nach Creuzé = Latouches Anschauungen eröffnet hätte. Aber kein Wort liegt vor, nach welchem auch nur die leiseste Regung eines solchen Gedankens die Direktoren berührt hätte. Sie blieben auf den alten Wegen. Wenn Frankreich kein Geld mehr hat, seine Beherrscher und seine Soldaten zu ernähren, so muß die Kriegsbeute aus den besiegten Nachbarländern die Leere des Schatzes füllen. Unmittelbar nach dem Beschlusse des Rates der Alten erhielten Jourdan und Scherer den Befehl, mit ihren zerlumpten und hungernden Brigaden Süddeutsch= land, Graubünden und Venetien zu überschwemmen. Blieb das Direktorium draußen siegreich, so mochten drinnen die Jakobiner wüten, die Konstitutionellen grollen: seit dem 18. Fructidor wußte das Direktorium, wie man unzufriedene Parlamentarier und Klubisten zu bändigen hatte.

Eine Weile schien alles vortrefflich zu gehen. Bald ge= nug kamen Massénas Siegesberichte aus Graubünden; das Manifest des Direktoriums gegen Oesterreich wurde am

13. März von den Räten günstig aufgenommen, und so
fand die Regierung es angemessen, am 14. die Wahlcam=
pagne durch ein Rundschreiben an die Departements zu er=
öffnen, worin dem Aerger über den jakobinischen Widerstand
gegen die Salzsteuer voller Ausdruck gegeben war. Der
Minister François sandte allen Behörden die Losung: keine
Anarchie mehr, keine Diebe als Beamte, keine Verbrecher
als Machthaber; Frankreich will keine neue Schreckenszeit,
kein neues Maximum. Wer dies schrieb, mußte sich einer
entschiedenen Ueberlegenheit über die Räte sicher halten:
denn wenigstens bei den Fünfhundert war der Sturz der
Salzsteuer durchaus den Jakobinern zu gute gekommen, welche
bereits einen schüchternen, wenn auch im Augenblicke er=
folglosen Versuch machten, durch ausdrückliches Gesetz alle
Scissionen bei den Wahlen zu verbieten und damit der
Regierung die Waffe des 22. Floreal zu entwinden. Wie
stark dort die Strömung nach links ging, zeigte sich, indem
zur Deckung des jetzt wieder eingestandenen Defizits die
Finanzkommission selbst sich die Anträge Bertrands an=
eignete und der Rat die bisher übersehenen Güter der
protestantischen Kirchen, angeblich 100 Millionen, für Na=
tionalbesitz erklärte. Als nun die Urwahlen begannen, kam
es sogleich zu Plänkeleien zwischen Volksvertretung und
Regierung. Wiederholt wurden die unberechtigten Eingriffe
der Direktorialkommissare in die freie Bewegung der Wähler
mit Nachdruck gerügt; die Fünfhundert beschlossen eine be=
schwerende Botschaft darüber an das Direktorium, und noch
einmal antwortete dieses sehr stolz, daß es den übergroßen
Eifer dieser Beamten mißbillige, ihre Gesinnung aber lobe,
da noch immer das unnatürliche Bündnis der Royalisten
und Anarchisten die Republik bedrohe. Dann änderte sich
aber das Verhältnis von Grund aus. Es kamen die Nach=
richten von Jourdans Kämpfen bei Ostrach und Stockach,
jedesmal eine Siegespost, wobei es nur verwunderlich blieb,
daß das Hauptquartier nach jedem Siege rückwärts und zu=
letzt an den Rhein verlegt wurde. In gleicher Weise hatte
Scherer bei Magnano die Oesterreicher zertrümmert, war

dann hinter die Abba geflüchtet und hatte von dort seine
Entlassung eingereicht. Mit jedem dieser Schläge sank das
Ansehen der Regierung bei den Räten. Wohl bewilligten
sie Maßregeln zur Vervollständigung der Rekrutierung; aber
selbst bei diesem Anlasse ging es nicht ohne wütende An=
griffe auf François' Wahlmanifest ab, und Bertrand don=
nerte gleich nachher über die Unordnung, Vergeudung und
Gewissenlosigkeit der Finanzverwaltung, und Genissieur
führte aus, daß bei Ergreifung der richtigen und wahrhaft
revolutionären Maßregeln das Defizit sich in Ueberschuß
verwandeln werde. So sah das Direktorium das Wetter=
leuchten auf allen Seiten des Horizonts und mochte im
Herzen dem Himmel danken, als Ende April der Rastatter
Gesandtenmord ihm Gelegenheit gab, die innere Zwietracht
noch einmal durch einen großen Ausbruch nationaler Ent=
rüstung zu übertäuben. Nichts ist gewisser, als daß bei
der tiefen Abspannung der Gemüter es der großen Masse
des Volkes vollkommen gleichgültig war, ob die Oesterreicher
zwei oder drei Jakobiner niedergemacht hatten. Desto
brausender dröhnte der Ruf nach Rache in den Botschaften
des Direktoriums und hallte donnernd wieder von den
Rednerbühnen der Räte. Dabei behielt man den praktischen
Zweck des Lärmens fest im Auge. Oesterreich, schrieb das
Direktorium, hofft auf unsere Finanznot und auf unsere
Uneinigkeit: also, was wir bedürfen, ist Geld und Ein=
tracht. Geben wir, rief Bailleul, der Regierung, was zur
Rache nötig ist; nötig sind Männer, nötig ist Geld. In
der That, der Gedanke einer außerordentlichen Kriegs= und
nationalen Rachesteuer fand Anklang, und die Finanzkom=
mission wurde am 6. Mai mit einem Berichte darüber be=
auftragt.

Unterdessen aber hatten sich Ereignisse anderer Art voll=
zogen, welche der sinkenden Macht des Direktoriums den
letzten Stoß zu geben geeignet waren. Die Wahlen zum
neuen Drittel waren vollendet, und es zeigte sich eine voll=
ständige Niederlage der Regierung. Der Wahlkampf hatte
sich wieder wie im vorigen Jahre allein zwischen der direk=

torialen und der jakobinischen Partei vollzogen, da alle an=
deren Fraktionen in der seit Fructidor herrschenden Mut=
losigkeit sich durchgängig ferne hielten. Nun war aller=
dings auch jetzt eine große Anzahl von Scissionen vor=
gekommen; aber meistens hatten in der ursprünglichen, ge=
setzlichen Versammlung die Jakobiner die Mehrheit gehabt,
und die verbündeten Konstitutionellen und Demokraten der
Räte waren fest entschlossen, den Unfug der Scissionen in
keinem Falle mehr zu dulden, sondern unerbittlich die
Wahlen der ursprünglichen Versammlung ohne jede Rück=
sicht auf die Scission zu bestätigen. Damit sah sich fortan
das Direktorium einer durch und durch feindseligen Ma=
jorität gegenüber, ganz so wie im Sommer 1797, nur daß
bei den Fünfhundert das Uebergewicht damals auf der
rechten Seite lag, jetzt aber auf die linke kam. Damit
nicht genug. Bei der am 11. Mai stattfindenden Erneue=
rung des Direktoriums wurde das ausschließende Los von
Rewbell gezogen, ohne Frage dem kräftigsten und mutigsten
Mitgliede der bedrohten Behörde. Für seine Ersetzung
hatten die Fünfhundert bekanntlich eine Liste von zehn
Kandidaten zu bilden und dann die Alten einen dieser
Kandidaten in das Direktorium zu berufen. Noch war das
neue Drittel nicht eingetreten; die Parteien des Direktoriums,
der Konstitutionellen und der Jakobiner standen sich in
ziemlich gleicher Stärke gegenüber, und es bedurfte drei
Wahlgänge, bis die Liste der Zehn vollständig gebildet
war. Alle Schattierungen waren in derselben vertreten;
die Fraktionen hatten sich gegenseitig Zugeständnisse machen
müssen, um überhaupt ein Resultat zu erzielen. Die Ent=
scheidung stand jetzt bei dem Rate der Alten, und dieser
gab sie durch die Wahl des Abbé Sieyès, des Mannes,
der 1789 für den tiefsten politischen Kopf in Frankreich
gegolten, 1792 die Gironde zur Zeit ihrer Offensivpolitik
beraten, 1793 für die Hinrichtung Ludwigs XVI. gestimmt,
1795 als Führer der Independenten die Forderung der
natürlichen Grenzen entschieden hatte. Der demokratischen
Revolution im ganzen also hatte er Bürgschaft gegeben wie

nur irgend ein Mensch: wie aber stand er zu den damaligen
Parteien? Im Jahre 1795 hatte er so scharf wie möglich
mit den Jakobinern gebrochen; aber er hatte auch, wie wir
wissen, der neuen Verfassung verächtlich den Rücken gewandt,
ihren Urhebern und Anhängern, also der Mehrheit des
Konventes, das politische Verständnis abgesprochen, den
Eintritt in das Direktorium abgelehnt und sich aus den
inneren Kämpfen auf den Botschafterposten in Berlin zurück=
gezogen. In Frankreich liebte man mit einer gewissen
nationalen Genugthuung zu sagen, daß sein würdiges und
geistvolles Auftreten Preußens Fernbleiben von der Koalition
bewirkt habe, eine Meinung, deren völlige Grundlosigkeit
uns bekannt ist [1]), welche damals aber in Paris dem An=
sehen des schweigenden großen Denkers eine erhebliche Ver=
stärkung gab. Wer nun die selbstbewußte, zähe und eigen=
sinnige Art des Mannes kannte, war nach dessen früherem
Auftreten sofort zu dem Schlusse genötigt, daß nur deshalb
der Rat der Alten ihn berufe und er in das Direktorium
eintrete, um seiner jetzt durch die Erfahrung bestätigten
Ansicht von der Unbrauchbarkeit der Verfassung Raum zu
schaffen und eine gründliche Umarbeitung derselben vorzu=
nehmen, welche dann sicher nicht im Sinne der Jakobiner
ausfallen würde. Wie sich versteht, hütete sich einstweilen
ein jeder, solche mißliche Dinge auszusprechen, und einst=
weilen blieb es bei der allgemeinen Hoffnung, daß durch
den Eintritt dieses mächtigen Geistes die Regierung größere
Fähigkeit und bessere Erfolge als bisher gewinnen würde.
Für die bisherigen Direktoren freilich, die sein geringschätziges
Urteil über sie kannten, war er an Rewbells Stelle ein
sehr bedenklicher Ersatz.

Unterdessen hatte die Finanzkommission der Fünfhundert
ihre Beratung über die Hülfsquellen für den Rachekrieg be=
endigt, und ihr Bericht stand für den 16. Mai auf der Tages=
ordnung. Ein Vorspiel am 15. zeigte den Direktoren
wiederum, welcher Geist die Räte bereits beherrschte. Der

---

[1]) S. o. Seite 125.

Rat der Alten bestätigte nach kurzer Verhandlung einen
Beschluß der Fünfhundert, welcher die Wahlen des Departements Ober-Vienne, obgleich die Mehrheit der Wahlmänner Scission gemacht hatte, als gültig anerkannte, nach
der Erwägung, daß für die Dissidenten kein ausreichender
Grund zu dem Verlassen des gesetzlichen Wahllokals vorhanden gewesen. Der Beschluß war gerade in diesem Falle
von besonderer Wichtigkeit, weil er unter andern den General Jourdan in den Rat einführte, dessen Erbitterung
gegen das Direktorium seit seinen schwäbischen Niederlagen
grenzenlos, und dessen militärische Stellung der Opposition
bei etwaigen Gewaltthätigkeiten von höchster Bedeutung war.

Am 16. Mai nahm dann für die Finanzkommission zunächst Genissieux das Wort. Damals war, wie wir uns
erinnern, die Niederlage bei Cassano erlitten, Mailand
und Tortona verloren, Moreau in vollem Rückzug über
den Apennin; weit und breit im Lande kochte der Zorn
über diese schmählichen Verluste, im Süden geschärft durch
die näherrückende Gefahr einer russischen Invasion; überall
schürten die Jakobiner das Feuer und ließen grimmige
Adressen an die Räte über die Elendigkeit der Regierung
verbreiten. In demselben Tone redete Genissieux. Zunächst trat er einem neuerlichen Berichte des Finanzministers
Ramel entgegen, in welchem das Jahresdefizit auf 67 Millionen geschätzt [1] und die Räte dringend zur endlichen Bewilligung ausreichender Mittel aufgefordert waren; die Räte,
erklärte Genissieux, dürften und müßten die hier angedeutete
Verleumdung zurückweisen; sie hätten eine solche Masse
von Krediten und Steuern bewilligt, daß es nicht schwierig
sein könne, ein jedenfalls sehr zweifelhaftes Defizit damit
zu decken. Wenn jetzt, infolge ganz außerordentlicher Er-

---

[1] Ramel gab an, daß in dem ersten Halbjahr die Einnahmen
um 100 Mill. hinter den Ausgaben zurückgeblieben seien, wodurch
also ein Jahresdefizit von 200 Mill. die richtige Folgerung gewesen wäre, setzte dann aber, ohne sachlichen Grund, zu eigenem
Troste hinzu, das zweite Semester werde hoffentlich einen Ueberschuß von 33 Mill. abwerfen.

eignisse, neue Hülfsquellen nötig seien, so könnten sie keinen
anderen Zweck haben, als den plötzlich hereingebrochenen
Kriegsbedürfnissen zu begegnen und vor allem den ganz
unglaublichen Lieferungskontrakten und der grenzenlosen
Unordnung in der Verwaltung Scherers abzuhelfen, der
sich früher als Kriegsminister ebenso verderblich wie jetzt
als Feldherr erwiesen habe. Der Angriff konnte nicht
unverhüllter, nicht schneidiger und nicht giftiger erfolgen.
Ob der Finanzminister die Wahrheit spricht, wir wissen
es noch nicht; redet er wahr, so hat nicht der Mangel an
Einnahmen, sondern nur die Nichtsnutzigkeit des Kriegsministers den Staat ruiniert: das war die klare Summe der
schweren Erörterung. In jedem Falle, schloß Genissieux,
muß den greuelvollen Unterschleifen und Vergeudungen ein
Ende gemacht werden, wenn auch, wie wir annehmen, das
Defizit nicht 67, sondern nur 5 oder höchstens 15 Millionen
beträgt, also, wenn es überhaupt existiert, nicht viel sagen will.

War dies wirklich die Herzensmeinung der Kommission,
so mußte sich als Konsequenz die Ablehnung jeder neuen
Steuer und ein peinlicher Prozeß gegen Scherer ergeben.
Allein von dem letzteren war zunächst keine Rede; wohl
aber brachte Berlier im Hinblick auf den Rachekrieg den
Antrag, eine lange Reihe der bestehenden Steuern um zehn
Prozent zu erhöhen, so bekannt es auch war, daß der bis-
herige niedrigere Satz in keinem der revolutionären Finanz-
jahre sich hatte erschwingen lassen. Zugleich ging eine Botschaft an das Direktorium, um nähere Mitteilungen über
Scherers Verwaltung und die Entblößung der Heere beim
Beginn des Krieges zu begehren. Ueber Berliers Antrag
wurde dann mehrere Tage verhandelt, während unaufhör-
lich die zornglühenden Adressen von Grenoble, Chambéry,
Puy-de-Dome den Strom der Anklagen weiter anschwellten.
Das Defizit, rief am 19. Mai Lucien Bonaparte, ist entstanden, nicht weil die Räte versäumt hätten, die Einnahmen
auf die Höhe der Ausgaben zu bringen, sondern weil die
Mißgriffe der Regierung die Ausgaben über die Höhe der
Einnahmen gesteigert haben; das Defizit besteht thatsächlich,

aber im Widerspruch mit dem Gesetz. Nachdem am 21.
das neue Drittel eingetreten, wurden bis zum 24. die einzelnen Steuererhöhungen durchberaten und beschlossen und
am 26. alles von dem Rate der Alten bestätigt. Wer
braußen stand, mochte denken, daß die Volksvertreter, trotz
alles Tadels im einzelnen, schließlich doch fest zu der Regierung hielten, der sie mit breiter Freigebigkeit so zahlreiche Millionen bewilligten.

Das Direktorium freilich wußte besser, wie es stand,
wußte, daß Berliers Steuergesetz nur ein unfruchtbares
Wortgepränge und die ernste Wirklichkeit der Lage lediglich
in Genissieurs und Bonapartes drohenden Angriffsreden
ausgesprochen war. Die Direktoren entschlossen sich, den
Handschuh aufzunehmen. Am 29. Mai erließ der Finanzminister Ramel ein offenes Schreiben an Genissieux, worin
jede Zurückhaltung weggeworfen und der letzte Schleier zerrissen war. Wie, fragte der Minister, ihr leugnet das
Defizit und meint, neue Steuern nur zur Bedeckung der
vorgekommenen Unterschleife zu bedürfen? Ihr zwingt mich
zu reden, und ich will reden. Nachdem er darauf die
Einzelangabe und die Beweise für irgend einen der angeblichen Unterschleife gefordert, seinerseits die Existenz derselben
auf das entschiedenste geleugnet, nachdem er angegeben,
daß in den abgelaufenen acht Monaten des Finanzjahres
die Regierung für alle Staatsausgaben nicht mehr als 210
Millionen in Barzahlung und 190 Millionen in Delegationen
angewiesen habe, bemerkt er, daß in eben diesen acht Monaten die ordentlichen Staatseinnahmen aus Steuern und
Domänen nicht mehr als 158 aufgebracht hätten (anstatt der
veranschlagten 575 im ordentlichen Dienste und 125 für
die große Rekrutierung). Um bis auf 220 zu gelangen,
habe man 50 Millionen auf die Rückstände der früheren
Jahre angeliehen [1]), einige nützliche Spekulationen gemacht,

---

[1]) Ein Geständnis bitterer Not, da diese Rückstände längst durch
das Etatsgesetz den noch guthabenden Lieferanten der früheren
Jahre überwiesen waren.

von dem Systeme der Delegationen hie und da Vorteil zu ziehen vermocht. Und bei dieser, dem Berichterstatter wohl= bekannten Lage erklärte derselbe, das Defizit wolle nicht viel sagen, sei lediglich Folge der stattgehabten Verschleu= derungen! Das sei denn auch nicht die Meinung des Rates der Fünfhundert, der erst neuerlich das Defizit durch den Beschluß der Salzsteuer anerkannt, leider aber, nach der Verwerfung derselben im Rate der Alten, bisher keinen Ersatz dafür geschafft habe. Auch unausgesprochen ergab sich daraus die Forderung an den gesetzgebenden Körper, seine Pflicht, seine lange vergessene Pflicht zu thun und dem bedrängten Staate neue reelle Hülfsmittel zu verschaffen. Die Anklage also, die Stockung des Staatshaushaltes ver= ursacht zu haben, war hier in der schärfsten Weise auf die Räte zurückgeschoben. Es war die genaue Wiederholung der vor dem 18. Fructidor zwischen Regierung und Volks= vertretung gewechselten Beschwerden: auch damals war es ein Hauptvorwurf gegen die Räte, daß sie nach ihrem Royalismus die Republik durch Steuerverweigerung hätten verhungern lassen wollen.

Damals gingen die Führer der Räte in das Exil; jetzt sollte das Direktorium erleben, wie sehr die Verhältnisse sich seitdem verändert hatten.

Ramels Botschaft, weit entfernt, die Fünfhundert zu entmutigen, wurde das Signal zum offenen Kampfe. Am 6. Juni beantragte der Abgeordnete Barthélémy eine ge= heime Sitzung, um über die Lage der Armeen zu beraten. Nachdem hierauf angezeigt worden, daß die Militärkom= mission des Hauses einen Bericht darüber bereit habe, wurden die Zuhörer entfernt, und als dann das Haus seine Galerien wieder öffnete, bestieg Boulay von der Meurthe, zur Zeit einer der Führer der konstitutionellen Opposition, die Redner= bühne, um namens der vereinigten Militär= und Finanz= kommissionen eine Botschaft an das Direktorium zu bean= tragen, wodurch dasselbe aufgefordert wurde, dem gesetz= gebenden Körper über die innere und äußere Lage des Landes Aufklärung zu geben. Der sofort erfolgende Be=

schluß war gleichbedeutend mit einer Erklärung des Hauses, daß die Lage des Landes eine bedenkliche sei. Um die Meinung im ganzen Umfang klarzumachen, fügte der Rat die außerordentliche Maßregel einer Adresse an das französische Volk hinzu. Entworfen von dem gründlich radikalen François (von Nantes), erklärte sie, daß alles auf die Beseelung und Belebung des öffentlichen Geistes ankomme; die echten, so lange verfolgten Freunde der Freiheit (die Jakobiner) mögen sich beruhigen; vergeblich suche man sie durch verbrauchte Schlagwörter (Anarchisten) zu verdächtigen. Es wurde dann betont, daß der Rat die Scissionen verworfen, die Bestrafung der Umtriebe der Regierungskommissare eingeleitet habe; es wurde Verantwortlichkeit der Minister, strenge Ordnung in den Finanzen und fester Schutz der persönlichen Freiheit verheißen. Damit die Masse der bürgerlichen Bevölkerung bei jenen Lobsprüchen für die Jakobiner nicht an Schreckensregiment und Allmacht des Konventes zurückdenke, wurde am Schlusse bemerkt, die großen Maßregeln der Verwaltung blieben dem Direktorium überlassen, in dessen Wirkungskreis die Räte niemals eingreifen würden.

So war die Kriegserklärung in aller Form erlassen, und man wartete einstweilen auf den nächsten Gegenzug der Regierung.

Zwei Tage nachher nahm Sieyès, von Berlin herübergeeilt, seinen Sitz im Direktorium ein. Es zeigte sich auf der Stelle, daß er mit seinen Kollegen nicht viel zu schaffen haben wollte; statt dessen setzte er sich mit Lucien Bonaparte und anderen Häuptern der konstitutionellen Opposition in stilles und enges Einvernehmen. Draußen waren die Unfälle auf allen Kriegstheatern weiter gegangen, Piemont, Graubünden, Zürich waren rasch nacheinander den Franzosen entrissen worden; im Inneren bemerkte man nichts als matte Gleichgültigkeit oder tobende Wut gegen die Regierung. Die Direktoren sahen keinen Rückhalt auf keiner Seite. Die Anforderungen, welche das damalige Frankreich an den Charakter seiner Beherrscher stellte, waren allerdings

für diese Männer nicht zu hoch; aber vernichtend traf sie
die Wucht des denkbar schwersten Vorwurfs: sie hatten
Mißerfolg in allen Richtungen gehabt. Der letzte Rest ihres
moralischen Ansehens war vertilgt und zugleich damit die
Zuverlässigkeit der materiellen Mittel der Macht gebrochen.
Wohl hatten sie eine starke Truppenmasse, zu großem Vorteil der Austrorussen, im Inneren zurückbehalten, aber wo
war der Führer, der heute geneigt gewesen wäre, die Bajonette derselben gegen die Volksvertretung zu richten? Hoche
lag im Grabe, und sein Nachfolger Jourdan stand an der
Spitze der Opposition. Bonaparte war in Afrika, und sein
Werkzeug am 18. Fructidor, Augereau, nahm soeben seinen
Platz bei den Fünfhundert neben Jourdan. In den Heer-
lagern vor dem Feinde grollte Masséna aus denselben Gründen wie Jourdan; Brune, der alte Hébertist, hatte seine
Mailänder Erlebnisse nicht vergessen; Joubert, ungleich gemäßigter als dieser, zürnte wie Championnet über die Zivilkommissare der Regierung und hatte soeben seinen Abschied
eingereicht. Im allgemeinen wußten es Offiziere und Soldaten nicht anders, als daß sie ihre Niederlagen, ihre Entblößung und ihren Hunger der liederlichen und habgierigen
Wirtschaft des Direktoriums, Scherers und seiner Lieferanten
verdankten. Im Inneren sahen die Monarchisten mit Schaden-
freude zu, wie ihre Besieger sich untereinander zerfleischten;
die Jakobiner, die alten Genossen im Fructidor, waren jetzt
grimmigere Feinde der Regierung als einst die Monarchisten. Die Direktoren, Treilhard, Merlin, Laréveillère,
erwogen, berieten, kamen zu keinem Entschlusse. Barras,
immer sich selbst gleich in Genußsucht und Erbärmlichkeit
und nicht mehr im Zweifel über die Aussichten des kommenden Tages, ließ sie ohne weiteres im Stiche und stellte
sich Sieyès zur Verfügung. Der Kampf war entschieden
im Augenblicke seines Beginnes.

Während das Direktorium schwieg, eröffneten die Fünfhundert einen neuen Angriff auf eine andere Seite seiner
Stellung. Gleich nach dem 18. Fructidor war der Regierung die Zensur über die Zeitungen verliehen worden, zur

Bändigung des royalistischen Unfugs, wie man damals
sagte; natürlich hatte sie aber nach dem Bruche des Direktoriums mit den Jakobinern auch auf die demokratische
Presse reichliche Anwendung gefunden. Jetzt erinnerten sich
die Fünfhundert, daß die Revolution doch die Freiheit zum
Zwecke gehabt, und daß von allen politischen Rechten die
Preßfreiheit eines der köstlichsten sei, und mit Eifer erhob
sich der Ruf nach Aufhebung des Fructidorgesetzes. Schon
am 29. Mai war die Rede davon gewesen, damals aber
noch mit zweifelhaftem Erfolge, da einige Gemäßigte sehr
scharf zwischen Freiheit der Presse und Frechheit der Zeitungen unterschieden und die erstere nur unter der Voraussetzung eines strengen Preßgesetzes zur Zügelung der
letzteren bewilligen wollten. So brachte am 11. Juni
Berlier einen Kommissionsbericht, in welchem er seinen
Entwurf eines Preßgesetzes von 1797 wiederholte und sofort
zu weitausgreifenden Verhandlungen Anlaß gab. Die jakobinische Linke eröffnete den Kampf mit heftigen Schmähungen
gegen die bestehende Tyrannei und begeistertem Preise auf
die Herrlichkeit des freien Geistes; ein Symptom der Lage
war die Besetzung der Galerien mit gesinnungstüchtigen
Proletariern, die mit starker Faust den Schlagworten ihrer
Redner Beifall klatschten. Diese Erinnerung an 1793 wirkte
jedoch so mißliebig, daß der Regierungspartei der Mut für
einen Augenblick wieder wuchs. Seitens der Jakobiner
versuchte Briot am folgenden Tage die Entschuldigung, die
Ruhestörer seien verkappte Polizisten gewesen, welche gestern
gelärmt hätten, um heute zu erzählen, daß die Versammlung unter dem Drucke der Pöbelherrschaft stände. Die
Konstitutionellen dagegen nahmen am 17. die Wendung,
die Zensur müsse fallen, weil das Direktorium selbst die
Last dieser übertriebenen Machtbefugnis und des daraus
entspringenden Mißvergnügens nicht ertragen könne. Boulay
von der Meurthe führte aus, daß alle Fehlgriffe des Direktoriums ihren Grund in der Knebelung der öffentlichen
Meinung hätten; weil die Direktoren stets nur die Stimme
ihrer Diener und Schmeichler vernommen, deshalb seien

sie auf die unheilvollen Bahnen geraten, auf denen sie Frankreich an den Rand des Abgrundes gebracht. Er schloß mit einem Aufrufe an die Volksvertretung, die ihr gebührende Haltung wieder einzunehmen, die sie niemals hätte aufgeben sollen, und mit dem Antrage auf sofortige Aufhebung der Zensur und weitere Beratung des Preßgesetzes. Als die Direktorialpartei auf ihrem Satze blieb: zuerst das Preßgesetz und dann die Aufhebung der Zensur, da rief Chenier: Machen wir die Aufhebung, die schlechthin unerläßlich ist, zum ersten Artikel des Gesetzes. Die einigende Formel war gefunden, der Artikel wurde beschlossen und die ersten Sätze aus Berliers Entwurf ihm angereiht.

Indessen hatten die Führer der Opposition sehr wohl bemerkt, daß dieser Gegenstand nicht geeignet war, die Einigkeit ihrer Parteien zu stärken, und da Sieyès jetzt die Ernennung des ihnen befreundeten Generals Joubert zum Kommandanten von Paris durchgesetzt und damit den letzten Schatten einer materiellen Gefährdung der Räte beseitigt hatte, kam man zu dem Entschlusse, den letzten Streich zu führen. Am 17. Juni also wurden bei den Fünfhundert zuerst noch einige Artikel des Preßgesetzes erledigt; dann nachmittags 4 Uhr erhob sich der jakobinisch gesinnte Poulain-Grandpré, um im Namen der vereinigten Kommissionen für Finanzen und Militär den Antrag zu stellen: In Erwägung, daß das Direktorium auf die Botschaft vom 6. noch nicht geantwortet habe, sei in einer neuen Botschaft darauf zu bringen und zugleich die Permanenz der Sitzung zu erklären, bis die Antwort angekommen sei. Die Annahme erfolgte einstimmig; Nachricht davon ging an den Rat der Alten. Nach zwei Stunden erschien darauf eine Zuschrift des Direktoriums, daß man gehofft habe, die begehrte Erklärung, zu welcher alle Ministerien die Materialien hätten liefern müssen, zum 20. Juni fertig zu stellen; jetzt habe das Direktorium sich ebenfalls in Permanenz gesetzt und werde die Erklärung am nächsten Tage einsenden. Hiernach wurde bei den Fünfhundert der Wunsch laut, die Permanenz aufzuheben, wurde aber von linksher mit Unwillen abgewiesen: das Vaterland ist in Gefahr, jeder muß auf seinem Posten sein. Die vereinigten Kommissionen wurden zu einer neuen Beratung zusammenberufen; hoffentlich nicht, sagte Crochon zu großer Entrüstung der Linken, um sich als Wohlfahrtsausschuß zu konstituieren. Das Haus verbrachte dann die nächsten Stunden mit einer schleppenden Besprechung der weiteren Artikel des Preßgesetzes, bis nachts um 11 Uhr Bergasse als Berichterstatter der Kommissionen den Antrag brachte, die Wahl des Direktors Treilhard als verfassungswidrig für ungültig zu erklären; die Verfassung bestimme, daß ein früherer Abgeordneter erst ein Jahr nach Ablauf seines Mandats Direktor werden könne; Treilhard aber sei vier Tage vor dem Schlusse des Jahres gewählt worden. Es war eine kleinliche Chicane, die Thatsache aber nicht wegzuleugnen; der Antrag wurde also ohne eine abweichende Stimme genehmigt und ohne Zaudern dem Rat der Alten zur Bestätigung übersandt. Diese hohe Versammlung, die nicht selbst Beschlüsse anregen, sondern nur über die der Fünfhundert beraten konnte, hatte sich zwar auch in Permanenz gesetzt; die Mitglieder aber langweilten sich über die Maßen und wurden nur mit Mühe auf ihren Bänken zurückgehalten. Als dann endlich gegen Mitternacht die Botschaft der Fünfhundert anlangte, atmeten sie auf, wiesen den Beschluß anstandshalber an eine Kommission und erhielten sehr bald von dieser einen Bericht des Inhalts, es sei freilich schade um Treilhard, aber die Verfassungswidrigkeit der Wahl sei nicht zu bestreiten. So erhielt der Beschluß Gesetzeskraft und ging sofort zwei Uhr morgens am 18. Juni, oder 30. Prairial, weiter an das Direktorium zu schleuniger Vollstreckung.

Es war die Höhe der Krisis. Mit Treilhards Ausscheiden war die bisherige Mehrheit im Direktorium gesprengt; im Augenblick blieben Merlin und Laréveillère in gleicher Zahl gegenüber Sieyès und Barras, welchen letzteren dann die bevorstehende Ersatzwahl ohne allen Zweifel einen gleichgesinnten Genossen und hiermit die Herrschaft im Direktorium gab. Wollte die bisherige Regierung, die

ſoeben erſt die Antwort auf die Botſchaft vom 6. Juni in
ſtolz ablehnendem Tone beſchloſſen hatte, ihren Platz be=
haupten, ſo war jetzt der letzte Moment dazu gekommen.
Aber es war Treilhard ſelbſt, welcher der Sache ein raſches
Ende machte. Nachdem das neue Geſetz verleſen worden
war, ergriff er ſeinen Hut und ſagte lächelnd zu ſeinen
Kollegen: ihr ſeid in Permanenz, ich bin in Vakanz; ich
lege mich zu Bette [1]). Das war der würdige Ausgang der
Diktatur vom 18. Fructidor.

In den Morgenſtunden dieſes neuen großen Rettungs=
tages brachten dann die Fünfhundert Berliers Preßgeſetz
zum Abſchluß und vernahmen darauf die Vorleſung der
letzten Meinungsäußerung des alten Direktoriums. Die
Botſchaft entwickelte, daß alles Mißgeſchick der Heere nur
in dem Geldmangel der Regierung ſeinen Grund gehabt,
daß das Direktorium jetzt die wichtigſten Kriegspläne ent=
worfen habe, die ſich natürlich der Veröffentlichung entzögen,
daß aber auch dieſe in eitlen Rauch aufgingen, wenn der
geſetzgebende Körper nicht wirkſamer als bisher für Geld=
mittel ſorge, daß die royaliſtiſchen Aufſtände ein deutlicher
Beweis für das Zuſammenwirken des Despotismus und
der Anarchiſten ſeien, um die höchſten Behörden der Repu=
blik gegeneinander aufzuhetzen, daß alſo feſte Eintracht
derſelben das einzige Mittel zur Rettung des Vaterlandes
ſei. Zum Schluſſe wurde die baldige Sendung einer zweiten
Botſchaft mit näherer Darlegung der direktorialen Pläne
verheißen. Die Leſung wurde mit vielfachen Zeichen des
Zornes angehört, zunächſt aber die Botſchaft den vereinigten
Kommiſſionen zur Prüfung überwieſen. Dann ſchritt das
Haus zur Aufſtellung der Kandidatenliſte für die erledigte
Stelle im Direktorium, an deren Spitze zu großem Ver=
druſſe des Abbé Sieyès der frühere Juſtizminiſter Gohier,
ein alter Jakobiner von unbedingter Rechtſchaffenheit des
Herzens und ebenſo unbedingter Beſchränktheit des Geiſtes,
und erſt nach ihm Roger Ducos, Mitglied des Rates der

---

[1]) So im Moniteur und den gleichzeitigen Blättern.

Alten und dienstwilliger Anhänger Sieyès', gelangte. Der Rat der Alten ernannte darauf am Abend den Bürger Gohier zum Direktor.

Am Vormittag des 19. Juni sollte der Staatsstreich seinen Abschluß erhalten und die Entfernung Merlins und Larévellères aus der Regierung erzwungen werden. Bertrand aus Calvados bestieg im Namen der Kommissionen die Rednerbühne, stellte fest, daß die letzte Botschaft nichts anderes vorbringe als eine freche Wiederholung der alten Anklage gegen die Räte, nicht die nötige Sorgfalt für die Staatsbedürfnisse gehabt zu haben. Und nun zerriß die Flut des Grimmes und der Schmähungen alle Dämme. „Welch eine Tücke, Hinterlist und Schamlosigkeit," rief der Redner. „Erbleicht, alberne und unkluge Triumvirn. Ihr habt die kolossalsten Unterschleife gemacht, die echten Freiheitsfreunde als Anarchisten verfolgt, in vierzig Departements die patriotischen Beamten abgesetzt, allerorten die Wahlen zu fälschen gesucht. Eure Kommissare haben die verbündeten Völker ausgeplündert und tyrannisiert; sie haben den Haß der Schweizer und der Italiener auf uns herabgezogen. Im Direktorium selbst habt ihr nicht mehr die Majorität; erwägt, ob ihr noch im Amte bleiben könnt." Boulay von der Meurthe setzte die Reihe dieser Anklagen fort und faßte sie dahin zusammen, daß das Direktorium durch seine verblendete Politik den Frieden mit Europa und die Gesetzlichkeit im Inneren zerstört habe. Er bewirkte die Wahl einer engeren Kommission von elf Mitgliedern, welche raschen Schrittes die zur Rettung nötigen Maßregeln vorschlagen sollte. Es folgte der Erlaß einer Botschaft an das Direktorium, gegen die Menge der willkürlichen Verhaftungen, ohne richterliche Verfügung, Untersuchung noch Urteil, sowie auf einen Kommissionsantrag ein von den Alten umgehend bestätigter Beschluß, welcher über jeden die Acht verhängte, der irgendwie die Sicherheit der Volksvertretung antaste.

All dieses Getöse war nun bei der damaligen Lage der Dinge einzig auf die Wirkung nach außen berechnet, da die

völlige Wehrlosigkeit der alten Direktoren keinem Abgeord=
neten ein Geheimnis war. Die wirkliche Aktion des Tages
vollzog sich an abgelegener Stelle in gerade entgegengesetzter
Richtung. Während Bertrand seine tobende Schmährede
hielt, war die gemäßigte Mehrheit in einem Nebensaale
versammelt, um einigen ihrer Mitglieder aus beiden Räten
zu einer Unterhandlung mit Larévellère und Merlin Wei=
sung und Vollmacht zu geben. Die Deputation fand die
beiden Direktoren noch ungebeugt, Merlin schweigsam und
den Vorgang des Kollegen erwartend, Larévellère trotzig
auf sein verfassungsmäßiges Recht und seine persönliche
Ehre pochend. Man stellte ihm vor, daß die Entrüstung
aller Parteien sich auf ihn gesammelt habe; wenn er auf
seinem Kopfe beharre, so sei ein wilder Ausbruch nicht zu
vermeiden, und niemand vermöge vorauszusehen, wohin die
einmal entfesselte Wut dann führen könne; nicht um sein
Leben allein, sondern um die Verfassung, ja um die Exi=
stenz der Republik werde es sich handeln; als Freund des
Vaterlandes müsse er durch seinen Rücktritt der drohenden
Umwälzung den Vorwand rauben. Stundenlang blieb er
fest auf seinem Sinne, bis endlich eine zweite Abordnung
der Gemäßigten die feste Zusage von der Mehrheit der
beiden Räte brachte, daß ihm und seinen Genossen, wenn
sie niederlegten, kein Haar gekrümmt werden sollte. Dar=
auf schrieben endlich beide die Anzeige ihrer Abdankung
nieder, und die neue glorreiche Revolution des 30. Prairial
war vollbracht. Roger Ducos und der bei den Jakobinern
beliebte, in der Armee völlig unbekannte General Moulins
wurden ihre Nachfolger. Wie es schien, war Sieyès der
unbedingte Herr der Regierung, umgeben im Direktorium
von drei Nullen und der negativen Größe Barras'. Es
war selbstverständlich, daß er für das beginnende Viertel=
jahr zum Präsidenten des Direktoriums erwählt wurde.

Die Räte blieben nach diesem glänzenden Siege noch
einige Tage in Permanenz, um, vornehmlich auf Betrieb
der jakobinischen Linken, eine Art von Erklärung der Rechte
zu beraten, eine Reihe von Artikeln, welche jeder Wieder=

holung der in der letzten Zeit zumeist gerügten Mißbräuche vorbeugen sollten. Dahin gehörten Beeinflussung der Wahlen durch die Regierung, das ganze System der Scissionen, die unrechtmäßigen Verhaftungen und Absetzungen, insbesondere patriotischer Offiziere, die Verschleuderung von Waffen und Munition, die willkürliche Schließung politischer Klubs, endlich die dem Direktorium am 19. Fructidor gegebene Vollmacht, Linientruppen an den Sitzungsort des gesetzgebenden Körpers heranzuziehen. Die Fünfhundert nahmen eine Anzahl solcher Artikel an, fanden bei anderen aber Schwierigkeiten und wiesen sie an die Kommission zurück; vollends dem Rate der Alten schien es, als wenn es hiermit so wenig wie mit dem neuen Preßgesetze besondere Eile habe. Dazwischen kam dann zu trauriger Ueberraschung am 28. Juni eine Botschaft des neuen Direktoriums, welche die trostlose Lage des Landes fast wörtlich genau mit denselben Farben malte, wie seine gestürzten Amtsvorgänger es zu thun gepflegt: völlige Leere des Schatzes, Zerrüttung aller Dienstzweige, Vermehrung der royalistischen Banden; wenn nicht mit rascher Energie auf allen Seiten geholfen werde, so drohe die gänzliche Auflösung hereinzubrechen. Die Kommission der Elf war bereits darauf vorbereitet; in ihrem Namen erhob sich General Jourdan zu umfassenden Anträgen. Alle Klassen der Konskription seien unter die Waffen zu rufen, in Bataillone und Kompanien zu organisieren, in ihren Departements auszurüsten, die Offiziere aus den Ueberzähligen und Pensionierten zu entnehmen. Gegen die Chouans im Westen seien durch die Bürgerschaften mobile Freikompanien zu bilden. Für die Kosten dieser Rüstung werden 100 Millionen angewiesen, aufzubringen durch ein progressives Zwangsanlehen auf die Reichen, rückzahlbar durch die Veräußerung der noch unverkauften Domänen. Die erforderlichen Ausführungsgesetze für diese Dinge seien sofort auszuarbeiten.

Dies alles wurde fast ohne Verhandlung mit lebhaftem Beifall verfügt und von dem Rate der Alten ebenso unzögerlich bestätigt. Darauf schlossen beide Räte die große permanente Sitzung des 30. Prairial.

Die Folgen dieser Maßregeln im Inneren werden wir uns später vergegenwärtigen; zunächst ist von dem Einfluß derselben auf den Verlauf der Kriegsbegebenheiten zu reden. Am 2. Juli übernahm General Bernadotte, durch die stets noch vorwiegende jakobinische Strömung getragen, das Kriegsministerium. Er war, wie wir wissen, kein unbefähigter Offizier und warf sich, zugleich durch militärischen, politischen und patriotischen Ehrgeiz angespornt, mit unendlichem Eifer in die neue Thätigkeit. Er erwirkte sich eine Bestimmung, daß das zuerst in die Staatskasse gelangende Drittel der neuen Zwangsanleihe ihm bar überwiesen werden solle, und da diese Erträge in kurzer Frist als verfügbar betrachtet wurden, so gelang es ihm, durch Delegationen auf dieselben eine stattliche Reihe von Lieferungsverträgen für Waffen, Uniformen und Lebensmittel zu stande zu bringen. Davon ging einiges, allerdings nur in kümmerlichen Beträgen, an die aktiven Heere in Genua und der Schweiz; der größere Teil wurde für die Ausstattung der neuen Bataillone verwandt, da bisher die Rekrutierung stets an der Mittellosigkeit der Behörden gescheitert war und den Einstellern es kaum verdacht werden konnte, wenn sie, ohne Kleidung, Nahrung und Bewaffnung gelassen, haufenweise nach Hause desertierten. Bei der Herrschaft dieser schlimmen Gewohnheit ging allerdings auch jetzt das Geschäft nur langsam und mit schweren Stockungen vorwärts, doch kam es allmählich in Fluß, und nach einigen Wochen zog auf allen Straßen die junge Mannschaft notdürftig ausgerüstet den Grenzen zu.

Weiter aber hielt es der neue Kriegsminister für schimpflich, starke Massen von Linientruppen, wie das frühere, seiner zahlreichen Feinde bewußte Direktorium es gethan, im Inlande zur Sicherung der Ruhe zurückzubehalten. Jetzt hatte man eine volkstümliche Regierung, meinte Bernadotte, und bedurfte im Inneren zur Stütze derselben keine Bajonette weiter. Höchstens, daß er sie nicht einfach abberief, sondern durch junge Scharen der neuen Aushebung oder durch italienische Besatzungen, die bei ihrer Kapitulation sich zur Entfernung vom Kriegsschauplatze verpflichtet hatten, ablösen ließ. Aus Paris selbst wollte freilich Sieyès nicht allzuviele Truppen abgeben, aber aus dem Westen und Süden wurden starke Abteilungen, trotz der royalistischen Banden, die einen an den Rhein, die anderen nach Italien befehligt. Mit diesen verschiedenen Hülfsmitteln hoffte Bernadotte in einigen Wochen ungefähr 100 000 Mann Nachschub dem schweren Kampfe gegen die Koalition zusenden zu können. In der That zeigte sich, was ein sachkundiger und eifriger Chef in einer großen Verwaltung bedeutet. Bei allen Schwierigkeiten, allen Nöten und allen Enttäuschungen — wir werden ihnen noch weiter begegnen — kam ein neues Leben in das französische Kriegswesen. Oft genug mußte Bernadotte es bei schönen Aufrufen, Tröstungen und Versprechungen bewenden lassen, und wahrhaftig, er ließ es daran so wenig wie früher François von Neufchateau fehlen: immer aber wurde rastlos gearbeitet, die Untergebenen angetrieben, die Mißbräuche bekämpft, und als der Monat August begann, konnte Bernadotte die angegebene Verstärkung als verwirklicht betrachten.

Eine weitere Frage war es nun, wie diese frische Kriegermasse am zweckmäßigsten zu verwerten sei, und hier ist es leider einzugestehen, daß eine Menge persönlicher und politischer Rücksichten schwerer wogen als die Forderungen der sachlichen Zweckmäßigkeit. Nichts wäre dringender gewesen als die Herstellung der italienischen Armee, deren Trümmer jetzt Moreau, mit seltener Zähigkeit und Selbstverleugnung, in den Pässen des Apennin und auf dem ligurischen Küstensaum unter entsetzlichen Entbehrungen zusammenhielt. Es wurde dann einiges Geld und Material und etwa 8- bis 10 000 Mann dorthin geschickt; aber die Sendung von 40 000 wäre richtig und nötig gewesen, um Suworow mit siegreichem Erfolge zu widerstehen. Sieyès wäre damit sehr einverstanden gewesen, da seine Absicht dahin ging, den talentvollen Joubert, der sich eben seinem

Sterne zugewandt hatte, mit diesem Kommando zu beauf=
tragen und, wenn er siege, seinen Ruhmesglanz dann viel=
leicht für weitere Maßregeln im Inneren zu verwerten.
Aber da war General Championnet, der frühere Untergebene
und Freund des jetzt einflußreichen Jourdan, der glorreiche
Eroberer Neapels und, vor allen anderen Titeln, das Opfer
der früheren direktorialen Tyrannei. Er war gleich nach
dem 30. Prairial in Freiheit gesetzt und glänzend hergestellt
worden; er mußte jedenfalls ein selbständiges Kommando
erhalten, und so wurde, wie entschieden auch Bonaparte
1796 die Thorheit einer solchen Maßregel dargethan hatte,
neben der italienischen eine besondere Alpenarmee beliebt
und für diese 30 000 Mann nach Chambéry, anstatt nach
Genua, geschickt und Championnet zu ihrem Oberbefehls=
haber ernannt.

Nicht besser als dem italienischen Heere erging es dem
helvetischen. Hier hatte Masséna, allein von allen fran=
zösischen Generalen, seine Stellung unversehrt behauptet,
allerdings Graubünden und Zürich aufgegeben, dann aber
allen weiteren Fortschritten des Erzherzogs Halt geboten.
Er empfing denn jetzt eine knappe Geldsendung, aber statt
der erwarteten Verstärkung die Nachricht, daß das Direk=
torium die Bildung einer neuen Rheinarmee von 50 000
Mann beschlossen habe, an die er sogar einige Reiterregi=
menter abgeben sollte. Den Befehl über dieses neue Heer
hatte sich, soweit man sehen konnte, Bernadotte selbst zu=
gedacht und dazu vielleicht noch eine obere Leitung über
Masséna, der bis dahin außer seinen schweizerischen Heer=
teilen auch über die rheinischen Besatzungen verfügt hatte.
Mochte man diese Entwürfe nach persönlichen oder sachlichen
Momenten beurteilen: sie waren unzweckmäßig im höchsten
Grad. Dazu kam noch der Umstand, daß ein Feldherr von
Moreaus Gewicht dabei völlig leer ausging; so große Ver=
dienste sein selbstloses Wirken neben Scherer und Macdonald
sich um die Republik erworben, so schmählich ihn das alte
Direktorium auch wegen seiner politischen Gesinnungen miß=
handelt hatte. Aber er war den heutigen Siegern, den

Jakobinern, noch widerwärtiger als der früheren Regierung, und so tauchte erst später, und dann auch nur vorübergehend, der Gedanke auf, nicht Bernadotte, sondern ihm den Oberbefehl über die rheinischen und helvetischen Armeen zu übertragen. Jedenfalls aber blieb es bei dem schlimmen Verfahren, die aufgebrachten Verstärkungen nicht in ganzer Masse nach Genua und auf den Albis zu werfen, sondern den größten Teil derselben am Oberrhein und in den Savoyer Bergen zerstückelt aufzustellen.

So groß indessen diese Mißgriffe waren, immer hatte für den Augenblick der Staatsstreich des 30. Prairial dem französischen Heerwesen einen neuen Aufschwung gegeben, und die Verbündeten sollten auf mehr als einer Seite damit zu rechnen haben.

Sechstes Kapitel.

Novi.

Während diese heftige Bewegung, von den auswärtigen Gegnern wenig beachtet oder unterschätzt, sich in Frankreich vollzog, lagen die großen Heere der Verbündeten in thatenloser Ruhe, Karl die Ankunft Korsakows, Suworow den Fall der Festungen erwartend. Wir haben gesehen, welch eine unheilvolle Saat der österreichische Minister durch sein Zaubersystem ausstreute, wie der Müßiggang auch hier aller Laster Anfang wurde, wie man bei der Trägheit gegen den Feind sich täglich ärger gegen den Bundesgenossen verstimmte. Indessen vergingen die Tage; die Laufgräben und Breschbatterien thaten ihren Dienst, und endlich wurde die Voraussetzung, an welche Thugut für Italien jede Offensivbewegung gebunden hatte, verwirklicht. Am 23. Juli öffnete Alessandria, von General Bellegarde kräftig berannt, seine Thore, und am 29. konnte auch General Kray die vielersehnte Nachricht von dem Falle Mantuas an Thugut

und Suworow abgehen lassen. Dieser stand damals mit
etwa 45 000 Mann nicht weit von Alessandria, um die
eben begonnene Belagerung der Citadelle von Tortona gegen
französische Entsatzversuche zu sichern. Er befahl Kray,
5000 Mann als Besatzung in Mantua zu lassen, 3000 nach
Toscana hinüberzusenden, mit seiner Hauptmacht aber in
Eilmärschen nach Alessandrien hinüberzukommen, um von
dort aus zu der längst geplanten Vertreibung der Franzosen aus der genuesischen Riviera mitzuwirken. Suworow
hatte dazu seit Wochen alle vorbereitenden Maßregeln anbefohlen, Lebensmittel in Livorno anhäufen lassen, Maultiere in Massen zum Transport des Proviants über das
Gebirge bestellt. Sein Gedanke war, da er jetzt, gegenüber den Trümmern Moreaus und Macdonalds, eine schlechthin überlegene Macht zu besitzen meinte, von Alessandria
nur das Kraysche Corps gegen Genua vorzuschieben, mit
seiner Hauptstärke aber weit im Westen den Apennin zu
passieren, über den Col di Tenda nach Nizza vorzubrechen
und dadurch die Franzosen von ihrer Heimat rettungslos
abzuschneiden. Die Zwischenzeit bis zur Ankunft Krays
benutzte er, um mit stürmischem Angriff das kleine, noch
von den Franzosen besetzte Fort Serravalle, bei Novi am
Eingange des Gebirges gelegen, zu nehmen. Die Franzosen versuchten damals nach langer Ruhe wieder einzelne
Offensivstöße auf die verbündeten Vorposten; auch kamen
Gerüchte über das Eintreffen ansehnlicher Verstärkung für
Moreau an das russische Hauptquartier. Doch blieb dies
alles schwach und unbestimmt und ohne sonstigen Einfluß
auf Suworows Kriegsplan, als daß er, um sich auf alle
Fälle die Uebermacht an dieser Stelle zu sichern, auf Grund
des eben einlaufenden kaiserlichen Restripts dem General
Korsakow am 11. August eine Ordre zusandte, 10 000 Mann
seines Corps auf dem kürzesten Wege nach Italien hinüberzuschicken. Da Kray, wie voraus bestimmt, am 10. in
Alessandria angelangt war, gab jetzt der Feldmarschall seinen
Generalen die allgemeine Disposition für den großen Angriff auf die Riviera: nachdem Krays Bataillone drei Ruhe-

tage genossen, gedachte er am 15. die Bewegung auf allen
Punkten zu beginnen. Plötzlich aber, am 12., wurde ein
russischer Posten bei Arquata mit solcher Heftigkeit von einer
ganzen feindlichen Division bedrängt, es kamen so alar=
mierende Nachrichten aus dem Thale der Bormida über
das Erscheinen großer französischer Massen diesseits des
Gebirgskammes, daß Suworow sich überzeugen mußte, der
Gegner sei ihm in der Entwickelung der Offensive zuvor=
gekommen. Er hielt den Entsatz der Citadelle von Tortona
für den nächsten Zweck des französischen Vormarsches, und
da er bei seinem Uebergewicht an Reiterei und Geschütz für
einen Kampf in der Ebene die günstigsten Aussichten zu
haben glaubte, so gab er allen in das Gebirge vorgescho=
benen Truppenteilen den Befehl, in ruhiger Haltung zu=
rückzugehen, wo der Feind sich zeigen möchte, und ihn so
in die verhängnisvolle Katastrophe hineinzulocken.

In der That war General Joubert am 4. August im
Hauptquartier des italienischen Heeres angekommen, nach
eigenem Ehrgeiz und dem Drängen des neuen Direktoriums
erfüllt von dem Wunsche großer und schneller Erfolge, also
einer siegreichen Schlacht, welche zunächst den Weg zum
Entsatze des, wie man meinte, noch nicht gefallenen Man=
tua eröffnen sollte [1]). Er fand durch die rastlos betriebenen
Zuzüge das Heer wieder auf 45 000 Mann verstärkt, in
zwei großen Massen, die eine 19 000 Mann unter St. Cyr
an den Quellen der Scrivia, die andere 18 000 unter Peri=
gnon weiter westlich an der oberen Bormida aufgestellt; der
Rest diente zu verschiedenen Besatzungen und Bewachungs=
posten. Seinen Vorgänger Moreau, dem er seit einigen
Jahren nahe befreundet war, bat er, einstweilen noch im
Hauptquartier zu bleiben und ihn mit seiner großen Er=
fahrung zu unterstützen, und Moreau dachte auch hier wieder

---

[1]) Ueber die Truppenzahlen und überhaupt die Einzelheiten
der folgenden Kämpfe weichen die Angaben in auffallender Weise
ab. Ich folge im allgemeinen Miliutin, dessen Mitteilungen aus
den russischen Akten wenigstens einige der früher dunkeln oder be=
strittenen Punkte aufklären.

selbstlos genug, der Bitte zu willfahren. In einem dann berufenen Kriegsrate entwickelte Joubert seine Pläne dahin, daß er mit jenen beiden Hauptmassen in die piemontesische Ebene vorzudringen und den Feind zu schlagen gedenke, wo er ihn finde. Die Meinungen darüber waren geteilt; einige Offiziere wünschten zu warten, bis Championnets Alpen= heer, welches bis jetzt nur 16 000 wenig zuverlässige Sol= daten zählte, die beabsichtigte Stärke erreicht hätte und mit Jouberts Divisionen zusammenwirken könnte; der junge Feldherr aber wollte von einem solchen Aufschub nicht reden hören, und auch Moreau sprach sich für rasche Offensive aus. Man glaubte einen großen Teil des feindlichen Heeres weit entfernt bei Mantua und wollte wissen, daß sich an der Bormida eine vereinzelte Abteilung von etwa 10 000 Mann befinde, die man mit einem plötzlichen Angriff von allen Seiten her vernichtend treffen könnte. General St. Cyr aber widersprach dieser Auffassung auf das entschie= denste, erklärte sich überzeugt, daß Suworows Hauptmacht zwischen Scrivia und Bormida stehe, und warnte deshalb dringend vor jedem unvorsichtigen Schritte. So kam man nach mehrtägigen Erwägungen endlich zu dem Schlusse, daß jeder der beiden Corpsführer aus seiner damaligen Stellung heraus das Gebirge durchschreiten, St. Cyr im Thale der Scrivia, Perignon in jenem der Bormida vordringen und dann, je nach der Stellung des Feindes, der Ort der Ver= einigung gewählt werden sollte. Mit Perignons Heerteil, als dem entferntesten, begann Joubert diese Bewegung am 7. August, mußte sich aber bald durch den Augenschein über= zeugen, daß St. Cyr recht gehabt und westlich der Bormida kein Feind zu finden sei. Er befahl darauf St. Cyr, die Scrivia hinab nach Novi vorzugehen; infolgedessen geschah es, daß St. Cyrs Vortrab unter General Watrin am 12. August die Russen aus Arquata vertrieb und in hitziger Verfolgung dann noch in die Ebene von Novi hinaus= drängte — eben der Kampf, welcher Suworows Angriffs= plan auf die Riviera so plötzlich unterbrach. Joubert wandte sich indessen ostwärts, von der Bormida zur Orba, und

schob nach Ueberschreitung dieses Flüßchens Perignons Divisionen bei Capriata und Pasturana an die linke Flanke der
von St. Cyr am 13. eingenommenen Stellung von Novi
heran.　So stand jetzt das vereinigte Heer auf einem der
letzten Ausläufer des Apennin, einem nicht sehr hohen,
aber steil gegen die Ebene abfallenden Bergrücken, der sich
nach Osten hin allmählich bis zu der Kuppe des Monte
Rotondo erhob und hier an seinem Fuße von der Scrivia
bespült wurde.　Ungefähr in der Mitte des Rückens ragten
an dem Nordrande die Mauern und Türme der Stadt Novi
empor; über die mit Weinbergen bedeckten Abhänge hinaus
umfaßte von dort der Blick die weit nach Norden sich aus-
dehnende Ebene, fruchtbares und wohlangebautes Gelände,
von der Scrivia rechts und der Bormida links eingerahmt,
von allmählich sich verflechtenden Hügelketten begrenzt, in
der Ferne die weißen Häusergruppen von Alessandria und
Tortona.　Joubert, noch immer in Gedanken, den Feind
und die Schlacht zu suchen, eilte am 14. persönlich zu
St. Cyr nach Novi hinüber, um die letzte Rücksprache zu
nehmen.　Hier führte St. Cyr ihn und Moreau auf den höchsten Aussichtspunkt, und da erblickte denn Jobert im hellen
Glanze des Sommermorgens, was mit einem Schlage seine
ganze Entschlußkraft lähmte.　Auf allen Teilen der weiten
Fläche funkelten feindliche Bajonette; nahe und ferne zeigten
sich in breiter Schlachtordnung lange Truppenlinien; es
war kein Zweifel, daß man Suworows gesamte Macht vor
sich hatte, daß insbesondere Krays Divisionen anwesend
waren und Mantua also bereits erlegen war.　Der lichte
Sonnenschein machte es möglich, stundenweit mit dem Fern-
rohr nicht bloß die einzelnen Heerteile zu unterscheiden,
sondern die Glieder zu zählen und die Stärken zu über-
schlagen.　Unmittelbar vor Novi, kaum drei Viertelstunden
von der Stadt entfernt, sah man die Russen Bagrations
und Miloradowitschs; links, etwas weiter rückwärts an der
Orba, die Oesterreicher Otts und Bellegardes unter Krays
Führung; rechts an der Scrivia, ungefähr zwei Stunden
weit entfernt, die Heerhaufen Derfeldens und des alten

Melas; alles in allem über 50 000 Mann, denen Joubert nur 35 000 entgegenstellen konnte, deren mächtige Ueberlegenheit an Reiterei (9000 gegen 2000) vor allem dort in der Ebene bedenklich erscheinen mußte. Joubert war in einem grausamen inneren Schwanken. Er sah die bedrohlichen Aussichten des Kampfes, der mit dem Falle Mantuas seinen nächsten Zweck im voraus eingebüßt hatte. Auf der anderen Seite wäre er in Paris rettungslos verloren und verurteilt, wenn er, erschreckt durch den bloßen Anblick des Gegners, ohne einen Schuß zu thun, zurückginge. Er beriet mit seinen Generalen, welche sämtlich für den sofortigen Rückzug in das deckende Gebirg waren. Er aber, von düsteren Ahnungen gepeinigt, wohin er die Gedanken richten mochte, kam zu keinem Entschlusse; endlich gegen Abend entließ er die Generale mit der Erklärung, ihnen binnen zwei Stunden die Dispositionen zum Rückzuge senden zu wollen. So blieben die Truppen zum Teil in der Lagerung, wie der Einmarsch sie ihnen zugewiesen hatte, ohne eine auf die Schlacht berechnete Ordnung. Aber auch die verheißene Anweisung zum Rückzug blieb aus. Joubert empfing im Laufe der Nacht eine Meldung, daß drüben im russischen Lager ein Rasseln wie von abfahrenden Geschützen vernehmbar sei. Er glaubte darauf gerne, was er wünschte, und erließ Befehl an seine Generale, am Morgen eifrig acht auf die Bewegungen des retirierenden Feindes zu haben. So sah er den Sonnenaufgang des 15. August ohne irgend eine bestimmte Vorstellung über die Geschicke des kommenden Tages.

Während auf solche Weise der junge französische Feldherr schwankte, ob Angriff, Standhalten oder Rückzug das Richtige wäre, hatte sein hochbejahrter Gegner nur den einen Gedanken, den er damals in etwas barbarischen Versen seinem Genossen Kray aussprach: Säbel und Bajonett, keine garstige Retraite, die erste Linie erstochen, die zweite geworfen, die Reserve nicht hält, denn es kommt Kray, der Held. Des Sieges also hielt er sich auf das gewisseste versichert. Nur war er über Stärke und Stellung des

Feindes viel weniger unterrichtet als die Franzosen über die seinige und ging demnach bei seinen allgemeinen Anordnungen von einer gründlich irrigen Voraussetzung aus. Gleich bei Watrins heftigem Anbringen auf Arquata hatte er, wie erwähnt, die Meinung gefaßt, Jouberts wesentlicher Zweck sei der Entsatz von Tortona; demnach erwartete er, den Hauptstoß des Feindes an dem Ufer der Scrivia in gerader Richtung auf jenen Platz sich entwickeln zu sehen, und hielt die auf den Höhen bei Novi erscheinenden Truppen nur für eine die Seite der Hauptmacht deckende Nebenabteilung des Feindes. Nach dieser Auffassung hatte er nicht bloß Rosenberg mit 12 000 Mann dicht bei Tortona zur unmittelbaren Deckung der Belagerer, sondern auch anderthalb Stunden weiter vorwärts, bei Rivalta an der Scrivia, Melas und Derselben mit 15 000 Mann und eine Reserve von 5000 Mann bei Spinetti auf dem rechten Ufer des Flusses zum ersten Empfange des andringenden Feindes aufgestellt. Diese letztere ließ er, wie oben gesagt, noch zwei Stunden vom Gebirge entfernt, gerade um den Franzosen Raum zum Aufmarsch in die Ebene zu gewähren: dann sollte Kray die nach Suworows Meinung schwach besetzten Höhen stürmen und der an der Scrivia vordringende Feind gleichzeitig in der Front und Flanke angegriffen und vernichtend geschlagen werden. Schon am 14. August morgens besichtigte Suworow selbst von der äußersten Postenkette aus die französische Stellung auf dem Bergrücken; nach seiner Art nur mit Hemd und Drillichhose bekleidet, ritt er, von einem einzigen Kosaken gefolgt, von einer Vedette zur andern, so daß ihn die Franzosen bald erkannten und ein glücklicherweise wirkungsloses Gewehrfeuer gegen ihn eröffneten. Zurückgekehrt forderte er Kray auf, den Angriff noch an diesem Tage zu beginnen, ehe die Franzosen dort auf den Höhen sich etwa verschanzt hätten. Kray bat für heute noch um Ruhe für seine durch die weiten Märsche angegriffenen Truppen, erbot sich aber, am 15. in erster Morgenfrühe den Sturm auf die Höhen zu unternehmen. Suworow stimmte lebhaft zu und wies ihn an, seinen Stoß auf den westlichen Flügel der feindlichen Stellung zu richten und, dort Meister geworden, stets auf der Höhe nach Osten vorzudringen und den Feind in das Thal der Scrivia hinabzuwerfen, wo ihn dann Miloradowitsch und Melas empfangen würden. Kray sollte um 5 Uhr seinen Angriff beginnen, das russische Zentrum aber sowie Melas und Derselben zunächst das vermutete Vorgehen der feindlichen Massen an der Scrivia erwarten.

Unter der angenommenen Voraussetzung war dies alles trefflich gedacht: nur diese Voraussetzung war thatsächlich nicht vorhanden und folglich der Plan im Widerspruch mit der Wirklichkeit der Dinge. Kein Franzose, wie wir sahen, dachte mehr an einen Vormarsch gegen Tortona; die einzige Division Watrin, durch ihren hitzigen Führer sehr gegen St. Cyrs Willen vorgedrängt, stand noch in der Ebene an der Scrivia; sonst war das ganze republikanische Heer auf dem Bergrücken zwischen Novi zur Rechten und dem Dorfe Pasturana zur Linken versammelt und nur bei dem ersten Vorbrechen Krays noch nicht vollständig zur Schlacht geordnet. So errang anfangs Kray nicht unerhebliche Erfolge; jedoch kam Joubert selbst mit einiger Verstärkung herbei, feuerte seine Leute zu neuem Vordringen an, wurde aber, unter den vordersten Plänklern auf die Gegner losstürmend, durch eine feindliche Flintenkugel tot niedergestreckt. Darauf wiederholter Angriff der Oesterreicher, ärgere Verwirrung der Franzosen: da kam Moreau mit einer Brigade St. Cyrs dem wankenden Flügel Perignons zu Hülfe, warf die Oesterreicher zum zweitenmal den mit Toten und Verwundeten bedeckten Abhang hinab und stellte jetzt einen völlig geordneten Widerstand her. Fortan zeigte sich die Stärke der halb zufällig eingenommenen Position. Zwischen den Mauern der Weinberge und den Hecken der Cascinen führten nur wenige schmale und steile Pfade empor, auf denen jeder Angriff sich zerbröckelte und die einzelnen Haufen dem mörderischen Feuer der völlig gedeckten Verteidiger preisgab. Immer wieder trieb Kray seine Scharen zu neuen Versuchen hinauf, immer hoffnungsloser kamen sie unter schweren

Verlusten zurück. So dauerte das blutige Ringen mehrere
Stunden; Kray sandte einen Boten nach dem anderen hinüber zu Bagration und Miloradowitsch, um Gottes willen
ihrerseits einzugreifen, wenn er nicht unrettbar unter der
Wucht der feindlichen Uebermacht erliegen sollte. Allein
jene hatten noch keinen Befehl von Suworow und wagten
ohne einen solchen nicht vorzugehen; der Alte aber, der
offenbar einen ganz anderen Verlauf des Gefechtes erwartete,
hatte sich eingeschlossen und niemand vorzulassen befohlen.
So wurde es 10 Uhr vormittags, bis die russischen Generale sich die Erlaubnis zum Vorgehen erwirkten und nun
mit lebhaftem Ungestüm gegen Novi und St. Cyr sich in
Bewegung setzten. Zunächst aber erging es ihnen hier nicht
besser als Kray bei Pasturana; so tapfer und todesverachtend
sie die Höhe erklommen, so nachdrücklich wurden sie von
jedem errungenen Punkte sogleich wieder hinabgeschleudert.
Kray hatte unterdessen seine Angriffe wieder erneuert und
verhinderte damit Perignon, seinem Genossen gegen die
Russen Verstärkung zu senden: dafür aber kam von der
entgegengesetzten Seite her eine neue Gefahr. St. Cyr
hatte gleich nach dem Beginne des Gefechtes der Division
Watrin Befehl gesandt, aus der Ebene zurückzugehen und
rechts neben der Stadt Novi auf dem Abhang des Monte
Rotondo Stellung zu nehmen. Watrin war eben im Begriffe, diese Bewegung auszuführen, als neben ihm der
russische Angriff auf die Stadt sich entwickelte. Da hatte
er in seinem Eifer keinen anderen Gedanken, als auf das
Feuer zu marschieren, und fiel mit lebhaftem Stoß den
Russen in ihre linke Flanke. Deren Bedrängnis war im
ersten Augenblicke groß, jedoch bewährten Suworows Kriegs-
männer auch in dieser Gefahr ihre eiserne Festigkeit. Sie
machten Front nach beiden Seiten, schlossen die gelichteten
Glieder um so dichter zusammen und hielten unter schweren
Anstrengungen und Verlusten den Kampf aufrecht. Suworow, jetzt selbst auf dem Schlachtfelde anwesend, hatte
schleunig an Derfelden gesandt, daß er in möglichster Eile
den Genossen Hilfe bringe; trotz der glühenden Mittagshitze

kamen dessen Bataillone im Laufschritt heran, und ihr Angriff trieb dann Watrin mit harter Einbuße aus der Ebene
zurück und auf den Bergrücken hinauf. Aber auch dieser
Erfolg führte nicht dahin, die hartumstrittenen Höhen selbst
zu gewinnen. Eine Vorstadt von Novi wurde genommen,
in den Ort selbst vermochten die Russen nicht einzudringen.

So war es Nachmittag geworden. Kray war seit zehn,
Bagration seit fünf Stunden im Gefecht, und trotz all
dieser Blutarbeit stand im wesentlichen die Sache auf demselben Fleck wie am Abend zuvor. Auf beiden Seiten
waren sämtliche Truppenteile dezimiert und erschöpft, unfähig sie alle zu einer letzten durchschlagenden Anstrengung.
Es war die Lage, in der alles davon abhing, wer zu einem
solchen Stoße noch eine frische Reserve besaß. Und eine
solche trat eben jetzt für Suworow in den Streit ein.

General Melas hatte den Schlachtendonner seit der
Morgenfrühe vernommen und mit immer steigender Spannung Suworows Befehl zum Vorgehen erwartet. Da kam
die Botschaft an seinen Nachbar Derfelden, freilich nur an
diesen allein: Melas aber in seiner Ungeduld meinte nach
dessen Abmarsch auch nicht länger zaudern zu dürfen und
setzte seine 9000 Oesterreicher in Bewegung. Eine Brigade
sandte er über die Scrivia hinüber, um das von den Franzosen jetzt blockierte Serravalle zu entsetzen; die drei andern
beschloß er diesseits des Flusses, dicht am Ufer vorgehend,
auf den Abhang des Monte Rotondo und von dort in Seite
und Rücken des feindlichen Heeres zu führen. Etwa auf
die Hälfte des Weges gelangt, traf ihn ein Befehl des
Feldmarschalls (der sich jetzt endlich überzeugt hatte, daß
die ganze feindliche Macht bei Novi vereint und ein Angriff im Scriviathale nicht zu besorgen sei), unmittelbar
neben Derfelden in die Schlachtlinie einzurücken. Jedoch
war der Marsch der Truppen bereits so weit gediehen, daß
eine völlige Umkehr dem General Melas unthunlich erschien;
um nun doch einigermaßen der Weisung nachzukommen, ließ
er eine seiner Brigaden rechts hinüber zu Derfelden ab-
biegen, die beiden andern aber unter Loudon und Mitrowski

in der genommenen Richtung verbleiben. Ihr für die Franzosen völlig überraschendes Erscheinen gab die Entscheidung.

Während Suworow mit einem Aufgebote der letzten Kraft den Angriff auf der ganzen Linie erneuern ließ, brachen Loudon und Mitrowski, welche vom Flusse her die dort unbesetzte Höhe ohne Kampf erstiegen hatten, auf dem Kamme westwärts vordringend, über Watrins Flanke herein, während Melas selbst mit seiner dritten Brigade die links neben Watrin aufgestellten Cisalpinier auseinandersprengte. Zwar eilte St. Cyr persönlich von Novi her mit einem der dortigen Regimenter zur Unterstützung der bedrohten Stelle heran und brachte hier für einen Augenblick den Kampf nochmals zum Stehen: durch seine Entfernung aber verlor die Verteidigung der Stadt ihren Halt, und ein neuer Angriff der Russen brach hier den letzten Widerstand. Die ganze rechte Hälfte der französischen Aufstellung war durch den doppelten Schlag zertrümmert und durchbrochen, und in wildem Gemenge suchten ihre von allen Seiten bedrängten Truppenteile einen rettenden Ausweg westwärts nach Pasturana, um auf der dortigen Straße nach Gavi und weiter in das Gebirge zu entkommen. Bereits aber hatte ihre Niederlage sich auch auf dem linken Flügel fühlbar gemacht; Krays Divisionen ernteten jetzt endlich die Frucht ihrer langen Opferwilligkeit; auch sie setzten sich auf der Höhe fest und trieben von Westen her Perignons Bataillone den fliehenden Scharen St. Cyrs entgegen, ebenfalls auf Pasturana zu. General Moreau rang mit unendlicher Anstrengung, um für den schlechthin unvermeidlichen Rückzug wenigstens einige Ordnung herzustellen; er ließ zunächst den Train und die Geschütze die enge nach Gavi führende Gebirgsstraße hinabfahren und bestimmte die Reihenfolge der Divisionen, welche sich dann nacheinander dem Abmarsch anzuschließen hätten. Aber immer heftiger drangen von allen Seiten her die triumphierenden Gegner vor, und plötzlich erscholl Musketenfeuer im Rücken von Pasturana selbst die Abzugsstraße entlang. Es war ein österreichisches Bataillon, welches die dortige Höhe erreicht hatte und nun seine Kugeln in den langen Wagentroß hinabsandte. Auf der Stelle war hier die ärgste Verwirrung; die Fuhrleute entflohen, die Wagen blieben stehen, der Weg war für die Truppen völlig gesperrt. Da ging der panische Schrecken durch die französischen Heerhaufen; in einem Momente löste sich jegliche Ordnung, und in wildem Tumulte ergoß sich die Masse der Fliehenden nach allen Seiten, bergauf, bergab, über Felder, Hecken und Gräben, wo der einzelne eben Rettung zu finden hoffte. Da wurde General Colli mit seiner ganzen Brigade vor Pasturana gefangen; im Dorfe selbst hatten Perignon und Grouchy mit dem letzten ihrer Bataillone dasselbe Schicksal, die gesamte französische Artillerie fiel in die Hände der Sieger. Der Rest des Heeres war zersprengt bis auf einen kleinen Truppenteil, welchen St. Cyr in leidlicher Geschlossenheit auf Nebenwegen nach Gavi hinüberbrachte, und mit Recht konnte Suworow berichten, daß nur das Dunkel der Nacht den Feind vor vollständiger Vernichtung gerettet habe. Der französische Verlust in dem vierzehnstündigen Kampfe betrug an Toten, Verwundeten und Gefangenen über 12 000 Mann, ein volles Drittel des Heeres; die Verbündeten hatten den Tag mit beinahe 8000 Mann bezahlt, wovon 5100 allein auf Kray, 1500 auf die Russen entfielen.

Ueberblickt man den Verlauf des großen Trauerspiels, so wird man den Tag von Novi schwerlich zu den glänzendsten Blättern in Suworows Siegeskranz rechnen können. Niemand wird dem Feldmarschall einen Vorwurf daraus machen, daß er unter den gegebenen Verhältnissen eine irrige Vorstellung von dem französischen Angriffsplane hatte: aber Irrtum bleibt Irrtum, und daß er nach einem solchen seine Vorkehrungen traf, kann ihm eben auch nicht zum Ruhme gereichen. Man preist mit Grund den Feldherrn, der durch eine planmäßig successive Verwendung seiner Streitkräfte eine letzte Reserve für die Entscheidung des Kampfes in der Hand behält: hier aber war es nicht Planmäßigkeit, sondern eine falsche Voraussetzung, welche die 17 000 Mann

Rosenbergs und der Reserve ganz und gar von der Schlacht
entfernt hielt, welche Kray fünf Stunden allein kämpfen
und bluten ließ und ihn so der Gefahr völliger Ueberwältigung durch die feindliche Gesamtkraft aussetzte, eine
Gefahr, deren Verwirklichung die ganze Armee sofort auf
das schwerste mitgetroffen hätte. Es kann also nicht wunder-
nehmen, daß, ehe aus den russischen Akten Suworows Vorstellung von einem drohenden Hauptangriff an der Scrivia
bekannt geworden, alle Erzähler und Beurteiler der Schlacht
sein Verhalten unverständlich und tadelnswert gefunden
haben. Aber ebenso unzweifelhaft ist es heute, wo alle
Motive aufgeklärt sind, daß die wesentliche Ehre des Tages,
wie an der Trebbia auf die russische, so bei Novi auf die
österreichische Seite fällt. Krays unverwüstliche Ausdauer
seit dem Beginne, Melas' durchgreifende Umgehung am
Schlusse des Kampfes, dies sind die wahren Faktoren, aus
welchen trotz Suworows Irrtum der endliche glorreiche Sieg
emporgewachsen ist.

Indessen, Irrtum oder nicht, der Sieg war errungen,
so vollständig wie möglich errungen, so daß bei kräftiger
Verfolgung das zerschmetterte Heer des Gegners an irgend
einen Widerstand nicht hätte denken können und Genua
und die Riviera fast ohne Schwertstreich den Verbündeten
in die Hände gefallen wäre. Moreau war davon in solchem
Maße überzeugt, daß er bereits der ligurischen Regierung
die Anzeige machte, er sei außer stande, sie länger zu verteidigen. Um so sicherer war für Suworow zu solchen
Erfolgen die Bahn eröffnet, als nach seinem Verfahren während des Schlachttages Melas nur wenige Stunden mit geringem Verluste gekämpft, Rosenberg und die Reserve dem
Treffen in voller Ruhe zugeschaut hatten, mithin 25 000
Mann vollkommen frisch und verfügbar zum Nachsetzen
waren, eine Zahl, bereits größer als alle Trümmer des
französischen Heeres, welcher dann nach kurzem Ausruhen
und Erfrischen die eigentlichen Streiter von Novi in gleicher
Stärke nachfolgen konnten. Auch hatte am Tage nach der
Schlacht Suworow keinen anderen Gedanken und gab den

Befehl, daß Rosenberg über die Bocchetta gerade auf Genua marschieren, Kray aber über Cherasco in die Riviera di Ponente eindringen und damit den Franzosen den Rückzug verlegen sollte. Es wäre das Ende der Ligurischen Republik, die Eroberung Genuas und die Vertreibung der Franzosen aus dem letzten Reste Italiens gewesen. Aber wiederum trat der politische Hader dazwischen, dieses Mal geradezu mit vernichtender Wirkung. Um seine Bedeutung zu verstehen, müssen wir einen Blick auf die Vorgänge in Mittelitalien werfen.

Wir bemerkten früher, wie schon nach den ersten Siegen Krays und Suworows die Bevölkerung Toscanas und Luccas, der Römischen und der Cisalpinischen Republik in die lebhafteste Gärung geriet und an hundert Punkten sich in bewaffnetem Aufstand gegen die Franzosen und deren Gesinnungsgenossen erhob. Macdonald, sahen wir, hatte bei seinem Durchzug unaufhörlich mit diesen Insurgenten zu kämpfen, und vollends nach dessen Niederlage gab es für den Aufstand keine Schranke mehr. Suworow sandte deshalb nach dem Siege an der Trebbia die österreichische Brigade Klenau nebst einiger Reiterei, 1600 Mann, nach Toscana, um die Bevölkerung, namentlich das höchst kriegseifrige Arezzo, gegen die französischen Garnisonen zu unterstützen; ein russischer Oberst Zukato ging nach Florenz, um die Insurgentenbanden militärisch zu organisieren und nach Suworows Weise im Bajonettfechten zu üben. Dieselbe Rolle übernahm in der Romagna General Lahoz, derselbe, den wir 1797 als Werkzeug Bonapartes bei der Leitung der demokratischen Aufstände kennen lernten. Ein begabter, erregbarer, unsteter Mensch, früher österreichischer Offizier, dann aus demokratischer Begeisterung zu den Franzosen übergetreten, neuerlich durch ein persönliches Zerwürfnis mit seinen Vorgesetzten gegen Frankreich erbittert: so kam er zu der alten Fahne zurück, warf sich in den Bauernaufstand der Romagna, brachte binnen kurzem viele tausend kampflustiger Männer zusammen und gab ihnen so weit militärische Disziplin, daß er die schwachen Detachements,

welche General Monnier aus Ancona gegen ihn hinaus=
sandte, sofort wieder in die Festung zurückdrängte. Gleich=
zeitig erschien auch eine Abteilung der russisch=türkischen
Flotte vor Ancona, warf einige Bomben in die Stadt und
setzte eine kleine russische Schar an das Land, welche zwar
gegen die Festung auch nichts ausrichtete, aber den Kriegs=
lärm ringsumher zu steigern half. Daß es dabei an Un=
ordnung und Gewaltsamkeit aller Art nicht fehlte, bedarf
keiner Bemerkung; General Klenau suchte von Toscana her
den Zustand einigermaßen zu regeln, erzielte aber, da er
bei der Geringfügigkeit seiner Mittel nur eine kleine Reiter=
abteilung hinübersenden konnte, sehr geringe Wirkung. Zu=
dem war er selbst mit seiner sonstigen Mannschaft am an=
deren Ende des Großherzogtums den abziehenden Franzosen
unter stets günstigen kleinen Gefechten in die Riviera ge=
folgt: nach dem Falle Mantuas sandte ihm, wie erwähnt,
Suworow 3000 Mann Oesterreicher und ein Kosakenregi=
ment zur Verstärkung und gab ihm den Auftrag, zu der
beabsichtigten Einnahme Genuas auf der Küste, von Osten
her, mitzuwirken, also die toscanischen Landschaften ihren
eigenen Kräften zu überlassen. Auch waren dort die Repu=
blikaner so gründlich übermeistert, daß Oberst Zukato be=
reits einzelne Scharen des Landsturms über die Grenze
hinüber Streifzüge in das Gebiet der Römischen Republik
unternehmen ließ.

Jn diesem Territorium hielt damals General Garnier
mit seinen Garnisonen in der Engelsburg und Civitavecchia
noch immer standhaft aus, so sehr auch ihn die bewaffnete
Erhebung der übrigen Landschaft bedrängte. Dazu stiegen
von Süden her neue Gefahren gegen ihn auf. Jn Neapel
ließ das von Nelson veranlaßte Schreckensregiment die Zu=
stände schlechterdings nicht zur Ruhe kommen. Alle Be=
hörden waren neu zu bilden, und bei dem wilden Partei=
haß waren eine Menge tüchtiger Kräfte von vornherein aus=
geschlossen. Der Adel war nach der Teilnahme mehrerer
seiner Mitglieder an der Revolution den jetzigen Macht=
habern in Bausch und Bogen verdächtig, und auch der Kar=

dinal Ruffo war immer in halber Ungnade. Ein ansehn=
licher Teil der von ihm gebildeten Scharen war noch unter
den Waffen, so unbequem dem königlichen Schaße die Er=
nährung dieser Haufen und so bedenklich für die Staats=
ordnung die anerkannte Stellung mancher ihrer Offiziere
auch sein mochte. Von ihrer vorzeitigen Entlassung fürchtete
man noch größeres Unheil, obgleich die Neubildung des
regulären königlichen Heeres trotz der gänzlichen Erschöpfung
der Kassen bei dem Zulauf der alten Soldaten befriedigende
Fortschritte machte. So wiederholte man unaufhörlich die
Bitten um russische Hülfe und bestürmte sowohl den Feld=
marschall Suworow als den eben in Palermo ankommenden
Admiral Uschakow, durch russische Streitkräfte die Befesti=
gung der hergestellten Monarchie auf dem Festlande zum
Abschlusse zu bringen. Suworow, sahen wir bereits, war
höchlich mit diesen Bestrebungen einverstanden, konnte frei=
lich für den Augenblick das Corps Rosenberg (früher Reh=
binder) nicht entbehren, wünschte aber vor allem, in Mittel=
italien Russen und Neapolitaner und nur nicht die Oester=
reicher sich ausdehnen zu sehen.

Aus dem Zusammenwirken all dieser Verhältnisse ent=
sprang denn Ende Juli in Neapel der Gedanke, sich der
Glaubensarmee im eigenen Lande dadurch zu entledigen,
daß man sie zur Eroberung Roms über die Grenze schicke
und auf diese Art zugleich einer Besetzung der ewigen Stadt
durch die gefürchteten Oesterreicher zuvorkäme. König Fer=
dinand, der schlechterdings nicht den Mut fand, in dem ge=
bändigten Neapel wieder Residenz zu nehmen, fuhr mit
Nelson Anfang August nach Palermo zurück, zu tiefer
Schädigung seines königlichen Ansehens auf dem Festlande.
In Palermo kam es dann zu lebhaften Beratungen zwischen
Nelson und Uschakow, von denen ein Wort eingeschaltet
werden mag, weil sie noch von einer anderen Seite her die
traurige Verfassung der Koalition in charakteristischer Weise
beleuchten. Seit dem Siege von Abukir blockierten die Eng=
länder die Insel Malta, hatten die Einwohner auf ihrer
Seite und mit deren Hülfe die französische Besatzung in die

Festung La Balette zurückgedrängt, wo dann aber General Baubois mit unerschütterlicher Ausdauer die dreifarbige Fahne aufrecht hielt. Vergeblich erbat sich Nelson nur eine kleine Abteilung englischer Landtruppen, die sehr bald die Ergebung erzwingen würden; England hielt damals seine spärlichen Heereskörper für das holländische Unternehmen verfügbar und hatte für Malta nichts abzugeben. Um so entschiedener aber wies Kaiser Paul seine Flottenführer an, die langwierige Belagerung endlich zum Schlusse zu bringen, und Uschakow forderte also die Engländer zu gemeinsamer Anstrengung für das große Ziel auf. Zu seinem Erstaunen fand er jedoch bei dem sonst so ungestümen Waffenbruder die kühlste Aufnahme. Nelson war allerdings, zum Erstaunen aller englischen Leser seiner Briefe, sehr bestimmt der Ansicht, daß die Felsenklippen Maltas für England ein völlig wertloser Besitz sein würden [1]). Aber was er schlechterdings nicht wollte, war eine Mitwirkung der Russen bei der Eroberung, welche dann notwendig die Insel in die Hand des neuen Großmeisters, des Zaren, geliefert hätte. Er gönnte sie nun ein für allemal nur den höchsten Gegenständen seiner damaligen Verehrung, „dem guten König und der liebenswürdigen Königin" von Neapel. So hatte er gegen Uschakow hundert Gründe und Vorwände, nach welchen zur Zeit der Angriff auf La Balette nicht ausführbar sei, und half dann eifrig, den Russen zu überreden, daß er auf Ferdinands Wunsch nach Neapel hinübersegelte, um dort mit Kommodore Troubridge für die Sicherung des Thrones und die Bekämpfung der Franzosen zusammenzuwirken. Es handelte sich dabei vornehmlich um die beabsichtigte römische Expedition, wo Uschakow sehr bereit war, das Seinige zu thun, um Rom nicht in den Besitz der Oesterreicher geraten zu lassen. Nelson jedoch, welcher Rom

---

[1]) Der wesentliche Reiz, den Malta für ihn hatte, bestand darin, daß der Rest der französischen Flotte von Abukir sich dorthin gerettet hatte: Nelson aber hatte sich mit der ganzen Glut seiner Leidenschaft gelobt, daß von diesem Geschwader nicht ein Segel ihm entgehen sollte.

ebenso wie Malta seinen geliebten Neapolitanern zuzuwenden
wünschte, schrieb dann sehr geheim dem getreuen Trou=
bridge, er solle so schnell wie möglich aus dem Golf von
Neapel nach Civitavecchia fahren und von dort aus alles
aufbieten, um diesen Platz und die Engelsburg vor der
Ankunft sowohl der Russen als der Oesterreicher in die
Hand der Neapolitaner zu bringen. Man sieht, wie leicht
diese rauhen Seehelden, einmal mit hoher Politik befaßt,
zu Virtuosen einer hinterhaltigen Diplomatie wurden. Der
Russe arbeitete mit Nelsons Hülfe daran, dem Wiener
Freunde die Beute vorwegzunehmen; der Engländer nahm
sich vor, bei diesem gemeinsamen Spiele den Russen ebenso
wie den Oesterreicher zu prellen. Wie sie in Rom so
dachte schließlich Suworow nach Klenaus Abmarsch in die
Riviera durch Zukatos Legionen in Toscana, durch die
russische Flotte in Ancona, unter Ausschluß Oesterreichs,
der Meister zu werden.

Ueber all diese stillen und lauten Bewegungen war in=
dessen Thugut, wenn auch nicht in allen Einzelheiten, so
doch in der Hauptsache genau und vielfach in übertriebener
Weise unterrichtet. Er war sehr entschlossen, ihnen mit
fester Macht in den Weg zu treten. Gleich nachdem er die
Nachricht von dem Falle Mantuas empfangen, ging, am
9. August, ein kaiserlicher Befehl unmittelbar dorthin an
Kray ab, ein Corps von acht= bis zehntausend Mann unter
General Fröhlich in Toscana und der Romagna aufzustellen,
welches dort den letzten Widerstand der Republikaner zu
brechen, dem anarchischen Insurrektionsstande ein Ende zu
machen, überall die bürgerliche Ordnung herzustellen und
die Verwaltung auf österreichischem Fuße einzurichten hätte.
Abschrift dieser Verfügung wurde an Melas gesandt, um
auch den General Klenau aus der Riviera abzurufen und
seine Truppen als Teil des Fröhlichschen Corps nach Toscana
zurückzusenden. Melas werde dies alles dem Feldmarschall
Suworow zur Kenntnisnahme unter der Bemerkung mit=
teilen, daß dieses Mal der Befehl nicht durch den Marschall,
sondern direkt an Kray ergangen sei, um den großen Um=

weg von Wien über Alessandria nach Mantua zu vermeiden.
Zugleich erhielt Suworow einen Brief des Kaisers Franz,
in welchem derselbe ihm Nachricht von jenen Verfügungen
gab und in Bezug auf die eigenen Operationen die Ein=
nahme von Tortona als wichtig bezeichnete, bei einer Offen=
sive gegen die Riviera möglichste Vermeidung von Menschen=
verlust empfahl und eine Invasion in Frankreich für dieses
Jahr als unthunlich ablehnte. Alle diese Schreiben ge=
langten am 16. August, an dem Tage nach der Schlacht,
in das Hauptquartier zu Novi, und Melas beeilte sich die
Ordre für Kray dem Feldmarschall auf der Stelle vorzu=
legen. Das Original derselben hatte den General Kray,
bei dessen beschleunigtem Abmarsch von Mantua, dort natür=
lich vergebens aufgesucht; vielmehr war Kray jetzt längst
mit der Hauptarmee vereinigt, und Suworow wütete um
so mehr über die Regelwidrigkeit, daß kaiserliche Befehle
an seine Untergenerale auf andere Weise als durch die
Hand des Oberfeldherrn gelangten. Den eigentlichen Grund
des Zornes aber lieferte ohne Zweifel der Inhalt des
Schreibens. Wenn Fröhlich mit 10 000 Mann regulärer
Truppen in Mittelitalien auftrat, so kam das Land ohne
weiteres in österreichische Hände. Weder Zukatos Land=
sturm, der ja auch sofort aufzulösen war, noch Ruffos
Banden, noch die Handvoll russischer Landungstruppen
konnten daneben auf Erfolge hoffen. Dann wurden Tos=
cana, die Legationen, vielleicht die Römische Republik aus=
schließlich österreichische Eroberungen und damit für den
Friedensschluß eine wohlvorbereitete Beute der österreichischen
Annexionslust. Und um dieses verhaßte Ergebnis herbei=
zuführen, mußte jetzt Suworow selbst die Weisung an Fröh=
lich ausfertigen! Der alte Herr war geradezu außer sich.
Ohne Zögern nahm er seine Rache nach zwei Seiten hin.
Nachdem er noch an demselben Tage dem Kaiser Franz
berichtet hatte, daß Klenau durch die von Mantua ihm zu=
gezogene Verstärkung bereits 9000 Mann zähle[1]) und damit

---

[1]) In Wahrheit 4780 unter der Fahne, nebst einem sehr großen
Krankenstande.

unter Fröhlichs Oberbefehl demnächst nach Toscana zurückkehren werde, daß er selbst aber, Suworow, infolge des
letzten Sieges die Riviera ohne erheblichen Verlust zu erobern hoffe und an eine Invasion in Frankreich nicht denke:
gab er am 17. August allen Heerteilen den gemessenen Befehl, jede Vorwärtsbewegung gegen die Riviera einzustellen
und in ihre alten Positionen vor der Schlacht zurückzukehren. Der Vorwand war, daß noch nicht genug Maultiere zum Transport der Lebensmittel über das Gebirge
vorhanden seien; in dem Schreiben an Kaiser Franz hatte
Suworow dann noch angedeutet, der Ausfall der nach
Toscana bestimmten Abteilung sei bei einem so großen
Unternehmen wie der Eroberung der Riviera doppelt empfindlich. Es war vergebens, daß der sonst von ihm geschätzte General Zach, Chef des Generalstabs, nachdrücklich
darauf hinwies, wie man nur wenige Meilen von Genua
entfernt, wie bei dem augenblicklichen Zustande des französischen Heeres an keiner Stelle ein ernstlicher Widerstand
zu erwarten sei, wie man also nach wenigen Tagen im
Besitze von Genua und der reichsten Hülfsquellen sich befinden
würde. Auch die Schwächung des Heeres durch Klenaus
Abzug war bei den damaligen Verhältnissen eine nichts bedeutende Phrase: wir haben gesehen, daß ohne Klenau noch
mehr als 50 000 Mann zu der Verfolgung des gänzlich
zerrütteten Gegners, der kaum 30 000 Köpfe zählte, verfügbar blieben. Was würde die Welt gesagt haben, wenn
wegen einer etwaigen Detachierung von 20 000 Mann die
Sieger von Waterloo die Trümmer des Napoleonischen
Heeres nicht verfolgt hätten? Suworow aber war anderer
Meinung. Er fertigte den General Zach mit einigen seiner
derben Schlagworte ab; es war deutlich, daß er eben nicht
vorgehen wollte. Wenn Kaiser Franz sich den politischen
Absichten Suworows nicht unterwerfen mochte, so war Suworow entschlossen, dem Kaiser Genua nicht zu unterwerfen.
Wäre daran sonst noch ein Zweifel möglich, so würde er
durch die weiteren Schritte des Feldmarschalls schlechthin
ausgeschlossen. Den Brief des Kaisers Franz schickte er

gleich am 16. August zusammen mit dem Berichte über den gestrigen Sieg an den Zaren ab, nebst einem Schreiben an den Minister Rostopschin, angefüllt mit den lebhaftesten Klagen und Vorwürfen gegen den Wiener Hof. „Ich habe hier", sagte er, „immer mit Widerwärtigkeiten zu kämpfen. Die mir vom Hoffriegsrate fast in jeder Minute zukommenden Befehle richten meine Gesundheit zu Grunde; hier kann ich nun einmal nicht länger mehr dienen. Man will die Operationen in einer Entfernung von tausend Wersten leiten und kann nicht einsehen, daß in jedem Augenblicke Umstände eintreten können, welche mich veranlassen, dieselben auf der Stelle wieder zu ändern. Aus der Verfügung des Wiener Kabinetts mögen Sie selbst ersehen, daß ich hier nicht länger mehr bleiben kann. Ich bitte, Sr. Majestät sowohl dieses als meinen Entschluß vorzutragen, daß ich, sobald die Operation gegen Genua vollendet sein wird, formell um meine Abberufung nachsuchen und abreisen werde. Mehr zu schreiben, erlaubt mir meine Schwäche nicht." Und als wenn er der Wirkung dieser Sätze noch nicht hinlänglich getraut hätte, ließ er nach zwei Tagen einen noch kläglicheren Brief folgen. „Hier ist jeder von dem Hoffriegsrate und seinen Satelliten abhängig. Mein Geist ist so erschöpft, daß ich nur mit Mühe noch zu reden vermag ... Troß all meiner Willenskraft sehe ich dennoch ein, daß ich bald auf einem einsamen Landhause, vielleicht auch im Grabe werde Zuflucht suchen müssen." All dieser Jammer war, wie wir gesehen, dieses Mal ohne jede thatsächliche Begründung; der kaiserliche Befehl that den Feldzugsplänen Suworows an keiner Stelle Eintrag, da die Entsendung Fröhlichs nach Toscana in militärischer Hinsicht vollkommen bedeutungslos war. Aber um so besser waren diese allgemeinen Phrasen und pathetischen Klagen mit ihrem schneidenden Kontraste zu den Siegesnachrichten vom 15. auf das erregbare Gemüt des Kaisers Paul berechnet. In welchem Lichte der schnödesten Undankbarkeit mußte diesem der Wiener Hof erscheinen, der kein Bedenken hatte, in demselben Augenblicke, in welchem Suworow für

Oesterreichs Interesse den glänzendsten Triumph davontrug, in querköpfigem Hochmute den alten Helden mit tödlicher Kränkung zu überhäufen!

Das nächste Opfer dieser traurigen Zänkereien wurde der arme General Klenau. Suworow veranlaßte denselben, trotz des kaiserlichen Befehls, weiter die Küste entlang gegen Genua vorzudringen, wo er ohne Unterstützung durch das Hauptheer mit seiner kleinen Schar an der feindlichen Uebermacht notwendig zerschellen mußte. Dies traf denn um so sicherer ein, als ihn inmitten seines Vorgehens ein auf Grund des kaiserlichen Schreibens erlassener Befehl des Generals Melas ereilte, auf der Stelle sechs Bataillone nach Toscana zurückzusenden. So wurde der schwache Rest seiner Truppen bei Sestri durch die Franzosen unter blutigem Verluste geschlagen und nach Spezzia zurückgeworfen. Moreau gab unter diesen Umständen den Gedanken des Abzugs aus der Riviera gründlich auf, setzte sich in den Uebergangspässen des Apennin aufs neue fest und hielt die mißvergnügten Genueser in strenger Unterwerfung. Suworow saß indessen gelassenen Mutes in seinem Hauptquartier zu Novi, empfing dort wie ein souveräner Monarch die an ihn gesandten Vertreter der Könige von Sardinien und von Neapel und feierte deren Anwesenheit durch prunkende Paraden und Manöver der russischen Truppen. Für seine Unthätigkeit gegen Moreau hatte er das Glück, sofort einen weiteren, äußerst scheinbaren Vorwand zu erhalten: am 18. August lief nämlich die Nachricht ein, daß sich die Oesterreicher auf dem St. Gotthard eine elende Niederlage zugezogen hätten und Suworow mithin seine ganze Aufmerksamkeit nach Norden, auf den Schutz der aufs neue bedrohten Lombardei richten müßte. So wurde Kray mit einer starken Abteilung nach Mailand hinübergeschoben; in Genua aber blieb für Moreau ungestörte Muße, die Befestigung der Stadt zu verstärken und seine zerrütteten Truppen wieder in sichere Fassung und Haltung zu setzen. Dann machte Championnet mit seinem kleinen Alpenheer einige Demonstrationen gegen das nördliche Piemont, welche als neues Hindernis gegen den Angriff auf Genua erschienen. Endlich aber erhielt am 27. August Suworow aus Wien die amtliche Ankündigung über den großen Operationsplan, wie ihn England vorgeschlagen und Paul angenommen hatte, mit der bestimmten Weisung, ohne irgend welchen Zeitverlust sämtliche russischen Truppen aus Italien hinüber in die Schweiz zu führen und dort an Stelle des Erzherzogs Karl den Kampf gegen Masséna zu übernehmen. Damit war denn der Feldmarschall ein für allemal von der Eroberung Genuas dispensiert. Das Verfahren der Verbündeten in Bezug auf Italien war in Summa genau das eines Feldherrn, der eine weitläufige Festung siegreich eingenommen hat, in der Citadelle derselben aber den Feind unangegriffen und ihm selbst die freie Verbindung mit dem heranrückenden Entsatzheere offen läßt.

Man hätte nun denken können, Suworow, der sich so oft über die störende und hemmende Einmischung des Hofkriegsrates beklagt hatte, würde die Berufung auf ein neues Kriegstheater und zu unbeschränkter Machtvollkommenheit mit Jubel begrüßt und keine Stunde verloren haben, die ihn einer so erwünschten Stellung näher führen mochte. Allein auch hier zeigte sich wieder, daß niemand ungestraft sich auf dem lockenden Felde der politischen Intrigue versucht, daß in einer einmal ergriffenen falschen Stellung Charakter und Handlungsweise unausbleiblich vergiftet wird. Suworow hatte es für angemessen und anständig erachtet, im amtlichen Dienste des Kaisers Franz dessen politischen Interessen und Absichten auf allen Punkten entgegenzuarbeiten und namentlich die italienischen Erwerbungen desselben sowohl auf dem Boden der Halbinsel selbst als in der Gesinnung des Zaren mit allen erdenkbaren Mitteln zu erschweren. So reizend sonst die Aussicht für ihn gewesen wäre, ein fast ganz russisches Heer mit unbedingter Vollmacht zu neuen Siegen zu führen, so überwog doch zur Zeit bei ihm der Gedanke ganz und gar, daß mit seiner Entfernung aus Italien die ihm widerwärtige österreichische Politik dort freien Spielraum haben, daß die ihm so devot zu Füßen liegenden Könige von Neapel und Sardinien des letzten Schutzes gegen Thuguts Uebergriffe beraubt sein würden. So sträubte er sich auf das entschiedenste gegen seine Versetzung in die Schweiz und klammerte sich unter Vorwänden verschiedener Art an die italienische Stellung fest. Gleich am 28. August meldete er nach Wien, die Meinung des Kaisers gehe doch ohne Zweifel dahin, daß die Entsendung der Russen in die Schweiz wesentlich die Sicherung der italienischen Eroberungen zum Zwecke habe. Diese Absicht könne aber unter allen Umständen nur dann erreicht werden, wenn vorher in Italien selbst die letzten vom Feinde noch behaupteten Festungen, Coni und die Citadelle von Tortona, genommen und zugleich Savoyen und Nizza den Franzosen entrissen seien. Er denke diese Aufgaben binnen zwei Monaten zu lösen und dann ohne Aufenthalt in die Schweiz abzurücken. Uebrigens müsse er jedoch bemerken, daß kein russisches Corps in der Verfassung sei, getrennt von den österreichischen Heeren mit Wirksamkeit und Kraft ein Gefecht zu bestehen; er bitte also den Kaiser, die für die Schweiz bestimmten Abteilungen mit Reserveartillerie, Munition, Pontons und Vorspannwagen vorher versehen zu lassen und denselben außerdem eine Anzahl österreichischer Generalstabsoffiziere beizugeben.

Da im November jede größere Kriegführung in den Hochalpen unmöglich ist, enthielt dieses Schreiben nichts anderes, als eine verhüllte Ablehnung des kaiserlichen Befehls. Unterdessen aber war auch eine gleiche Ordre des Kaisers Paul vom 15. August dem Feldmarschall zugekommen; es erschien eine zweite noch dringendere Weisung aus Wien, und endlich liefen Nachrichten so bedenklicher Art aus der Schweiz selbst ein, daß bei Suworow freilich Groll und Zorn auf den höchsten Grad gesteigert, zugleich aber auch ihm der Abmarsch aus Italien unabweisbar wurde.

Sehen wir jetzt, wie sich bis dahin die Verhältnisse in der Schweiz gestaltet hatten.

Als Graf Dietrichstein am 7. August in Klotten, dem Hauptquartiere des Erzherzogs Karl, anlangte und dem fürstlichen Heerführer die neuen Intentionen seiner Regierung entwickelte, trat gleich bei dem ersten Gespräche der Gegensatz der Auffassungen hervor. Nach wiederholter bedächtiger Lesung der kaiserlichen Schreiben erklärte Karl, er werde dem Kaiser gehorchen; aber den neuen Plan für den wünschenswertesten zu halten, das vermöge er nicht. Sein Gedanke sei vielmehr gewesen, gleich nach der Ankunft der Russen die momentane Ueberlegenheit zu dem entscheidenden Schlage gegen Masséna zu verwenden, zu dem er bisher nicht Kräfte genug gehabt; man hätte die Franzosen aus der Schweiz hinausgeworfen, sie in ihr eigenes Land hinein verfolgt und zunächst Hüningen und Belfort erobert. Dietrichstein bemerkte, daß zu der Ausführung dieses Planes eine Aenderung der kaiserlichen Entschließung erfordert werde, welche übrigens einzuholen bis zur Ankunft Korsakows Zeit genug bleibe. Karl führte darauf aus, daß dieser zur Behauptung der Schweiz allein viel zu schwach sei; ein österreichisches Corps müsse zu seiner Unterstützung zurückbleiben; dann aber werde er, der Erzherzog, nicht Mittel genug haben, um am Niederrhein etwas Erhebliches auszurichten. Der Graf dagegen wollte diese Uebelstände auf keiner Seite als so erheblich anerkennen. Eine Zurücklassung österreichischer Truppen in der Schweiz schien ihm weder verstattet noch nötig; Korsakow zähle immer 30 000 Mann; sein Kaiser wolle ihm das Corps Derfelden zur Verstärkung senden; die Fortschritte der verbündeten Waffen in Italien und am Rheine würden auch ihm zum Rückhalt gereichen. Und auf der anderen Seite, welch ein Ruhm für das Reichsoberhaupt, wenn sein Heer Mainz befreie und auf dem linken Rheinufer Winterquartiere nehme — welch ein trüber Eindruck, wenn man das Deutsche Reich den französischen Angriffen oder dem ausschließlichen Einflusse Preußens unbeschirmt preisgebe! Karl ließ dies alles bis zu einem gewissen Grade gelten; er war sehr verdrießlich über die Engländer, von denen die erste Anregung zu dem neuen Operationsplane gekommen, und hatte also nichts gegen die politischen Erörterungen Dietrichsteins einzuwenden, daß

Oesterreich sich nicht ohne weiteres zum gehorsamen Diener fremder Launen herzugeben, sondern in erster Linie seine eigenen Interessen zu wahren habe. Aber als guter Soldat kam er doch immer wieder auf die erste Frage zurück, ob Korsakow für sich allein die Schweiz werde decken können. Er bringt, sagte er, nicht mehr als 18 000 Mann Infanterie mit; wenn die Russen nach unserer Entfernung hier einen Unfall erlitten, wenn die Franzosen dann Herren der kleinen Kantone würden, das Unheil wäre grenzenlos. So wiederholte er die Frage, ob er, wenn in der That seine Hauptmacht die Schweiz, ohne vorher Masséna zu schlagen, verlassen müßte, nicht wenigstens eine Abteilung zur Verhütung jener Gefahr zurücklassen dürfe? Der Fall, entgegnete Dietrichstein, sei doch höchst unwahrscheinlich; sollte er dennoch eintreten, so würde die italienische Armee Vorkehrungen treffen. Er wies dann auf Condés Emigranten, welche Kaiser Paul dem Heerteile Korsakows nachsende, auf die Schweizer Patrioten hin, welche England ausrüste. Aber der Erzherzog wollte davon wenig wissen. Er legte wenig Gewicht auf ihre militärische Wirksamkeit und hatte desto größere Sorge wegen des politischen Eindruckes der Maßregel in Helvetien und in Frankreich. In beiden Ländern sei die unendliche Mehrheit von Abneigung gegen den jetzigen Zustand, aber ebenso von Abscheu gegen das alte Regime erfüllt. Und eben dessen Herstellung verkündeten Rußland und England, während er, der Erzherzog, sich stets begnügt habe, den Schweizern die nationale Unabhängigkeit und den Sturz der Fremdherrschaft zu verheißen. Auch in dieser Hinsicht werde die Uebertragung des Schweizer Kriegstheaters an die Russen wahrlich keinen Nutzen bringen.

Aus diesen Erörterungen tritt der entscheidende Punkt mit durchschlagender Klarheit hervor. Mochte Thugut politischerweise noch so guten Grund haben, die Versetzung Suworows in die Schweiz und des Erzherzogs nach Deutschland zu billigen und zu wünschen: auf dem militärischen Felde hatte er dem Erzherzog gegenüber doppeltes und drei-

faches Unrecht. Nichts konnte einleuchtender sein als Karls
Gedanke, nach der Vereinigung mit den Russen zuerst
Masséna gründlich zu besiegen und dann erst an den Niederrhein zu ziehen. Aber selbst wenn dies einmal nicht sein
sollte, so wäre es doch die einfachste Klugheitsregel gewesen,
nicht eher auch nur einen kleinen Teil des österreichischen
Heeres aus der Schweiz hinwegzuziehen, als bis außer
Korsakow auch Derselben und Suworow dort angelangt und
alle russischen Streitkräfte an Ort und Stelle versammelt
waren. Und vollends, was jetzt Dietrichstein verlangte,
der Abmarsch aller Oesterreicher gleich nach der Ankunft des
einzigen Korsakow, war nicht bloß der Gipfel militärischer
Unzweckmäßigkeit, sondern, wie wir sahen, widersprach auch
der letzten Uebereinkunft der großen Mächte, nach der eine
successive Ablösung der österreichischen Heeresteile durch entsprechende russische Corps stattfinden sollte.

Nach dem erzählten Gespräche gingen zwei Berichte nach
Wien, der eine des Erzherzogs, welcher dem Kaiser die Unmöglichkeit schilderte, am Niederrheine Großes zu voll-
bringen, und um Erlaubnis zur Belagerung Hüningens
und Belforts (also zu der hierfür unerläßlichen Besiegung
Massénas) bat, der andere von Dietrichstein an Thugut,
worin die Ansicht des Erzherzogs nach besten Kräften widerlegt und zum Festbleiben in den bisherigen Beschlüssen ermahnt wurde. Bald aber traten Ereignisse ein, welche die
Entscheidung herbeiführten, ehe die Entschließung des Wiener
Hofes im Hauptquartier bekannt werden konnte.

Am 12. August kam, seinen Truppen vorauseilend,
General Korsakow in Klotten an, um mit Karl über die
nächste Aufstellung und Verwendung der Russen Abrede zu
nehmen. Hier ergab sich nun eine Konfusion ohnegleichen.
Korsakow wußte kein Wort von dem neuen großen Plan,
von der bevorstehenden Vereinigung aller russischen Corps
in der Schweiz, von der verabredeten successiven Ablösung
der Oesterreicher durch die Russen. Es war dies bei den
damaligen Verkehrsmitteln begreiflich genug, da die definei-
tive Annahme des englisch-russischen Antrags durch Oester-

reich erſt Ende Juli nach Petersburg gemeldet und mithin
dem ruſſiſchen Kaiſer nicht vor Mitte Auguſt bekannt wurde.
So hatte denn Paul, wie wir erwähnten, zwar dem Feld=
marſchall Suworow ſchon am 1. Auguſt eine allgemeine Er=
wähnung der neuen Entwürfe zugeſandt; Korſakow aber
hatte noch nichts als jene Weiſungen vom 22. Juli und
1. Auguſt empfangen, daß er den linken Flügel des öſter=
reichiſchen Heeres bilden, alſo mit dieſem zuſammenwirken,
bindende Befehle aber von Karl nicht entgegennehmen ſollte.
Als er jetzt vernahm, daß alle öſterreichiſchen Truppen die
Schweiz verlaſſen würden, war er außer ſich: wie ſollte er
mit ſeinen 28 000 Mann die Aufgabe löſen, zu der 60 000
Oeſterreicher nicht ſtark genug geweſen? Wie ſollte er hier
ohne die Oeſterreicher nur exiſtieren, da er weder Pontons
noch Munitionsvorräte, noch Magazine beſäße und dies
alles nach den Erlaſſen ſeines Souveräns durch die Oeſter=
reicher erhalten ſollte? Karl deutete auf die Möglichkeit
hin, daß ein Teil der Oeſterreicher bis zu Derſelbens An=
kunft bleiben würde, da ja die Ablöſung nur ſucceſſive zu
erfolgen habe: jener entgegnete, daß er von Derſelben nichts
wiſſe und auch gar keine Sehnſucht nach ihm empfinde, da
er bei deſſen Ankunft das Oberkommando an ihn abgeben
müſſe. Am folgenden Tage ging das Geſpräch weiter.
Karl blieb dabei, daß Korſakow wenigſtens einen Teil der
öſterreichiſchen Stellung zu beſetzen habe, und ſchlug ihm
vor, zu dieſem Behufe ſein ganzes Corps in die kleinen
Kantone zu führen und dort die Generale Jellachich in
Schwyz und Simbſchen in Uri abzulöſen: er werde damit
der erſte werden, ſeine aus Italien heranrückenden Lands=
leute zu empfangen. Aber auf das entſchiedenſte wies
Korſakow die Anmutung zurück, ſich ſo weit in das Hoch=
gebirge zu vertiefen. Er kenne, ſagte er, das Land über=
haupt noch nicht; er wolle, ehe er einen Entſchluß über
die Ablöſung faſſe, erſt eine Studienreiſe in die kleinen
Kantone machen, dann eine Beſichtigung der Stellungen an
der Limmat vornehmen und hiernach ſeine weiteren Pläne
feſtſtellen. Daß die Geographie Helvetiens ihm fremd war,

zeigte sich allerdings deutlich genug: er hatte den größten
Teil seiner Reiterei und Artillerie in Württemberg zurückgelassen, weil er die ganze Schweiz von steilen Felsen erfüllt glaubte; seine Generale fragten, wo der Gotthard
eigentlich läge, und suchten die Stadt Genf am Züricher
See. Karl erkannte sogleich, daß es mit der Ablösung
durch diese Bundesgenossen so schnell nicht gehen würde,
und beschloß, diese Zwischenzeit in seinem Sinne zu einem
scharfen Schlage auf Masséna zu benutzen. Er fragte also
den russischen General am 14. August, ob er bei einem
solchen Unternehmen mitwirken wolle, und hier war denn
Korsakow ohne Zaudern bereit, mit seiner nächsten Abteilung, etwa 8000 Mann, am 17. zur Stelle zu sein.
Karl wollte den General Hotze zur Deckung Zürichs zurücklassen, mit ungefähr 40 000 Mann die Limmat bis zu ihrer
Mündung in die Aar hinabrücken und dann diesen Fluß
bei Großdöttingen, eine Stunde vom Rheine entfernt, überschreiten. Er hätte damit Massénas Stellung auf dem Albis
vollständig umgangen, den Gegner von seinen Verbindungen
mit Basel, möglicherweise mit Bern abgeschnitten und ihn
so zu schleunigem Rückzug vielleicht bis an den Neuenburger
See genötigt[1]).

Inmitten der Vorbereitungen zu diesem wichtigen Streiche
empfing er Nachrichten aus den kleinen Kantonen, welche
in jedem Sinne seinen Drang zu dem Unternehmen steigern
mußten.

Die Verhältnisse drüben auf der französischen Seite bildeten zu der Lage des österreichischen Hauptquartiers den
größten Gegensatz, der sich denken läßt. Während Karl,
auf das trefflichste gerüstet, durch seine Regierung nur Ab-
mahnungen von jeder Schweizer Offensive erhielt, wurde
umgekehrt Masséna von dem Direktorium des 30. Prairial
unaufhörlich unter glänzenden Versprechungen zu großen
Thaten gedrängt, thatsächlich aber ohne ausreichende Verstärkung an Mannschaft, Geld und Verpflegung gelassen.

---

[1]) Massénas eigenes Urteil in den Memoiren.

Der Kriegsminister Bernadotte, wie wir erwähnten, dachte selbst den Oberbefehl über die neue Rheinarmee zu übernehmen und entzog zu deren Gunsten dem Schweizer Heere Truppenteile und Sicherheitsplätze. Fand sich Masséna schon dadurch gekränkt, so wurde sein Unwille weiter gesteigert, als er erfuhr, daß Moreau den Oberbefehl sowohl der Schweizer als der künftigen Rheinarmee übernehmen würde, und umgehend reichte er seine Entlassung ein. Davon wollten freilich die Direktoren nichts wissen; Masséna empfing statt seines Abschiedes ein schmeichelhaftes Schreiben, das ihn mit beredten Worten aufforderte, durch einen großen Angriff auf den Erzherzog sich neue Lorbeeren zu erringen. Masséna, über ein solches Ansinnen unter den gegebenen Verhältnissen geradezu empört, hielt sein Entlassungsgesuch aufrecht, beschloß jedoch, den Pariser Gebietern noch einmal seinen Wert zu zeigen, und freilich nicht den übermächtigen Erzherzog, wohl aber dessen Seitenposten im Hochgebirge im letzten Moment vor der Ankunft der Russen mit allem Nachdruck zu treffen. Seitdem Suworow den General Haddik aus dem Gebirge hinweg nach Piemont gezogen, bot ein solches Unternehmen nicht eben große Schwierigkeiten. Am Südfuße des Simplon stand Prinz Viktor Rohan mit 1500, in Oberwallis am Ausgang des Grimselpasses Oberst Strauch mit 4500 Mann, beide zum italienischen Heere gehörig. Vom Erzherzog war dann General Jellachich mit 8000 Mann zwischen dem Züricher und Luzerner See von Schindeleggi bis Schwyz und General Simbschen mit 4400 Mann im obern Reußthal an der Gotthardstraße von Altorf bis Wasen aufgestellt. Alle diese kleinen Abteilungen waren durch weite Entfernung und gewaltige Gebirgsmassen voneinander getrennt, eine jede dem Feinde näher als dem Genossen, keine auf ein Zusammenwirken mit dem andern angewiesen. Nun hielt Masséna nach allen bisherigen Erfahrungen seine Hauptstellung sicher vor österreichischen Angriffen bis zu dem vollständigen Einrücken der Russen; so verstärkte er einstweilen unbedenklich seinen rechten Flügel zur Erdrückung jener österreichischen Heeressplitter und ließ dieselben dann am 14., 15. und 16. August mit gründlichstem Erfolge aus ihren Thälern hinwegfegen. Sein Angriffsplan war klar durchdacht und wurde von seinen Offizieren mit seltener Kraft und Raschheit ausgeführt; überall wurden die österreichischen Abteilungen von mehreren Seiten her zugleich angefallen und somit Rohan vom Simplon nach Domo d'Ossola, Strauch von der Grimsel nach Airolo, Simbschen von der Gotthardstraße in das Oberrheinthal, Jellachich aus dem Kanton Schwyz über die Linth hinübergeworfen, sie alle zusammen mit einem Verluste an Toten und Gefangenen von 8000 Mann. Der Simplon und Gotthard kamen damit in französische Hand, und aufs neue ergrimmte der Erzherzog über Suworows Leichtsinn, welcher durch Habbiks Abberufung diese wichtigen Pässe dem Feinde preisgegeben. Indessen das Mißgeschick war einmal vorhanden, und der nächste Gedanke war, diese Scharte möglichst rasch durch jenen überwältigenden Angriff auf Massénas Hauptmacht wieder auszuwetzen: erschienen doch jetzt die Aussichten um so günstiger, je mehr der französische Feldherr seine Stellung auf dem Albis durch jene Entsendungen in die kleinen Kantone hatte schwächen müssen. Mit verdoppeltem Eifer wurden also zum 17. August die Anstalten zur Ueberschreitung der Aar bei Döttingen getroffen, während Hotze mit 9000 Mann zur Verstärkung Jellachichs nach Uznach abging.

Die für das große Unternehmen bestimmten Truppen, Oesterreicher und Russen, setzten sich in Eilmärschen nach Döttingen in Bewegung. Am Abend des 16. waren sie in der Nähe des Flusses versammelt und ihre Bewegung bis dahin vom Feinde unbemerkt geblieben. In der Nacht begannen die österreichischen Pioniere den Bau zweier Brücken, fanden aber mancherlei Schwierigkeiten, so daß die Arbeit nur äußerst langsam vorrückte; der Strom war reißend und der Boden harter Felsgrund; die Anker wollten nicht fassen, die Zahl der Pontons war nicht groß genug und, was die Hauptsache war, der Chef der Pioniere hatte die Beschaffung von Nachen versäumt, um einen Vortrab zur Deckung des Brückenbaues hinüberzuwerfen. So geschah es denn, daß, als beim Sinken des Morgennebels die feindlichen Posten die Lage übersahen, sofort eine Kompanie helvetischer Scharf= schützen sich drüben am Uferrande festsetzte und in kurzer Frist den größten Teil der Pioniere tötete oder verwundete. Mit jeder Stunde verstärkten sich dann die Franzosen auf dem bedrohten Punkte; gegen Mittag hatte General Ney dort 10 000 Mann versammelt, und an die Erzwingung des Uebergangs gegenüber solchen Massen war nicht mehr zu denken.

Dies Mißlingen war an sich kein großes Unheil für die Verbündeten, da man in der Lage blieb, was heute fehlgeschlagen, jeden Tag mit besserem Erfolge zu wieder= holen. Die schlimmste Folge war eine neue Verstimmung zwischen den Verbündeten selbst. Die Russen hatten bei= nahe vierundzwanzig Stunden atemlosen Marsches gehabt, um an die Unglücksstätte zu gelangen; dann lagen sie einen Tag lang bei strömendem Regen fast ohne Nahrungs= mittel im Freien und fluchten über die Dummheit und die schlechten Anstalten der Oesterreicher. Korsakow, ein Offi= zier von geringer Begabung und Kriegserfahrung, dafür aber von desto brutalerem Hochmute und Fremdenhasse er= füllt, war sehr geneigt, die Dinge in noch schlimmerem Lichte zu sehen und planmäßige Verschuldung des Erzher= zogs vorauszusetzen. Um so mehr erfreute er sich der ihm gewährten Unabhängigkeit von diesem, um so fester war er entschlossen, bei jeder Verabredung nur seinem eigenen Sinne zu folgen. In der ungünstigsten Stimmung von der Welt kam er also zu der Beratung über die weiteren Maßregeln herbei. Indessen hätte sich dies alles wohl noch überwinden lassen, wäre nicht in diesem Momente ein Zwischenfall ein= getreten, welcher der Geduld des Erzherzogs ein vollständiges Ende machte. Korsakow legte nämlich am 18. August jenen Befehl Suworows vom 11. vor, ihm 10 000 Mann seines Corps so rasch wie möglich nach Italien hinüberzusenden. Karl, dessen Weisungen aus Wien vom 31. Juli datiert

waren, und der eine gleichzeitig an Suworow ergangene
Instruktion voraussetzte, sah in der neuen Ordre des Feld=
marschalls die offene Auflehnung gegen die Gebote seines
österreichischen Kriegsherrn, den unverhüllten Abfall Ruß=
lands von Bundesvertrag und Bundespflicht. In der höchsten
Erregung erklärte er seinen Willen, in genauer Befolgung
seines kaiserlichen Befehls auf der Stelle mit allen seinen
Truppen die Schweiz zu verlassen; Korsakow möge dann
zusehen, was aus ihm und den Seinigen werde. Eine
äußerst heftige Verhandlung folgte. Der anwesende eng=
lische Bevollmächtigte, Wickham, legte förmliche Verwahrung
gegen Karls Aussage ein, daß sein Abmarsch nur die Folge
eines von England angeregten oder gebilligten Operations=
planes sei; in London habe man die Vereinigung aller
Russen in der Schweiz und einen österreichischen Angriff
auf Belfort im Auge gehabt, wolle aber von einer Ent=
fernung Karls an den Niederrhein nichts wissen. Aber auch
davon abgesehen, wie könne im Kriege die Ausführung
eines neuen Planes ohne jede Rücksicht auf die augenblick=
liche Lage begonnen werden? Für jeden verständigen Men=
schen verstehe es sich doch von selbst, daß der Abmarsch der
Oesterreicher aus der Schweiz nicht in einem Zeitpunkt er=
folgen dürfe, in welchem das sichere Verderben aller Teile
die unmittelbare Folge desselben sein müsse. Der Erzherzog,
welcher ja vor wenigen Tagen selbst in dem gleichen Sinne
nach Wien berichtet hatte, blieb nicht taub gegen die Be=
merkungen des Engländers, sondern ließ sich zu weiteren
Erörterungen über die in der Schweiz noch vorzunehmenden
Operationen herbei, zumal neue Hülferufe von Jellachich
und Simbschen einliefen, die von den Franzosen wieder
heftig bedrängt wurden. Auf der anderen Seite war Korsa=
kow in nicht geringer Verlegenheit über die Entsendung
der 10 000 Mann nach Italien: die Franzosen waren im
Besitze des St. Gotthard und bedrohten selbst den Splügen=
paß; die Russen hätten also den Umweg durch Tirol machen
müssen, der sie für mehrere Wochen von jeder Thätigkeit
gegen den Feind entfernt hätte. Zwar lehnte er einen

Vorschlag Karls, 6000 Mann zur Unterstützung Jellachichs in den Kanton Schwyz zu schicken, nachdrücklich ab, weil er sein Corps niemals zersplittern dürfe: besser aber leuchtete ihm ein Gedanke Wickhams ein, er möge die von Suworow begehrten 10 000 über den St. Gotthard nach Italien schicken und, um dies zu können, nach dem ursprünglichen Wunsche des Erzherzogs, sein ganzes Corps in die kleinen Kantone führen. Eben dies schlug ihm bei einer weiteren Konferenz am 20. auch der Erzherzog vor, und Korsakow gab darauf seine Einwilligung. Aber, setzte er hinzu, es müssen dann auch alle Oesterreicher, welche jetzt sich dort befinden, bei uns bleiben. Der Erzherzog bemerkte ihm etwas ungeduldig, es handle sich ja gerade um Ablösung der Oesterreicher durch die Russen; wenigstens Hotze mit den 9000 Mann, welche soeben erst dorthin abgegangen, müsse er zurücknehmen, um seiner Hauptaufgabe, der Deckung Deutschlands, genügen zu können. Korsakow aber protestierte, kein Mann dürfe zurückgehen. Karl setzte ihm auseinander, daß für solche Truppenmassen in den kleinen Kantonen weder Verwendung noch Ernährung zu finden sei: Korsakow begehrte darauf Bedenkzeit, um seine Instruktionen in Bezug auf diese Frage zu studieren, und sandte nach mehreren Stunden durch Tolstoi eine ausweichende Antwort. Am folgenden Tage wiederholte sich dies unergiebige Hin- und Herreden; endlich am 22. August konnte Karl an den Kaiser berichten, das Einverständnis sei nach dreitägiger widerwärtiger Verhandlung endlich erzielt; Korsakow werde mit seinem ganzen Corps in die kleinen Kantone abrücken und er, der Erzherzog, den größten Teil des Hotzeschen Corps dort belassen[1]), worauf dann in den nächsten Tagen die gemeinschaftliche Operation über die Linth hinüber zunächst gegen Schwyz beginnen werde.

---

[1]) Ich bemerke das Datum des unmittelbar nach der Konferenz geschriebenen Berichts, weil Miliutin sagt, erst in späterer Zeit habe man in Oesterreich behauptet, daß der Erzherzog dem russischen General die Mitwirkung nur eines Teiles, nicht aber des ganzen Hotzeschen Corps zugesagt habe.

Hiernach begannen die Russen am 23. August ihren Marsch nach Uznach hinter der Linth, wo sie am 25. in der Stärke von 20 000 Mann, 29 Bataillonen und 3 Kosaken=regimentern, versammelt waren; ihre übrige Reiterei und Artillerie war noch nicht in der Schweiz angelangt. Hotze stand damals bei Lachen am Südufer des Züricher Sees, Jellachich hielt Glarus besetzt, beide zusammen 14 600 Mann stark, von denen jedoch 6000 zum Erzherzog zurückkehren und mithin 8600 Oesterreicher mit den 20 000 Russen zu der beabsichtigten Offensive mitwirken sollten. Am 25. und 26. kamen Korsakow und Hotze über den näheren Operations=tionsplan überein, und die Anordnungen wurden getroffen, um die Kolonnen am 27. in Bewegung zu setzen. Nach allem menschlichen Ermessen wäre mit ihrer Vollziehung das Ziel erreicht, Schwyz und Uri und der Gotthardpaß binnen einer Woche in die Hand der Verbündeten gekommen und damit für Suworows Anmarsch und die Vereinigung der russischen Heeresteile die freie Bahn eröffnet worden, während der Erzherzog an der Limmat die Hauptmacht Massénas beschäftigte und festhielt. Da brachte im letzten Augenblick Korsakows bandenloser Eigenwille die Kata=strophe. Am Abend des 26. trat er plötzlich in zornglühen=der Aufregung bei Hotze ein, er höre ganz zufällig, daß 6000 Oesterreicher nach Zürich zurückgehen sollten; er be=trachte dies als ein höchst zweideutiges und unaufrichtiges Verfahren und erkläre ein für allemal, daß er mit seinen Russen keinen Schritt vorwärts thun werde, wenn jene Maßregel nicht unterbleibe. Hotze, nicht unterrichtet über die Einzelheiten der zwischen dem Erzherzog und Korsakow getroffenen Abrede, nahm es auf sich, den Rückmarsch der drei Regimenter einstweilen zu verschieben und zunächst an den Erzherzog zu berichten.

Es war der letzte Tropfen, welcher bei diesem das längst gefüllte Gefäß zum Ueberfließen brachte. Er hatte dem Russen den größten Teil des Hotzeschen Corps bewilligt, er hatte also kraft ihrer Uebereinkunft das Recht, den klei=neren Teil zurückzurufen. In Korsakows Auftreten sah er entweder völlige Unfähigkeit, die mit 28 000 Mann gegen 18 000 (so stark waren die Franzosen in Schwyz und Uri) nichts anzufangen wußte, oder böswilliges Ergreifen eines nichtigen Vorwandes zur Verweigerung jeder Bundeshülfe: für das eine wie für das andere hatte er nur noch das Gefühl der reinen Verachtung; es schien ihm deutlich, daß mit dem russischen General ein wirksames Verständnis überhaupt nicht möglich sei. In dieser Stimmung ging er auf Dietrichsteins Vorschläge ein. Der Graf war seit einigen Tagen selbst zweifelhaft geworden, ob die vollständige und buchstäbliche Ausführung der Wiener Befehle, so wie er sie aufgefaßt, möglich sei, und hatte infolgedessen seine Anträge in folgender Gestalt modifiziert. Wenn es allerdings bedenklich erscheinen könne, Korsakow allein mit der bisherigen Aufgabe der doppelt so starken österreichischen Armee zu betrauen, so stehe doch über allen Zweifel hinaus die Uebereinkunft der Höfe fest, daß sich nach der Ankunft Suworows, also nach Korsakows Vereinigung mit den Truppen Derfeldens und Rosenbergs, alle österreichischen Streitkräfte an den Rhein zu wenden hätten. Wenn man also jetzt, zur augenblicklichen Unterstützung Korsakows, ebenso viele Oesterreicher zurücklasse, wie Suworow Russen heranführe, so sei jede billige Forderung erfüllt, und der Erzherzog könne unbedenklich ohne Verletzung der Bundestreue seine übrigen Scharen nach Deutschland führen. Dies eröffnete dem Erzherzog den willkommenen Ausweg aus den trostlosen Zänkereien mit Korsakow; auf alle seine Berichte und Vorstellungen bei Kaiser Franz und Suworow war er bis dahin ohne Antwort geblieben, und den letzten Anstoß gab eine Reihe eben in diesen Stunden einlaufender Meldungen von General Sztarray und dessen Unterbefehlshabern über ernste Anstalten der Franzosen, den Rhein bei Worms, bei Mannheim und bei Kehl zu überschreiten. So kam er zum Entschlusse. Hotze erhielt mit einem scharfen Verweis für sein Zaudern den gemessenen Befehl, die 6000 Mann sofort nach Zürich zurückzuschicken. An Korsakow aber schrieb er, da jener trotz der Abrede vom 22. ohne die 6000 nicht operieren wolle, so bleibe nichts übrig, als sich auf die Defensive zu beschränken; er, Karl, habe ungeachtet der Anzeige seines Hofes, daß sein Heer durch Korsakow abzulösen sei, zu einer gemeinsamen Offensive die Hand geboten; zu dieser sei es bisher nicht gekommen, und jetzt erhalte er Bericht von schwerer Bedrohung der rechtsrheinischen Rheinlande; er müsse zu deren Beschützung aufbrechen und zeige deshalb an, daß er Hotze mit 22 000 Oesterreichern und 3400 Schweizern beauftragt habe, die Linie zwischen Uznach und dem St. Gotthard zu decken; er gebe anheim, daß Korsakow dann die Strecke vom Züricher See die Limmat hinab bis zum Rheine übernehme; nur bitte er, die russischen Truppen gleich morgen dahin aufbrechen zu lassen, weil ein Teil der seinigen schon an diesem Tage den Rhein überschreiten müsse.

Korsakow war auf diese Botschaft im ersten Augenblick außer Fassung. Nun wohl, rief er, ich schicke 10 000 Mann nach Italien; mit den übrigen stelle ich mich jenseits des Rheins bei Schaffhausen auf; mag daraus werden, was Gott will. Bald aber besann er sich eines Besseren und vollzog die Ablösung der Oesterreicher hinter der Limmat. Er fand dabei, daß er im Grunde Mannschaft genug habe, denn jede Kompanie Russen sei hinlänglicher Ersatz für ein österreichisches Bataillon. Als ihn jemand über die Deckung seiner Rückzugslinie befragte, wies er ihn mit den Worten ab: die Russen gehen nie zurück. Während dieser Bewegungen machte Masséna seinerseits einen Angriffsversuch auf die Linie der Limmat; der Uebergang über den Fluß mißlang ihm aber ebenso wie zwölf Tage früher dem Erzherzog, dieses Mal den Franzosen zum Glücke, da sie beim Kampf unter die noch vereinigte Uebermacht der Alliierten geraten wären. Gleichzeitig kamen neue Rapporte von Sztarray, daß die Franzosen bei Mannheim den Rhein wirklich überschritten, Heidelberg besetzt und die Beschießung von Philippsburg begonnen hätten. Ihnen zu begegnen, verließ darauf am 1. September der Erzherzog mit 37 000 Mann die Schweiz. Wenn man deren jetzige Besatzung mit der früheren verglich, so ergab sich, da Korsakow

28 000 Mann hinzugebracht hatte, ein Ausfall von 9000 Mann, eine Verringerung der materiellen Kräfte, welche offenbar nicht als erheblich bezeichnet werden konnte, zumal Karl noch 5000 Mann unter Nauendorff am Rheine bei Waldshut stehen ließ, zu deren Beobachtung Masséna immerhin einige französische Truppen verwenden mußte. Ebenso, wenn man die jetzigen Streitkräfte, Korsakow und Hotze, mit der beabsichtigten ausschließlich russischen Armee Suworows in Vergleich setzte, so war Hotze sogar um 2000 Mann stärker als die zu seiner Ablösung bestimmten Russen Suworows. Oesterreich konnte also mit Grund die Behauptung aufstellen, daß es loyal und gewissenhaft der von Kaiser Paul angeregten und gebilligten Abrede gemäß verfahren sei. Das formelle Recht war unzweifelhaft auf seiner Seite.

Nichtsdestoweniger war der Erzherzog bei seinem Abmarsch von schwerer Besorgnis gedrückt. Wohl war seine persönliche Verantwortlichkeit durch die Befehle seines Hofes mehr als gedeckt; wohl hatte er den Russen gegenüber nichts als den ersten Teil der verabredeten successiven Ablösung in das Werk gesetzt. Aber in der Sache konnte er sich nicht verbergen, daß die ergriffene Maßregel eine schlechte war, daß er zur Abwehr eines bedeutungslosen Unfalls bei Philippsburg die den Krieg entscheidende Stelle einer großen Gefahr preisgab, daß bei Korsakows hochfahrender Unfähigkeit trotz der an sich ausreichenden Truppenzahl ein verhängnisvolles Unheil innerhalb der Möglichkeit lag: er hatte in diesem Sinne wiederholt am 26. und 28. August an den Kaiser Franz, am 20. und 28. an Suworow geschrieben, den russischen Feldmarschall von dem Abmarsche der Oesterreicher nach Deutschland benachrichtigt und auf die beschleunigte Ankunft Derselbens in der Schweiz gedrungen. Wenn dies geschah, wenn Suworow so schnell wie möglich den Oberbefehl in der Schweiz übernahm und nach seiner stürmischen Weise gleich sein Erscheinen durch einen allgemeinen Angriff auf die Franzosen ankündigte, so konnte alles noch gut werden. Der Ausgang hing mithin von der Frage ab, auf welcher Seite die größere Schnelligkeit entwickelt, ob Suworows vereinte Macht über Masséna, oder ob vorher Masséna über den vereinzelten Korsakow hereinbrechen würde.

Einstweilen herrschte in der Schweiz nach Karls Entfernung wochenlange tiefe Ruhe. Korsakow richtete sich in der neuen Stellung nach eigenwilligem Gutdünken ein, hörte auf niemandes Ratschlag und ließ seine Truppen großenteils auf Kosten der Einwohner leben. Masséna war seit der Einnahme der kleinen Kantone vor allem durch seinen persönlichen Streit mit Bernadotte in Anspruch genommen, wiederholte mehrmals sein Abschiedsgesuch und schickte endlich einen Offizier seines Vertrauens nach Paris, welcher am 12. September die Genugthuung hatte, zu der damals erfolgenden Entlassung Bernadottes mitzuwirken. Bis Masséna diese Nachricht empfing, war von irgend einer Bewegung in den französischen Quartieren nicht die Rede, und so wuchs mit jedem Tage für die Verbündeten die Wahrscheinlichkeit, daß Suworow rechtzeitig in die Schweiz gelangen und seine Vereinigung mit Korsakow bewirken werde. In vollem Behagen über diese neue Gestalt der Dinge wiegte sich einstweilen der Minister Thugut. Er hatte endlich wieder, wonach sein Herz sich so lange gesehnt, ein Heer von 70 000 Mann auf dem Boden des Deutschen Reiches, mit dem sich der verhaßte preußische Einfluß vernichten und auf die belgischen Verhältnisse ein starker Druck ausüben ließe. Aus Italien aber war der stets opponierende Suworow im Begriffe abzuziehen; hier stand, wie es schien, der weitesten Ausdehnung des österreichischen Gebietes auf der Welt nichts mehr im Wege. So sehr Thugut bisher bei den verbündeten Höfen jede Auskunft über seine Annexionspläne vermieden hatte, die, wie er sagte, stets von dem Verlaufe der Kriegsereignisse abhängig blieben, so hielt er es jetzt doch für unbedenklich, dem neuen englischen Gesandten, Lord Minto, einige Andeutungen zu geben. Er meinte, ganz Piemont und den gebirgigen Teil von Savoyen zur österreichischen Provinz zu machen: das sei, bemerkte er, das einzige Mittel, um der französischen Eroberungslust auf der italienischen Seite eine feste Schranke zu setzen. Das

englische Ministerium, welches mit Karl Emanuel niemals
Beziehungen gehabt, fand gegen diese Absicht nichts zu erinnern und hätte nur eine ähnliche Auskunft über die
Frage gewünscht, ob Thugut außer der Lombardei und
Venetien auch die Legationen und, wie manche meinten, sogar Toscana einzuverleiben trachtete. Dagegen wollte Lord
Grenville nichts hören von einer einmal hingeworfenen
Bemerkung Thuguts, ob man Belgien nicht dem Könige
von Sardinien zur Entschädigung anbieten wolle: hier
wünschte England den Franzosen eine starke Nachbarschaft
zu geben, sei es durch Vereinigung Belgiens mit Holland,
sei es durch Ueberweisung Belgiens an Preußen, ein Gedanke, dessen leiseste Andeutung Thuguts Blut in heftige
Wallung setzte. Zeigten sich hiernach schon manche Differenz-
punkte zwischen den Wünschen der beiden Höfe, so waren
die Engländer geradezu entrüstet über den vorzeitigen Abmarsch des Erzherzogs aus der Schweiz: Minto erhielt den
Auftrag, dem österreichischen Minister die runde Erklärung
zu geben, daß, falls hier nicht Wandel geschafft würde, England fernerhin nicht bloß ohne Rücksicht auf Oesterreichs Interessen, sondern auch im Gegensatze zu denselben vorgehen und
sich anderwärts (in Berlin) Verbündete suchen würde [1]).

So bedenklich lagen die Dinge damals zwischen Wien
und London. Thugut aber, in seiner, wie er meinte, jetzt
völlig unangreifbaren Stellung, ließ es sich wenig anfechten.
Vielmehr setzte er sich in seinem stolzen Selbstbewußtsein
gleichzeitig in eine Haltung gegen den russischen Bundesgenossen, welche ganz dazu angethan war, das schon so tief
zerrüttete Verhältnis zu Kaiser Paul vollständig zu sprengen.
Dieser trug sich nämlich seit Monaten mit dem Gedanken,
die österreichische Begehrlichkeit, die sich dabei stets in zu-
rückhaltendes Geheimnis hüllte, endlich an das volle Tageslicht zu ziehen und zu diesem Zwecke einen großen Kongreß
aller irgendwie beteiligten Staaten nach Petersburg zu berufen. Thugut hatte längst durch Cobenzl Kunde von diesem

---

[1]) Lord Grenville an Lord Minto 31. August.

Vorhaben und bei der ersten Meldung sich vorgenommen, auf diesen Anlaß einmal sein Herz auszuschütten, endlich einmal dem Hochmute Pauls die Wahrheit von Grund aus zu sagen. Als jetzt der Antrag in offizieller Form nach Wien gelangte, schrieb Thugut am 12. September die Antwortdepesche an Cobenzl. Zunächst ging er aus von den geheimen Verträgen von 1795, in welchen Rußland dem Kaiser Franz eine der russischen gleiche Erwerbung gewährleistet hätte: Treue und Glauben und Heiligkeit der Verträge seien nichtig, wenn Rußland aus Neid und Eifersucht an der Erfüllung seines Wortes mäkle; hier gebe es kein Drittes: entweder seien jene Verträge verbindlich, und dann müsse Rußland dem Kaiser Franz die entsprechende Vergrößerung erlangen helfen, oder sie seien es nicht, und dann folge daraus gebieterisch die Anerkennung, daß auch die durch dieselben geschaffene Teilung Polens nicht zu Recht bestehe und Polen wieder herzustellen sei; dann würde es Rußlands Sache sein, mit dem Beispiele der Uneigennützigkeit voranzugehen; denn wer so laut den anderen Gerechtigkeit zu predigen liebe, müsse damit beginnen, selbst gerecht zu sein. Oesterreich sei bereit, mit Rußland und England die Entschädigungsfragen zu verhandeln, nimmermehr aber auf gleichem Fuße mit den neapolitanischen und sardinischen Intriganten in einen Kongreß einzutreten. Cobenzl, hofft er, würde dem Inhalte dieser Weisungen bei seinen Gesprächen mit den russischen Ministern gewiß die angemessene Form zu geben wissen; aber sehr bestimmt macht er ihn, den steten Mahner zu möglichster Deferenz gegen Paul, darauf aufmerksam, daß niemals aus Rücksicht auf einen momentanen Ausbruch übler Laune die Würde einer großen Monarchie wie der österreichischen geschädigt werden dürfe.

Das alles war an sich selbst bündig und untadelhaft. Es konnte auch trotz aller Aufwallungen Pauls eine treffliche Wirkung erzielen, wenn nur die thatsächlichen Voraussetzungen sich verwirklichten, nämlich glänzende Erfolge am Rheine und in den Niederlanden und zugleich das Ausbleiben einer verderblichen Katastrophe in der Schweiz.

Siebentes Kapitel.

Die Entscheidung in der Schweiz.

Wir überblicken noch einmal die weitgreifenden Hoffnungen, mit welchen die verbündeten Höfe in die Ausführung ihres neuen Feldzugsplanes eintraten. England rechnete auf die Eroberung der holländischen Flotte, die Herstellung Oraniens in den sieben Provinzen, die Ausdehnung der antifranzösischen Bewegung durch ganz Belgien. In Wien meinte man den Erzherzog mit gewaltiger Waffenmacht in diesen Verlauf eingreifen und den Rhein entlang nach Belgien hinein den Willen Oesterreichs in entscheidender Kraft geltend machen zu sehen. Kaiser Paul erwartete von dem stets siegreichen Ungestüm Suworows die rasche Ueberflutung Helvetiens und dann in unwiderstehlicher Verfolgung den Einbruch in die Franche-Comté, die Erhebung der französischen Royalisten, den Sturz der gottverhaßten Republik. In der That, wäre an jedem Punkte geschehen, was eine einsichtige, einträchtige und energische Führung mit den vorhandenen Kräften hätte leisten können, so wäre die Gefahr für die auf allen Seiten bedrängte Revolution nicht gering gewesen.

Aber wo war Einsicht und Eintracht? Wo war die Einsicht, daß die erste Bedingung jedes Erfolges die Eintracht war? Und wo war die Verbindung von Energie und Einsicht, ohne welche das Ungestüm zur Thorheit und die kluge Erwägung zur Mattherzigkeit wurde?

Auch dieses Mal war dafür gesorgt, daß die Bäume nicht in den Himmel wuchsen.

Wir beginnen unsere Erzählung mit dem holländischen Unternehmen, welches früher als die beiden anderen seine Bewegungen begann.

Seit dem Juni, wie wir sahen, war man in Rußland und England mit den Vorbereitungen zu der großen Expedition beschäftigt. Indessen zeigte sich auch hier, wie wenig ausreichende Mittel Kaiser Paul besaß, seine Ansprüche auf die Lenkung Europas durch reale Kräfte zu verwirklichen. Wie seine Landheere in Italien und der Schweiz ohne schweres Geschütz, ohne hinreichende Munition, ohne das erforderliche Fuhrwerk erschienen, so kostete es unendliche Zeit und Mühe, um für die batavische Expedition die ver= heißenen 18 000 Mann, und dann auch diese wieder in gleicher Unzulänglichkeit, mobil zu machen. Russische Schiffe zur Ueberfahrt gab es nur für einen Teil derselben; für die Beförderung des Restes mußte England sorgen, und es wurde Mitte August, ehe die Fahrt von Reval aus be= ginnen konnte. In England wuchs die Ungeduld von Tag zu Tag; die Agenten, die man in Batavien unterhielt, gaben die besten Nachrichten über die Stimmung des Lan= des; wenn man sie hörte, waren Volk, Armee und Flotte einig, bei dem ersten Erscheinen der Befreier das französische Joch abzuwerfen und sich mit Jubel um das oranische Banner zu scharen. So kam man in London zu dem Entschlusse, die erste englische Division, 12 000 Mann unter General Abercromby, ohne weiteres Zaudern allein hinüberzusenden und die übrigen Truppen, englische und russische, nachzu= schicken, wie sie eben segelfertig würden. In der That war ein rasches Vorgehen in jeder Hinsicht ratsam. Denn zur Zeit waren die Verteidigungsmittel des Feindes schwach und zersplittert: General Brune, der nach seinen eigen= mächtigen Staatsstreichen in der Cisalpina aus Italien ab= berufen und zum Oberbefehlshaber in Batavien ernannt worden war, hatte 14 000 Franzosen als Besatzung nach See= land gelegt, wohin er den ersten Angriff der Engländer gerichtet glaubte; die batavischen Truppen sollten, 10 000 Mann unter General Daendels die holländische Küste, 6000 unter General Dumonceau die Grenze gegen Deutschland decken. Sir Ralph Abercromby, der seine Landung in Nord= holland zu bewerkstelligen hatte, fand also dort nur die Division Daendels vor sich, gegen die er sehr wohl bis zur Ankunft der übrigen Abteilung bestehen mochte.

Er verließ die englische Küste am 13. August, jedoch verzögerte widriges Sturmwetter die Fahrt so sehr, daß die Landung erst am 27. nicht weit von Helder an dem Marsdiep, der schmalen Meerenge zwischen der Insel Texel und der äußersten Spitze des Festlandes, erfolgen konnte. Aus mehrfachen Gründen war dieser Punkt gewählt worden. Einmal konnten hier Flotte und Landheer zum Angriff auf die bei Texel liegenden batavischen Kriegsschiffe zusammen wirken. Sodann befand man sich hier auf einer schmalen, kaum eine Meile breiten Landzunge zwischen dem Nordmeer und der Zuydersee, deren westliche Hälfte von den sandigen Dünen bedeckt war, deren östlicher Boden aus zum Teil morastigen, von Dämmen und Kanälen durchschnittenen Wiesen bestand, wo mithin Abercrombys kleine Schar auch gegen eine große Ueberzahl sich ohne Mühe verteidigen konnte. Dies zeigte sich gleich am ersten Tage, wo Daendels mit einer eilig zusammengerafften Abteilung die Ausschiffung zu hindern suchte, aber an keiner Stelle etwas auszurichten vermochte. Am 28. August erschien die zweite englische Division, 5000 Mann, unter General Dow: man hatte jetzt Mittel genug, um mit einem Teile der Truppen dem zurückweichenden Daendels südwärts zu folgen, mit einem anderen die nördlichen Küstenpunkte zur Bedrohung des batavischen Geschwaders zu besetzen. Durch ihre Batterien gedeckt, drang Vizeadmiral Mitchel in das Marsdiep ein und forderte die Holländer zur Ergebung auf. Der batavische Admiral Story wies das mit Unwillen zurück; aber bei dem Anblick der oranischen Farben, die überall auf den verbündeten Schiffen wehten, brachen die batavischen Matrosen in einmütigem Aufstande los und überlieferten sich und ihre Flotte, 10 Linienschiffe und 12 Fregatten, dem Feinde, am 31. August. Es war ein müheloser und wichtiger Erfolg, der in ganz England mit stürmischem Jubel begrüßt wurde. Dort hatte man nur den einen Gedanken, die ganze Seemacht des alten Nebenbuhlers in der eigenen Hand zu halten: in diesem Sinne verfuhr man mit der glänzenden Beute, setzte die holländischen Matrosen an das Land, bemannte die Schiffe mit englischen Seeleuten und brachte sie dann sämtlich in die britischen Häfen hinüber. Von diesem Augenblicke an war es in Batavien mit jeder Hinneigung zu den angeblichen Befreiern, mit jeder Spur von oranischer Begeisterung vorbei. Keine Hand rührte sich weiter zur Unterstützung der Expedition.

Indessen beeilte sich General Brune, der am 2. September persönlich in Alkmaar anlangte, aus allen Teilen der Republik Verstärkungen heranzubringen. Am 8. hatte er 7000 Franzosen unter Vandamme und 14 000 Bataver beisammen; wohl wissend, daß die Gegner in naher Frist ihre Stärke verdoppeln würden, versuchte er am 10. einen heftigen Angriff auf Abercrombys Stellung. Allein auf den schmalen Dämmen, auf welchen seine Truppen vorgehen mußten, litten sie entsetzlich durch das Feuer der englischen Geschütze; zuletzt hemmte ein breiter Kanal, dessen jenseitiges Ufer von dem feindlichen Fußvolk dicht besetzt war, ihre Bewegung ganz und gar; mit einem Verluste von beinahe 2000 Mann mußten sie ihren Rückzug antreten. Brune erkannte, daß auf diesem Terrain die Verteidigung immer stärker als der Angriff war, nahm jetzt seinerseits Stellung bei Bergen hinter dem großen Kanal von Alkmaar, deckte jeden wichtigen Punkt durch Feldschanzen, durchschnitt die Dammstraßen mit breiten Gräben und wartete so der weiteren Entwickelung der feindlichen Absichten. Zugleich war er rastlos thätig, sonstige Truppenteile heranzuziehen, Rekruten auszuheben, Lebensmittel aufzuhäufen. Er war, wie wir wissen, ein gewissenloser Demagoge, ein raubsüchtiger Plusmacher und ein sehr mittelmäßiger Feldherr: hier aber, wo es nur darauf ankam, standzuhalten und zu raufen, zeigte er sich energisch wie irgend ein Jakobiner von 1793.

Am 12. September landeten die letzten englischen Truppen und mit ihnen der Herzog von York, dessen soldatischem Eifer trotz der schlimmen Erfahrungen von 1794 man wieder den Oberbefehl über die gesamte Expedition anvertraut hatte. Bereits tags zuvor war eine russische Division und

mit derselben General Hermann gekommen; in der Zeit vom
13. bis zum 17. folgten die übrigen; so stand denn endlich
am 18. September die ganze Streitmacht, 28 000 Engländer und 15 000 Russen[1]), auf holländischem Boden, und
die schwere Aufgabe der Offensive ging nun an die Verbündeten über. Man empfand ihre Dringlichkeit, da das
Herbstwetter kalt und regnerisch wurde, die Wiesen sich mit
Wasser bedeckten, die Luft mit dickem Nebel erfüllt war
und der Krankenstand bedenklich zu werden drohte. Gleich
für den 19. September befahl also York einen allgemeinen
Angriff: die Russen sollten rechts am Meeresufer entlang
auf den Dünen, die Engländer links im Lande durch die
Wiesen hindurch auf Bergen und Alkmaar vordringen.

Da geschah nun, daß die Russen, man weiß nicht aus
welchem Anlaß, bereits um 4 Uhr morgens, noch in tiefem
nächtlichem Dunkel, ihre Bewegung begannen, die nächsten
feindlichen Posten mit wildem Angriff vor sich her trieben,
in der Verfolgung aber sehr bald selbst in Unordnung gerieten, so daß auf und zwischen den sandigen Dünen jeder
einzelne sich seinen Weg suchte und allmählich die Bataillone
sich vollständig in eine verwirrte, immer vorwärts bringende
Masse auflösten. In einem solchen Zustand erreichten sie
gegen 8 Uhr den Mittelpunkt der feindlichen Stellung,
das Städtchen Bergen, in dem Augenblicke, als auf dem
linken Flügel die Engländer erst zum Vormarsch antraten
und ihrerseits den Angriff der Bataver kräftig und wuchtig,
aber in höchst bedächtigem Schritte eröffneten. So gewann
Brune Zeit, von allen Seiten her überlegene Verstärkungen
auf die Russen in Bergen zu werfen und sie in Front und
beiden Flanken erdrückend zu bedrängen. Sie wurden vollständig geschlagen, an 1800 Mann blieben tot oder gefangen
auf dem Platze, 1200 wurden verwundet, der Rest eilte
in hastiger Flucht wieder in die frühere Stellung zurück.

---

[1]) Miliutin V, 279 erörtert die abweichenden Angaben, ohne
jedoch zu erläutern, wie es kommt, daß am 19. nur 33000 Mann
in Aktion sind, und andererseits, daß York am 20. noch 15000
findet, die nicht mitgekämpft haben.

Der Kommandant des russischen Corps, General Hermann, fiel mit mehreren höheren Offizieren in die Hand des Feindes. Diese Niederlage des rechten Flügels vereitelte sofort alle Bemühungen der übrigen Heeresteile. York gab das Signal zum allgemeinen Rückzug.

Die Lage der Verbündeten begann unbequem zu werden. Die glänzenden Hoffnungen auf eine unterstützende Erhebung des Landes waren völlig zerronnen; vielmehr strömten Verstärkungen aus allen Provinzen in Brunes Lager; aus Belgien kam eine neue französische Division, welche für Brune die Verluste des letzten Kampfes reichlich ersetzte. Indes ließ York den Mut noch nicht sinken. Er schob das Unglück des 19. lediglich auf das leidige Versehen des übereilten russischen Angriffs und hoffte auf besseres Glück, wenn man künftig solche Fehler verhüte. Es wurde also mit gründlicher Umsicht die Disposition zu einem erneuten Kampfe entworfen und alle Vorbereitungen dazu auf das sorgfältigste durchgeführt. Am 2. Oktober, morgens 6 Uhr, brachen die Truppen auf, dieses Mal sie alle in demselben Moment, die Russen im Zentrum, die Engländer auf beiden Flügeln. Wieder zeigte sich die Schwierigkeit des Vorgehens auf den schmalen Dämmen, der Ueberschreitung der tiefen Kanäle, so daß man zwischen den Wiesen nur sehr langsam unter schweren Opfern den Feind zurückdrängte. Besser gelang es aber der rechten englischen Kolonne auf den Dünen; allmählich bis auf 13 000 Mann verstärkt, gewann sie immer weiter Boden, bis sie gegen Abend die französische Stellung bei Alkmaar vollständig überflügelt hatte. Jedoch war keine der feindlichen Abteilungen gründlich besiegt oder zersprengt, und als der Abend hereindunkelte, war Brune im stande, vom Gegner unbelästigt, die ganze bisherige Stellung zu räumen und zwei Meilen weiter rückwärts, bei Bacum und Castricum, eine noch engere und festere, durch größere Wasserflächen begrenzte Position zu beziehen. So hatte der Tag den Verbündeten ungefähr 2000 Mann gekostet, einen irgendwie entscheidenden Vorteil aber nicht gebracht. Man war der Stadt Amsterdam um

einige Meilen näher gerückt, aber nach wie vor war die
Straße dorthin durch einen unbezwungenen Feind verlegt.
Bereits mit schwindendem Vertrauen ließ York seinen Vor=
trab noch einen Versuch gegen Bacum machen, der jedoch
in ähnlich ungünstiger Weise wie das Treffen am 19. Sep=
tember verlief. Die Russen stürmten in wütendem Eifer
vorwärts, drangen tief in die feindliche Schlachtordnung
ein und wurden hier erdrückt, ehe die langsamer folgenden
Engländer herankamen, so daß eine Flut von gegenseitigen
Beschuldigungen das einzige Ergebnis des schlimmen Tages
war.

Seitdem waren die verbündeten Generale einig in der
Auffassung, daß das Unternehmen hoffnungslos geworden
sei. Während der Feind fortdauernd Zuzug erhielt, war
man selbst ohne jede Aussicht, die entstandenen Lücken aus=
zufüllen. Und deren Umfang wurde täglich drohender.
An 10 000 Mann hatten die bisherigen Gefechte gekostet,
eine ebenso große Zahl lag krank in übel versorgten Laza=
retten; die Verpflegung der Truppe, die nur von England
her zur See erfolgen konnte, wurde immer unsicherer, je
stürmischere Tage die Annäherung des Winters drohte. Auf
den Antrag der englischen Divisionsgenerale ging man zu=
nächst in die frühere Stellung nicht weit von Helder zurück:
am 15. Oktober beschloß darauf der Kriegsrat einstimmig,
dem französischen General einen Waffenstillstand zum Zwecke
der ungestörten Wiedereinschiffung der verbündeten Truppen
vorzuschlagen. Nach dreitägiger Besprechung wurde hierauf
derselbe in Alkmaar abgeschlossen. Der Traum einer ora=
nischen Restauration in Holland, einer Verjagung der Fran=
zosen aus Belgien war zu Ende.

Dieser klägliche Ausgang des mit so großen Entwürfen
begonnenen Unternehmens machte in England, wo man sich
des Besitzes der batavischen Flotte erfreute, nur geringen
Eindruck. In Petersburg diente er dazu, die allgemeine
Verdrießlichkeit des Zaren zu steigern und auf England
auszudehnen, ohne jedoch im Augenblicke besondere Ent=
schließungen hervorzurufen. Was Oesterreich betraf, so war

Thugut gegen Rußland und England hinreichend aufgebracht,
um über ihre holländische Niederlage keinen besonderen
Schmerz zu empfinden: Erzherzog Karl hatte aber niemals glänzende Vorstellungen von dem Erfolge der Expedition oder gar von seiner Mitwirkung zu den Zwecken derselben gehabt und war zur Zeit ihrer Beendigung vollauf
von Sorgen ganz anderer Richtung in Anspruch genommen.
Wie wir wissen, hatte er Ende August die Schweiz mit der
größeren Hälfte seines Heeres verlassen, in einer augenblicklichen Erbitterung über Korsakows Beschränktheit und Hals-
starrigkeit, aber keineswegs in ruhiger Ueberzeugung von
der Richtigkeit seines Entschlusses. Vielmehr blieb bei ihm
der Gedanke lebendig, daß bei seiner Entfernung vor Suworows Eintreffen eine schwere Gefahr die Interessen der
Koalition in der Schweiz bedrohe, während er geringe Aussicht habe, mit seinen halbierten Kräften am Niederrhein
einen entsprechenden Gewinn davonzutragen. In diesem
Sinne schrieb er am 4. September dem Kaiser und trug
kein Bedenken, seine Auffassung der Lage auch dem englischen Geschäftsträger Wickham unumwunden auszusprechen.
Viel zu groß, sagte er, sei die Entfernung bis zu dem
holländischen Kriegstheater, als daß er sich schmeicheln dürfe,
den Herzog von York auf wirksame Art zu unterstützen.
Er habe also nur den Wunsch, gleich nach Vertreibung der
Franzosen vom rechten Rheinufer baldmöglichst wieder an
den Oberrhein zurückzukehren, um durch die Berennung von
Hüningen und Belfort erfolgreich mit Suworow zusammenzuwirken. Er ließ dann auch 24 000 Mann im Rücken des
Schwarzwaldes zurück und ging nur mit 28 000 zur Bekämpfung der bei Mannheim über den Rhein gegangenen
Franzosen vor. General Müller, der damalige Führer der
französischen Rheinarmee, verfügte im ganzen über ungefähr
50 000 Mann, wovon aber 30 000 als Garnisonen auf die
festen Plätze zwischen Basel und Düsseldorf fielen und
mithin kaum 20 000 Mann für die Angriffsbewegung auf
dem rechten Ufer verwendbar blieben. Thatsächlich also
wäre zu ihrer Bekämpfung eine so starke Entsendung aus

der Schweiz, wie sie der Erzherzog jetzt bewerkstelligt hatte, in keiner Weise nötig gewesen: auch ohne eine solche hätte General Sztarray Kräfte genug besessen, dem französischen Lusthiebe zu begegnen. Freilich machte der feindliche Vorstoß Lärmen genug in den schwachen Territorien des Heiligen Römischen Reiches, beinahe wie sieben Jahre früher Custines Angriff auf Worms und Mainz. Wieder erhoben die fürstlichen Regierungen der kleinen Staaten einen jämmerlichen Hilferuf; dagegen zeigten sich dieses Mal die Bauern unerschrocken und bildeten unter dem Pfälzer Obersten Wrede einen Landsturm, welcher den feindlichen Streifscharen an hundert Punkten empfindlichen Abbruch that. Als sich dann die ersten Posten des Erzherzogs dem badischen Lande näherten, gaben die Franzosen auf der Stelle die Berennung von Philippsburg auf und beeilten ohne irgend welchen Widerstand ihren Rückzug über den Rhein. Nur etwa 4000 Mann unter General La Roche wurden in Mannheim zurückgelassen, zweckloserweise, da die Franzosen selbst die Festungswerke der Stadt zu schleifen begonnen und jetzt die Herstellung derselben nur sehr unvollständig zu stande gebracht hatten. Als demnach am 18. September die Kolonnen des Erzherzogs vor Mannheim erschienen, schlugen zwar in der Hauptfronte des Platzes die Franzosen die ersten Angriffe erfolgreich zurück, dann aber wurde, südlich von der Stadt, dicht am Rheine, das Dorf Neckarau von den Oesterreichern mit stürmender Hand genommen; die Sieger drangen darauf stromabwärts vor, schossen die Rheinbrücke in Trümmer und schnitten hiermit der Besatzung den Rückzug ab. Sofort ging ein lähmender Schrecken durch die französischen Reihen, und von allen Seiten her drangen die Kaiserlichen in die Straßen ein; der größte Teil der Besatzung wurde erschlagen oder gefangen genommen.

Es war eine stattliche Waffenthat, welche jedoch bei der allgemeinen Lage der Dinge erhebliche weitere Folgen nicht haben konnte. Der Erzherzog ließ jetzt seinerseits die Schleifung der Festungswerke vollenden und traf einzelne Sicherheitsmaßregeln zur Deckung des rechten Ufers. So ver-

gingen etwa zehn Tage, da erhielt er Schlag auf Schlag
schlimmere Nachrichten aus der Schweiz, als er sie jemals
befürchtet hatte, und beeilte sich, mit Zurückstellung jeder
anderen Rücksicht, seine ganze Aufmerksamkeit und Thätigkeit
wieder nach dieser Seite zu wenden. Die Katastrophe des
ganzen Krieges war dort zur Vollendung gekommen; es ist
unerläßlich, ihr eine näher eingehende Betrachtung zu
widmen.

Wir verließen Suworow in dem Augenblicke, wo er,
durch die Ordre des Kaisers Franz zum sofortigen Abmarsche
nach der Schweiz in die höchste Aufregung versetzt, alles
aufbot, die große Ablösung hinauszuschieben. Da empfing
er am 3. September in seinem Lager zu Asti das Schreiben
des Erzherzogs, welches ihm dessen Zug gegen Mannheim
und die neue Aufstellung Korsakows und Hotzes meldete
und ihm zugleich die verdoppelte Dringlichkeit seiner eigenen
Ankunft in Helvetien einschärfte. Die Kunde traf den Feld=
marschall wie ein Donnerschlag. Allerdings, wahrheits=
gemäß konnte er nicht sagen, daß sie ihm unvorbereitet ge=
kommen. Denn es war nichts geschehen, als was Karl
ihm bereits durch die Briefe vom 5. Juli und vom 20. Au=
gust in Aussicht gestellt hatte, eine starke Entsendung gegen
das französische Rheinheer, deren Ersatz nur von den ita=
lienischen Streitkräften Suworows gegeben werden konnte.
Aber der Feldmarschall hatte auf diese Ankündigungen wenig
Gewicht gelegt, sondern umgekehrt die Meinung festgehalten,
daß auch, wenn die drei Höfe die Ablösung im Prinzip
beschlossen hätten, die Zeit und Art der Ausführung schließ=
lich doch von keinem anderen als von ihm selbst geregelt
werden würde. Er hatte nicht glauben wollen, daß Thu=
gut faktisch vorgehen könnte, ohne seine Meinung auch nur
erst zu hören. Jetzt war es dennoch geschehen, und er sah
sich damit geradezu in den Zwang versetzt, zu gehorchen,
ohne Zögern zu gehorchen. Denn seinem scharfen Blicke
war es freilich klar genug, daß bei der jetzigen Verteilung
des Oberbefehls die Lage der Dinge in der Schweiz auf die
Dauer unhaltbar sei, daß er jetzt keine Wahl mehr habe

und hinübergehen müsse. So entschloß er sich denn, wenn=
gleich mit dem tiefsten Widerwillen, die nötigen Befehle zu
erlassen. Vor allem aber mußte er seinem Herzen Luft
machen und für den Haß, der seine Seele bewegte, in
Petersburg neuen Wiederhall erwecken. Gleich am 3. Sep=
tember schrieb er dem Minister Rostopschin unter Mitteilung
der empfangenen Kunde: „Wie kann dieser Thugut, dieser
Kanzleischreiber, diese Nachteule, und wenn er auch mit dem
Schwerte Skanderbegs umgürtet wäre, aus seinem dunkeln
Neste eine Armee befehligen und über die im Felde jeden
Augenblick sich ändernden Umstände gebieten? Kaum hatte
ich angefangen, die durch sein System erlittenen Einbußen
wieder herbeizubringen, als er in seiner Unvernunft mich
durch Frankreich erdrückt und dazu sich des Erzherzogs Karl
recht sehr geschickt bedient." Dann am 4. noch viel aus=
führlicher an den Kaiser Paul. Es war die heftigste Wieder=
holung der alten Klagen, über die Kränkung, die er durch
die Verhinderung seiner politischen Maßregeln in Piemont
erlitten, über Oesterreichs überall umhergreifende Habgier,
über die empörende Gleichgültigkeit des Kaisers Franz gegen
die russischen Truppen, über das grobe und ungeschliffene
Verhalten der österreichischen Offiziere gegen ihre Verbün=
deten, endlich über diese letzte Anordnung, welche die Russen
in die Schweiz entferne und ganz Italien damit dem öster=
reichischen Eigennutze preisgebe. Ein Widerspruch gegen
dieselbe, sagt er, würde die übelsten Folgen haben, und um
diese zu verhüten, habe er sich denn entschlossen, den be=
schwerlichen Feldzug in der Schweiz zu übernehmen. Aber
das ganze Verfahren des Wiener Hofes sei ihm unbegreif=
lich, wenn er bedenke, daß es nur eines Winkes des Zaren
bedürfe, um durch Abberufung der russischen Truppen alle
hochfahrenden Pläne Oesterreichs zu vereiteln. Diese Re=
flexion, in diesem Zusammenhange, war gleichbedeutend mit
einem förmlichen Antrage auf Zerreißung der österreichischen
Allianz. Von solchen Gedanken erfüllt, erhob er sich lang=
sam und murrend zur Lösung seiner neuen Aufgabe.

Die Ueberlieferung der Citadelle von Tortona stand

nach den eingeleiteten Unterhandlungen, wenn kein siegreiche
Entsatz erschien, auf den 11. September in Aussicht. D
in jener Zeit 88 000 Oesterreicher in Italien standen, s
konnte bei angemessener Verwendung derselben weder fü
Moreaus besiegte Reste noch für Championnets kleines Alpen
heer eine Möglichkeit für die Rettung des Platzes sein.
Indessen wollte Suworow die Einnahme noch der Liste seine
Erfolge zugezählt wissen und bestimmte also erst den 8. Sep
tember für den Aufbruch der Russen aus Novi und Asti
Ueber die nächste und wichtigste Frage, die Wahl der nac
der Schweiz einzuschlagenden Straße, war er ohne lange
Besinnen entschieden. Am 5. September erließ er eine
Zirkularbefehl an Korsakow, Hotze und den in Chur auf=
gestellten österreichischen General Lincken, worin er denselben
anzeigte, daß er mit den russischen Truppen und der öster=
reichischen Brigade Strauch am 17. in Airolo am Fuße de
St. Gotthard eintreffen und am 19. diesen Berg angreifen
werde; damit er den Uebergang über den St. Gotthar
möglichst glücklich ausführen und von dort in die Thäle
der oberen Reuß und der oberen Linth eindringen könne,
würden die drei Generale ihrerseits den Feind an alle
Punkten angreifen, Lincken und Hotze zwischen dem Zuge
und Züricher See vordringen, Korsakow die Limmat über=
schreiten; Suworow werde unterdes den Luzerner See ent
lang im Vorrücken bleiben und somit endlich alles sich an
rechten Ufer der unteren Reuß vereinigen. Dies sei da
einzige Manöver, welches für die künftigen Operatione
entscheidende Folgen verspreche. Zur Ausarbeitung de
speziellen Marschplanes erwarte der Feldmarschall umgehende
genaue Nachricht über die Stellung der verbündeten un
feindlichen Truppen, über Terrainschwierigkeiten und Hülfs=
mittel des Landes, sowie die Ansichten der Generale über
das beste Zusammenwirken der verschiedenen Heerteile.
    Wie wir sehen, enthielt das Schreiben nicht etwa eine
Aufforderung zu einem Gutachten über die Wahl der Straße,
ob Simplon oder Gotthard, ob Bernhardin oder Splügen;
diese stand bereits bei Suworow fest; die Generale empfingen

die allgemeinen darauf gegründeten Instruktionen und sollten ihrerseits nur über die Einzelheiten der Ausführung berichten. Die Meinung des Feldmarschalls ging also dahin, die Vereinigung der drei Heerteile, seines eigenen, Hotzes und Korsakows, erst auf dem Schlachtfelde zu suchen; Massénas Hauptstellung zwischen Limmat und Reuß sollte gleichzeitig durch Korsakow in der Front, durch Hotze in der Flanke, durch Suworows Marsch den Luzerner See und die Reuß entlang im Rücken angegriffen und eben durch dieses Zusammenwirken die Verbindung der alliierten Massen auf der Siegesstätte selbst vollzogen werden. Es war also wieder eine strategische Umzingelung zur gründlichen Vernichtung des Gegners, ein Manöver, wie es 1794 General Mack für die Schlacht von Tourcoing, Carnot zur Erdrückung Koburgs, 1796 Wurmser zur Zermalmung Bonapartes, endlich erst vor drei Monaten General Moreau bei Macdonalds Annäherung zur Uebewältigung Suworows ausgesonnen hatten. Bei ihnen allen aber war der Erfolg entweder nichtig oder unheilvoll gewesen, und zwar immer aus demselben einfachen Grunde, weil bei der weiten Entfernung der einzelnen Heerteile voneinander der zwischen ihnen stehende Gegner dieselben einen nach dem anderen mit seiner Gesamtmacht anzufallen und zu überwältigen vermochte. Und wie viel größer und augenfälliger als in irgend einem der vorher angeführten Fälle war dieses Mal eine solche Gefahr. Von Airolo, wo Suworows militärische Thätigkeit zu beginnen hatte, betrug in der Luftlinie die Entfernung bis zu Hotzes Stellung ungefähr fünfzehn, bis zu Korsakow nahe an zwanzig Meilen. Dieser Raum aber war zu zwei Dritteln mit einer der höchsten und damals ungangbarsten Alpenketten Europas ausgefüllt; der gewählte Uebergangspaß war in jener Zeit nur mit einer Saumstraße versehen, so daß Suworow sein Feldgeschütz nicht mit sich führen konnte; dabei war das Gebirge im Besitz des Feindes, der an vielen Stellen das enge, durch steile Abhänge begrenzte Defilee mit geringer Macht abzusperren vermochte; zuletzt endete die Straße am Luzerner See, dessen Wellen auf beiden Seiten jäh abfallende Felswände bespülten, so daß man zu Lande nur auf schwindelnden Fußpfaden über unwegsame Höhen aus dem Kanton Uri nach Schwyz hinüberkommen konnte. Diesen Umstand hatte General Hotze in seiner Beantwortung des Zirkularbefehls zwar beiläufig, aber ganz ausdrücklich erwähnt: Auffenberg, hieß es dort, wird von Amsteg über Altdorf auf einem Fußsteig in den Kanton Schwyz gelangen, um sich mit mir zu vereinigen. Wie viele Zeit mußte also im günstigsten Falle vergehen, ehe Suworows zwanzig Tausende alle diese Hindernisse überwanden; wie leicht konnte es geschehen, daß während ihres mühselig langsamen Vordringens Masséna seine Uebermacht ungestört auf Korsakow oder Hotze zerschmetternd niederschlagen ließ! Und in welche Lage geriet dann Suworow mit seiner im rauhen Hochgebirg vereinzelten Schar!

Dies alles ist so handgreiflich klar, daß meines Wissens alle militärischen Beurteiler in seltener Einstimmigkeit die Wahl des St. Gotthard als eine an sich verkehrte und für das Unternehmen verderbliche bezeichnet haben[1]). Wie so völlig anders stellten sich die Dinge, wenn Suworow von Bellinzona aus über den Bernhardin ging und von dort, in die Splügenstraße einmündend, das Rheinthal hinabzog. Die räumliche Entfernung von Hotze war wenig weiter als auf der Gotthardstraße; der Marsch aber war durch Lincken gegen jede feindliche Störung gesichert; acht Tage nach dem Aufbruch von Bellinzona war die Verbindung aller Streit-

---

[1]) Selbst Miliutin hat dagegen sachlich nichts aufzubringen und weiß den russischen Feldmarschall nur insoweit zu entschuldigen, als er dessen österreichische Generalstabsoffiziere anklagt, jenen über die Schweizer Geographie nicht besser unterrichtet zu haben. Er scheint nicht zu fühlen, welch ein Armutszeugnis er damit seinem Helden ausstellt. Es gab auch damals Karten und geographische Bücher, wenngleich nicht so vervollkommnet wie heute: zudem hatten verschiedene Brigaden von Suworows Armee mehrfach dort im Hochgebirge gekämpft; jeder Bewohner Bellinzonas hätte Auskunft geben können: genug, niemals ist die Beziehung auf die Unmöglichkeit geographischer Erkenntnis schlechter am Platze gewesen als hier.

kräfte an der Linth und Limmat ohne Kampf erreicht, und
wenn Masséna während dieser Zeit auf Korsakow oder Hotze
drückte, konnten sich diese in gemessener Ruhe auf Suworows
herannahende Abteilung zurückziehen. Dann waren hier
51 000 Russen und Schweizer in gedeckter Stellung gegen
60 000 Franzosen vereint[1]); selbst abgesehen von einer Mitwirkung Hotzes und seiner 22 000 Oesterreicher konnte dann
von einer ernstlichen Gefahr keine Rede mehr sein, und
wenn Suworow es nicht gleich auf eine kühne Offensive
wagen wollte, mochte er in aller Ruhe die Ankunft seiner
weiteren Verstärkungen, der Emigranten, Bayern und Würt-
temberger abwarten.

Wie kam es, daß trotz aller dieser offenliegenden, gar
nicht zu widerlegenden Momente Suworow sich dennoch für
das halsbrechende Wagnis, für den Marsch über den Gotthard, entschied? Er hat sich in mehreren Denkschriften
darüber ausgesprochen, in denen stets der Satz wiederholt
wird, dieser Weg sei der beste, weil er alle Truppenteile in
der kürzesten Weise zu einem konzentrischen Angriffe auf den
Feind von allen Seiten heranführe. Den ebenso unleug-
baren Einwand, daß der Feind unterdessen die einzelnen
Abteilungen getrennt schlagen könne, berührt er nicht mit
einer Silbe. Man pflegt dies mit seiner angeblichen Unkenntnis der Lokalitäten oder mit dem tollkühnen, die Gefahr verachtenden Ungestüm seines Charakters zu erläutern:
in der That aber war er viel klüger oder listiger, als solche
Annahmen voraussetzen, und es hätte wunderlich zugehen
müssen, wenn er, der an der Trebbia Moreaus falsches
System so glänzend ausbeutete, jetzt seinerseits ohne jedes

---

[1]) Von Massénas 82 000 Mann standen über 9000 am Südfuße des Simplon bei Domo d'Ossola, andere 9000 am Rheinufer,
nicht weit von Basel, zur Beobachtung Nauendorfs, 3000 gaben
die nötigsten Garnisonen im Inneren Helvetiens. Unter den
obigen 60000 ist noch dazu die Division Lecourbe ganz mitge-
rechnet, von der es sehr zweifelhaft war, ob sie nicht einen Teil
ihrer Mannschaft zur Bewahrung der Gotthardstraße gegen Strauch
und Lincken hätte zurücklassen müssen.

Bewußtsein in den gleichen Fehler hineingetappt wäre. Eine andere Erklärung dünkt uns wahrscheinlicher. Suworow war amtlich davon unterrichtet, daß seine Truppen den General Hotze ablösen sollten, ganz so, wie Korsakow an die Stelle des Erzherzogs eingerückt war. Nahm er nun den Weg in das Rheinthal, so hatte zwar seine Vereinigung mit Hotze und Korsakow keine Hindernisse vom Feinde mehr zu befürchten; höchst wahrscheinlich aber hatte dann Hotze die größte Masse seiner Truppen ohne weitere Teilnahme an Schweizer Kämpfen sofort nach Deutschland hinweg= zuführen und Suworow blieb mit seinen 50 000 zwar ungefährdet, aber auch ohne Aussicht auf rasche und glänzende Erfolge zurück, während vielleicht die Oesterreicher mit ihrer Uebermacht große Lorbeeren über die schwache Rheinarmee davontrugen. Eine solche Vorstellung mußte bei seiner damaligen Stimmung dem Feldmarschall geradezu unerträglich sein. Dagegen, wenn er die Gotthardstraße einschlug, so kam Hotze gar nicht in den Fall, seine Mit= wirkung zu weigern; dann verfügte der Feldmarschall für die ersten Kämpfe im ganzen über 72 000 Mann, und erst nach einem hoffentlich entscheidenden Siege über Masséna fand die Vereinigung aller Heerteile statt, die Vereinigung, nach deren Vollzuge Hotze erst von Ablösung und Entfer= nung reden durfte.

Gleichviel indes aus welchen Gründen, am 5. September stand der Entschluß bei Suworow fest, lieber das gewagte und glänzende als das bescheidene und sichere Spiel zu spielen. Nichts hätte nun dringender erscheinen können als die möglichste Beschleunigung des Marsches, da mit jedem verlorenen Tage die Wahrscheinlichkeit wuchs, daß Korsakow die Wucht des französischen Schwertes vor der rettenden Ankunft des Feldmarschalls empfinden würde. Aber dafür schien bei Suworow kein Gefühl vorhanden zu sein. Seit= dem er am 27. August den ersten Befehl aus Wien em= pfangen, hatte er bereits eine volle Woche vorübergehen lassen, in der nicht das geringste für den großen Zweck ge= schehen war. Jetzt war der 8. September für den Abmarsch

festgesetzt; am 7. fand er noch einmal Muße für zwei lange
Schreiben an Kaiser Paul, die wahrlich nicht zur Förderung
des Unternehmens bestimmt oder geeignet waren[1]). Nochmals bringt er die alten Klagen über das unnütze Einreden
des Hofkriegsrates in seine Thätigkeit, über die Geringfügigkeit der bisherigen österreichischen Verluste, über das drei-
monatliche Stillsitzen des Erzherzogs vor. Er befürchtet
sehr, daß auch in diesem Augenblicke, in dem vor allem
das einmütige Zusammenwirken aller verbündeten Truppen
erforderlich ist, Karl und Melas in ihrer Unterthänigkeit
gegen den Hofkriegsrat wieder versagen werden; er ver-
spricht sich also von dem neuen Operationsplan sehr wenig
Vorteile für die allgemeine Sache. Es war hiermit, falls
seine kecke Fahrt über den St. Gotthard aus irgend einem
Grunde scheitern sollte, hinreichend angedeutet, auf welcher
Seite die Schuld des Mißlingens zu suchen wäre. Dazu
kam dann in dem zweiten Schreiben der unterthänigste
Dank für Pauls Gnadenbezeigungen nach dem Siege bei
Novi, zugleich aber auch „in dem Schmerze seiner Seele"
die unterthänigste Bitte, ihn in sein von Gott gesegnetes
Vaterland zurückzurufen. Ich bin gewohnt, sagte er, die
mir persönlich zugefügten Beleidigungen mit Verachtung
zu ertragen; wenn aber von einem verbündeten und mit
Wohlthaten überhäuften Kabinett die Würde meines Monarchen und seiner mir anvertrauten siegreichen Truppen
auf rücksichtslose Weise angetastet wird, so halte ich es für
Pflicht, in meine friedliche Heimat zurückzukehren. Eine
bestimmte Angabe, durch welche Maßregel damals Kaiser
Franz die Sieger von Novi angetastet hätte, würde ihm
schwer geworden sein: um so gewisser war es auch hier,
daß, wenn dieselben in der Schweiz unerfreuliche Dinge
erlebten, der Zar jetzt unterrichtet war, an wen er sich
deshalb zu halten hätte.

Am 8. September also schlugen die russischen Truppen
ihre bisherigen Quartiere auf, um nach Bellinzona abzu-

---

[1]) Abgedruckt bei Miliutin III, 402 ff.

rücken. Da gab es aber Alarm auf verschiedenen Seiten; Championnet zeigte seine Kolonnenspitzen in einigen Alpen= thälern, und aus dem Apennin machte eine kleine fran= zösische Abteilung eine Demonstration wie zum Entsatze von Tortona. Dies gab dann neuen Aufenthalt, da Suworow einen Teil seiner Truppen noch einmal gegen die Franzosen herumwarf: und so kam man dann erst am 10. in vollen Marsch. Da auf dem St. Gotthard keine Nahrung für 20 000 Mann zu finden ist, so hatte Suworow noch in Asti dem General Melas die Beschaffung von 1400 Maul= tieren zum Transport der Lebensmittel für sieben Tage anbefohlen und dieselben auf den 15. nach Taverne, fünf Stunden vor Bellinzona, am Fuße des Monte Cenere, be= stellt. Die Armee langte denn auch nach sechs scharfen Märschen an dem bestimmten Tage in dem kleinen Orte an; von den Maultieren aber war noch nichts zu entdecken, was denn freilich bei einer vor acht Tagen aus Alessandria erlassenen Requisition kein Wunder war. Der österreichische Oberst Strauch, der, wie erwähnt, zu dem Angriffe auf den St. Gotthard mitwirken sollte, hatte nun in seiner Dis= position für denselben sehr bestimmt angegeben, daß bei dem Passieren der St. Gotthardstraße nicht mehr als 500 Mann Reiterei zu verwenden seien, und folglich die übrigen Kosaken, etwa 3500 Mann, bis zur Einnahme der Pässe in Bellinzona zurückbleiben müßten: nichts hätte demnach näher gelegen, als statt der fehlenden 1400 Maulesel 3000 Kosakenpferde zum Transport zu verwenden: Suworow aber dachte daran nicht, sondern begnügte sich, fünf kostbare Tage lang auf die Maultiere zu warten und dabei wieder über die nichtsnutzigen Anstalten der Oesterreicher zu fluchen. Sie halten uns, schrieb er an Paul, mit zweideutigen, schmählichen Versprechungen hin; der Aufenthalt liefert dem Feinde alle Mittel, uns in die gefährlichste Lage zu bringen. Endlich geriet Großfürst Konstantin auf die glückliche Aus= kunft der Kosakenpferde, und so wurde am 19. September in einem großen Kriegsrate die Disposition für den An= griff auf den St. Gotthard und die weitere Vorrückung

in die Schweiz, im wesentlichen nach Hotzes unterdes ein-
gelaufener Antwort auf den Zirkularbefehl, definitiv festgestellt [1]), durch Eilboten an Lincken, Hotze und Korsakow
zur Nachachtung abgeschickt und endlich am 21. morgens
der Marsch die Gotthardstraße hinauf bei trübem Regenwetter begonnen.

Wie man weiß, bezeichnet der Name des St. Gotthard
einen breiten Gebirgsstock mit mehreren Kuppen und mächtigen Ausläufern, zwischen welchen vier Hauptthäler nach
allen Himmelsgegenden sich absenken, das der Reuß nach
Norden und des Tessin nach Süden, das des Vorderrheins
nach Osten und der Rhone nach Westen. Die alte berühmte
Verbindungsstraße von Italien zur Schweiz steigt anfangs
im Thale des Tessin, dann eine Stunde oberhalb Airolo
in einem Nebenzweig desselben, dem Thal der Tremola,
äußerst steil in zahllosen Windungen empor und erreicht
so den Sattel der Paßhöhe, wo einige Kapuziner ein kleines
Hospiz zur Erfrischung der Reisenden unterhalten. Von
dort folgt der Weg in etwas bequemerem Falle der nicht
weit vom Hospiz entspringenden Reuß über öde, mit Fels-
geröll bedeckte, jedes Pflanzenwuchses bare Abhänge, bis
sich ungefähr eine Meile unterhalb des Hospizes zwischen
hohen Bergwänden die grüne Matte von Urseren öffnet und
mit ihrer frischen Vegetation das müde Auge des Reisenden
erquickt. Von dort führte damals westwärts ein Fußweg
über den Paß der Furca in das Rhonethal, ostwärts ein
anderer viel beschwerlicherer Bergpfad hinüber nach Tavetsch
am Fuße des gewaltigen Crispalt, im Thale des Vorderrheins. Im Norden der Matte erheben sich die steilen
Felsrücken des Petzbergs und Kilcherbergs, die einst das

---

[1]) Es ist ein Irrtum oder ein Druckfehler, wenn der Erzherzog
Karl den 10. September als Datum der Disposition angiebt. Denn
erst an diesem Tage schrieb Hotze seine Antwort auf den Zirkularbefehl, die ohne Zweifel bei der Feststellung der Disposition benutzt wurde, da diese mehrere thatsächlich irrige Angaben Hotzes
wiederholt. Hiedurch sind die Bemerkungen bei Clausewitz II, 144
widerlegt.

Thal vollständig abschlossen, bis die Wogen der tobenden
Reuß sich einen schmalen Durchbruch durch das Gestein
erzwangen. Rechts und links fallen jetzt die Felsen senk-
recht in das brausende, von Kaskade zu Kaskade hinab-
stürzende Gewässer ab; die Straße, die im Freien keinen
Raum mehr findet, führt mit einem langen Tunnel, dem
sogenannten Urner Loch, durch die Wand des Kilchbergs
hindurch, senkt sich gleich nach dem Austritt aus demselben
jäh abwärts und überschreitet dann auf der vielgerühmten
Teufelsbrücke den schmalen Spalt, in dessen Tiefe, fünfzig
Fuß unter dem Bogen, die Reuß zu Thale rauscht. Mehrmals muß der Weg dann noch von dem einen zum anderen
Ufer hinüber, um an den felsigen Abhängen knappen Fort-
gang zu gewinnen, bis endlich bei Amsteg, wo nach Osten
das Maderanertal sich abzweigt, die Senkung geringer,
die Thalsohle breiter und die Region gedeihenden Pflanzenwuchses und menschlichen Anbaues erreicht wird. · Von dort
hat man dann noch etwa zwei Meilen bequemen Marsches
bis zum Vierwaldstätter See, wo eine Viertelstunde vom
Ufer landeinwärts, in fruchtbarer Fläche am Eingange des
Schächenthals, Altdorf, der Hauptort des Kantons Uri,
liegt.

Seit dem 15. August waren nun die Franzosen im Besitze dieses Gebirgs, und es bedarf keiner Bemerkung weiter,
an wie vielen Punkten ein entschlossener Verteidiger auch
dem heftigsten Angriffe einen zähen Widerstand bieten konnte.
Und General Lecourbe, der hier befehligte, war der Mann
dazu, solche Stellungen, wie die obere Mündung des Tremolathals, das Urner Loch, die Teufelsbrücke sie darboten,
zu verwerten. Ein echter Soldat in jeder Faser, schneidig,
elastisch, unerschütterlich, auskunftreich in jeder Bedrängnis,
durch jede Gefahr nur zu immer größerer Kühnheit angespornt, stets von dem einen Gedanken des Vorwärts be-
seelt. Er hatte der Brigade Gudin, 4300 Mann, die Südseite des Berges anvertraut und ihre Vorposten bis hart
an Airolo heran vorgeschoben; die Brigade Loison stand
mit gleicher Stärke einstweilen verteilt an verschiedenen

Punkten des Reußthals. Diese Truppen hatten seit dem
März, seit jenen glorreichen Kämpfen in Graubünden, stets
im Hochgebirge gefochten; sie hatten von den Sennen und
Gemsenjägern das Erklettern der Felswände, das Passieren
der Schneefelder, den schwindelfreien Schritt neben dem
Abgrunde gelernt. Gerade um den Besitz der Gotthard=
straße hatten sie schon zweimal mit den Oesterreichern ge=
rungen; sie kannten hier jeden Fußsteig, jede Deckung, jeden
Hinterhalt und waren überall entschlossen, den Russen einen
blutig warmen Empfang zu bereiten. Auch Suworow wür=
digte die Schwierigkeit seiner Aufgabe. Er sah wohl, daß
ein blindes Anstürmen allein auf die Fronte des Feindes
mißlich sein würde, und hatte deshalb eine doppelte Um=
gehung des Passes vorbereitet. Von Taverne war bereits
am 19. September General Rosenberg mit 6000 Mann nach
Bellinzona vorgerückt, ging von dort am 21. nach Biasco
und stieg dann rechts abbiegend das Blegnothal hinauf,
um am 22. die Abhänge des Lukmanier bei Casaccia zu
überschreiten, von hier bis Dissentis in das Vorderrhein=
thal zu gelangen und am 23. den Strom aufwärts drin=
gend nach Tavetsch zu kommen: wir sahen, wie von diesem
Orte über die Ausläufer des Crispalt hinüber ein Pfad
in die Matte von Urseren und somit in den Rücken der
französischen Aufstellung auf den Gotthard führte. Sodann
hatte General Linken Ordre, von Chur aus die österreichische
Brigade Auffenberg rheinaufwärts ebenfalls nach Dissentis
zu senden; sie würde dort das Corps Rosenberg erwarten,
sich demselben bis Tavetsch anschließen, dort aber sich nord=
wärts wenden, den Crispalt auf dem Kreuzlipaß übersteigen
und von hier, das Maderanerthal hinabdrückend, die Reuß
bei Amsteg erreichen und dadurch die französischen Posten
an der Teufelsbrücke mit einem Rückenangriff bedrohen.
Allerdings wurde dadurch dem auf der Gotthardstraße selbst
heranrückenden Hauptcorps die Blutarbeit nur in geringem
Maße erspart. Denn es galt hier, durch unaufhörliche
Angriffe die Kräfte des Feindes so weit festzuhalten, daß
er nicht mit völlig erdrückender Uebermacht über die um=

gehenden Abteilungen fallen und sie vor Suworows Ankunft vernichten könnte. Auf der anderen Seite durfte man
nicht zu früh auf dem Kampfplatze erscheinen, ehe Rosenbergs Umgehung sich überhaupt zu entwickeln vermochte;
Suworow ging also am 22. von Bellinzona nur bedächtig
vorwärts und kam erst am 23. abends nach Dazio, der
letzten Station vor Airolo und den ersten französischen Posten.

Einen Vorgeschmack der Gebirgsstrapazen bekamen die
Truppen schon bei diesen Märschen in großem Maße. Der
Regen fiel in Strömen, ein kalter Wind brauste von den
schneebedeckten Bergspitzen durch die Thäler, die Straße
war steinig oder schlüpfrig, und vollends Rosenbergs Soldaten kletterten auf schlechten Fußpfaden mühselig bergauf,
bergab. In Dazio teilte dann Suworow seine Streitkräfte;
die größere Kolonne sollte auf der Hauptstraße geradezu
dem Feinde auf den Leib rücken, eine kleinere unter dem
Fürsten Bagration auf der rechten Seite der Straße [1]), so
gut es gehen möchte, die Paßhöhe erklimmen und den tiefer
stehenden Franzosen dann den Rückweg verlegen. Am 24.
mittags fielen die ersten Schüsse im Tremolathal, und von
nun an folgte in rastloser Wiederholung und stets gleichem
Verlaufe Gefecht auf Gefecht. Bei jeder Wendung der
Straße werden die Angreifer durch mörderisches Gewehrfeuer hinter Felsenvorsprüngen und Steinblöcken hervor getroffen; unter hartem Verluste stürmen sie zum Bajonettangriff vor; zuweilen dringen sie durch, und die Franzosen
eilen in schnellem Laufe zurück, um einige hundert Schritte
weiter aufwärts hinter der nächsten Ecke der Bergwand dasselbe Spiel zu beginnen. Oder der Angriff wird bei dem
ersten Versuche zurückgeschlagen; dann knattert eine Weile
das Feuer der Schützenschwärme hinüber und herüber, bis
einem Trupp der Verbündeten es gelingt, an einem der
Abhänge in die Höhe und damit den Franzosen in die
Flanke zu kommen und sie so zum Rückzug zu zwingen.

---

[1]) Eine dritte, die linkshin bestimmt war, sah bald die Unmöglichkeit, die Wände des Tremolathals hier zu erklettern, und
vereinigte sich dann mit der zweiten.

Unermüdlich trieb Suworow die Seinen voran; um 4 Uhr
hatte man das Hospiz und damit die Paßhöhe vor sich;
hier aber hatte Gudin bereits die ersten Verstärkungen durch
Loison empfangen, und alle Stürme der Austrorussen wurden
abgewiesen, bis endlich Bagration unter unendlicher Mühsal
die letzte Höhe erklettert hatte und durch sein Erscheinen im
Osten der französischen Stellung den Gegner zu raschem
Abzug die Reuß hinab bestimmte. Suworow gönnte den
Truppen eine kurze Rast und ließ sich von den Kapuzinern
mit Kartoffeln und Erbsen bewirten; Oberst Strauch mit
seiner Brigade blieb hier zur Bewahrung des Passes; die
Russen eilten dann bergabwärts dem Feinde nach. Indessen hatte Lecourbe weitere Truppen Loisons herangezogen
und nahm nicht weit von Hospenthal eine neue feste Stellung.
Da aber, als gegen 6 Uhr die Wolken sich immer dunkler
in das Thal hinabsenkten, erscholl plötzlich in seinem Rücken
das Getümmel eines neuen Kampfes. Es war General
Rosenberg, der seinen großen Umgehungsmarsch mit unendlicher Anstrengung zum glücklichen Ziele geführt hatte. Mit
Tagesanbruch war er von Tavetsch aufgebrochen und sehr
bald auf die ersten feindlichen Posten gestoßen. Er hatte
nur eine kleine französische Abteilung sich gegenüber, fand
aber einen ebenso zähen Widerstand wie Suworow; unaufhörlich kämpfend gelangte er auf den Bergrücken zwischen
Rhein und Reuß und drängte dann die Franzosen von
Stellung zu Stellung; endlich gelang es ihm, sie völlig zu
werfen und mit stürmender Hand das Dorf Urseren zu
nehmen. Damit war für Lecourbe der Weg zur Teufelsbrücke abgeschnitten und seine Lage zwischen den beiden
russischen Massen im höchsten Grade gefährdet. Die einzige
Straße, die ihm noch offen stand, war jene zur Furca in
das Rhonethal; aber wenn er sie einschlug, war dem Gegner
der Zug zum Vierwaldstätter See widerstandslos geöffnet
und ihm noch dazu die Flottille, welche die Franzosen auf
demselben zusammengebracht und bei Fluelen vor Anker gelegt hatten, überliefert. Das durfte nicht sein. Lecourbe
mußte, was unter seiner Führung den Soldaten zugemutet

werden konnte. Er hielt das Gefecht bei Hospenthal bis
zum Einbruch der völligen Dunkelheit hin, dann zog er
seine Scharen langsam aus dem Feuer heraus und kündigte
ihnen seinen Entschluß an, während der Nacht mit ihnen
die Wände des Petzbergs zu übersteigen, um am folgenden
Morgen drüben dem Feinde aufs neue entgegenzutreten
und ihm das Urner Loch und die Teufelsbrücke streitig zu
machen. Sie waren den ganzen Tag hindurch in Bewegung und Kampf gewesen, aber bereit, seinem Worte zu
folgen. So erkletterten sie in finsterer Nacht den beinahe
8000 Fuß hohen, völlig ungangbaren Berg, nicht ohne
zahlreiche Unglücksfälle, aber sie kamen hinüber und konnten
sich den Russen aufs neue vorlegen. Uebrigens hatte mittlerweile Lecourbe erfahren, daß in seinem Rücken Auffenberg
das Maderanerthal und Amsteg bedrohte, ließ also nur
zwei Bataillone an der Teufelsbrücke und eilte mit den
übrigen thalabwärts, dem österreichischen Angriff zu begegnen.

Obgleich hiernach die Russen nur noch eine sehr geringe
Zahl von Gegnern zu bekämpfen fanden, hatten sie am 25.
dennoch einen äußerst schweren Stand. Durch das Urner
Loch konnten sie erst dann hindurchdringen, als eine kleine
Schar der Ihrigen das Wagstück bestanden hatte, an einzelnen Zacken des Gesteins sich anklammernd die Felswand
über der Reuß zu passieren und damit die Verteidiger im
Rücken anzufallen. An der Teufelsbrücke, in welche die
Franzosen jenseits eine Lücke gebrochen, entspann sich ein
längeres Schützenfeuer, welches den Russen jede Annäherung
unmöglich machte. Endlich fand eine Strecke stromaufwärts
eine russische Schar eine Furt, auf der sie, bis an den
Gürtel im Wasser, den reißenden Strom durchwatete; dann
galt es nochmals, sich drüben an der Felswand fortzuwin-
den, bis endlich die Straße wieder erreicht war. Die
Franzosen traten darauf ohne Zaudern in guter Ordnung
den Rückzug an, und nach eilfertiger Herstellung der Brücke
konnten die Russen ihren Marsch fortsetzen. Indessen wurde
es Abend, ehe sie das kleine Dorf Wasen erreichten, und

erst am 26. kamen sie unter stetem Geplänkel nach Amsteg, wo Lecourbe eben jetzt mit Auffenberg in scharfem Gefecht stand, bei Suworows Annäherung aber abbrach und ohne weiteren Widerstand bis an den See zurückwich, wo er am westlichen Ende des Thals bei Seedorf sich verschanzte, während Suworow, eine halbe Stunde entfernt, auf dem anderen Ufer des Flusses Altdorf und Fluelen besetzte.

So war, mit einem Verluste von ungefähr 1200 Toten und Verwundeten, der Zug über den Gotthard siegreich durchgeführt. Man war durch Hindernisse aller Art gegen den Operationsplan um einen Tag verzögert worden; immerhin war man jetzt am Luzerner See, nur noch zwei Meilen von Schwyz entfernt, dem Punkte, welcher in den letzten Weisungen den Generalen Hotze und Lincken für die unmittelbare Vereinigung bezeichnet worden war. Den Marsch von Altdorf nach Schwyz hatte man sich, obgleich Hotze, wie wir erwähnten, nur von einem Fußpfad über das Gebirg redete, im Hauptquartier zu Taverne nicht anders als jeden anderen vorgestellt: die ganze russische Kolonne, sagt der Plan, bricht von Altdorf nach Schwyz auf und marschiert noch an demselben Abend 14 Miglien (3½ deutsche Meilen) weiter. Jetzt aber an Ort und Stelle hatte man die riesigen, mit Schnee bedeckten Kuppen und Zacken des Roßstock und Kinzigkulm vor sich, mit Uebergängen in einer Höhe von nahe 7000 Fuß, auf die sich in dieser späten Jahreszeit kaum noch der Gemsenjäger hinaufwagte. Noch hätte man rechts ab durch das Schächenthal einen leidlichen Saumpfad über den Urner Boden in den Kanton Glarus gehabt; aber nach Schwyz zu Hotze, der jetzt, wie man meinte, vielleicht bei Einsiedeln auf die Franzosen losging, wäre man dann erst nach drei Tagen gelangt. Nun erzählten zwar die Einwohner in Altdorf von besonderen Gerüchten, es sei gestern oben in Glarus an der Linth gefochten worden; Suworow aber wies das weit hinweg und blieb dabei, daß am allerwenigsten er selbst auf dem verabredeten Sammelplatze in Schwyz fehlen dürfe. Wenn Hotze in seinem Berichte gesagt hatte, daß General Auffenberg auf jenem Fußpfade über das Gebirge nach Schwyz gelangen könne, so mußte das auch für die russischen Truppen nicht unmöglich sein. Er gab den verhängnisvollen Befehl zum Marsche über den Roßstock, hinüber nach Schwyz, zunächst in das Muttenthal.

Am 27. September, morgens, setzte sich der Vortrab unter Fürst Bagration, von dem Großfürsten Konstantin begleitet, in Bewegung. Von Anfang an gab es scharfes Steigen, und je höher man kam, desto schlimmer wurde der Weg. Bald fand man sich auf nacktem Gestein, wo der Pfad auf schmalem Absatze einer tief abfallenden Felswand aufwärts führte, manches Mal der Fuß auf schlüpfrig nassem Schiefer ausglitt oder der Boden unter dem Tritte zerbröckelte, wo jeder falsche Schritt den tödlichen Sturz nach sich zog. Die Kolonne löste sich; Mann für Mann schob sich die unab= sehbare Reihe der Krieger mühsam vorwärts; zuweilen hüllten schwere Regenwolken die Kletternden ein und ließen den Weg nur wenige Schritte weit erkennen. Die letzte Höhe war mit weichem Schnee bedeckt, in welchen man mehrere Fuß tief einsank; die Kräfte schwanden, die Un= glücksfälle wiederholten sich in steigendem Maße. Und da= bei sollten nicht bloß die Soldaten hinüber; es galt auch, die Gebirgskanonen, die Pferde und Lasttiere mit den Lebens= mitteln fortzuschleppen; es leuchtet ein, wie sehr dadurch die Beschwerde und Gefahr des Marsches vermehrt wurde, wie viel an Menschen und Tieren dabei zu Grunde ging. Dem Vortrab schloß sich unmittelbar das Hauptcorps an, es wurde aber Nachmittag, ehe die Spitze den Kamm des Passes erreichte, und spät Abend, ehe sie drüben in Mutten anlangte; der ganze Bergweg war damals durch die Reihe der kriegerischen Wanderer bedeckt und die letzten Bataillone und eine unendliche Reihe des Trosses standen noch un= beweglich in Altdorf. Dazu drängte der rastlose Lecourbe, sobald die Richtung des feindlichen Zuges ihm deutlich ge= worden, mit hitzigem Angriff auf den russischen Nachtrab ein, den ganzen Tag hatte man seine Schützen abzuwehren, und erst am 28. gelang es, ihn wieder in weitere Ent=

fernung zurückzuwerfen. So viel aber war deutlich, daß mehrere Tage vergehen würden, ehe das ganze Armeecorps in Mutten versammelt und zu weiterem Kampfe geordnet sein würde.

Laſſen wir dieſe Tapferen ihren ſchweren Gebirgsmarſch langſam vollenden und ſehen wir unterdeſſen zu, was aus den übrigen Teilen des kühnen Offenſivplanes während dieſer Tage geworden war.

Gleich die erſte Aufſtellung der Verbündeten nach der Entfernung des Erzherzogs war keine günſtige geweſen. Der letztere bemerkt in ſeiner Geſchichte des Feldzugs, daß ihre Stärke bei verſtändiger Anſammlung an den entſcheidenden Punkten (Korſakow hinter der Limmat bei Zürich, Hotze hinter der Linth zwiſchen Züricher und Wallenſtädter See) völlig ausreichend geweſen wäre. Aber leider war allerorten das Gegenteil einer ſolchen zweckmäßigen Anordnung geſchehen. Während früher der Erzherzog mehr als 40 000 Mann in einer großen Maſſe zur Deckung der Limmat hinter dem Fluſſe zuſammengehalten, hatte Korſakow von ſeinen 27 000 ungefähr 10 000 Mann auf das linke Ufer zwiſchen der Limmat und der Sihl vorgeſchoben, dann auf dem rechten beinahe 8000 in kleinen Beobachtungspoſten acht Meilen weit von Zürich bis zum Rheine verſtreut, ferner eine halbe Meile weit hinter Zürich 4300 Mann als Reſerve bei Seebach aufgeſtellt[1]). Der Erzherzog hatte dafür geſorgt, den Durchmarſch durch Zürich ſtets freizuhalten und deshalb ſein Hauptquartier und den ganzen Troß aus der Stadt hinweg verlegt: Korſakow dagegen ſtopfte dies alles in Zürich hinein und erſchwerte damit ohne ſonſtigen Nutzen jede größere Truppenbewegung durch die engen Straßen. Endlich hatte er noch immer 20 Schwadronen Reiterei und 28 Geſchütze, 3300 Mann, am Rheine bei Schaffhauſen und Eglisau ſtehen gelaſſen, ohne irgend einen erkennbaren Grund, und auf dringendes Bitten Hotzes dieſem zwei Infanteriebataillone, 1300 Mann, zur

---

[1]) Miliutin III, 157; IV, 245.

Verstärkung nach Rapperschwyl gesandt. Nicht besser stand es auf der österreichischen Seite bei Hotze. Wenn er seine 25 000 Mann an der unteren Linth oder wenigstens zwischen Uznach und Sargans zusammenhielt, so war wenig Gefahr vorhanden, daß die Franzosen, eine solche Feindesmacht in der Flanke, Angriffsversuche gegen Graubünden machten. Aber in Wien war nun einmal seit dem Beginn des Krieges die Deckung Graubündens und der Erblande ein Glaubens= artikel in dem Sinne geworden, daß an jedem Punkte der Grenze eine Schildwache sichtbar sein mußte. Also stand unter Linckens Oberbefehl am Vorderrhein General Auffen= berg mit 2400 Mann, der, wie wir sahen, hinüber zu Suworow befehligt wurde, bei Chur General Simbschen mit 3000 Mann, bei Sargans General Jellachich mit 4500 Mann. Nahe an 3000 Mann Reiterei waren in kleinen Beobachtungsposten im Rheinthal, Toggenburg und hinter dem Züricher See verteilt; so blieben für Hotze zwischen den beiden Seen noch etwas über 8000 Mann Oesterreicher, 3200 Schweizer und die vorher erwähnten 1300 Russen bei Rapperschwyl. Die Zersplitterung konnte nicht wohl größer sein.

An alle diese Truppenteile gelangte nun am 21. oder 22. September Suworows letzte Disposition mit dem Be= fehle, daß Lincken nordwärts durch das Gebirge und Jella= chich südwärts vom Wallenstädter See her nach Glarus, daß Hotze, durch 5000 Russen verstärkt, von Uznach über Ein= siedeln nach Schwyz vordringen, sie alle aber bis zum 26. diese Zielpunkte erreichen sollten, während Korsakow gleich= zeitig Massénas Stellung auf dem Albis in der Front an= griffe. Dieser Befehl bewirkte zunächst einen großen Schrecken bei Korsakow, der sich sehr gegen eine weitere Entsendung von Streitkräften zu Hotze sträubte, endlich aber doch auf dessen lebhaftes Drängen mit schwerem Herzen seine See= bacher Reserve am 24. abends nach Uznach aufbrechen ließ. Ehe dieselbe aber ihren Marsch vollenden konnte, kam das Unheil über beide Teile.

Masséna, unaufhörlich durch das Direktorium zur Offen=

sive gedrängt und selbst die Gunst des Augenblicks er=
kennend, hatte nicht so bald die Nachricht von Bernadottes
Sturze aus Paris erhalten, als er mit größtem Nachdrucke
alle Anstalten zur Erdrückung der vereinzelten und zer=
bröckelten Gegner traf. Er bestimmte zur Ueberwältigung
Korsakows 39 000 Mann unter seiner eigenen Führung,
sowie zum gleichzeitigen Angriffe auf Hotze 11 000 Mann
unter General Soult, welchem dabei die zu Lecourbes Divi=
sion gehörige Brigade Molitor, 6000 Mann, damals in
Glarus stehend, zur Unterstützung dienen sollte. Masséna
hatte zuerst den 26. September zur Eröffnung der Opera=
tionen bestimmt, gab jedoch auf die Kunde von Suworows
Annäherung den Befehl, bereits am 25. auf allen Seiten
mit der größten Energie vorwärts zu gehen. Korsakow
hatte jetzt nur noch seine Zehntausend in und vor Zürich in
der Hand, und Masséna beschloß, seine augenblickliche Ueber=
macht zu einem geradezu vernichtenden Streiche zu benutzen.
Während er selbst das russische Corps mit 17 000 Mann
in der Fronte beschäftigte, sollte General Oudinot mit 15 000
anderthalb Meilen stromabwärts bei Dietikon die Limmat
überschreiten, sofort rechts einschwenken und damit die ein=
zige Rückzugsstraße der Russen über die Glatt zum Rheine
gewinnen. Die Division Mesnard, 7000 Mann, würde
indes unterhalb Dietikon die übrigen russischen Beobachtungs=
posten unter General Durasow durch falsche Demonstrationen
beschäftigen. Dies alles wurde denn mit musterhafter Ge=
nauigkeit und Kraft am 25. ausgeführt. Der Uebergang
über den Fluß war dieses Mal durch Brigadier Dedon treff=
lich vorbereitet, so daß binnen wenigen Stunden der schwache
russische Posten überwältigt, die russische Aufstellung durch=
rissen, Durasow von dem Hauptcorps abgeschnitten war
und nun General Oudinot unter verzweifeltem Widerstande
kleiner russischer Abteilungen gegen Zürich und die Rück=
zugsstraße vordrang. Zugleich war auch der Kampf mit
dem russischen Hauptcorps auf dem linken Ufer der Limmat
entbrannt; die Russen schlugen sich vortrefflich und drängten
ihre Gegner bis auf die Abhänge des Uetliberges zurück,

so daß Korsakow laut aufjubelte und bereits den Beginn
von der durch Suworow befohlenen großen Offensive vor
Augen zu haben meinte. Er übersah darüber vollständig
die ihn im Rücken umspannende Gefahr, die um so tödlicher
wurde, je weiter er seine Truppen sich gegen den Albis
entfernen, je weniger Verstärkung er damit Oudinots Gegnern zukommen ließ. Gleich beim Beginne des Kampfes
hatte er seiner zu Hotze hinüberziehenden Reserve Eilboten
mit dringender Ordre zur Umkehr nachgesandt; nachmittags
kamen denn auch zwei Bataillone derselben, welche schleunigst dem vorbringenden Oudinot entgegengeworfen wurden.
Jedoch erst spät am Abend erschien der Rest und mit ihr
die schweizerische Legion des Generals Bachmann; da aber
war Oudinot bereits Meister der nächsten Höhen vor der
Stadt, und kein Gedanke daran, das Schicksal des Tages
zu wenden. Korsakow selbst hatte, als die holde Täuschung
des Vormittags bei ihm einmal zerronnen war, den Kopf
völlig verloren, wußte keine Befehle mehr zu geben und
ließ die Offiziere der einzelnen Abteilungen sich helfen, wie
sie konnten. Als die Nacht hereindunkelte, herrschte in der
Stadt die wüsteste Verwirrung; der mutige Rat des Generals Sacken, den festen Platz zu halten, bis Suworow
zum Entsatz erschiene, wurde verworfen und der Rückzug
für den folgenden Morgen beschlossen; nun sollten die
Truppen des linken Ufers durch die Stadt hindurch, zugleich
aber auch der Artilleriepark, der Train, das Gepäck aus
der Stadt hinaus; das alles drängte und staute sich in den
winkeligen Straßen, und jede feste und ordnende Leitung
war verschwunden. In der Morgenfrühe des 26. brach
dann auf, was sich bewegen konnte: man stürzte sich auf
Oudinots vorgeschobene Posten, warf sie zurück und machte
für einige Zeit die Straße frei. Bald aber brachte Oudinot
seine übermächtigen Massen heran und fiel damit in die
Flanke der abziehenden russischen Kolonnen. Da wurde
nach heftigem Streiten Korsakows Niederlage vollständig.
Kaum die Hälfte seiner Mannschaft brachte er bei Eglisau
über den Rhein hinüber; 3000 waren tot oder verwundet,

5000 gefangen, 10 Fahnen, 26 Geschütze, ein Teil der Kriegs=
kasse, 400 Munitionskarren und Gepäckwagen in die Hand
des Siegers gefallen. General Rimski=Korsakow war für
diesen Krieg abgefunden.

Wenig rühmlicher war in denselben Tagen das Schicksal
der Oesterreicher an der Linth. Zunächst Hotze, welcher den
unteren Lauf des Flusses zwischen den beiden Seen ver=
teidigte, hatte hier den Grundfehler der ganzen Aufstellung
im einzelnen auf das ärgste wiederholt und von seinen
elf Bataillonen nicht weniger als neun in kleinen Posten
die ganze vier Meilen ausgedehnte Linie entlang verstreut
und nur zwei Bataillone als Reserve zur Verfügung. Auch
an dieser Stelle hatten die Franzosen ihre Vorbereitungen
zur Ueberschreitung des Flusses mit großer Umsicht getroffen
und führten den Angriff an mehreren Punkten mit Energie
und Kühnheit durch. Um das Maß des Unheils für die
Oesterreicher zu füllen, fiel ihr tapferer Anführer Hotze
gleich im Beginne des Gefechts; die erwartete russische Ver=
stärkung blieb, wir wissen aus welchem Grunde, aus; so
fehlte es überall an Selbstvertrauen und Zusammenwirken,
und das klägliche Ergebnis war, daß der neue Befehlshaber,
General Petrasch, ein bejahrter und schwacher Mann, bei=
nahe die Hälfte seiner Mannschaft an Toten, Verwundeten
und Gefangenen einbüßte und in völliger Mutlosigkeit über
St. Gallen und Rheineck sich am 27. September auf das
rechte Rheinufer hinüber rettete. Die Franzosen verfolgten
ihn mit mäßiger Eile, so daß die Division Soult erst am
28. St. Gallen erreichte. Immer fand sich jetzt auch Jella=
chich, der, am 25. von Sargans aus gegen Molitors Brigade
vordringend, bei Netstall einige Vorteile errungen hatte,
zur Vorsicht bewogen; er ging zurück, woher er gekommen,
und zog sich am 28. nach Wallenstadt, Sargans und Ragatz.
Endlich hatte General Lincken am 23. seinen Vormarsch
von Chur und Ems über die Panixer Höhe und die Gletscher
des Segnispasses nach Glarus begonnen, am 25. das Ge=
birge glücklich überstiegen und beim Wichler Bade ein ganzes
französisches Bataillon umringt und gefangen genommen. Er

kämpfte dann gegen Molitor, der nach Jellachichs Abzug
seine Truppen gegen den neuen Angreifer herumgeworfen
hatte, am 26. bei Schwanden und drang am 27. bis nahe
vor Glarus heran. Am 28. blieb er hier unter steter
Plänkelei der Vorposten stehen, erfuhr darauf den Rückzug
Jellachichs, empfing aber von Suworows Nähe nicht die
geringste Kunde und entschloß sich demnach am 30. eben=
falls zur Umkehr über den Panixer Paß in das Rheinthal.
Die Franzosen, deren ganze Aufmerksamkeit jetzt auf Su=
worow gerichtet war, ließen ihn ruhig abziehen.

Dies waren die Nachrichten, welche den russischen Feld=
marschall empfingen, als er vom Roßstock hinab am 28. Sep=
tember nach Mutten gelangte. In allen Teilen lag der
herrliche Plan zur konzentrischen Erdrückung Massénas in
Scherben; statt der mitwirkenden Genossen sah man rings=
um siegreiche Feinde vor sich, und es war eine äußerst
ernste Frage, ob man selbst aus diesen Felsenketten noch
einen freien Ausweg finden würde. Wohl hätte jetzt der
Feldmarschall daran denken mögen, daß der von ihm er=
sonnene Angriffsplan ein von Grund aus verfehlter und
verderblicher gewesen, daß er selbst durch eine Reihe ver=
kehrter Entschlüsse die Gefahren desselben über alles Maß
hinaus gesteigert, daß er nach dem Empfange der ersten
kaiserlichen Ordre am 27. August eine volle Woche in nutz=
loser Eigenwilligkeit verzettelt, daß er in Taverne vor der
Ersetzung der fehlenden Maultiere durch die leeren Kosaken=
pferde fünf Tage verloren, daß er noch im letzten Augen=
blicke besser gethan hätte, am 26. von Altdorf über den
Urner Boden in das Linththal, anstatt über den Roßstock
nach Schwyz zu ziehen. Denn dort hätte er sich am 27.
mit Lincken vereinigt, hätte Molitors schwache Brigade vor
sich her treiben, Jellachich und Petrasch wieder an sich ziehen
können; noch einmal wäre, da die französischen Heerteile
gerade jetzt durch die Verfolgung ihrer Siege weit vonein=
ander getrennt waren, eine günstige Wendung des Feld=
zuges möglich gewesen. Nun aber war dies alles unwieder=
bringlich vorbei, und Suworow war auch so weit wie mög=

lich von Vorstellungen solcher Art entfernt. Er hatte keinen
Gedanken als einen wütenden Zorn gegen die Oesterreicher,
welche ihn, wie er sagte, in dieses Elend gebracht, welche
Korsakow in Zürich verlassen und ihrerseits an der Linth
schmählich Reißaus genommen hätten. Am 29. September,
während der Zug seiner Truppen über den Roßstock noch
immer fortdauerte, berief er den Großfürsten Konstantin
und alle Generale, jedoch mit Ausschluß des Oesterreichers
Auffenberg, zu einem Kriegsrat. Er begann mit einem
wilden Ergusse über die ränkevolle Politik des Wiener Hofes
und steigerte seinen Grimm bis zur offenen Anklage auf
Treulosigkeit und Verrat. Jetzt sind wir ringsum eingeschlossen, rief er. Zurückgehen ist schimpflich, Vorgehen
auf Schwyz ist unmöglich, wir stehen am Rande des Ver-
derbens. Es bleibt uns, setzte er hinzu, nur die Hoffnung
auf den allmächtigen Gott und die Tapferkeit meiner
Truppen. Dann stieß er plötzlich hervor: wir sind Russen,
Gott mit uns, rettet die Ehre Rußlands und seines Zaren,
rettet den Sohn unseres Kaisers! Bei diesen Worten warf
er sich dem Großfürsten zu Füßen und brach in einen
Thränenstrom aus. Die Generale waren bewegt. Derselbe nahm das Wort und bürgte für die unerschütterliche
Hingebung der Truppen. Ja, rief Suworow, wir sind
Russen, mit Gottes Hülfe werden wir alles überwinden.
Nachdem er auf solche Art seine Hörer mit der Ueberzeugung
erfüllt hatte, daß alles jetzt mögliche Unglück ausschließlich
das Werk Oesterreichs sei, trat man in die Beratung der
zur Rettung erforderlichen Maßregeln ein. Nach der Ansicht des Großfürsten wurde endlich, ohne Frage mit gutem
Grunde, beschlossen, den Marsch auf Schwyz aufzugeben
und statt dessen sich rechts zu wenden, um über den Pragel
und durch das Klönthal Glarus zu erreichen.

Bereits war auch dieser Marsch nicht mehr ohne erhebliche Schwierigkeit. Der stets rüstige Molitor, nachdem er zuerst mit Jellachich, dann mit Lincken sich erfolgreich geschlagen, hatte auf die erste Kunde von der Nähe
Suworows seine zur Zeit auf höchstens 4000 Mann zu-

sammengeschmolzene Brigade unerschrocken in das Klönthal hineingeführt, in dessen engen Defileen er auch einem vier= fach stärkeren Gegner den Weg zu verlegen hoffte. Auf der anderen Seite hatte Masséna gleich nach seinem Züricher Siege die Division Mortier, 8000 Mann, nach Schwyz entsandt und war persönlich nach Altdorf geeilt, um von dort einen Teil der Division Loison (Lecourbe war soeben zum Führer der Rheinarmee ernannt worden) zu Wasser ebenfalls in den Kanton Schwyz kommen zu lassen. Es war gewiß, daß er den Nachtrab der abziehenden Russen mit Ungestüm angreifen würde, während Molitor die Spitze des Zuges so lange wie möglich aufhielte. Suworow ließ demnach schon am 29. September den General Auffenberg vorausgehen, um die Paßhöhe des Pragel zu besetzen und ihm früh am 30. den russischen Vortrab unter dem Fürsten Bagration und die Division Schweikowski folgen, um mit jenem vereint den Durchgang durch das Klönthal zu er= zwingen. Dann sollte der gesamte Troß sich anschließen und erst, wenn dieser vollständig passiert wäre, die zur Deckung gegen Masséna unter Rosenbergs Befehl zurück= gebliebene Abteilung über den Pragel abziehen. Diese Dis= position wurde denn auf jeder Seite mit glücklichem Erfolge ausgeführt. Auffenberg vertrieb noch am 29. die fran= zösischen Posten vom Pragel, stieß aber gleich am Eingange des Klönthals auf Molitors Hauptmasse und wurde am Morgen des 30. von diesem General ohne weiteres auf= gefordert, die Waffen zu strecken, da die Verbündeten auf allen Seiten rettungslos eingeschlossen seien. Auffenberg zog die Verhandlung hin, bis Bagration zu seiner Unter= stützung herankam. Dann ging es mit Ungestüm vorwärts auf den Feind, der mit starkem Verluste geworfen und zum Rückzuge das Thal hinab gezwungen wurde. Erst am öst= lichen Ende des Klönthalsees faßte Molitor, der indes den Rest seiner Brigade aus Glarus an sich gezogen hatte, in einer äußerst vorteilhaften Stellung zwischen Fels und See wieder festen Fuß und wies alle Angriffe Bagrations blutig zurück. Gegen Abend sammelte sich darauf hinter dessen

arg gelichteten Bataillonen die allmählich anlangende Division Schweikowski, bei der sich Suworow selbst befand.
Man war jetzt stark genug, um noch im Laufe der Nacht
die steile Berglehne im Norden der Straße durch sechs
Bataillone ersteigen zu lassen, welche dann beim ersten
Morgengrauen mit französischen Beobachtungsposten ins
Handgemenge kamen und den somit in Flanke und Rücken
bedrohten Molitor zum eiligen Abmarsch nach Glarus und
weiter unter scharfer Verfolgung durch den Ort hindurch
die Linth hinab nach Netstall zwangen. Auch hier jedoch
war ihm Bagration bald auf den Fersen; die Franzosen
wichen dann auf das rechte Ufer des Flusses hinüber,
sprengten die Brücke hinter sich in die Luft und machten
mehrere Stunden lang dem Gegner den Uebergang streitig.
Indessen schwammen einige Kosaken durch den reißenden
Strom; eine Abteilung russischen Fußvolks erreichte auf
einer Bockbrücke das jenseitige Ufer, und unter stetem Geplänkel gelang es Bagration, rechts und links des Wassers
bis zu den Orten Mollis und Näfels vorzudringen. Hier
aber erhielt der hartbedrängte Molitor endlich Verstärkung
durch einige Truppenteile der Division Soult, welche General Gazan eiligst heranführte, ein Reiterregiment, dann
eine helvetische, zuletzt eine französische Halbbrigade. Da
wurde denn Mollis wieder gewonnen, Näfels hart um-
stritten, bis am späten Abend ein Befehl Suworows aus
Glarus seinen Vortrab nach Netstall zurückrief.

Unterdessen hatte Rosenberg im Muttenthal einen nicht
minder schweren Stand gehabt. Am Morgen des 30. September begannen seine Vorposten mit Mortiers Truppen
ein erstes Gefecht, dessen Lärm jedoch bald wieder ver-
stummte. Erst als Masséna selbst von Altdorf in Brunnen
anlangte, kamen die französischen Scharen gegen 2 Uhr
nachmittags in ernstliche Bewegung. Rosenberg hatte einstweilen nur 4000 Mann beisammen, da drei von den ihm
bestimmten Regimentern noch im Marsche den Roßstock hinab
begriffen waren; sein Vortrab aber nahm den Kampf gegen
die feindliche Uebermacht unerschrocken auf und hielt sich

unter Rehbinders Führung in dem engen Thale zwei Stunden lang, bis die übrigen Bataillone unter Trommelschlag heranfamen und mit frischer Kraft die feindliche Linie durchbrachen. Da am Ausgange des Thales die Bergwände sich immer näher rücken und der brausende Muottabach immer weniger Raum an seinen Ufern läßt, drängten sich die weichenden Franzosen in eine dichte und wirre Masse zusammen, in welcher das Feuer und das Bajonett der nachsetzenden Russen die schlimmste Verheerung anrichteten. Im Laufe der Nacht erhielten beide Teile Verstärkung, Rosenberg die drei vorher erwähnten Regimenter Infanterie mit zwei unberittenen Kosakenregimentern vom Roßstock her, so daß seine Gesamtstärke auf 8000 Mann stieg; Masséna einige Bataillone Loisons von Altdorf, mit welchen er jetzt etwa 12 000 Mann zählen mochte. So erneuerte er am Vormittag des 1. Oktober seinen Angriff, jedoch mit nicht besserem Glücke als am vorigen Tage. In dem schmalen Thalgrunde konnte er seine Uebermacht nicht zur Entfaltung bringen; als die Russen seine erste Linie mit einem heftigen Bajonettangriff überwältigten, stürzte sich diese in aufgelöster Flucht auf die folgenden Bataillone, riß dieselben in wildem Getümmel mit sich fort und wieder erneuerte sich das mörderische Gedränge am Ausgange des Defilees, so daß der Rückzug sich über Schwyz hinaus bis Seewen am Lauerzer See fortsetzte und der russische Vortrab am Abend bis an die ersten Häuser von Schwyz gelangte. Die beiden Tage hatten den Franzosen einen Verlust von 3000 Mann gebracht. Am 2. Oktober sandte Rosenberg den Einwohnern von Schwyz einen Befehl zu, auf den folgenden Tag Lebensmittel für 12 000 Russen bereit zu halten; er erzielte damit die gewünschte Wirkung, daß Masséna in Erwartung dieses Vormarsches ruhig in seiner Stellung blieb, während sein Gegner unterdessen seinen Abzug über den Pragel nach dem Klönthal unangefochten bewerkstelligte. Hinter der langen Reihe der Packtiere her, durch frischgefallenen Schnee und dichte Nebelwolken, ging der Marsch äußerst langsam vorwärts, so daß Rosenberg erst am 4. Oktober bei Suworow in Glarus eintreffen konnte. Masséna, der eine Verfolgung des Feindes durch das Klönthal nicht für ratsam hielt, brach an diesem Tage von Schwyz auf, um in weitem Bogen über Einsiedeln sich mit den Verteidigern des Linth= thales zu vereinigen.

Einstweilen hatte also Suworow dort nur die Bataillone Gazans und Molitors sich gegenüber, höchstens 8000 Mann, während er selbst über mehr als die doppelte Stärke ver= fügte, wozu noch kam, daß Jellachich auf die Kunde von Suworows Ankunft in Glarus sogleich von Sargans wieder bis Wallenstadt und Kerenzen vorgegangen und auch Pe= trasch zur Unterstützung desselben auf eindringlichen Befehl des Erzherzogs nach Mayenfeld gerückt war. Nur wenige Meilen trennten auf der einen Seite die Russen, auf der anderen die Oesterreicher von der französischen Stellung bei Näfels und Mollis; nichts war wahrscheinlicher, als daß ein entschlossener Vorstoß die Feinde zersprengt und die beiden Massen der Verbündeten in unmittelbare Verbindung gesetzt hätte. Die russischen Truppen, wenn auch teilweise durch Strapazen und kümmerliche Verpflegung herunter= gekommen, hatten doch bis dahin bei jedem Zusammentreffen gesiegt und waren von Selbstvertrauen und Kampflust er= füllt. Drang man hier aber durch, was sehr viel leichter war als an der Teufelsbrücke, so hatte man den kürzesten Weg in das Rheinthal, zu den Magazinen von Feldkirch und zu der Vereinigung mit Korsakow. So mahnte denn auch Suworows österreichischer Generalstabschef, Oberst Weirother, auf das dringendste zum Angriff, und der Feldmarschall zeigte nicht übel Lust, den Befehl in diesem Sinne zu geben. Aber der Eifer der übrigen Generale war erschöpft; sie erklärten, auf jener Seite sei kein Ende des Streitens abzusehen, die Munition aber gehe zur Neige, und den Soldaten dürfe kein weiteres Opfer zugemutet wer= den. Als dann auch Großfürst Konstantin sich für den Rückzug südwärts durch das Sernstthal über den Panirer Paß, also für die vom Feinde unbesetzte Straße, auf welcher Linden vor acht Tagen aus Graubünden gekommen und

wieder zurückgekehrt war, ausgesprochen hatte, beeilte sich
Suworow, der Meinung des kaiserlichen Prinzen beizutreten,
und ließ sofort nach Rosenbergs Ankunft am 5. Oktober
die Truppen den, wie man hoffte, vor jeder Störung ge=
sicherten Marsch antreten. Allein die Franzosen hielten gute
Wacht und erreichten in eiligem Nachsetzen bei Schwanden
den russischen Nachtrab; dort kam es zu einem hartnäckigen
Gefechte, welches für die Russen um so verlustreicher wurde,
als sie im Verlaufe desselben von einer über den Urner
Boden anlangenden Abteilung Loisons in der Flanke gefaßt
wurden. Erst die Nacht machte dem blutigen Ringen ein
Ende. Am 6. Oktober ging es dann von Elm schon um
2 Uhr morgens weiter zu der Höhe des Panixer Passes
hinan. Im Sommer war dort der Uebergang leichter
als über den Roßstock; damals aber war der Weg durch
andauernde Regengüsse fast ungangbar geworden und weiter
auf der Höhe mit zwei Fuß hohem weichem Schnee bedeckt,
dessen Rinde auf dem südlichen Abhang am Tage geschmolzen
und dann in der letzten Nacht gefroren und glatt geworden
war, so daß der Auf= und Abstieg sich im höchsten Maße
beschwerlich und gefahrvoll zeigte. Gegen Abend trat Sturm
und Gewitter ein; die Hauptmasse mußte vor und auf dem
Gipfel des Berges, wo ein jeder sich eben befand, durch=
näßt und durchfroren, ohne Nahrung noch Feuerung die
Nacht zubringen. Eine Menge Menschen erfroren; mehrere
hundert stürzten auf dem eisigen Pfade in die Abgründe,
der größte Teil der Lasttiere ging zu Grunde, und alle noch
übrigen Geschütze mußten zurückgelassen werden. Schwer=
lich wäre der Verlust bei einem frischen Kampfe um Näfels
größer gewesen. Erst am 7. Oktober erreichte man mittags
das Dorf Panix, am Abend Jlanz, am folgenden Tage
Chur, wo zwei Rasttage die Körperkräfte und die Laune
der Soldaten rasch wiederherstellten. Das Heer zählte noch
15 000 Kombattanten; doch war es zweifelhaft, ob diese
abgerissenen Menschenhaufen ohne Munition, ohne Geschütze,
ohne Gepäck zur Zeit den Namen eines Heeres verdienten.
Am 11. Oktober endlich gelangten sie nach Feldkirch, wo sie

zu etwas längerem Ausruhen ein Lager bezogen und sich wieder mit ihrer, durch Tirol anlangenden Feldartillerie vereinigten.

Dies war das Ende von Suworows vielbesprochenem Alpenmarsch. Die Tapferkeit und Standhaftigkeit, welche die russischen Truppen während seiner ganzen Dauer bewiesen haben, kann gar nicht hoch genug gepriesen werden; sie machten ihnen um so mehr Ehre, je weniger diese Söhne des Flachlandes an Gebirgswanderung und Gebirgskrieg gewöhnt waren. Den Ruhm des Feldherrn aber, der ihn ersonnen, kann die unbefangene spätere Betrachtung nicht so hoch spannen, wie ihn vor den Augen der Zeitgenossen der Reiz des Ungewöhnlichen und die Besiegung der örtlichen Schwierigkeiten erhoben hat. Wir haben gesehen, wie mißlich gleich seine erste Anlage gewesen, wie vielfach die einzelnen Entschlüsse Suworows dann noch seine Gefahren gesteigert und endlich das gänzliche Mißlingen vollendet haben. Stellt man daneben die unglücklichen Maßregeln Thuguts unmittelbar vor dem Beginne des Zuges, so erscheint von neuem das Ergebnis, daß von beiden Seiten alles Ersinnliche zum Verderben der eigenen Sache geleistet worden ist, um dadurch dem Verbündeten Aerger und Schaden zu bereiten.

Immerhin wäre auch jetzt noch vielfache Aussicht gewesen, die erlittenen Nachteile wieder gut zu machen. Erzherzog Karl hatte auf die erste Nachricht von Korsakows Mißgeschick den größeren Teil seiner Truppen, ungefähr 33 000 Mann, an verschiedene Punkte der Schweizer Grenze zurückbefehligt und langte persönlich nach eiliger Fahrt am 30. September in Donaueschingen an, wo er sein Hauptquartier nahm. Korsakow zog unterdes die bisher zurückgebliebene Reiterei und Artillerie an sich, dazu drei Schweizer Regimenter, 2000 Bayern, die 5000 Emigranten des Prinzen Condé, so daß er den bei Zürich erlittenen Verlust mehr als ersetzte. Da ein ansehnlicher Teil der französischen Streitmacht sich damals gegen Suworow hatte wenden müssen, so bot sich günstige Gelegenheit zur Wiederaufnahme der Offensive, und es ist einleuchtend, welch ein Gewinn

für die Ermutigung der Truppen, welch ein Segen für die
Befestigung der Koalition der kleinste gemeinsam errungene
Vorteil auf dieser Seite gewesen wäre. Korsakow aber
schwankte zwischen entgegengesetzten Gefühlen, dem Wunsche,
die schlimme Züricher Scharte auszuwetzen, der Sorge, den
Feldmarschall durch längere Unthätigkeit in vernichtende
Gefahr zu bringen, der Furcht, ohne neue Befehle Suworows durch eigene Entschließung sich nochmals Verluste zu
holen. Und nicht viel entschiedener war die Gemütsver-
fassung des Erzherzogs, der aus Wien endlich erfahren hatte,
daß er nach dem wirklichen Willen des Kaisers die Schweiz
nicht vor Suworows Ankunft hätte verlassen sollen, der
hiernach sich um so mehr zum Schutze der Schweiz verpflichtet hielt, leider aber mit seiner Hauptmacht doch immer
für die Sicherheit der deutschen Lande verantwortlich blieb.
Er kam also nicht zu dem Entschlusse eines selbständigen,
entscheidenden Angriffs auf Masséna, bot jedoch dem russischen
General seine Unterstützung, wenn derselbe wieder auf das
linke Rheinufer hinüber und wenigstens bis zur Thur vorwärts ginge. Während dies geschah, kam jedoch die Nachricht, daß Suworow sich von Glarus südwärts nach Graubünden gewandt hatte; für dessen Rettung brauchte man
also keine isolierte Bewegung mehr zu wagen, und der Erzherzog stimmte deshalb jetzt für ruhiges Abwarten, bis
Suworow angelangt und seine weiteren Pläne bekannt seien.
So gingen Korsakows Truppen, unter zahlreichen Einzel-
gefechten, wobei sie hie und da Verluste erlitten, anderwärts
aber mit erfrischter Kraft die Gegner warfen, am 8. Oktober
wieder über den Rhein zurück. Es standen jetzt zwischen
Basel und Konstanz 60 000 Verbündete gegen 45 000 Franzosen; dazu kamen oberhalb des Bodensees Petrasch und
Jellachich und bald auch Suworows 15 000 Mann, welchen
sich zur Zeit nur die einzige Division Mortier gegenüber
befand. Bei solcher Ueberzahl ließ sich ohne Zweifel Be-
deutendes erreichen: alles hing, wie man sieht, von den
Entschließungen Suworows ab.

Die ersten Nachrichten, welche von dem greisen Feld-

marschall aus Graubünden einliefen, ließen das Beste er=
warten. Gleich aus Panix schrieb er am 7. Oktober dem
Erzherzog, wenn die Oesterreicher ihn mit Proviant und
Munition versehen würden, sei er bereit, gemeinsam mit
Petrasch die Offensive gegen die Thur zu ergreifen. Am
11., auf dem Marsche von Chur nach Feldkirch, sandte
er ein zweites Schreiben ab, worin er sich durch die öster=
reichische Verpflegung befriedigt meldete und demnach seinen
Angriffsplan im einzelnen entwickelte: wenn Petrasch ihn
mit 8000 Mann unterstütze, wolle er bei Meiringen am
17. über den Rhein gehen und über Altstetten auf Sankt
Gallen und weiter vordringen; gleichzeitig solle Korsakow,
den er übrigens zur Zeit dem Oberbefehle des Erzherzogs
unterstelle, von Konstanz aus auf Winterthur rücken, so
daß zwischen diesem Orte und St. Gallen die Vereinigung
der beiden Heerteile erfolgen könne. Der Erzherzog em=
pfing dieses Schreiben am 13. und fand den Inhalt äußerst
bedenklich. Von Tage zu Tage hatte er sich immer gründ=
licher von Korsakows bodenloser Unfähigkeit überzeugt —
solange dieser Mensch das russische Corps befehligt, schrieb
er damals nach Wien, ist dasselbe als nicht vorhanden zu
betrachten — er sah mit Bestimmtheit voraus, daß, wenn
Korsakow für sich allein vorrücke, er vor der Vereinigung
mit Suworow sich von den Franzosen dreimal würde schlagen
lassen. So benutzte er die ihm momentan von dem Feld=
marschall gegebene Vollmacht und erließ an Korsakow den
Befehl, sofort mit allen seinen Truppen zu Suworow auf=
zubrechen; zugleich wies er Petrasch an, mit 8000 Mann
ebenfalls zu Suworow zu stoßen, und sandte diesem am
14. Oktober den Vorschlag, mit dieser gesamten Heeresmacht,
etwa 28 000 Mann Infanterie und 6000 Mann Reiterei,
etwas weiter südlich, als der Brief vom 11. es angegeben,
in zwei Kolonnen bei Sargans und Grabs den Rhein zu
überschreiten und auf St. Gallen zu marschieren. Von
Konstanz aus werde dann an Korsakows Stelle eine öster=
reichische Kolonne von 20 000 Mann über Winterthur sich
mit dem Feldmarschall zu vereinigen suchen.

Wenn man diese Vorschläge mit Suworows ursprüng= lichem Plane vergleicht, so ergiebt sich der Nachteil, daß durch Korsakows weiten Marsch um den ganzen Bodensee herum der Angriff um drei bis vier Tage verzögert wurde. Durchaus überwiegend aber mußte andererseits der Gewinn erscheinen, sämtliche russische Streitkräfte in Suworows kräftiger Hand zu vereinigen und an Korsakows Stelle in Konstanz ein ansehnliches österreichisches Corps zur Ver= stärkung des Gesamtangriffs treten zu lassen. Höchst wahr= scheinlich wäre mit der Ausführung dieses Entwurfs wenig= stens die frühere Stellung an der Linth und Limmat mit einem Schlage wieder gewonnen worden.

Allein in dem Augenblicke, als der Erzherzog sein Schreiben an Suworow absandte, war in dessen Haupt= quartier eine völlig andere Stimmung zur Herrschaft ge= kommen. Wenn der Feldmarschall es überhaupt mit der Erneuerung der Offensive ernst gemeint hatte, so mußte er jetzt erleben, daß der von ihm so reichlich ausgestreute Samen ihm selbst über das Haupt wuchs. Kaum nämlich war sein Plan bei den Truppen bekannt geworden, so erhob sich ein allgemeiner Sturm des Schreckens und der Entrüstung. Seine Offiziere, seine Generale und allen voran der Groß= fürst Konstantin erklärten einstimmig, daß nach den über= standenen unerhörten Mühsalen an fernere Kämpfe und Strapazen nicht zu denken sei, daß in allen russischen Herzen nur der eine Wunsch auf sofortige Rückkehr in die geliebte Heimat lebe, und daß vollends zur Unterstützung der ver= räterischen Oesterreicher kein Tropfen russischen Blutes mehr vergossen werden dürfe. Suworow, der hier den Wieder= hall seiner eigenen früheren Reden und Berichte vernahm, war nur zu geneigt, sich bestimmen zu lassen. Mehreres kam zusammen, den alten Groll gegen Oesterreich wieder in frische Glut zu versetzen. Dort in Feldkirch empfing er endlich Korsakows amtlichen Bericht über die schmähliche Züricher Niederlage, welcher natürlich die eigene Recht= fertigung in Anklagen gegen die österreichischen Genossen suchte. Dann kam ein Schreiben des sardinischen Staats=

mannes St. André aus Turin mit neuen Klagen über die
österreichische Tyrannei in Piemont, mit neuer Anrufung
der russischen Großmut. Gleichzeitig lief ein Brief des
russischen Gesandten in Wien ein, welcher die (erdichtete)
Anwesenheit französischer Friedensunterhändler in Wien
meldete und den Feldmarschall vor verräterischen Umtrieben
der angeblichen Alliierten auf der Hut zu sein warnte. Endlich erwiderte General Petrasch auf eine Anfrage über seine
Mitwirkung bei der beabsichtigten Offensive, daß er ohne
Befehl vom Erzherzog dazu außer stande sei. Nichts war
natürlicher als diese Antwort, aber sie genügte, um im
russischen Lager den Ruf hervorzubringen, daß die Oesterreicher nach wie vor mit untergeschlagenen Armen den russischen Anstrengungen zusehen wollten. Suworow meldete
dies alles schon am 13. Oktober dem Grafen Rostopschin,
erklärte, daß er jede Hoffnung auf den Erzherzog aufgegeben
habe, und deutete darauf hin, daß er ruhige Winterquartiere
an der Donau aufzusuchen gedächte, nachdem die Russen
leider aus Italien weggewiesen seien. Noch bestimmter
berichtete er am 14. unmittelbar an den Kaiser, er habe
die Absicht eines kombinierten Unternehmens auf St. Gallen
und Winterthur gehabt; inzwischen aber hätten viele Nachrichten ihm bestätigt, daß der Erzherzog alles ablehne; demnach habe er sich jetzt entschlossen, auf dem nördlichen Ufer
des Bodensees sich mit Korsakow zu vereinigen, dessen
Truppen seit der Züricher Schlacht sich in der jämmerlichsten
Entblößung befänden; der Feind habe eine dreifache Uebermacht gegenüber den Russen; an Widerstand sei also nur
bei einer Mitwirkung des Erzherzogs mit seiner ganzen
Macht zu denken, und da hierzu nicht die geringste Aussicht vorhanden sei, so bleibe ihm nichts übrig, als die
Schweiz zu verlassen und gute Winterquartiere an passen-
dem Orte aufzusuchen.

Ebenfalls am 14. schrieb er dann auch dem Erzherzog,
daß die körperliche Ermattung und Entblößung seiner Soldaten ihn an der Ausführung seines neulich übersandten
Operationsplanes hindere; er werde also nordwärts vom

Bodensee zu Korsakow hinübermarschieren und dann nach genauer Besichtigung dieser Truppen seine weitere Entschließung fassen. Karl antwortete umgehend am 15., daß diese Maßregel die allernachteiligste sei und er dringend bitte, Vorarlberg wenigstens nicht früher zu verlassen, als bis man im stande gewesen, den allein dort zurückbleibenden Petrasch zu verstärken. Aber an demselben 15. früh hatte Suworow seinen Marsch nach Norden bereits begonnen, so daß ihm Karls beide Schreiben fast gleichzeitig am 16. in Lindau zu Händen kamen.

Nachdem er sie gelesen, schlug bei dem erregbaren Greise noch einmal die Meinung um, immer vorausgesetzt, daß diese Wandlungen wirklich echt und nicht bloß biedermännische Masken waren, um durch die wiederholte Bereitwilligkeit zum Handeln die sachliche Unmöglichkeit desselben der Welt einleuchtend zu machen. Umgehend erwiderte Suworow dem Erzherzoge, daß er auf dessen Erbietungen hin die früher geäußerten Bedenken über die Erschöpfung seiner Soldaten fallen lasse, Karls Vorschläge annehme, seinen Truppen Befehl zum Rückmarsch den Rhein hinauf behufs der von Karl vorgeschlagenen Operation gebe und mit festem Vertrauen auf Karls Unterstützung rechne. So am 16. Oktober. Diesem Schreiben folgte jedoch am 17. ein anderes mit der Meldung, daß der Feldmarschall gegenwärtig nicht im stande sei, irgend eine Offensivbewegung zu unternehmen, sondern nur dafür Sorge tragen müsse, seinen Truppen eine wenn auch geringe Erholung zu verschaffen und sie dadurch möglichst bald wieder angriffsfähig zu machen. Also ein Aufschub, wenngleich hoffentlich nur kurzer Aufschub. Am 18. aber versammelte Suworow einen Kriegsrat, um seinen Generalen zu erklären, daß er auf keine Erfolge weiter hoffe, auf die Mitwirkung des Erzherzogs nicht mehr rechne, von dessen Thätigkeit nichts als wirkungslose Demonstrationen erwarte. Nach seinem Antrage beschloß der Kriegsrat einstimmig, daß man von den Oesterreichern keine Hülfe, sondern nur Verrat zu befahren habe, also die vorgeschlagene Offensive nicht in Ausführung bringen, sondern auf dem rechten Rheinufer stehen bleiben und für die Herstellung der Armee sorgen wolle. An demselben Tage beantwortete der Erzherzog den Brief vom 17. durch den Vorschlag einer persönlichen Zusammenkunft in Stockach, um in mündlicher Erörterung zu gutem Einverständnis über den Operationsplan zu gelangen. Suworow sagte darauf, der junge Demosthenes wolle ihn durch seine Beredsamkeit bezaubern, und schrieb am 19. zurück, daß ihm seine Gesundheit die Reise nach Stockach nicht erlaube, er bäte aber dringend, daß der Erzherzog sich nicht bis Lindau bemühe, sondern ihm schriftlich seine Fragen vorlege. Zugleich erließ er eine amtliche Meldung an Kaiser Franz, daß seine Truppen zu jeder Offensivoperation unfähig seien. Das letzte Wort sprach er dann am 22. Oktober in einem Schreiben an den Erzherzog aus, worin er zunächst die Anklage erhob, daß dessen voreiliger Abzug aus der Schweiz alles in Verwirrung gebracht, und dann weiter bemerkte, daß er, Suworow, dennoch, stets siegend, sich durch die feindliche Uebermacht durchgeschlagen habe, daß er jetzt, um seinen Truppen sichere Erholung zu verschaffen, sich veranlaßt finde, sein Heer zehn Meilen weiter rückwärts in die Winterquartiere zu führen. Die Trennung der Armeen und die Zerreißung der Koalition war damit erklärt.

Für sich selbst hatte er die Summe seiner Gefühle damals in das Wort gefaßt, welches er in diesen Tagen wiederholt aussprach: soll ich den Oesterreichern wieder Vertrauen schenken, so muß der Erzherzog, dieser Held einer unglücklichen Defensive, mit seiner ganzen starken Armee zu einem entschlossenen Angriff auf die Schweiz übergehen; er kann, wenn er mutig und richtig verfährt, das Land in einem Monat erobern; dann würden meine Truppen ausgeruht sein, dann würde ich weiterhelfen. Es war an sich eine übertriebene Zumutung, diese Eroberung der Schweiz durch die Oesterreicher allein, unter müßigem Zuschauen der Russen; auch wußte Suworow sehr gut, daß Karl unter allen Umständen einen Teil seines Heeres zur Deckung Deutschlands zu verwenden gezwungen war. Ebendeshalb

aber nahm Suworow diese Stellung; eben weil er die Unmöglichkeit der Erfüllung vor Augen hatte, machte er sein
Begehren zur Bedingung jeder weiteren Mitwirkung. Seit
dem 19. Oktober ersparte er sich die Mühe, noch weiter,
wie er es am 11. und am 16. gethan, seine Unthätigkeit
durch kampflustige Worte und tapfere Angriffspläne zu
beschönigen. An jenem Tage hatte ihm Graf Stakelberg
aus Petersburg die kaiserlichen Antworten auf seine letzten
italienischen Depeschen überbracht, und Suworow hatte daraus ersehen, daß es ihm gelungen war, die Seele seines
Gebieters ganz und gar auf den ihn selbst erfüllenden Haß
gegen Oesterreich zu stimmen. Er mußte sich seitdem des
kaiserlichen Beifalls sicher, wenn er sich von jeder Gemeinschaft mit dem Erzherzog lossagte. Ja noch mehr. Wenn
er aus Asti dem Kaiser Paul die Andeutung hingeworfen
hatte, daß die Zurückberufung der russischen Truppen in
ihre Heimat alle ehrsüchtigen Entwürfe Oesterreichs mit
einem Schlage zerschmettern würde, so hatte er jetzt die Genugthuung, in einem Schreiben Pauls vom 18. September
die Worte zu lesen, es werde ihm hiermit Vollmacht erteilt,
sobald er Grund zum Argwohn wegen eines österreichisch-
französischen Separatabkommens finde, nach seinem Ermessen
entweder den Krieg gegen Frankreich allein fortzusetzen oder
die Armee nach Rußland zurückzuführen und die Treu-
brüchigen dem Gerichte Gottes zu überlassen. Darauf erklärte Großfürst Konstantin dem Feldmarschall auf der
Stelle: man habe jetzt nur noch die Antwort des Kaisers
auf die von Feldkirch eingesandten Berichte zu erwarten
und bis dahin jede kriegerische Aktion sorgfältig zu vermeiden; unter diesen Umständen sei Suworow für jeden
Tropfen unnütz vergossenen russischen Blutes dem Kaiser
verantwortlich. Suworow war damit von ganzem Herzen
einverstanden.

Drei Tage später vollzog sich die gleiche Entscheidung
in St. Petersburg.

Pauls Verdruß und Ungeduld kannte bereits im August
kaum noch eine Schranke. Sein Gesandter in Wien, Graf

Rasumowski, ein warmer Verteidiger des Bündnisses mit Oesterreich, genügte ihm längst nicht mehr. Als er auf das stete Dringen des Kaisers, über Thuguts Eroberungspläne unterrichtet zu werden, die Meldung einsandte, daß Oester= reich keinen der italienischen Fürsten völlig entsetzen wolle, wohl aber einige sardinische und päpstliche Provinzen begehre, als er durch die ganze Haltung seines Berichtes erkennen ließ, daß er diesen Anspruch nicht für völlig unberechtigt halte, erklärte ihn Paul für ein dienstwilliges Werkzeug der Thugutschen Intriguen, wie ihn auch Suworow mehr= mals charakterisiert hatte, rief ihn von seinem Posten ab und übertrug das Amt einem ausgesprochenen Gegner Thuguts, dem Herrn von Kolytschew, der bisher in Wien als Geschäfts= träger des Malteser Großmeisters beglaubigt gewesen. Dieser war es, welcher dem Feldmarschall nach Feldkirch die oben erwähnte Notiz über die Anwesenheit französischer Friedens= kommissare in Wien zusandte und ihn damit in die Lage setzte, sich der kaiserlichen Vollmacht vom 18. September zu bedienen. Seine Berichte nach Petersburg machten vollends die Heilung der dortigen Gereiztheit unmöglich. Früher hatte Paul gelegentlich den Grafen Cobenzl durch eine Aeußerung bekümmert, daß er eine arge Vernachlässigung in dem langen Säumen des Erzherzogs Joseph finden müsse, die ihm verlobte Großfürstin Alexandra heimzuführen: so kam jetzt Thugut auf den Gedanken, daß Josephs Ankunft in Petersburg vielleicht eine günstige Wendung herbeiführen könnte, und ließ ihn mit glänzendem Gefolge die Hochzeits= reise antreten. Aber die Maßregel kam zu spät. Zwar die Vermählung wurde endlich vollzogen, Joseph aber von dem erbitterten Schwiegervater auf das gröbste behandelt. Mit schneidender Ironie bemerkte Cobenzl, Paul habe dem Erzherzog gesagt, er sehe ihn an wie seinen eigenen Sohn; in der That war Pauls Ungunst gegen den Großfürsten Alexander damals auf den höchsten Grad gestiegen und die Gleichstellung mit ihm wenig schmeichelhaft. Als Joseph einmal eine Klage wagte, fertigte ihn Paul mit dem kurzen Worte ab, er zürne ihm nicht, es sei seine Manier so. Auch

hierauf hatte Suworow im voraus hingewirkt: Rostopschin
schrieb ihm am 29. September, der Feldmarschall habe die
Wiener Hochzeitsexpedition ohne Grund gefürchtet, sie werde
völlig unverrichteter Dinge wieder abziehen. In der That,
noch ehe Joseph mit seiner Gemahlin abgereist war, flog
die Allianz der Kaiserhöfe in die Luft. Da kamen neue
Klagen des sardinischen Königs, der die Zurücknahme der
an ihn ergangenen Einladung in Cagliari nicht rechtzeitig
empfangen hatte, sondern nach eiliger Abfahrt in Livorno
gelandet war; dort aber hatte er die Reise nicht fortsetzen
können, weil ein gemessener österreichischer Befehl ihm den
Eintritt in das piemontesische Gebiet verbot. Es kam ein
jammernder Bericht des sardinischen Kommissars in Turin,
St. André, dem im Auftrage des alten Melas General
Zach rund heraus erklärt hatte, daß Oesterreich den mit
Frankreich verbündeten König in Piemont nicht zulassen,
sondern über das Land nach Eroberungsrecht verfügen würde.
Es kam Thuguts Depesche vom 12. September über den
von Paul beabsichtigten Petersburger Kongreß, deren kate-
gorischer Ton und stolze Unwiderleglichkeit den Zaren geradezu in Wut und Raserei versetzte. Unterdessen hatte
Kotschubei, seiner ohnmächtigen und doch täglich durch Pauls
Ausbrüche geplagten Stellung müde, seinen Abschied genommen, und an seine Stelle trat der bisherige Botschafter
in Berlin, Graf Panin, nicht gerade ein Feind Oesterreichs, aber doch von sehr kühler Stimmung gegen Thugut.
Als dann sich immer wieder die sardinischen Klagen wiederholten, befahl Paul am 17. Oktober dem Gesandten Kolytschew, bestimmte Antwort auf die beiden Fragen zu verlangen, welche Gebietsteile Oesterreich in Italien für sich
begehre, und welche Absichten es mit dem König von Sardinien habe. Er solle dabei die Erklärung hinzufügen,
daß, wenn die Antwort verzögert werden oder mit Pauls
Ansichten nicht im Einklange stehen sollte, Rußland alle
Beziehungen zu Oesterreich abbrechen und seine Truppen
zurückrufen werde. Kaum war diese Depesche nach Wien
abgegangen, so erschien den 21. Oktober der Bericht Korsa-

rows über die Niederlage bei Zürich. Suworow hatte hin=
reichend vorgearbeitet, so daß auf der Stelle die Ueberzeu=
gung feststand, Oesterreich, und Oesterreich allein, trage
die Schuld an diesem Unheil. Am 22. schrieb der Zar
dem Kaiser Franz, daß der übereilte Abmarsch des Erz=
herzogs und die falsche Hinterlist des Wiener Ministeriums
die russischen Truppen in das Verderben gestürzt hätten; er
verlasse also von diesem Augenblicke das österreichische In=
teresse und hebe jede Gemeinschaft mit Franz auf, um nicht
der schlechten Sache einen Triumph zu bereiten. Abschrift
von diesem Briefe ging gleichzeitig an Suworow mit der
Weisung, alle Anstalten zur Rückkehr zu treffen, wenn ihm
die Ausführung der früheren Befehle (Herstellung des bour=
bonischen Königtums) jetzt unthunlich erscheine. Sie sollten
einst, sagte Paul, die Monarchie retten; retten Sie jetzt
die russischen Krieger und die Ehre Ihres Kaisers.

Die Koalition war damit aufgelöst. Von einem An=
griffe auf Frankreich war nirgends die Rede mehr. Statt
dessen erhielt Thugut in diesen Tagen ein Telegramm, daß
General Bonaparte in Frejus gelandet und von der Be=
völkerung mit unermeßlichem Jubel empfangen worden sei.
Eine neue Epoche begann.

Achtes Kapitel.

Letzte Monate des Direktoriums.

Der Staatsstreich des 30. Prairial war, wie wir sahen,
das Ergebnis einer Verbindung der jakobinischen und der
konstitutionellen Opposition, welcher das alte Direktorium,
mit Ausnahme des Ueberläufers Barras, fast ohne Wider=
stand erlag. Dabei war es unverkennbar, daß, wenn in
der taktischen Leitung des Angriffs die Führer der Konstitu=
tionellen, Boulay von der Meurthe, Lucien Bonaparte und
Genossen, die Hauptrolle gespielt hatten, die treibende Kraft

ganz vorwiegend bei den Jakobinern gewesen war. Ihr Werk waren die stürmischen Adressen aus dem Süden, während sonst die große Masse der Bevölkerung heute wie gestern in stumpfer Apathie verharrte; ihre Stimmenzahl im Rate der Fünfhundert hatte durch die letzten Wahlen den entscheidenden Zuwachs erhalten; ihre Parteigenossen waren die im Augenblicke politisch hervortretenden Generale ‚Jourdan und Augereau, Bernadotte und Championnet. So entschieden im Direktorium Sieyès über seine jakobinischen Kollegen persönlich hervorragte, so war doch für die ersten Wochen nach dem Staatsstreiche die jakobinische Strömung so überwiegend, daß Sieyès in einer Reihe der wichtigsten Punkte ihr nachgiebige Rechnung tragen mußte. Zunächst bei der Ernennung der neuen Minister; denn daß die verbrauchten Werkzeuge Rewbells nicht bleiben durften, verstand sich von selbst. Wie Bernadotte zur Leitung des Kriegswesens berufen wurde, so erhielt der alte Montagnard Quinette das Ministerium des Innern; Polizeiminister wurde Bourguignon, ein Jakobiner von gleicher Rechtschaffenheit und Unfähigkeit wie Gohier, Militärkommandant von Paris an Jouberts Stelle General Marbot, eines der wenigen unbedingt jakobinischen Mitglieder des Rates der Alten. Längere Erwägung kostete die Besetzung des Finanzamtes, welches nicht in der Hand des verhaßten Ramel bleiben durfte, aber allerdings keinen Kandidaten zur Uebernahme reizte; nach langen Verhandlungen ließ sich dazu einer der berufensten Männer der Schreckenszeit bestimmen, das Mitglied des blutigen Wohlfahrtsausschusses Robert Lindet. Wochenlang bestrebte sich dann Sieyès, an der Spitze des auswärtigen Amtes den kundigsten und geistreichsten aller damaligen Staatsmänner, Talleyrand zu erhalten; es war alles vergebens; vor dem Zorne der Jakobiner mußte er weichen und Sieyès endlich zufrieden sein, ihm die Stelle für die Zukunft zu bewahren, durch die Ernennung des in der Sache tüchtigen, aber politisch farblosen und einflußlosen Reinhard. Der einzige unter den neuen Ministern, welcher ungefähr Sieyès' Farbe trug, war

Cambacérès in dem politisch wenig bedeutenden Zweige der Justiz. Für eine Aenderung der Verfassung im Sinne des neuen Direktors boten diese Dinge äußerst geringe Aussichten.

Ein Gegenstand, welcher durch mehrere Wochen hindurch die Gemüter in höchst unerquicklicher Aufregung erhielt, war die Frage, ob eine peinliche Verfolgung der gestürzten Direktoren und ihrer vornehmsten Agenten, Scherers und Ramels, Rapinats und Trouvés, stattfinden sollte. Wie wir erwähnten, hatte die gemäßigte Mehrheit den freiwilligen Rücktritt Merlins und Larévellères durch die Zusage gewonnen, auf jede Verfolgung zu verzichten; es bezeichnet also wieder die Stärke der jakobinischen Tendenz, daß man Scherers Verhaftung bewirkte und eine lange Reihe von Sitzungen mit der Erörterung der Zulässigkeit einer Anklage gegen die Direktoren verbrachte. Rewbell nahm davon Veranlassung, im Rate der Alten das eine Mal für sich selbst, das andere Mal für seinen Schwager Rapinat geharnischte Reden zu halten, worin er die gegen sie beide gehäuften Schmähungen mit einer Energie der Verachtung zurückwies, wie sie das reinste Gewissen nicht mutiger und glühender hätte aufbieten können. Das eigentlich bestimmende Wort aber sprach er am Schlusse seines ersten Vortrages in der Warnung aus, daß einst treffliche Männer wie Bailly und Condorcet durch den siegenden Parteihaß auf das Schafott geschleppt worden seien, daß er, der zur Zeit Besiegte, mit Ruhe ein gleiches Schicksal erwarte, und daß der heutige Sieger, wenn die Reihe des Sturzes an ihn komme, hoffentlich gleiche Fassung bewähren werde. Er wurde von dem Rate sehr wohl verstanden, mit unverkennbarer Gunst angehört und der Druck seiner Rede beschlossen. Draußen aber lärmten die Jakobiner; unaufhörlich strömten die Adressen aus den Departements herein, mit immer neuen Anklagen auf Ungesetzlichkeiten, Gewaltthaten, Verschleuderungen; soweit das französische Volk noch eine Zunge zum Reden hatte, schien es mit einer Stimme die strenge Bestrafung der Vaterlandsverräter zu fordern.

Woche um Woche verging, und die Fünfhundert vermochten zu keinem Entschlusse zu kommen.

Desto gründlichere und verhängnisvollere Erfolge feierten damals die Jakobiner in der Gesetzgebung, Erfolge, durch welche sie im höchsten Maße bekundeten, sowohl daß sie im ganzen Laufe der Revolution für jede Erfahrung unzugänglich geblieben, als daß ihr Radikalismus der schneidende Gegensatz zu aller Freiheit und Gerechtigkeit war. Nichts war natürlicher, als daß die republikanische Regierung auf Mittel Bedacht nahm, die fortdauernd wachsenden Regungen der Royalisten im Westen und Süden des Reiches zu unterdrücken. Aber was jetzt zu diesem Zwecke vorgekehrt wurde, war eine Maßregel von despotischem Parteifanatismus, wie 1793 nichts Schlimmeres hervorgebracht hatte, ein in jeder Hinsicht würdiges Seitenstück zu dem verabscheuten Gesetze über die Verdächtigen. Das frühere Direktorium hatte mehrmals die Räte aufgefordert, den royalistischen Banden ihren Boden dadurch zu entziehen, daß man die Gemeinden, wo sie ihren Unfug trieben, für den erlittenen Schaden verantwortlich mache und dadurch die Bevölkerung zu thätigem Widerstande gegen die Chouans ansporne. Schon eine solche Maßregel ist nicht gerade von gelindem Stoffe, da die Gemeinden nicht immer Mittel und Möglichkeit haben, die auferlegte Pflicht zu erfüllen, und dann ohne eigenes Verschulden büßen: aber einmal ist sie durch altes Herkommen bestätigt und vor allem, sie trifft in geregelter Weise eine Gesamtheit auf Grund einer objektiv erkennbaren Unterlassung. Die Männer aber, welche am 30. Prairial die Tyrannei des alten Direktoriums gestürzt hatten, waren nicht der Meinung, ihre patriotische Thätigkeit durch objektive Rechtsbedenken bestimmen zu lassen. Sie hatten nur den einen Erwägungsgrund, daß die Freunde der Revolution zu schützen, die Feinde derselben zu drücken seien. So wurde am 10. Juli den Fünfhundert ein Gesetzentwurf vorgelegt, für die Missethaten der Chouans nicht die Gemeinden, sondern die dort wohnenden Gesinnungsgenossen der Royalisten, mithin vor allem die früheren

Edelleute, verantwortlich zu machen. Sobald durch ein
Gesetz ein Bezirk als im Zustande bürgerlicher Wirren be-
findlich erklärt sei, sollten alle Abligen desselben eingesperrt
und nach jedem durch die Chouans begangenen Morde vier
dieser Geiseln deportiert werden; wer sich nicht zu der
Einsperrung stellte oder sich derselben durch die Flucht ent-
zöge, sollte auf die Emigrantenliste kommen, also zu Güter-
verlust und Hinrichtung verurteilt sein. Gegen den Antrag erhoben sich zwei Redner, Rallier und Cambe, in scharfen
Worten, erörterten die Härte, womit hier Schuldige und
Unschuldige wegen ihrer Geburt gleichmäßig mißhandelt
würden, wiesen auf die Gefahr, durch solche Grausamkeit
zahlreiche Bürger in die Reihen der Rebellen erst hinein-
zutreiben und die Gegner zu gleich beklagenswerter Wieder-
vergeltung zu veranlassen: aber Berlier lehnte ihre Ver-
besserungsanträge mit kurzem Nachdruck ab, weil es sich um
ein Kriegs- und Notgesetz handele, und sämtliche Artikel desselben wurden im Sturme angenommen. Der Rat der
Alten, dessen Grundsätze ganz entgegengesetzter Art waren,
wagte gerade an diesem Punkte sich nicht dem Verdachte
royalistischer Neigungen auszusetzen und gab am 12. dem
Beschlusse Gesetzeskraft. Der Eindruck auf die Bevölkerung
war äußerst peinlich: die Bürger hatten die Wiederkehr
aller Greuel von 1793 vor Augen.

Sehr bald wurde diese Stimmung durch ein zweites Gesetz von gleichem Schlage und allgemeinerer Wirksamkeit
gesteigert. Wie wir sahen, war am 28. Juni ein progressives Zwangsanlehen auf die Reichen von 100 Millionen
im Prinzip beschlossen worden. Als man daran ging, im
einzelnen die gesetzlichen Anordnungen, die Höhe der Beiträge und die Art ihrer Feststellung auszuarbeiten, zeigte
sich eine Menge von Schwierigkeiten und Meinungsverschie-
denheiten. Manche Mitglieder hatten Bedenken, ob überhaupt eine solche Vermehrung der öffentlichen Lasten möglich sei; andere erklärten den Grundsatz der progressiven
Abgabe für unverträglich mit der Verfassung, da thatsächlich
die Zwangsanleihe nichts als eine andere Form einer außer-

ordentlichen Steuer sei, die Verfassung aber für alle Steuern das gleiche Verhältnis zu den Einkünften jedes Steuerpflichtigen vorschreibe. Endlich brachten die Fünfhundert einen Entwurf zu stande, der jedoch im Rate der Alten eine durchaus ungünstige Aufnahme fand. Am 29. Juli stellte die Kommission desselben einstimmig den Antrag auf Ablehnung. „Wo wollt ihr," fragte Barennes, „das anzuleihende Geld finden? Bei den Grundbesitzern? Aber ihre Lage ist beengter als die ihrer Tagelöhner. Bei den städtischen Hauseigentümern? Sie sind durch das Papiergeld ruiniert. Bei den Kaufleuten? Wir haben keinen Handel mehr; eine Stadt, die sonst einen Jahresumsatz von 40 Millionen hatte, bringt es jetzt kaum auf vier. Durch Besteuerung des Luxus? Wer jetzt noch Diener, Wagen und Pferde hat, wird sie schleunig abschaffen. Und bei solchen Verhältnissen redet zwar das Gesetz von hundert Millionen, aber seine Bestimmungen sind so weitgreifend, daß man auf Grund derselben vielleicht eine Milliarde abfordern könnte." Der Gesetzentwurf wurde zurückgewiesen.

Allein die Alten hatten sich hier einen äußerst ungünstigen Punkt zum Widerstande gegen die jakobinische Politik erwählt. Allerdings war es, wie wir gleich sehen werden, in diesen Tagen schon zu vielfachem Hader zwischen der Regierung und den Radikalen gekommen: aber wo es sich um Geld für die bedrängte Staatskasse handelte, war das Direktorium mit einem jeden verbündet, der irgend eine bereite Hülfsquelle zu eröffnen sich erbot, mochte er sonst Jakobiner oder Royalist sein. So brach am 30. Juli bei den Fünfhundert, nachdem Doche aus Lille die Not des Kriegsministers und die Stockungen der Rekrutierung bei fortdauerndem Geldmangel geschildert, ein allseitiges Hagelwetter von Verwünschungen über den Rat der Alten und über die unpatriotischen Millionäre herein, welche jetzt ihren Reichtum versteckten, um sich der Anleihe zu entziehen und sich heimlich auf ihrem Golde zu wälzen. Ohne Aufenthalt verfügte der Rat eine neue Ausarbeitung, welche dann am 5. August abgeschlossen und von der eingeschüchterten Majo-

rität der Alten am 6. bestätigt wurde. Hier war denn
freilich ein gutes Stück jakobinischer Arbeit geleistet worden,
ein Gesetz, welches nicht bloß der Staatskasse viele Millionen
in Aussicht stellte, sondern auch der Partei der Gleichheit
alle Mittel zu geben schien, vielleicht die Armen reich, sicher
aber die Reichen arm zu machen.

Es war darin bestimmt, daß in jedem Bezirk eine
Kommission von sechs bis zehn Mitgliedern gebildet werden
sollte, die nicht in der Lage wären, zu der Anleihe beizu-
steuern. Diese würden dann die Anleihe auf ihre Mit-
bürger, zunächst nach Verhältnis der Grundsteuer umlegen.
Wer weniger als 300 Franken Steuer zahlte, bliebe frei;
bei einer Grundsteuer von 300 bis 400 Franken wären drei
Zehntel dieses Betrages, bei 400 bis 500 vier Zehntel und
so weiter steigend bis zu zwanzig Zehnteln bei einer Grundsteuer von 3000 bis 4000 Franken, auf die Anleihe einzu-
zahlen. Bei noch größeren Besitzungen könne die Kommission bis zu drei Vierteln des Gesamteinkommens gehen.
Außerdem habe sie die Bürger, die eine Personalsteuer über
100 Franken zahlen, sowie die Kapitalien der Grundbesitzer,
der Industriellen und Spekulanten, die sonst nicht ausreichend getroffen würden, nach bestem Wissen und Gewissen
heranzuziehen. In keinem Falle solle jedoch der Betrag
der ganzen Jahreseinnahme überschritten werden, ausgenom-
men bei den früheren Edelleuten und den Verwandten der
Ausgewanderten. In jedem Departement giebt es eine
weitere Kommission zur Erledigung der Beschwerden wegen
Uebereinschätzung, deren Mitglieder wieder aus der Klasse
der ärmeren, nicht anleihepflichtigen Bürger genommen
werden. Wer die hier anerkannte Quote nicht binnen zehn
Tagen bezahlt, unterliegt dem Personalarrest und sein Vermögen der Sequestration.

Um diese Anordnungen vollständig zu würdigen, muß
man sich erinnern, daß die Grundsteuer gesetzlich ein Fünftel
der Jahreseinnahme betragen sollte. Da sie jedoch, wie
wir wissen, von den Departementskollegien umgelegt wurde,
bei deren Erwählung die Masse der kleinen Leute die Ent-

scheidung gab, so hatten diese auch auf die Umlage mit solchem Nachdruck eingewirkt, daß bei den Fünfhundert ohne Widerspruch die Thatsache festgestellt wurde, im Durchschnitt zahle der Großgrundbesitz die Hälfte, der mittlere ein Drittel, der kleine ein Sechstel seiner Rente. Wenn also nach diesem Maße ein mittlerer Besitzer bei 9000 Franken Einnahme 3000 Franken Grundsteuer entrichtete, so hatte er nach dem neuen Gesetze 6000 zum Anlehen beizutragen und behielt lediglich nichts übrig. Und selbst unter der Annahme, daß die Grundsteuer sich auf ein Fünftel der Rente beschränkte, lieferten die Vorschriften des neuen Gesetzes das ungeheuerliche Resultat, daß nach Abzug der Grundsteuer und der Anleihequote der Besitzer von 2000 Franken Grundrente 1480, der von 20 000 Franken Rente 8000, der von 40 000 Rente 2000 Franken übrig behielt, also beinahe auf den Vermögensstand seines Nachbarn von 2000 Franken Einkünften herunter nivelliert war: stets vorausgesetzt, daß keiner von ihnen zu der geächteten Adelskaste gehörte, in welchem Falle ihm die ganze Rente und darüber abgefordert werden konnte. Nicht minder erstaunlich zeigte sich eine weitere Folge des Gesetzes: je unfruchtbarer nämlich der Boden einer Landschaft war, desto höher stellte sich die Gesamtsumme ihrer Belastung durch das Anlehen. Denn dort konnte durchgängig der Boden nur in großer Kultur einigermaßen verwertet werden, während die besseren Aecker anderer Provinzen eine Menge kleiner Eigentümer ernährten. Da das Gesetz aber die Kleinen freiließ, um die Großen doppelt zu belasten, so erlebte man, daß das ödeste aller Departements, der Landes, mit zwei Dritteln, dagegen eines der fruchtbarsten, das der Vogesen, nur mit einem Dreizehntel seiner Grundsteuer zu der Anleihe herangezogen wurde. Nimmt man zu dem allen die Kürze der Zahlungsfrist, die Härte der Exekutionsmittel und die unbeschränkte, den besitzlosen Taxatoren eingeräumte Willkür, so wird man den Zorn und den Schrecken verstehen, welchen das Gesetz mit einem Schlage von einem Ende Frankreichs bis zum anderen verbreitete. In unum-

wundener Deutlichkeit wurde hier noch einmal die reine Gesinnung von 1793 verkündet und von oben herab der ärmeren
Klasse die Losung zur gesetzlichen Ausplünderung der reicheren
gegeben. Die Folgen werden wir bald genug zu schildern
haben.

Unterdessen waren die Jakobiner nach allen Richtungen
mit vollen Segeln vorwärts gegangen. Der neue Polizeiminister Bourguignon hatte ihnen dazu das tönende Signal
durch ein Rundschreiben an die Departements gegeben, worin
er den Behörden erklärte, daß die seit Jahren aus allen
Aemtern verjagten Patrioten wieder in dieselben eintreten
müßten, daß alle Energie der Republikaner aufzubieten sei,
um die Preßfreiheit zu schützen, die Bildung freisinniger
Volksgesellschaften zu befördern und die Aushebung der
neuen Bataillone zu beschleunigen. Die Masse der Bürger
wurde durch die hier eröffnete Aussicht auf gewaltthätige
Klubs und jakobinische Beamte kaum weniger geängstigt
und aufgeregt als durch Geiselgesetz und Zwangsanleihe.
Bald kam aus zahlreichen Städten Meldung an den gesetzgebenden Körper, daß die in Klubs vereinigten Jakobiner
mit den Bürgern in hitzigem, zuweilen blutigem Haber
lägen; besonders bemerkt wurden die Nachrichten aus der
Normandie, wo gerade die Arbeiter sehr nachdrücklich Partei
gegen die Jakobiner nahmen. Wie sich versteht, trat dieses
Treiben nirgends massiver und wuchtiger auf als in Paris
selbst. Was noch von Genossen Babeufs und der äußersten
Linken des Konventes übrig war, drängte sich jetzt mit
wildem Eifer an das Tageslicht. Es war der Flüchtling
aus Babeufs Prozeß, Drouet, welcher den ersten Anstoß
zur Bildung eines Jakobinerklubs in Paris gab; in der
ersten Woche des Juli eröffnete derselbe seine Versammlungen in dem alten Lokale der Constituante, der königlichen Reitbahn, ganz in der Nähe der Tuilerien. Die
Verhandlungen wurden durch den Gesang der Marseillaise
eingeleitet, durch Trommelwirbel Schweigen geboten, trotz
des ausdrücklichen Verbotes des Gesetzes Präsident und
Sekretäre ernannt, Kommissionen eingesetzt, Briefwechsel mit

den auswärtigen Klubs gepflogen. Noch in anderer Beziehung ging es tumultuarisch her; zahlreiche Abteilungen der Klubbisten durchzogen die besuchtesten Kaffeehäuser, befragten die Anwesenden über ihre politische Gesinnung und mißhandelten jeden, der nicht in erwünschter Weise Auskunft gab. Gleich am 13. Juli entstand infolgedessen eine große Prügelei in der nächsten Umgebung der Tuilerien, unter dem Geschrei: nieder mit den Jakobinern, nieder mit den Chouans, wobei es zwei Tote und vielfache Verwundete gab. Die Unordnung wurde so arg, daß, wo der jakobinische Umzug erschien, die Kaufleute weit und breit ihre Läden schlossen. Was aber die Bevölkerung am meisten beunruhigte und auch der Regierung ernste Gedanken erweckte, war der Umstand, daß in der Reitbahn mit den berufensten Gestalten der Schreckenszeit, einem Drouet, Felix Lepelletier, dem Mitgliede des Wohlfahrtsausschusses Prieur (Marne), dem früheren Kriegsminister Bouchotte, sich eine Menge der jetzigen Gesetzgeber und namhafte Generale zusammenfanden, daß ohne Beachtung der gesetzlichen Vorschrift nacheinander die Abgeordneten Destrem und Moreau (Yonne) das Präsidium der Gesellschaft übernahmen, daß also niemand die Befürchtung zurückweisen konnte, es werde wie zur Schreckenszeit die Leidenschaft eines blut- und habgierigen Pöbels durch alle Mittel der Regierungsgewalt zum Siege geführt werden. Am 13. Juli hielt die Gesellschaft einen patriotischen Schmaus, an welchem neben einer Anzahl jakobinischer Abgeordneten die Generale Jourdan, Augereau, Championnet und der Kriegsminister Bernadotte teilnahmen und Jourdan unter rasendem Beifall auf die Auferstehung der Piken von 1792 trank. In den Sitzungen des Klubs drängten sich die Forderungen der Bestrafung der großen Verbrecher, der früheren Direktoren, Minister und Lieferanten; die Zwangsanleihe müsse allein von den 200 000 selbstsüchtigen Millionären aufgebracht werden; da es noch immer nichtsnutzige Beamte und verräterische Minister gebe, müsse das tugendhafte und patriotische Volk wieder Waffen erhalten. Dann folgten sich, wie in der guten Zeit des

Terrorismus, die Massenanklagen und Verdächtigungen der reaktionären Beamten im Kriegsministerium, der Muscadins, welche sich zum Fußdienst zu gut hielten und die Reiterregimenter mit ihren scheußlichen Gesinnungen vergifteten, der Verleumder auf der rechten Seite der Räte, der sogenannten Gemäßigten, die nicht wissen wollten, daß Mäßigung in der Politik gleichbedeutend mit Feigheit im Heere sei. Noch war die Preßfreiheit nicht gesetzlich anerkannt, vielmehr verwarf der Rat der Alten Berliers Preßgesetz wegen der übergroßen Gelindigkeit seiner Strafbestimmungen, und es dauerte dort bis zum 5. August, bis die Aufhebung der Zensur die gesetzliche Sanktion erhielt. Thatsächlich aber war seit dem 30. Prairial die Freiheit der Zeitungen unbeschränkt, und wie man sich denken kann, waren die Jakobiner nicht die letzten, davon einen ausgiebigen Gebrauch zu machen. Ihre Blätter, der Demokrat, die Zeitung der freien Männer u. s. w., wetteiferten untereinander, die demokratischen Begehren des Klubs und die Gehässigkeit der persönlichen Angriffe noch zu überbieten.

An dem Ziele also, welches die Partei verfolgte, konnte kein verständiger Mensch einen Zweifel haben. Es galt, die goldenen Tage des städtischen Proletariats und seiner demagogischen Häupter, wie sie 1793 gesehen, wieder heraufzuführen; daraus ergab sich ganz von selbst die Forderung einer allmächtigen populären Diktatur, ohne welche ein solcher Zustand nimmermehr herzustellen war, also der Ausstattung der Volksvertretung und ihres leitenden Ausschusses mit allen Gewalten. So lebhaft damals die Jakobiner sich gegen die Anklage auf Verfassungssturz verwahrten, so sicher ist die Thatsache, daß ihre eingestandenen Zwecke mit der Fortdauer der vorhandenen Verfassung unverträglich waren. Hatte doch auch Robespierre einst jeden Gedanken an republikanische Staatsformen und den Sturz des Königtums mit verachtender Miene in Abrede gestellt. Die konstitutionellen Reden der Jakobiner konnten also niemand beruhigen; zur Verminderung der Besorgnisse ließ sich höchstens die Behauptung aufstellen, daß der Lärm des

Klubs keine ernsten Kräfte hinter sich habe, daß vielmehr die Bevölkerung, welche einst 1792 in frischem Freiheits= eifer und patriotischem Kriegsmut die Führung der Jako= biner angenommen, jetzt in schlaffer Apathie die ihr wider= wärtigen Schreier höchstens gewähren lasse. Hierbei aber war das Schlimme, daß sie die gleiche Stumpfheit und Verdrossenheit auch den Gegnern der Jakobiner zeigte und eine konservative Regierung ebensowenig wie die revolutio= nären Klubbisten auf eine feurige Unterstützung des Volkes rechnen konnte. Wer damals in Paris durch einen erfolg= reichen Handstreich die Regierungsgewalt ergriff, war wenig= stens für den Augenblick der Herr über ganz Frankreich. Es bildete unter diesen Umständen eine Partei, welche zwei Mitglieder des Direktoriums, mehrere Inhaber der wich= tigsten Ministerien, über ein Drittel der Volksvertretung und eine Anzahl hochgefeierter Generale zu ihren Mitglie= dern zählte, in der That eine sehr ernste Gefahr für den geordneten Bestand des französischen Staates.

Sieyès und seine Freunde waren sich hierüber völlig klar, und so mißlich es erscheinen mochte, unmittelbar nach dem gemeinsamen Triumphe des 30. Prairial mit den bis= herigen Bundesgenossen zu brechen, so wurde ihnen bei dem wilden Vorgehen der Jakobiner der Zustand doch binnen wenigen Wochen unleidlich. Den ersten Schritt zu offenem Widerstande that eine Botschaft des Direktoriums am 25. Juli, welche auf die Verleumdungen der jakobinischen Presse gegen Preußen, Batavien und Spanien und die daraus erwachsende Störung des guten Einverständnisses mit diesen Mächten hinwies und deshalb ein strenges Straf= gesetz gegen solche Preßvergehen beantragte. Zu einem Preßgesetze, wie gesagt, kam es nicht; wohl aber blieb es seitdem ein Lieblingsthema der jakobinischen Zeitungen, von einer verräterischen Konspiration zwischen Sieyès und dem Berliner Hofe zu reden, nach welcher die Republik gegen Rückgabe der Rheinlande in dem Herzog von Braun= schweig einen trefflichen Monarchen erhalten sollte. Der Krieg war erklärt von beiden Seiten und wurde seitdem mit dem ganzen Grimme gebrochener Freundschaft geführt. Mit vollem Nachdrucke trat der Rat der Alten für die Regierung in den Streit ein: seine Saalinspektoren wiesen den Klub aus der Reitbahn aus, was der Rat am 26. Juli ausdrücklich bestätigte; der Abgeordnete Courtois, einst der Berichterstatter über Robespierres Verbrechen, erklärte im Laufe der Verhandlung, die Jakobiner beabsichtigten die Ermordung zweier Direktoren (Sieyès und Ducos), die Absetzung der drei anderen, die Alleinherrschaft des gesetzgebenden Körpers, die Aechtung aller politischen Gegner. Der Rat beauftragte hiernach eine Kommission mit näherer Berichterstattung; diese erfolgte am 31. Juli durch den Abgeordneten Cornet, welcher aus den Veröffentlichungen des Klubs die unverhohlene Feindschaft desselben gegen das Direktorium und die bestehende Verfassung nachwies. Das Ergebnis war eine Botschaft des Rates an das Direktorium, worin er dasselbe zu durchgreifendem Einschreiten gegen die Ruhestörer aufforderte.

Sieyès und Barras wünschten sich nichts anderes und hatten die vorbereitenden Maßregeln bereits getroffen. Sie waren nicht der Meinung, wie einst der gute Ludwig XVI., gegen eine jakobinische Empörung sich durch jakobinische Beamte und Offiziere verteidigen zu lassen; sie hatten also an Marbots Stelle den General Lefebvre, einen aller Politik fremden Haudegen, zum Kommandanten von Paris gemacht und, was noch wichtiger war, aus dem Polizeiministerium den unbrauchbaren Bourguignon entfernt und dafür Barras' langjährigen Freund Fouché ernannt. Als diese beiden würdigen Genossen im Jahre 1793 die ärgsten hébertistischen Gräuel trieben, dachte niemand, daß wenige Jahre später der eine den anderen als auserwähltes Werkzeug zur Bekämpfung der energischen Patrioten berufen würde: aber dies war nun einmal der Gang der Dinge, daß im Jahre 1793 die Terroristen, jetzt aber die Todfeinde derselben den Erfolg und die Zukunft für sich hatten; beide Männer erkannten dies mit praktischem Scharfblick und hatten keinen anderen Grundsatz, als ganz gewiß immer auf der

Seite der Stärkeren zu sein. Was sie persönlich damals unterschied, war etwa der Gegensatz der größeren Indolenz bei dem in seinen Genüssen abgelebten Barras zu der schlagfertigen Rührigkeit des noch bei weitem nicht gesättigten Fouché. Diesen hatte, wie wir sahen, das frühere Direktorium wegen seiner Mitschuld an Brunes jakobinischer Eigenmächtigkeit in Mailand auf die Seite geschoben; er galt also wie so viele andere den am 30. Prairial siegenden Jakobinern als ein Opfer der direktorialen Tyrannei und sollte deshalb durch einen schönen Botschafterposten für seine Leiden entschädigt werden. So von den Jakobinern emporgetragen, traute er eine dauernde Kraft der Partei doch keinen Augenblick zu und war auf Barras' Anrufen sofort bereit, gegen die alten Kameraden den Kampf auf Leben und Tod zu eröffnen. Als Polizeiminister kam er an die von der Natur ihm angewiesene Stelle. Er hatte eine angeborene Witterung für alles Nichtsnutzige und Regelwidrige, einen unerhörten Scharfblick für die schwachen und schlechten Seiten der Menschen, eine gelassene Rücksichtslosigkeit in der Anwendung der schlimmsten Mittel, wenn sie nur zum Zwecke führten. Dabei im äußeren Auftreten eine freundliche Gutmütigkeit gegen Untergebene, eine ironische Herablassung gegen Gleichgestellte, eine zähe Biegsamkeit gegen Uebergeordnete: genug, ein brauchbareres, wenn auch unzuverlässigeres Werkzeug für jede Gewaltherrschaft konnte es nicht geben.

Seine erste Arbeit war jetzt ein Bericht an das Direktorium über die Klubs, der am 4. August dem Rate der Alten zugesandt und von diesem an die Fünfhundert weitergegeben wurde. Die Jakobiner, führte er unwiderleglich aus, brächen täglich das Gesetz durch Ernennung von Präsidenten, Sekretären und Kommissionen, durch Verbindung mit auswärtigen Gesellschaften und kollektive Maßregeln; dabei wären sie unermüdlich in persönlichen Angriffen und Verleumdungen und strebten neue Aechtungen und Verfolgungen herbeizuführen; es sei also eine strenge gesetzliche Regulierung erforderlich. Bei den Fünfhundert rief die Botschaft eine starke Aufregung hervor: das Volk, rief Grand= maison, wird sich dieses Mal nicht ohne Widerstand ermorden lassen. Der Bericht wurde endlich einer Kommission über= wiesen. Noch wilder, wie sich versteht, tobte die Erbitte= rung im Klub. Fouché wurde mit einer Auswahl der schmutzigsten Ehrennamen bedacht, als gemeiner Lügner gebrandmarkt und zur Beschämung aller Verleumder eine Adresse an den gesetzgebenden Körper beschlossen, welche ein ausführliches Programm der Partei entwickelte. Aber auch die hier aufgestellten Forderungen zeigten die Bestrebungen von 1793 im vollen Umfange. Herstellung des demokra= tischen Geistes in der Regierung, Garantien für die Frei= heit der Volksgesellschaften, Aufhebung aller verfassungs= widrigen Gesetze [1]), gleiche und gemeinsame Erziehung aller Kinder, Ausstattung der Soldaten mit Grundbesitz, öffent= liche Werkstätten für die Armen, Tragung der Kriegskosten allein durch die Reichen, Ausnahmegerichte für die Diebe [2]), Beseitigung der durch das Direktorium veranlaßten Miß= bräuche, ein allgemeiner Bruderbund des Volkes: man sieht, eine vollständige Vereinigung aller demokratischen, sozia= listischen und terroristischen Forderungen der Schreckenszeit. Dazu regnete es immer hitzigere Anklagen gegen die früheren Machthaber, immer lärmendere Beschwerden über die Lang= samkeit ihrer Verfolgung: das Volk, rief Fosse am 6. Au= gust, hat das heilige Recht des Widerstandes gegen Unter= drückung.

Unter solchen Umständen kam das Fest des 10. August, des Sturzes der Monarchie, heran. Der Tag war wie dazu geschaffen, die Hitze der Leidenschaft auf beiden Seiten weiterzuschüren. Sieyès hatte als Präsident des Direk= toriums die große Festrede zu halten; indem er nun die republikanische Freiheit pries, warnte er, sie nicht noch ein= mal durch Parteihader und Schrecken zerstören zu lassen;

---

[1]) Gemeint war zunächst das Gesetz vom 22. Floreal VI., be= treffend die Scissionen; seine Aufhebung hätte die Ausstoßung der damals gewählten Abgeordneten zur Folge gehabt.

[2]) Die früheren Direktoren, Scherer, Ramel u. s. w.

wir wissen, sagte er, daß ihre falschen Freunde, die sich jetzt
wieder so lärmend hervordrängen, keinen anderen Gedanken
haben, als nochmals für sich die Regierung zu ergreifen; ihr
aber, Franzosen, ihr wißt, wie sie regieren. Bei den Jakobinern redete in derselben Stunde ein gewisser Giraur
und kam zu dem mutigen Schlusse: wenn die Macht der
Verbrecher die Gerechtigkeit der Gesetze zerstört, so bleibt
den Patrioten die Erinnerung an den 10. August, an die
Rechtspflege des Volkes und die Gerechtigkeit der Kanonen.
Nach dieser offenen Aufforderung zur Empörung glaubte
die Regierung nicht länger zaudern zu sollen: trotz des
lebhaften Widerspruchs der Direktoren Gohier und Moulins
(die beiden Ehrenmänner blieben fest auf dem kindlichen
Satze, daß alle guten Bürger in den Klub eintreten müßten,
um solche Ausschreitungen zu verhüten), ließ Fouché am
13. August die Versammlungen des Klubs verbieten und
das Lokal desselben schließen. Als die Polizeibeamten die
Verfügung vollstreckten, hatten die Jakobiner soeben ihre
letzte That in einer Aufforderung an den gesetzgebenden
Körper geleistet, derselbe solle, wie einst 1792 die Nationalversammlung es gethan, die Erklärung der Gefahr des
Vaterlandes aussprechen.

Es ist wahr, daß sich damals die Lage der Republik
nicht in erfreulichem Lichte zeigte. Zwar ruhte in diesem
Augenblick der auswärtige Krieg; es war die Zeit, in
welcher Suworow auf den Fall Mantuas und der Erzherzog
auf die Ankunft Korsakows wartete; immer bedenklicher
aber gestalteten sich die inneren Verhältnisse. Die Finanznot wurde täglich schreiender; Robert Lindet wußte ebensowenig wie früher Ramel aus dem ausgesogenen Boden neue
Goldquellen hervorzuzaubern. Die vielgepriesene Zwangsanleihe lieferte fürs erste fast keinen Ertrag; jeder Ein-
geschätzte erhob Berufung an die zweite Instanz, und wenn
er hier abgewiesen war, fanden die Exekutoren leere Beutel
oder empfingen Renten- und Requisitionsscheine, welche für
die Staatskasse tote Werte waren. Sieyès war hier ebenso
ratlos wie seine völlig unfähigen Kollegen, und wohin er

sich um sachverständige Aushülfe wenden mochte, blieb das
Ergebnis immer gleich trübselig. Der Abgeordnete Lebrun,
der im praktischen Finanzdienste des alten Regime reiche
Erfahrung gesammelt hatte, erklärte ihm, daß er zwar als
Berichterstatter der Kommission für die Anleihe gesprochen,
aber am folgenden Tage gegen dieselbe gestimmt habe; einem
anderen Mitgliede der Fünfhundert, Gaudin, der eine ähn=
liche Vergangenheit wie Lebrun hatte, bot man sogar die
Leitung der Finanzen an; er lehnte aber ab, weil bei der
Schlaffheit und Unordnung der Verwaltung jeder Rettungs=
versuch vergeblich sei[1]). So lebte die Regierung aus der
Hand in den Mund von den kümmerlich eingehenden Steuer=
brocken. Wenn der Minister auf deren Erträge Wechsel
ausstellte, so mußte er bei der Diskontierung derselben 30
bis 50 Prozent Einbuße bewilligen; er wandte sich deshalb
an einige Pariser Bankiers mit der Bitte, den Kredit dieser
Papiere durch ihre Mitunterzeichnung zu heben. Einzeln
wollte keiner von ihnen ein so gefährliches Geschäft auf sich
nehmen; auf Lindets Drängen bildeten sie endlich ein Kon=
sortium oder Syndikat, welches so freundlich war, den kredit=
losen Staat durch seine Unterschrift zu decken, worauf dann
jene Wechsel eine Zeitlang nur dem gewöhnlichen Diskont
unterlagen und Lindet mit großer Erquickung solche Syn=
dikatscheine bis zu 30 Millionen hinausgab. Kaum aber
war die wahre Natur derselben an der Börse bekannt ge=
worden, so wurde der Regierung das allgemeine Mißtrauen
in wahrhaft brutaler Weise kundgegeben. Die Scheine
verloren jetzt einen Diskont von beinahe 1 1/2 Prozent täg=
lich, oder von 23 Prozent bei einer Verfallzeit von achtzehn
Tagen. Die Verkommenheit dieses Staatswesens war
grenzenlos.

Es war kein Wunder, wenn alle alten Widersacher des=
selben mit frischem Eifer und wachsendem Mute ihr Haupt
erhoben. Die so oft besiegten Royalisten zeigten sich stärker
und kecker als jemals seit den Unglückstagen der großen

---

[1]) Vgl. Bd. VI, 226.

Vendée. Das Direktorium hatte allen Grund, in einer klagenden Botschaft den Räten zuzurufen: es sind keine Banden mehr, es ist der Bürgerkrieg. Gleich nachdem Bernadotte einen ansehnlichen Teil der im Inneren zurückgehaltenen Linientruppen aus dem Westen nach dem Rhein, aus dem Süden nach Ligurien gesandt hatte, wuchsen die Scharen der Royalisten zu Heerhaufen an, welchen England mit ununterbrochener Fürsorge Geld und Waffen und Offiziere aus der Emigration zusandte. Im Süden strömten die Insurgenten aus einem weiten Umkreise in dem Departement der oberen Garonne zusammen, besetzten, 16 000 Mann stark, in drei Kolonnen mehrere kleinere Städte, schlugen die ihnen entgegenziehenden Nationalgarden und bedrohten selbst das wichtige Toulouse. Erst nach mehreren Wochen gelang es dem General Aubugeois, mit einer Abteilung eiligst zusammengeraffter Linientruppen die Fortschritte des Aufstandes einzudämmen und das royalistische Heer zu zerstreuen, ohne jedoch eine vollständige Beruhigung des Landes erreichen zu können. Im Westen waren alle Departements von der Loire bis zur belgischen Grenze durch den kleinen Krieg der Chouans beunruhigt, der Postverkehr mit Paris unterbrochen, Bürgergarden und Linientruppen durch stets überraschende Angriffe in Alarm gehalten. Die republikanischen Machthaber hatten keine anderen Mittel dagegen als immer wiederholte Aufrufe an den Kampfeseifer der städtischen Republikaner und die Unterwerfung der rebellischen Landschaften unter das Geiselgesetz. Aber die Begeisterung der Patrioten blieb aus, und die Tyrannei des Geiselgesetzes bewirkte nur eine gesteigerte Erbitterung der Royalisten.

Solche Hiobsposten konnten nicht verfehlen, auf die Verhandlungen der gesetzgebenden Räte eine starke Wirkung auszuüben. Die Jakobiner wüteten, daß die Regierung nicht dieselbe volkstümliche Energie wie einst der blutige Wohlfahrtsausschuß entfalten, nicht zu Massenaufgebot, Einsperrung aller Verdächtigen, Vernichtung aller Freiheitsfeinde schreiten wolle. Am 15. August erklärte Chamcau den Fünfhundert, daß die Republik in der höchsten Gefahr schwebe, daß das Volk sich erheben müsse wie einst am 14. Juli und am 10. August; er beantragte die Wahl einer Kommission, welche Maßregeln zur Herstellung der inneren Ordnung vorschlagen sollte. Die Gemäßigten sahen darin den ersten Schritt zur Bildung eines Wohlfahrtsausschusses und erhoben sich mit Nachdruck gegen den Antrag. Was soll, rief Chollet, die Berufung auf den Bastillesturm; wir haben eine verfassungsmäßige Regierung und wollen keine Maßregeln einer außerordentlichen Diktatur. Ein langer Tumult durchwogte die Versammlung, und sofort zeigte sich, wie unsicher bei ihrer jetzigen Zusammensetzung die Majorität war. Mit einer donnernden Rede riß zuerst Schasseriaux das Haus zur Genehmigung des Antrages fort; eine Kommission von sieben Mitgliedern sollte gebildet werden. Dann aber setzten die Gemäßigten es durch, daß die Sieben nicht von dem Präsidenten, damals einem eifrigen Jakobiner, zu ernennen, sondern durch das Haus zu wählen seien, und erlangten endlich die Wahl von vier Freunden der Regierung und nur drei Jakobinern. So kam denn eine Kommission zu stande, welche ab und zu einen Antrag von tönendem Klange und praktischer Bedeutungslosigkeit einbrachte, sonst aber kein anderes Bestreben hatte, als möglichst vergessen zu werden.

Den Vorteil, welchen diese Abwehr des jakobinischen Angriffs geliefert hatte, verfolgte die gemäßigte Partei ohne Zaudern weiter, indem sie nach einer langen Reihe geheimer Sitzungen am 19. August den Beschluß erlangte, daß die früheren Direktoren nicht in Anklagestand zu versetzen seien. Die Jakobiner waren außer sich vor Entrüstung; ihre Zeitungen strömten über von den geifernden Schmähungen gegen Sieyès, Barras und Fouché, diese gehässigen und schamlosen Royalisten, diese Landesverräter, die für ein Bündnis mit dem preußischen Tyrannen Batavien und Rheinland preisgeben wollten. Das Direktorium begehrte darauf am 21. August von den Fünfhundert ein Preßgesetz mit strengen Strafbestimmungen, da keine Regierung sich halten könnte, deren Leiter sich täglicher Beschimpfung aus=

gesetzt sähen. Aber hier wie einst im Konvente gab es eine matte und unentschlossene Mitte, die vor jeder kräftigen Maßregel, gleichviel ob für oder gegen die Regierung, zurückschreckte, welche bereits die Schließung des Klubs für sehr bedenklich gehalten hatte und gar eine Knebelung der hochheiligen Preßfreiheit mit stillem Grauen betrachtete. Zusammen mit den Jakobinern hatte sie die Mehrheit, und so wurde die Botschaft des Direktoriums in der Kommission begraben. Bei dieser Unthätigkeit des Rates entschlossen sich Fouché und Sieyès, auf eigene Hand vorzugehen. In dem kolossalen Arsenal der revolutionären Gesetzgebung ließen sich Rechtstitel oder doch Vorwände für jede polizeiliche Maßregel entdecken, und so meldete das Direktorium den Räten am 29. August, daß auf Grund der Fructidorgesetze 66, angeblich royalistisch gesinnte, Zeitungsschreiber nach der Insel Oléron deportiert, und am 2. September, daß kraft des Artikels 144 der Verfassung die Redakteure von acht der Republik gefährlichen Zeitungen verhaftet und die Pressen derselben versiegelt worden seien. Da gab es denn bei den Fünfhundert einen rasenden Sturm. Briot, der wenige Tage vorher die auswärtige Politik der bisherigen Regierungen schonungslos angegriffen, die Kriegserklärung gegen Oesterreich 1792 eine große Dummheit, die Abtretung Venetiens an den Kaiser ein schweres Unheil, die Expedition nach Aegypten einen heillosen Bruch des Völkerrechts genannt hatte, Briot verfluchte jetzt in noch schärferen Tönen das innere Treiben des Direktoriums. Diese Verfolgung der Zeitungen sei eine gesetzwidrige, scheußliche Tyrannei; dieses Direktorium des öffentlichen Unglücks sinne auf einen Staatsstreich; Sieyès habe eine neue Verfassung in der einen und einen ebenso schmählichen Bundesvertrag in der anderen Tasche; das ganze Volk müsse sich erheben und mit eigener Kraft die Republik erretten. Zunächst verlangte er, daß binnen drei Tagen die Kommission über die verhängnisvolle Botschaft Bericht erstatte. Nun aber erging es ihm wie acht Tage früher den Freunden des Direktoriums. Dieselbe sanftmütige Gruppe, welche damals keine

Einschränkung der Preßfreiheit gewollt, mochte jetzt von keinen revolutionären Schritten gegen die Regierung hören, und der Kommissionsbericht blieb in dem einen wie in dem anderen Falle aus.

Es war ein trauriges Zeichen der allgemeinen Erschlaffung und des völligen Mangels an positiven Kräften, wenn sich auf solche Art nach jeder Seite der Satz bethätigte, daß die stärkere Stellung die des Verneinenden ist. Hatten es die Jakobiner bei ihrem Plane einer revolutionären Diktatur erlebt, so empfand es wieder die Regierung bei den begründetsten Forderungen ihrer Finanzpolitik. Die Jakobiner waren ganz so wie 1797 die Monarchisten fest entschlossen, den verhaßten Direktoren keine noch so geringe Bewilligung zu machen und jeden Nachweis eines Defizits lediglich mit der Anklage auf Unordnung, Vergeudung und Unterschleif zu beantworten. Sie waren sicher, bei dieser Frage alle die furchtsamen Gemüter, welche neue Steuerlasten ebenso wie Staatsstreiche und Barrikaden verabscheuten, auf ihrer Seite zu haben. Für das kommende Finanzjahr (Herbst 1799 bis Herbst 1800) begehrte die Regierung im ganzen 800 Millionen; der Berichterstatter der Fünfhundert aber sprach die Ueberzeugung aus, daß bei gutem Haushalt 600 hinreichen und unter etwas günstigen Verhältnissen sogar einen ansehnlichen Ueberschuß gewähren würden. Nicht einmal dem Kriegsminister Bernadotte brachte auf diesem Gebiete seine demokratische Gesinnung irgend welchen Vorteil: das Haus strich ihm trotz aller Kriegsgefahren ein volles Drittel seiner Anträge. Noch viel schneidiger wurde ein schüchterner Versuch abgewiesen, welchen im Sinne der Regierung Creuzé=Latouche am 23. August auf eine Reform des Steuerwesens machte. Er führte aus, daß infolge der Entwertung der Ländereien und der Höhe des Zinsfußes wieder ein starker Ausfall in dem Ertrage der Grundsteuer zu erwarten sei. Erheblich verstärkt werde derselbe durch das Gesetz über die Zwangsanleihe. Bei dessen Erlaß hätten die Rückstände der Grundsteuer 177 Millionen betragen, während die Exekutionskosten auf 52 Millionen jähr=

lich, also auf ein volles Viertel des Gesamtbetrags der Steuer, gestiegen wären. Es sei mithin klar, jede Steuer habe eine feste Grenze ihres Ertrags, und diese sei mit dem einfachen Worte bezeichnet: alles was möglich ist. Es sei unerläßlich, für das nächste Finanzjahr neue Hilfsquellen solcher Art zu eröffnen, daß sie nicht den Acker weiter belasten. Er beantragte, diese Gedanken der Kommission vorzulegen.

Aber nicht eine Minute sollte er über die Stimmung der Mehrheit im Zweifel bleiben. Wie, rief ihm Delbrel entgegen, keine Grundsteuer mehr? Also neue indirekte Steuern? Also wohl wieder die längst verurteilte Salzsteuer? Quirot erklärte kurz und rund: wenn wir die Notwendigkeit neuer Steuern zugäben, so rechtfertigten wir die Direktoren, die wir am 30. Prairial gestürzt haben; unsere Kommission hat uns gezeigt, daß von einem Defizit keine Rede sein kann; es ist höchst überflüssig, sie mit Creuzé-Latouches unnötigen Sorgen zu behelligen. So wurde beschlossen und der Antrag durch einfache Tagesordnung beseitigt.

Der Rat der Fünfhundert blieb in dieser Haltung, obgleich drei Tage später die Botschaft von Jouberts Tod und der Schlacht bei Novi einlief und offenbar dadurch neue Rüstungskosten nötig wurden. Zunächst wurde keine andere Wirkung sichtbar, als daß man mit geschärftem Eifer dem Direktorium Ordnung und Sparsamkeit predigte, die Betrügereien der Lieferanten aufs neue zur Sprache brachte und am 9. September nach einer mit Denunziationen aller Art erfüllten Verhandlung den Beschluß faßte, das Direktorium habe allmonatlich dem gesetzgebenden Körper Rechnung über seine Lieferungsverträge und deren Ausführung abzulegen. Viele Millionen, meinten die Jakobiner, würden jene Blutsauger dann der Republik zurückerstatten müssen. Dem später lebenden Betrachter macht es einen wunderlichen Eindruck, zu sehen, wie hier zwei gleichberechtigte, wesentlich sich bedingende Forderungen, Bewilligung der nötigen Einnahmen und Regelung der bewilligten Ausgaben, von

den beiden Parteien auseinandergerissen und eine gegen die
andere in das Feld geführt wurde. So müde die Nation
des Parteihaders war, so dringend sie die für das Gemein=
wohl nötige Ordnung ersehnte, den Fünfhundert ging der
Parteihaß doch über das Gemeinwohl; so war es allerdings
kein Wunder, daß sie sich die Nation von Tage zu Tage
mehr entfremdeten.

Am 10. September kam an die Räte die Nachricht von
der englisch = russischen Landung in Holland und dem Ver=
luste der ganzen batavischen Flotte. Hier erschien denn
eine ungleich nähere Gefahr als bei der Niederlage jenseits
des Apennin. Soeben erst hatte ein belgischer Abgeordneter
die Willkürherrschaft der französischen Beamten in seiner
Heimat und die tiefe Mißstimmung seiner Landsleute gegen
das Pariser Regiment in lebhaften Farben geschildert: wer
konnte nun dafür einstehen, ob nicht, wenn die Verbündeten
durch Holland südwärts vordrängen, mit einem Schlage auch
ganz Belgien in Flammen stehen und dann die alte fran=
zösische Grenze den Feinden offen liegen würde? Die Re=
gierung sammelte in höchster Eile zu Brunes Verstärkung
an Truppen, was irgend erreichbar und verfügbar war,
und scheute auch weitere Entsendungen aus den die Chouans
bekämpfenden Brigaden nicht. Andere Gedanken aber er=
füllten die Jakobiner. Jetzt oder niemals, meinten sie, sei
die Zeit für ihre Pläne günstig. Womit sonst als mit
dem Angriffe des Auslandes hatten die großen Meister
von 1792 ihre revolutionären Maßregeln begründet und,
was die Hauptsache war, die Volksmassen in stürmische
Aufregung gejagt? Jetzt oder niemals heiße es, alle Hebel
ansetzen, zugleich mit Zorn und Angst die Gemüter er=
füllen und dadurch das Herz des Volkes in seinen Tiefen
erschüttern.

So erhob sich, gleich nach der Verlesung der Unglücks=
botschaft, Briot, um ganz nach der Weise von 1793 über
den Verrat zu donnern, ohne welchen eine solche Nieder=
lage undenkbar wäre. Er forderte die schnellsten, die schärfsten
Maßregeln. Was hat bisher, rief er, die mit so vielem

Pomp eingesetzte Kommission der Sieben geleistet? Schöne
Worte genug, an Thaten nicht das geringste. So brauste
der Strom der Anklagen weiter, um dann in dem Doppel-
antrag zu enden, binnen drei Tagen solle das Direktorium
über die Lage des Landes berichten, binnen drei Tagen
die Kommission der Sieben energische Maßregeln vorschlagen.
Die Mehrheit, aufgeregt wie der Redner selbst, verfügte
nach seinem Vorschlag.

Indessen zeigte sich weder bei Sieyès noch bei der Kommission eine große Bereitwilligkeit, auf die von Briot bezeichnete Bahn einzutreten. Die Jakobiner beschlossen also
auf eigene Faust voranzugehen, und General Jourdan übernahm es, am 13. September den entscheidenden Antrag zu
stellen. Der Sieger von Fleurus, von Natur ein ruhiger
und gemäßigter Mann, war, wie wir wissen, in der
schlimmsten Zeit des Schreckensregiments emporgekommen
und dadurch an Anschauungen, die unter anderen Verhältnissen für das Gegenteil aller Mäßigung gegolten hätten,
als an das Selbstverständliche und Pflichtmäßige gewöhnt
worden. Seitdem war vieles geschehen, seine Nerven zu
reizen und seine verständige Besonnenheit zu stören. Seine
geistige Kraft war der hohen Stellung, in welche ihn die
Wogen der Revolution emporgetragen hatten, ohne Zweifel
nicht gewachsen; er hatte 1794 die Oesterreicher aus Belgien
hinausgedrängt, weil sie selbst aus Belgien hinwegdrängten;
er war dann 1795 von Clerfait und 1796 von Erzherzog
Karl auf das gründlichste geschlagen worden, ohne in seinem
gesteigerten Selbstgefühle irre zu werden, weil er Anlaß
genug fand, die Schuld seiner Unfälle auf die Pariser
Machthaber hinüberzuschieben. In noch höherem Grade
war dies bei den Niederlagen des letzten Feldzugs der Fall;
er war nach Paris zurückgeeilt, um das unfähige Direktorium zu stürzen, und hatte mit seinen jakobinischen Freunden tapfer zu dem Triumphe des 30. Prairial mitgeholfen.
Dann aber hatte er es erleben müssen, daß, während seine
gleichgesinnten Kameraden der eine Kriegsminister, der andere Feldherr des Alpenheeres, der dritte General des ita-

lienischen Heeres wurden, er allein leer ausging und von Sieyès und Barras zu schmählicher Unthätigkeit verurteilt wurde. Seitdem kannte sein Unwille keine Grenzen mehr; er warf sich in die äußerste Linke, in die niedrigste Schicht der jakobinischen Demagogie, die ihm wegen ihrer angeblichen Energie als die erhabenste erschien. In diesem Sinne redete er jetzt zu den Fünfhundert und forderte von ihnen die feierliche Erklärung, daß das Vaterland in Gefahr sei.

Wir erinnern uns der entsprechenden Vorgänge vom Juli 1792. Um den Thron Ludwigs XVI. durch die öffentliche Anklage des Königs auf Landesverrat zu stürzen, hatte damals die Gironde den Beschluß erwirkt, daß in den Straßen jeder Gemeinde unter Trompetenschall die erschütternden Worte ausgerufen werden sollten: das Vaterland ist in Gefahr. Von diesem Augenblicke an würden alle Behörden in Permanenz, alle Nationalgarden zum Waffendienste aufgeboten, alle Armeen unter die Aufsicht von Kommissaren der Nationalversammlung gestellt sein. Es war das Signal nicht bloß zum Widerstande gegen die Deutschen, sondern vor allem zur Erhitzung der Volksmassen, zur Verfolgung der Landesverräter, zur Diktatur des Reichstags gewesen. Dieselbe Wirkung hatte jetzt auch Jourdans Antrag zum Zwecke; so verstanden ihn die Gegner und die Freunde, so entwickelte ihn der Antragsteller selbst. Den Ausgangspunkt seiner Erörterung bildete die Anklage auf Landesverrat gegen die früheren Direktoren, nach ihrem Benehmen in Italien, Batavien und dem „einst so glücklichen" Helvetien. Dann folgte der Hinweis auf die klägliche Lage im Inneren, die Erhebung der Royalisten, die Unterdrückung der echten Republikaner. Erwacht, rief er diesen zu, aus eurem Todesschlafe; nichts kann uns helfen als die Bestrafung der Verräter und Beutelschneider, die Niederwerfung der Freiheitsfeinde, die Entflammung der Patrioten. Auf alle trefflichen Vorschläge der letzteren, klagte der General, hat man immer nur mit dem Kriegsruf gegen die Jakobiner geantwortet. In ihrer Forderung strengen Strafgerichts gegen die Unterschleife sah man ein

Streben nach Wiederaufrichtung der Schafotte von 1793, in ihrem Begehren festgeordneter Verwaltung den Drang nach einer revolutionären Regierung, in ihren Anklagen gegen die royalistische Verschwörung das Trachten nach dem Sturze der Verfassung. Dann verfolgt sie der Polizei- minister, dann läutet der Rat der Alten die Sturmglocke der Reaktion. Verflucht sei jenes Schaukelsystem, womit das Direktorium abwechselnd gegen die Feinde und die Freunde der Freiheit Front macht. Nur mit den letzteren darf es zusammenstehen; aufhören muß die Verleumdung, daß einige Abgeordnete den Konvent und die Schreckens- zeit erneuern wollen. Verbündet euch wieder mit den ener- gischen Republikanern, gebt ihnen die Aemter, gewährt den Klubs und der Presse ihre volle Freiheit, und ganz Frank- reich wird sich erheben, die patriotischen Gaben werden her- beiströmen, Not und Defizit wird verschwinden und die Koalition der Könige vor der siegstrahlenden Republik in den Staub sinken.

Die Bewegung, welche diese Rede in der Versammlung hervorrief, war unermeßlich. Die gemäßigte Partei hatte das lebhafte Gefühl, daß der Antrag in den Mittelpunkt der Lage traf, und daß von dem Ausgang dieser Verhand- lung die nächste Zukunft Frankreichs abhing. Sie bot alle Kräfte auf, um den großen Angriff gründlich zurückzuweisen. Bedeutenden Eindruck machte Lucien Bonaparte, indem er den Notstand des Staates in vollem Umfange einräumte, dann aber mit unwiderleglicher Bündigkeit daraus den Schluß zog, daß nur eine Verstärkung der Regierungsgewalt Hilfe und Rettung schaffen könne: also, rief er den Jakobinern zu, gibt es kein Drittes, entweder müßt ihr dem Direk- torium erweiterte Befugnisse übertragen, oder ihr müßt es stürzen und eine andere Regierung an seine Stelle setzen; bleibt ihr dabei, dem Direktorium alle Mittel zu versagen, so sind die Beteuerungen eurer Verfassungstreue ein leerer Hohn. In gleicher Weise redeten Chénier und Daunou, deren republikanische Gesinnung kein Mensch anzuzweifeln vermochte; die Opposition tobte in entfesselter Leidenschaft;

endlich bewirkte die Ermüdung des Hauses die Vertagung der Debatte auf den folgenden Tag.

Unterdessen waren auch die bedrohten Mitglieder des Direktoriums thätig. Für den Fall eines gewaltsamen Ausbruchs hatten sie sich schon früher durch Fouchés und Lefebvres Ernennung vorgesehen; sie beschlossen jetzt einen Personenwechsel an einer nicht minder wichtigen Stelle, in dem Amte des Kriegsministers. Wir sahen früher, wie nachdrücklich in diesen Tagen Masséna gegen Bernadottes technische Fähigkeit auftrat und das eigene Bleiben von Bernadottes Entlassung abhängig machte. Das Direktorium hatte eine Weile zwischen den beiden Generalen geschwankt; bei dem neuen Ansturm der Jakobiner aber fand es Sieyès geraten, den Handschuh offen aufzunehmen, durch verstärkte Energie den Gegner zu entmutigen und vor allem nicht länger einen Jakobiner an der Spitze des Heerwesens zu dulden. Ohne sich gegen Bernadotte etwas merken zu lassen, verwickelte der schlaue Priester den General in ein Gespräch, bei welchem Bernadotte arglos den Wunsch äußerte, demnächst einmal wieder an der Spitze einer Armee in den thätigen Kriegsdienst zurückzutreten; darauf benutzte Sieyès am 14. August eine zufällige Abwesenheit Gohiers und Moulins', um vereint mit Barras und Ducos ein Schreiben des Direktoriums an Bernadotte zu erlassen, worin ihm seine Bitte gewährt wurde, das Amt des Kriegsministers niederzulegen, um weiterhin einen Heerbefehl zu übernehmen. In höchster Entrüstung schrieb Bernadotte zurück: ihr bewilligt mir eine Entlassung, die ich nicht eingereicht habe — und veröffentlichte diesen erbaulichen Briefwechsel, während Gohier und Moulins mit nicht geringerem Zorne dem verabschiedeten Minister in amtlichem Pompe ihre Beileidsbesuche machten. Der Parteihader in der höchsten Spitze der Regierung war nicht minder offen erklärt als in dem gesetzgebenden Körper.

Die Kunde von diesem Vorgange diente nicht dazu, der weiteren Verhandlung über Jourdans Antrag am 14. eine mildere Farbe zu geben. Frison begann sie mit der An-

zeige, daß alle belgischen Festungen wehrlos und dadurch die
Verräterei der Regierung offenbar sei. Curée dagegen besorgte von der Annahme des Antrags eine allseitige Verwirrung und fragte, ob Jourdan es für klug halten würde,
vor einem Schlachttage seinen Truppen zu melden, daß
sie in gefährlicher Lage seien. Jourdan verwahrte sich heftig
gegen eine solche Beleidigung, wußte aber in der Sache
nichts zu antworten, als daß er und seine Freunde weit
von dem Gedanken, die Regierung zu stürzen, entfernt seien,
worauf Thiessé durch die Bemerkung, daß er dieser Versicherung bei ihm und vielen seiner Genossen (zorniger
Zwischenruf: warum nicht allen?) Glauben schenke, einen
langen Tumult und Ordnungsruf veranlaßte. Nach mehreren
Erörterungen hinüber und herüber gab dann eine längere
Rede Boulays von der Meurthe den Ausschlag. Nachdem
er zunächst festgestellt, daß alles auf die Besiegung der auswärtigen Feinde ankomme, Jourdans Antrag aber die
Armeen nicht um einen einzigen Rekruten verstärken würde,
schleuderte er den Jakobinern den vernichtenden Vorwurf
entgegen, daß gerade ihre Politik es gewesen, welche durch
ihre maßlosen Forderungen die Koalition in das Leben gerufen hätte; es bedürfe nur der Erklärung, daß Frankreich
unabhängig sein und allen anderen Völkern ihre Unabhängigkeit lassen wolle, so würde die Koalition die Waffen
niederlegen. Nichts kann für die geschichtliche Betrachtung
der Revolution merkwürdiger sein als diese Geständnisse.
Wenige Tage vorher hörten wir den Jakobiner Briot ein
unumwundenes Verdammungsurteil über die Angriffspolitik
der Girondisten aussprechen; jetzt gab von rechts her Boulay
das gleiche Verdikt den Jakobinern der direktorialen Zeit
zurück: durch das Unglück belehrt, waren jetzt alle Parteien
der französischen Volksvertretung darüber einig, daß nicht
die fremden Mächte, sondern die Revolution den Frieden
Europas gebrochen und damit Frankreich selbst am schwersten
geschädigt habe. Nicht minder rückhaltlos redete darauf
Boulay über die innere Politik von 1792, in welcher die
Erklärung der Gefahr des Landes eine so bedeutende Stelle

einnahm. Aus Brissots Schriften und Vergniauds Reden
gab er den Nachweis, daß der wahre Zweck der Maßregel
damals nicht so sehr die Verteidigung gegen den äußeren
Feind als der Sturz des Thrones gewesen; so kam er zu
dem Schlusse: wenn ihr heute jene Erklärung wiederholt,
so wird das Volk sie eben auch nicht anders verstehen, als
daß die heutige Regierung gestürzt werden soll. Wie sehr
sich damals die Jakobiner bereits auf die Defensive zurück=
geworfen fühlten, zeigte der Ausruf eines ihrer Führer,
Lamarque, daß er 1792 keineswegs an den Sturz der
Monarchie gedacht habe, und die höhnische Antwort von
rechts her: man hat sich dessen oft genug berühmt, und die
Erklärung mehrerer gemäßigten Abgeordneten, sie hätten
1792 allerdings den Thron stürzen wollen.

In diesem Augenblick gelangte die erste Nachricht von
Bernadottes Absetzung in das Haus zu großer Erschütterung
der Jakobiner. Während wir schwatzen, rief Levallois, wird
Bernadotte verjagt. Noch einmal ergriff Jourdan das Wort.
„Der patriotische Bernadotte ist abgesetzt. (Zwischenruf:
was geht uns das an?) Wenn dies den Beginn eines
Staatsstreichs bedeutet, so laßt uns schwören, daß nur der
Tod uns hindern soll, unsere Pflicht zu erfüllen. Ich be=
antrage die Permanenz der Sitzung." Auf dieses Wort brach
die Ordnung des Hauses in einem wilden Getümmel voll=
ständig zusammen. Es dauerte lange, bis unter dem ver=
wirrten Schreien und Streiten ein Redner sich wieder ver=
ständlich machen konnte. Dann erschien Garrau auf der Tribüne,
um mit dröhnender Stimme seinen Genossen zuzurufen:
kräftige Republikaner, flüchtet euch, wenn man euch verfolgt,
unter den Schutz der Gesetze; helfen euch aber diese nicht,
wohlan, so habt ihr Arme und Schwerter. Ein neuer Tumult
hinderte die Fortsetzung seiner Rede, und Lucien Bonaparte
erklärte: erinnert euch doch, daß ihr ein Gesetz habt, welches
jeden in die Acht erklärt, welcher die Hand gegen die Volks=
vertretung zu erheben wagt: niemand denkt an einen Staats=
streich. Endlich kam es zur Abstimmung, und eine Mehrheit
von 245 Stimmen gegen 171 verwarf den Antrag Jourdans.

Die Niederlage der Jakobiner war entschieden. Ihre Freunde im Direktorium hatten sich ohnmächtig gezeigt, Bernadottes Absetzung hatte sich ohne Schwierigkeit vollzogen, und sein Nachfolger, Dubois-Crancé, ein so eifriger Montagnard er sonst gewesen, hütete sich wohl, der Regierung durch jakobinische Bestrebungen Anstoß zu geben. Wenn sodann der Partei die Feindschaft des Rates der Alten längst erklärt war, so hatte jetzt ihr stürmisches Auftreten auch bei den Fünfhundert jene unselbständigen Mitglieder von ihnen hinweggeschreckt, deren Dienstwilligkeit ihnen bisher so oft die Mehrheit gesichert hatte. Noch übler für sie war der Eindruck ihres Vorgehens draußen im Lande. Sie hatten es gewagt, zwar nicht an die Herrschaft Robespierres, aber doch an die erste Einleitung der Schreckenszeit zu erinnern, und alles, was auch nur entfernt nach dieser Seite zielte, durchzuckte wie ein elektrischer Schlag die Nerven von Millionen. Wohl am demütigendsten war für die Partei die Erfahrung, daß sich seit Babeufs Zeiten auch die arbeitende Klasse von ihr abgewandt hatte. In der That hatte die Schreckenszeit und ihre Folgen der ärmeren Bevölkerung hinreichendes Material zu der Erkenntnis geliefert, daß bei allgemeinem Sinken des Wohlstandes niemand früher und empfindlicher leidet als der auf den täglichen Ertrag seiner Beschäftigung angewiesene Arbeiter. Neuerlich hatte die Zwangsanleihe diese Wahrheit den kleinen Leuten auf schmerzhafte Weise in das Gedächtnis zurückgerufen. Die exzessiven Bestimmungen des Gesetzes, nach welchen kein Privateigentum eines wohlhabenden Bürgers vor der Beschlagnahme gesichert erschien, hatte einen panischen Schrecken durch das ganze Land verbreitet, Beseitigung jedes Luxus, Unterlassen jedes Ankaufs, Verstecken jedes Besitzes zur Folge gehabt. Eine allgemeine Verkehrsstockung war entstanden; kein Fabrikant erhielt eine Bestellung; vergebens erwarteten die Kaufleute ihre Kunden; die große Mehrzahl der Arbeiter wurde beschäftigungs- und brotlos. Die unglücklichen Leute wüteten über die Urheber ihrer Bedrängnis; es ereignete sich die beispiellose Thatsache, daß in

Lyon die Fabrikarbeiter, nicht pflichtig zur Zwangsanleihe
wie sie waren, freiwillig und in Masse sich zu Beiträgen
meldeten, um ihre Fabrikherren zu erleichtern und zur
Wiederaufnahme der eingestellten Fabrikation zu ermutigen.
Die Gesinnung war ganz dieselbe in Paris: auch ohne die
Schließung des Klubs hätten die Jakobiner nicht mehr
wagen dürfen, wie es im Juni geschehen, mit lärmenden
Aufzügen die Straßen zu beunruhigen und in den Wirts-
häusern die Gäste wegen ihrer politischen Ansichten zu bedrohen. Das Volk in blauen Kitteln hätte sie totgeschlagen.
Auf lange hin war es vorbei in Frankreich mit der Gefahr
einer jakobinischen Umwälzung.

Auch der Druck des auswärtigen Krieges begann sich,
wie wir wissen, Ende September zu erleichtern. Paris
erhielt die Kunde von Brunes glücklichem Treffen bei Bergen
und bald nachher von Massénas durchschlagendem Siege
bei Zürich und wieder eine Woche später von glänzenden
Gefechten Bonapartes gegen die Türken. Man atmete
einigermaßen auf; man sah, daß man wieder etwas freie
Zeit zur Herstellung vor sich hatte, daß Paris weder tolle
Ausbrüche der unverbesserlichen Demagogen, noch den Ein-
zug Suworows und seiner Kosaken mehr zu besorgen brauchte.
Nichtsdestoweniger blieben Sieyès und seine Freunde bei
der Ueberzeugung, daß der vorhandene Zustand abscheulich
und daß unter der Herrschaft der jetzigen Verfassung eine
gründliche Besserung nicht erreichbar sei. Nicht anders war
die Ansicht von neun Zehnteln der Bevölkerung, soweit die
Stürme der Revolution bei den Menschen überhaupt eine
positive Ansicht neben dem tiefen Gefühle stagnierender Trost-
und Hoffnungslosigkeit noch übrig gelassen hatten. Im
Lande herrschte nur die eine Sehnsucht, daß endlich Ordnung und festes Regiment, daß Sicherheit für Person und
Eigentum, für Handel und Wandel hergestellt werde. Die
leitenden Staatsmänner sagten in demselben Sinne: was
uns fehlt, ist eine starke Regierung. Aber wer wollte es
wagen, den gewohnten Freiheitsphrasen zum Trotze, die
Schöpfung derselben zu unternehmen? Sieyès meinte: wir

bedürfen statt all der Schwätzer einen Kopf und einen Degen. Kurz zuvor war Moreau nach Paris gekommen, infolge jenes Gedankens, ihm den Oberbefehl im Norden der Alpen zu übertragen, der einstweilen aber nach Massénas Siegen keine Folge gehabt hatte. Sieyès sondierte jetzt den General, ob er zur Rettung des Landes die Diktatur ergreifen wolle; der stets bedächtige und unentschlossene Moreau aber wies eine solche Verantwortlichkeit weit hinweg. Darauf veranlaßte Sieyès die Brüder Bonaparte, einen gewandten Griechen, Namens Bourbaki, nach Aegypten mit der dringenden Aufforderung an Napoleon zur Rückkehr zu senden [1]). Einstweilen blieb die Zukunft dunkel, die Gegenwart aber, wenn nicht bald eine rettende Wendung erschiene, unerträglich in jeder Beziehung. Trotz der letzten auswärtigen Siege drohte die große Republik jede Stunde in innerer Kraftlosigkeit und Erschöpfung zusammenzusinken.

Wir haben früher wahrgenommen [2]), wie traurig es beim Beginne der direktorialen Verfassung mit allen Zweigen des öffentlichen Dienstes, mit aller Pflege der materiellen Interessen, mit aller Fürsorge für die geistige Kultur beschaffen war, in wie kläglichen Verhältnissen Ackerbau, Industrie und Handel dahinsiechten, wie zerrüttet der Haushalt der Kommunen, die Festigkeit der Familienbande, die Rechtssicherheit jedes französischen Bürgers war. An dieser Stelle können wir den Zustand mit einem Worte dahin charakterisieren: von all jenen Leiden war keines geheilt, von all jenen Uebelständen keiner beseitigt, von allen Sünden der ersten jakobinischen Generation durch ihre Nachfolger keine gut gemacht. Vor uns liegt eine lange Reihe von amtlichen Berichten, abgestattet ein Jahr nach dem Eintritt eines neuen Systems, erfüllt also mit Wahrnehmungen eines Zustandes, über den bereits eine beträchtliche Zeit der Besse-

---

[1]) Ausdrücklich sagt Joseph Bonaparte in seinen Memoiren, daß die Sendung erst nach der Schlacht von Zürich erfolgt sei. Ebenso Miot de Melito I, 240. Napoleon hatte damals Aegypten längst verlassen.

[2]) Band VI, Seite 167 ff.

rung und Herstellung hinübergegangen war[1]). Sie alle bilden ein erschreckendes Verzeichnis allseitigen unabsehbaren Elends. Unter den Beobachtern finden sich alte Jakobiner, Männer des gemäßigten Republikanismus, frühere Opfer des 18. Fructidor, Vertreter demnach von allen damals vorhandenen politischen Schattierungen. Sie durchreisen alle Teile der Republik, die Abhänge der Alpen und der Pyrenäen, die Ebenen der Picardie und des Niederrheins, die Gestade des Ozeans und des Mittelmeers. Sie berichten an eine Regierung, die sich selbst zu keiner jener Parteien bekannt hat, wohl aber mit eiserner Strenge von ihren Organen genaue Wahrnehmung und gewissenhafte Mitteilung begehrt. Und bei ihnen sämtlich ist das Bild der Zustände dasselbe: allerorten Hunger und Kummer, Verfall und Ver- ödung, Unordnung und Verwilderung und infolge davon gleichgültige Stumpfheit der Bevölkerung gegenüber den zum leeren Schall gewordenen Worten, mit denen sonst eine Nation ihre höchsten idealen Schätze bezeichnet, Ruhm, Freiheit, Vaterlandsliebe. Kein anderer Gedanke als der Wunsch zu leben, in Sicherheit und Ruhe das Dasein fort- zuführen, Haus und Acker und die Früchte der Arbeit wieder sein eigen zu nennen, eine Schule für die Kinder, eine Kirche für den Trost des Gewissens zu haben. Wer diese elemen- taren Güter des Daseins dem Volke wieder erstattete, möchte er Steuern und Rekruten oder das Opfer aller politischen Rechte begehren, er würde von Millionen als willkommener Retter begrüßt werden.

Gehen wir die einzelnen Lebensverhältnisse durch, so war die Ächtung der Emigranten und die Verfolgung der Priester noch immer Landesgesetz und damit die persönliche Sicherheit jedes Bürgers der Willkür der Staatsgewalt preisgegeben. Das bürgerliche Gesetzbuch war nicht zu stande gekommen, die Heiligkeit der Ehe nicht hergestellt, die Freiheit der Testamente nicht anerkannt. Unter welchen Lasten der Grundbesitz erlag, haben wir mehrfach zu be-

---

[1]) Rocquain, l'état de la France au 18 brumaire.

merken Gelegenheit gehabt; noch jene späteren Berichte
wissen aus vielen Departements zu melden, daß eine zugleich schlaffe und regellose Steuererhebung dem einen ein
Zwölftel, dem andern drei Viertel des Einkommens fort-
nahm, daß in zahlreichen Fällen die Steuer das Einkommen
überstieg und der Eigentümer seine Ländereien dem Steuer-
empfänger überließ, daß er den Betrag seiner Forderung
selbst herauswirtschafte. Die Industrie stand immer noch
tief unter der Stufe der Entwickelung von 1788. In Lyon
arbeiteten 4000 Webstühle, anstatt der 9000 der alten Zeit.
Die Papierfabriken der Charente wa ren zur Hälfte eingegangen, die Tuchfabriken der Eure, die Leinenmanufakturen
der Bretagne, die Spitzenklöppeleien von Valenciennes und
der Normandie existierten nicht mehr. Die Webereien der
Aube, einst auf einen Jahresertrag von beinahe 10 Millionen
geschätzt, waren auf ein Drittel desselben gesunken; und
so in trauriger Reihe weiter. Der Handel lag in unausbleiblicher Wechselwirkung danieder wie die Industrie. Der
englische Krieg hatte die See gesperrt und den Verkehr mit
den Kolonien abgeschnitten, und damit die Küstenplätze in
die traurigste Lage gebracht. Marseille hatte vor der Revolution jährlich eine Ausfuhr von mindestens 80 und
noch im Jahre 1791 von 66 Millionen gehabt; zehn Jahre
später erklärte François de Nantes, daß die Stadt in einem
Jahre nicht so viel umsetze wie sonst in vierzehn Tagen.
An den Gestaden der Bretagne, der Normandie, des Nord-
departements war für die halbe Bevölkerung die einzige Nah-
rungsquelle, Schiffahrt und Fischerei, zerstört; ein Drittel
der Einwohner lebte von den Almosen und Armensteuern
der beiden anderen; in den Häfen trieben sich Fischer und
Matrosen hungernd, bettelnd und fluchend zu Hunderten
müßig umher. Dabei sahen diese Landschaften infolge der
steten Finanznot des Staates ihr ganzes Dasein in Frage
gestellt, da alle Deich- und Uferbauten eine langjährige
Unterbrechung erfahren hatten. Die Häfen versandeten,
die Kanäle wurden unbrauchbar, die flachen Uferstriche der
Flüsse versumpften; halb Flandern zitterte bei jedem West-

sturm, ob der große Deich von Blankenberghe in seinem
verfallenen Zustande noch einmal den herantreibenden Wogen=
schwall aushalten würde. Gleich gewichtige Klagen wie
die Küstenbezirke erhob das Binnenland. Hier stockte der
Verkehr durch die stets fortgeschrittene Verkommenheit der
Straßen. Löcher von mehreren Fuß Breite und Tiefe waren
gewöhnliche Vorkommnisse; bei Regenwetter verwandelten
sich ganze Strecken in breite Moräste; oft verließen die
Posten die Kunststraße und suchten ihren Weg durch die
Aecker, wo man vielleicht stecken bleiben, aber nicht wohl
den Hals brechen konnte. Das Direktorium hatte jetzt wie
früher kein Geld zum Straßenbau, und wir bemerkten, wie
lange es dauerte, ehe nur die ersten Einrichtungen zur Er=
hebung eines Chausseegeldes zu stande kamen. In nicht
geringerem Maße hatte ein anderes Uebel zugenommen, die
Unsicherheit des Verkehrs durch die Banden der Wegelagerer.
Am schlimmsten war diese Landplage in den Bezirken, wo
sie sich mit politischen Kämpfen verschmelzen konnte; in der
Bretagne rotteten sich Uebelthäter aller Art zusammen, um
heute als Chouans eine republikanische Staatskasse und
morgen als mobile Kolonne einen royalistischen Edelmann
zu brandschatzen. Leider verstärkte der Verfall der Staats=
gewalt ihren Zuzug von allen Seiten her. Jene brotlosen
Seeleute ließen sich nicht lange bitten, auch einmal zu Lande
einen Piratenstreich zu machen; bei der massenhaften De=
sertion der Linientruppen gab es allerorten junge Bursche,
die sich zu Hause nicht mehr sicher fühlten und auf der
Landstraße bei Mondschein ihren Lebensunterhalt suchten,
und da bei der Mittellosigkeit der Regierung die Bataillone
selbst im regulären Dienste von Requisitionen leben mußten,
so zogen nicht selten kleine Abteilungen auf eigene Faust
im Lande zu freien Erpressungen umher. Um das Unheil
zu steigern, gingen manche Offiziere und Generale mit dem
bösesten Beispiele voran, requirierten große Summen für
angebliche Dienstausgaben ohne alle gesetzliche Vollmacht aus
der nächsten Bezirkskasse und waren sehr unbefangen der
Meinung, daß dem Tapferen die Welt gehöre. Ueberhaupt

waren durch den langen Kriegszustand und mehr noch durch
die jakobinische Schreckensherrschaft die Begriffe von Mein
und Dein in arge Verwirrung geraten. Eine schwere Klage
der Forstverwaltung war es, daß namentlich im Süden die
Bürger den Staatswald als ihr Gemeingut ansahen und
in großen Scharen mit langen Wagenreihen gewaltige Holz-
massen nach freiem Belieben herausholten. Bei solchen
Gesinnungen wurde natürlich die Ausrottung des Räuber-
unwesens in hohem Maße erschwert. Teils aus schlaffer
Gutmütigkeit, teils aus Furcht vor der Rache der Banditen
ließen sich die Zeugen zu keiner Aussage herbei, weigerten
die Geschworenen das verurteilende Verdikt, verschleppten
die Richter die Vollstreckung der erkannten Strafen. Ein
großer Bruchteil der Nation lebte geradezu außer aller
Gesetze.

Wenden wir den Blick auf die Verwaltung der städtischen
Gemeinden, so begegnen wir gleich trüben Erscheinungen.
Das Unterrichtswesen stand genau auf demselben Punkte,
wo wir es bei dem Beginne der Direktorialregierung antrafen, treffliche Gesetze auf dem Papier, völliger Verfall
in der Wirklichkeit. In vielen Departements konnten
90 Prozent der Bevölkerung weder lesen noch schreiben.
In Paris hätten nach dem Gesetze mehr als 20 000 Kinder
die Schule besuchen müssen; im Jahre 1797 fand man ihrer
1100 darin. In den Departements war nur ein geringer
Teil der vorgeschriebenen Schulen eröffnet, aber auch diese
wurden gar nicht oder nur unregelmäßig besucht. Allgemein
wurde über die Unwissenheit, nicht selten über die Roheit
und Trunksucht der Lehrer geklagt. Nur die Zentralschulen
hatten etwas festeren Bestand gewonnen; traurig bezeichnend
für die Richtung der Geister aber war es, daß durchgängig
allein die Lehrer der technischen Wissenschaften Schüler
fanden, welche hier die Vorbereitung zu schnellem Eintritt
in gutbezahlte industrielle Stellen suchten. Die Studien
der Philosophie, der Sprachen, der Geschichte blieben verlassen; die allgemeine geistige Kultur war im Absterben
begriffen. Wie mit den Schulen, stand es mit den Hospi-

talern, 1799 nicht anders als 1795. Die Revolution hatte ihnen die Güter genommen, einiges zurückgegeben, spärliche Geldentschädigung angewiesen, im Durchschnitt aber sie kaum auf die Hälfte der früheren Einkünfte gebracht. So war die Lage der dort verpflegten Kranken und Greise eine erbärmliche; sie hatten kaum ausreichende Nahrung, zerlumpte Kleidung, dürftige und schmutzige Betten. Den dunkelsten Flecken aber in diesem düsteren Bilde gab die Lage der Findelkinder. Schon die Zahl derselben lieferte ein schauerliches Symptom des sozialen Zustandes jener Zeit. Eine umfassende amtliche Aufzeichnung darüber gab es nicht. Aber in einer Reihe von Departements erschienen ihre Ziffern von 2000, 1600, 2600 u. s. w. und daneben die entsetzliche Angabe, daß wegen unzulänglicher Ernährung neunzehn Zwanzigstel derselben wegstarben, und die weitere Berechnung, daß der Staat, wenn er die Rückstände der budgetmäßigen Kosten nur zur Hälfte nachzahlen wollte, mit einer Summe von 25 Millionen kaum ausreichen würde. Um einigermaßen zu helfen, griffen viele Gemeinden zur Erneuerung der einst so thörichter Weise abgeschafften indirekten Abgaben und richteten, wie damals der Ausdruck lautete, Octrois der Wohlthätigkeit ein. Aber einmal brachten diese bei der allgemeinen Verarmung nicht immer den erhofften Ertrag, und sodann fand nur zu häufig die Kommune, daß einzelne sonstige Bedürfnisse doch noch dringender seien als der Unterhalt der Hospitäler, wenn etwa der Regen durch das schadhafte Rathausdach den Sitzungssaal überschwemmte, oder sonst ein Nationalgebäude nach siebenjähriger Vernachlässigung aller Reparaturen dem Einsturz drohte, oder beim Heranrücken der Chouans sich herausstellte, daß alle Waffen der Bürgergarde unterschlagen und verkauft worden waren. Die alten Klagen über die Unthätigkeit und Unfähigkeit der meisten Gemeinde- und Bezirksbeamten dauerten fort. Zwar waren die Jakobiner des 18. Fructidor in vielen Gegenden seit der Reaktion des folgenden Jahres wieder aus den Stellen vertrieben worden; da aber bei der allseitigen Finanznot die Gehaltszahlung äußerst

unregelmäßig und unvollständig erfolgte, so fehlte es
in zahlreichen Orten an Kandidaten für die einst so
umworbenen Stellen. Man freute sich, wenn irgen
begüterter Bürger die Last als Ehrenamt übernahm,
dann aber auch zufrieden mit allem, was er leistete
nicht leistete. Nicht besser ging es bei den Gerichte:
Manche Tribunale, die seit anderthalb Jahren keinen
Besoldung erhalten hatten, stellten ihre Thätigkeit ganz
der Pariser Kassationshof selbst zeigte dem Rate der ʒ
hundert beschwerend an, daß seine seit vier Monaten
bezahlt gelassenen Mitglieder am Hungertuche nagten.
einem Worte, jene Botschaft des neuen Direktoriums,
in Ermangelung schleuniger Hülfe die allgemeine Auflö
des Gemeinwesens dicht bevorstehe, sagte in jeder Hi
die schreckenvolle Wahrheit.

Das war die Schlußrechnung des Zustandes, zu wel
die Männer der regellosen Freiheit und der erzwung
Gleichheit binnen zehnjährigen Konvulsionen Frankreich
untergebracht hatten. Die Begeisterung für die Repu
die Achtung vor dem Gesetz, die Teilnahme am Gem
wesen war verschwunden; die Obrigkeit war verachtet,
Bürgersinn in träge Gleichgültigkeit umgeschlagen; die Rei
waren verarmt und die Armen elend geworden. Die einz
Erscheinungen, die noch von innerer Lebenskraft in ɪ
französischen Volke Kunde gaben, waren auf der einen E
der bei aller Zuchtlosigkeit unverwüstliche Kern von Heli
mut und Ehrgeiz in den Armeen und auf der and
der durch alle Verfolgung gestählte religiöse Sinn, der ɪ
und breit im Lande Reiche und Arme, Gebildete und
gebildete aus der unendlichen irdischen Not heraus um ʃ
Altäre sammelte. Ein Usurpator, sagte Boulay von
Meurthe zu großer Aufregung der Fünfhundert, wel
diese Stimmung ausbeutete, würde damit eine höchst
denkliche Macht gewinnen.